Kohlhammer

Prüfungswissen ZPO für Rechtsreferendare

von

Dr. Oliver Elzer
Richter am Kammergericht Berlin

Verlag W. Kohlhammer

Alle Rechte vorbehalten
© 2010 W. Kohlhammer GmbH Stuttgart
Gesamtherstellung: W. Kohlhammer Druckerei GmbH + Co. KG, Stuttgart
Printed in Germany

ISBN: 978-3-17-020937-4

Vorwort

Die Anforderung, sich angesichts der Fülle des Prüfungsstoffs das Zivilprozessrecht auf einem praktisch brauchbaren Niveau in kurzer Zeit anzueignen, ist gewaltig. Hier setzt das Werk an. Es bietet Hilfestellung, indem es den Stoff strukturiert, indem es aufzeigt, welche Punkte examensrelevant sind und darauf hinweist, worauf sich zu konzentrieren ist und lohnt. Besonderer Wert wird darauf gelegt, die gängigen zivilprozessualen Probleme und Fragestellungen nicht einfach zusammenhanglos aufzuzeigen. Es geht vielmehr darum, jedes Thema mit seinen Folgen für Rubrum, Tenor, Tatbestand und Entscheidungsgründen in der Assessorklausur praktisch einzubetten. Dabei sollen konkrete Formulierungsbeispiele, Muster, Checklisten, Tabellen und Schemata helfen. Ergänzt werden diese durch viele Klausurtipps und Hinweise. Wo es besonders nötig erscheint, werden zum Abschluss eines Bereichs zusätzliche Übungen zur Lernkontrolle angeboten.

Das Werk stellt den Zivilprozess in seiner ganzen Fülle dar und führt den Leser durch sämtliche relevanten Verfahren. Im Vordergrund steht, die klare Struktur zur Bearbeitung eines Problems und seine Einbettung in eine praktisch brauchbare Lösung zu bieten. Der Text will vor allem dem Rechtsreferendar verlässliche Hilfe für die Assessorklausur im Zivilrecht sein. Daneben ist er Studenten zum Erfassen des Wesentlichen, dem Berufungsanfänger zur Wiederholung nützlich.

Die Hinweise sind seit über einem Jahrzehnt bundesweit erprobt. Aktualität, Dichte und Kraft der Arbeit leben aber von der Aussprache. Wem Mängel auffallen oder wer andere Dinge aufzeigen will, ist dazu deshalb herzlich eingeladen (oelzer@aol.com). Mein besonderer Dank gilt denen, die diesen Schritt bereits gegangen sind. Und er gilt denen, die Ihnen gehen werden. Aktuelle Änderungen pflege ich – wie auch bislang – in meine noch umfangreicheren Texte „ZPOnline" ein (*www.juraskripte-online.de*). Diese stehen neben dem Buch und bieten – künftig verstärkt – über das Buch hinaus Vertiefungen und Exkurse.

Mein besonderer Dank gilt Herrn Verlagsleiter Rechtsanwalt Jens Roth, der das Werk als Lektor betreut hat und mit unermüdlichem Einsatz, Ausdauer und Geduld ein wichtiger Garant für das Erscheinen dieses Buches war.

Berlin, im August 2009   Oliver Elzer

Inhaltsverzeichnis

Vorwort V
Inhaltsverzeichnis VII
Abkürzungsverzeichnis XXV

Teil 1: Allgemeine Hinweise zur Assessorklausur

1. Kapitel:	Der Beginn des Lernens	1
2. Kapitel:	Klausuren schreiben, Klausuren schreiben, Klausuren schreiben	4
3. Kapitel:	Die Arbeitsgemeinschaft der Ausbildungsbehörde	4
4. Kapitel:	Die private Arbeitsgemeinschaft	5
5. Kapitel:	Zeitschriften/Bücher	5
6. Kapitel:	Der Prüfer	6
7. Kapitel:	Das Examen	6
	I. Allgemeines	6
	II. Das Schreiben	6
	1. Schrift und Äußerlichkeiten	6
	2. Stil	7
	3. Yes-Set	7
	4. Reihenfolge der Abfassung	7
	III. Die „richtige" Lösung	8
	IV. Zeitplanung	9
	V. Gewichtung	11
	VI. Der Notfall	11
	VII. Übersicht zur Abfassung der Assessorklausur	12

Teil 2: Gerichtliche Entscheidungen und Prozesshandlungen

1. Kapitel:	Einführung	14
2. Kapitel:	Urteile	14
	I. Allgemeines	14
	II. Urteilsarten	15
	1. Gegenstand der Entscheidung	15

Inhaltsverzeichnis

		2. Rechtsschutzbegehren	18
		3. Zustandekommen	19
		4. Rechtskraftwirkung	19

3. Kapitel: **Beschlüsse** ... 19

4. Kapitel: **Verfügungen** ... 23

5. Kapitel: **Prozesshandlungen** ... 23
  - I. Allgemeines ... 23
  - II. Auslegung von Prozesshandlungen ... 24
  - III. Umdeutung von Prozesshandlungen ... 24

6. Kapitel: **Verfahrensgrundsätze** ... 25
  - I. Dispositionsmaxime ... 25
  - II. Verhandlungsgrundsatz ... 26
  - III. Beschleunigungsgrundsatz ... 26
  - IV. Grundsatz des rechtlichen Gehörs ... 28
  - V. Weitere Verfahrensgrundsätze ... 29
    1. Mündlichkeit ... 29
    2. Unmittelbarkeit der Beweisaufnahme ... 29
    3. Öffentlichkeit ... 29
    4. Prozessökonomie ... 30
    5. Wirkungsvoller Rechtsschutz ... 30

Teil 3: Das Urteil

1. Kapitel: **Kopf des Urteils (Rubrum)** ... 31
  - I. Bestandteiles des Kopfes ... 31
  - II. Aktenzeichen ... 32
  - III. Verkündungsvermerk ... 32
  - IV. Bezeichnung der Parteien/Vertreter ... 33
    1. Grundsätzliches ... 33
    2. Notwendige Angaben ... 33
    3. Grammatik der Parteibezeichnungen ... 34
    4. Streitgenossen ... 34
    5. Kaufleute ... 34
    6. Parteien kraft Amtes ... 35
    7. Erben ... 35
    8. Gesetzliche Vertreter ... 35
  - V. Parteistellung ... 36
  - VI. Prozessbevollmächtigte ... 36
  - VII. Streithelfer ... 37
  - VIII. Bezeichnung des Gerichts/der Richter ... 38
  - IX. Angabe des letzten Tages ... 38
  - X. Beispielsrubrum ... 39
  - XI. Übung ... 40

Inhaltsverzeichnis

2. Kapitel:	**Tenor**		41
	I. Einführung		41
	1. Urteilsformel		41
	2. Zulassung von Rechtsmitteln		42
	3. Gestaltung		43
	II. Hauptsachetenor		43
	1. Vollstreckungsfähige Entscheidung		44
	2. Knappe Entscheidung		46
	3. Erschöpfende Entscheidung		47
	4. Übungen		48
	III. Kosten		50
	1. Einführung		50
	2. Einheitliche Kostenentscheidung		52
	3. § 91 ZPO		54
	4. § 92 ZPO		54
	5. Streitgenossen		56
	6. § 93 ZPO		59
	7. § 269 Abs. 3 S. 2 ZPO (Erledigung vor Rechtshängigkeit)		62
	8. Entscheidungsgründe		63
	9. Übungen		64
	IV. Erledigung		67
	1. Einführung		67
	2. Übereinstimmende Erledigterklärungen		69
	3. Einseitige Erledigterklärung (Erledigtfeststellungsklage)		75
	4. Die Teilerledigterklärung		83
	5. Gebührenstreitwert		86
	6. Hilfsantrag		87
	7. Zusammenfassender Überblick		88
	V. Vollstreckbarkeit		89
	1. Einführung		89
	2. § 708 ZPO		90
	3. § 709 ZPO		94
	4. Mischentscheidungen		95
	5. Vollstreckungsschutzanträge		95
	6. § 713 ZPO		95
	7. Tenor		95
	8. Tatbestand		96
	9. Entscheidungsgründe		96
	10. Übungen		97
3. Kapitel:	**Tatbestand**		99
	I. Einführung		99
	II. Aufbau		102
	III. Sprache		103
	IV. Einzelheiten		105
	1. Einleitungssatz		105
	2. Sachstand/Geschichtserzählung		105
	3. Streitiges Vorbringen		106

Inhaltsverzeichnis

	4.	Eventuell Prozessgeschichte	108
	5.	Anträge	109
	6.	Streitiges Vorbringen des Beklagten	109
	7.	Replik/Duplik	110
	8.	Salvatorische Klausel	110
	9.	Prozessgeschichte	111
V.	Berufungsurteile		112
	1.	Einführung	112
	2.	Inhalt des Berufungsurteils	112
	3.	Zweck	112
	4.	Rubrum und Tenor	113
	5.	Einleitungssatz	113
	6.	Zu Grunde gelegte Tatsachen	113
	7.	Anträge	114
VI.	Übungen		115

4. Kapitel: Entscheidungsgründe 117
    I. Einleitung 117
        1. Allgemeines 117
        2. Urteilsstil 117
        3. Zitate 119
        4. Bezugnahmen 119
        5. Bezifferung 119
        6. Zeitform des Urteils 119
        7. Feststellungen i. S. v. § 286 ZPO 120
        8. Gewichtung 120
    II. Aufbau der Entscheidungsgründe 121
        1. Einführung 121
        2. Vorzuziehende Punkte 122
    III. Sachurteilsvoraussetzungen 123
        1. Allgemeines 123
        2. Kein Zulässigkeitsproblem 123
        3. Ausnahmen 124
        4. Feststellungsklagen 124
    IV. Begründetheit 124
        1. Allgemeines 124
        2. Hauptanspruch 124
        3. Checkliste Anspruchsaufbau 126
        4. Nebenforderungen (Zinsen und Mahnauslagen, § 4 ZPO) 127
    V. Nebenentscheidungen 127
        1. Kostenentscheidung 127
        2. Vorläufige Vollstreckbarkeit 128
        3. Zulassung von Rechtsmitteln 128
    VI. Streitwert 129
    VII. Schemata zum Urteil 129
        1. Begründete Klage 129
        2. Unbegründete Klage 130
    VIII. Berufungsurteil 130
    IX. Übungen 131

Inhaltsverzeichnis

Teil 4: Besondere prozessuale Probleme

1. Kapitel: Zulässigkeit 134
- I. Einführung 134
  1. Allgemeines 134
  2. Begriff 135
  3. Aktiv- und Passivlegitimation 135
- II. Sachurteilsvoraussetzungen im eigentlichen Sinne ... 136
  1. Klageschrift 136
  2. Deutsche Gerichtsbarkeit 137
  3. Funktionelle Zuständigkeit 137
  4. Prozessgebühr 137
  5. § 15a EGZPO 137
- III. Sachurteilsvoraussetzungen im weiteren Sinne 138
  1. Gerichtsbezogene Sachurteilsvoraussetzungen ... 138
  2. Parteibezogene Sachurteilsvoraussetzungen 138
  3. Streitgegenstandsbezogene Sachurteilsvoraussetzungen 139
  4. Sachurteilsvoraussetzungen der Klageart 140
- IV. Prozesseinreden 141
  1. Gesetzliche Prozesseinreden 141
  2. Vertragliche Prozesseinreden 141
- V. § 260 ZPO 141
- VI. Amtsprüfung 142
- VII. Vorrang der Zulässigkeit 143
- VIII. Doppelrelevante Tatsachen 144
- IX. Gerichtsstand 145
  1. Einführung 145
  2. Zuständigkeitsordnung 146
  3. Internationale Zuständigkeit 147
  4. EuGVVO 148
  5. Rechtswegzuständigkeit 149
  6. Kompetenzkonflikte 149
- X. Zuständigkeit 149
  1. Einführung 149
  2. Funktionelle Zuständigkeit 151
  3. Sachliche Zuständigkeit 151
  4. Örtliche Zuständigkeit 153
- XI. Die Partei 159
  1. Prozesshandlungsvoraussetzungen 159
  2. Parteibegriff 160
  3. Partei- und Prozessfähigkeit 163
  4. Mehrheit von Parteien (Streitgenossen) 166
  5. Parteiänderung 168
  6. Prozessstandschaft 173
  7. Übungen 175

2. Kapitel: Besondere Klagen 178
- I. Widerklage 178

Inhaltsverzeichnis

		1. Einleitung	178
		2. Vorteile	179
		3. Zulässigkeit	179
		4. Aufbau des Urteil	183
		5. Streitwert	186
		6. Besondere Fälle der Widerklage	187
		7. Aufrechnung und Widerklage	193
	II.	Stufenklage	193
		1. Einleitung	193
		2. Die Bestimmung des § 254 ZPO	193
		3. Vorteile einer Stufenklage	195
		4. Sachurteilsvoraussetzungen einer Stufenklage	195
		5. Vorgehen	195
		6. Rubrum und Ausspruch	196
		7. Kosten	196
		8. Tatbestand und Entscheidungsgründe	197
		9. Zuständigkeits-/Gebührenstreitwert	197
		10. Säumnis	198
		11. Erledigung	198
		12. Rechtskraft	199
		13. Sonstige unbezifferte Anträge	199
		14. Übungen	201
	III.	Feststellungsklage	203
		1. Einführung	203
		2. Zulässigkeit	204
		3. Begründetheit	207
		4. Negative Feststellungsklage	207
		5. Zwischenfeststellungsklage	208
		6. Kollisionen mit Leistungsklage	209
		7. Streitwert	210
		8. Urteilsaufbau	210
		9. Übungen	211
3. Kapitel:	**Klageänderung**		214
	I.	Einleitung	214
	II.	Klageauswechselnde Klageänderung	215
		1. Zulässigkeit einer Klageauswechslung	215
		2. Klagerücknahme	216
	III.	§§ 264, 265 Abs. 2 ZPO	217
		1. § 264 Nr. 1 ZPO	217
		2. § 264 Nr. 2 ZPO	217
	IV.	Wirkungen	219
		1. Klageänderung zulässig	219
		2. Klageänderung unzulässig	220
	V.	Tenor	222
		1. Zulässige Klageänderung	222
		2. Unzulässige Klageänderung	222
		3. Kostenentscheidung	222
	VI.	Tatbestand	223
		1. Allgemeines	223

Inhaltsverzeichnis

	2. Aufbau	223
VII.	Entscheidungsgründe	224
	1. Allgemeines	224
	2. Aufbau	225
VIII.	Übungen	225
IX.	Zusammenfassung	228
	1. Fälle der Klageänderung	228
	2. Prüfungsreihenfolge	228
	3. Klausur	228

4. Kapitel: Aufrechnung 229
    I. Einleitung 229
        1. Allgemeines 229
        2. Zulässigkeit 230
    II. Primär- und Hilfsaufrechnung 231
        1. Überblick 231
        2. Primäraufrechnung 231
        3. Hilfsaufrechnung 231
        4. Bindung an Erklärung 232
    III. Rechtskrafterstreckung 233
        1. Grundsatz 233
        2. Ausnahmen 233
    IV. Rechtsweg 234
    V. Rechtshängigkeit 235
    VI. Kosten 235
        1. Allgemeines 235
        2. Erledigung 236
    VII. Gebührenstreitwert 236
    VIII. Berufung 237
    IX. Urteil 237
        1. Rubrum 237
        2. Tatbestand 237
        3. Entscheidungsgründe 238
    X. Übungen 239

5. Kapitel: Prozessvergleich 242
    I. Einführung 242
        1. Allgemeines 242
        2. Doppelnatur 243
    II. Voraussetzungen 243
        1. Allgemeine Wirksamkeitsvoraussetzungen 243
        2. Besondere Wirksamkeitsvoraussetzungen 243
        3. Unwirksamkeit 244
        4. Form 245
        5. Bedingung 245
    III. Zweck 246
    IV. Wirkungen 246
        1. Prozessende 246
        2. Titel 247
    V. Urteil: Streit über Wirksamkeit des Vergleichs 248

Inhaltsverzeichnis

	1. Allgemeines	248
	2. Tenor	248
	3. Tatbestand	249
	4. Entscheidungsgründe	249
VI.	Kosten	250
VII.	Übungen	251

6. Kapitel: Streitverkündung; Beiladung 254
    I. Einführung 254
    II. Zulässigkeit 255
        1. Streitverkündungserklärung gegen Dritten 255
        2. Anhängiger Hauptprozess 256
        3. Prozesshandlungsvoraussetzungen 256
        4. Streitverkündungsgrund 256
    III. Wirkung 257
    IV. Klausur 258
        1. Vorprozess (Erstprozess) 258
        2. Nachfolgeprozess 258
    V. Beiladung 260
        1. Allgemeines 260
        2. Rechtsstellung des Beigeladenen 260
        3. Rubrum/Tatbestand/Entscheidungsgründe 261

7. Kapitel: Streithilfe 261
    I. Einführung 261
    II. Zulässigkeit 262
        1. Wirksame Beitrittserklärung 262
        2. Anhängigkeit zwischen anderen Parteien 263
        3. Dritter 263
        4. Interventionsgrund 264
        5. Prozesshandlungsvoraussetzungen 264
        6. Mängel 264
    III. Rechtsstellung 265
        1. Allgemeines 265
        2. Streitgenössische Nebenintervention 266
    IV. Interventionswirkung 267
    V. Klausur 269
        1. Vorprozess 269
        2. Folgeprozess 272

8. Kapitel: Haupt- und Hilfsantrag 273
    I. Einführung 273
    II. Voraussetzungen 275
        1. Knüpfung an innerprozessuale Bedingung 275
        2. Zusammenhang 278
        3. Ein Antrag unbedingt 278
    III. Ausgesuchte Examensprobleme 278
        1. Bindung an Reihenfolge 278
        2. Bestimmtheit der Bedingung 279
        3. Sachliche Zuständigkeit 279

		4.	Rechtshängigkeit	280
		5.	„Uneigentliche" Hilfsanträge	280
		6.	Zulässigkeit	281
		7.	Gebührenstreitwert	282
		8.	Gutachten bei Anwaltsklausur und Votum	282
	IV.	Urteil in der Klausur		283
		1.	Tenor	283
		2.	Tatbestand	284
		3.	Entscheidungsgründe	285
	V.	Hilfswiderklage		288
	VI.	Hilfsaufrechnung		288
	VII.	Erledigung		288
	VIII.	Übungen		289

Teil 5: Wiedereinsetzung in den vorigen Stand

1. Kapitel: Einführung 293

2. Kapitel: Zulässigkeit 294
  I. Statthaftigkeit 294
  II. Form 294
  III. Frist 294
  IV. Zuständigkeit 294
  V. Prozesshandlungsvoraussetzungen 295
  VI. Rechtschutzbedürfnis 295
  VII. Nachholung der Prozesshandlung 295

3. Kapitel: Begründetheit 295
  I. Verhinderte Fristwahrung 296
   1. Eigenes Verschulden der Partei 296
   2. Verschulden eines Bevollmächtigten 296
   3. Externe Ereignisse 297
   4. Ursächlichkeit 297
  II. Glaubhaftmachung 297
  III. Mitteilung der Gründe 298

4. Kapitel: Entscheidung 298
  I. Allgemeines 298
  II. Tenor 298
   1. Antrag erfolgreich 299
   2. Antrag erfolglos 299
  III. Tatbestand 300
  IV. Entscheidungsgründe 300

5. Kapitel: Auswirkungen auf den Prozess 301

Inhaltsverzeichnis

Teil 6: Versäumnisurteile

1. Kapitel:	Einleitung	303
2. Kapitel:	Das Versäumnisurteil	303
	I. Das echte Versäumnisurteil	303
	1. § 330 ZPO	304
	2. § 331 ZPO	304
	II. Das „unechte" Versäumnisurteil	304
	1. Gewöhnliches Sachurteil	304
	2. Schriftliches Vorverfahren	304
	III. Säumnis	305
	1. Ehe- und Kindschaftssachen	306
	2. Schriftliches Vorverfahren	306
	IV. § 337 ZPO	306
	V. § 335 ZPO	307
	VI. Zulässigkeit im Übrigen	308
3. Kapitel:	Prüfungsreihenfolge	308
	I. Säumnis des Klägers	308
	II. Säumnis des Beklagten	308
4. Kapitel:	Das Einspruchsverfahren	309
	I. Allgemeines	309
	II. Einspruch statthaft, § 338 ZPO	310
	1. Allgemeines	310
	2. Prüfungsmaßstab in der Berufung	310
	3. Grundsatz der Meistbegünstigung	312
	III. Form, § 340 Abs. 1, Abs. 2 ZPO	312
	IV. Frist, § 339 ZPO	313
5. Kapitel:	Tatbestand und Entscheidungsgründe	314
6. Kapitel:	Einspruch: Tatbestand/Entscheidungsgründe	314
7. Kapitel:	Tenor	315
8. Kapitel:	Anwaltsklausur, §§ 707, 719 ZPO	317
9. Kapitel:	Rechtskraft	317
10. Kapitel:	Übungen	317

Teil 7: Mahnverfahren

1. Kapitel:	Einführung	323
2. Kapitel:	Zulässigkeit	324
	I. Bestimmtheit	325
	II. Örtliche Zuständigkeit	325
	III. Sachliche Zuständigkeit	325
	IV. Funktionelle Zuständigkeit	326

	V.	Mahnantrag	326
	VI.	Rücknahme des Mahnantrages	326
		1. Grundsatz	326
		2. § 269 Abs. 3 Satz 3 ZPO	326
	VII.	Rechtshängigkeit	327
		1. Widerspruch	327
		2. Einspruch	329
	VIII.	Verfahrensgebühr	329
	IX.	Rechtsbehelfe	329
		1. Allgemeines	329
		2. Ausbleibende Anspruchsbegründung	329

3. Kapitel: **Verjährung** 330

4. Kapitel: **Urteil** 330
    I. Mahnbescheid 330
    II. Vollstreckungsbescheid 331
    III. Säumnis im Einspruchstermin 332
    IV. Rücknahme 332
    V. Zuständigkeit des Streitgerichts 332

5. Kapitel: **Übungen** 333

Teil 8: Eilentscheidungen

1. Kapitel: **Einleitung** 339

2. Kapitel: **Einstweilige Verfügung** 341
    I. Allgemeines 341
    II. Sicherungsverfügung 341
    III. Regelungsverfügung 342
    IV. Leistungsverfügung 343
    V. Zulässigkeit 344
        1. Allgemeines 344
        2. Verfügungsgrund 344
        3. Begründetheit 345
        4. Glaubhaftmachung 346
        5. Aufbaufragen 346

3. Kapitel: **Arrest** 348
    I. Allgemeines 348
    II. Zulässigkeit 348
        1. Allgemeines 348
        2. Arrestgrund 349
    III. Begründetheit 349
    IV. Glaubhaftmachung 349
    V. Aufbaufragen 350

4. Kapitel: **Entscheidung** 351
    I. Zurückweisung 351

Inhaltsverzeichnis

II.	Arrestbefehl	351
III.	Einstweilige Verfügung	352

5. Kapitel:	Rechtsbehelfe	353
6. Kapitel:	Klagefristversäumung	354
7. Kapitel:	Aufhebung wegen veränderter Umstände	355
8. Kapitel:	Schadenersatz	355

Teil 9: Zwangsvollstreckungsrecht

1. Kapitel:	Einführung	356
	I. Allgemeines	356
	II. Übersicht Rechtsmittel	356
	III. Vollstreckungsorgane	356
	IV. Voraussetzungen der Zwangsvollstreckung	357
	V. Klausurrelevanz	357
2. Kapitel:	Vollstreckungserinnerung (§ 766 ZPO)	358
	I. Allgemeines	358
	II. Zulässigkeit	360
	III. Abgrenzung zur sofortigen Beschwerde	361
	IV. Aufbaufragen	361
	1. Rubrum	361
	2. Tenor	361
	3. Gründe	362
3. Kapitel:	Vollstreckungsabwehrklage (§ 767 ZPO)	363
	I. Allgemeines	363
	II. Zulässigkeit	364
	1. Allgemeines	364
	2. Einzelheiten	364
	III. Nicht hinreichend bestimmte Titel	365
	IV. Entstehung der Gründe	366
	1. Allgemeines	366
	2. Insbesondere Gestaltungsrechte	366
	V. Aufbaufragen	367
	1. Rubrum und Tenor	367
	2. Tatbestand	368
	3. Entscheidungsgründe	368
4. Kapitel:	Drittwiderspruchsklage (§ 771 ZPO)	369
	I. Allgemeines	369
	II. Zulässigkeit	369
	III. Aufbaufragen	370
	1. Rubrum und Tenor	370
	2. Tatbestand	370

		3. Entscheidungsgründe	370
5. Kapitel:	§ 805 ZPO		372
6. Kapitel:	Sofortige Beschwerde		372
7. Kapitel:	Rechtspflegererinnerung		373
8. Kapitel:	Beschwerde nach § 71 GBO		373

Teil 10: Anwaltsklausuren

1. Kapitel:	Einführung	374
2. Kapitel:	Sachverhaltswiedergabe	375
3. Kapitel:	Gutachten = Aktenvermerk	376
	I. Allgemeines	376
	II. Aufbau	377
	1. Vorschlag	377
	2. Zulässigkeit	377
	3. Materielle Rechtslage	377
	4. Zweckmäßigkeit	377
	III. Gutachten bei Angriffsklausur	378
	1. Allgemeines	378
	2. Aufbau	378
	IV. Gutachten bei Verteidigungsklausur	378
	1. Allgemeines	378
	2. Aufbau	378
	V. Prozesstaktischer Teil	380
4. Kapitel:	Ergebnis der Überlegungen	381
	I. Schriftsatz	381
	1. Klageschrift	382
	2. Klageerwiderung	386
	II. Beweisanträge	388
	III. Mandantenschreiben	389
	IV. Schriftsatz und Mandantenschreiben	389
5. Kapitel:	Kautelaraufgaben	389

Teil 11: Beweisrecht

1. Kapitel:	Einführung	391
	I. Allgemeines	391
	II. Beweiserheblichkeit	391
	1. Schlüssigkeit	391
	2. Rechtsförmig bestritten = beweisbedürftig	392
	3. Gleichwertigkeit des Parteivorbringens	393

Inhaltsverzeichnis

2. Kapitel:	**Beweislast**	394
	I. Begriff	394
	II. Gesetzliche Regeln und Vermutungen	395
	III. Urkunden	395
	IV. Beweisvereitelung	395
3. Kapitel:	**Hauptbeweis, Gegenbeweis, Beweis des Gegenteils**	397
4. Kapitel:	**Beweiserleichterungen**	397
	I. Offenkundige Tatsachen	398
	II. Gesetzliche Vermutungen	399
	III. Prima facie	399
	IV. Indizienbeweis	400
	V. § 287 ZPO	400
5. Kapitel:	**Beweisbeschluss**	401
	I. Allgemeines	401
	II. Beweisantrag, insbesondere Beweisverbote	402
	III. Förmlicher Beweisbeschluss	402
	IV. Beispiel	403
6. Kapitel:	**Beweismittel**	404
	I. Streng- und Freibeweis	404
	II. Beweismittel	404
	1. Zeugenbeweis	405
	2. Sachverständigenbeweis	407
	3. Augenschein	408
	4. Urkunden	409
	5. Parteivernehmung	411
	6. Unzulässig erlangte Beweismittel	412
7. Kapitel:	**Beweiswürdigung**	413
	I. Allgemeine Grundsätze	413
	II. Beweismaß	414
8. Kapitel:	**Beweis im Urteil**	415
	I. Kosten	415
	II. Tatbestand	415
	III. Entscheidungsgründe	416
	1. Tatsache ist bewiesen	416
	2. Tatsache ist nicht bewiesen	417
	3. Aufbau innerhalb der Beweismittel	417
	4. Fehlende Beweisbedürftigkeit	418
	5. Fehlender Beweisantrag	418
	IV. Aufbaubeispiel	418

Teil 12: Prozesskostenhilfe – Überblick

1. Kapitel:	**Einführung**	420
2. Kapitel:	**Voraussetzungen**	420
	I. Erfolgsaussicht	420
	II. Bedürftigkeit	422
	III. Mutwilligkeit	423
3. Kapitel:	**Verfahren**	424
	I. Antrag	424
	II. Erklärung	425
	III. Anhörung des Antragsgegners	425
	IV. Beweiserhebung	425
	V. Entscheidung	425
	1. Allgemeines	425
	2. Form	425
	3. Tenor	426
	4. Anfechtung	427
4. Kapitel:	**Folgen**	427

Teil 13: Zustellungsrecht

1. Kapitel:	**Einführung**	428
2. Kapitel:	**Überblick zur Zustellung**	429
	I. Erforderlichkeit	429
	II. Partei/Gericht	430
	III. Eigentliche Zustellung	430
	1. Adressat	430
	2. Empfänger	430
	3. Ausführung der Zustellung	431
	4. Ersatzzustellung	431
	5. § 185 ZPO (öffentliche Zustellung)	432
	IV. Mängel, § 189 ZPO	433
3. Kapitel:	**Ausgesuchte Examensprobleme**	433
	I. Sachurteilsvoraussetzungen	433
	1. Anschein des Wohnorts	433
	2. Einspruchsfrist	434
	3. Wiedereinsetzungsfrist	435
	4. Rechtshängigkeit	435
	5. § 189 ZPO (Heilung)	437
	II. Probleme des Versäumnisverfahrens	437
	1. Zustellung des Versäumnisurteils	437
	2. § 335 ZPO – Einlassungsfrist	437
	III. Nebenintervention	438
	1. Zustellung des Beitrittsschriftsatzes	438

Inhaltsverzeichnis

	2. Folgen für weitere Zustellungen	438
IV.	Erledigung	438
	1. Erledigtfeststellungsklage	439
	2. Kostenfeststellungsklage	439
V.	Beweis der Zustellung	439
VI.	Zwangsvollstreckung	440
VII.	Keine Zustellung	440

4. Kapitel: Urteil 441
    I. Rubrum 441
    II. Tenor 441
    III. Tatbestand 442
        1. Prozessgeschichte zur Zustellung 442
        2. Rechtshängigkeitszinsen 442
        3. Individualisierung der Forderung 442
        4. Vorausgegangener Titel 443
    IV. Entscheidungsgründe 443
        1. Zulässigkeit 443
        2. Begründetheit 443

Teil 14: Erstellung eines Votums

1. Kapitel: Einführung 446

2. Kapitel: Formalien 447
    I. Sprache 447
    II. Anlagen 447
    III. Tabellen 448
    IV. Unterschrift 448

3. Kapitel: Aufbau 448
    I. Vorblatt (Kopfblatt) 449
    II. Sachbericht 451
    III. Rechtliche Würdigung 452
    IV. Entscheidungsvorschlag 454
    V. Sonstige Entscheidungen 454
    VI. Vergleichsvorschlag 455

4. Kapitel: Punktesachen 455
    I. Sachbericht 455
    II. Rechtliche Würdigung 456

5. Kapitel: Vorvoten 456

6. Kapitel: Das Votum nach der Beratung 456

Teil 15: Kurzüberblick zum FamFG

1. Kapitel: Einführung 457
    I. Allgemeines 457
    II. Beteiligte 457
    III. Beweis 457

2. Kapitel: Der Beschluss 458
    I. Beschlusskopf (Rubrum) 458
    II. Beschlussformel 458
        1. Hauptsacheformel 459
        2. Kostenentscheidung 459
        3. Vorläufige Vollstreckbarkeit 459
        4. Zulassung eines Rechtsmittels 459
        5. Sondervorschriften 459
    III. Beurkundung des Sach- und Streitstands 460
    IV. Beschlussbegründung 460
    V. Unterschriften 460
    VI. Beschlüsse des Beschwerdegerichts 460

3. Kapitel: Ergänzende Vorschriften zum Beschluss 461

4. Kapitel: Einstweiliger Rechtsschutz (einstweilige Anordnung) 461

5. Kapitel: Rechtsmittel 462
    I. Überblick 462
    II. Beschwerde 462
    III. Sofortige Beschwerde 462
    IV. Rechtsbeschwerde 463

Anhang 464

1. Kapitel: Aktenvortrag 464
    I. Allgemeines 464
    II. Aufbau 464
        1. Begrüßung der Prüfer 464
        2. Einleitender Satz, mit Bezug auf folgende Punkte: . 464
        3. Sachverhaltsschilderung 464
        4. Kurzvorschlag 465
        5. Rechtliche Erwägungen (im Gutachten- und Urteilsstil) 465
        6. Entscheidungsvorschlag 466

2. Kapitel: Prozessuale Fristen 466

3. Kapitel: Ablauf der mündlichen Verhandlung 466

4. Kapitel: Probleme der Klagerücknahme 467
    I. Einführung 467
        1. Grundsatz 467

Inhaltsverzeichnis

		2. Ausnahme: Teilweise Klagerücknahmen	467
	II.	Einzelheiten	468
		1. Alternativen zur Klagerücknahme	468
		2. Zulässigkeitsvoraussetzungen der Klagerücknahme	468
		3. Streit über Wirksamkeit	468
		4. Vollziehung der Klagerücknahme	468
		5. Probleme bestehen bei folgenden Punkten:	468
		6. Wirkung	468
		7. Entscheidung des Gerichts	469
		8. Rücknahme von Nebenansprüchen: Fiktiver Streitwert	469
		9. Rücknahme des Mahnantrages	469
		10. Rücknahme des Einspruchs und des Widerspruchs	469
		11. Klagerücknahme und § 264 Nr. 2 ZPO	469
	III.	Teilklagerücknahme	469
		1. Kosten: Veränderung des Gebührenstreitwerts . .	469
		2. Mehrere Streitgenossen; Teilurteil?	469
		3. Aufbau des Urteils	469
	IV.	Urteil	469
		1. Rubrum: Bei Widerklage?	469
		2. Tenor	469
		3. Tatbestand	469
		4. Entscheidungsgründe	469

Stichwortverzeichnis 471

Abkürzungsverzeichnis

a. A.	anderer Ansicht
a. a. O.	am angegebenen Ort
a. E.	am Ende
a. F.	alte Fassung
Abs.	Absatz
AG	Amtsgericht
AGB	Allgemeine Geschäftsbedingungen
Alt.	Alternative
Anm.	Anmerkung
AO	Abgabenordnung
Art.	Artikel
Aufl.	Auflage
AZ	Aktenzeichen
BAG	Bundesarbeitsgericht
BauGB	Baugesetzbuch
BayObLG	Bayerisches Oberstes Landesgericht
BayVGH	Bayerischer Verwaltungsgerichtshof
BB	Betriebs-Berater (Zeitschrift)
Bd.	Band
Beschl.	Beschluss
Betr.	betreffend
BFH	Bundesfinanzhof
BGB	Bürgerliches Gesetzbuch
BGBl.	Bundesgesetzblatt
BGH	Bundesgerichtshof
BGHZ	Entscheidungen des Bundesgerichtshofs in Zivilsachen
BR-Drucksache	Bundesrats-Drucksache
BT-Drucksache	Bundestags-Drucksache
Buchst.	Buchstabe
BVerfG	Bundesverfassungsgericht
BVerfGE	Entscheidungen des Bundesverfassungsgerichts
BVerwG	Bundesverwaltungsgericht
BVerwGE	Entscheidungen des Bundesverwaltungsgerichts
bzgl.	bezüglich
bzw.	beziehungsweise
ca.	circa
d. h.	das heißt
ders.	derselbe

Abkürzungsverzeichnis

DIN	Deutsche Industrienorm
DNotZ	Deutsche Notar-Zeitschrift
DRiZ	Deutsche Richterzeitung
DStR	Deutsches Steuerrecht (Zeitschrift)
EGBGB	Einführungsgesetz zum Bürgerlichen Gesetzbuch
Erl.	Erläuterung(en)
EStG	Einkommensteuergesetz
etc.	et cetera
EuGVVO	Verordnung (EG) des Rates über die gerichtliche Zuständigkeit und die Anerkennung und Vollstreckung von Entscheidungen in Zivil- und Handelssachen
EuGVÜ	Europäische Übereinkunft über die gerichtliche Zuständigkeit und die Vollstreckung gerichtlicher Entscheidungen in Zivil- und Handelssachen
f. (ff.)	folgend(-e)
FamFG	Gesetz über das Verfahren in Familiensachen und in den Angelegenheiten der freiwilligen Gerichtsbarkeit
FamGB	Familiengesetzbuch der DDR
FamRZ	Zeitschrift für das gesamte Familienrecht
FGG	Gesetz über die Angelegenheiten der freiwilligen Gerichtsbarkeit
Fn.	Fußnote
gem.	gemäß
GG	Grundgesetz
Ggf.	gegebenenfalls
GKG	Gerichtskostengesetz
GmbH	Gesellschaft mit beschränkter Haftung
GmbHG	Gesetz betreffend die Gesellschaften mit beschränkter Haftung
GVG	Gerichtsverfassungsgesetz
h. L.	herrschende Lehre
h. M.	herrschende Meinung
HGB	Handelsgesetzbuch
i. d. F.	in der Fassung
i. d. R.	in der Regel
i. E.	im Einzelnen
i. H. v.	in Höhe von
inkl.	inklusive
InsO	Insolvenzordnung
i. S. d.	im Sinne des (der)
i. Ü.	im Übrigen
i. V. m.	in Verbindung mit
JGG	Jugendgerichtsgesetz
JurBüro	Das Juristische Büro (Zeitschrift)
JW	Juristische Wochenschrift (Zeitschrift)
JZ	Juristen-Zeitung

Abkürzungsverzeichnis

KG	Kammergericht, Kommanditgesellschaft
LAG	Landesarbeitsgericht
LG	Landgericht
Lit.	Literatur
LPartG	Lebenspartnerschaftsgesetz
m. E.	meines Erachtens
m. w. Nachw.	mit weiteren Nachweisen
MDR	Monatsschrift für Deutsches Recht (Zeitschrift)
n. F.	neue Fassung
NJW	Neue Juristische Wochenschrift (Zeitschrift)
NJW-RR	NJW-Rechtsprechungsreport Zivilrecht
Nr.	Nummer
OLG	Oberlandesgericht
OLGZ	Entscheidungen der Oberlandesgerichte in Zivilsachen
OVG	Oberverwaltungsgericht
OWiG	Gesetz über Ordnungswidrigkeiten
Rn.	Randnummer
RG	Reichsgericht
RGZ	Entscheidungen des Reichsgerichts in Zivilsachen
Rpfleger	Der Deutsche Rechtspfleger (Zeitschrift)
RPflG	Rechtspflegergesetz
RVG	Rechtsanwaltsvergütungsgesetz
S.	Satz/Seite
s.	siehe
s. a.	siehe auch
sog.	so genannt(-e)
str.	streitig
s. u.	siehe unten
u. a.	unter anderem
u. U.	unter Umständen
usw.	und so weiter
v.	vom, von
VersR	Versicherungsrecht (Zeitschrift)
VG	Verwaltungsgericht
VGH	Verwaltungsgerichtshof
vgl.	vergleiche
VwGO	Verwaltungsgerichtsordnung
WEG	Wohnungseigentumsgesetz
WuM	Wohnungswirtschaft und Mietrecht (Zeitschrift)
z. B.	zum Beispiel

Abkürzungsverzeichnis

Ziff.	Ziffer
ZK	Zivilkammer
ZMR	Zeitschrift für Miet- und Raumrecht
ZPO	Zivilprozessordnung
z. T.	zum Teil
ZVG	Gesetz über die Zwangsversteigerung und die Zwangsverwaltung (Zwangsversteigerungsgesetz)
ZZP	Zeitschrift für Zivilprozess

Teil 1: Allgemeine Hinweise zur Assessorklausur

Das **Schreiben** einer **guten Assessorklausur** ist **keine Kunst**. Es ist jedenfalls im Wesentlichen Ergebnis einer guten Vorbereitung. Die Vorbereitung kann nicht darin bestehen, zu versuchen, den konkreten Fall zu „erahnen" und sich auf diesen vorzubereiten. Wer das versucht, wird in der Regel scheitern. Eine gute Assessorklausur zeichnet sich gerade dadurch aus, dass sie dem Kandidaten (auch) etwas Unbekanntes präsentiert. Vor allem diese Anforderung entspricht der Praxis, deren Lebenssachverhalte bunt sind. Eine gute Vorbereitung besteht also in etwas anderem. Sie ertüchtigt den Kandidaten, aufgrund eines **solide erlernten Handwerkzeugs**, seines Wissens um prozessuale Situationen und seines Könnens im Umgang mit rechtlich Unbekanntem, aber auch mit der Sprache, seiner Angst, der Zeitnot und des Stresses der Prüfung angemessen umzugehen. Der Erfolg einer Klausur ist Ergebnis von Haltung („Ich will gut bestehen!"), Vorbereitung und Glück.

Dieses Buch trägt zu einer Vorbereitung gerade einer **guten Klausur** bei. Es zeigt neben den Standardproblemen besondere, originelle Situationen auf. Das Wesentliche besteht aber in etwas anderem. Es reicht nicht aus, ein Problem zu kennen. Die Erfahrung zeigt, dass viele Kandidaten über Wissen verfügen – und dennoch versagen. Die Kenntnis eines Problems ist erst dann ein Gewinn, wenn der Kandidat weiß, wie, wo und wann er in der Assessorklausur das Problem darstellen kann – und wann er es nicht behandelt. Dies setzt voraus, dass für viele prozessuale Situationen bekannt ist, wie sie sich auf **Rubrum, Tenor, Tatbestand und Entscheidungsgründe** auswirken. Das ist Technik und ist ohne weiteres erlernbar. Ferner setzt es voraus, einem Lebenssachverhalt u. a. „anzusehen", was die prozessualen Fragen sind. Auch dazu soll das Buch beitragen. Es geht also um **Struktur, Struktur, Struktur**. Diese fehlt – auch in der Praxis. Das „saubere" Abprüfen von Tatbestandsmerkmalen verliert sich hinter Fabulieren und „Nebelwerfern". Jedenfalls dem Kandidaten sollte es darum gehen, eine Aufgabe zu „skelettieren" und den einzelnen Problemen ihren angemessenen Standort zuzuweisen. Diese Zuweisung kann auch darin bestehen, z. B. schlicht die Prüfung der Zulässigkeit nicht darzustellen. Nämlich dann, wenn dort kein Problem steckt. Und das ist häufig der Fall.

1. Kapitel: Der Beginn des Lernens

Das Erlernen zivilprozessualer Probleme und das Wiederholen materieller Probleme müssen spätestens am **ersten Tag des Rechtsreferendariats** beginnen. Es gibt keine Zeit – gar keine! –, sich zunächst in das Rechtsreferendariat einzufinden. Die **Zeit** bis zu den Klausuren ist zu **kurz**. Ziel muss es sein, das **vollständige Wissen** bereits am **Ende der Zivilstation** erlangt zu haben, in der Regel also in den ersten 4 oder 5 Monaten des Rechtsreferendariats. Das erscheint früh. Es ist es aber nicht. Im Gegenteil ist es eher spät. Klar ist jedenfalls, dass die Monate nach der Zivilstation genauso intensiv der Straf- und Verwaltungsstation zu widmen sind und dass die Rechtsanwaltsstation neben dem Erlernen des Handwerkszeugs, eine Anwaltsklausur zu schreiben, allein dafür dienen sollte, das bereits umfangreich Erlernte zu wiederholen und punktuell zu vertiefen. Der Zeitpunkt, hier erstmals das notwendige Rüstzeug zu erwerben, ist definitiv zu spät. Wer auf das späte Lernen setzt, hat bereits am Anfang verloren.

4 Das **Lernen ist** selbstständig **zu planen**. Hier ist nicht auf Dritte oder auf „das" Buch zu setzen. Die jeweils einschlägige Prüfungsordnung kann von der in einem Buch – auch diesem – angebotenen Stoffauswahl wenigstens teilweise abweichen. Die nach der jeweiligen Prüfungsordnung möglichen Prüfungsgegenstände sollten daher unbedingt selbst aufgelistet und auf die Monate der Zivilstation verteilt werden. Dann ist ein **Stundenplan** zu erstellen. Sein Ziel ist es, die Prüfungsgegenstände zu gliedern und einen **Weg** zu schaffen, sie zu **bewältigen**. Neben der Lernarbeit sind auch Pausen einzuplanen. Denn es bedarf Phasen, in denen guten Gewissens nichts zu tun ist. Diese Phasen sind auch möglich, wenn klar ist, wann welche Lernarbeit ansteht. Die Planung muss anhand der jeweiligen Prüfungsordnung erfolgen und den dortigen Stoff vollständig und detailliert aufgliedern. Am Ende der Planung ist ein „Polster" für Wiederholung/Vertiefung, aber auch für Verzögerungen zu lassen. Vor allem Verzögerungen wird es geben. Das ist normal. Gegen sie ist sich zu wappnen. Das kontinuierliche Lernen sollte wenigstens werktäglich erfolgen und – je nach Lerntyp, Vorkenntnissen und Aufnahmefähigkeit – zwischen 4 und 6 Stunden liegen.

5 Überblick für eine mögliche Stoffaufgliederung

Gegenstand	Woche
die Vorschriften über das zivilprozessuale Verfahren im ersten Rechtszug • Verfahrensgrundsätze • Prozessvoraussetzungen	1.
Klage • Klageänderung • Klagerücknahme • Anerkenntnis • Prozessvergleich	2.
Arten und Wirkungen von Klagen und gerichtlichen Entscheidungen • Urteil	3.
Beschluss	4.

1. Kapitel: Der Beginn des Lernens

Gegenstand	Woche
Widerklage Stufenklage	5.
Feststellungsklage	6.
Beweisgrundsätze • Grundprobleme der Beweiswürdigung • Beweislast • Beweismittel	7.
Partei • Begriff • Parteiwechsel • Streitgenossen	8.
Prozessaufrechnung Streitverkündung	9.
Versäumnisverfahren • Versäumnisurteil • Einspruchsverfahren • Wiedereinsetzung in den vorigen Stand	10.

Zwangsvollstreckung
 	
• allgemeine Vollstreckungsvoraussetzungen
 	
• die Arten der Zwangsvollstreckung
   – § 766 ZPO
   – § 767 ZPO
   – § 771 ZPO
   – § 805 ZPO
	
	11.
	
	12.

einstweiliger Rechtsschutz • Arrest • einstweilige Verfügung	13.
Wiederholung/Vertiefung/Verzögerungen	14.–16.

2. Kapitel: Klausuren schreiben, Klausuren schreiben, Klausuren schreiben

6 Eine gute Assessorklausur schreibt, der weiß, was ihn erwartet. Das verlangt Übung. Der Rechtsreferendar sollte daher **keine Gelegenheit** auslassen, **Klausuren zu schreiben.** Hier lernt man, mit Angst umzugehen, Unbekanntes zu bearbeiten, zu formulieren, zu taktieren und die körperlichen Anstrengungen fünfstündigen Schreibens zu ertragen. Man lernt aber vor allem, mit Zeit hauszuhalten. Und die ist eigentlich immer unzureichend. Die Klausur, die weit vor der Zeit bewältigt ist, ist selten. Normalfall ist, dass der Verfasser bis zum Ende schreibt – und noch gar nicht alles bewältigt hat –, nicht nur, aber vor allem im Strafrecht. Dieser Gefahr kann aber teilweise begegnet werden, denn auch „Zeitmanagement" ist erlernbar. Dies bedeutet nicht, dass man dann nicht mehr in Zeitnot gerät. Es passiert aber seltener. Und man kann Techniken erlernen und ein „Notfallszenario" einüben[1].

7 Die Forderung, **Klausuren zu schreiben** – es sollten zusammen mit den im Rechtsreferendariat ohnehin zu schreibenden Klausuren insgesamt nicht weniger als 50 sein –, wird **häufig nicht ernst genug genommen**. Freilich reicht es nicht aus, eine Klausur bloß zu schreiben. Das ist unnütz. Wichtig, vielleicht noch wichtiger ist die Korrektur der Arbeit und das Erlernen und Verstehen, warum die Klausur nicht perfekt gelöst wurde. Sämtliche Fehler sind zu analysieren. Danach dürfen sie nicht mehr gemacht werden. Rechtsreferendare unterschätzen diese Anforderung regelmäßig. Zur Besprechung der Klausur kommen sie nicht, die Note zu erfahren reicht ihnen. Das ist ein großer Fehler – selbst wenn die Note gut war. Zu verbessern gibt es immer etwas. Die eigentliche Würze liegt darin, an seinen Fehlern zu wachsen, sich ihnen zu stellen und zu verstehen, was falsch ist. Wer dazu Gelegenheit hat – und die hat eigentlich jeder –, sollte sogar weiter gehen. Er sollte selbst versuchen, Klausuren zu korrigieren und dem Schreiber erläutern, was falsch ist. Eine sehr gute Übung ist es ferner, Klausuren selbst zu auszuklügeln. Wer weiß, wie schwierig das ist und wie und wo man Probleme einbauen kann, kann die Arbeit anderer Klausurersteller – nämlich der des Prüfungsamtes – besser einschätzen. Und noch mehr. Wer Probleme versteckt, weiß wo sie andere verstecken. Wer Hilfen einbaut, erkennt die Hilfen anderer. Wer Stichworte gibt, erkennt die anderer. Wer Klausuren konzipiert, dem fällt es leichter, die Stärken und Schwächen anderer Klausuren zu „schmecken".

3. Kapitel: Die Arbeitsgemeinschaft der Ausbildungsbehörde

8 Die Ausbildungsbehörden bieten für die Zivilstation in der Regel eine Arbeitsgemeinschaft an. Diese sollte – egal, wie fähig der AG-Leiter ist – **besucht und genutzt** werden. Dort ist der Ort, sich mit anderen über das Erlernte und zu Erlernende auszutauschen, dort kann die mündliche Rede und die Fähigkeit, mit

---

1 Siehe dazu Rn. 31.

Unbekannten umzugehen, eingeübt werden. Meist werden in der Arbeitsgemeinschaft aktuelle, wenn auch bereits aussortierte Klausuren besprochen, Fälle behandelt und das notwendige Wissen vorgestellt. Die Arbeitsgemeinschaft ist so ein guter Ort, sich auf das Examen vorzubereiten. Das gilt auch dann, wenn der AG-Leiter unfähig ist. Die Arbeitsgemeinschaft ist bis auf Ausnahmen immer auf die eine oder andere Weise lehrreich. Außerdem ist man nicht allein.

4. Kapitel: Die private Arbeitsgemeinschaft

Es hat sich auch auf die Vorbereitung auf das 2. juristische Staatsexamen als mehr als nützlich erwiesen, im Rahmen einer **privaten Arbeitsgemeinschaft** – maximal 4 Mitglieder – **systematisch** den Stoff **abzuarbeiten**. Die Mitglieder müssen sich weder sympathisch sein, noch müssen sie befreundet sein. Allzu große Nähe lenkt eher ab und schafft das falsche Klima. Auch Konkurrenz ist erlaubt, sogar nützlich. Es hat sich häufig gezeigt, dass alle AG-Mitglieder mit der gleichen Note abschließen. Das Ziel muss sein, mit der gleich guten Note abzuschließen. Gegenseitiges Anspornen ist mithin erwünscht.

Die private Arbeitsgemeinschaft sollte wenigstens einmal, höchstens zweimal wöchentlich zusammenkommen. Mehr ist abträglich, da genügend Zeit zum individuellen Lernen benötigt wird. Die Arbeitsgemeinschaft ist kein Ort zum Erlernen. Gemeinsames Lernen ist fast immer abträglich. Jeder hat sein eigenes Tempo. Die private Arbeitsgemeinschaft ist eher Ort, das bereits vollständig oder teilweise Erlernte miteinander zu besprechen. In der Arbeitsgemeinschaft können Fälle geübt, Klausuren korrigiert, Aktenvorträge gehalten werden. Auch der Arbeitsgemeinschaft sollten ein Stundenplan und eine klare Gliederung zu Grunde liegen. Jedem Mitglied sollte vor Beginn klar sein, was behandelt wird und was die anderen von ihm erwarten.

5. Kapitel: Zeitschriften/Bücher

Das Rechtsreferendariat ist zu kurz, um sich mit etlichen Büchern, Skripten, Zeitschriften, Schemata etc. zu verzetteln. Der Rechtsreferendar sollte sich in der Regel auf **eine Unterlage** stützen, der er vertraut. Diese ist dann aber nicht bei Gelegenheit durchzublättern oder anzulesen. Diese muss schmerzvoll und intensiv **durchgearbeitet werden**. Vertiefungen sind daneben möglich und nötig, aber sollten die Ausnahme bleiben – für sie ist einfach nicht genügend Zeit da. Allerdings sollte das Rechtsreferendariat durchaus mit einer Zeitschrift begleitet werden. Hier ist vor allem die JuS zu empfehlen. Wichtig ist hier vor allem, die angebotenen Originalexamensaufgaben durchzuarbeiten. Ebenso sollte die vorgestellten prozessualen Probleme gelesen und verstanden werden. Der, der nur ablegt und abheftet, verschenkt Geld und Zeit. Daneben sollte man in die NJW und MDR schauen – wie der Prüfer auch.

6. Kapitel: **Der Prüfer**

12 Der Prüfer ist **nicht geborener Feind** des Prüflings. Er kann aber zum Feind werden. Rechtsreferendare werden vor allem zum Feind des Prüfers, wenn sie ihn ärgern und/oder langweilen oder ihn quälen. Das gilt es zu vermeiden – was nicht so schwer, aber auch nicht leicht ist. Der Prüfer wird in aller Regel **Praktiker** sein. Große Theorienstreite sind also meist seine Sache nicht – vor allem, wenn es eine feststehende Rechtsprechung gibt. Anlass, gegen diese in der Klausur zu argumentieren, gibt es nie. Der Prüfer – der meist korrigiert, wenn er am Ende des Tages müde und erschlafft ist – will es einfach haben. „Einfach" heißt:
- ordentliche Schrift
- verständlicher Stil
- klare Gliederung
- klare Gedanken
- saubere Prüfung des eigenen Prüfungsprogramms
- Stringenz der Lösung
- Vollständigkeit
- Formalien eingehalten
- gutes Deutsch

13 Ein guter Weg besteht darin, sich in den Prüfer einzudenken. Was hätte der Rechtsreferendar gern, wäre er Korrektor? Was gefiele einem selbst, was ärgerte einen? Mit den Ergebnissen – wenn sie halbwegs objektiv sind – wird man meist richtig liegen. Zu vermeiden ist damit alles, was auch einen selbst ärgerte, störte, nervte, irritierte. Umgekehrt ist alles zu bieten, was objektiv gesehen jeder erwarten darf.

7. Kapitel: **Das Examen**

I. Allgemeines

14 Das eigentliche Examen ist stressig und gefürchtet. Der **Stress** ist durch gute Vorbereitung **eingrenzbar**. Furcht ist unnötig, lähmt und zerstörerisch. Wer sich gut vorbereitet, muss auch keine Anngst haben. Dazu muss die Vorbereitung umfassend und gut sein. Ihrer bedarf aber auch ein Ende. Zwei bis drei Wochen vor dem Examenstermin sollte im Wesentlichen Schluss sein. Die Klausur erfordert auch Kreativität, klares Denken und einen frischen Geist. Den sollte man sich schaffen und erschlafen. Kreativität schafft nicht, wer bis zum Ende Stoff „paukt".

II. Das Schreiben

15 1. Schrift und Äußerlichkeiten. Es klingt banal, ist es aber nicht. Wer schreibt, will **verstanden** werden. Die beste Lösung nutzt nichts, wenn sie nicht gelesen werden kann. Der Feind einer guten Benotung sind daher Kritzeleien, eine schlechte

7. Kapitel: Das Examen

Handschrift und Geschmiere. Gerade wer männlich und (zudem) Linkshänder ist, sollte hier Vorsicht walten lassen. Dabei ist es ganz einfach. Jeder Prüfer will eine leicht lesbare Handschrift korrigieren. Der Prüfer mag aber noch mehr. Er schätzt eine klare Gliederung, Absätze, Platz und eine äußerlich „ordentliche" Klausur. Wer meint, dass **Ordnung in der Assessorklausur** eine Sekundärtugend ist, irrt. Im Gegenteil kann eine äußerlich gefällig Klausur im Zweifel mehr Punkte bringen als geniale Sudeleien. Das bedeutet u. a.:

- klare Struktur
  - Rubrum
  - Tenor
  - Tatbestand
  - Entscheidungsgründe
- klare Gliederung der Einzelteile
  - Absätze
  - in den Entscheidungsgründen Gliederungsziffern; ggf. auch Zwischenüberschriften
- kurze, prägnante Sätze
- einfaches Deutsch, wenig Fremdworte
- leichte, verständliche Satzstrukturen.

2. Stil. Der **Stil** der meisten Kandidaten ist **schlecht**. Sie schaffen es nicht, einfaches auch einfach auszudrücken. Sie sehen – zu Unrecht – eine Kunst darin, aus einem anspruchslosen Gedanken durch verquaste Wortwahl und Fremdwörter etwas Besonderes zu machen. Das Gegenteil ist anzustreben. In kurzen, einfachen Sätzen sollten selbst intellektuelle Klimmzüge so klar und durchscheinend werden, dass ihnen einfach jeder folgen kann.

3. Yes-Set. Jeder Kandidat sollte in der **mündlichen Prüfung**, aber auch bereits in seiner schriftlichen Ausarbeitung versuchen, einen „Yes-Set" zum Prüfer **aufbauen**. Yes-Set ist eine Bezeichnung für eine **suggestive Grundtechnik**. Auf mehrere **Konsensaussagen** folgt eine deutende bzw. suggestive Aussage, die dann vom Gegenüber meist angenommen wird. Das heißt: Eine Reihe zunächst unbestreitbarer, dann zunehmend diskutierbarer (evtl. auch indiskutabler) Aussagen wird als Ganze angenommen, wenn der Zuhörer zunächst in eine Haltung von Zustimmung versetzt wird.

> **Klausurtipp**
>
> **Übersetzt für die Klausur heißt das:** Es sollten zunächst Sätze niedergeschrieben werden, die jeder unterschreiben kann, in denen sich der Prüfer „wie in seinen Hausschuhen fühlt". Kommen dann Sätze, die weniger „gemütlich" sind, fällt es dem Prüfer leichter, zu folgen – und auch diese hoffentlich als wenigstens vertretbar anzusehen. Umgekehrt patzt, wer von Anfang an gegen den Strich gebügelt ist und individuell-originell das Rad neu erfindet.

4. Reihenfolge der Abfassung. In welcher **Reihenfolge** eine Assessorklausur schriftlich **abgesetzt** wird, ist bis zu einem gewissen Punkt **Geschmackssache**. Es ist aber auch Technik. Es gibt Gründe für eine bestimmte Reihenfolge. Es bietet sich folgende Reihenfolge an:

- Män fängt mit dem **Rubrum** an. Der Prüfer beginnt in der Regel sein Lesen mit dem Rubrum. Dieses ist also eine Art „Visitenkarte", mit der sich der Kandidat dem Leser vorstellt. Ist hier alles falsch, gewinnt der Prüfer von Anfang an einen schlechten Eindruck – und das Yes-Set kann scheitern. (Hat der Kandidat keine Ahnung, ist wohl besser, statt eines falschen gar kein Rubrum zu schreiben.) Das Rubrum nimmt auch die „Angst vor dem weißen Blatt". Man hat bereits was. Und: wer hat, der hat.
- Dann sind die **Entscheidungsgründe** abzusetzen. Nur wer mit dem Schreiben unbedingt anfangen will, aber von der Lösung noch keine Ahnung hat, mag mit dem Tatbestand beginnen. Richtig ist das nicht. Einen guten, punkteträchtigen Tatbestand kann nur schreiben, der die Lösung kennt. Ein Tatbestand ist kein Produkt, keine bloße Nacherzählung. Er ist eine Kunstform, die die Lösung vorbereitet. Ein Tatbestand korrespondiert mit den Entscheidungsgründen (**Korrespondenprinzip**). Was in den Entscheidungsgründen unerheblich ist, hat – wenn überhaupt – nur einen kleinen Platz im Tatbestand. Was aber in den Entscheidungsgründen wichtig ist – das kann eine zeitliche Abfolge sein, der Inhalt von Gesprächen, ein Vertragstext, etc. – muss im Tatbestand auch berichtet werden. Wenn der Verfasser in den Entscheidungsgründen ein Datum braucht (Rechtshängigkeit, Verzug, Mahnung etc.), muss das im Tatbestand aufgeführt werden. Diesen Anforderungen kann nur genügen, wer die Lösung – und ihre Details – im Kopf hat. Es empfiehlt sich daher, die Entscheidungsgründe vor Abfassung des Tatbestandes zu schreiben. Im Übrigen ist das auch der **bessere Notfallweg**. Muss ein Teil der Klausur ganz oder teilweise ausfallen, können das nicht die punkteträchtigen Entscheidungsgründe sein. Der Tatbestand ist nicht der größte „Punktelieferant". Wichtiger sind immer – das gilt ausnahmslos – die Entscheidungsgründe.
- Nach den **Entscheidungsgründen** weiß man, „wie der Hase läuft". Also setzt man den **Tenor** kurz und prägnant ab. Hat man, aus welchen Gründen auch immer, den Tenor bereits abgesetzt, kontrolliert man spätestens jetzt, ob Tenor und Entscheidungsgründe auch zueinander passen. Die Entscheidungsgründe begründen den Tenor. Weicht die Begründung vom Tenor ab, ist das eine Katastrophe. Realisiert man beim Tenor, dass die Entscheidungsgründe falsch sind, bleibt man dabei und fasst den Tenor wie die Entscheidungsgründe. Eine Umkehr gibt es hier nicht mehr.
- Am Ende kommt der **Tatbestand**, der zwar nicht fehlen darf, aber nur Kleid des Urteils ist. Mit einem guten Tatbestand gewinnt man nichts, allenfalls Smypathie. Verlieren wird man nur durch einen schlechten. Fehlt der Tatbestand ist das schlimm. Schlimmer ist aber, wenn die anderen Teile fehlen.

III. Die „richtige" Lösung

20 Es gibt in aller Regel und im Zweifel nicht „die" Lösung. In über einem Jahrzehnt ist dem Verfasser auch nur eine „offizielle" Lösungsskizze – ausformulierte Klausurlösungen der Prüfungsämter gibt es grundsätzlich nicht! – untergekommen, die **nur einen Lösungsweg** zugelassen hätte. Das ist auch richtig. Das Recht ist zu bunt und zu lebendig, dass es möglich wäre, eine Klausur zu konzipieren, die eine Abweichung vom „Muster" nicht zuließe. Niemand muss also daran verzweifeln, dass seine Nachbarn eine andere Lösung haben. Das mag die „Erwartete" sein. Aber auch viele andere Lösungen sind möglich. Es gibt auch hier allerdings eine **Regel**. Der, der vom „Mainstream" abweicht und eine Lösung präsentiert, die neben den Üblichen liegt, hat einen höheren Begründungsaufwand. Je mehr sich die Lösung in der „Mitte" bewegt, desto weniger muss der Verfasser hingegen erklären, warum er dort ist – denn dort sind eben die meisten, auch wenn es falsch ist.

Erwartet ist eine **praktische Lösung**. Das ist etwas ganz anderes als die Lösung eines Studenten. Es geht nicht darum, möglichst viele Lehrmeinungen zu kennen, den BGH oder die Rechtsprechung als undogmatisch abzutun und dann der Lehrmeinung „X" zu folgen. Es ist genau anders herum. Wer vor dem Korrektor bestehen will – die Korrektoren sind fast ausschließlich Praktiker, deren Studium lange zurück liegt, denen aktuelle Streitigkeiten meistens fremd, jedenfalls häufig egal sind und die eine Lösung erwarten, wie sie sie auch vor ihrem Rechtsmittelgericht vertreten könnten –, der löst den Fall so, wie es die Praxis tut. Im 2. Staatsexamen gibt es **keinen Grund**, allen deutlich zu machen, dass man alles besser weiß. Das klarzustellen, gibt es andere Orte. Das 2. Staatsexamen ist eine praktische Lösung, die im Gerichtssaal bestehen kann. Diese Lösung hat meistens mit Lehrmeinungen nichts zu tun. Im 2. Staatsexamen ist man Opportunist und folgt der Rechtsprechung.

IV. Zeitplanung

Das „A und O" der Assessorklausur ist eine **gute Zeitplanung**. Die Frage, wann man mit dem Abfassen einer schriftlichen Lösung beginne, ist naturgemäß Geschmackssache. Wer aber später als zwei Stunden nach Ausgabe der Klausuraufgabe noch nicht schreibt, dürfte häufig **verloren** haben. Die Skizzierung der Lösung und das Klarwerden dürfen keinesfalls länger dauern.
Hier ein **grobes Zeitschema**:

Gegenstand	Zeit
Lesen, Verstehen, Markieren, Recherchieren	ca. 1 Stunde
Abfassen der Arbeit • Rubrum • Entscheidungsgründe – Zulässigkeit – Begründetheit • Tenor • Tatbestand	ca. 3–3½ Stunden ca. 5 Minuten ca. 2–3 Stunden ca. 10–20 Minuten ca. 2 Stunden (Nebenentscheidungen und Zinsen in der Regel nicht mehr als 5 Minuten) ca. 5 Minuten ca. 30 Minuten
Korrigieren, Streichen, Verbessern	½–1 Stunde

Die **erste Stunde** (Lesen, Verstehen, Markieren, Recherchieren) darf **keinesfalls unterschätzt** werden – vor allem nicht das **Lesen des Bearbeitervermerks**. Häufig bearbeiten die Kandidaten Punkte, die ihnen ausdrücklich erlassen waren. Daher: Unbedingt als erstens den Bearbeitervermerk lesen und sich klar machen, was verlangt ist. Das wird zwar häufig dasselbe sein, aber nicht immer. Das liegt auch daran, dass die Prüfungsämter bekanntlich Klausuren austauschen. Daher kann einem Kandidaten auch ein fremder Bearbeitervermerk begegnen – und dann ist z. B. der Tatbestand erlassen, was sonst beim eigenen Prüfungsamt nie der Fall ist. Der Bearbeitervermerk enthält die **genaue Arbeitsanweisung** und muss daher mit größter Aufmerksamkeit gelesen werden. Er kann z. B. Hinweise zum Stand der anzuwendenden Gesetze, aber auch zum Fall enthalten, etwa wann eine Klage zugestellt wurde.

25 Nach dem Bearbeitervermerk wird der **Aufgabentext gelesen**. Mehrfach. Zunächst „neutral", später teilweise mit Unterstreichungen/Markierungen. Aus dem Aufgabentext sind die Informationen zusammenzutragen und zu sammeln, die eine Skizzierung der Probleme erlauben. Hier gilt:
- Auf **angemessene Gliederungstiefe** achten.
- Überschriften **prägnant** und **aussagefähig** formulieren.
- **Vollständig** und **numerisch gliedern**.

26 Mehr als eine Skizzierung ist zeitlich nicht möglich, von einem „Aktenauszug" ist in der Klausur dringend abzuraten. Wichtig sind in der Regel dem Auszug beigegebene Urkunden, Protokolle, Schriftstücke etc. Im Grundsatz ist nichts zufällig. Im Auszug gibt es selten „Seitenfüller". Wird etwas vollständig abgedruckt, kann dies ein Hinweis für den Bearbeiter sein, sich mit Form und/oder Inhalt des Abdrucks auseinanderzusetzen. Das Lesen kann je nach Fall unterschiedlich lange dauern, sollte aber keinesfalls 1½ Stunden überschreiten.

27 Die Hauptarbeit ist das Schreiben. **Was nicht auf dem Papier steht, wird nicht bewertet.** Skizzen helfen nicht. Was nicht abgefasst ist, ist verloren. Das Schreiben sollte aber auch ein Ende haben – und zwar kein jähes. Legion sind die Kandidaten die bis zum bitteren Ende schreiben, am besten noch im Laufen bei Abgabe der Arbeit. Das ist untunlich. Richtig ist, der eigenen **Korrektur Raum** zu geben. Wer das übt und versucht, wird verstehen, warum. Wo es möglich ist, sollte die Zeit innerhalb der Klausur nach Schwerpunkten eingeteilt werden. Leitfaden und Prüfstein ist das, was **punkteträchtig** ist. Das sind weder die Formalien noch der Tatbestand noch – jedenfalls in der Regel – die Zulässigkeit. Begegnet man innerhalb der Klausur einem „schweren Brocken", darf dieser nicht die ganze Klausur zerstören. Man nimmt sich ein Zeitfenster, z. B. 20 Minuten. Danach geht es weiter – egal, ob der Brocken beiseite geschafft wurde. Er wird in der Regel nicht der einzige sein und er darf nicht die Vollendung der Arbeit dauerhaft aufhalten; zunächst ggf. stellt man den Punkt auch zurück.

28 Im Übrigen ist **unnötige Schreibarbeit** zu vermeiden. Dazu gehören überflüssige Definitionen, Wiederholung des Gesetzestextes, illustrierende Beispiele (wenn nicht explizit gefragt). Ferner sind **zu meiden** mehrfarbige oder eine extrem unleserliche Schrift, das Entfernen von falschen Passagen mit Tipp-Ex oder Tintenkiller sowie überflüssige Unterstreichungen – und schon gar nicht mit Lineal.

V. Gewichtung

In der Regel ist – mit seltenen Ausnahmen – **Schwerpunkt der Assessorklausur** die **materiell-rechtliche Lösung des Falles**. Das Verfahrensrecht – das das Rechtsreferendariat lehrt – ist nur ein Kleid. Dieses ist nicht unwichtig, sollte auch schmuck sein. Mit diesem Kleid werden aber keine Schlachten gewonnen. Hier kann nur verloren werden. Das Rubrum sollte stimmen, ist es doch die „Visitenkarte", die dem Prüfer den Kandidaten vorstellt. Auch der Tenor sollte richtig sein, der Tatbestand zutreffend. Diese Teile der Klausur sind aber nicht punkteträchtig. Niemand wird das Examen bestehen, wenn es an den Entscheidungsgründen fehlt. Durch die prozessualen Probleme muss man durch, sie führen aber nicht zum Bestehen des Examens.

Entsprechendes gilt für die Zulässigkeitsprüfung – die ohnehin von Rechtsreferendaren zumeist überschätzt wird. Eine Klausur mit Schwerpunkt in der Zulässigkeit kann man mit der Lupe suchen. Eine Klausur, bei der die Zulässigkeit nicht gegeben wäre, ist die **große Ausnahme**. Es gilt gleichsam eine „Vermutung" dafür, dass eine Klage letztlich **zulässig** ist. Dass ein Klausurersteller einen Klausurfall konzipiert, nach dem eine Klage unzulässig wäre, ist kaum vorstellbar. Jeder Kandidat, nach dessen Lösung eine Klage unzulässig ist, sollte seine Lösung **mehrfach prüfen**. Etwas anderes kann nur gelten, wenn es mehrere Kläger oder Beklagte oder mehrere Ansprüche gibt.

VI. Der Notfall

Der **Notfall ist kein Einzelfall**. Viele Kandidaten kommen in Zeitnot. Und viele Kandidaten stellen zu einem – zu späten – Zeitpunkt fest, dass ihre Lösung falsch ist – oder sie glauben das. Es ist also sinnvoll, sich mit dem Gedanken vertraut zu machen, dass es in der Prüfung zu Problemen kommt. Die Bewältigung solcher Notfälle ist bis zu einem gewissen Grad erlernbar. Man muss wissen, welche Teile der Klausur – wenn es gar nicht anders geht – entbehrlich sind, jedenfalls ein niedrigeres Niveau haben dürfen. Es lässt sich etwa so darstellen:

Gegenstand	Wertung
Rubrum • Angabe Parteien • Angabe Gericht • Tag der Entscheidung	 Unentbehrlich notfalls entbehrlich Unentbehrlich
Tenor • Hauptsache • Kosten • Vollstreckbarkeit • Zulassung Rechtsmittel	 Unentbehrlich notfalls entbehrlich (häufig ohnehin erlassen) notfalls entbehrlich (häufig ohnehin erlassen) notfalls entbehrlich (häufig ohnehin erlassen)
Tatbestand • Geschichtserzählung • Streitiges	 unentbehrlich notfalls entbehrlich (meistens ohnehin nur Rechtsansichten)

Gegenstand	Wertung
• Anträge • Prozessgeschichte	unentbehrlich notfalls entbehrlich
Entscheidungsgründe • Zulässigkeit • Begründetheit • Nebenentscheidungen	 notfalls entbehrlich (einfach vermerken, dass die Klage zulässig ist – was fast immer stimmt) unentbehrlich notfalls entbehrlich (meistens reichen ohnehin die Paragraphen, aus denen die Nebenentscheidungen folgen)

33 Eine unvollständige Lösung ist natürlich **nicht anzustreben**. Hier muss man aber **taktisch denken**. Wenn etwas Vollständiges nicht gelingt, muss es eben weniger sein.

34 Am meisten Punkte bringen die **Entscheidungsgründe**. Sie dürfen daher ihrem Kern nach keinesfalls fehlen. Das gilt auch für das Rubrum. Das ist aber auch aus anderen Gründen wichtig. Der Prüfer beginnt in der Regel sein Lesen mit dem Rubrum. Dieses ist also eine Art „Visitenkarte" mit der sich der Kandidat dem Leser vorstellt. Ist hier alles falsch, gewinnt der Prüfer von Anfang an einen schlechten Eindruck – und das Yes-Set (s. Rn. 17) kann scheitern. (Hat der Kandidat bzgl. des Rubrums überhaupt kein Wissen, ist es sogar wohl besser, statt eines völlig falschen gar kein Rubrum zu schreiben.)

35 Zum Teil kommt es vor, dass man vermeintlich oder zu Recht nach Stunden feststellt, auf dem falschen Weg zu sein. Diesen Weg zu verlassen, ist meistens dennoch die **falsche Entscheidung**. Die bereits abgelaufene Zeit lässt es gar nicht zu, das „Richtige" jetzt noch zu bringen. Besser ist daher, das vermeintliche Falsche – es kann auch jedenfalls vertretbar sein – **konsequent** zu Ende zu bringen. Da es die „richtige" Lösung ohnehin nicht gibt, ist es besser, statt eines bloßen Korsetts oder einer Gliederungsskizze des „Richtigen" lieber ein sauberes „Falsches" abzuliefern.

VII. Übersicht zur Abfassung der Assessorklausur

36 Die Assessorklausur kann u. a. in folgender, in der Regel bewährter Reihenfolge abgefasst werden. Die Reihenfolge berücksichtigt, welche Klausurteile „punkteträchtig" sind und was ggf. wegfallen kann (s. Rn. 19).

7. Kapitel: Das Examen

Schema

1. Bearbeitervermerk gründlich lesen; Hilfsgutachten erforderlich?
   - Klausur 1. Mal lesen; Augenmerk auf Anträge und prozessuale Situation!
   - Klausur 2. Mal lesen, ggf. wichtige Passagen unterstreichen/markieren; Zeittabelle?
   - Welche Teile sind nach dem Bearbeitervermerk entbehrlich?
2. Rubrum schreiben
   - nimmt die Angst vor dem „weißen Blatt"
   - minimiert Fehler, die später in der Hektik entstehen können
   - Das Rubrum ist der erste Eindruck, den der Korrektor von der Klausur gewinnt.
3. Rechtliche Lösungsskizze fertigen
   - Anspruchsgrundlagen notieren
   - Anspruchsvoraussetzungen mit +/- durchprüfen
   - ggf. die entscheidenden Probleme der Arbeit und die jeweilige Weichenstellung kurz skizzieren
   - ggf. Lösung am Ende unter klausurtaktischen Gesichtspunkten überprüfen
     – Fallen Anträge bei der gefundenen Lösung „unter den Tisch"?
     – Kann die Klage wirklich unzulässig sein?
     – Ist ein Hilfsgutachten nötig?
     – Bei mehreren Beklagten: Ist die Lösung wirklich gleich?
4. Entscheidungsgründe schreiben; einseitig, Platz lassen; 1/3 Rand
   - Tenor schreiben
     – über den gesamten Anspruch entscheiden (Zinsen nicht vergessen!) und die Entscheidung am klägerischen Antrag nochmals überprüfen
     – In der Regel ist nur die Kostenquote, nicht die gesamte Kostenentscheidung erlassen.
     – die Vollstreckbarkeitsentscheidung am Wortlaut der Vorschriften orientieren; ggf. aus dem Gesetz abschreiben
[5. Ggf. Grobskizze des Tatbestandes fertigen
   - unstreitiger Sachverhalt in Stichworten
   - streitiger Klägervortrag
   - streitiger Beklagtenvortrag]
6. Tatbestand schreiben
   - § 313 Abs. 2 ZPO beachten (so wenig wie möglich, so viel wie nötig!)
   - muss in Relation zu den Entscheidungsgründen stehen

Teil 2: Gerichtliche Entscheidungen und Prozesshandlungen

1. Kapitel: Einführung

38 Unter einer **gerichtlichen Entscheidung** versteht man einen gerichtlichen Ausspruch, der eine Rechtsfolge anordnet. Im Zivilprozess gibt es nach § 160 Abs. 3 Nr. 6 ZPO **drei Arten** von Entscheidungen: Verfügungen, Beschlüsse und Urteile. Der inhaltliche Unterschied zwischen **Beschluss** und **Urteil** besteht im Wesentlichen darin, dass ein **Zivilprozess** grundsätzlich durch ein Urteil und nicht durch einen Beschluss endet[1]. Es gibt freilich auch prozessbeendende Beschlüsse; sie sind in der gegebenen Prozesslage, beispielsweise bei übereinstimmenden Erledigterklärungen nach § 91a ZPO[2], sogar die einzig zulässige Entscheidungsform. **Verfügungen** beenden niemals einen Prozess. Sie sind immer nur **prozessleitend**. Eine einstweilige „Verfügung" nach §§ 935 ff. ZPO ist entweder Beschluss oder Urteil, aber nie Verfügung in diesem Sinne. Der Name führt in die Irre.

2. Kapitel: Urteile

I. Allgemeines

39 Die **wichtigste Entscheidung** des Gerichts ist das **Urteil**. Das Urteil ist die Antwort auf eine Klage oder einen Antrag auf einstweilige Verfügung. Das Urteil ergeht **im Namen des Volkes**, § 311 Abs. 1 ZPO. Urteile werden vom **Prozessgericht** (Gegensatz: Vollstreckungsgericht) nach zumeist[3] notwendiger (obligatorischer) mündlicher Verhandlung in bestimmter Form erlassen, §§ 128 Abs. 1, 313 ZPO[4]. Für den formalen Aufbau und die gesetzlich vorgegebenen Inhalte eines Urteils ist **zentrale Vorschrift** § 313 ZPO. Urteile binden das Gericht nach § 318 ZPO. Sie sind grundsätzlich mit Berufung oder Revision anfechtbar. Zum Teil sind Urteile in abgekürzter Form zulässig, z. B. Versäumnis- und Anerkenntnisurteile, § 313b ZPO.

---

[1] Anders ist es nach dem FamFG. Dort ergehen Endentscheidungen nach § 38 FamFG durch Beschluss. Dies gilt auch für Ehe- und Familienstreitsachen, obwohl diese der ZPO unterliegen.
[2] Siehe dazu Rn. 238 ff.
[3] Siehe aber § 128 ZPO.
[4] Ausnahmsweise im schriftlichen Verfahren bzw. schriftlichen Vorverfahren; s. auch § 281a ZPO.

2. Kapitel: Urteile

Wenn ein nach dem ursprünglich festgestellten oder nachträglich berichtigten Tatbestand von einer Partei geltend gemachter Haupt- oder Nebenanspruch oder wenn der Kostenpunkt bei der Endentscheidung ganz oder teilweise übergangen worden ist, kann das Urteil durch **nachträgliche Entscheidung** ergänzt werden, § 321 ZPO. Die Anwendung des § 321 ZPO erfordert aber, dass ein Anspruch übergangen, also versehentlich nicht beschieden worden ist; diese Vorschrift bezieht das Übergehen einzelner Angriffs- oder Verteidigungsmittel nicht ein; sie dient nur der **Ergänzung** eines lückenhaften Urteils und nicht der Richtigstellung einer falschen Entscheidung. Hat das Gericht z. B. über ein Zurückbehaltungsrecht nicht entschieden, ist § 321 ZPO nicht anwendbar[5]. **40**

II. Urteilsarten

Urteile kann man nach verschiedenen **Prüfsteinen** einordnen und untersuchen. Man kann etwa **unterscheiden**: **41**
- nach dem **Gegenstand** der Entscheidung: Wird über den ganzen Streitgegenstand vollständig und endgültig entschieden?
- nach Art der **Rechtsschutzerteilung**: Leistungs-, Gestaltungs- oder Feststellungsurteil?
- nach der **Rechtskraftwirkung**: Prozess- oder Sachurteil?
- nach dem **Zustandekommen**: einseitig, streitig, säumig etc.

1. Gegenstand der Entscheidung. – a) Endurteile und Streitgegenstand. Das Endurteil, § 300 Abs. 1 ZPO, entscheidet über die Klage, den **Streitgegenstand**. Streitgegenstand ist der als Rechtsschutzbegehren oder Rechtsfolgenbehauptung verstandene, eigenständige prozessuale Anspruch, der durch den Klageantrag (Rechtsfolge) und den Lebenssachverhalt (Klagegrund), aus dem der Kläger die begehrte Rechtsfolge herleitet, bestimmt wird[6]. Der Streitgegenstand wird durch den gesamten historischen Lebensvorgang bestimmt, auf den sich das Rechtsschutzbegehren des Klägers bezieht, unabhängig davon, ob einzelne Tatsachen dieses Lebenssachverhalts von den Parteien vorgetragen worden sind oder nicht[7], und auch unabhängig davon, ob die Parteien die in einem etwaigen Vorprozess nicht vorgetragenen Tatsachen des Lebensvorgangs damals bereits kannten und hätten vortragen können. Infolgedessen gehört zur Rechtskraftwirkung nicht nur die Präklusion der im ersten Prozess vorgetragenen Tatsachen, sondern auch die der nicht vorgetragenen Tatsachen, sofern diese nicht erst nach Schluss der mündlichen Verhandlung im ersten Prozess entstanden sind, sondern bei natürlicher Anschauung zu dem im Vorprozess vorgetragenen Lebenssachverhalt gehören[8]. Die Geltendmachung von Ansprüchen aus eigenem Recht einerseits und aus abgetretenem Recht andererseits betrifft danach z. B. auch bei einem einheitlichen Klageziel zwei verschiedene Streitgegenstände, weil der Antrag auf **42**

---

5 BGH, NJW 2003, 1463 = MDR 2003, 589.
6 Siehe auch BGH, BGHZ 117, 1, 5 = MDR 1992, 293 m. w. Nachw. und Rimmelspacher, JuS 2004, 560, 561.
7 St. Rspr.; BGH, BGHZ 123, 137, 141; BGH, BGHZ 98, 353, 358 f.
8 St. Rspr.; BGH, NJW 2004, 1252; BGH, BGHZ 123, 137, 141; BGH, BGHZ 98, 353, 358.

unterschiedliche Lebenssachverhalte gestützt wird[9]. Die **Lehre vom Streitgegenstand** hat vor allem Bedeutung für fünf Bereiche:

43 ☑ **Checkliste**

- **Rechtsweg:** § 13 GVG weist den ordentlichen Gerichten nur die bürgerlichen Rechtsstreitigkeiten zu, für die nicht entweder die Zuständigkeit von Verwaltungsbehörden oder Verwaltungsgerichten begründet ist oder auf Grund von Vorschriften des Bundesrechts besondere Gerichte bestellt oder zugelassen sind.
- **Objektive Klagenhäufung, § 260 ZPO:** Eine objektive Klagenhäufung liegt nur bei einer Mehrheit von Streitgegenständen vor.
- **Klageänderung, § 263 ZPO:** Die Klageänderung ist eine Änderung des Streitgegenstandes.
- **Rechtshängigkeit, § 261 Abs. 3 Nr. 1 ZPO:** Die Rechtshängigkeitssperre gilt nur gegenüber Klagen mit identischem Streitgegenstand.
- **Materielle Rechtskraft, § 322 ZPO:** Eine erneute Klage ist unzulässig, deren Streitgegenstand mit dem eines bereits rechtskräftig entschiedenen Rechtsstreits identisch ist[10].

43a Übersicht Streitgegenstand (Dogmatik)

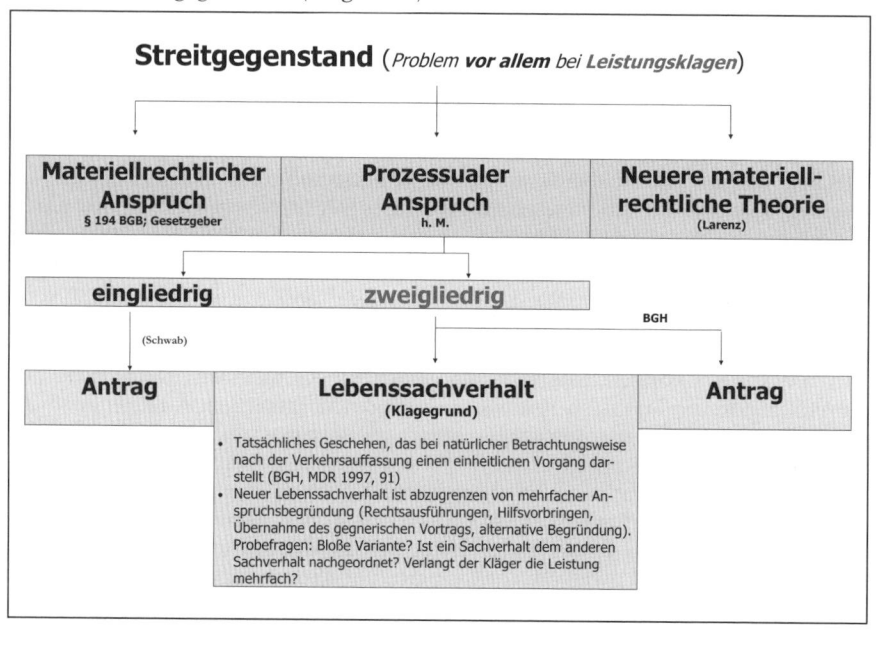

Streitgegenstand (*Problem **vor allem** bei **Leistungsklagen***)

- **Materiellrechtlicher Anspruch** § 194 BGB; Gesetzgeber
- **Prozessualer Anspruch** h. M.
- **Neuere materiellrechtliche Theorie** (Larenz)

eingliedrig (Schwab) → **Antrag**

zweigliedrig → **Antrag** + **Lebenssachverhalt** (Klagegrund) [BGH]

- Tatsächliches Geschehen, das bei natürlicher Betrachtungsweise nach der Verkehrsauffassung einen einheitlichen Vorgang darstellt (BGH, MDR 1997, 91)
- Neuer Lebenssachverhalt ist abzugrenzen von mehrfacher Anspruchsbegründung (Rechtsausführungen, Hilfsvorbringen, Übernahme des gegnerischen Vortrags, alternative Begründung). Probefragen: Bloße Variante? Ist ein Sachverhalt dem anderen Sachverhalt nachgeordnet? Verlangt der Kläger die Leistung mehrfach?

---

9 BGH, NJW-RR 2006, 2754 m. w. Nachw.
10 BGH, NJW 1995, 1757. Die materielle Rechtskraft einer gerichtlichen Entscheidung verbietet – als negative Sachurteilsvoraussetzung – eine neue Verhandlung über denselben Streitgegenstand: ne bis in idem; siehe BGH, BGHZ 93, 287, 289 m. w. Nachw.

2. Kapitel: Urteile

b) Teilurteile. Das Endurteil kann sich **vollständig** über den Streitgegenstand verhalten oder bei mehreren geltend gemachten Streitgegenständen[11] nur über einen Anspruch oder nur über einen abtrennbaren Teil eines Anspruchs. Im zweiten und im dritten Fall spricht man von einem **Teilurteil**. Ein **Teilurteil** darf nur ergehen, wenn es von der Entscheidung über den Rest des geltend gemachten prozessualen Anspruchs **unabhängig** ist, so dass die Gefahr einander widersprechender Entscheidungen ausgeschlossen ist[12]. Ein Teilurteil ist schon unzulässig, wenn sich durch die bloße **Möglichkeit** einer abweichenden Entscheidung im Instanzenzug die Gefahr widersprechender Entscheidungen ergeben kann[13]. Wird ein Teil des Verfahrens abgetrennt, so ist über diesen selbstständig, ohne Rücksicht auf den anderen Teil des Verfahrens, zu entscheiden[14]. **44**

c) Zwischenurteile. Ein Zwischenurteil entscheidet **als Feststellungsurteil** über Vorfragen, meistens über Streitpunkte, die prozessuale Fragen betreffen (vgl. § 303 ZPO), etwa über die **45**

- Zulässigkeit der Nebenintervention, § 71 ZPO[15]
- Zulässigkeit der Klageänderung, § 268 ZPO
- Zulässigkeit der Klage, § 280 ZPO.

Zwischenurteile sind **nicht** für vollstreckbar zu erklären. Sie bedürfen grundsätzlich auch keiner Kostenentscheidung[16]. **46**

d) Grundurteile. Besondere Zwischenurteile sind die **Grundurteile**[17]. Sie spielen vor allem im Delikts- und im Bereicherungsrecht eine Rolle, aber auch im Bauvertragsrecht. Nach § 304 Abs. 1 ZPO kann das Gericht über den Grund eines Anspruchs[18] vorab entscheiden, wenn dieser nach Grund und Betrag streitig ist und lediglich der **Streit über den Anspruchsgrund** entscheidungsreif ist[19]. Mit Rücksicht auf die Bindungswirkung des Grundurteils[20] muss sich aus ihm **eindeutig** ergeben, inwieweit es den Streit vorab entschieden hat und welchen Teil es dem Betragsverfahren vorbehalten wollte[21]. Ein Grundurteil darf danach nur ergehen, wenn ein Anspruch nach Grund und Höhe streitig ist, grundsätzlich **alle** **47**

---

11 Vgl. §§ 260, 301 ZPO.
12 BGH, MDR 2003, 467; BGH, BGHReport 2003, 304; BGH, NJW 2002, 145 m.w. Nachw.; BGH, MDR 2001, 165; KG, KGReport 2003, 257.
13 BGH, MDR 1999, 496.
14 BGH, NJW 1999, 1718, 1719.
15 Siehe zur Nebenintervention ausführlich Rn. 964 ff.
16 Gergen, JA 2004, 554.
17 Als Beispiel siehe das in JA 2004, 554, 55 abgedruckte Urteil. Einen guten Überblick bietet BGH NJW-RR 2008, 1397.
18 Aus prozessökonomischen Gründen können ausnahmsweise auch einzelne zum Grund des Anspruchs gehörende Fragen im Grundurteil ausgeklammert und ihre Klärung dem Betragsverfahren überlassen werden. Dies setzt jedoch voraus, dass dem Urteilstenor, zumindest aber den Urteilsgründen klar zu entnehmen ist, über welche Punkte, die den Grund der Haftung betreffen, im Urteil nicht entschieden worden ist, BGH, MDR 2003, 769.
19 BGH, NJW 2000, 1572.
20 Vgl. §§ 318, 512, 548 i.V.m. § 304 Abs. 2 ZPO.
21 BGH, MDR 2003, 769.

Fragen, die zum Grund des Anspruchs gehören, erledigt sind[22] und nach dem Sach- und Streitstand zumindest wahrscheinlich ist, dass der Anspruch in irgendeiner Höhe besteht[23].

48 Diese Voraussetzungen sind **nicht** erfüllt, wenn der beklagten Partei die Möglichkeit eingeräumt wird, zu bislang nicht schlüssigen Gegenforderungen ergänzend vorzutragen, die in ihrer Gesamthöhe die Klageforderung übersteigen[24]. Ein **Grundurteil** über den mit der Teilklage[25] verfolgten Zahlungsanspruch kann, wenn der Beklagte hinsichtlich des Rests negative Feststellungswiderklage erhoben hat, nur zugleich mit einem Endurteil über die Widerklage ergehen[26]. Der Tenor[27] eines **erfolgreichen Grundurteils** lautet:

49 📄 **Formulierungsvorschlag**
„Der Anspruch (des Klägers) ist dem Grunde nach gerechtfertigt."

50 2. **Rechtsschutzbegehren.** Nach dem Gegenstand des Rechtsschutzbegehrens ist zwischen **drei Urteilsarten** zu unterscheiden:
- **Leistungsurteile:** Dies sind die häufigsten Klagen und stehen im Examen, aber auch in der Praxis im **Vordergrund.** Der Anspruch kann auf ein Tun oder auf ein Unterlassen gerichtet sein. Das Leistungsurteil stellt das Recht fest (Feststellungsteil) und enthält **zusätzlich** einen entsprechenden, vollstreckbaren Leistungsbefehl.
- **Feststellungsurteile**[28]: Ihr Gegenstand ist ein Rechtsverhältnis (ausnahmsweise eine Urkunde). Wird eine Klage abgewiesen, handelt es sich **auch** um ein Feststellungsurteil. Eine Leistungsklage kann also mit einem Feststellungsurteil beantwortet werden. Das Feststellungsurteil stellt das Recht (bloß) fest. Vollstreckt werden können nur die Kosten.
- **Gestaltungsurteile:** Bei einem Gestaltungsurteil wird eine Rechtslage umgestaltet und eine neue Rechtslage geschaffen. Sie sind selten, da die Parteien im Rahmen der Privatautonomie ihre Rechtsverhältnisse selbst gestalten können. Nur in Ausnahmefällen erfordert das Gesetz ein Urteil, so z. B. bei Ehescheidungen oder der Auflösung einer OHG nach § 133 HGB (materielle Gestaltungsklagen). Hauptfall im **Examen** sind Klagen nach §§ 767, 771, 805 ZPO (formelle Gestaltungsklagen)[29]. Gestaltungsurteile sind in der Hauptsache **grundsätzlich** nicht vollstreckungsfähig; sie wirken aber für und gegen jedermann.

---

22 BGH, NJW-RR 2007, 305, 306 = MDR 2007, 602.
23 BGH, MDR 2005, 1069 = NJW-RR 2005, 1008, 1009; BGH, MDR 2001, 167 = NJW 2001, 225; BGH, NJW 1991, 599 = MDR 1991, 767.
24 BGH, MDR 2005, 1069 = NJW-RR 2005, 1008, 1009.
25 Zur Hemmung der Verjährung bei Teilklagen siehe BGH, NJW 2002, 2167 mit Anm. Löhnig, JA 2003, 1.
26 BGH, NJW 2002, 1806 = MDR 2002, 903.
27 Zum Tatbestand beim Teil- und Grundurteil siehe Titz, JA 2003, 677, 681. Zur Stufenklage Peters, ZZP 111 [1998], 67–75.
28 Siehe dazu ausführlich Rn. 763 ff. und 788 ff.
29 Siehe dazu Rn. 1273 ff.

3. Kapitel: Beschlüsse

3. Zustandekommen. Nach dem Zustandekommen ist zwischen streitigen Urteilen (Prozess- und Sachurteilen) und Versäumnisurteilen[30] zu unterscheiden. — 51

4. Rechtskraftwirkung. Endurteile können über die Zulässigkeit einer Klage ergehen und diese verneinen. In diesem Falle wird von einem **Prozessurteil**[31] gesprochen. Der Gegensatz ist ein **Sachurteil**. Prozess- und Sachurteil unterscheiden sich zum einen in ihrer **Rechtskraftwirkung**[32]: Während beim Prozessurteil nur darüber befunden wird, ob eine bestimmte Sachurteilsvoraussetzung[33] fehlt, steht beim Sachurteil das Bestehen oder Nichtbestehen des Streitgegenstandes selbst fest. Eine andere Unterscheidung ist nach dem Inhalt möglich. Das Sachurteil verhält sich abschließend über den Anspruch, das Prozessurteil entscheidet allein prozessuale Fragen. — 52

Übersicht: Urteilswirkungen — 52a

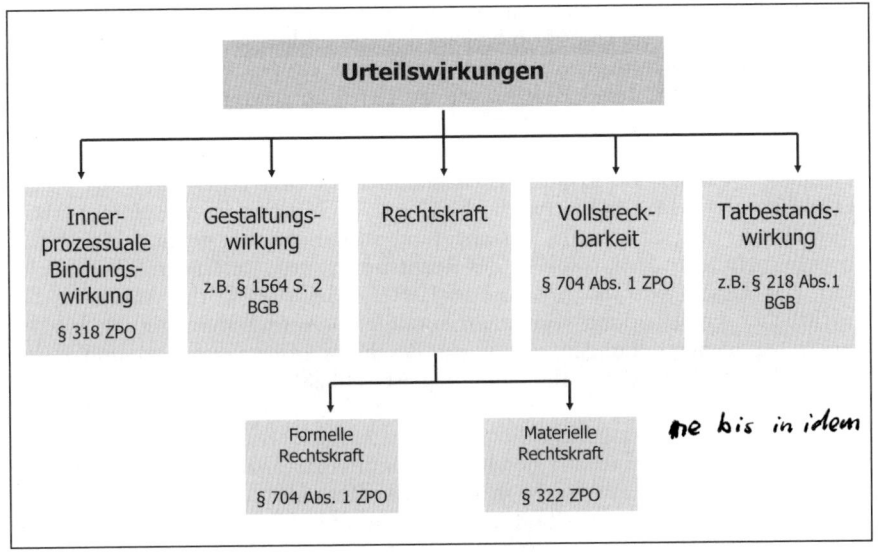

```
                           Urteilswirkungen
    ┌──────────────┬──────────────┬──────────────┬──────────────┐
 Innerprozessuale  Gestaltungs-   Rechtskraft    Vollstreck-    Tatbestands-
 Bindungs-         wirkung                       barkeit        wirkung
 wirkung
                   z.B. § 1564 S. 2              § 704 Abs. 1   z.B. § 218 Abs. 1
 § 318 ZPO         BGB                           ZPO            BGB

                                  ┌──────────┴──────────┐
                                  Formelle              Materielle      ne bis in idem
                                  Rechtskraft           Rechtskraft
                                  § 704 Abs. 1 ZPO      § 322 ZPO
```

3. Kapitel: **Beschlüsse**

Beschlüsse[34] erlässt das Prozessgericht, ausnahmsweise auf Grund notwendiger mündlicher Verhandlung, in der Regel hingegen ohne oder nach freigestellter (fakultativer) mündlicher Verhandlung. Eine Entscheidung ist durch Beschluss zu fällen, wenn es das Gesetz **anordnet**. — 53

---

30 Siehe dazu Rn. 1105 ff.
31 S. noch Rn. 510.
32 Zur Reichweite der Rechtskraft eines Versäumnisurteils siehe BGH, MDR 2003, 468, 469.
33 Siehe dazu Rn. 512.
34 Siehe dazu im Einzelnen Elzer, JuS 2004, 36 ff.

54 🖉 **Klausurtipp**

Seit der WEG-Reform 2007 ergeht auch in § 43 WEG unterfallenden Verfahren die Entscheidung als **Urteil**. In Familienstreitsachen i. S. v. § 112 FamFG (Unterhaltssachen nach § 231 Abs. 1 und Lebenspartnerschaftssachen nach § 269 Abs. 1 Nr. 7 und 8, Güterrechtssachen nach § 261 Abs. 1 und Lebenspartnerschaftssachen nach § 269 Abs. 1 Nr. 9 sowie sonstige Familiensachen nach § 266 Abs. 1 und Lebenspartnerschaftssachen nach § 269 Abs. 2) ergeht eine Endentscheidung hingegen stets als **Beschluss** (§ 113 Abs. 1 S. 1 FamFG), z. B. als Versäumnisbeschluss oder Anerkenntnisbeschluss.

55 Die ZPO bestimmt – anders als das FamFG in § 38 – nicht, wie Beschlüsse **aufzubauen** sind. Inhalt und Form eines ZPO-Beschlusses stehen daher grundsätzlich[35] im Ermessen. Die Praxis wendet zur Lückenschließung sinngemäß die Bestimmungen über das Urteil an, ist aber sehr großzügig (mittlerweile ist auch eine Analogie zu § 38 FamFG möglich). Hieran sollten sich **Rechtsreferendare** jedenfalls im **Examen nicht** orientieren. Sollte dort ein Beschluss Gegenstand der Prüfung sein, sollten dieser **Zweifel wie ein Urteil aufgebaut** werden.

56 Anders als das Urteil bindet ein Beschluss das Gericht in der Regel **nicht**[36]. Beschlüsse sind deshalb **grundsätzlich abänderbar**. Dies ergibt sich aus § 329, der nicht auf § 318 ZPO verweist, bzw. aus §§ 360 Satz 2, 572 Abs. 1 Hs. 1 ZPO. Das Gericht ist an seine Entscheidung ausnahmsweise gebunden und darf sie nicht mehr abändern, wenn sie der **Rechtsbeschwerde** unterliegt. Gleiches gilt, wenn das Gesetz wie in §§ 924 Abs. 1, 926 Abs. 1 ZPO die Änderung der gerichtlichen Entscheidung von einem besonderen Antrag abhängig macht. Das Gericht ist weiter gebunden, wenn ein Beschluss urteilsvertretend und damit verfahrensabschließend ist. Eine Bindung ist schließlich anzunehmen, wenn es sich bei dem Beschluss, wie bei der Verwerfung einer Revision nach § 552 Abs. 2 ZPO, um eine letztinstanzliche Entscheidung handelt. Die Grundsätze über die formelle Rechtskraft sind auf Beschlüsse unmittelbar anzuwenden. Regelmäßig erwachsen Beschlüsse aber **nicht in materielle Rechtskraft**. Zwar ist anerkannt, dass auch Beschlüsse materielle Rechtskraft entfalten können. Materielle Rechtskraft kann aber nur dort angenommen werden, wo Beschlüsse eine Rechtsfolge feststellen[37]. Das ist dort vorstellbar, wo Beschlüsse einen rechtskraftfähigen Inhalt haben und sich ihr Inhalt nicht lediglich auf das anhängige Verfahren beschränkt, also vor allem bei urteilsvertretenden Beschlüssen. Beispiele dafür sind der Vollstreckungsbescheid und Beschlüsse nach §§ 887, 890 ZPO.

57 Keine materielle Rechtskraft ist etwa für den Beweisbeschluss gem. §§ 359, 360 ZPO oder eine Terminsverlegung nach § 227 ZPO anzunehmen. Arrest und einstweilige Verfügung erwachsen hingegen in formelle und nach h. M. auch in materielle Rechtskraft. Ein neuer Antrag ist allerdings schon dann zulässig, wenn

---

35 In Einzelfällen gibt das Gesetz den Inhalt eines Beschlusses vor. Das ist etwa in § 359 ZPO der Fall.
36 Vgl. BAG, MDR 1984, 83.
37 BGH, NJW 1985, 1335, 1336.

3. Kapitel: Beschlüsse

er mit neuen Mitteln der Glaubhaftmachung gestellt wird. Wenn Beschlüsse auf Grund einer mündlichen Verhandlung ergehen, müssen sie **verkündet** werden[38]; im Übrigen reicht eine formlose Mitteilung[39]. Beschlüsse sind zumeist mit der Beschwerde anfechtbar[40], bisweilen aber auch unanfechtbar[41].

📄 Formulierungsvorschläge 58
- „**Beschluss** In dem Rechtsstreit des ... [**volles** Rubrum vom **Richter** einzusetzen[42]] wird nach Rücknahme der Klage auf Antrag des Beklagten ausgesprochen, dass die Klägerin die Kosten des Rechtsstreits zu tragen hat, § 269 Abs. 4, Abs. 3 Satz 2 ZPO."
- „**Beschluss** In dem Rechtsstreit ... [kurzes Rubrum] erklärt sich das Amtsgericht Neukölln nach Anhörung der beklagten Partei gem. § 281 Abs. 1 Satz 1 ZPO für örtlich unzuständig und verweist den Rechtsstreit auf den Antrag des Klägers an das für den Wohnsitz der beklagten Partei örtlich zuständige Amtsgericht Tempelhof-Kreuzberg."

Welche Beschlüsse zu begründen sind, ist streitig[43]. Die häufig anzutreffende 59 Praxis, Beschlüsse nicht oder sehr kurz zu begründen, beruht auf § 572 Abs. 1 Hs. 1 ZPO.

> ✏ **Klausurtipp** 60
> Beschlüsse, die der **Rechtsbeschwerde** unterliegen, müssen den maßgeblichen Sachverhalt, über den entschieden wird, wiedergeben und den Streitgegenstand und die Anträge der Parteien in beiden Instanzen erkennen lassen; anderenfalls sind sie nicht mit den gesetzmäßigen Gründen versehen und deshalb aufzuheben[44].

Eine **Begründung** kann nach dieser Bestimmung noch im Abhilfeverfahren **nachgeholt** werden. Ob ein Beschluss ein **vollständiges Rubrum** trägt, ist danach zu 61 beurteilen, ob er **Außenwirkung** besitzt. Das ist vor allem dann anzunehmen, wenn ein Beschluss Titelfunktion i. S. v. § 750 Abs. 1 Satz 1 ZPO hat (z. B. einstweilige Verfügungen oder Kostenbeschlüsse), das Verfahren beendet[45] oder gem. § 329 Abs. 3 ZPO zuzustellen ist. Der BGH hat mehrfach bekräftigt, dass ein Beschluss mit Titelfunktion **selbst** ein Rubrum und eine Entscheidungsformel führen muss[46]. Verweisungen auf die Akten sind **nicht** zulässig. In der Praxis haben sich für die Darstellung eines vollständigen Kopfes unter Beachtung der aufgeführten Grundsätze zwei Formen durchgesetzt:

---

38 § 329 Abs. 1 Satz 1 ZPO.
39 § 329 Abs. 2 ZPO; vgl. auch § 329 Abs. 2 Satz 2, Abs. 3 ZPO.
40 § 567 Abs. 1 ZPO.
41 Beweisbeschlüsse, § 360 ZPO.
42 BGH, MDR 2003, 1316.
43 Vgl. BVerfG, BVerfGE 71, 135 f.; KG, NJW 1974, 2010; OLG Köln, NJW-RR 1991, 1280; OLG Nürnberg, MDR 2001, 892. Siehe auch BGH, NJW 2002, 2648.
44 BGH, v. 17.3.2009 – VI ZB 14/08 –; BGH, VersR 2006, 1423, 1424; BGH, NJW-RR 2005, 78; BGH, BGH-Report 2005, 1000.
45 Z. B. eine negative Prozesskostenhilfeentscheidung.
46 BGH, NJW 2003, 3136, 3137 = MDR 2003, 1316.

62 📄 **Formulierungsvorschlag**

„31 O 310/07

Beschluss[47]

In dem Rechtsstreit[48]
[volles Rubrum vom Richter einzusetzen]
hat die Zivilkammer 31 des Landgerichts Berlin unter Mitwirkung des Vorsitzenden Richters am Landgericht Kirchel sowie der Richter am Landgericht Meier und Korithke am 22. Februar 2007[49] beschlossen:
[Entscheidung]
[Unterschriften]"

oder

„31 O 310/07

Beschluss

In dem Rechtsstreit
[volles Rubrum vom Richter einzusetzen]
[Entscheidung]
[Datum]
Landgericht Berlin, Zivilkammer 31
[Unterschriften]"

63 Bei allen Beschlüssen **ohne Außenwirkung** reicht ein **abgekürzter Kopf**. Der Beweisbeschluss nach § 359 ZPO oder der Verweisungsbeschluss nach § 281 ZPO nennen also neben Datum und Gericht nur die Parteien in abgekürzter Form sowie das Aktenzeichen.

64 Beschlüsse enthalten einheitliche „Gründe". Sie haben deshalb zwar weder einen Tatbestand noch Entscheidungsgründe. Auch sie gliedern sich jedoch regelmäßig in zwei Teile, die Tatbestand und Entscheidungsgründen entsprechen. Ein Beschluss wird mit „Gründe" überschrieben, seine einzelnen Teile mit I.[50] und II.[51] Übersicht zum **Aufbau** eines Beschlusses:

65

Schema
• Rubrum (kurz oder vollständig)
• Entscheidung (= Beschlussformel)
Gründe I (= Tatbestand; kurze Sachverhaltsdarstellung)
Gründe II (= Entscheidungsgründe)
• Ggf. Zulässigkeit
• Begründetheit
• Kosten
• Ggf. Streitwert
• Unterschrift(-en)

---

47 Ggf. einstweilige Verfügung.
48 Hier kann es auch heißen: „In der Zwangsvollstreckungssache", „In dem Prozesskostenhilfeverfahren" etc.
49 Evt. mit dem Zusatz „im Wege einstweiliger Verfügung – wegen Dringlichkeit ohne mündliche Verhandlung –".
50 Kurze Sachverhaltsdarstellung; kann z. T. entfallen.
51 Rechtliche Würdigung.

Wichtige Beschlüsse aus Sicht des **Rechtsreferendars** sind:
- § 91a ZPO (Erledigung der Hauptsache)
- § 127 Abs. 1 Satz 1 ZPO (Prozesskostenhilfe)
- §§ 139, 278 Abs. 3 ZPO (Hinweis- und Auflagenbeschluss)
- § 269 ZPO (Rücknahme der Klage)
- § 358 ZPO (Beweisbeschluss)
- § 700 ZPO Vollstreckungsbescheid
- §§ 922, 936 ZPO (Arrest und einstweilige Verfügung)

4. Kapitel: **Verfügungen**

Verfügungen[52] sind zum einen prozessleitend, zum anderen sind sie Anweisungen. Bei Kollegialgerichten werden sie nicht vom Prozessgericht, sondern grundsätzlich vom **Vorsitzenden** erlassen[53]. Eine bestimmte Form ist für Verfügungen nicht vorgeschrieben; sie sind in der Regel auch unanfechtbar. Typische Verfügungen sind die Terminsfestsetzung, § 216 Abs. 1, Abs. 2 ZPO, und die Fristverlängerung gem. § 227 Abs. 2 ZPO.

> Beispiel
> „**Vfg.** [= Verfügung]
> Beglaubigte und einfache Abschrift des Schriftsatzes des Klägers vom 12.12.2007 an Beklagtenvertreter gegen EB [= Empfangsbekenntnis].
> z. T. [= zum Termin]
> [Datum]
> [Unterschrift/Paraphe[54]]"

5. Kapitel: **Prozesshandlungen**

I. Allgemeines

Die für Willenserklärungen geltenden Vorschriften über Nichtigkeit oder Anfechtbarkeit wegen Willensmängeln sind auf **Prozesshandlungen** weder direkt noch entsprechend anwendbar[55]. Prozesshandlungen[56] können nur ausnahmsweise bei Vorliegen eines Restitutionsgrundes i. S. d. § 580 ZPO oder soweit das Gesetz dies ausdrücklich gestattet, wie z. B. § 290 ZPO für das Geständnis, widerrufen werden[57].

---

52 Nicht zu verwechseln mit einstweiligen Verfügungen nach §§ 935 ff. ZPO. Siehe Rn. 1217 ff.
53 Vgl. § 329 Abs. 1 Satz 2, Abs. 2 ZPO.
54 Richterliche Verfügungen mit Außenwirkung bedürfen zu ihrer Wirksamkeit nach §§ 329 Abs. 1 Satz 2, 317 Abs. 2 Satz 1 ZPO stets der vollen Unterschrift, BGH, VersR 1983, 33. Die bloße „Paraphe" genügt nicht.
55 BGH, MDR 2007, 672; BGH, NJW-RR 1994, 386, 387; BGH, NJW 1985, 2335.
56 Siehe dazu auch Rn. 608.
57 BGH, MDR 2007, 672; BGH, BGHZ 80, 389, 393.

II. Auslegung von Prozesshandlungen

70 Bei der **Auslegung** von Prozesshandlungen ist davon auszugehen, dass die Vorschriften des Verfahrensrechts **nicht Selbstzweck** sind. Das Verfahrensrecht dient der Wahrung der materiellen Rechte der Prozessbeteiligten. Es soll eine einwandfreie Durchführung des Rechtsstreits unter Wahrung der Rechte aller Beteiligten sicherstellen und nicht behindern[58]. Auch bei der **Auslegung von Prozesserklärungen** ist zunächst auf deren **Wortlaut** abzustellen. Eine Partei darf jedoch nicht am buchstäblichen Sinn ihrer Wortwahl festgehalten werden[59]. Vielmehr ist stets davon auszugehen, dass sie mit ihrer Prozesshandlung das erreichen will, was nach den Maßstäben der Rechtsordnung **vernünftig** ist und ihrer recht verstandenen **Interessenlage** entspricht[60].

71 Ein **Rechtsmittel als Prozesserklärung** muss sinnvoll und unter Beachtung des Willens des Erklärenden ausgelegt werden, wie er den äußerlich in Erscheinung getretenen Umständen üblicherweise zu entnehmen ist[61]. Ausreichend für die Annahme eines Rechtsmittels ist in der Regel, dass der Kläger seine Unzufriedenheit mit dem Urteil zum Ausdruck bringt. Bei der Auslegung ist zudem zu beachten, dass das Rechtsstaatsprinzip eine Anwendung des Verfahrensrechts verbietet, das den Beteiligten den Zugang zu den in den Verfahrensordnungen eingeräumten Rechtsmittelinstanzen in unzumutbarer, aus Sachgründen nicht mehr zu rechtfertigender Weise erschwert[62]. Auslegung (und Anwendung) des Zivilprozessrechts sind vornehmlich **Aufgabe der Fachgerichte**. Sie werden vom BVerfG nur darauf überprüft, ob sie Fehler enthalten, die auf einer grundsätzlich unrichtigen Anschauung von der Bedeutung eines Grundrechts beruhen.[63]

III. Umdeutung von Prozesshandlungen

72 Nach der Rechtsprechung können Prozesshandlungen in entsprechender Anwendung des § 140 BGB z.T. **umgedeutet** werden[64]. Für die Umdeutung genügt es, wenn diese von dem mutmaßlichen Parteiwillen gedeckt wird. In aller Regel wird eine Partei z.B. eine unzulässige Hauptberufung als zulässige Anschlussberufung retten wollen[65].

73 ✎ **Klausurtipp**
Die Umdeutung setzt eine **unwirksame Parteihandlung** voraus.

---

58 BGH, NJW-RR 2005, 371, 372; BGH, NJW 2000, 3216, 3217; BGH, NJW 1992, 438, 439; BGH, NJW 1983, 2200, 2201; BGH, BGHZ 75, 340, 348 = NJW 1980, 172.
59 BGH, NJW 2008, 1446.
60 BGH, NJW 2008, 1446; BGH, NJW-RR 2005, 371, 372; BGH, NJW 2003, 2388; BGH, NJW-RR 2000, 1446; BGH, NJW 2000, 3216, 3217; BGH, NJW-RR 1996, 1210, 1211; BGH, NJW-RR 1995, 1183; BGH, NJW 1993, 1925; BGH, BGHZ 115, 286, 290 = NJW 1992, 567.
61 BGH, NJW 2002, 1352.
62 BVerfG, BVerfGE 77, 275, 284 m.w. Nachw.
63 BVerfG, NJW 2008, 2170, 2171; BVerfG, BVerfGE 97, 12, 27 = NJW 1998, 3481.
64 BGH, MDR 2007, 672; BGH, NJW 2001, 1217, 1218 m.w. Nachw.
65 BGH, NJW 2009, 442, 443.

6. Kapitel: **Verfahrensgrundsätze**

Der Zivilprozess wird durch das Prinzip der **Parteifreiheit** und der **Parteiverantwortung** beherrscht[66]. Dies kommt vor allem in dem **Verhandlungs- oder Beibringungsgrundsatz** zum Ausdruck, der den Zivilprozess prägt und nach dem allein die Parteien den Streitstoff in den Prozess einführen, über seine Feststellungsbedürftigkeit entscheiden und grundsätzlich auch seine Feststellung ermöglichen[67]. 74

I. Dispositionsmaxime

Ausdruck der **Dispositionsmaxime** (des Verfügungsgrundsatzes) ist, dass grundsätzlich die Parteien Beginn und Ende eines Verfahrens bestimmen. Das Verfahren setzt daher stets einen dieses in Gang setzenden Antrags voraus, der für das Gericht Anlass ist, tätig zu werden. Ebenso ist es **allein** Sache der unterlegenen Partei zu entscheiden, ob sie ein Rechtsmittel einlegt und damit den Prozess in die nächste Instanz bringt. Schließlich steht es den Parteien frei, den Prozess ohne Sachentscheidung des Gerichts zu beenden, etwa durch Klagerücknahme, Erledigterklärungen[68], Prozessvergleich[69] oder Rücknahme eines Rechtsmittels. 75

Die Parteien können ferner die gerichtliche Überprüfung beschränken, z. B. durch übereinstimmende Erledigterklärungen[70], durch Anerkenntnis, § 307 ZPO, Verzicht § 306 ZPO oder Säumnis §§ 330 ff. ZPO. Darüber hinaus bestimmen die Parteien den Gegenstand des Verfahrens, d.h. die Parteien beherrschen das Verfahren, indem sie den **Streitgegenstand**[71] festlegen und über ihn verfügen können. Das Gericht darf den Parteien zwar weniger, aber weder mehr noch etwas anderes zusprechen als diese beantragt haben, § 308 ZPO[72]. Überblick: 76

Parteien bestimmen	Gericht bestimmt
• Anfang • Inhalt des Verfahrens • Ende	den Ablauf ⬇

---

66 BVerfG, NJW 2008, 2170, 2171.
67 Siehe dazu Rn. 77.
68 Siehe dazu Rn. 244.
69 Siehe dazu Rn. 891 ff.
70 Siehe dazu etwa OLG Dresden, OLGReport Dresden 2001, 395.
71 Rn. 42.
72 Siehe dazu Rn. 160 ff.

II. Verhandlungsgrundsatz

77 Der **Verhandlungs-** oder auch **Beibringungsgrundsatz** bedeutet, dass der vom Gericht bei seiner Entscheidung zu Grunde zulegende tatsächliche Prozessstoff grundsätzlich von den Parteien, und nur von ihnen, beizubringen ist. Der Grundsatz bezieht sich allerdings nur auf **Tatsachen**. Rechtsausführungen der Parteien sind für den Prozesserfolg bei entsprechender Rechtskenntnis des Gerichts entbehrlich. **Merksatz:** „Da mihi facta, dabo tibi jus". [„Gib mir die Tatsachen, ich gebe dir das Recht"]. Die Parteien entscheiden selbst, welche Tatsachen in den Prozess eingeführt werden, welche Tatsachen sie unstreitig stellen und für welche Tatsachen sie Beweis antreten.

III. Beschleunigungsgrundsatz

78 Der **Beschleunigungsgrundsatz**[73] gibt Parteien und Gericht auf, den Prozess zügig voranzutreiben. Dieser Grundsatz beruht auf dem Gedanken, dass der Zivilprozess seine Aufgabe der Rechtsverwirklichung und des Rechtsfriedens nur dann erfüllt, wenn er in einer angemessenen Zeit durchgeführt wird[74]. Anderenfalls bestünde für Schuldner ein Anreiz, auch aussichtslose Prozesse zu führen, um Zeit zu gewinnen. Daneben erschwert eine lange Verfahrensdauer die Tatsachenfeststellung. Daher bestimmt § 272 ZPO, dass der Rechtsstreit möglichst **in einem Haupttermin** zu erledigen ist. Dem Gericht steht es allerdings frei, ob es seiner Prozessförderungspflicht durch einen frühen ersten Termin oder durch ein schriftliches Vorverfahren nachkommt[75]. Prüfsteine sind hier kaum zu nennen. Entscheidend sind die **Prozesswirtschaftlichkeit**, die grundgesetzlich garantierten Verfahrensrechte und der Einzelfall. Die Prozessförderungspflicht der Parteien[76] birgt für diese im Übrigen erhebliche Risiken, da ein **verspätetes Vorbringen** vom Gericht zurückgewiesen werden kann[77].

79 **Verspätetes Vorbringen** ist zu berücksichtigen, wenn es entweder nicht zu einer **Verzögerung** des Rechtsstreits führt oder wenn das Vorbringen ausreichend entschuldigt ist, da es nicht auf einem vorwerfbaren Verhalten der vortragenden Partei beruht[78]. Nach ständiger Rechtsprechung des BGH[79] – der der Referendar in der **Klausur** unbedingt folgen sollte – gilt der **absolute Verzögerungsbegriff**. Danach kommt es darauf an, ob der Rechtsstreit bei Zulassung des verspäteten Vorbringens **länger** dauern würde als bei dessen Zurückweisung. Soll die Bestimmung des § 296 Abs. 1 ZPO ihre vorgesehene Aufgabe wirksam erfüllen, so muss sie klar und ggf. auch streng gehandhabt werden. Das Gericht ist lediglich verpflichtet, die Verspätung durch zumutbare Vorbereitungsmaßnahmen gemäß § 273 ZPO so weit wie möglich auszugleichen und dadurch eine drohende

---

[73] Konzentrationsmaxime.
[74] Siehe dazu auch BVerfG, NJW 2001, 2161.
[75] § 272 Abs. 2 ZPO.
[76] §§ 129, 277, 282 ZPO.
[77] § 296 ZPO.
[78] BVerfG, NJW 1992, 680.
[79] Vgl. BGH, NJW 1989, 719 = MDR 1989, 249; BGH, NJW 1983, 575; OLG Dresden, MDR 1998, 1117, 1118.

6. Kapitel: Verfahrensgrundsätze

Verzögerung abzuwenden. **Unerheblich** ist demgegenüber grundsätzlich, ob der Prozess bei rechtzeitigem Vorbringen früher geendet als oder wenigstens genauso lange gedauert hätte wie bei Berücksichtigung des verspäteten Vortrags (so der **relative Verzögerungsbegriff**). Zu beachten ist, dass das **BVerfG**[80] den absoluten Verzögerungsbegriff zwar grundsätzlich mit dem Anspruch auf rechtliches Gehör für vereinbar hält, aber den Standpunkt vertritt, die Präklusion verspäteten Vorbringens dürfe **nicht** zu einer **ohne weiteres erkennbaren Überbeschleunigung** eines ungeachtet der Verspätung zeitaufwendigen Verfahrens führen. Eine Präklusion sei also unzulässig, wenn sich **ohne weitere Erwägung aufdrängt**, dass das Verfahren damit früher beendet wird, als das bei einem ungestörten Verlauf des Verfahrens zu erwarten war. Zudem muss das Gericht sich bemühen, die Verzögerung seinerseits durch zumutbare Maßnahmen auszugleichen. Erst wenn dies nicht möglich ist, kommt eine Zurückweisung in Betracht[81]. Auch darf das Gericht das Vorbringen dann nicht zurückweisen, wenn es zugleich zur Begründung einer als sachdienlich zuzulassenden Widerklage dient[82].

Eine Zurückweisung unentschuldigten verspäteten Vorbringens ist auch im **frühen ersten Termin** möglich[83]. Das Vorbringen darf im frühen ersten Termin jedoch dann nicht zurückgewiesen werden, wenn nach der Sach- und Rechtslage eine Streitbeendigung in diesem Termin von vornherein ausscheidet, etwa weil es sich erkennbar um einen **Durchlauftermin** handelt oder es sich um einen offensichtlich schwierigen Prozess handelt[84]. Die Zurückweisung von Vorbringen als verspätet verstößt gegen den Anspruch des Prozessbeteiligten auf rechtliches Gehör aus Art. 103 GG, wenn sich ohne weitere Erwägungen aufdrängt, dass die Verzögerung auch bei rechtzeitigem Vorbringen eingetreten wäre. Die Präklusionsvorschriften der Zivilprozessordnung dürfen nicht dazu benutzt werden, verspätetes Vorbringen auszuschließen, wenn ohne jeden Aufwand erkennbar ist, dass die Pflichtwidrigkeit – die Verspätung allein – nicht kausal für die Verzögerung ist.

> ✎ **Klausurtipp**
> Droht in der **Anwaltsklausur** ein Verspätungsausschluss, ist Prozesstaktik gefragt. **Abwehrstrategien** im Überblick:
> - Eine Alternative ist die Hinnahme eines Versäumnisurteils = Flucht in die Säumnis[85] mit anschließendem Einspruch.
> - Ferner gibt es auch eine Flucht in die Widerklage[86]: Um Verspätungsvorschriften zu umgehen, kann im Einzelfall eine Widerklage an Stelle einer Aufrechnung geboten sein.

---

80 Vgl. BVerfG, BVerfGE 75, 302 = MDR 1987, 904 = NJW 1987, 2733, 2735.
81 BVerfG, NJW 1990, 566 und 2373; BVerfG, NJW-RR 1995, 377 und 1469; BGH, NJW 1991, 1181, 1182.
82 BGH, NJW 1985, 3079.
83 BGH, MDR 2005, 1366.
84 BGH, MDR 2005, 1366.
85 Vgl. BGH, MDR 2002, 230.
86 Siehe dazu Gounalakis, MDR 1995, 216 ff.; Schneider, ZAP 1989, 35, 43; Hermisson, NJW 1983, 2229, 2232; Prütting/Weth, ZZP 98 [1985], 131, 138 ff.; Mertins, DRiZ 1985, 344, 346; ders., DRiZ 1988, 91, 93.

- Der Kläger kann die Klage ändern. Wird dies zugelassen (§ 263 ZPO), ist kein Präklusionsrecht anwendbar, weil es sich dabei nicht um Angriffsmittel handelt, sondern um den Angriff selbst.
- Stattdessen kann der Kläger auch die Klage erweitern (§ 264 Nr. 2 ZPO). Dies gilt nicht als Klageänderung und bedarf deshalb keiner Zulassung gemäß § 263 ZPO. Wiederum handelt es sich um den Angriff selbst, so dass Präklusionsrecht unanwendbar ist.
- Der Beklagte kann sich entsprechend verhalten und Widerklage erheben. Auch sie ist kein Angriffs- oder Verteidigungsmittel und schließt Verspätungsrecht aus, weil die Möglichkeit eines Teilurteils zur Klage dazu nicht ausreicht.
- Eine letzte Möglichkeit, der drohenden Präkludierung auszuweichen, besteht darin, dass der Anwalt das verspätete Vorbringen ganz zurückhält und es sich für die zweite Instanz aufspart. Dies ist die **Flucht in die Berufung**. Sie ist mit dem Risiko der Anwendung zweitinstanzlichen Präklusionsrechts behaftet.

IV. Grundsatz des rechtlichen Gehörs

82 Nach dem **Grundsatz des rechtlichen Gehörs**, der in Art. 103 Abs. 1 GG und Art. 6 Abs. 1 EMRK normiert ist, hat jede Partei einen Anspruch auf Anhörung bzw. Unterrichtung und Gelegenheit zur Äußerung, bevor eine ihr nachteilige Entscheidung des Gerichts ergeht. Gehör muss daher gewährt werden: zu den Behauptungen und Beweisantritten des Prozessgegners, zum Ergebnis der Beweisaufnahme[87], zu den rechtlichen Gesichtspunkten, die für die Entscheidung bedeutsam sind. Folglich muss jede Partei alle entscheidungserheblichen Tatsachen zur Kenntnis nehmen, nachprüfen und sich zum Sachverhalt und seiner rechtlichen Würdigung äußern können. Das Gericht ist wiederum verpflichtet, die Äußerungen zur Kenntnis zu nehmen und zu erwägen sowie das wesentliche Parteivorbringen in seiner Entscheidung zu berücksichtigen[88]. Zudem muss es die tatsächliche und rechtliche Seite des Rechtsstreites mit den Parteien erörtern. Dies ergibt sich im Übrigen auch aus dem Grundsatz des fairen Verfahrens und der Unzulässigkeit von Überraschungsentscheidungen[89]. **Ausnahmen** vom Grundsatz des rechtlichen Gehörs gibt es lediglich dort, wo dieser mit dem Zweck des Verfahrens nicht vereinbar ist, wie etwa im Vollstreckungsverfahren[90] sowie beim vorläufigen Rechtsschutz[91]. Aus der Verankerung des Grundsatzes im Grundgesetz folgt, dass eine Verletzung nach Erschöpfung des Rechtsweges mit einer Verfassungsbeschwerde gerügt werden kann. Eine empfindliche Einschränkung des Grundsatzes auf rechtliches Gehör sind die Vorschriften über die **öffentliche Zustellung**[92], also §§ 185 ff. ZPO.

---

87 § 278 Abs. 2 ZPO: Das sollte im Protokoll vermerkt werden!
88 BVerfG, NJW 1994, 848, 849; BVerfG, NJW 1995, 1884; BVerfG, NJW 1998, 2044.
89 BVerfG, NJW 1991, 2823; BVerfG, NJW-RR 1996, 205.
90 § 834 ZPO.
91 §§ 921 Abs. 1, 937 Abs. 2 ZPO s. Rn. 1217 ff.
92 Siehe dazu Rn. 1536.

V. Weitere Verfahrensgrundsätze

1. Mündlichkeit. Der deutsche Zivilprozess wird von dem **Grundsatz der Mündlichkeit** beherrscht. Falls nicht ausnahmsweise das schriftliche Vorverfahren angeordnet ist, wird der Inhalt vorbereitender Schriftsätze erst dann Prozessstoff, wenn er in der mündlichen Verhandlung – zumindest im Wege der Bezugnahme (§ 297 ZPO) – vorgetragen wird[93]. Der **Grundsatz der Mündlichkeit** bedeutet, dass die Parteien ihre Anträge und ihren Tatsachenvortrag in der mündlichen Verhandlung vorbringen müssen, und dass grundsätzlich allein dieser Vortrag Grundlage der Entscheidung sein kann. Wichtig ist, dass es sich bei den Anträgen in den Schriftsätzen der Parteien nur um die **Ankündigung der Anträge** handelt, die in der mündlichen Verhandlung gestellt werden sollen[94]. Erscheint daher eine Partei nicht zum Termin, nachdem sie schriftsätzlich Stellung genommen hat, ergeht dennoch ein Versäumnisurteil, da Vortrag und Antrag vom Gericht **nicht** berücksichtigt werden können. Durchbrochen wird der Mündlichkeitsgrundsatz im Fall des schriftlichen Vorverfahrens bei § 128 ZPO, ggf. bei § 495a ZPO, bei der Entscheidung nach Aktenlage[95] und nachgereichten Schriftstücken.

2. Unmittelbarkeit der Beweisaufnahme. In §§ 355 Abs. 1 Satz 1, 286 ZPO ist der Grundsatz der Unmittelbarkeit der Beweisaufnahme festgeschrieben. Der Grundsatz besagt auch, dass nur diejenigen Richter, die an der mündlichen Verhandlung teilgenommen haben, auch am Urteil mitwirken dürfen[96]. In bestimmten Fällen kann eine Beweisaufnahme durch einen beauftragten oder ersuchten Richter erfolgen[97]. Fand eine **Beweisaufnahme** aber vor einem Richterwechsel statt, muss sie grundsätzlich **wiederholt** werden.

3. Öffentlichkeit. Der Grundsatz der Öffentlichkeit des Verfahrens[98], der u. a. in Art. 6 Abs. 1 EMRK niedergelegt ist, hat in einem demokratischen Staat hohen Rang[99]. Der Grundsatz der Öffentlichkeit besagt, dass der Zugang **beliebiger, am Zutritt interessierter Personen** grundsätzlich gewährleistet sein muss. Dies gilt für alle Verhandlungen (auch **Ortstermine**, die im Gericht an der Gerichtstafel anzukündigen sind), Beweisaufnahmen sowie die Verkündung von Urteilen und Beschlüssen. Ausnahmen von diesem Grundsatz bestehen in Familien- und Kindschaftssachen sowie in bestimmten anderen Sonderfällen.

---

93 BGH, MDR 1997, 288, 290; BGH, NJW-RR 1990, 1150, 1151.
94 § 297 Abs. 1 Satz 1 ZPO.
95 §§ 251a, 331a ZPO.
96 § 309 ZPO. Siehe BGH, MDR 2002, 658. § 309 ZPO ist aus dem Grundsatz der Mündlichkeit und Unmittelbarkeit der Verhandlung zu verstehen und legt fest, dass nur die Richter, die an der für das Urteil allein maßgeblichen mündlichen Verhandlung teilgenommen haben, die Sachentscheidung treffen dürfen, BGH, MDR 2001, 707 = NJW 2001, 1502, 1503. Nur diese Richter können daher an der Beratung, die der Verhandlung nachfolgt, beteiligt sein.
97 Vgl. §§ 361, 362 ZPO.
98 §§ 169 ff. GVG.
99 BGH, BGHSt 2, 56, 57.

86 4. **Prozessökonomie.** Der Grundsatz der Prozesswirtschaftlichkeit (Prozessökonomie) gebietet, in einem förmlichen Verfahren zu klärende Fragen nach Möglichkeit nicht in Verfahren zu beantworten, die nebeneinander oder nacheinander geführt werden können[100]. Der **Grundsatz der Prozesswirtschaftlichkeit** wird dann angeführt, wenn es darum geht, einen zu formalen Aspekt des Prozessrechts zu korrigieren[101]. Er wird in der Praxis vor allem im Rahmen des § 263 ZPO und dort bei der Frage der **Sachdienlichkeit** angewandt[102].

87 5. **Wirkungsvoller Rechtsschutz.** Der Grundsatz des wirkungsvollen Rechtsschutzes (Art. 2 Abs. 1 GG i. V. m. dem Rechtsstaatsprinzip) gebietet es, den Prozessparteien den Zugang zu einer in der Verfahrensordnung eingeräumten Instanz nicht in unzumutbarer, aus Sachgründen nicht zu rechtfertigender Weise zu erschweren[103].

87 a Rechtsmittel sind die Rechtsinstitute, die bewirken, dass eine Entscheidung in einem dem entscheidenden Gericht übergeordneten Rechtszug mit dem Ziel überprüft wird, sie zu ändern und durch eine dem Rechtsmittelführer günstigere Entscheidung zu ersetzen. Wesentlich ist, dass das Mittel den **Devolutiveffekt**, also die Zuständigkeit der höheren Instanz für die weitere Durchführung des Rechtsstreits auf dem eingeschlagenen Rechtsweg, bewirkt und den **Suspensiveffekt** entfaltet, d.h., den Eintritt der Rechtskraft der angefochtenen Entscheidung hemmt.

87 b Zu den Rechtsmitteln gehören die sofortige (§§ 567 ff. ZPO) und die Rechtsbeschwerde (§§ 574 ff. ZPO) sowie die Berufung (§§ 511 ff. ZPO) und die Revision (§§ 542 ff. ZPO). Bloße Rechtsbehelfe sind der Einspruch (§ 338 ZPO)[104] und der Widerspruch (§ 924 ZPO). Besondere Rechtsmittel kennt die Zwangsvollstreckung[105].

87 c ✒ **Klausurtipp**

In der Klausur spielt vor allem die **Zulassung eines Rechtsmittels** eine Rolle. Daneben besitzen der **Einspruch** gegen einen Vollstreckungsbescheid oder ein Versäumnisurteil und der **Widerspruch** gegen einen Mahnbescheid oder einen Arrest bzw. eine einstweilige Verfügung große Bedeutung. Rechtsmittelklausuren im Übrigen kommen in der Prüfungspraxis in der Regel hingegen im Pflichtfachbereich nicht vor.

---

100 BGH, MDR 2001, 524.
101 Z. B. Zulassung einer Klageänderung, ausnahmsweise keine Zurückweisung verspäteten Vorbringens, Verbindung von Prozessen.
102 BGH, NJW 1975, 1228.
103 BVerfG, NJW 2005, 814, 815; BVerfG, BVerfGE 69, 381, 385; BGH, NJW 2006, 3784, 3785; BGH, BGHZ 151, 221, 227.
104 Rn. 1125 ff.
105 Siehe dazu Rn. 1276.

Teil 3: Das Urteil

1. Kapitel: Kopf des Urteils (Rubrum)

I. Bestandteiles des Kopfes

Nach § 313 Abs. 1 Nr. 1–3 ZPO muss das „Rubrum"[1] neben allgemeinen **88** Angaben die Parteien[2] bezeichnen, die zum Zeitpunkt der letzten mündlichen Tatsachenverhandlung (noch) an dem Prozess beteiligt sind. Nicht vorgeschrieben ist, „wie" die Parteien zu bezeichnen sind[3]. Erforderlich, aber auch ausreichend ist daher, dass die Parteien irgendwie kenntlich gemacht werden. Über ihre Identität dürfen keine Zweifel bestehen. Dazu kann es genügen, wenn das Urteil zwar nicht die Wohnanschrift, wohl aber die Arbeitsstelle der Partei genau bezeichnet[4]. Der Kopf des Urteils muss ferner die gesetzlichen Vertreter und die Prozessbevollmächtigten der Parteien nennen, das Gericht und die Namen der Richter bezeichnen, die bei der Entscheidung mitgewirkt haben, sowie den Tag, an dem die mündliche Verhandlung geschlossen worden ist. Der Kopf muss ferner die Urteilsformel[5] enthalten. Nach § 4 Aktenordnung ist im Urteil schließlich das Aktenzeichen[6] der Entscheidung anzugeben[7]. An erster Stelle des Urteils muss es nach § 311 Abs. 1 ZPO heißen: „*Im Namen des Volkes*". Handelt es sich um eine **besondere Urteilsart**, wird hierunter die Bezeichnung des Urteils gesetzt[8].

> ☑ Checkliste **89**
> - Vorbehaltsurteil (§§ 302, 599 ZPO)
> - Zwischenurteil (§§ 280, 303 ZPO)
> - Versäumnisurteil (§ 313b Abs. 1 S. 2 ZPO)
> - Anerkenntnisurteil (§ 313b Abs. 1 S. 2 ZPO)
> - Verzichtsurteil (§ 313b Abs. 1 S. 2 ZPO)

---

1 Im Folgenden: Der Kopf des Urteils.
2 Siehe dazu Rn. 95.
3 BGH, NJW 1977, 1686.
4 BGH, MDR 2001, 164, 165 = NJW 2001, 885, 887; siehe auch Heß, NJW 2002, 2417, 2418.
5 Siehe dazu Rn. 138 ff.
6 Geschäftszeichen.
7 Rn. 91 ff.
8 In allen übrigen Fällen kann auf eine Urteilsüberschrift verzichtet werden. In der Praxis werden zum Teil Teilanerkenntnisurteile, die in ein und derselben Entscheidung mit dem streitigen Endurteil ergehen, mit „Teilanerkenntnis- und Schlussurteil" überschrieben. Auch die Formulierung „Anerkenntnisteil- und Schlussurteil" ist geläufig.

90 Bei Endurteilen, mit denen die Instanz vollständig abgeschlossen wird und denen kein Urteil vorausgegangen ist, kann auf die Bezeichnung „Urteil" verzichtet werden; dies sollte man aber nicht tun. Noch vor Bezeichnung der Parteien, ihrer gesetzlichen Vertreter und der Prozessbevollmächtigten heißt es im Regelfall: *„In dem Rechtsstreit"*. Diese Formel ändert sich, soweit es sich um **Eilverfahren** oder **Zwangsvollstreckungssachen** handelt. Das weitere Rubrum wird üblicherweise als ein **einheitlicher Satz** mit den Angaben des § 313 Abs. 1 Nr. 1 bis 3 ZPO fortgesetzt.

II. Aktenzeichen

91 In der Praxis werden auf der ersten Seite des Urteils oben links das entscheidende Gericht und darunter das Aktenzeichen angegeben. Möglich ist auch, das entscheidende Gericht vor der Überschrift (§ 311 Abs. 1 ZPO) in die Mitte des Blattes zu setzen und oben links lediglich das Aktenzeichen zu vermerken.

92 **Beispiel**
„Amtsgericht Neukölln
12 C 560/09
12 C 560/09
AMTSGERICHT NEUKÖLLN"

93 Das Aktenzeichen selbst enthält ganz verschiedene Informationen. Beispiel: *„31 O 37/09"*. Die erste Zahl des Aktenzeichens bezeichnet beim Amtsgericht die Abteilung, in der die Sache bearbeitet wird, beim Landgericht die Kammer, die für die Entscheidung zuständig ist, hier: Zivilkammer 31 (oder 31. Zivilkammer) eines Landgerichts. Bei dem Buchstaben handelt es sich um ein so genanntes Registerzeichen. Anhand solcher Registerzeichen können die Art des Verfahrens sowie das entscheidende Gericht oder die Behörde abgelesen werden. „C" bedeutet: allgemeine Zivilsachen beim Amtsgericht, „O" hingegen: allgemeine Zivilsachen beim Landgericht. Die Zahl hinter dem Querstrich bezeichnet das Jahr, in dem die Sache bei dem entscheidenden Gericht eingegangen ist. Jede eingehende Sache enthält außerdem eine fortlaufende Nummer, die vor dem Querstrich angegeben wird. Im Beispiel handelt es sich also um die 37. Akte des Jahres 2009 in der Zivilkammer 31.

III. Verkündungsvermerk

94 Nach § 315 Abs. 3 ZPO hat der Urkundsbeamte[9] der Geschäftsstelle auf dem Urteil den Tag der Verkündung oder der Zustellung nach § 310 Abs. 3 ZPO zu vermerken und diesen Vermerk zu unterschreiben.

---

9 Nicht der Richter und auch nicht der Referendar in der Klausur! In manchen Kammern des Landgerichts oder Abteilungen des Amtsgerichts diktiert der Richter den Verkündungsvermerk mit, um dem Urkundsbeamten der Geschäftsstelle die Arbeit zu erleichtern. Der Referendar sollte sich insoweit während der praktischen Ausbildung nach seinem Ausbilder richten.

> ✎ **Klausurtipp**
> In **Klausuren** ist **kein** § 315 Abs. 3 ZPO entsprechender **Vermerk** zu fertigen.

IV. Bezeichnung der Parteien/Vertreter

1. Grundsätzliches. Die Zwangsvollstreckung darf nur beginnen, wenn die Personen, für und gegen die sie stattfinden soll, in dem Urteil oder in der ihm beigefügten Vollstreckungsklausel (§§ 724 ff. ZPO) namentlich bezeichnet sind und das Urteil bereits zugestellt ist oder gleichzeitig zugestellt wird, § 750 ZPO. Im Urteil müssen die Parteien daher so genau wie möglich bezeichnet werden – soll eine Zwangsvollstreckung nicht scheitern. **95**

2. Notwendige Angaben. Damit ohne weiteres gegen den Schuldner vollstreckt werden kann, ist sehr wichtig, dass die Parteien **genau** bezeichnet werden. Dies geschieht durch die Angabe von: **96**

Schema **97**

- Vor- und Nachnamen, ggf. Geburtsname oder Aliasname
- Stand oder Gewerbe = Beruf (auf die Angabe der Standes wird häufig verzichtet; der Beruf sollte aber angegeben werden, wenn er im Aufgabentext mitgeteilt wird)
- Wohnort[10]
- bei Minderjährigen Geburtsdatum oder ggf. Alter

Zwar sind diese Angaben nur für die Bezeichnung in der Klageschrift gesetzlich vorgeschrieben (§§ 253 Abs. 2, 4, 130 Nr. 1 ZPO); sie sind aber auch zur genauen Bezeichnung der Parteien im Urteilskopf unentbehrlich[11]. Bei natürlichen Personen sind in jedem Fall der **Vor- und Zuname** sowie die genaue Adresse anzugeben. Bei juristischen Personen ist die Angabe der **vollständigen Firmen-** oder **Personenbezeichnung** erforderlich. **98**

---

10 Enthält die Klageschrift keine ladungsfähige Anschrift, ist die Klage unzulässig, wenn die Angabe ohne weiteres möglich ist und kein schützenswertes Interesse entgegensteht, BGH, BGHZ 102, 332, 334 ff. = ZZP 101, 457; BGH, NJW 2001, 885. Es fehlt an der Zulässigkeitsvoraussetzung einer Ordnungsmäßigkeit der Klageerhebung im Sinne des § 253 Abs. 2 Nr. 1, Abs. 4 ZPO in Verbindung mit § 130 Nr. 1 ZPO. Obwohl § 130 Nr. 1 ZPO grundsätzlich nur eine Soll-Vorschrift darstellt, ist hieraus angesichts der Bedeutung der Klageschrift für den Gang des Verfahrens ein zwingendes Erfordernis für diesen den Rechtsstreit einleitenden Schriftsatz zu entnehmen. Auch wenn mit dem Erfordernis der Angabe einer ladungsfähigen Anschrift in der Klageschrift Anforderungen gestellt werden, die über die ausdrücklich im Gesetz geregelten Zulässigkeitsvoraussetzungen hinausgehen, ist dies grundsätzlich von Verfassungs wegen nicht zu beanstanden, BVerfG, NJW 1996, 1272.
11 § 750 Abs. 1 ZPO!

99 3. **Grammatik der Parteibezeichnungen.** Es gibt nach Ansicht vieler eine „Grammatik der Parteibezeichnungen"[12]. Der Kläger ist nach diesen im Genitiv und der Beklagte oder die Beklagten im Akkusativ auszudrücken. Eine andere, und grammatikalisch wohl richtigere Möglichkeit besteht darin, die jeweiligen Parteistellungen übereinstimmend im Nominativ auszudrücken[13]. Die Parteiangabe sollte durch ein Komma abgetrennt werden, wird teilweise aber auch durch einen Bindestrich kenntlich gemacht. Bundesländer werden im Rubrum männlich bezeichnet, Deutschland ist hingegen weiblich.

100 4. **Streitgenossen.** Streitgenossen werden fortlaufend nummeriert und sollten nicht unter einer gemeinsamen Nummer zusammengefasst werden – auch wenn es sich um Eheleute oder enge Verwandte handelt. Insbesondere bei einem unterschiedlichen Ausgang des Rechtsstreits können ansonsten Verwechslungen entstehen. Möglicherweise ergeben sich auch Schwierigkeiten bei der Vollstreckung der Kostenentscheidung. Zulässig ist es, bei derselben Adresse, derselben Parteistellung oder der Prozessvertretung durch denselben Rechtsanwalt mit einer Art „Klammerwirkung" zu arbeiten und gemeinsame Angaben unter die Parteibezeichnung zu setzen[14].

101 Formulierungsvorschlag
„1) Werner Müller,
2) Gabriele Müller,

beide wohnhaft Jonasstraße 12, 12345 Berlin,

                                                                  Kläger,

Prozessbevollmächtigter: Rechtanwalt ..."

102 Im Tatbestand und in den Entscheidungsgründen sind Streitgenossen mit einem Zusatz entsprechend der im Kopf vorgenommenen Nummerierung zu bezeichnen [Beispiele: Kläger zu 1), Beklagter zu 3)]. Scheidet ein Streitgenosse während des Rechtsstreites aus, z.B. durch Teilklagerücknahme oder Teilurteil, wird er nur dann noch im Urteil erwähnt, wenn er an der **Kostenentscheidung** beteiligt ist. Das ist nicht der Fall, wenn das Gericht vorab einen zulässigen gesonderten Kostenbeschluss nach § 269 Abs. 4 ZPO erlassen hat.

103 5. **Kaufleute.** Nach § 17 Abs. 2 HGB kann ein Kaufmann[15] unter seiner Firma klagen und verklagt werden. Ergibt sich aus dem Firmennamen gleichzeitig deren Inhaber[16], reicht die Angabe der Firma aus. Wenn jedoch der Firmeninhaber und die Firmenbezeichnung nicht identisch sind, empfiehlt sich folgende Formulierung:

104 Formulierungsvorschlag
„des unter der Firma Dieter Teufel handelnden Kaufmanns Rainer Zufall, Peststraße 14, 12345 Berlin,

                                                                  Klägers,"

---

12 Dazu Petersen, DRiZ 1957, 266.
13 Wichtig ist vor allem: Die Systeme nicht kombinieren!
14 Mir gefällt diese Form nicht so gut; reine Ästhetik.
15 Also wer ein Handelsgewerbe betreibt, § 1 Abs. 1 HGB.
16 Dieser allein ist Partei.

1. Kapitel: Kopf des Urteils (Rubrum)

6. Parteien kraft Amtes. Bei Parteien kraft Amtes[17] ist neben ihrem Namen auch ihre treuhänderische Stellung zu erwähnen. Die Zwangsvollstreckung kann nämlich nur in das von der Partei kraft Amtes verwaltete fremde Vermögen erfolgen. Der Kopf lautet dann: 105

Formulierungsvorschlag 106

„des Rechtsanwalts Joachim Frust, Friedensweg 1, 14198 Berlin, als Insolvenzverwalter über das Vermögen der... GmbH und Co. KG, Bergstr. 12, 14996 Berlin,

Klägers,"

7. Erben. Verstirbt eine Partei während des Prozesses, wird der Rechtsstreit mit den Erben fortgesetzt. Diese sind dann Partei und im Kopf aufzuführen; die Bezeichnung „Erbengemeinschaft nach." reicht nicht. Üblicherweise wird der Kopf in derartigen Fällen wie folgt formuliert: 107

Formulierungsvorschlag 108

„der Erben des am... verstorbenen..., namentlich
1....
2....
3....

Kläger,"

8. Gesetzliche Vertreter. Die gesetzlichen Vertreter der Parteien sind entsprechend §§ 130 Nr. 1, 253 Abs. 2, Abs. 4 ZPO so genau wie möglich zu bezeichnen; denn an sie muss zugestellt werden (vgl. § 170 Abs. 1 S. 1 ZPO). Bei Minderjährigen empfiehlt sich die Angabe des Geburtsdatums („... des am 1.10.2008 geborenen Peter Müller..."), soweit dieses bekannt ist. Ansonsten ist zu formulieren: „des minderjährigen Schülers Alfred Tetzlaff". Bei Minderjährigen, die unter elterlicher Sorge stehen, müssen beide Elternteile erwähnt werden, soweit ihnen gemeinsam die gesetzliche Vertretungsmacht zusteht. Entsprechendes gilt bei einer Vormundschaft (vgl. § 1773 BGB), Pflegschaft (vgl. §§ 1909 ff. BGB, § 53 ZPO) und Betreuung (vgl. §§ 1896 ff. BGB). Bei juristischen Personen des bürgerlichen Rechts und bei Personenhandelsgesellschaften[18] sind ebenfalls der oder die gesetzlichen Vertreter – und zwar alle[19] – so genau wie möglich zu bezeichnen, wobei hier, soweit die Angaben nicht vollständig sind, von dem Fragerecht nach § 139 ZPO Gebrauch gemacht werden muss[20]. 109

Formulierungsvorschläge 110

- „der Bonus GmbH, Sonnenallee 93, 12199 Berlin, gesetzlich vertreten durch ihre Geschäftsführer Holger Fahls und Franz Simon,

Klägerin,

---

17 Insolvenzverwalter, Testamentsvollstrecker, Zwangsverwalter, Nachlassverwalter. Keine Partei kraft Amtes ist der Nachlasspfleger.
18 Dies gilt auch bei der „GbR", vgl. Kemke, NJW 2002, 2218.
19 Sind es mehr als drei Vertreter, kann wie bei mehreren Prozessbevollmächtigten verfahren und es können nur zwei aufgeführt werden, vgl. dazu Rn. 115.
20 Wenn die gesetzlichen Vertreter in einer Klausur unbekannt sind, sind an ihrer Stelle Punkte einzusetzen.

- der Mega AG, Sonnenallee 93, 12199 Berlin, gesetzlich vertreten durch ihre Vorstandsmitglieder[21] Herbert Müller und Franz Simon,

  Klägerin,
- der Reiche & Reiche OHG, Sonnenallee 93, 12199 Berlin, gesetzlich vertreten durch ihre Gesellschafter Herbert Müller und Franz Simon,

  Klägerin,
- „der Reiche, Müller und Liebig GbR, Sonnenallee 93, 12199 Berlin, vertreten durch ihre Gesellschafter Herbert Reiche und Franz Müller,

  Klägerin,
- der ... GmbH & Co. KG, gesetzlich vertreten durch die ... GmbH, diese gesetzlich vertreten durch ihre Geschäftsführer Herbert, Franz-Georg und Franz Simon, Sonnenallee 93, 12199 Berlin,

  Klägerin,"

111 Bei juristischen Personen des öffentlichen Rechts brauchen die Namen der Vertretungsberechtigten nicht angegeben zu werden, vgl. auch § 170 Abs. 2 ZPO. Zu nennen ist aber die Behörde, etwa: „Freie und Hansestadt Hamburg, vertreten durch die Behörde für Inneres". Eine Gesellschaft bürgerlichen Rechts (GbR) ist unter dem Namen zu benennen, die ihre Gesellschafter im Gesellschaftsvertrag für sie vorgesehen haben[22]. Sieht der Gesellschaftsvertrag keine Bezeichnung vor, ist sie als „Gesellschaft bürgerlichen Rechts bestehend aus ..." und den Namen ihrer Gesellschafter zu bezeichnen[23]. Die Gemeinschaft der Wohnungseigentümer wird im Kopf „Wohnungseigentümergemeinschaft" – gefolgt von der bestimmten Angabe des gemeinschaftlichen Grundstücks – bezeichnet, § 10 Abs. 6 S. 4 WEG.

V. Parteistellung

112 § 313 Abs. 1 Nr. 1 ZPO schreibt die Angabe der Parteistellung nicht vor. Üblicherweise wird diese dennoch in Anlehnung an §§ 130 Nr. 1, 253 Abs. 4 ZPO rechtsbündig unter der Bezeichnung der jeweiligen Partei in den Kopf des Urteils aufgenommen, und zwar ebenfalls im Genitiv/Akkusativ oder Nominativ/Nominativ. Die Parteistellung wird durch die Bezeichnung angegeben als: „Kläger (und Widerbeklagter)" oder „Beklagter (und Widerkläger)". Im Falle einer Widerklage werden die Parteien in den nachfolgenden Abschnitten des Urteils[24] – auch im Tenor – aus Gründen der besseren Übersicht nur nach ihrer ursprünglichen Parteirolle bezeichnet, d. h. nur als Kläger oder Beklagter.

VI. Prozessbevollmächtigte

113 Gemäß § 172 Abs. 1 S. 1 ZPO muss in einem anhängigen Verfahren an den für den Rechtszug bestellten Prozessbevollmächtigten zugestellt werden. Vertritt ein

---

21 Nicht durch den Vorstandsvorsitzenden; dies nur im Falle des § 78 Abs. 2 Aktiengesetz: Besteht der Vorstand aus mehreren Personen, so sind, wenn die Satzung nichts anderes bestimmt, sämtliche Vorstandsmitglieder nur gemeinschaftlich zur Vertretung der Gesellschaft befugt.
22 BGH, NJW 2009, 594.
23 Zum Verwaltungsprozess siehe Pache/Knauff, BayVBl. 2003, 168, 169.
24 Und auch im Gutachten.

Rechtsanwalt eine Partei, ist dies daher im Kopf kenntlich zu machen, wobei die Bezeichnung „Rechtsanwalt" ausgeschrieben und nicht mit „RA" abgekürzt werden sollte. Da die Prozessbevollmächtigten nicht „Partei" sind, wäre es falsch, sie vor Angabe der Parteistellung zu erwähnen. Die Angabe der Prozessbevollmächtigten wird meistens in Parenthese gesetzt; z.T. wird darauf aber auch verzichtet.

Formulierungsvorschlag 114
„– Prozessbevollmächtigter:
Rechtsanwalt Dr. Herbert Schluss,
Reichsstraße 12, 12498 Berlin –"

Auch wenn eine Partei durch eine Anwaltssozietät vertreten wird, sind alle 115 Mitglieder der betreffenden Sozietät zu nennen. Wenn die Sozietät aus vielen Mitgliedern besteht, ist es aber zulässig, wenigstens zwei Rechtsanwälte[25] mit Vor- und Nachnamen zu nennen. Als zweiten Rechtsanwalt kann man den Sachbearbeiter der Kanzlei aufführen:„ – Prozessbevollmächtigte: Rechtsanwälte Herbert Schluss, Peter Müller u.a., Reichsstraße 12, 12498 Berlin –." Handelt es sich um eine Rechtsanwaltskanzlei, so sind deren Firma und deren Vertreter anzugeben.

Formulierungsvorschlag 116
„– Prozessbevollmächtigte: Rechtsanwalt Rainer Meier & Kollegen Rechtsanwaltsgesellschaft mbH, gesetzlich vertreten durch Rechtsanwalt Stefan Kiener und Rechtsanwalt Rainer Meier, Rheinstraße 226, 76532 Baden-Baden –"

Hat der Prozessbevollmächtigte bei dem entscheidenden Gericht ein Gerichtsfach, 117 reicht es aus, lediglich den Kanzleiort und das Fach anzugeben. In den Kopf sind nur die Prozessbevollmächtigten aufzunehmen, die die Parteien in der letzten mündlichen Verhandlung vertreten haben. Ein Terminsvertreter, ein Unterbevollmächtigter oder ein Verkehrsanwalt gehören nicht in den Kopf.

VII. Streithelfer

Der Nebenintervenient wird als „Streithelfer" bezeichnet und ist im Kopf zu 118 erwähnen[26]. Dabei ist auch sein Prozessbevollmächtigter anzugeben, soweit eine entsprechende Vertretung stattfindet. Tritt der Streithelfer nicht bei, ist die Tatsache der Streitverkündung weder im Kopf **noch** an einer **sonstigen Stelle** des Urteils zu erwähnen. Denn die Streitverkündung kann sich erst im Nachfolgeprozess auswirken, wenn es um die Nebeninterventionswirkung im Sinne der §§ 68, 74 Abs. 1 ZPO geht.

---

25 Häufiger Fehler: Es wird für Sozien übersehen, dass diese nicht Rechtsanwalt, sondern Wirtschaftsprüfer oder Steuerberater sind.
26 Und zwar unter der Partei, der er beigetreten ist.

VIII. Bezeichnung des Gerichts/der Richter

119 Bei Bezeichnung des Gerichts wird der Spruchkörper[27] angegeben. Das ist beim Landgericht die Kammer, die die Entscheidung trifft. Da es jedenfalls beim Landgericht auch Strafkammern gibt, ist es hier üblich, von Zivilkammern zu sprechen.

120 Beispiel
„... hat das Landgericht Hamburg, Zivilkammer 23, ...".

121 Bei den Amtsgerichten hat sich keine einheitliche Praxis herausgebildet, ob auch die Abteilung zu nennen ist. Die Angabe der Abteilung ist nicht zwingend erforderlich, da es sich insoweit nicht um einen Spruchkörper im engeren Sinne handelt[28].

122 Beispiel
„... hat das Amtsgericht Neukölln, Abteilung 19, ...".

123 Die Namen der am Urteil mitwirkenden Richter und deren Amtsbezeichnung ergeben sich aus dem Sitzungsprotokoll über die letzte mündliche Tatsachenverhandlung.

124 Formulierungsvorschlag
„hat das Amtsgericht Neukölln, Abteilung 6, durch den Richter am Amtsgericht Hauptlein auf die mündliche Verhandlung vom 7. März 2009, für Recht erkannt: ..."

125 Die Amtsbezeichnung (RiAG, RiLG, VRiLG), die, wenn sie genannt wird, richtig zu zitieren ist, kann auch ersetzt werden: „... hat ... auf ... durch seine Richter Müller, Meier und Schultze für Recht erkannt... ". Die Funktion der mitwirkenden Richter „als Vorsitzender", „als Beisitzender" gehört nicht in den Kopf[29]. Entscheidet bei einem Kollegialgericht der Einzelrichter, ist dies im Kopf zu kennzeichnen:

126 Formulierungsvorschlag
„... hat ... durch den Richter am Landgericht Dr. Klug als Einzelrichter auf ... für R e c h t erkannt: ..."

IX. Angabe des letzten Tages

127 Um den Umfang der Rechtskraft und die Präklusionswirkung klarzustellen, hat der Gesetzgeber die Angabe des Tages der letzten mündlichen Tatsachenverhandlung vorgeschrieben, vgl. § 767 Abs. 2 ZPO.

---

27 Siehe dazu Rn. 576.
28 Der Referendar sollte in der praktischen Ausbildung pragmatisch die Handhabung seines Ausbilders übernehmen.
29 Das wird häufig falsch gemacht!

1. Kapitel: Kopf des Urteils (Rubrum)

Beispiel 128
„... auf die mündliche Verhandlung vom 12. März 2009 ...".

Der Tag der letzten mündlichen Verhandlung wird im Fall der Entscheidung nach Lage der Akten (§§ 251a, 331a ZPO) durch den versäumten Termin ersetzt. 129

Beispiel 130
„ ... nach Lage der Akten am 12. März 2009 ...".

Wird im schriftlichen Verfahren entschieden[30], muss das Gericht den Zeitpunkt bestimmen, bis zu dem Schriftsätze eingereicht werden können (§ 128 Abs. 2 S. 1 ZPO). Dieser Zeitpunkt entspricht dem Tag der letzten mündlichen Verhandlung. 131

Beispiel 132
„ ... im schriftlichen Verfahren mit einer Schriftsatzfrist bis zum ...".

Bei einem Versäumnisurteil im schriftlichen Vorverfahren ist der Tag einzusetzen, an dem das Urteil vom Gericht erlassen wird. Verbreitet findet sich im Kopf vor der Angabe des Gerichts die Aufklärung des Klagegrundes. 133

Beispiel 134
„wegen Wechselforderung (u. a.)".

Diese Angabe empfiehlt sich nur, wenn auch eine genaue Angabe möglich ist. Etwa ein Klagegrund „wegen Forderung" ist ungenau und überflüssig. 135

X. Beispielsrubrum

„Amtsgericht Neukölln 136
19 C 310/09

[Urteil]
Im Namen des Volkes!
In dem Rechtsstreit

Rabe Schneedienst GmbH, Kochstraße 34, 12047 Berlin, gesetzlich vertreten durch den Geschäftsführer Martin Müller,
                                        Klägerin und Widerbeklagte
– Prozessbevollmächtigte:
Rechtsanwälte Martina Klage, Karl Meier, Richard Schröder
u. a., Parkstraße 101,
12165 Berlin –

g e g e n

1) den Kaufmann Lutz Hage, handelnd unter der Firma Südpol, Sanderweg 2, 12047 Berlin,

---

30 § 128 ZPO.

2) die am 12. Dezember 1998 geborene Erika Hage, Sanderweg 2, 12047 Berlin, gesetzlich vertreten durch ihre Eltern Maria und Lutz Hage,
Beklagten und Widerkläger,
– Prozessbevollmächtigter der Beklagten zu 2):
Rechtsanwalt Herbert Sol, Kalckreuthstraße 56,
10787 Berlin –

hat das Amtsgericht Neukölln, Abteilung 19, durch den Richter am Amtsgericht Dr. Elzer auf die mündliche Verhandlung vom 3. November 2009 für **Recht** erkannt:
1. Die Beklagten werden als Gesamtschuldner verurteilt, an die Klägerin 2.559,45 € nebst 13 % Zinsen seit dem 16. März 2008 zu zahlen.
2. Die Widerklage wird abgewiesen.
3. Die Beklagten haben die Kosten des Rechtsstreits zu tragen.
4. Das Urteil ist gegen Sicherheitsleistung in Höhe von 4.000,00 € vorläufig vollstreckbar."

XI. Übung

Fall:
K will den Schlagersänger und Blasmusiker Eduard Müller verklagen, den seit 30 Jahren alle nur unter „Ede Trompete" kennen.
1. Welche Besonderheiten weist die Klageschrift/das Urteil auf?
2. K will den Kapellmeister Palfi aus München verklagen. Muss dessen Beruf ins Rubrum?
3. K hat versehentlich Gerhard Möller verklagt. Der Beklagte heißt aber Gerhard Müller. Wie kann K seinen Fehler korrigieren? Was wäre, wenn das Urteil ungeachtet der Korrektur weiterhin als Beklagten Gerhard Möller aufführt?
4. Was wäre, wenn sich in der Zwangsvollstreckung herausstellt, dass Möller verstorben ist und von seiner Ehefrau Karin beerbt wurde?

Lösung:
Zu 1.: Aliasnamen wie „Ede Trompete" sind in die Klageschrift und das Rubrum des Urteils aufzunehmen, wenn die Partei unter diesem Namen den maßgeblichen Verkehrskreisen bekannt ist.
Zu 2.: Sofern bekannt, empfiehlt es sich, den Beruf von Kläger und Beklagten ins Rubrum aufzunehmen. Eine gesetzliche Vorschrift gibt es aber nicht mehr.
Zu 3.: Wurde die Klageschrift wegen des Fehlers noch nicht zugestellt, so kann K den Fehler korrigieren und eine erneute Zustellung an Gerhard Müller vornehmen. Außerdem gilt § 319 Abs. 1 ZPO analog für offensichtliche Fehler auch in der Klageschrift. Es ergeht dann ein Berichtigungsbeschluss des Gerichts, § 319 Abs. 2 ZPO. Hat der versehentlich beklagte Gerhard Möller vor der Korrektur Rechtsbeistand eingeholt, ist er in der Klageschrift wegen der entstandenen Kosten als weiterer Beklagter zu 2) zu benennen. Nur so kann eine ihn begünstigende Kostenentscheidung ergehen. Das Gericht kann offensichtliche Schreibfehler des Urteils gemäß § 319 Abs. 1 ZPO korrigieren. Es ergeht ein Berichtigungsbeschluss, § 319 Abs. 2 ZPO.
Zu 4.: Gemäß § 727 ZPO wird der Titel übertragen und eine vollstreckbare Ausfertigung gegen die Rechtsnachfolgerin erstellt.

2. Kapitel: **Tenor**

I. Einführung

1. Urteilsformel. Das Urteil enthält nach § 313 Abs. 1 Nr. 4 ZPO eine Urteilsformel[31]. Diese setzt sich in der Regel aus drei, bei Zulassung von Rechtsmitteln aus vier Teilen zusammen:

- **Entscheidung zur Hauptsache:** *„Der Beklagte wird verurteilt, an den Kläger 200,00 € zu zahlen."*
- **Kostenentscheidung:** *„Die Kosten des Rechtsstreits werden dem Beklagten auferlegt."*
- **Entscheidung über die vorläufige Vollstreckbarkeit:** *„Das Urteil ist vorläufig vollstreckbar."*
- **ggf. die Zulassung eines Rechtsmittels (z. B. Berufung):** *„Die Berufung des Beklagten wird zugelassen."*

Die Urteilsformel ist nach Ansicht vieler der **wichtigste Teil des Urteils**. Fehler der Urteilsformel wirken sich in der Praxis **dramatisch** aus: Das jeweilige Vollzugsorgan kann nicht vollstrecken, der Streitgegenstand erwächst nicht in Rechtskraft, das Urteil gestaltet nichts. Der Prozess war vor allem auch wirtschaftlich sinnlos. Auf die Urteilsformel muss daher in Praxis und Ausbildung **besondere Mühe** und **Sorgfalt** verwendet werden.

Die Hauptsacheentscheidung muss vor allem **vollstreckungsfähig** und **knapp** gefasst sein. Sie muss außerdem den oder die Streitgegenstände[32] **erschöpfen** und so gehalten sein, dass sie nicht ausgelegt werden muss[33]. Die Hauptsacheentscheidung darf gem. § 308 Abs. 1 S. 1 ZPO im Übrigen nicht über die gestellten Anträge hinausgehen (ne ultra petita partium)[34]. Spricht ein Gericht hinsichtlich einzelner Teilbeträge der Klageforderung mehr zu als beantragt, liegt aber kein Verstoß vor, wenn die Summe der zuerkannten Teilbeträge die Klageforderung nicht übersteigt[35]. Die Kostenentscheidung muss aussprechen, wer die Kosten des Rechtsstreits zu tragen hat[36]. Sie hat grundsätzlich einheitlich zu ergehen[37]. Zum Teil kann die Kostenentscheidung entfallen. Dies ist häufig bei Teilurteilen der Fall[38]. Grundsätzlich sind nur formell rechtskräftige Endurteile vollstreckbar, vgl. § 704 ZPO. Andere Urteile sind vollstreckbar, wenn sie vom Gericht in der Entscheidung über die Vollstreckbarkeit für vorläufig **vollstreckbar** erklärt wurden. Z. B. bei Urteilen in den **Eilverfahren** – Urteile, soweit sie zuerkennen oder

---

31 Auch Tenor oder Ausspruch.
32 Siehe dazu Rn. 42.
33 Im Falle eines Widerspruchs ist freilich eine Auslegung möglich. Zwischen Spruch und Gründen geht der Spruch vor; offengelassen von BGH, NJW-RR 2002, 136; BGH, NJW 1997, 3447; siehe bereits RG, JW 1907, 160 Nr. 45; zur Aufhebung des Tenors anhand der Entscheidungsgründe BGH, NJW 1985, 2022 a. E.; LG Bonn, JurBüro 1991, 264.
34 Siehe noch Rn. 160 ff.
35 OLG München, OLGReport München 2004, 349, 350.
36 Siehe dazu im Einzelnen Rn. 168 ff.
37 Ausnahmen etwa §§ 281 Abs. 3 S. 1, 344, 96, 97 Abs. 2, 238 Abs. 4 ZPO.
38 Die Kostenentscheidung wird erst im Schlussurteil gefällt.

Beschlussverfügungen aufrechterhalten[39] – und bei **Zwischenurteilen** entfällt der Ausspruch zur vorläufigen Vollstreckbarkeit[40].

141 **2. Zulassung von Rechtsmitteln.** Ist vom Amtsgericht die Berufung oder vom Berufungsgericht die Revision zuzulassen[41], sollte dieses bereits im Tenor deutlich ausgesprochen werden[42]. Wann ein Rechtsmittel zuzulassen ist, ergibt sich aus §§ 511, 543 ZPO. Danach kommt ein Rechtsmittel in Betracht, wenn die Sache grundsätzliche Bedeutung hat oder die Fortbildung des Rechts oder die Sicherung einer einheitlichen Rechtsprechung es erfordert[43]. Die Zulassung eines Rechtsmittels kann auf einen tatsächlich und rechtlich selbstständigen Teil des Gesamtstreitstoffs beschränkt werden, der Gegenstand eines Teilurteils sein könnte oder auf den der Rechtsmittelführer selbst sein Rechtsmittel beschränken könnte. Unzulässig ist es dagegen, die Zulassung auf einzelne von mehreren möglichen Anspruchsgrundlagen oder auf bestimmte Rechtsfragen zu beschränken[44].

142 **Formulierungsvorschlag**
„I. Der Beklagte wird verurteilt, an die Klägerin 60,00 € zu zahlen.
II. Die Kosten des Rechtsstreits werden dem Beklagten auferlegt.
III. Das Urteil ist vorläufig vollstreckbar[45].
IV. Die Berufung des Beklagten wird zugelassen."

143 Wird ein Rechtsmittel hingegen **nicht** zugelassen, wird darüber in der Praxis zwar meist keine Entscheidung im Tenor mitgeteilt. Sie sollte aber wenigstens in den Entscheidungsgründen anklingen und dort auch **begründet** werden[46]. Auch diese Entscheidung kann aber in den Tenor aufgenommen werden[47]. Schweigt das Ersturteil über die Zulassung eines Rechtsmittels, gilt das Rechtsmittel als **nicht** zugelassen[48]. Die in einem Urteil übersehene Zulassung kann gem. § 319 Abs. 1 ZPO im Wege eines Berichtigungsbeschlusses nachgeholt werden[49]. Voraus-

---

39 Siehe im Übrigen § 708 Nr. 6 ZPO.
40 Siehe dazu Rn. 46.
41 Wann ein Rechtsmittel zuzulassen ist, ergibt sich aus §§ 511, 543 ZPO. Danach kommt ein Rechtsmittel vor allem in Betracht, wenn die Sache grundsätzliche Bedeutung hat oder die Fortbildung des Rechts oder die Sicherung einer einheitlichen Rechtsprechung es erfordert. Zur Auslegung dieser Kriterien siehe u. a. BGH, NJW 2003, 65, 66 und 67. Eine höchstrichterliche Entscheidung ist zur Fortbildung des Rechts im Übrigen dann erforderlich, wenn der Einzelfall Veranlassung gibt, Leitsätze für die Auslegung von Gesetzesbestimmungen des materiellen oder formellen Rechts aufzustellen oder Gesetzeslücken auszufüllen, BGH, Beschluss vom 14.12.2004, XI ZB 20/04; BGH, BGHZ 151, 221, 225.
42 Vgl. etwa Hartmann, NJW 2001, 2577, 2586; Hinz, WuM 2002, 3; Oberheim, JA 2002, 493, 494; Stackmann, NJW 2002, 781, 788; Huber, JuS 2002, 791, 796.
43 Zur Auslegung dieser Kriterien siehe vor allem BGH, NJW 2003, 65, 66 und 67 sowie Rn. 144.
44 BGH, BGHReport 2005, 393; NJW 2003, 2529.
45 §§ 708 Nr. 11, 713 ZPO.
46 Huber, JuS 2002, 791, 796. Beispiele bei OLG Celle, NJW 2003, 73, und LG Bad Kreuznach, NJW 2003, 72.
47 Vgl. etwa Hartmann, NJW 2001, 2577, 2586.
48 LG Görlitz, WuM 2003, 39.
49 BGH, MDR 2004, 1073.

setzung dafür ist, dass das Gericht das Rechtsmittel im Urteil zulassen wollte und der entsprechende Ausspruch nur versehentlich unterblieben ist[50]. Das Versehen muss nach außen hervorgetreten und selbst für Dritte ohne weiteres deutlich sein.

Für die Darlegung des Zulassungsgrundes der **grundsätzlichen Bedeutung** einer Rechtssache ist konkret auf eine Rechtsfrage und ihre Bedeutung für die Allgemeinheit einzugehen. Es muss zunächst eine bestimmte, für die Entscheidung des Streitfalls erhebliche, abstrakte Rechtsfrage herausgestellt werden, der grundsätzliche Bedeutung zukommen soll. Erforderlich ist ferner ein konkreter und substanziierter Vortrag, warum im Einzelnen die Klärung der Rechtsfrage aus Gründen der Rechtssicherheit, der Rechtseinheitlichkeit und/oder der Rechtsentwicklung im allgemeinen Interesse liegt, also ein Vortrag zur **Klärungsbedürftigkeit** und **Klärungsfähigkeit**.

Die Zulassung wegen **Fortbildung des Rechts** kommt in Betracht, wenn der Streitfall Veranlassung gibt, Leitsätze zur Auslegung des Gesetzes aufzustellen oder Gesetzeslücken rechtsschöpferisch auszufüllen. Die Rechtsfortbildung muss über den Einzelfall hinaus **im allgemeinen Interesse** liegen. Eine bestimmte abstrakte Rechtsfrage, deren Beantwortung der Rechtsfortbildung dient, muss in künftigen Verfahren klärungsfähig und klärungsbedürftig sein. Ein Rechtsmittel kann nur für diejenige Prozesspartei zugelassen werden, zu deren Ungunsten die als grundsätzlich angesehene Rechtsfrage entschieden worden ist[51].

3. Gestaltung. Die Urteilsformel ist wie auch die Anträge im Tatbestand von den übrigen Teilen des Urteils **hervorzuheben**. Am besten wird sie nach rechts **eingerückt**. Eine Nummerierung der einzelnen Bestandteile ist üblich[52], aber jedenfalls bei einfach gelagerten Sprüchen nicht zwingend.

II. Hauptsachetenor

Die Entscheidung zur Hauptsache, also zum Streitgegenstand und den Nebenforderungen i. S. v. § 4 Abs. 1 ZPO, hat Auswirkungen auf den Umfang der Rechtskraft, auf die Vollstreckbarkeit, die Gestaltungswirkung und die Tatbestandswirkung eines Urteils. Sie ist daher der **wichtigste Teil** des Urteils[53]. Die Entscheidung zur Hauptsache muss aus diesem Grunde sein: **vollstreckungsfähig, knapp und erschöpfend**[54]. Die **konkrete Formulierung** hängt bei einem stattgebenden Urteil von der Klageart ab (Leistungs-, Gestaltungs- oder Feststellungsklage). Bei der Abfassung ist stets an die **Zwangsvollstreckung** zu denken. Das Vollstreckungsorgan muss allein mit Rubrum und Tenor (= „kurze Vollstreckbare") in der Lage sein, zu erkennen, was **Leistungsbefehl** ist. Zur Sicherheit sollte man sich daher immer fragen, **wie** der Spruch vollstreckt werden kann. Ist eine Klage unzulässig oder unbegründet, heißt es in allen Klagearten:

---

50 BGH, MDR 2004, 1073, 1074.
51 BGH, NJW-RR 2006, 275; BGH, BGHZ 130, 50, 59; BGH, BGHZ 111, 158, 166.
52 Schifferdecker, Prozessrecht im Vergleich, JA 2003, 319, 324.
53 Schneider, MDR 1967, 94.
54 S. bereits Rn. 140 sowie Rn. 148 ff.

147 📄 Formulierungsvorschläge
- „Die Klage wird abgewiesen."
- „Das Versäumnisurteil des Amtsgerichts Neukölln – 19 C 134/07 – vom 30. April 2009 wird aufgehoben und die Klage abgewiesen."

148 1. Vollstreckungsfähige Entscheidung. Ein Titel ist **nicht vollstreckungsfähig**, wenn er nach Form und Inhalt zur Zwangsvollstreckung nicht geeignet ist[55]. Einen zur Zwangsvollstreckung ungeeigneten Titel hat der BGH etwa angenommen, wenn:

149 ☑ Checkliste
- ein nach der Zivilprozessordnung anerkannter Vollstreckungstitel gar nicht vorlag[56];
- ein als Titel dienender Verwaltungsakt schlechthin unwirksam wäre[57];
- die zu vollstreckende Forderung nicht bestimmt genug bezeichnet war[58];
- aus der Urkunde nicht ersichtlich war, wem gegenüber sich der Schuldner der Zwangsvollstreckung unterworfen hat[59].

150 Da der Titel Inhalt und Umfang der Leistungsverpflichtung eines Schuldners festlegt und ein Schuldner nur nach seiner Maßgabe staatlichen Zwang zu dulden hat, muss dessen Inhalt insbesondere genügend **bestimmt** sein, was jedoch nach allgemeiner **Auffassung** eine **Auslegung** nicht ausschließt[60]. Der Tenor muss so gehalten sein, dass das **Vollstreckungsorgan** (in Betracht kommen nur: Gerichtsvollzieher, Prozessgericht, Vollstreckungsgericht, Grundbuchamt), das den Titel zu vollstrecken hat, die erforderlichen Weisungen erteilen kann, ohne auf die Urteilsgründe oder außerhalb des Urteils liegende Erkenntnisquellen zurückgreifen zu müssen[61].

151 Das gilt im Hinblick auf § 756 ZPO im Falle einer **Zug-um-Zug-Verurteilung** auch für die **Gegenleistung**. Diese muss im Urteil so bestimmt sein, dass sie ihrerseits zum Gegenstand einer Leistungsklage gemacht werden könnte[62]. Zahlungstitel genügen den Bestimmtheitserfordernissen nur dann, wenn der zu vollstreckende Zahlungsanspruch betragsmäßig festgelegt ist oder sich aus dem Titel **ohne weiteres** errechnen lässt[63]. **Falsch** sind etwa folgende Aussprüche:
- „Der Klage wird stattgegeben."
- „Die Klage ist begründet."
- „Der Beklagte wird verurteilt, den vereinbarten Pachtzins zu zahlen[64]."

---

55 BGH, BGHZ 22, 54, 57.
56 BGH, BGHZ 15, 190, 191.
57 BGH, BGHZ 55, 255, 256.
58 BGH, BGHZ 22, 54, 57; BGH, WM 1971, 165, 166.
59 BGH, WM 1958, 1194, 1195.
60 KG, NJW-RR 1988, 1406 m.w. Nachw.; vgl. auch OLG Naumburg, NJW-RR 1995, 1149.
61 OLG Düsseldorf, MDR 2002, 1394 für einen Räumungstitel.
62 BGH, NJW 1994, 586; BGH, MDR 1993, 347 = NJW 1993, 324, 325.
63 OLG Zweibrücken, MDR 2002, 541. Zu vollstreckbaren notariellen Urkunden siehe BGH, NJW-RR 2004, 472 m. Anm. Schmidt, JuS 2004, 446.
64 OLG Koblenz, NJW-RR 2002, 1509, 1510.

2. Kapitel: Tenor

- *„Der Antragsteller wird verpflichtet, an die Antragsgegnerin ab 19.10.2002 für die Zeit des Getrenntlebens Unterhalt in Höhe von monatlich 1.810,00 € zu zahlen. Bereits gezahlte Beträge sind anzurechnen[65]."*
- *„Der Beklagte wird verurteilt, 5 % Zinsen **seit Rechtshängigkeit** zu zahlen."*

Ein **Unterlassungstenor** muss den Gegenstand des Verbots deutlich bezeichnen[66], um eine geeignete Grundlage für das Vollstreckungsverfahren bilden zu können[67]. Die bloße Wiedergabe des gesetzlichen Verbotstatbestands ist **regelmäßig zu unbestimmt**, jedenfalls dann, wenn streitig ist, welche von mehreren Verhaltensweisen dem gesetzlichen Verbotstatbestand unterfällt. Wird nur eine Handlung als verbotswidrig festgestellt, so ist diese im Unterlassungsanspruch zu bezeichnen, es sei denn, es ist den Entscheidungsgründen mit aller Deutlichkeit zu entnehmen, dass allein diese den Gegenstand der Verurteilung bildet. Es ist anerkannt, dass in der Urteilsformel **ausnahmsweise** auf schwer zu beschreibende Verbotsgegenstände, wie z.B. Konstruktionszeichnungen, **Bezug genommen werden kann**, indem diese als Anlage zum Urteil genommen und mit ausgefertigt werden[68]. Erforderlich ist aber, dass der Titel aus sich heraus für eine Auslegung genügend bestimmt ist oder doch sämtliche Voraussetzungen für seine Bestimmbarkeit klar festlegt. Zweifel bestehen, wenn der Kläger etwa beantragt, „den Beklagten zu verurteilen, an ihn 500,00 € zzgl. Zinsen und **abzüglich** vorprozessualer Zinsen zu verurteilen[69]" und das Gericht dementsprechend auch tenoriert.

152

a) Leistungsurteile

153

🗎 Formulierungsvorschläge
- „Der Beklagte wird verurteilt, die im Hause Werbellinstraße 60, 12053 Berlin, zweites Obergeschoss, gelegene 1-Zimmer-Wohnung, bestehend aus 1 Küche, 1 Nebengelass und Keller Nr. 11, zu räumen und geräumt an die Klägerin herauszugeben."
- „Der Beklagte wird verurteilt, an die Klägerin 3.931,78 € nebst Zinsen in Höhe von 5 Prozentpunkten über dem jeweiligen Basiszinssatz seit dem 3. März 2009 zu zahlen."
- „Der Beklagte wird verurteilt, an die Kläger als Gesamtgläubiger 4.800,00 € nebst Zinsen in Höhe von 5 Prozentpunkten über dem jeweiligen Basiszinssatz seit dem 7. Februar 2009 Zug um Zug gegen Rückgabe des Pkw Ford Typ Transit, amtliches Kennzeichen B – KH 6455, Fahrgestellnummer WFOVXXGBVVLJ35464, zu zahlen."
- „Das Versäumnisurteil des Amtsgerichts Neukölln vom 26. Februar 2009 – 14 C 8/07 – wird insoweit aufrechterhalten, als Zinsen in Höhe von 5 Prozentpunkten über dem jeweiligen Basiszinssatz auf 4.800,00 € seit dem 13. Dezember 2008 zu zahlen sind. Im Übrigen wird das Versäumnisurteil aufgehoben und die Klage abgewiesen..."

---

65 OLG Zweibrücken, MDR 2002, 541.
66 §§ 890, 253 Abs. 2 Nr. 2 ZPO.
67 BGH, NJW 1992, 1691, 1692; BGH, NJW 1991, 296; BGH, NJW 1991, 1114.
68 Vgl. RG, GRUR 1941, 472 ff.; BGH, NJW 1986, 192, 197.
69 Nach h. M. soll das aber zulässig sein, vgl. LG Osnabrück, MDR 2003, 953. Siehe auch Zimmermann, JuS 1991, 583 f.

154 b) Feststellungsurteile

📄 Formulierungsvorschläge
- „Es wird festgestellt, dass der Kläger Eigentümer des Pkw Ford Typ Transit, amtliches Kennzeichen B – KH 6455, Fahrgestellnummer WFOVXXGBVVLJ 35464 ist."
- „Es wird festgestellt, dass sich der Rechtsstreit in der Hauptsache erledigt hat[70]."
- „Die Klage wird abgewiesen."

155 c) Gestaltungsurteile

📄 Formulierungsvorschläge
- „Die Zwangsvollstreckung aus dem Urteil des Amtsgerichts Neukölln vom 13. Mai 2007 – 4 C 300/07 – wird für unzulässig erklärt, soweit der Beklagte hieraus wegen mehr als 5.000,00 € nebst Zinsen in Höhe von 5 Prozentpunkten über dem jeweiligen Basiszinssatz seit dem 10. Dezember 2006 vollstreckt. Im Übrigen wird die Klage abgewiesen."
- „Die Zwangsvollstreckung des Beklagten aus dem Urteil des Amtsgerichts Neukölln vom 13. Mai 2006 – 4 C 300/00 – in das am 10. März 2007 bei dem Schuldner Herbert Meier, Hermannstr. 23, 12345 Berlin, gepfändete Sichttelefon, Marke Siemens-Giga, Seriennummer 1345 (Pfändungsprotokoll des Gerichtsvollziehers Herbert Müller DR Nr. II 355/01), wird für unzulässig erklärt."

156 2. **Knappe Entscheidung. Teile der Begründung** gehören grundsätzlich nicht in den Tenor. Etwas anderes gilt, wenn eine **besondere Tenorierung** im Gesetz ausdrücklich vorgesehen oder zur Klarstellung notwendig ist[71].

157 Beispiele
- Wegen § 850f Abs. 2 ZPO und § 302 Nr. 1 InsO bei Ansprüchen aus Delikt[72]: „Der Beklagte wird verurteilt, an den Kläger wegen vorsätzlich begangener unerlaubter Handlung 800,00 € zu zahlen[73]."
- Im Urkundenprozess: „Die Klage wird als im Urkundenprozess unstatthaft abgewiesen." Entsprechendes gilt für den **Wechsel- und Scheckprozess**.
- Bei Urteilen nach §§ 313a, 313b ZPO regt Reischl, ZZP 116 [2003], 493, 495, an, im Hinblick auf die im Einzelfall schwierig zu ermittelnde Rechtskraft, den Tenor gem. § 313b Abs. 2 ZPO auf die Urschrift der Klage zu setzen.

---

70 Eine Feststellung wäre falsch, wenn die Parteien den Rechtsstreit in der Hauptsache übereinstimmend vollständig oder teilweise für erledigt erklären.
71 Vgl. §§ 341 Abs. 1 S. 1, 522 Abs. 1 S. 2, 552 Abs. 1 S. 2, 597 Abs. 2 ZPO.
72 Wie hier Neugebauer, MDR 2004, 1123, 112 (der allerdings einen unzulässigen Feststellungstenor anregt). Nach dem BGH ist es auch zulässig, den Hinweis in den Entscheidungsgründen zu geben.
73 Ist in dem zu vollstreckenden Titel keine oder nur eine vertragliche Anspruchsgrundlage genannt, kann der Gläubiger im Vollstreckungsverfahren ohne Zustimmung des Schuldners nicht mehr nachweisen, dass der titulierte Anspruch auch auf einer vorsätzlich begangenen unerlaubten Handlung beruht, vgl. dazu auch BT-Drucksache III/768, S. 3. Vgl. auch BGH, NJW 2003, 515 = MDR 2003, 290 m. Anm. Hintzen, EwiR 2003, 91 und Anm. Ahrens, NJW 2003, 1371 ff. Für die Anwaltsklausur wäre zu erwägen, durch einen Feststellungsantrag bzw. durch eine titelergänzende Feststellungsklage für Klarheit zu sorgen, siehe Ahrens, NJW 2003, 1371, 1372.

- Wenn eine Klage auf Werklohn nur deshalb abgewiesen wird, weil die Rechnung **noch nicht prüfbar** ist, oder die Rechnung **noch nicht fällig** ist. Dann muss es heißen: *„Die Klage wird als zurzeit unbegründet angewiesen."*

158 Es ist im Tenor **grundsätzlich unnötig** anzugeben, dass eine Klage „als unzulässig" abgewiesen wird[74], der Kläger (zugleich) Widerbeklagter ist oder auf welchen gesetzlichen Bestimmungen die Verurteilung beruht.

> **159** ✎ **Klausurtipp Anwaltsklausur:**
> Mit Blick auf § 10 Abs. 3 S. 2 ZVG (für die Vollstreckung genügt ein Titel, **aus dem** die Verpflichtung des Schuldners zur Zahlung, die Art und der Bezugszeitraum des Anspruchs sowie seine Fälligkeit zu erkennen sind) sollte bei WEG-Titeln auf Hausgeld stets beantragt werden, die gesetzlichen Bestimmungen, auf denen die Verurteilung beruht, zu nennen.

160 **3. Erschöpfende Entscheidung.** Das Gericht ist zwar verpflichtet, den **vorgetragenen Lebenssachverhalt** umfassend rechtlich daraufhin zu überprüfen, ob danach der Klageantrag **begründet** ist. Es muss dabei aber die Grenzen des vom Kläger bestimmten Streitgegenstands beachten. Denn das Gericht ist nach § 308 Abs. 1 ZPO nicht befugt, einer Partei quantitativ oder qualitativ etwas zuzusprechen, was von ihr **nicht beantragt** ist[75]. Dies gilt insbesondere für Früchte, Zinsen und anderen Nebenforderungen. Ein Verstoß gegen § 308 Abs. 1 ZPO ist auch anzunehmen, wenn ein Gericht seinem Urteilsausspruch einen **anderen Klagegrund** zu Grunde legt als denjenigen, mit dem der Kläger seinen Antrag begründet hat[76]. Dies gilt auch dann, wenn dem Kläger ein Anspruch aberkannt wird, den er nicht zur Entscheidung gestellt hat[77]. Das Gericht verstößt auch gegen § 308 Abs. 1 ZPO, wenn es dahingehend erkennt, dass der geltend gemachte Anspruch nur unter bestimmten, nicht zum Inhalt des Antrags erhobenen Voraussetzungen bestehe und im Übrigen nicht.

161 Weniger als beantragt zuzuerkennen, verbietet § 308 ZPO nicht. Es ist z. B. zulässig, statt dem begehrten Leistungsurteil die Feststellung der Ansprüche zur Voraussetzung zu treffen[78]. § 308 Abs. 1 ZPO wird aber verletzt, wenn das Gericht dem Kläger einen prozessualen Anspruch aberkennt, den er nicht (mehr) zur Entscheidung gestellt hat[79]. Hat die Klage teilweise keinen Erfolg, muss sie „im Übrigen" abgewiesen werden. Ob weniger als beantragt zugesprochen wird, kann im Einzelfall schwierig zu beurteilen sein. Der Kläger unterliegt etwa, wenn **Zug-um-Zug** statt – wie beantragt – uneingeschränkt verurteilt wird, wenn **Feststellung statt Leistung** ausgesprochen wird oder die Klage nur im **Hilfsantrag** Erfolg hat; außerdem dann, wenn der Kläger weniger Zinsen als beantragt zugesprochen bekommt.

---

74 Bei einem Prozessurteil.
75 Vgl. etwa BGH, NJW 2003, 2317; BGH, NJW 2001, 157 = JuS 2001, 401 Nr. 11 (K. Schmidt).
76 BGH, NJW 2003, 2317, 2318.
77 BGH, NJW 1991, 1683.
78 BGH, NJW 1984, 2295.
79 BGH, MDR 1999, 673.

162 📄 **Formulierungsvorschläge**
- „Der Beklagte wird verurteilt, an den Kläger 8.777,91 € nebst Zinsen in Höhe von 5 Prozentpunkten über dem jeweiligen Basiszinssatz seit dem 13. September 2007 zu zahlen. Im Übrigen wird die Klage abgewiesen."
- Wenn der Kläger 8 % Zinsen verlangt hat, aber nur der gesetzliche Zins zugesprochen wird: „Der Beklagte wird verurteilt, an den Kläger 8.777,91 € nebst Zinsen in Höhe von 5 Prozentpunkten über dem jeweiligen Basiszinssatz seit dem 13. September 2007, höchstens aber 8 %, zu zahlen. Im Übrigen wird die Klage abgewiesen."

163 Für die Kostenentscheidung und die Entscheidung über die vorläufige Vollstreckbarkeit bedarf es **keines** Antrages. Diese Anträge sind weder im Tatbestand zu beurkunden noch in den Entscheidungsgründen zu bescheiden. Auch die **Klageschrift** muss diese Anträge nicht enthalten. Sie sind dort freilich üblich – und unnötig.

4. Übungen

164 Fall 1:

K verlangt von B 4.000,00 € nebst Zinsen i. H. v. 5 Prozentpunkten über dem jeweiligen Basiszinssatz hieraus seit Rechtshängigkeit.

a) Wie lautet die Entscheidung zur Hauptsache, wenn die Klage am 23.11.2009 zugestellt wurde?

b) Wie lautet die Entscheidung zur Hauptsache, wenn das Gericht eine Zustellung der Klage nicht feststellen kann, und weder der Beklagte noch sein Anwalt zum frühen ersten Termin erscheinen?

c) Wie lautet die Entscheidung zur Hauptsache, wenn der Kläger 4.000,00 € nebst Zinsen i. H. v. 5 Prozentpunkten über dem jeweiligen Basiszinssatz hieraus seit dem 23.11.2009 beantragt, das Gericht K aber nur 4.000,00 € seit dem 25.11.2009 zusprechen will?

Lösung:

Zu a): „Der Beklagte wird verurteilt, an den Kläger 4.000,00 € nebst Zinsen i. H. v. 5 Prozentpunkten über dem jeweiligen Basiszinssatz seit dem 24.11.2009 zu zahlen."

Begründung: Die Hauptsachenentscheidung ist maßgeblich für die Rechtskraftwirkungen des Urteils und stellt die Vollstreckungsgrundlage dar. Die Formulierung muss daher eindeutig und aus sich heraus verständlich sein. Das Vollstreckungsorgan muss allein mit Rubrum und Tenor in der Lage sein zu erkennen, was Leistungsbefehl ist. Es muss also der Betrag ersichtlich sein, der vollstreckt werden kann. Um diesen zu berechnen, ist das konkrete Datum der Rechtshängigkeit (§§ 253 Abs. 1, 261 Abs. 1 ZPO) erforderlich. Es ist also das Zustellungsdatum aus der Akte herauszusuchen, das der Kläger bei Abfassung seines Klageantrages (außer bei vorangegangenem Mahnverfahren) noch nicht wissen konnte. Bei Zinsansprüchen handelt es sich um Nebenforderungen, die gem. § 308 Abs. 1 S. 2 ZPO nur auf Antrag zugesprochen werden. Eine Geldschuld hat der Schuldner nach § 291 S. 1 BGB (Prozesszinsen) auch ohne Verschulden ab Rechtshängigkeit zu verzinsen. Dabei ist für die Zinspflicht zu beachten, dass für Prozesszinsen ein Zahlungsanspruch rechtshängig sein muss. Daher ist beispielsweise eine reine Feststellungsklage nicht ausreichend, um Prozesszinsen zu begründen. Der BGH wendet für die Berechnung der Rechtshängigkeit § 187 Abs. 1 BGB entsprechend an, so dass die Zinspflicht erst an dem Tag nach der Zustellung beginnt. Ging ein Mahnverfahren mit oder ohne Vollstreckungsbescheid voraus, so kann die Rechtshängigkeit über eine Fiktion gemäß § 696 Abs. 3 ZPO bzw. § 700 Abs. 2 ZPO auf die Zustellung des Mahnbescheides nach § 690 ZPO vorverlagert

2. Kapitel: Tenor

sein. Wenn die dort genannten Voraussetzungen nicht vorliegen, bewirkt das Mahnverfahren selbst jedoch keine Rechtshängigkeit.

Zu b): Wenn eine Zustellung nicht festgestellt werden kann, ist die Klage auch nicht rechtshängig, vgl. §§ 261 Abs. 1, 253 Abs. 1 ZPO. Es existiert also keine Klage und es wird keine Entscheidung zur Hauptsache gefällt.

Zu c): *„Der Beklagte wird verurteilt, an den Kläger 4.000,00 € nebst Zinsen i.H.v. 5 Prozentpunkten über dem jeweiligen Basiszinssatz seit dem 25.11.2009 zu zahlen. Im Übrigen wird die Klage abgewiesen."*

oder

„Der Beklagte wird verurteilt, an den Kläger 4.000,00 € nebst Zinsen i.H.v. 5 Prozentpunkten über dem jeweiligen Basiszinssatz seit dem 25.11.2009 zu zahlen. Wegen des weitergehenden Zinsanspruchs wird die Klage abgewiesen".

Begründung: Grundsätzlich darf der Tenor nicht hinter dem Antrag zurück bleiben. Das bedeutet natürlich nicht, dass nicht weniger zugesprochen werden könnte als beantragt. Der Antrag ist aber durch Abweisung des Antrages im Übrigen vollständig auszuschöpfen, wenn die Klage ganz oder teilweise keinen Erfolg hat. Von einem Teilerfolg ist schon auszugehen, wenn nur ein Teil des materiellen Nebenanspruchs, sei es auch nur geringfügig, nicht zugesprochen wurde. Ein Teilunterliegen liegt auch dann vor, wenn die vom Kläger beantragte Leistungsklage unbegründet ist und das Gericht statt dessen eine Feststellung ausspricht, zu einer zukünftigen statt einer sofortigen Leistung verurteilt wird, zu einer Leistung Zug-um-Zug (§§ 273, 274 BGB) statt unbedingt verurteilt wird. Wird ein Antrag bewusst nicht ausgeschöpft, liegt ein Teilurteil vor. Wurde hingegen versehentlich ein Teil übergangen, ist eine Urteilergänzung nach § 321 ZPO erforderlich.

Fall 2:
K verlangt von B und von P, der sich selbstschuldnerisch für B verbürgt hat, 2.000,00 €. Die Klage ist unzulässig. Wie lautet die Entscheidung zur Hauptsache?

Lösung:
Tenor:
„Die Klage wird abgewiesen".

Begründung: Teile der Begründung gehören nicht in den Tenor. Daher ist es grundsätzlich unnötig anzugeben, dass die Klage als unzulässig abgewiesen wird. Etwas anderes gilt nur, wenn eine besondere Tenorierung im Gesetz ausdrücklich vorgesehen ist. So wird die Klage „als unzulässig" oder „als im Urkundsprozess unstatthaft" abgewiesen (§ 597 Abs. 2 ZPO), der Einspruch oder das Rechtsmittel „als unzulässig" verworfen (§§ 341 Abs. 12, 522 Abs. 12, 552 Abs. 12 ZPO). Das Urteil gibt sich in diesen Fällen als Prozessurteil zu erkennen, das schwächer ist, als das Sachurteil. Das Unterhaltsurteil verurteilt ausdrücklich zu „Unterhalt", weil es in der Zwangsvollstreckung bevorzugt wird (§ 850d ZPO). Strittig ist, ob eine Ausnahme auch dann zu machen ist, wenn das Urteil im Fall des § 313a ZPO ohne Tatbestand und Entscheidungsgründe ergeht.

Fall 3:
Richter am Familiengericht E tenoriert wie folgt: *„Der Antragsteller wird verpflichtet, an die Antragsgegnerin ab 19.10.2009 für die Zeit des Getrenntlebens Unterhalt in Höhe von monatlich 1.810,00 € zu zahlen. Bereits gezahlte Beträge sind anzurechnen."* Ist der Tenor vollstreckbar?

Lösung:
Nein.

Begründung: Der Tenor ist zu unbestimmt und damit nicht vollstreckbar. Zahlungstitel genügen den Bestimmtheitserfordernissen nur dann, wenn der zu vollstreckende Zahlungsanspruch betragsmäßig festgelegt ist oder sich aus dem Titel ohne weiteres errechnen lässt. Hier ist nicht ersichtlich, welcher Betrag schon geleistet ist. Nach § 318 ZPO ist das Gericht trotzdem an seinen Tenor gebunden. Der Kläger hat jedoch die Möglichkeit, mit einer Vollstreckungsabwehrklage nach § 767 Abs. 1 ZPO gegen den unbestimmten Titel vorzugehen.

167 Fall 4:
Warum sind die folgenden Entscheidungen falsch?
a) „Die Klage ist begründet".
b) „Der Beklagte wird verurteilt, an den Kläger die Kuh herauszugeben".
c) „Der Beklagte wird verurteilt, Störungen des Klägers zu unterlassen".
d) „Der Beklagte wird verurteilt, an den Kläger 5.000,00 € aus Kaufvertrag zu zahlen".

Lösung:
Zu a): Der Tenor ist zu unbestimmt, weil nicht ersichtlich ist, welche Leistung konkret zugesprochen wurde. Der Urteilstenor selbst muss die geschuldete Leistung so genau beschreiben, dass sie vollstreckt werden kann.
Zu b): Der Tenor ist zu unbestimmt, weil nicht ersichtlich ist, welche konkrete Kuh an den Kläger herauszugeben ist. Im Einzelfall kann die Formulierung ausreichend sein, wenn der Beklagte nur eine Kuh besitzt.
Zu c): Ein Unterlassungstenor muss den Gegenstand des Verbots deutlich bezeichnen, um eine geeignete Grundlage für das Vollstreckungsverfahren nach § 890 Abs. 1 ZPO bilden zu können. Der Tenor muss also die konkreten Störungen nennen, die der Beklagte zu unterlassen hat.
Zu d): Der Tenor soll nicht nur genau, sondern auch kurz sein. Er formuliert nur das Prozessergebnis. Überflüssig und falsch ist daher die Begründungsfloskel „aus Kaufvertrag".

III. Kosten

168 1. Einführung. Rechtsreferendare müssen sich mit der Frage der **Kosten eines Rechtsstreits** auseinandersetzen. Zwar sind von Rechtsreferendaren nur so genannte Kostengrundentscheidungen[80] zu treffen. Denn es ist Aufgabe der Rechtspfleger, die Kosten des Rechtsstreits im Kostenfestsetzungsverfahren im Einzelnen auszurechnen. Aber auch im Rahmen des Examens spielen die Kosten des Rechtsstreits eine große Rolle. Denn die **Kostengrundentscheidung**[81] muss klären, wer die Kosten des Rechtsstreits[82] zu welchem Anteil zu tragen hat. Sie hat grundsätzlich einheitlich zu ergehen[83].

---

80 §§ 91 ff. ZPO. Entschieden wird nur, wer die Kosten dem Grunde nach zu tragen hat. Entschieden wird nicht, welche Kosten in welcher Höhe entstanden sind, Nöhre, JA 2005, 366.
81 In Amerika: „The opera aint't over, 'til the fat lady sings" – das Verfahren endet nicht ohne richterliche Kostenentscheidung.
82 Das Urteil hat über die Kosten des Rechtsstreits, nicht über die Kosten des Verfahrens zu entscheiden. Ein häufiger Fehler in Klausuren.
83 Nöhre, JA 2005, 366: Ausnahmen sind etwa §§ 281 Abs. 3 S. 1, 344, 96, 97 Abs. 2, 238 Abs. 4 ZPO.

2. Kapitel: Tenor

Formulierungsvorschläge 169
- Die Klage hat Erfolg: „Der Beklagte hat die Kosten des Rechtsstreits zu tragen".
- Die Klage wird abgewiesen: „Der Kläger hat die Kosten des Rechtsstreits zu tragen".
- Die Klage hat zu ¾ Erfolg: „Von den Kosten des Rechtsstreits haben der Kläger 25 % (oder ¾) und der Beklagte 25 % (oder ¼) zu tragen".
- Die Klage hat zu ½ Erfolg: „Von den Kosten des Rechtsstreits haben der Kläger und der Beklagte 50 % zu tragen".
- Die Klage hat zu ½ Erfolg: „Die Kosten des Rechtsstreits werden gegeneinander aufgehoben".
- Die Klage wird abgewiesen, der Beklagte hat aber gegen sich schuldhaft ein Versäumnisurteil ergehen lassen: „Der Beklagte hat die Kosten seiner Säumnis im Termin am 30. April 2009 zu tragen; die übrigen Kosten des Rechtsstreits hat der Kläger zu tragen".

Kostenentscheidungen sind vor allem dann **schwierig**, wenn sich im Laufe des Verfahrens der **Kostenstreitwert ändert**. 170

☑ **Checkliste** 171
- Klageänderung
- Teil-Erledigung
- Teil-Rücknahme
- Widerklage mit Beteiligung weiterer Parteien = Drittwiderklage
- mehrere Parteien auf Kläger- oder Beklagtenseite

a) **Kostenschuldner.** Kostenschuldner sind der Kläger als **Veranlasser des Verfahrens**[84] und der Beklagte als **Unterlegener**[85] – soweit er unterliegt. Die Parteien sind Gesamtschuldner[86]. Der Unterliegende ist als **Primärschuldner** heranzuziehen. Zu beachten ist, dass auch die obsiegende Partei auf Grund des Vertrags mit dem eigenen Rechtsanwalt stets auf Gebühren haftet. 172

🖉 **Klausurtipp** 173
Im Ausnahmefall können auch Dritten die Kosten des Rechtsstreits auferlegt werden. Ein gesetzlich geregelter Fall ist § 49 Abs. 2 WEG – der in WEG-Verfahren nach § 43 WEG Anwendung findet. Dem WEG-Verwalter können danach Prozesskosten auferlegt werden, soweit die Tätigkeit des Gerichts durch ihn veranlasst wurde und ihn ein grobes Verschulden trifft, auch wenn er nicht Partei des Rechtsstreits ist. Auch einem Rechtsanwalt können die Kosten des Rechtsstreits auferlegt werden. Das ist dann der Fall, wenn er seine Vollmacht nicht nachweisen kann.

b) **Gebühren und Auslagen.** Für die Kostenentscheidung zu unterscheiden sind **Gerichts- und außergerichtliche Kosten**. Bei den Kosten ist wieder zu trennen zwischen **Gebühren und Auslagen**[87]. Die Gebühren und Auslagen des Gerichts 174

---

84 § 49 S. 1 GKG. „No fee, no law".
85 § 54 Nr. 1 GKG.
86 § 58 GKG.
87 Vgl. §§ 91 Abs. 2 S. 1 ZPO, 1 Abs. 1 S. 1 RVG, 65 GKG.

sind im GKG[88] und in dessen Kostenverzeichnis geregelt. Weitere Vorschriften (zu den Zeugen und Sachverständigenentschädigungen) finden sich im JVEG. Die Kosten der Anwälte bestimmen sich nach dem RVG.

175 🖉 **Klausurtipp**

Die wichtigsten RVG-Gebühren für die Klausur sind:

176

Gebühr	Nummer	Satz
Verfahrensgebühr	3100 VV RVG	1,3
Terminsgebühr	3104 VV RVG	1,2
Einigungsgebühr	1003 VV RVG	1,0
Umsatzsteuer	7008 VV RVG	19 %
Post-Pauschale	7002 VV RVG	20 %; höchstens 20,00 €

177 **2. Einheitliche Kostenentscheidung.** Der Grundsatz der einheitlichen Kostenentscheidung[89] besagt, dass der Unterliegende nach dem Maß seines Unterliegens Kosten zu tragen hat und die Kostenentscheidung einheitlich ergehen soll. Die Entscheidung soll einheitlich ergehen, weil die Gebühren nur einmalig anfallen und degressiv[90] angelegt sind. Urteile, die nicht instanzabschließend sind[91], enthalten grundsätzlich keine Kostenentscheidung. Nach dem Grundsatz der einheitlichen Kostenentscheidung ist eine Trennung der Kosten nach bestimmten Kriterien unzulässig.

178 ☑ **Checkliste**

Keine Trennung:
- Haupt- und Hilfsantrag
- Klage und Widerklage
- Prozess- oder Zeitabschnitten[92]
- mehrere Streitgegenstände

179 Es gibt in der Klausur allerdings **wichtige Ausnahmen**, die eine einheitliche Kostenentscheidung nicht erlauben. Den **besonderen Kostenbestimmungen** der §§ 95, 96, 97 Abs. 2, 281 Abs. 3 S. 2, 344 ZPO liegt hier der Rechtsgedanke zu

---

88 Bzw. im FamGKG.
89 Dazu BGH, NJW 1963, 583; OLG Brandenburg, OLG-NL 1998, 18, 19; Elzer, JuS 2006, 319, 320 und Elzer, JuS 2000, 699, 701.
90 Die Gebührenhöhe flacht mit zunehmendem Streitwert ab.
91 Z. B. Teil- oder Zwischenurteile.
92 Schneider, MDR 1981, 536.

Grunde, dass eine Partei trotz Obsiegens diejenigen Kosten des Rechtsstreits tragen muss, welche sie durch unsachgemäße Prozessführung veranlasst hat.

> ☑ **Checkliste**
> **Trennung:**
> - § 95 ZPO
> - § 96 ZPO
> - § 97 Abs. 2 ZPO
> - § 100 Abs. 3 ZPO
> - § 238 Abs. 4 ZPO
> - § 281 Abs. 3 S. 1 ZPO
> - § 344 ZPO

180

c) **Streitwertarten.** Für die Beurteilung von Wertfragen ist zwischen **drei Streitwertarten** zu unterscheiden.

- **Zuständigkeitsstreitwert:** Der Zuständigkeitsstreitwert[93] ist maßgebend für die sachliche Zuständigkeit des Eingangsgerichts. Zu seiner Berechnung sind primäre Rechtsgrundlage §§ 4–9 ZPO, subsidiär § 3 ZPO.
- **Gebühren- oder Kostenstreitwert:** Nach dem Gebührenstreitwert[94] berechnen sich die Gebühren und Auslagen der Parteien, der Parteivertreter und des Gerichts. Rechtsgrundlage sind §§ 39–60 GKG, subsidiär §§ 3–9 ZPO.
- **Rechtsmittelstreitwert:** Der Rechtsmittelstreitwert belegt das Interesse des Rechtsmittelführers am Erfolg seines Rechtsmittels, vgl. §§ 511 Abs. 2 Nr. 1 und 567 Abs. 2 ZPO. Zu seiner Berechnung sind primäre Rechtsgrundlage §§ 4–9 ZPO, subsidiär § 3 ZPO. Verfolgt der Kläger mit der Berufung allein einen abgewiesenen Zinsanspruch, muss die Summe der Zinsanträge die Berufungssumme von 600,00 € übersteigen[95].

181

Für die Wertberechnung sind nach § 4 Abs. 1 ZPO entscheidend der **Zeitpunkt der Einreichung** der Klage, in der Rechtsmittelinstanz der Zeitpunkt der Einlegung des Rechtsmittels, bei Verurteilung hingegen der Zeitpunkt des Schlusses der mündlichen Verhandlung, auf die das Urteil ergeht. Früchte, Nutzungen, Zinsen und Kosten bleiben nach § 4 Abs. 1 Hs. 2 ZPO unberücksichtigt, wenn sie „als Nebenforderungen" geltend gemacht werden.

182

> ✏ **Klausurtipp**
> Das eine Werterhöhung ausschließende Abhängigkeitsverhältnis besteht, solange die Hauptforderung **Gegenstand des Rechtsstreits** ist.[96] Soweit die Hauptforderung nicht mehr Prozessgegenstand ist, etwa weil eine auf die Hauptforderung oder einen Teil der Hauptforderung beschränkte Erledigung erklärt worden ist, wird die **Nebenforderung zur Hauptforderung**, weil sie sich

183

---

93 § 2 ZPO.
94 §§ 7 Abs. 1, 2 Abs. 1 RVG (Gegenstandswert), 11 Abs. 2 S. 1 GKG.
95 OLG Brandenburg, MDR 2001, 588.
96 BGH, BeckRS 2009.0.8368; BGH, VersR 2007, 1102; BGH, BGHReport 2007, 845, 846.

> von der sie bedingenden Forderung „emanzipiert" hat und es ohne Hauptforderung keine Nebenforderung gibt[97].

184 d) **Materiell-rechtlicher Kostenerstattungsanspruch.** Die prozessuale Kostenentscheidung des Zivilprozesses ist **nicht erschöpfend**. Die Kostenvorschriften der ZPO befassen sich nur mit dem **prozessualen Kostenerstattungsanspruch**. Die Kostenpflicht muss sich aus der Prozesssituation ergeben. **Materiell-rechtliche Erwägungen** spielen grundsätzlich **keine Rolle**. Das Gericht soll nicht gezwungen sein, im Rahmen der Kostenentscheidung – von den gesetzlich begründeten Ausnahmefällen abgesehen – materiell-rechtliche Anspruchsgrundlagen zu prüfen[98]. Die prozessuale Kostenentscheidung lässt indes deshalb Raum für die Durchsetzung auch materiell-rechtlicher Ansprüche auf Kostenerstattung[99]. Ein materiell-rechtlicher Anspruch kann nach Sachlage neben die prozessuale Kostenregelung treten. Bei zusätzlichen und unberücksichtigt gebliebenen Umständen kann ein materiell-rechtlicher Anspruch der prozessualen Kostenregelung sogar entgegen gerichtet sein. Eine **Besonderheit** stellt insoweit § 49 Abs. 2 WEG dar.

185 ✏ **Klausurtipp**
Ein materieller Kostenerstattungsanspruch ist in Klausuren vor allem Gegenstand bei einer **Kostenfeststellungsklage**[100].

186 3. **§ 91 ZPO.** Unterliegt eine Partei voll, so hat sie **alle Kosten** zu tragen. Die Kostenentscheidung lautet in diesem Falle:

187 📄 **Formulierungsvorschlag**
„Die Kosten des Rechtsstreits werden dem Beklagten auferlegt."[101] oder „Der Beklagte hat die Kosten des Rechtsstreits zu tragen."[102]

188 4. **§ 92 ZPO.** Bei nur **teilweisem Obsiegen/Unterliegen** einer Partei ist eine Kostenentscheidung nach § 92 ZPO zu treffen.

189 a) **§ 92 Abs. 1 S. 1 ZPO.** Der Umfang der Kostenschuld nach § 92 ZPO ergibt sich nach h.M.[103] primär aus dem **Verhältnis des Unterliegens zum Gebührenstreitwert**. Daraus folgt aber nicht, dass eine nach § 4 ZPO für den Gebührenstreitwert nicht zu berücksichtigende – zuviel verlangte – Nebenforderung nicht zu einer anderen Kostenverteilung führen kann. Für die Anwendung des § 92 ZPO ist es vielmehr ohne Bedeutung, ob eine Partei mit einem Haupt- oder Nebenanspruch teilweise obsiegt oder unterliegt, wie sich ohne weiteres aus dem

---

97 BGH, NJW 2008, 999.
98 Siehe zu allem BGH, NJW 2004, 223, 224.
99 BGH, NJW 2002, 680 = MDR 2002, 473, 474; BGH, NJW-RR 1995, 495; BGH, NJW 1990, 1906; BGH, NJW 1966, 1513.
100 Siehe dazu Rn. 280.
101 Vgl. für diese vorzugswürdige Formulierung der Kostenentscheidung den Sprachgebrauch des Gesetzes in z.B. §§ 101 Abs. 1 Hs. 2, 344 ZPO.
102 Nicht: Der Beklagte hat die Kosten des Verfahrens zu tragen.
103 Siehe etwa LG München, WuM 1994, 337.

Wortlaut der Vorschrift ergibt[104]. In diesen Fällen muss ein **fiktiver Streitwert** gebildet werden. Es muss also z. B. ausgerechnet werden, welchen Umfang die verlangten, und welchen Umfang die zuerkannten Zinsen haben.

> **Beispiel:** 190
> Verlangt der Kläger 40.000,00 € nebst 20 % Zinsen für drei Jahre und werden ihm die Zinsen neben der Hauptforderung nur für ein Jahr zugesprochen, unterliegt der Kläger bei einem Streitwert von 40.00,00 € in der Hauptsache gar nicht, in Bezug auf die Zinsen hingegen mit 16.000,00 €. Dem Kläger sind also bei einem fiktiven Streitwert von 64.000,00 € (40.000,00 € + 24.000,00 € Zinsen) und einem Erfolg von 48.000,00 € (40.000,00 € + 8.000,00 € Zinsen) 25 % der Kosten des Rechtsstreits aufzuerlegen.

Das Ergebnis des Obsiegens oder Unterliegens wird in Brüchen oder Prozenten 191 angegeben[105]. Dabei kommt es weniger auf das mathematisch exakte Ergebnis an als auf eine praktikable Rundung. Beispiele:

📄 **Formulierungsvorschläge** 192
- „Von den Kosten des Rechtsstreits hat der Kläger 10 % und der Beklagte 90 % zu tragen."
- „Von den Kosten des Rechtsstreits hat der Kläger 2/5 und der Beklagte 3/5 zu tragen."

b) **§ 92 Abs. 1 S. 2 ZPO.** Wenn beide Parteien **ungefähr zur Hälfte obsiegen**, kann 193 das Gericht die Kosten gegeneinander aufheben oder verhältnismäßig teilen. Wenn die Kosten gegeneinander aufgehoben werden, bedeutet das, dass jede Partei die Gerichtskosten je zur Hälfte und ihre eigenen Kosten hingegen selbst trägt[106]. Einen Kostenerstattungsanspruch gibt es bei Kostenaufhebung nur hinsichtlich der bereits verauslagten Gerichtskosten. Die Kostenentscheidung lautet:

📄 **Formulierungsvorschlag** 194
„Die Kosten des Rechtsstreits werden gegeneinander aufgehoben."

Teilung der Kosten bedeutet, dass die Kosten des Gerichts und die außergericht- 195 lichen Kosten zwischen den Parteien **aufgeteilt** werden. Das kann sich anbieten, wenn **nur eine Partei anwaltlich vertreten war.** Die Kostenentscheidung lautet:

📄 **Formulierungsvorschlag** 196
„Die Kosten des Rechtsstreits werden geteilt."

c) **§ 92 Abs. 2 ZPO.** In **zwei Fällen** kann das Gericht einer Partei nach § 92 Abs. 2 197 ZPO **trotz Teilobsiegens sämtliche Kosten** auferlegen. Um eine mitunter zeitaufwändige und unter dem Gesichtspunkt der Kostengerechtigkeit nicht erfor-

---

104 BGH, VersR 1992, 1281, 1291; BGH, NJW 1988, 2173; BGH, NJW 1961, 361 = MDR 1961, 141; OLG Koblenz, IBR 2009, 494; instruktiv Hensen, NJW 1999, 395; ein Berechnungsbeispiel findet sich bei Zimmermann, JuS 1991, 674.
105 Van Gelder, DRiZ 1985, 102. Ich bevorzuge Prozentzahlen.
106 BGH, NJW 2003, 1948, 1949.

derliche Kostenteilung zu ersparen, sieht einerseits § 92 Abs. 2 Nr. 1 ZPO vor, dass die Gerichte von einer Kostenquotelung absehen können, wenn durch eine geringfügige Zuvielforderung nur geringfügig höhere Kosten verursacht worden sind. Voraussetzungen sind also, dass die Zuvielforderung der anderen Partei verhältnismäßig geringfügig war und keine oder nur geringfügig höhere Kosten veranlasst hat. Geringfügigkeit liegt in der Regel vor, wenn dem Kläger nicht weniger als 1/10 als beantragt zuerkannt wurde oder der Beklagte zu weniger als 1/10 des Beantragten verurteilt wurde[107]. Mehrkosten können durch einen **Gebührensprung** veranlasst sein. Einer Partei können die Prozesskosten auch dann vollständig auferlegt werden, wenn auf Grund der Zuvielforderung nur geringfügige Mehrkosten – etwa durch eine Beweisaufnahme oder durch Überschreiten einer Gebührenstufe – entstehen. Dem Beklagten können nach § 92 Abs. 2 Nr. 2 ZPO andererseits dann sämtliche Kosten auferlegt werden, wenn die Forderungshöhe vom Ermessen des Gerichts[108], von der Ermittlung durch Sachverständige oder gegenseitiger Berechnung abhängig ist[109].

198   ✐ **Klausurtipp**

§ 92 Abs. 2 Nr. 2 ZPO kommt – anders als § 92 Abs. 2 Nr. 1 ZPO – in Prüfungen in der Regel **nicht** vor.

199 5. Streitgenossen. – a) **Normalfälle.** Besteht der unterliegende Teil aus mehreren Personen, haften sie für die Kostenerstattung nach Kopfteilen, § 100 Abs. 1 ZPO. Werden mehrere **Beklagte** als Gesamtschuldner verurteilt, so haften sie auch für die Kostenerstattung, unbeschadet der Vorschrift des § 100 Abs. 3 ZPO, als Gesamtschuldner, § 100 Abs. 4 ZPO.

200   📄 Formulierungsvorschläge
- „Die Beklagten werden verurteilt, an den Kläger jeweils 1.000,00 € zu zahlen."
  „Die Beklagten tragen die Kosten des Rechtsstreits zu je ½."
- „Die Beklagten werden als Gesamtschuldner verurteilt, an den Kläger 1.000,00 € zu zahlen."
  „Die Beklagten tragen samtverbindlich die Kosten des Rechtsstreits."

201 Obsiegen alle Streitgenossen, ist § 91 ZPO anzuwenden. Unterliegen alle Streitgenossen, ergeht die Entscheidung nach § 100 ZPO.

202 b) **Baumbach'sche Formel. – aa) Allgemeines.** Schwierig und zum Teil Gegenstand des Examens ist der Fall, dass **Streitgenossen unterschiedlich am Verfahren beteiligt sind** oder mit ihren Anträgen unterschiedlich Erfolg haben. Die Bildung einheitlicher Kostenquoten ist dann nicht möglich. Die in der ZPO nicht geregelte Lösung der Praxis ist die „Baumbach'sche Formel".[110] Diese besteht aus zwei Überlegungen. Analog §§ 91, 92 ZPO oder analog § 92 ZPO[111] sind für die Gerichtskosten sowie die außergerichtlichen Kosten der einzelnen Beteiligten zum

---

107 Zimmermann, JuS 1991, 674.
108 Siehe dazu im Einzelnen Rn. 754 ff.
109 Z. B. eine Schmerzensgeldklage, bei der die Forderungshöhe in das Ermessen des Gerichts gestellt worden ist.
110 Zu Aspekten dieser Formel zuletzt BGH, NJW-RR 2003, 1217, 1218.
111 Vgl. BGH, BGHZ 8, 325, 327.

einen separate Quoten zu bilden. Zum anderen ist sicherzustellen, dass der obsiegende Gesamtschuldner von allen Kosten freizustellen ist. Er hat gegen den Kläger einen Kostenerstattungsanspruch für seine außergerichtlichen Kosten.

Zur **Bildung der Quoten** wird der gegen mehrere Beklagte als Gesamtschuldner gerichtete Prozess **fiktiv in Einzelprozesse aufgespalten**. Für jeden dieser Einzelprozesse wird ermittelt, mit welchen Beträgen die daran Beteiligten unterlegen sind. Diese Unterliegensbeträge werden anschließend ins Verhältnis gesetzt zu dem Gesamtbetrag, um den in den fiktiven Einzelprozessen gestritten worden ist. Das Ergebnis ist die von den einzelnen Beteiligten zu tragende Quote.

> **Klausurtipp**
>
> Bei der Berechnung der Quote ist sorgfältig danach zu unterscheiden, welcher Maßstab jeweils anzuwenden ist: Für die außergerichtlichen Kosten der **Beklagten** bemisst sich die Frage des Unterliegens nur im jeweiligen Prozessrechtsverhältnis zum Kläger; also ist nicht der fiktive Streitwert, sondern der richtige Streitwert zu Grunde zu legen. Für die außergerichtlichen Kosten des **Klägers** ist hingegen der fiktive Streitwert zu Grunde zu legen. Auch für sämtliche **Gerichtskosten** ist der fiktive Streitwert zu Grunde zu legen.

Beispiel:
K verklagt die anwaltlich vertretenen Gesamtschuldner B1 und B2 auf Zahlung von 8.000,00 €. Die Entscheidung, wenn die Klage gegen B1 erfolgreich ist, gegen B2 aber abgewiesen wird, lautet wie folgt:
1. „B1 wird verurteilt, an den Kläger 8.000,00 € zu zahlen. Im Übrigen wird die Klage abgewiesen.
2. Von den Gerichtskosten haben der Kläger und B1 jeweils ½ zu tragen. Die außergerichtlichen Kosten des B2 hat der Kläger zu tragen. Die außergerichtlichen Kosten des Klägers hat B1 zu ½ zu tragen; [im Übrigen tragen die Parteien ihre außergerichtlichen Kosten selbst].
3. Das Urteil ist vorläufig vollstreckbar, für den Kläger seitens B1 gegen Sicherheitsleistung in Höhe des jeweils zu vollstreckenden Betrages zuzüglich 10 %. Der Kläger darf die Vollstreckung des B2 durch Sicherheitsleistung in Höhe des auf Grund des Urteils vollstreckbaren Betrages zuzüglich 10 % abwenden, wenn nicht der Beklagte vor der Vollstreckung Sicherheit in Höhe des jeweils zu vollstreckenden Betrages zuzüglich 10 % leistet."

Erläuterung der Kosten

Einzelangriffe	Kläger	B1	B2
gegen B1 8.000 € gegen B2 8.000 €	8.000 €	8.000 €	0
„Verlust"	8.000 € gegen B2	8.000 €	—
„Gewinn"	8.000 € gegen B1	—	8.000 €

Einzelangriffe	Kläger	B1	B2
Kostenquote bei einem fiktiven Streitwert von 16.000 € für außergerichtliche Kosten des K	50 % der Gerichtskosten von B1 50 % seiner außergerichtlichen Kosten von B1	50 % der Gerichtskosten 50 % der außergerichtlichen Kosten des Klägers	100 % seiner Kosten von K

Erläuterung der Entscheidung zur vorläufigen Vollstreckbarkeit:
K gegen B1: § 709 S. 1 ZPO
B2 gegen K: §§ 708 Nr. 11, 711 ZPO S. 1 und S. 2 ZPO
Im Übrigen: Keine Vollstreckung

207 **bb) Berechnung der Kosten mit Hilfe einer Tabelle.** Man kann die Baumbach'sche Formel auch mit Hilfe einer Tabelle erstellen.

208 Beispiel:
Der Kläger begehrt von B1 und B2 als Gesamtschuldner 10.000 €. Tenor Ziffer 1 lautet dann:
„Die Beklagten [Haftungsgruppe 1] werden verurteilt, als Gesamtschuldner an den Kläger 5.000,00 € zu zahlen. Der Beklagte B1 [Haftungsgruppe 2] wird darüber hinaus verurteilt, an den Kläger 2.500,00 € zu zahlen. Im Übrigen wird die Klage abgewiesen."

Zur Ermittlung des Kostentenors empfiehlt sich folgendes Vorgehen:
Schritt 1: In die Tabelle werden nur „Verluste" der Parteien eingetragen.
Schritt 2: Jeder Gesamtschuldner bekommt eine eigene Zeile.
Schritt 2: Der Kläger und jede „Haftungsgruppe" bekommen eine Spalte.

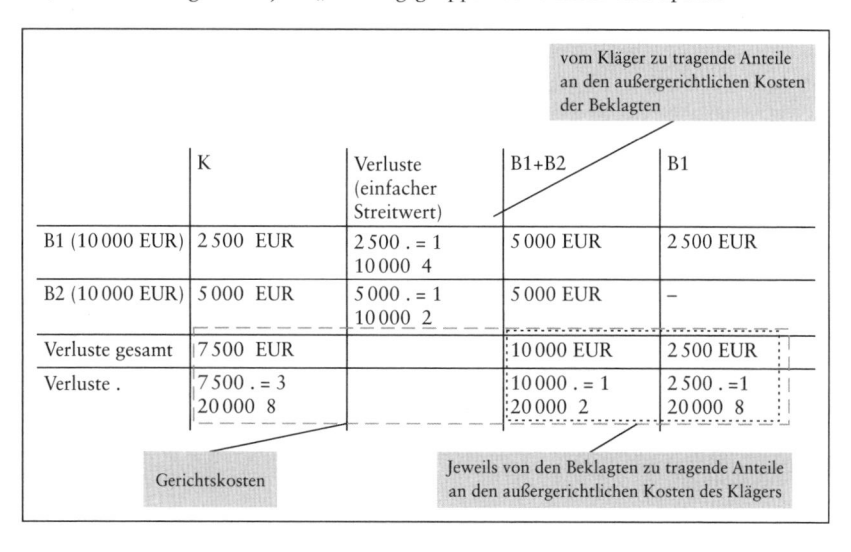

	K	Verluste (einfacher Streitwert)	B1+B2	B1
B1 (10 000 EUR)	2 500 EUR	$\frac{2500}{10000} = \frac{1}{4}$	5 000 EUR	2 500 EUR
B2 (10 000 EUR)	5 000 EUR	$\frac{5000}{10000} = \frac{1}{2}$	5 000 EUR	–
Verluste gesamt	7 500 EUR		10 000 EUR	2 500 EUR
Verluste .	$\frac{7500}{20000} = \frac{3}{8}$		$\frac{10000}{20000} = \frac{1}{2}$	$\frac{2500}{20000} = \frac{1}{8}$

Gerichtskosten — vom Kläger zu tragende Anteile an den außergerichtlichen Kosten der Beklagten

Jeweils von den Beklagten zu tragende Anteile an den außergerichtlichen Kosten des Klägers

Die Quoten für die außergerichtlichen Kosten von Kläger und Beklagten korrespondieren nicht miteinander: K muss ¼ der außergerichtlichen Kosten des B1 tragen, dieser haftet aber nur für 5/8 und nicht für ¾ der außergerichtlichen Kosten des K.

Diese Abweichung ist richtig: Wäre nur B1 und zwar in voller Höhe verurteilt worden, hätte er als einer von zwei verklagten Gesamtschuldnern für die Hälfte der außergerichtlichen Kosten des Klägers haften müssen. Da er nach der Hauptsacheentscheidung jedoch nur zu ¼ allein verurteilt worden ist, muss er auch nur ¼ von ½ der außergerichtlichen Kosten des Klägers allein tragen, also allein nur zu 1/8. Dies deckt sich auch mit dem anhand der Tabelle errechneten Wert.

Kostentenor:
„Von den Gerichtskosten haben der Kläger 3/8 und B1 und B2 als Gesamtschuldner jeweils ½ zu tragen. Darüber hinaus hat B1 1/8 zu tragen. Die außergerichtlichen Kosten des B2 hat der Kläger zu ½, die des B1 zu ¼ zu tragen. Die außergerichtlichen Kosten des Klägers haben B1 und B2 als Gesamtschuldner jeweils ½ zu tragen. Darüber hinaus hat B 1 1/8 zu tragen."

6. § 93 ZPO. Hat der Beklagte durch sein Verhalten nicht zur Erhebung der Klage Veranlassung gegeben, so fallen gem. § 93 ZPO[112] dem Kläger die Prozesskosten zur Last, wenn der Beklagte den Anspruch sofort anerkennt[113]. Dieses **prozessuale Anerkenntnis** i. S. v. § 307 ZPO ist die gegenüber dem Prozessgericht abgegebene einseitige Erklärung, dass der vom Kläger geltend gemachte (prozessuale) Anspruch bestehe[114]. Unerheblich ist, in welcher Lage des Verfahrens das Anerkenntnis abgegeben wird. Der Beklagte kann den gegen ihn geltend gemachten Anspruch ganz oder zum Teil anerkennen oder er kann nur einen von mehreren Ansprüchen anerkennen. In allen Fällen ist er dem Anerkenntnis gemäß zu verurteilen. Einer mündlichen Verhandlung bedarf es insoweit nicht. **209**

> **✎ Klausurtipp** **210**
> Der Insolvenzverwalter, der einen bereits gegen den Schuldner anhängigen Rechtsstreit aufnimmt, kann grundsätzlich noch mit der Rechtsfolge aus § 93 ZPO anerkennen. Er muss aber die bisherige Prozessführung des Schuldners gegen sich gelten lassen mit der Folge, dass ihm die Wirkung des § 93 ZPO nicht zugute kommt, wenn schon der Schuldner nicht mehr mit den Wirkungen des § 93 ZPO hätte anerkennen können[115].

a) Klageveranlassung. Der Beklagte gibt zur Klage Veranlassung, wenn sein Verhalten vor Prozessbeginn ohne Rücksicht auf Verschulden und materielle Rechtslage gegenüber dem Kläger so war, dass dieser annehmen musste, ohne Klage nicht zu seinem Recht zu kommen[116]. Das Verhalten musste vernünftigerweise den Schluss auf die Notwendigkeit eines Prozesses rechtfertigen[117]. Daraus folgt, dass es für die Frage, ob ein Beklagter Anlass zur Klage gegeben hat, auf sein Verhalten vor dem Prozess ankommt[118]. **211**

---

112 Zu einem praktischen Fall hierzu siehe JuS 2003, 699.
113 Schroer, JA 1990, 15, 20.
114 Elzer/Köblitz, JuS 2006, 319.
115 BGH, v. 17.3.2009 – VI ZB 14/08 –; BGH, NJW-RR 2007, 397.
116 BGH, NJW-RR 2005, 1005, 1006; OLG Dresden, OLGReport Dresden 2001, 395; K. Schmidt, JuS 2006, 1027.
117 BGH, NJW-RR 2005, 1005, 1006; KG, KGReport 2005, 963, 964.
118 BGH, NJW-RR 2005, 1005, 1006 = MDR 2005, 1068; BGH, NJW 1979, 2040.

212 b) **Sofortig.** Eine **gesetzliche Definition** des Begriffs „sofort" ist **nicht vorhanden.** Auch eine allgemein akzeptierte Umschreibung besteht nicht[119]. Nach Ansicht des Kammergerichts[120] ist ein Anspruch sofort anerkannt, wenn das Anerkenntnis vorbehaltlos vor Vorlesung der Sachanträge im frühen ersten Termin bzw. im schriftlichen Vorverfahren in der „ersten Erwiderung" erklärt wird. Besser ist wohl die Definition des OLG Brandenburg: Sofort anerkennt derjenige, der nach Klageerhebung so rechtzeitig anerkennt, dass weitere Kosten des Rechtsstreits nicht entstehen[121]. Bei der Prüfung der „Sofortigkeit" ist auf die nächstfolgende mündliche Verhandlung abzustellen. Das Anerkenntnis ist also dann sofort abgegeben, wenn der Beklagte in der ersten mündlichen Verhandlung, nachdem der dann anerkannte Anspruch erhoben und begründet war, diesen anerkennt[122]. § 93 ZPO verlangt nicht, dass zum sofortigen Anerkenntnis auch die sofortige Erfüllung tritt[123].

213 ✏ **Klausurtipp**

Fraglich ist, ob das Anerkenntnis auch dann sofortig ist, wenn der Beklagte ein Zurückbehaltungsrecht ausübt, der Kläger dieses aber ignoriert und es in seinem Sachantrag nicht beachtet. Nach Ansicht des BGH ist der Beklagte dann zunächst nicht gehalten, den Klageanspruch als begründet anzuerkennen (er kann also Abweisung beantragen). Ein Anerkenntnis sei erst geboten, nachdem der Kläger seinen Antrag umgestellt hat oder das Gegenrecht berücksichtigt[124]; zweifelhaft[125].

214 c) **Schriftliches Vorverfahren.** Im schriftlichen Vorverfahren[126] kann das Anerkenntnis noch in der Klageerwiderung erklärt werden[127], wenn die Verteidigungsanzeige keinen auf eine Abweisung der Klage gerichteten Sachantrag enthält[128].

---

119 Vgl. Meiski, NJW 1993, 1904; OLG Nürnberg, NJW 2002, 2254, 2255.
120 KG, KGReport 2003, 14.
121 OLG Brandenburg, MDR 2005, 1310.
122 KG, KGReport 2008, 123; OLG Nürnberg, JurBüro 63, 115.
123 KG, ZMR 2005, 949; KG, KGReport 1998, 20 für Geldschulden; KG, KGReport 2001, 121 für Räumungsanspruch; vgl. auch OLG München, MDR 2003, 1134; OLG Schleswig, MDR 1997, 887; OLG Celle, OLGReport Celle 1994, 159.
124 BGH, NJW-RR 2005, 1005, 1006 = MDR 2005, 1068; zweifelhaft.
125 Siehe auch OLG Hamm, NJW-RR 2006, 391, 393.
126 Ist ein Mahnverfahren vorausgegangen, muss nach h.M. der Widerspruch auf die Kosten beschränkt sein, OLG Schleswig, MDR 2006, 228, 229; a.A. Fischer, MDR 2001, 1336.
127 KG, KGReport 2006, 453, 454; OLG Brandenburg, MDR 2005, 1310; OLG Hamburg, MDR 2002, 421; OLG Nürnberg, NJW 2002, 2254, 2255; Vossler, NJW 2006, 1034, 1035; Deichfuß, MDR 2004, 190, 192.
128 BGH, NJW 2006, 2490 = JuS 2006, 1027 m. Anm. K. Schmidt.

> **✏ Klausurtipp** 215
> Streit besteht darüber, ob ein Anerkenntnis mit der Wirkung des § 93 ZPO noch möglich ist, wenn der Schuldner in einem dem Streitverfahren **vorangehenden Mahnverfahren** unbeschränkt Widerspruch eingelegt hat. Dies wird teilweise bejaht[129], während **zunehmend** die Auffassung vertreten wird, eine Anwendung des § 93 ZPO komme nur in Betracht, wenn der Widerspruch auf die Kosten beschränkt wurde[130].

d) Früher erster Termin. Bei einem frühen ersten Termin soll der Beklagte nach h.M. noch im Termin, aber vor den Sachanträgen anerkennen können[131]. Das überzeugt nicht. Richtig ist auch hier die Annahme, der Beklagte müsse bis zum Ablauf der Klageerwiderungsfrist anerkennen[132]. 216

e) Änderung der Sachlage. Wenn ein Anspruch erst im Laufe des Verfahrens fällig oder schlüssig wird oder der Kläger die Klage ändert oder ergänzt, kann auch später oder in nachfolgenden Terminen anerkannt werden[133]. 217

f) Begründung der Kostenentscheidung. Das Anerkenntnisurteil bedarf gem. § 313b Abs. 1 S. 1 ZPO **keines Tatbestandes** und **keiner Entscheidungsgründe**. Ist zwischen den Parteien streitig, ob ein Anerkenntnis „sofortig" ist, muss das Gericht seine Kostenentscheidung dennoch begründen[134]. Nur auf diese Weise kann das Beschwerdegericht – vgl. § 99 Abs. 2 S. 1 ZPO – die Kostenentscheidung überprüfen. 218

Das Gericht muss **allein die Kostenentscheidung begründen**[135]. Dafür bedarf es regelmäßig keines Tatbestandes. Es ist zwar nicht ermessensfehlerhaft, wenn das Urteil auch einen Tatbestand führt. In der Praxis ist es aber jedenfalls ausreichend, wenn das Urteil nach Rubrum und Tenor nur „Gründe" oder „Gründe der Kostenentscheidung" enthält. Für diesen Aufbau spricht, dass das Kostenurteil nur im Wege der Beschwerde anfechtbar und dogmatisch eher als Beschluss zu verstehen ist[136]. Es ist in manchen Fällen außerdem praktikabler, erst im Rahmen der rechtlichen Erörterungen tatsächliche Voraussetzungen zu schildern[137]. 219

---

129 Fischer, MDR 2001, 1336.
130 OLG Schleswig, MDR 2006, 228; Sonnentag, MDR 2006, 188 ff.
131 OLG Köln, MDR 2006, 226 m.w. Nachw.
132 Vossler, NJW 2006, 1034, 1035.
133 BGH, NJW-RR 2004, 999; OLG Bremen, OLGReport Bremen 2004, 413 = NJW 2005, 228.
134 KG, KGReport 2008, 125; OLG Brandenburg, MDR 2000, 233 f.; OLG Naumburg, OLGReport Naumburg 2000, 82.
135 Handelt es sich um ein Teilanerkenntnis, ist die Entscheidung im Rahmen der Kostenentscheidung des Endurteils zu begründen. Siehe für einen solchen Aufbau Elzer/Köblitz, JuS 2006, 319, 321.
136 Elzer, JuS 2000, 699, 700 ff.
137 Elzer, JuS 2004, 36, 37.

220 🖉 **Klausurtipp**

In der **Klausur** empfiehlt sich dieses Vorgehen allerdings **nicht** – soweit der Bearbeitervermerk etwas anderes nicht vorgibt. Insbesondere wenn Teil der Kostenmischentscheidung eine Billigkeitsentscheidung nach § 91a ZPO ist, sollte der Referendar sowohl einen ggf. kürzeren Tatbestand als auch Entscheidungsgründe absetzen. Nur so kann er beweisen, dass er auch in den Formalien der Richterklausur bewandert ist. Im Tatbestand ist neben dem Geschehen, wie es zur Erledigung kam, vor allem zu schildern, welche Standpunkte die Parteien wegen der Kosten einnehmen und welche Aspekte für § 93 ZPO sprechen. Neben dem kurzen Hinweis, dass der Beklagte wegen seines Anerkenntnisses zu verurteilen war, sollten sich die Entscheidungsgründe hingegen vor allem der Billigkeitsentscheidung über die Kosten widmen.

221 g) **Analoge Anwendung bei § 269 Abs. 3 ZPO.** Eine analoge Anwendung des § 93 ZPO im Rahmen der Kostenentscheidung nach § 269 Abs. 3 S. 3 ZPO ist nicht möglich. Der Kläger hat bei einer Klagerücknahme grundsätzlich sämtliche Kosten zu tragen[138]. Ausnahme ist, dass über die Kosten bereits rechtskräftig erkannt ist oder sie dem Beklagten aufzuerlegen sind[139], z. B. nach § 344 ZPO.

222 h) **Analoge Anwendung bei § 91a ZPO.** Haben die Parteien in der mündlichen Verhandlung den Rechtsstreit in der Hauptsache für erledigt erklärt, entscheidet das Gericht gemäß § 91a Abs. 1 ZPO über die Kosten unter Berücksichtigung des bisherigen Sach- und Streitstandes nach billigem Ermessen. Das schließt eine Disposition der Parteien über die Kosten des Rechtsstreits nicht aus. Ihnen wird es durch § 91a ZPO nicht verwehrt, hierüber einen Vergleich zu schließen. Auch bleibt es jeder Partei unbenommen, zu Gunsten der anderen eine Kostentragungspflicht anzuerkennen. Unterwirft sie sich in dieser Weise freiwillig dem gegen sie gerichteten Kostenanspruch, ist das bei der Kostenentscheidung nach § 91a Abs. 1 ZPO zu berücksichtigen. Das hat zur Folge, dass ihr entsprechend § 307 ZPO ohne weitere Sachprüfung die Kosten des Rechtsstreits aufzuerlegen sind[140]. In einem solchen Fall entfällt ein schützenswertes Interesse der vom Anerkenntnis begünstigten Partei an einer summarischen Prüfung der Rechtslage durch das Gericht. Die rechtliche Würdigung des Sach- und Streitstandes wäre in einem solchen Fall für die Kostentragungspflicht ohne Bedeutung. Es handelte sich um eine unverbindliche Meinungsäußerung, zu der die Gerichte auch im Rahmen einer Kostenentscheidung nach § 91a ZPO nicht verpflichtet sind. Der Vorteil für den Anerkennenden besteht darin, dass die Verbindung übereinstimmender Erledigungserklärungen mit einem anschließenden Kostenvergleich oder Kostenanerkenntnis nach Nr. 1211 KV GKG gebührenprivilegiert zu behandeln ist.

223 7. **§ 269 Abs. 3 S. 2 ZPO (Erledigung vor Rechtshängigkeit).** Nach § 269 Abs. 3 S. 2 ZPO trifft im Falle einer Klagerücknahme den Kläger die Kostenlast. Diese

---

138 Siehe dazu Rn. 1681 ff.
139 OLG Dresden, MDR 2003, 1079.
140 BAG, NJW 2004, 533; BGH, MDR 1985, 914; KG, MDR 1997, 889.

2. Kapitel: Tenor 224–228

Regel ist eine Ausprägung des allgemeinen, den §§ 91, 97 ZPO zu Grunde liegenden Prinzips, dass die unterlegene Partei die Kosten des Rechtsstreits zu tragen hat. Nimmt der Kläger die Klage zurück, begibt er sich freiwillig in die Rolle des Unterlegenen[141]. Ob dieses Ergebnis mit dem materiellen Recht übereinstimmt, ist ohne Bedeutung. Letzteres betrifft allein einen ggf. gegebenen materiell-rechtlichen Kostenerstattungsanspruch[142], nicht aber die davon zu unterscheidende prozessuale Kostenlast[143].

Von diesem Grundsatz lässt das **Gesetz allerdings Ausnahmen** zu. Nach § 269 Abs. 3 S. 2, 2. Alt. ZPO hat der Kläger bei einer Klagerücknahme diejenigen Kosten nicht zu tragen, die dem Beklagten aus einem anderen Grund – z. B. nach § 344 ZPO[144] – aufzuerlegen sind. **224**

8. Entscheidungsgründe. In der Regel genügt zur Begründung der Kostenentscheidung in den Nebenentscheidungen des Urteils ein Zitat der gesetzlichen Normen, auf denen die Entscheidung beruht[145]. **225**

▤ **Formulierungsvorschlag** **226**
„Die Kostenentscheidung beruht auf § 91 Abs. 1 S. 1 ZPO."

Ergibt sich die Kostenentscheidung ausnahmsweise **nicht ohne weiteres aus dem Gesetz,** muss sie **begründet** werden. Das ist z. B. bei einer Entscheidung nach § 92 Abs. 2 ZPO oder bei einer übereinstimmenden Teilerledigterklärung der Fall[146], s. dazu Rn. 231. **227**

Schema **228**

Entscheidungsgründe
Einleitungssatz: Die Klage ist zulässig und begründet.
- Zulässigkeit
- Begründetheit
  - Hauptantrag
  - Nebenforderungen
- Nebenentscheidungen
  - Begründung der Kostenentscheidung
  - Vorläufige Vollstreckbarkeit

---

141 BGH, NJW-RR 1995, 495.
142 Siehe dazu oben Rn. 184.
143 BGH, NJW 2004, 223.
144 Siehe dazu BGH, NJW 2004, 2309 = MDR 2004, 1082 mit Anm. Timme, JuS 2005, 705.
145 Siehe dazu auch Rn. 490 ff.
146 In diesem Fall muss die Kostenentscheidung – soweit sie sich auf § 91a ZPO stützt – ausführlich begründet werden. Dies findet seinen Grund darin, dass die auf § 91a ZPO beruhende Entscheidung gesondert angefochten werden kann.

9. Übungen

Fall 1:
a) K verlangt von B Zahlung von 500,00 € nebst 4 % Zinsen seit dem 1. April 2009. Wie lautet die Entscheidung zur Hauptsache und die Kostenentscheidung, wenn die Klage auf die mündliche Verhandlung vom 1. Oktober 2002 Erfolg hat?
b) Wie lauten die Entscheidungen, wenn die Klage keinen Erfolg hat?

Lösung:
Zu a):
Tenor:
„1. Der Beklagte wird verurteilt, an den Kläger 500,00 € nebst 4 % Zinsen seit dem 1. April 2009 zu zahlen.
2. Der Beklagte hat die Kosten des Rechtsstreits zu tragen."
Entscheidungsgründe:
„Die Kostenentscheidung beruht auf § 91 Abs. 1 Satz 1 ZPO."
Zu b)
Tenor:
„1. Die Klage wird abgewiesen.
2. Der Kläger hat die Kosten des Rechtsstreits zu tragen."
Entscheidungsgründe:
„Die Kostenentscheidung beruht auf § 91 Abs. 1 Satz 1 ZPO."

Hinweis:
Eine Kostenentscheidung ergeht grundsätzlich bei jeder verfahrensbeendenden gerichtlichen Entscheidung (§ 308 Abs. 2 ZPO). Ausnahmsweise kann eine Kostenentscheidung unterbleiben, wenn eine Entscheidung ergeht, mit der das Verfahren nicht oder nicht vollständig beendet wird. Dies sind Teil-, Grund- und Zwischenurteile.

Fall 2:
K verlangt von B Zahlung von 18.000,00 € nebst 20 % Zinsen seit dem 1. April 2007. Wie lautet die Entscheidung zur Hauptsache und die Kostenentscheidung, wenn die Klage auf die mündliche Verhandlung vom 1. Oktober 2009 ergibt, dass K Zahlung von 12.000,00 € nebst 20 % Zinsen seit dem 1. April 2009 verlangen kann?

Lösung:
Beim Streitwert ist von folgenden Überlegungen auszugehen: Der Gebührenstreitwert der Sache beträgt 18.000,00 €. Wenn nach dem Gebührenstreitwert die Kosten berechnet würden, müsste der Kläger 1/3, der Beklagte dagegen 2/3 der Kosten tragen, gem. § 92 Abs. 1 Satz 1 ZPO. Hier ist aber der **fiktive** Streitwert ausschlaggebend. Der fiktive Streitwert beträgt hier 30.600,00 €, zusammengesetzt aus der Forderung aus 18.000 € und den Zinsen aus 12.600 €. Zugesprochen bekommt der Kläger allerdings nur 13.200,00 € (12.000 + 1.200 Zinsen). Prozente: K obsiegt mit 43 % des fiktiven Streitwerts.

Tenor:
„Der Beklagte wird verurteilt, an den Kläger 12.000,00 € nebst 20 % Zinsen seit dem 1. April 2009 zu zahlen. Im Übrigen wird die Klage abgewiesen.
Von den Kosten des Rechtsstreits hat der Kläger 57 % und der Beklagte 43 % zu tragen."

Entscheidungsgründe:
„Die Kostenentscheidung beruht auf § 92 Abs. 1 Satz 1 ZPO. Bei der Kostenteilung war angemessen zu berücksichtigen, dass der Kläger nicht nur in der Hauptsache unterlegen ist, sondern in einem erheblichen Umfang auch mit den von ihm beantragten Zinsen."

Die Kosten „gegeneinander aufzuheben" bedeutet, dass jede Partei ihre außergerichtlichen Kosten selbst trägt und die Gerichtskosten von jeder Parte je zur Hälfte getragen

2. Kapitel: Tenor

werden. Dadurch soll Kostengerechtigkeit herbeigeführt werden (Grundsatz aus §§ 91 ff. ZPO). Dies kommt jedoch nur in Betracht, wenn die Parteien etwa im gleichen Verhältnis unterlegen sind und etwa gleiche außergerichtliche Kosten haben. Dies ist nicht der Fall, wenn bei einem Verfahren vor dem Amtsgericht eine Partei anwaltlich vertreten ist und die andere nicht.

Fall 3: 231
K verlangt von B Zahlung von 5.050,00 € nebst 20 % Zinsen seit dem 1. April 1999. Wie lautet die Entscheidung zur Hauptsache und die Kostenentscheidung, wenn die Klage auf die mündliche Verhandlung vom 1. Oktober 2002 ergibt, dass K Zahlung von 5.000,00 € nebst 20 % Zinsen seit dem 1. April 1992 verlangen kann?

Lösung:
Streitwert   5.050 €
Gericht   (136 x 3) = 408 €
Anwalt   (338 x 2) + 20 € + 111,36 € (MwSt.) x 2 = 1.614,72 €
Streitwert   5.000 €
Gericht   (121 x 3) = 363 €
Anwälte   ((301,– x 2) + 20,– € + 99,52 € (MwSt.)) x 2 = 1.443,03 €
Unterschied 2.022,72 € − 1.806,04 € = 216,68 € ~ 11 %

Nach § 92 Abs. 2 Nr. 1 ZPO kann das Gericht der einen Partei die gesamten Prozesskosten auferlegen, wenn die Zuvielforderung der anderen Partei verhältnismäßig geringfügig war und keine oder nur geringfügig höhere Kosten veranlasst hat. Fraglich ist, wann nur geringfügig höhere Kosten veranlasst sind.

Nach der einen Lösung ist das dann anzunehmen, wenn nicht mehr als ein Gebührensprung vorliegt. Nach der anderen Lösung ist auch für die Frage dieser Geringfügigkeit an eine 1/10-Grenze anknüpfen. Der Meinungsstreit wirkt sich hier aus. Je nachdem welcher Meinung gefolgt wird, sind die Kosten zu teilen oder nur dem Beklagten aufzuerlegen. Es empfiehlt sich, auf die Frage eines Gebührensprungs abzustellen. Stellt man auf ein eine 1/10-Grenze ab, käme es ansonsten nur bei kleinen Gebührenstufen zu Mehrkosten. Das ist aber unbillig.

Lösungsweg 1:

Tenor:
„1. Der Beklagte wird verurteilt, an den Kläger 5.000,00 € nebst 20 % Zinsen seit dem 1. April 1999 zu zahlen. Im Übrigen wird die Klage abgewiesen.
2. Von den Kosten des Rechtsstreits haben der Beklagte 99 % und der Kläger 1 % zu tragen."

Entscheidungsgründe:
„Die Kostenentscheidung beruht auf § 92 Abs. 1 Satz 1 ZPO. Die Kosten sind danach verhältnismäßig zu teilen. § 92 Abs. 2 Nr. 2 ZPO ist nicht anwendbar, weil die Mehrforderung des Klägers nicht nur geringfügig ist. Ob eine Mehrforderung geringfügig ist, bemisst sich danach, ob sie nicht mehr als 10 % Kosten verursacht. Dies ist nicht der Fall. Die von dem Kläger weiter verlangten 50,00 € verursachen 11 % mehr Kosten."

Lösungsweg 2:

Tenor:
„1. Der Beklagte wird verurteilt, an den Kläger 5.000,00 € nebst 20 % Zinsen seit dem 1. April 1999 zu zahlen. Im Übrigen wird die Klage abgewiesen.
2. „Die Kosten des Rechtsstreits hat der Beklagte zu tragen."

Entscheidungsgründe:
„Die Kostenentscheidung beruht auf § 92 Abs. 1 Satz 1, 92 Abs. 2 Nr. 2 ZPO. Der Kläger ist nur mit der Hauptforderung nur ganz geringfügig unterlegen. Die Mehrforderung hat auch nur geringfügig höhere Kosten veranlasst. Denn ob eine Mehrforderung geringfügig ist, bemisst sich nämlich danach, ob sie – wie hier – nicht mehr als einen Gebührensprung verursacht hat."

232 Fall 4:

K verlangt von B Zahlung von 15.000,00 € nebst 4 % Zinsen seit dem 1. April 2002. Wie lautet die Entscheidung zur Hauptsache und die Kostenentscheidung, wenn B Widerklage über einen anderen Gegenstand wegen eines Betrages von 18.000,00 € erhebt und unterliegt, der Kläger hingegen obsiegt?

Lösung:
Tenor:
„1. Der Beklagte wird verurteilt, dem Kläger 15.000,00 € nebst 4 % Zinsen seit dem 1. April 2002 zu zahlen.
2. Die Widerklage wird abgewiesen.
3. Die Kosten des Rechtsstreits hat der Beklagte zu tragen."

Für den Kostenstreitwert sind die Gebührenstreitwerte von Klage und Widerklage zu addieren (§ 19 Abs. 1 GKG), es sei denn, Klage und Widerklage betreffen ausnahmsweise den selben Streitgegenstand. Bei der Kostenentscheidung ist ein besonderes Augenmerk auf den Grundsatz der **Einheitlichkeit der Kostenentscheidung** zu richten. Das heißt, es darf keine Trennung in „Kosten der Klage" und „Kosten der Widerklage" vorgenommen werden; vielmehr sind die Gesamtkosten von Klage und Widerklage einheitlich zu verteilen. Aufgrund der Einheitlichkeit der Kostenentscheidung werden die Kosten von Klage und Widerklage zusammengefasst und *danach* entschieden, wer die Kosten zu tragen hat. Allerdings erfolgt **keine Addierung** der beiden Streitwerte. Das ergibt sich aus § 5 2. Hs. ZPO. Es ist daher nur der höhere der beiden Streitwerte ausschlaggebend (*Zuständigkeits*streitwert). Beim Zuständigkeitsstreitwert wird immer der höhere Streitwert genommen, im Gegensatz dazu werden die *Gebühren*streitwerte zusammengezählt (Ausnahme hier § 19 Abs. 1 3 GKG). Dementsprechend ist die Kostenentscheidung auf den höheren Zuständigkeitsstreitwert von 18.000,00 € zu stützen und auf den Gebührenstreitwert von 33.000,00 €.

233 Entscheidungsgründe:
„Die Kostenentscheidung beruht auf § 91 Abs. 1 Satz 1 ZPO."

234 Fall 5:

K verklagt Teilschuldner O und G auf Zahlung von 8.000,00 €.
a) Wie lautet die Entscheidung zur Hauptsache und die Kostenentscheidung, wenn die Klage erfolgreich ist?
b) Wie wäre es, wenn O und G Gesamtschuldner gewesen wären?

Lösung:
Zu a): Teilschuldner:
„1. Die Beklagten werden verurteilt, an den Kläger **jeweils** 4.000,00 € zu zahlen. Im Übrigen wird die Klage abgewiesen.
2. Die Kosten des Rechtsstreits haben die Beklagten jeweils zur Hälfte zu tragen."

Entscheidungsgründe:
„Die Kostenentscheidung beruht auf §§ 91 Abs. 1 Satz 1, 100 Abs. 1 ZPO."
Enthält die Entscheidung nur den Ausspruch, dass die Kläger oder die Beklagten die Kosten des Rechtsstreits tragen, so haften sie für die Kostenerstattung nach Kopfteilen.

Zu b): Gesamtschuldner:

Tenor:
„1. Die Beklagten werden als Gesamtschuldner verurteilt, an den Kläger 8.000,00 € zu zahlen.
2. Die Beklagten haben die Kosten des Rechtsstreits als Gesamtschuldner zu tragen."

Entscheidungsgründe:
„Die Kostenentscheidung beruht auf §§ 91 Abs. 1 Satz 1, 100 Abs. 4 ZPO."
Werden Beklagte in der Hauptsache **als Gesamtschuldner** verurteilt, so haften sie auch für die Kosten als Gesamtschuldner, und zwar kraft Gesetzes. Das ist bei der Kostenfestsetzung zu berücksichtigen, auch ohne besonderen Ausspruch in der Kostenentscheidung.

Fall 6:
K verklagt Gesamtschuldner B1 und B2 auf 8.000,00 €. Wie lautet die Entscheidung zur Hauptsache und die Kostenentscheidung, wenn die Klage gegen B1 erfolgreich ist, gegen B2 aber abgewiesen wird?

Lösung:

	fiktiver Streitwert	Obsiegt/unterliegt mit	Gerichtskosten	Außergerichtl. Kosten
Kläger	16.000 €	8.000 € (1/2)	1/2	1/2
Beklagter 1	16.000 €	8.000 € (1/2)	1/2	1
Beklagter 2	16.000 €	0	0	0

Tenor:
„1. Der Beklagte zu 1) wird verurteilt, an den Kläger 8.000,00 € zu zahlen. Im Übrigen wird die Klage abgewiesen.
2. Von den Gerichtskosten haben der Kläger und der Beklagte zu 1) jeweils ½ zu tragen. Die außergerichtlichen Kosten des Beklagten zu 2) hat der Kläger zu tragen. Die außergerichtlichen Kosten des Klägers hat der Beklagte zu 1) zu ½ zu tragen. [Im Übrigen tragen die Parteien ihre außergerichtlichen Kosten selbst.]"

Schwierig ist der Fall, dass Streitgenossen unterschiedlich am Verfahren beteiligt sind oder mit ihren Anträgen unterschiedlich Erfolg haben. Die Bildung einheitlicher Kostenquoten ist dann nicht möglich. Die in der ZPO nicht geregelte Lösung besteht mit der Baumbach'schen Formel darin, analog §§ 91, 92 ZPO oder analog § 92 ZPO für die Gerichtskosten sowie die außergerichtlichen Kosten der einzelnen Beteiligten separate Quoten zu bilden.
Zur Bildung der einzelnen Quoten wird der gegen mehrere Beklagte als Gesamtschuldner gerichtete Prozess fiktiv in Einzelprozesse aufgespalten. Für jeden dieser Einzelprozesse wird ermittelt, mit welchen Beträgen die daran Beteiligten unterlegen sind. Diese Unterliegensbeträge werden anschließend ins Verhältnis gesetzt zu dem Gesamtbetrag, um den in den fiktiven Einzelprozessen gestritten worden ist. Das Ergebnis ist die von den einzelnen Beteiligten zu tragende Quote. Bei der Berechnung der Quote ist sorgfältig danach zu unterscheiden, welcher Maßstab jeweils anzuwenden ist.

IV. Erledigung

1. Einführung. Wenn während eines laufenden Rechtsstreits ein Ereignis eintritt, durch das die Klage entweder **unzulässig oder unbegründet** wird, etwa wenn der Beklagte nach Zustellung der Klage die Forderung des Klägers begleicht, den geschuldeten Gegenstand herausgibt, die Auskunft erteilt etc., ist der Kläger vor ein Problem gestellt. Verfolgt er die Klage weiter, unterliegt er und muss die

Kosten des Rechtsstreits tragen: Seine Klage wäre entweder unzulässig oder unbegründet. Nimmt er die Klage aber zurück, ergeht auf Antrag des Beklagten ohne Sachprüfung ein Beschluss nach § 269 Abs. 4 ZPO mit einer für den Kläger ebenso ungünstigen Kostenfolge. Zur Lösung dieses Problems stellt das Gesetz unter Verdrängung von § 269 ZPO dem Kläger durch § 91a ZPO die Möglichkeit einer **Erledigterklärung** zur Verfügung. Erklärt der Kläger den Rechtsstreit in der Hauptsache als erledigt und schließt sich der Beklagte der Erklärung an[147], kann das Gericht eine Kostenentscheidung nach eigener Prüfung und nach Gerechtigkeitsgesichtspunkten treffen. Das Gericht kann und muss über die Kosten nach billigem Ermessen den bisherigen Sach- und Streitstandes entscheiden. Das Verfahren endet mit den Erklärungen kraft Parteiwillens. Für den ursprünglichen Streitgegenstand ist keine Entscheidung mehr zu treffen[148]. Eine Entscheidung nach § 91a ZPO ist unabhängig davon zu fällen, ob wirklich[149] eine materiell-rechtliche Erledigung eingetreten ist und wann[150]. Die Erledigterklärung ist eine Prozesshandlung und so lange frei widerruflich, bis sich der Beklagte ihr angeschlossen[151] oder das Gericht eine Entscheidung getroffen hat[152].

239 🖉 **Klausurtipp**

Es ist damit zwischen „prozessualer Erledigung" und „materiell-rechtlicher Erledigung" zu unterscheiden. Prozessual tritt auch dann Erledigung ein, wenn dies materiell-rechtlich nicht der Fall ist. Auf die materiell-rechtliche Erledigung kommt es nur bei einseitiger Erledigterklärung an[153].

240 Eine andere Lösung wäre, dass der Kläger – obwohl der Beklagte einer Erledigterklärung zustimmen würde – seine Klage umstellt auf Feststellung, dass der Beklagte die Kosten des Rechtsstreits zu tragen hat. Der Vorteil einer solchen Kostenfeststellungsklage bestünde darin, dass es zu keiner Billigkeitsentscheidung über die Kosten, sondern zu einer streitigen Entscheidung käme. In der Praxis wird dieser Weg – soweit ersichtlich – selten genutzt[154]. Fraglich ist auch, ob es für diese Klage angesichts der Spezialregelung des § 91a ZPO ein Rechtsschutzbedürfnis gibt.

---

147 Schließt sich der Beklagte einer Erledigterklärung nicht an, ist § 91a ZPO also unanwendbar. Siehe dazu Rn. 271 ff.
148 BGH, MDR 2003, 1195; BGH, BGHZ 106, 359, 366 = MDR 1989, 523.
149 Deubner, JuS 2004, 979, bildet z. B. einen Fall, in dem keine Erledigung eingetreten ist, es aber aus Anwaltssicht taktisch klug ist, sich der Erledigungserklärung dennoch anzuschließen.
150 Dies ist Ausfluss der Dispositionsmaxime, siehe dazu Rn. 75.
151 Ebner, JA 1998, 784, 86.
152 Zu allem BGH, NJW 2002, 442 m. Anm. Löhnig, JA 2002, 359.
153 Siehe dazu im Einzelnen Prütting/Wesser, ZZP 116 [2003], 267, 278 ff.
154 Siehe aber OLG Hamm, OLGReport Hamm 2005, 556; Elzer, NJW 2002, 2006, 2007; zustimmend Fischer, MDR 2002, 1097, 1100.

2. Kapitel: Tenor

Klausurtipp 241

§ 91a ZPO regelt nur einen Teilbereich der Erledigtproblematik. Denn nach seinen Tatbestandsvoraussetzungen müssen die Parteien den Rechtsstreit eben übereinstimmend in der Hauptsache für erledigt erklären. Für einseitige oder teilweise einseitige Erledigterklärungen bietet § 91a ZPO keine Lösungen an.

Nach h.M. kann auch ein **Rechtsmittel** für erledigt erklärt werden[155]. Eine 242 Erledigung ist anzunehmen, wenn ein zulässiges und begründetes Rechtsmittel nachträglich unzulässig oder unbegründet wird[156]. Streitig ist allerdings, ob für die Erledigerklärung ein **besonderes Bedürfnis** zu fordern ist[157].

Zum Erlernen des Fragenkreises um die Erledigung der Hauptsache ist zwischen 243 **verschiedenen Bereichen** zu unterscheiden:
- übereinstimmende Erledigterklärungen
- einseitige Erledigterklärungen
- Erledigung vor Rechtshängigkeit
- Teilerledigterklärung

Übersicht: Erledigung 243a

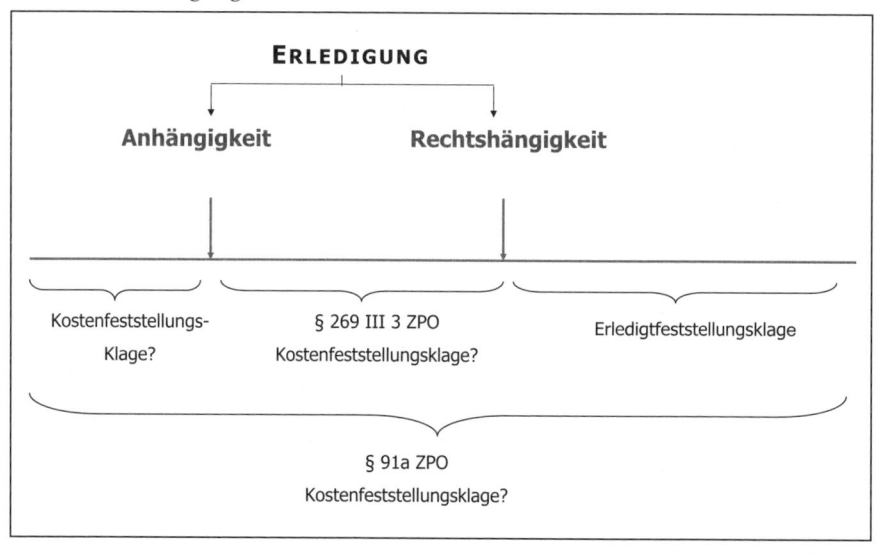

```
                        ERLEDIGUNG
                   ┌────────┴────────┐
              Anhängigkeit      Rechtshängigkeit
                   │                  │
                   │                  │
   ┌───────────┐ ┌─────────────────┐ ┌──────────────────────┐
   Kostenfeststellungs-   § 269 III 3 ZPO    Erledigtfeststellungsklage
   Klage?                 Kostenfeststellungsklage?
   └────────────────────────────────┘
                        § 91a ZPO
                 Kostenfeststellungsklage?
```

2. Übereinstimmende Erledigterklärungen. – a) Begriff der Erledigung. Ein Streit- 244 gegenstand ist erledigt, wenn die Klage im Zeitpunkt des nach ihrer Zustellung

---

155 BGH, MDR 2009, 104; OLG Frankfurt a.M., MDR 1998, 559; OLG Frankfurt a.M., NJW-RR 1989, 63; KG, NJW-RR 1987, 766; offen gelassen von BGH, MDR 2005, 595, und von BGH, MDR 1994, 1142 = BGHZ 127, 74, 82.
156 OLG Frankfurt a.M., NJW-RR 1989, 63.
157 Dazu OLG Nürnberg, MDR 2008, 940, 941 mit Darstellung des Streitstands.

eingetretenen erledigenden Ereignisses[158] zulässig[159] und begründet war und durch das behauptete Ereignis unzulässig oder unbegründet wurde[160].

245 📄 **Formulierungsvorschlag**
„Die Hauptsache ist erledigt, wenn die Klage im Zeitpunkt des nach ihrer Zustellung eingetretenen erledigenden Ereignisses zulässig und begründet war und durch das behauptete Ereignis unzulässig oder unbegründet wurde."

246 Ein vor **Rechtshängigkeit** erledigendes Ereignis kann die Hauptsache nicht erledigen[161]. Ein erledigendes Ereignis ist mit anderen Worten also „der Eintritt einer Tatsache mit Auswirkungen auf die materiell-rechtlichen Voraussetzungen der Zulässigkeit oder Begründetheit der Klage[162]". Mit übereinstimmenden Erledigterklärungen endet die Rechtshängigkeit der Leistungsklage[163].

247 ✏ **Klausurtipp**
Anders ist es im Verwaltungsprozess. Das Verwaltungsgericht prüft allein, ob ein erledigendes Ereignis vorliegt. Grundsätzlich ohne Bedeutung ist aber, ob die Klage ursprünglich unbegründet war[164].

248 Die materiell-rechtliche Wirkung, die bei der Aufrechnung[165] die Geltendmachung der Klageforderung berührt, ist deren Erlöschen. Dieser Erfolg wird durch die Aufrechnung, d.h. durch die Aufrechnungserklärung (§ 388 S. 1 BGB) „bewirkt" und nicht (bereits) durch die Aufrechnungslage. Tritt die Erlöschenswirkung erst mit der Erklärung der Aufrechnung ein, war die Klage bis dahin zulässig und begründet. Trotz der materiell-rechtlichen Rückwirkung auf den Zeitpunkt der Aufrechnungslage gem. § 389 BGB stellt erst die Aufrechnungserklärung das „erledigende Ereignis" dar[166]. Die von § 389 BGB angeordnete Fiktion („gilt") der Rückwirkung des Erlöschens auf den Zeitpunkt der Aufrechnungslage ändert daran nichts. Diese Fiktion der Rückwirkung hat lediglich zur Folge, dass nicht nur die Hauptforderungen erlöschen, sondern auch Ansprüche

---

158 BGH, NJW 1992, 2235, 2236.
159 Siehe zur Frage, was gilt, wenn das angerufene Gericht unzuständig war, Vossler, NJW 2002, 2373 f.
160 BGH, NJW 2003, 3134; BGH, GRUR 1997, 933; BGH, NJW 1996, 2729; OLG Düsseldorf, ZMR 2002, 189; a. A. sind Prütting/Wesser, ZZP 116 [2003], 267, 296, 299 ff.: Gegenstand der Feststellung sei die Frage, ob dem Kläger ein materielles Recht gegen den Beklagten zustand. Ob es sich erledigt hat, spiele keine Rolle.
161 BGH, NZI 2009, 169, 170; BGH, NJW 2003, 3134.
162 BGH, NJW-RR 2006, 544, 545; BGH, NJW 2003, 3134 = BGHZ 155, 392, 398; BGH, BGHZ 135, 58, 62; BGH, BGHZ 83, 12, 13.
163 BGH, NJW-RR 2006, 929, 930.
164 BVerwG, NVwZ 1989, 862; Schifferdecker, JA 2003, 319, 324. Ob dies auch für die Zulässigkeit gilt, ist unsicher: Siehe einerseits BVerwG, NVwZ 1989, 862 und andererseits Deckenbrock/Dötsch, JuS 2004, 689, 690.
165 Zum ähnlichen Problem bei der Anfechtung wegen § 142 BGB siehe Althammer/Löhnig, NJW 2004, 3077, 3080.
166 BGH, NJW 2003, 3134. So bereits OLG Düsseldorf, NJW-RR 2001, 432 m. Anm. Heistermann, NJW 2001, 3527; a. A. OLG Hamm, OLG-Report 2000, 100; LG Berlin, ZMR 1989, 98. Siehe auch Rn. 876. Diese Rechtsprechung steht allerdings im Gegensatz zur ständigen Rechtsprechung bei § 767 ZPO. Siehe Rn. 1311.

z. B. auf Verzugszinsen für den Zeitraum bis zur Erklärung der Aufrechnung, die ohne die Rückwirkung nach wie vor bestünden, ab dem Zeitpunkt der Aufrechnungslage wegfallen. Eine Differenzierung nach Billigkeitsgesichtspunkten – vor allem zwischen Primär- und Hilfsaufrechnung – schlagen *Althammer* und *Löhnig* vor[167].

b) Erklärung der Erledigung. – aa) Grundsatz. Die von § 91a ZPO vorausgesetzten Erklärungen bedürfen weder einer besonderen Form noch sind sie wörtlich oder ausdrücklich abzugeben[168]. **249**

📄 Formulierungsvorschläge **250**
- „Der Kläger erklärt den Rechtsstreit in der Hauptsache für erledigt."
- „Der Beklagte schließt sich der Erledigterklärung des Klägers an."

Es genügt, wenn sich der Wille der Parteien schlüssig (konkludent) im Wege der Auslegung ihres prozessualen Verhaltens ermitteln lässt[169]. Auch in einem nach Erledigterklärung des Klägers fehlenden Widerspruch des Beklagten kann unter Umständen ein stillschweigendes Einverständnis mit der Erledigterklärung des Klägers gesehen werden. **251**

> ✏ **Klausurtipp** **252**
> Maßgeblich ist, dass beide Parteien **keine rechtskräftige Entscheidung** zur Hauptsache wollen.

Welchen Aussagewert **bloßes Schweigen** des Beklagten in dem Fall hat, dass keine weiteren auslegungsfähigen Momente vorliegen, wird **verschieden beurteilt**[170]. Im Grundsatz kann bloßes Schweigen nicht als Zustimmung zu einer Erledigterklärung aufgefasst werden[171]. Im Schrifttum heißt es, dass das Schweigen des Beklagten in bestimmten Fallkonstellationen oder allgemein als Zustimmung zur Erledigungserklärung des Klägers ausgelegt werden könne. Und auch nach der Kommentarliteratur sollen stillschweigende Erledigterklärungen möglich sein. Gegen die Annahme einer stillschweigenden Zustimmung spricht vor allem, dass Schweigen für sich genommen keinen Erklärungswert hat[172]. **253**

bb) Fiktion der Erklärung. Erklärt der Kläger den Rechtsstreit in der Hauptsache für erledigt, kann es vorkommen, dass sich der **Beklagte hierzu gar nicht erklärt**. Das Gericht müsste in diesem Falle Termin anberaumen und ggf. durch Versäumnisurteil entscheiden, dass sich der Rechtsstreit in der Hauptsache erledigt hat. Um dieses umständliche Verfahren zu vermeiden, sieht § 91a Abs. 1 S. 2 ZPO analog § 269 Abs. 2 S. 4 ZPO vor, dass eine **Zustimmung fingiert** wird, wenn erstens der Beklagte auf eine zugestellte Erledigterklärung nicht reagiert und zweitens das Gericht ihn auf die Fiktion hinweist. **254**

---

167 NJW 2004, 3077, 3078 ff.
168 OLG Düsseldorf, MDR 2003, 1013; Kraft, JA 2005, 288.
169 Kraft, JA 2005, 288.
170 Siehe dazu Kraft, JA 2005, 288, 289; Elzer, JuS 2001, 70, 72.
171 OLG Koblenz, NJW-RR 2000, 71; LG Stuttgart bei Deubner, JuS 1999, 1209.
172 Elzer, JuS 2001, 70, 71 ff.; Kraft, JA 2005, 288, 289.

255 **c) Zeitpunkt der Erledigung.** Bei übereinstimmenden Erledigterklärungen ist vom Zivilgericht[173] nicht zu prüfen, ob und ggf. wann tatsächlich ein erledigendes Ereignis eingetreten ist[174]. Bereits wenn die Erledigterklärungen wirksam sind, muss ein Beschluss nach § 91a Abs. 1 ZPO ergehen, welcher allein die Kostentragungspflicht regelt. Einer Entscheidung nach § 91a ZPO steht also nicht entgegen, dass das erledigende Ereignis vor Rechtshängigkeit[175] der Klage eingetreten ist. Die Dispositionsmaxime[176] gestattet den Parteien die Herbeiführung einer Prozessbeendigung vielmehr ohne Rücksicht darauf, ob tatsächlich ein erledigendes Ereignis vorliegt und wann dieses ggf. eingetreten ist[177]. Dementsprechend ist es auch **unerheblich, zu welchem Zeitpunkt sich die Hauptsache** erledigt hat, z. B. in einer weiteren Instanz[178], obwohl die Erledigung in der vorherigen Instanz eingetreten ist, zwischen den Instanzen, zwischen Anhängigkeit und Rechtshängigkeit oder noch vor Anhängigkeit der Klage.

256 **d) Zeitpunkt der Erledigterklärungen.** Umstritten ist, ob ein Rechtsstreit in der Hauptsache **bereits vor Rechtshängigkeit für erledigt erklärt** werden kann. Hier stellt sich also die Frage, ob ein vor Rechtshängigkeit erledigter Streit auch vor Rechtshängigkeit mit der Folge des § 91a ZPO übereinstimmend für erledigt werden kann. Nach herrschender Auffassung[179] ist die Wirksamkeit der Erledigung vom Eintritt der Rechtshängigkeit der Sache abhängig. Mit anderen Worten: Ein Rechtsstreit kann sich vor Rechtshängigkeit nicht erledigen[180]. Die vom BGH dort angegriffene zwingende Folge, dass der Beklagte die Kosten zu tragen hat, hat der Gesetzgeber durch das dem Gericht in § 269 Abs. 3 S. 3 ZPO eingeräumte Ermessen allerdings entkräftet[181].

257 **e) Reihenfolge der Erledigterklärungen.** Die **Reihenfolge der Erklärungen** ist bedeutungslos. Notwendig, aber auch ausreichend ist, dass die Erklärungen

---

173 Anders das Verwaltungsgericht. Nach § 161 Abs. 2 VwGO muss das Verwaltungsgericht prüfen, ob Erledigung eingetreten ist, vgl. Deckenbrock/Dötsch, JuS 2004, 489, 491.
174 BGH, BGHZ 83, 12, 14 = MDR 1982, 657 = NJW 1982, 1598, mit Anm. Löhnig, JA 2004, 122 ff.; BGH, BGHZ 21, 298 = NJW 1956, 1517; OLG Köln, NJW-RR 1996, 1023 = MDR 1996, 208; Kraft, JA 2005, 288.
175 Diese tritt nach der ZPO grundsätzlich (anders in den Eilverfahren) mit Zustellung der Klage ein, § 261 ZPO; nach der VwGO hingegen bereits mit Einreichung der Klageschrift bei Gericht = Anhängigkeit!
176 Siehe zu dieser Rn. 75.
177 OLG Dresden, OLGReport Dresden 2001, 395.
178 BGH, MDR 1989, 523 = NJW 1989, 2885.
179 BGH, FamRZ 2003, 1641; BGH, NJW 1990, 1905, 1906; BGH, NJW-RR 1988, 1151; BGH, NJW-RR 1982, 1598 m. Anm. Linke JR 1984, 48; RG, RGZ 54, 37, 39; Brandenburgisches OLG, MDR 2000, 1393, 1394; KG, NJW-RR 1987, 994; a. A. u. a. OLG Naumburg, FamRZ 2002, 1042; OLG Köln, MDR 1996, 208, 209. Nach diesen soll eine Erledigung des Rechtsstreits z. B. in zumindest entsprechender Anwendung des § 91a ZPO beiderseits wirksam erklärt werden können, sobald und solange die Sache nur anhängig ist.
180 Grundlegend zu dieser Frage ist BGH, BGHZ 83, 12, 14 = MDR 1982, 657 = NJW 1982, 1598.
181 Da dieses Ermessen aber auch bei § 91a ZPO besteht, ist die Entscheidung überholt und bedarf der erneuten Überprüfung.

schriftlich, mündlich oder zur Niederschrift des Gerichts von prozessfähigen Personen[182] abgegeben werden.

f) Grundlagen der gerichtlichen Ermessensentscheidung. – aa) Grundsatz. Das Gericht entscheidet über die **Kosten nach billigem Ermessen**. Dabei hat es den bisherigen Sach- und Streitstandes zu berücksichtigen. In dieser Formulierung kommt die Zielsetzung von § 91a ZPO zum Ausdruck: in der Kernfrage erledigte Rechtsstreitigkeiten einer schnellen Erledigung zuzuführen. Die Frage der Kostenlast rechtfertigt in der Praxis – nicht aber in Klausur – eine nur abgekürzte, Zeit und Arbeitskraft ersparende Behandlung und Entscheidung[183]. Bei der von Amts wegen zu treffenden Billigkeitsentscheidung – ein Antrag ist für den Beschluss nach § 91a ZPO nicht erforderlich – ist der gesamte Tatsachenstoff abzuwägen und zu fragen, wie der Rechtsstreit unter Berücksichtigung des bisherigen Sach- und Streitstandes zum Zeitpunkt des erledigenden Ereignisses[184] voraussichtlich ausgegangen wäre[185]. Vornehmlich kommt es darauf an, wem die Kosten des Rechtsstreits aufzuerlegen gewesen wären, wenn die Hauptsache nicht einvernehmlich für erledigt erklärt worden wäre[186].

258

Formulierungsvorschlag
„Maßgeblich für die Kostenentscheidung nach § 91a Abs. 1 ZPO ist der ohne Eintritt des (tatsächlich oder vermeintlich) erledigenden Ereignisses zu erwartende Verfahrensausgang mit den sich aus den §§ 91 ff. ZPO ergebenden Kostenerstattungspflichten. In entsprechender Anwendung von § 91 Abs. 1 S. 1 ZPO hat grundsätzlich diejenige Partei die Kosten des Rechtsstreits zu tragen, die ohne den Eintritt des erledigenden Ereignisses voraussichtlich unterlegen wäre."

259

Grundlage der Entscheidung ist eine lediglich summarische[187] Prüfung, bei der das Gericht grundsätzlich davon absehen kann, in einer rechtlich schwierigen Sache nur wegen der Verteilung der Kosten alle für den Ausgang bedeutsamen Rechtsfragen abzuhandeln[188]. Problematisch ist, wenn der Beklagte „freiwillig gezahlt" hat, aber erklärt, die Zahlung stelle keine Erfüllung dar[189]. Problemfälle bloßer Billigkeitsentscheidungen sind auf der einen Seite unaufgeklärte Sachverhalte, auf der anderen Seite schwierige Rechtsfragen. Die Gerichte können dabei nach h.M. davon absehen, in einer rechtlich schwierigen Sache nur wegen der

260

---

182 Es müssen also die Prozesshandlungsvoraussetzungen gegeben sein. Siehe dazu Rn. 606.
183 BGH, MDR 1986, 754 = GRUR 1986, 531 [Schweißgemisch].
184 Genauer zum Zeitpunkt der letzten Erledigterklärung und der Kenntnis des Gerichts hiervon, vgl. OLG Frankfurt a.M., OLGReport Frankfurt 1998, 71; OLG Hamm, WRP 1993, 339.
185 Allein aus dem Umstand, dass der Beklagte den eingeklagten Anspruch noch vor Rechtshängigkeit erfüllt hat, kann dabei nicht ohne weiteres geschlossen werden, dass der Anspruch begründet war. So aber OLG Celle, NJW-RR 1994, 1376; a.A. OLG Stuttgart, NJW-RR 1999, 148; OLG Koblenz, MDR 1999, 500.
186 BGH v. 7.5.2007 – VI ZR 253/05 –; BGH, BGHZ 123, 264, 265 = NJW 1994, 256 = MDR 1994, 523; OLG Dresden, OLGReport Dresden 2001, 395.
187 BGH, MDR 2003, 1195.
188 BGH, NJW-RR 2003, 1075 m.w. Nachw.
189 Siehe dazu Bonifacio, MDR 2004, 1094 ff.

Verteilung der Kosten alle für den Ausgang bedeutsamen Rechtsfragen abzuhandeln[190].

261 Neben dem prozessualen Kostenerstattungsanspruch nach §§ 91 ff. ZPO können die Gerichte **materiell-rechtliche Kostenerstattungsansprüche** berücksichtigen[191] – was auch für die Billigkeitsentscheidung nach § 269 Abs. 3 S. 3 ZPO gelten muss. Ein materiell-rechtlicher Kostenerstattungsanspruch ist vor allem zu beachten, wenn sein Bestehen sich ohne besondere Schwierigkeiten, insbesondere ohne Beweisaufnahme, feststellen lässt[192].

262 In der **Praxis** legen die Gerichte grundsätzlich demjenigen die Kosten auf, der unterlegen wäre und die **Kosten** nach §§ 91 ff. ZPO **zu tragen gehabt hätte**, wenn das erledigende Ereignis nicht eingetreten wäre[193]. Obwohl das Gericht bei übereinstimmenden Erledigterklärungen – wie bereits ausgeführt – Eintritt und Zeitpunkt der Erledigung nicht prüfen muss, wird dabei vereinzelt gefordert, dass ein Kostenerstattungsanspruch des Klägers entsprechend § 91 Abs. 1 S. 1 ZPO nur dann besteht, wenn das erledigende Ereignis der Rechtshängigkeit nachfolgt[194]. Ein Gericht kann auch berücksichtigen, dass sich die beklagte Partei durch Zahlung des mit der Klage geforderten Betrags und Erklärung zur Übernahme der Kosten des Rechtsstreits in „die Rolle des Unterlegenen" begeben hat[195].

263 g) **Tenor des Kostenbeschlusses.** Der Tenor eines Beschlusses nach § 91a ZPO kann auf **zwei Arten** formuliert werden. Beide sind üblich und nicht zu beanstanden:

264 ▸ Formulierungsvorschläge
- „Der Beklagte hat die Kosten des Rechtsstreits zu tragen."
- „Die Parteien haben den Rechtsstreit in der Hauptsache für erledigt erklärt. Der Beklagte hat die Kosten des Rechtsstreits zu tragen."

265 Eine Entscheidung zur Hauptsache und zur vorläufigen Vollstreckbarkeit ist – wie auch bei anderen Beschlüssen – nicht zu treffen.

266 h) **Aufbau des Beschlusses.** Der Kostenbeschluss nach § 91a ZPO führt ein **vollständiges Rubrum**, weil er als Vollstreckungstitel „Außenwirkung" besitzt und verfahrensbeendend ist. Als Beschluss[196] enthält er einheitliche „Gründe" und besitzt also weder einen Tatbestand noch Entscheidungsgründe. Der Kostenbeschluss nach § 91a ZPO gliedert sich – jedenfalls in der Klausur – regelmäßig in zwei Teile, die Tatbestand und Entscheidungsgründen entsprechen. Er wird mit „Gründe" überschrieben, seine einzelnen Teile mit I.[197] und II.[198]

---

190 BGH, MDR 2003, 1195; BGH, BGHZ 67, 343, 345 f. = MDR 1977, 399.
191 BGH, NJW 2002, 680; OLG Frankfurt a. M., OLGReport Frankfurt 1999, 283.
192 BGH, NJW 2002, 680; BGH, MDR 1981, 126 = JurBüro 1981, 209, 210; OLG Koblenz, NJW-RR 1997, 7.
193 OLG Stuttgart, NJW-RR 1999, 997.
194 So etwa OLG Celle, NJW-RR 1994, 1276; a. A. OLG Köln, JurBüro 1989, 217.
195 BGH, MDR 2004, 698.
196 Siehe dazu Rn. 53 ff.
197 Kurze Sachverhaltsdarstellung; kann z. T. entfallen.
198 Rechtliche Würdigung.

2. Kapitel: Tenor

Schema 267

Gründe
I.
- Einleitungssatz, meist entbehrlich
- Geschichtserzählung
- Streitiger Klägervortrag[199]
- Prozessgeschichte
  - ursprünglicher Antrag des Klägers und Datum der Rechtshängigkeit
  - erledigendes Ereignis[200]
  - Erledigterklärungen beider Parteien
- Kostenantrag des Klägers[201]
- Kostenantrag des Beklagten
- Streitiger Vortrag des Beklagten[202]
- Sonstige Prozessgeschichte

II.
- Ggf. Auslegung der Kostenanträge bzw. der konkludenten Erledigterklärungen
- Ggf. Wirksamkeit der Erledigterklärungen
- Begründung der summarisch getroffenen Kostenentscheidung.

i) Rechtsmittel. Das Rechtsmittel gegen den Kostenbeschluss nach § 91a ZPO ist die sofortige Beschwerde, §§ 91a Abs. 2 S. 1, 567 ff. ZPO. Voraussetzung dafür ist, dass der Wert für eine Berufung in der Hauptsache (600,01 €) erreicht worden ist, § 91a Abs. 2 S. 2 ZPO. Wird eine erstinstanzliche Kostentscheidung nach § 91a ZPO angegriffen, für die das Gesetz den Gerichten Ermessen einräumt, ist das Beschwerdegericht darauf beschränkt, die von ihm zu überprüfende Ermessensentscheidung auf Ermessensfehler hin zu überprüfen (str.). 268

j) Kostenentscheidung nach § 91a ZPO und materieller Kostenerstattungsanspruch. Eine Kostenentscheidung nach § 91a ZPO **hindert** eine Partei grundsätzlich **nicht**, einen materiell-rechtlichen Kostenerstattungsanspruch gegen die andere Partei durchzusetzen[203]. Voraussetzung ist, dass das Gericht in seinem Kostenbeschluss die materielle Rechtslage nicht prüft und den Kläger auf die Möglichkeit verweist, einen etwaigen Anspruch im Klageweg durchzusetzen. 269

3. Einseitige Erledigterklärung (Erledigtfeststellungsklage). – a) Allgemeines. Im Gesetz ungeregelt geblieben ist der **praktisch häufige Fall**, dass der Kläger die Hauptsache einseitig für erledigt erklärt – sich der Beklagte also der Erledigt- 270

---

199 Dessen Darstellung erfolgt ausnahmsweise im Perfekt, da die Rechtshängigkeit durch die Erledigterklärungen entfallen ist.
200 Nur soweit bekannt.
201 Dessen Darstellung ist nicht zwingend, wegen § 308 Abs. 2 ZPO aber üblich.
202 Dessen Darstellung erfolgt wieder im Perfekt, da die Rechtshängigkeit entfallen ist.
203 BGH, NJW 2002, 680 mit Anm. Becker-Eberhard, LM § 91a ZPO Nr. 74, mit Anm. Schmidt, JuS 2002, 504 Nr. 11, und mit Anm. Deubner, JuS 2002, 685, 686. Siehe dazu auch Rn. 184.

erklärung nicht anschließt[204]. Ein Beschluss nach § 91a ZPO kann bei einem Widerspruch des Beklagten nicht gefasst werden. § 91a ZPO setzt – wie ausgeführt – übereinstimmende Erledigterklärungen voraus.

271 b) **Erledigung nach Rechtshängigkeit. – aa) Allgemeines.** Auch bei einer einseitigen Erledigung besitzt der Kläger ein Interesse daran, dass sich das Verfahren für ihn kostengünstig erledigt. Über dieses Ziel ist man sich einig. Das Gesetz regelt diesen Fall aber nicht. Einer entsprechenden Anwendung des § 91a ZPO steht entgegen, dass § 91a ZPO den Fall einer **einseitigen Erledigterklärung nicht regeln will**. Eine entsprechende Anwendung des § 93 ZPO scheidet gleichfalls aus[205], weil zweifelhaft ist, ob eine „spiegelbildliche Anwendung" des für ein Anerkenntnis geltenden § 93 ZPO[206] möglich ist. Eine Erklärung des Klägers, dass er seinen Antrag auf die Kosten beschränke, stellt keine Abstandnahme von der Klage dar. Der Kläger erklärt nämlich nicht, seine Klage aufgeben zu wollen, sondern macht nunmehr den ihm zustehenden Schadenersatzanspruch geltend. Die ganz h.M. befürwortet daher, dass der Kläger – um sich vor den Kosten zu schützen – seine ursprünglich zulässige und begründete Leistungsklage in eine Feststellungsklage mit dem Antrag ändern sollte, dass sich der Rechtsstreit in der Hauptsache erledigt hat[207]. Der zwischen den Parteien bestehende Streit darüber, ob die Klage nachträglich unzulässig oder unbegründet geworden ist – ob sich also die Hauptsache erledigt hat –, wird vom Gericht dann durch Feststellungsurteil entschieden[208]. Die Änderung der Leistungsklage in eine Feststellungsklage über die Erledigung ist im Übrigen privilegiert, da sie gem. § 264 Nr. 2 ZPO[209] oder Nr. 3[210] als stets sachdienlich anzusehen ist[211].

272 bb) **Erklärung der Klageänderung.** Die **notwendige Klageänderung** kann der Kläger ausdrücklich erklären. Eine Klageänderung ist aber auch dann anzuneh-

---

204 Der Beklagte kann im Übrigen eine negative Feststellungswiderklage erheben oder erklären, dass er sich zwar der Erledigungserklärung nicht anschließe, aber den Erledigungsfeststellungsantrag unter Verwahrung gegen die Kosten anerkenne, OLG Hamm, NJW-RR 1995, 1073; Seutemann, MDR 1995, 122, 124. In diesem Fall erlässt die Praxis ein Teilanerkenntnisurteil zur Hauptsache und entscheidet über die Kosten gesondert durch ein streitiges Schlussurteil, OLG Naumburg, JurBüro 2004, 324; OLG Nürnberg, MDR 2003, 295 = OLGReport Nürnberg 2003, 312; OLG Hamm, AGS 2002; OLG Karlsruhe, JurBüro 2001, 374; OLG Hamburg, MDR 2000, 111; Schwarz ZZP 110 [1997], 181, 184. Dieser Weg wurde früher aus Kostengründen gewählt. Er ist heute nicht mehr ratsam, siehe dazu Bockholdt, JA 2006, 133, 134.
205 BGH, MDR 1994, 717, 718; BGH, WM 1979, 1228.
206 Linke, ZZP 87 [1974], 300.
207 Vgl. auch BGH, NJW 2001, 515, 516 für das gleich liegende Problem innerhalb der Insolvenz.
208 BGH, NJW 2002, 442; BGH, NJW 1994, 2363; BGH, NJW 1968, 2243; BGH, NJW 1965, 537; BGH, BGHZ 23, 333, 340 = NJW 1957, 628.
209 So etwa BGH, MDR 2002, 413; KG, MDR 1999, 185; OLG Karlsruhe, MDR 1994, 217; Kraft, JA 2005, 288.
210 Deckenbrock/Dötsch, MDR 2004, 1214, 1215; Fischer, MDR 2002, 1097, 1099; BGH, MDR 1981, 493 nimmt Sachdienlichkeit an und lässt § 264 Nr. 3 ZPO bewusst offen.
211 H.M., so genannte Klageänderungstheorie, siehe nur Kraft, JA 2005, 288; nach a.A. handelt es sich bei der einseitigen Erledigterklärung um ein eigenständiges prozessuales Rechtsinstitut.

men, wenn eine Erledigterklärung des Klägers – eine einseitige Erklärung des Beklagten ist unbeachtlich – einseitig bleibt. Sie ist in diesem Falle als Antrag auf Feststellung, dass sich der Rechtsstreit in der Hauptsache erledigt hat, auszulegen[212]. Bleibt eine Erledigterklärung einseitig, umfasst sie stets (str.) auch den **Antrag festzustellen,** dass sich der Rechtsstreit in der Hauptsache erledigt hat[213]. Ort der Auslegung ist dabei aber nicht der Tatbestand. Ort der Auslegung ist der Beginn der Entscheidungsgründe[214].

Formulierungsvorschlag
„Entscheidungsgründe
Die zulässige Klage ist begründet. Die Erklärung des Klägers, der den Rechtsstreit in der Hauptsache für erledigt erklärt hat, ist dahin gehend auszulegen, dass er beantragt festzustellen, dass sich der Rechtsstreit in der Hauptsache erledigt hat. Bei einer Erledigterklärung handelt es sich um eine Prozesshandlung, die – wenn sie einseitig bleibt – eine nach § 264 Nr. 2 ZPO privilegierte Klageänderung darstellt. Die Prozesshandlung umfasst für diesen Fall den Antrag festzustellen, dass sich der Rechtsstreit in der Hauptsache erledigt hat."

Im Anschluss muss dann die Prüfung der Zulässigkeit und Begründetheit der Erledigtfeststellungsklage erfolgen.

Formulierungsvorschlag
„... das nach § 256 Abs. 1 ZPO erforderliche Feststellungsinteresse ist gegeben. Denn der Kläger hat bei Eintritt eines erledigenden Ereignisses keine andere Möglichkeit als die Feststellungsklage, von den Kosten des Rechtsstreits befreit zu werden ..."

Solange über die Feststellungsklage nicht entschieden ist, kann der Kläger ohne weiteres zu seinem ursprünglichen Leistungsantrag zurückkehren. Eine prozessgestaltende Wirkung geht von einer einseitigen Erledigterklärung nicht aus[215].

cc) **Voraussetzungen für eine erfolgreiche Klage.** Im Falle einer einseitigen Erledigterklärung muss das Gericht prüfen, ob die Hauptsache erledigt ist, ob also die eingereichte Klage zulässig und begründet war, aber durch ein **nach Rechtshängigkeit eingetretenes Ereignis gegenstandslos geworden ist**[216].

dd) **Rechtskraft.** Die Rechtskraft des zuerkennenden Feststellungsurteils enthält sowohl den ursprünglichen Bestand der Klageforderung als auch deren wirksame Erledigung. Wird der Erledigungsantrag des Klägers **zurückgewiesen,** umfasst nach neuerer Rechtsprechung das dann ergehende Feststellungsurteil ebenfalls den ursprünglichen Leistungsantrag.

---

212 BGH, NJW 2002, 442 = MDR 2002, 413, 414.
213 BGH, NJW 2002, 442 = MDR 2002, 413, 414; BGH, MDR 1995, 91 = NJW 1994, 2363, 2364; BGH, MDR 1994, 717, 718; BGH, BGHZ 106, 359, 366 = MDR 1989, 523.
214 Siehe dazu Rn. 273.
215 BGH, NJW 2002, 442 = MDR 2002, 413, 414.
216 BGH, ZMR 2008, 875; BGH, BGHReport 2006, 199; BGH, BGHZ 106, 359, 366 f.; BGH, BGHZ 91, 126, 127.

279 ee) **Rechtsmittel.** Das statthafte Rechtsmittel gegen das Feststellungsurteil ist die Berufung. Sie ist zulässig, sofern ihre Voraussetzungen erfüllt sind.

280 c) **Erledigung vor Rechtshängigkeit (Kostenfeststellungsklage).** Wie dargestellt, kann sich eine „Hauptsache" nicht erledigen, wenn das erledigende Ereignis zwar nach Einreichen, aber vor Zustellung der Klage eingetreten ist[217] (Erledigung vor Rechtshängigkeit). Erst durch die Zustellung der Klage werden das Prozessrechtsverhältnis, die Parteien und der Streitgegenstand bestimmt. Erledigt sich der Rechtsstreit vor Zustellung, kann der Kläger daher nicht die Feststellung beantragen, der Rechtsstreit habe sich in der Hauptsache erledigt. Wird der Kläger zwischen Anhängigkeit und Rechtshängigkeit der Leistungsklage vom Beklagten klaglos gestellt, ist er aber auch nicht schutzlos. Ist der Anlass zur Einreichung der Klage vor Rechtshängigkeit weggefallen und wird die Klage daraufhin zurückgenommen, bestimmt sich seit dem Jahre 2002 nach § 269 Abs. 3 S. 3 ZPO die Kostentragungspflicht[218] unter Berücksichtigung des bisherigen Sach- und Streitstandes nach billigem Ermessen; dies gilt auch, wenn die Klage nicht zugestellt wurde. Ist die Erledigung nach Rechtshängigkeit eingetreten und nimmt der Kläger daraufhin die Klage zurück, ist § 269 Abs. 3 S. 3 ZPO nicht analog anwendbar[219].

281 ✎ **Klausurtipp**

Streitig ist, ob eine vom Kläger erhobene Feststellungsklage mit dem Antrag festzustellen, dass der Beklagte die Kosten des Rechtsstreits zu tragen hat (Kostenfeststellungsklage) im Hinblick auf die Neuregelung des § 269 ZPO mangels Rechtsschutzbedürfnis als unzulässig anzusehen ist[220]. *Vollkommer*[221] ist etwa der Auffassung, dass durch § 269 Abs. 3 S. 3 ZPO einer Feststellungsklage „der Weg versperrt sei"[222]. Im Hinblick auf den vom prozessualen Kostenerstattungsanspruch regelmäßig nicht erfassten materiellen Kostenerstattungsanspruch ist hingegen – regelmäßig – ein Feststellungsinteresse zu bejahen[223]. Der Kläger kann – und sollte, wenn die Kostenentscheidung unklar ist und z. B. eine Beweisaufnahme erforderlich macht – auch nach der Neuregelung weiterhin seinen materiellen Kostenerstattungsanspruch im Wege der Kostenfeststellungsklage verfolgen. Ein Feststellungsinteresse ist nur ausnahmsweise und nur dann zu verneinen, wenn eine Klagerücknahme prozessökonomischer wäre[224].

---

217 Siehe Rn. 255 und Rn. 271.
218 Unter den Kosten des „Rechtsstreits" sind in diesem Fall diejenigen Kosten zu verstehen, die im Falle der Rücknahme der Klage nach deren Zustellung erstattungsfähig gewesen wären, BGH, NJW 2006, 775.
219 BGH, NJW 2004, 223, 224; LG Berlin, GE 2002, 1494; AG Berlin-Neukölln, MDR 2003, 112; Musielak, JuS 2002, 1203, 1205; a. A. Bonifacio, MDR 2002, 499.
220 Siehe dazu Fischer, MDR 2002, 1097, 1099, und Musielak, JuS 2002, 1203, 1206.
221 In: Zöller, 27. Aufl. 2009, § 91a ZPO Rdnr. 42.
222 So auch im Ergebnis Tegeder, NJW 2003, 3327, 3328: *„Kaum überzeugend"*.
223 Im Einzelnen Elzer, NJW 2002, 2006, 2007 f. Im Ergebnis so auch Fischer, MDR 2002, 1097, 1099. Ferner LG Berlin, GE 2004, 51; a. A. LG Berlin, GE 2004, 108: Es fehle an einer *„planwidrigen Lücke"*. Es sei Aufgabe des Gesetzgebers, eine mögliche Lücke zu schließen.

dd) Tenor. Wird der Kläger zwischen Anhängigkeit und Rechtshängigkeit der **282**
Leistungsklage vom Beklagten klaglos gestellt und nimmt er dann die Klage
zurück, lautet der Tenor[225]:

Formulierungsvorschlag **283**
„Der Beklagte hat die Kosten des Rechtsstreits zu tragen."

Nimmt der Kläger nur einen Teil zurück, weil sich auch nur ein Teil erledigt hat, **284**
ist über den erledigten Teil im Rahmen der Kostenentscheidung des weiter
verfolgten Anspruchs zu entscheiden. Ein isolierter Kostenbeschluss nach § 269
ZPO ist dann nicht zu fassen.

d) Erledigung vor Anhängigkeit. § 269 Abs. 3 S. 3 ZPO erfasst auch die Fälle, in **285**
denen der Klageanlass **bereits vor Eintritt der Anhängigkeit** weggefallen ist, wenn
der Kläger in Unkenntnis des Wegfalls Klage erhoben und dann unverzüglich
zurückgenommen hat[226]. Dem Wortlaut lässt sich eine Beschränkung auf die
Erledigung zwischen Anhängigkeit und Rechtshängigkeit nicht entnehmen. Hiernach genügt vielmehr jede Erledigung vor Rechtshängigkeit. Auch aus den
Gesetzgebungsmaterialien ergibt sich nichts Abweichendes. Wie die Formulierung
„insbesondere" in den Gesetzgebungsmaterialien zeigt, sollten damit andere Fälle
der **Erledigung vor Rechtshängigkeit** nicht ausgeschlossen werden. Schließlich
spricht auch nicht der Normzweck gegen die hier befürwortete Erstreckung der
Vorschrift auf die Fälle der Erledigung vor Anhängigkeit. Im Gegenteil. § 269
Abs. 3 S. 3 ZPO verfolgt den Zweck, unnötige Prozesse zu vermeiden, in denen
ausschließlich um die Kostenverteilung eines vorangegangenen Verfahrens gestritten wird. Es entspricht der Prozessökonomie, wenn über diese Kosten auch in den
Fällen, in denen eine Erledigung bereits vor Anhängigkeit eingetreten ist, in dem
Ursprungsverfahren entschieden wird. Eine ganz andere Frage ist es, wer bei einer
bereits vor Anhängigkeit eingetretenen Erledigung die Kosten des Verfahrens zu
tragen hat. Dies bestimmt sich wiederum – falls die weiteren Voraussetzungen des
§ 269 Abs. 3 S. 3 ZPO gegeben sind – unter Berücksichtigung des bisherigen
Streitstandes nach billigem Ermessen[227].

> **Beispiel:** **286**
> Die Wiederholungsgefahr fällt bereits drei Tage vor Klageeinreichung dadurch weg,
> dass der Beklagte in einem **anderen** Verfahren eine Abschlusserklärung abgibt, was
> dem Kläger aber bei Klageeinreichung **nicht** bekannt war[228].

---

224 A.A. LG Berlin, GE 2004, 51, 52. Wenn man an einem überprüfbaren Feststellungsinteresse festhalten will, darf die Definitionsmacht hierfür nicht dem Kläger überlassen bleiben, so aber Musielak, JuS 2002, 1203, 1206.
225 Zuvor ist der Beklagte natürlich anzuhören und darüber zu informieren, dass nach § 269 Abs. 3 S. 3 ZPO entschieden werden soll, LG Düsseldorf, NJW-RR 2003, 213.
226 OLG München, OLGReport München 2004, 218; OLG Köln, OLGReport Köln 2004, 79; OLG Düsseldorf, FamRZ 2004, 1661; Schneider, ZAP 2003, 873, 874; LG Düsseldorf, NJW-RR 2003, 213; Löhnig, JA 2004, 122, 125; Elzer, NJW 2002, 2006, 2008; Musielak, JuS 2002, 1203, 1205, 1206; a.A. LG Bad Kreuznach, NJW-RR 2003, 790.
227 OLG Köln, OLGReport Köln 2004, 79.
228 OLG München, OLGReport München 2004, 218.

287 Ggf. muss der Kläger in diesen Fällen[229] seine Klage auf

288 🗎 Formulierungsbeispiel
„Feststellung der Verpflichtung des Beklagten, die Kosten des Rechtsstreits zu tragen"

umstellen.

289 e) **Hauptsacheentscheidung.** Welche Feststellung vom Kläger zu begehren ist, ist davon abhängig, wann Erledigung nach Ansicht des Klägers eingetreten ist. Möglich sind – neben der Klagerücknahme – eine Erledigtfeststellungsklage und eine Kostenfeststellungsklage

290 aa) Erledigung nach Rechtshängigkeit. Für den Tenor des Feststellungsurteils muss danach **unterschieden** werden, ob die Klage erfolgreich ist oder nicht. Die Entscheidung zur Hauptsache bei Erledigung nach Rechtshängigkeit lautet bei Obsiegen des Klägers und entsprechender Anpassung seines Antrages dahin, dass die Hauptsache erledigt sei[230]:

291 🗎 Formulierungsbeispiel
„Es wird festgestellt, dass sich der Rechtsstreit in der Hauptsache erledigt hat." Oder: „Der Rechtsstreit ist in der Hauptsache erledigt."

292 Eine einseitige Erledigungserklärung des Klägers **geht hingegen ins Leere**, wenn die Klage von Anfang an unzulässig oder unbegründet war und es im Laufe des Verfahrens geblieben ist. Da eine Erledigung dann nicht eintreten konnte, ist die Klage wie auch sonst abzuweisen.

293 🗎 Formulierungsbeispiel
„Die Klage wird abgewiesen."

294 bb) **Erledigung vor Rechtshängigkeit.** Der Entscheidung zur Hauptsache bei einer **Erledigung vor Rechtshängigkeit**[231] lautet bei Obsiegen des Klägers – soweit der Kläger die Klage nicht der Einfachheit halber gem. § 269 Abs. 3 S. 3 ZPO zurücknimmt – und entsprechender Anpassung des Antrages auf Feststellung:

295 🗎 Formulierungsbeispiele
- „Es wird festgestellt, dass der Beklagte die Kosten des Rechtsstreits zu tragen hat."
- „Der Beklagte hat die Kosten des Rechtsstreits zu tragen."

296 f) **Kosten und vorläufige Vollstreckbarkeit. – aa) Nach Rechtshängigkeit.** Für die Kostenentscheidung und die Entscheidung über die vorläufige Vollstreckbarkeit gibt es **keine Besonderheiten** zu beachten. Die Kostenentscheidung richtet sich – da § 91a ZPO nicht anwendbar ist – nach den allgemeinen Bestimmungen, also

---

229 Wie bisher, vgl. Pape/Notthoff, JuS 1996, 341, 344.
230 BGH, BGHZ 37, 137, 142 = NJW 1962, 1723; BGH, BGHZ 79, 275, 276 = NJW 1981, 990.
231 Egal ob vor Rechtshängigkeit oder sogar bereits vor Anhängigkeit, Pape/Notthoff, JuS 1996, 341, 344, 345.

§§ 91, 92 ZPO, wenn der Kläger die Klage nicht zurücknimmt. Der vollständige Tenor besteht aus drei Ziffern.

📄 **Formulierungsbeispiel** 297
„I. Es wird festgestellt, dass sich der Rechtsstreit in der Hauptsache erledigt hat.
II. Dem Beklagten werden die Kosten des Rechtsstreits auferlegt.
III. Das Urteil ist gegen Sicherheitsleistung in Höhe des jeweils beizutreibenden Betrages zzgl. 10 % vorläufig vollstreckbar."

Die Berechnung der **Sicherheitsleistung/Abwendungsbefugnis** bei der Entscheidung über die vorläufige Vollstreckbarkeit ist davon abhängig, wie man sich zum Streitwert bei einseitiger Erledigterklärung[232] verhält. 298

bb) Vor Rechtshängigkeit. Macht der Kläger nach Erledigung seines Begehrens **vor Rechtshängigkeit** bzw. **vor Anhängigkeit** im Wege der Klageumstellung einen **unbezifferten materiellen Kostenerstattungsanspruch** geltend[233], so ist – soweit man diese Klage für zulässig erachtet – über diesen Schadenersatzanspruch und die prozessuale Kostentragungspflicht in einer einheitlichen Kostenentscheidung zu befinden[234]. Die Kostenentscheidung beruht, soweit sie die für den ursprünglich erhobenen Klageantrag angefallenen anteiligen Kosten betrifft, auf der materiellen Vorschrift des §§ 280 Abs. 2, 286 BGB. Im Übrigen ergibt sie sich aus §§ 91ff. ZPO. Die Kostenentscheidung enthält, abweichend von der Regel der §§ 91ff. ZPO, wegen des Schadenersatzanspruchs des Klägers einen materiellen Teil[235], den er bereits im anhängigen Verfahren durchsetzen kann[236]. Der vollständige Tenor besteht damit aus **zwei Ziffern**. 299

📄 **Formulierungsbeispiel** 300
„I. Es wird festgestellt, dass der Beklagte die Kosten des Rechtsstreits zu tragen hat.
II. Das Urteil ist vorläufig vollstreckbar. Der Beklagte darf die Vollstreckung durch Sicherheitsleistung in Höhe des zu vollstreckenden Betrages zzgl. 10 % abwenden, wenn nicht der Kläger vor der Vollstreckung Sicherheit in Höhe des jeweils zu vollstreckenden Betrages zzgl. 10 % leistet."

g) Aufbau des Urteils. – aa) Tatbestand. Die einseitige Erledigterklärung ist eine nach §§ 264 Nr. 2 oder Nr. 3 ZPO **stets zulässige Klageänderung**[237]. Daher ist der Tatbestand wie bei einer Klageänderung aufzubauen: Es wird nach dem streitigen Klägervortrag ein Abschnitt zur Prozessgeschichte eingeschoben, innerhalb dessen auf den ursprünglichen Antrag und das erledigende Ergebnis eingegangen wird. Das angeblich erledigende Ereignis wird – sofern es unstreitig ist – in der Geschichtserzählung, ansonsten im streitigen Klägervorbringen dargestellt. 301

---

232 Rn. 325.
233 Feststellung der Kostentragungspflicht.
234 KG, KGReport 1996, 107, 108; Pape/Notthoff, JuS 1996, 538, 539.
235 §§ 280 Abs. 2, 286 BGB.
236 BGH, WM 1981, 232, 234 und 386, 388; KG, KGReport 1996, 107, 108.
237 Siehe Rn. 271 und allgemein Rn. 810.

302 | Schema

- Einleitungssatz, zumeist wegzulassen
- Unstreitiges Parteivorbringen
- Streitiger Vortrag des Klägers
- Prozessgeschichte
  - zum ursprünglichen Antrag
  - zum angeblich erledigenden Ereignis
  - Daten zur Anhängigkeit und zur Rechtshängigkeit

  „Mit der am 19. April 2009 bei Gericht eingegangenen und am 3. Mai 2009 zugestellten Klage hat der Kläger ursprünglich beantragt, den Beklagten zu verurteilen, an ihn 3.000,00 € nebst 5 Prozentpunkten über dem jeweiligen Basiszinssatz seit Rechtshängigkeit zu zahlen. Am 6. Juni 2009 hat der Beklagte an den Kläger 3.000,00 € gezahlt."
- Neuer Antrag des Klägers.

  „Daraufhin erklärt der Kläger in der mündlichen Verhandlung vom … den Rechtsstreit in der Hauptsache für erledigt[238]." [Richtig: Festzustellen, dass sich der Rechtsstreit in der Hauptsache erledigt hat.]
- Erklärung des Beklagten. Etwa:

  „Der Beklagte widerspricht der Erledigterklärung und beantragt, die Klage abzuweisen."
- Streitiger Vortrag des Beklagten
- Ggf. Replik des Klägers
- Prozessgeschichte

303 bb) **Entscheidungsgründe.** – (1) **Nach Rechtshängigkeit.** Die Klage ist begründet, wenn das Gericht feststellt, dass eine bis zu dem erledigenden Ereignis zulässige und begründete Klage nach Rechtshängigkeit gegenstandslos geworden ist[239].

304 | Schema

Entscheidungsgründe

I.

- Ggf. Auslegung [Rücknahme/Verzicht/Säumnis]
- Ggf. Auslegung: als Feststellungsklage
- Zulässigkeit der Klageänderung
- Sachurteilsvoraussetzungen der geänderten Klage
- Feststellungsinteresse

II.

- Ursprünglicher Antrag zulässig
- Ursprünglicher Antrag begründet
- Erledigendes Ereignis
- Nach Rechtshängigkeit

---

238 Erklärt der Kläger die Klage bloß (falsch) in der Hauptsache für erledigt, ist dieser falsche Antrag – wie hier – zu beurkunden. Die Auslegung, ob die Erklärung im Wege der Auslegung als Feststellungsantrag zu verstehen ist, ist Inhalt und Aufgabe der Entscheidungsgründe. Diese Darstellung erfolgt noch vor der Zulässigkeit. Im Tatbestand ist dafür kein Platz.

239 BGH, NJW 1992, 2235.

2. Kapitel: Tenor

> III.
> - Kosten
> - Vorläufige Vollstreckbarkeit
> - ggf. Zulassung Rechtsmittel

(2) Vor Rechtshängigkeit. Hat sich die Klage bereits vor Rechthängigkeit erledigt 305
und bietet sich nicht der Weg über eine Klagerücknahme nach § 269 Abs. 3 S. 3
ZPO an, so kann eine Kostenfeststellungsklage wie folgt aufgebaut werden:

> **Schema** 306
> Entscheidungsgründe
> I.
> - Ggf. Auslegung
> - Zulässigkeit der Klageänderung
> - Sachurteilsvoraussetzungen der geänderten Klage
> - Feststellungsinteresse: Diskussion, ob § 269 Abs. 3 S. 3 ZPO vorrangig ist oder auf ein Feststellungsinteresse für diese Klage verzichtet wird oder ausreicht, dass der Kläger das Interesse behauptet.
>
> II.
> - Zulässige[240] und begründete ursprüngliche Klage
> - Erledigung vor Rechtshängigkeit
> - Schadenersatz wegen Pflichtverletzung, § 280 Abs. 1, Abs. 2 BGB
>   – Schaden
>   – Schuldverhältnis i. S. von § 280 Abs. 1 BGB (z. B. Kaufvertrag)
>   – Pflichtverletzung = Verzögerte Leistung
>   – Kausalität zwischen Pflichtverletzung und Schaden
>   – Vertretenmüssen
>   – Verzug des Beklagten i. S. von § 286 BGB, z. B. mit Kaufpreiszahlung
>   - Fälligkeit der Leistung
>   - Keine Einrede
>   - Mahnung etc.
>
> III.
> - Kosten
> - Vorläufige Vollstreckbarkeit
> - ggf. Zulassung Rechtsmittel

4. Die Teilerledigterklärung. Bei **abgrenzbaren Teilen des Streitgegenstandes**, etwa 307
wenn ein Teil des Streitgegenstandes erledigt erklärt wird (eingeklagt werden
8.000,00 €, erledigt erklärt werden davon 4.000,00 €), oder bei einem von
mehreren Streitgegenständen (§ 260 ZPO), oder einem von mehreren Streitgenossen kann auch ein bloßer Teil des Streitgegenstandes oder einer von mehreren
Streitgegenständen in der Hauptsache für erledigt erklärt werden, und zwar
sowohl übereinstimmend als auch einseitig.

---

240 War die Klage unzulässig, muss der Beklagte die Kosten nicht tragen.

308 **a) Übereinstimmende Erklärungen.** Liegt eine übereinstimmende Teilerledigung vor, so ergeht **kein gesonderter Beschluss** nach § 91a ZPO[241]. Bei der übereinstimmenden Teilerledigterklärung kommt es zu einer[242] gemischten Kostenentscheidung, die wegen des Grundsatzes der Einheitlichkeit der Kostenentscheidung einheitlich im Urteil über den nicht erledigten Teil zu treffen ist.

309 **aa) Kosten und vorläufige Vollstreckbarkeit.** Die Kostenquote ist wie bei einer teilweisen Klagerücknahme zu ermitteln. Es sind also die Mehrkosten zu ermitteln[243]. Beim Spruch über die vorläufige Vollstreckbarkeit ist darauf zu achten, dass der auf die Erledigung entfallende Teil wie auch bei § 91a ZPO ohne Sicherheitsleistung vorläufig vollstreckbar ist.

310 **Formulierungsvorschlag**
„Das Urteil ist vorläufig vollstreckbar, wegen zu vollstreckender Kosten in Höhe ... ohne Sicherheitsleistung und im Übrigen gegen Sicherheitsleistung in Höhe..."

311 **bb) Tatbestand.** Im Tatbestand sind das erledigende Ereignis – wenn es dem Gericht mitgeteilt wird – und das dazu gehörige unstreitige Vorbringen in der Geschichtserzählung zu berichten, soweit es für die Kostenentscheidung von Bedeutung ist. Soweit die Parteien wegen der Kosten streiten, gehört das jeweilige Vorbringen im Tempus Perfekt in das streitige Vorbringen. Die an die Erledigung anknüpfenden Erklärungen sind schließlich in der Prozessgeschichte vor den Anträgen zu schildern[244].

312 **Schema**
- Einleitung
- unstreitiges Parteivorbringen zum Rest
- streitiger Vortrag des Klägers
- Prozessgeschichte zum ursprünglichen Antrag und zum teilerledigenden Ereignis
  [„... beide Parteien haben daraufhin in der mündlichen Verhandlung am 14. Mai 2009 den Rechtsstreit hinsichtlich des Räumungsanspruchs für erledigt erklärt."]
- Anträge des Klägers. Etwa:
  „Der Kläger beantragt nunmehr, den Beklagten zu verurteilen ..."
- Antrag des Beklagten. Etwa:
  „Der Beklagte beantragt, die Klage abzuweisen."
- streitiger Vortrag des Beklagten
- Prozessgeschichte mit Streitstand zum teilerledigten Punkt

313 **cc) Entscheidungsgründe.** In den Entscheidungsgründen wird die übereinstimmende Teilerledigterklärung – außer eventuell durch einen Vermerk im Einlei-

---

241 Eine Ausnahme ist zu machen, wenn sich der Rechtsstreit für einen von mehreren Streitgenossen vollständig erledigt.
242 Aus § 91a ZPO für den erledigten Teil und aus §§ 91, 92 ff. ZPO für den streitig gebliebenen Teil.
243 Rechenbeispiel bei Pape/Notthoff, JuS 1996, 148, 151.
244 Pape/Notthoff, JuS 1996, 148, 151.

tungssatz „Die Klage ist, soweit..., begründet..." – **nur in der Kostenentscheidung** berücksichtigt. Anders als sonst[245] muss dann die Kostenentscheidung, soweit sie sich im Ergebnis auf § 91a ZPO gründet, ausführlich begründet werden[246]. Dies findet seinen Grund darin, dass die auf § 91a ZPO beruhende Entscheidung gesondert angefochten werden kann.

b) Einseitige Teilerledigterklärung. Liegt eine einseitige Teilerledigterklärung des Klägers vor und wird die Erklärung des Beklagten auch nicht nach § 91a Abs. 1 S. 2 ZPO fingiert, ist dies nach h. M. in eine **nachträgliche objektive Klagenhäufung** nach §§ 260, 263 ff. ZPO umzudeuten, und zwar in einen Feststellungsantrag und den verbliebenen Sachantrag. Über die Kosten wird wegen des Grundsatzes der Einheitlichkeit der Kostenentscheidung wie bei der übereinstimmenden Teilerledigterklärung im Urteil über den nicht erledigten Teil entschieden. Möglich ist auch, dass der Kläger den erledigten Teil nach § 269 Abs. 3 S. 3 ZPO zurücknimmt.

314

aa) Tenor. Die Entscheidung zur Hauptsache lautet bei Obsiegen des Klägers:

315

📄 **Formulierungsvorschlag**

316

„Es wird festgestellt, dass sich der Rechtsstreit in der Hauptsache in Höhe von ... erledigt hat. Der Beklagte wird verurteilt, an den Kläger ...." oder
„Der Rechtsstreit ist in der Hauptsache in Höhe von ... erledigt. Der Beklagte wird verurteilt, an den Kläger..."

Unterliegt der Kläger z. B. wegen des nicht für erledigt erklärten Teils der Klage, so heißt es

317

📄 **Formulierungsvorschlag**

318

„Es wird festgestellt, dass sich der Rechtsstreit in der Hauptsache in Höhe von ... erledigt hat. Im Übrigen wird die Klage abgewiesen."

bb) Tatbestand. Im Tatbestand sind regelmäßig das erledigende Ereignis sowie die an die Erledigung anknüpfende Erklärung des Klägers in der Prozessgeschichte vor den Anträgen zu schildern.

319

Schema	**320**

• Einleitung
• Unstreitiges Parteivorbringen
• Streitiger Vortrag des Klägers
• Prozessgeschichte[247]
    – zum ursprünglichen Antrag
    – zum (angeblichen) teilerledigenden Ereignis
    – Daten zu Anhängigkeit und Rechtshängigkeit
    – Anträge des Klägers. Etwa:
      „Der Kläger beantragt nunmehr
      ... [Hauptantrag auf Zahlung]..."	

---

245 Siehe Rn. 490.
246 Siehe Rn. 493 f.
247 Beispiel bei Pape/Notthoff, JuS 1996, 538, 540.

> „Wegen eines Teilbetrages von.. erklärt der Kläger in der mündlichen Verhandlung vom.. den Rechtsstreit in der Hauptsache für erledigt."
> - Erklärung des Beklagten. Etwa:
> „Der Beklagte widerspricht der Erledigungserklärung und beantragt, die Klage insgesamt abzuweisen."
> - Streitiger Vortrag des Beklagten
> - Prozessgeschichte

321 cc) **Entscheidungsgründe.** In den Entscheidungsgründen wird die einseitige Teilerledigterklärung bei der Zulässigkeit[248] und Begründetheit der Hauptsacheentscheidung berücksichtigt. Die Klage ist dann – soweit sie sich über den angeblich erledigten Teil verhält – begründet, wenn das Gericht feststellt, dass eine bis zu dem erledigenden Ereignis zulässige und begründete Klage nach Rechtshängigkeit gegenstandslos geworden ist.

322 | Schema
> - Ggf. Auslegung [Rücknahme/Verzicht/Säumnis]
> - Zulässigkeit der gesamten Klage, insbesondere
>   - Feststellungsinteresse
>   - Klageänderung
> - § 260 ZPO
> - Begründetheit
>   - weiterverfolgte Hauptsache
>   - Feststellungsanspruch
> - Nebenentscheidungen

323 5. **Gebührenstreitwert.** – a) **Übereinstimmende Erklärungen.** Bei einer übereinstimmenden Erledigterklärung richtet sich der Gebührenstreitwert bis zur Erklärung der Erledigung nach dem ursprünglichen Streitwert, später nach den bis dahin entstandenen Kosten[249].

324 b) **Einseitige Erledigterklärung.** Hat der Kläger den Rechtsstreit in der Hauptsache für erledigt erklärt, der Beklagte der Erklärung aber widersprochen, weil die Klage von vornherein unzulässig und daher abzuweisen sei, so bildet der vom Kläger **erhobene Anspruch weiterhin verfahrensrechtlich die Hauptsache.** Nach der ständigen Rechtsprechung des BGH[250] ist dem Streitgegenstand in derartigen Fällen dennoch ganz regelmäßig ein anderer Wert beizumessen, weil die Parteien normalerweise an der Fortsetzung des Rechtsstreits nur insoweit ein rechtlich beachtliches Interesse haben, als es um die Prozesskosten geht. Der Streitwert

---

248 Klageänderung!
249 Ebner, JA 1998, 784, 788.
250 BGH, MDR 2006, 109; BGH, NZM 1999, 21; BGH, NJW-RR 1996, 1210; BGH, NJW-RR 1993, 765; BGH, NJW 1990, 1474; BGH, NJW-RR 1988, 1465; BGH, NJW 1961, 1210, 1211; KG, GE 2001, 694; KG, MDR 1999, 380; OLG Dresden, NJW-RR 2001, 428; a.A. LG Duisburg, MDR 2004, 962, 963 unter Darstellung des Meinungsbildes; LG München I, NJW-RR 2001, 429 m. Anm. Deubner, JuS 2000, 889.

schrumpft – bis auf Ausnahmen –[251] im Zeitpunkt der Erledigterklärung des Klägers auf die Summe der bis dahin entstandenen Kosten.

c) Teilerledigterklärung. – aa) Übereinstimmend. Bei übereinstimmender teilweiser Erledigterklärung richtet der Streitwert sich nach der Erledigterklärung ausschließlich nach dem streitig gebliebenen Teil der Hauptforderung. Die auf den teilweise für erledigt erklärten Hauptanspruch entfallenden Kosten sind dem Hauptsacherestwert nach h. M. nicht hinzuzurechnen[252].

bb) Einseitig. Bei einseitiger teilweiser Erledigterklärung des Klägers setzt sich der Streitwert aus dem Wert der verbliebenen Hauptsache und den auf den erledigten Teil entfallenden Kosten zusammen[253].

6. Hilfsantrag. Dass der Kläger neben seiner Erledigterklärung **hilfsweise den alten Klageantrag aufrechterhalten** kann, ist allgemein anerkannt, zulässig und **stets anzuraten**[254]. Ob umgekehrt neben dem Klageantrag eine hilfsweise Erledigterklärung des Klägers zulässig ist, ist dagegen streitig. Nach Auffassung des BGH[255] ist für eine hilfsweise Erledigterklärung kein Raum. Ein solches Urteil sei widersprüchlich und werde der Prozesslage nicht gerecht. Nach einer Mindermeinung[256] besteht für einen Hilfsantrag hingegen ein Bedürfnis. Nur dieser vervollständige den Schutz des Klägers. Das Gericht müsse sich in dieser Konstellation ohnehin mit Zulässigkeit und Begründetheit der ursprünglichen Klage beschäftigen. Nach einem indes vereinzelt gebliebenen Urteil des BGH[257] (Brennwertkessel) könnte es zulässig sein, dass der Kläger hilfsweise die Feststellung beantragt, *„dass eine Klage bis zum Eintritt eines erledigenden Ereignisses zulässig und begründet war"*. Der Unterschied zur Mindermeinung liegt also darin, dass die Erledigterklärung einseitig bleibt.

Einem solchen Feststellungsantrag sollen keine verfahrensrechtlichen Bedenken entgegenstehen[258]. Der I. Zivilsenat hat jetzt indes klargestellt, dass es jedenfalls regelmäßig an dem für diesen Feststellungsantrag erforderlichen rechtlichen

---

251 BGH, MDR 1982, 571 = NJW 1982, 768.
252 BGH, FamRZ 1995, 1137; BGH, MDR 1963, 44 m. Anm. Kraft = NJW 1962, 2252; BGH, Rpfleger 1955, 12; OLG Karlsruhe, MDR 1996, 1928; OLG Karlsruhe, JurBüro 1984, 1219; OLG Frankfurt a. M., MDR 1983, 1033; OLG Köln, VersR 1993, 80.
253 BGH, NJW 1993, 765, 767.
254 BGH, NJW 1965, 1597, 1598; RG, RGZ 156, 372, 375; OLG Nürnberg, NJW-RR 1989, 444, 445. Kion, Eventualverhältnisse im Zivilprozeß, 1971, S. 98 hält das Gericht ggf. gem. § 139 ZPO sogar für verpflichtet, auf diesen Antrag hinzuwirken.
255 BGH, NJW-RR 1998, 1571, 1572; BGH, BGHZ 106, 359, 368 = NJW-RR 1989, 2885, 2887 = BGH, NJW 1989, 2885 = LM § 1953 BGB Nr. 2; BGH, NJW 1967, 564; zustimmend Teubner/Prange, MDR 1989, 586, 588; kritisch Pape/Nothoff, JuS 1996, 538, 541.
256 Zuletzt LG Hanau, NJW-RR 2000, 1233 m. Anm. Deubner, JuS 2000, 271; siehe auch KG, NJW-RR 1998, 1074 und Kion, Eventualverhältnisse im Zivilprozeß, 1971, S. 96 mit Fn. 38 unter Verweis auf RG, RGZ 118, 73, 75 und BVerwG, JZ 1969, 262.
257 BGH, NJW-RR 1998, 1571, 1572. Offen gelassen von BGH, NJW-RR 2006, 929, 930.
258 BGH, NJW-RR 2006, 1378, 1380; BGH, NJW-RR 1998, 1571; siehe dazu auch Piekenbrock, ZZP 112 [1999], 353–364; Ulrich, EWiR 1998, 715–716.

Interesse (§ 256 ZPO) fehlt[259]. Die günstige Kostenfolge, die sonst in Fällen der einseitig gebliebenen Erledigungserklärung ein solches Feststellungsinteresse begründen kann, sei entgegen den in der Entscheidung „Brennwertkessel" angestellten Erwägungen mit einem entsprechenden Hilfsantrag nicht zu erreichen, weil im Rahmen der Kostenentscheidung stets zu berücksichtigen wäre, dass die Klage mit dem Hauptantrag abgewiesen worden ist[260].

329 7. Zusammenfassender Überblick

	Vollständige übereinstimmende Erledigterklärung	Teilweise übereinstimmende Erledigterklärung	Einseitige teilweise Erledigterklärung	Einseitige Erledigterklärung
	Beschluss	⇐ U r t e i l ⇒		
Tenor	1) Ggf. deklaratorische Mitteilung der Erledigungserklärungen 2) Kostenentscheidung nach § 91a Abs. 1 Satz 1 ZPO 3) Kein Ausspruch zur Vollstreckbarkeit	1) Hauptsache 2) Kosten 3) Vorläufige Vollstreckbarkeit	1) Hauptsache 2) Feststellung der Erledigung oder Abweisung im Übrigen. 3) Kosten 4) Vorläufige Vollstreckbarkeit	1) Hauptsache: Es wird festgestellt, dass der Rechtsstreit in der Hauptsache erledigt ist *oder* Der Rechtsstreit ist in der Hauptsache erledigt. 2) Kosten 3) Vorläufige Vollstreckbarkeit
Aufbau der Entscheidung	Gründe I. Sachverhalt wie ⇒ Tatbestand II. Begründung	⇐ Tatbestand mit Prozessgeschichte vor den Anträgen ⇒		
		1 Hauptsache		1) Ursprüngliche Klage zulässig? 2) Ursprüngliche Klage begründet? 3) Nach Rechtshängigkeit erledigt?
		§ 91a ZPO	Feststellungsklage	
Rechtsmittel	Sofortige Beschwerde gem. § 91a Abs. 2 Satz 1 ZPO	• Berufung • Sof. Beschwerde	• Berufung	• Berufung
Streitwert	• Kostenwert	• § 4 ZPO wegen der restlichen Hauptsache; Erledigung findet *keine* Berücksichtigung	• restliche Hauptsache + Kosten des erledigten Teils	• h. M. Kostenwert • a. A. Wert der Klageforderung

---

259 BGH, NJW-RR 2006, 1378, 1380.
260 BGH, NJW-RR 2006, 1378, 1380.

V. Vollstreckbarkeit

1. Einführung. Grundsätzlich sind nur rechtskräftige Endurteile – also solche, gegen die ein Rechtsmittel nicht mehr statthaft ist – vollstreckbar, § 704 Abs. 1 ZPO. Denn nur Endurteile bieten eine Richtigkeits- bzw. Bestandsgewähr. Unter Berücksichtigung der wirtschaftlichen Bedeutung eines vollstreckbaren Titels für die Parteien und einer ggf. überlangen Verfahrensdauer muss aber auch aus nicht rechtskräftigen Urteilen vollstreckt werden können[261]. Es ist im allgemeinen Interesse des Rechtsverkehrs, ein notwendiges Institut und einen Ausgleich zu der durch §§ 709, 711 ZPO gewährleisteten Sicherung des Schuldners zu schaffen[262]. Ein Urteil ist aus diesen Gründen auch dann vollstreckbar, wenn es vom Gericht i. S. v. § 704 Abs. 1 ZPO für vorläufig vollstreckbar erklärt worden ist. Die anzuordnende Vollstreckbarkeit ist „vorläufig", weil sie für die Zeit vor Eintritt der formellen Rechtskraft i.S. des § 705 S. 1 ZPO gilt und mithin die Möglichkeit besteht, dass sie insbesondere durch ein Berufungs- oder Revisionsurteil nach § 717 Abs. 1 ZPO ganz oder teilweise wieder außer Kraft gesetzt wird[263].

330

Grundsätzlich[264] muss jedes Urteil[265] von Amts wegen[266] für vorläufig vollstreckbar erklärt werden. Die gilt selbst dann, wenn eine Berufung unzulässig zu sein scheint. Dem sofortigen Eintritt der Rechtskraft steht nämlich bereits entgegen, dass ein Rechtsmittel gegen die Entscheidung seiner Art nach statthaft ist, selbst wenn es aus anderen Gründen offensichtlich unzulässig ist[267]. Dabei ist in jedem Einzelfall vom Gericht nach §§ 708 ff. ZPO zu prüfen, ob der Ausspruch mit oder ohne Sicherheitsleistung zu erfolgen hat. Ist ein Urteil nur hinsichtlich der Kosten vollstreckbar, z.B. ein Feststellungs- oder ein Gestaltungsurteil[268], so kann, muss dies aber nicht klargestellt werden[269].

331

> ✎ **Klausurtipp**
>
> In der Klausur ist eine Klarstellung unnötig. Sie ist in manchen Gerichten aber nicht unüblich.

332

Urteile auf Abgabe einer Willenserklärung[270] sind grundsätzlich (nur) wegen der Kosten[271], prozessuale Gestaltungsurteile nach §§ 767 und 771 ZPO wegen § 775 Nr. 1 ZPO für vorläufig vollstreckbar zu erklären[272]. Soll nach einer Verurteilung aus § 894 ZPO z. B. etwas in ein Grundbuch nach § 895 ZPO eingetragen werden, so ist ausnahmsweise aber auch die Hauptsache für vorläufig vollstreckbar zu

333

---

261 Siehe zu den Zielen auch König, JuS 2004, 119.
262 BGH, NJW 1983, 232.
263 Brögelmann, JuS 2007, 1006.
264 Ausnahmen sind vor allem die wenig examensrelevanten § 708 Nr. 1 bis Nr. 3 ZPO.
265 Hauptsache und Kostenentscheidung. Hingegen nicht Beschlüsse, die nach § 794 Abs. 1 Ziff. 3 ZPO ohne weiteres vollstreckbar sind.
266 Zum Begriff Rn. 539.
267 Brögelmann, JuS 2007, 1006.
268 Siehe aber Rn. 1315.
269 Brögelmann, JuS 2007, 1006, 1007; Schilken, JuS 1990, 641, 642.
270 Siehe § 894 ZPO.
271 Insoweit unklar Brögelmann, JuS 2007, 1006, 1007.
272 Brögelmann, JuS 2007, 1006, 1007.

erklären. Einige Entscheidungen werden ausnahmsweise nicht für vorläufig vollstreckbar erklärt:
- Urteile, die mit Verkündung sofort rechtskräftig werden[273]
- Grund- und Zwischenurteile, §§ 280, 303, 304 ZPO
- Urteile der Arbeitsgerichte
- bei einem zulässigen und begründeten Vollstreckungsschutzantrag des Schuldners, § 712 Abs. 1 S. 2 ZPO
- Anordnung und Bestätigung von Arrest und einstweiliger Verfügung, §§ 922, 925 Abs. 2, 929 Abs. 1, 936 ZPO
- Ohne weiteres vollstreckbar sind auch die in § 794 ZPO genannten Titel

334 Die Vollstreckung aus einem nicht endgültigen Vollstreckungstitel geht auf Gefahr des Gläubigers[274]. Vollstreckt der Gläubiger aus einem nur vorläufig vollstreckbaren Urteil, kann er sich für den Fall der Aufhebung oder Abänderung des Urteils nach § 717 Abs. 2, 3 ZPO – verschuldensunabhängig[275] – schadenersatzpflichtig machen. § 717 Abs. 2 ZPO dient der Waffengleichheit der Parteien und schützt den Schuldner eines vorläufig vollstreckbaren Urteils gegen den Schaden, der durch die Vollstreckung zwangsläufig eintritt[276]. Es handelt sich um eine Form der Gefährdungshaftung, die den vollstreckenden Gläubiger als Ausgleich für die Möglichkeit einer vorläufigen Vollstreckbarkeit trifft. § 717 Abs. 2 ZPO soll dem Schuldner einen Ausgleich für die ggf. unvermeidlichen Nachteile bieten, die sich aus der vorläufigen Durchsetzung eines letztlich nicht berechtigt erscheinenden Anspruchs im Übrigen ergeben[277].

Zu unterscheiden sind die Grundfälle des § 708 ZPO, in denen das Urteil ohne Sicherheitsleistung für vorläufig vollstreckbar erklärt wird, von den Fällen des § 709 ZPO, in denen originär eine Sicherheitsleistung angeordnet wird. Innerhalb von § 708 ZPO ist zwischen solchen Urteilen zu unterscheiden, die ohne weiteres für vorläufig vollstreckbar erklärt werden, und solchen, bei denen dem Schuldner eine Abwendungsbefugnis durch Sicherheitsleitung einzuräumen ist. Vorstellbar ist ferner, dass eine Entscheidung sowohl unter § 708 ZPO als auch unter § 709 ZPO fällt[278].

335 2. § 708 ZPO. – a) Nr. 1–3. Fällt das Urteil unter § 708 Nr. 1–3 ZPO[279], ist es ohne Sicherheitsleistung für vorläufig vollstreckbar zu erklären. Weil der Schuldner hier seine Rechte nicht oder zu Unrecht wahrnimmt und sich ggf. selbst in die Rolle des Unterliegenden begibt, überwiegt das Interesse des Gläubigers an einer leichten Durchsetzbarkeit seines Titels.

336 ▸ **Formulierungsvorschlag**
„Das Urteil ist vorläufig vollstreckbar."

---

273 Das sind die Urteile der obersten Gerichte, z.B. solche des BGH und früher die des BayObLG.
274 BGH, NJW 1988, 1268.
275 LG Berlin, MDR 2003, 1200.
276 LG Berlin, MDR 2003, 1200, 1201.
277 BGH, NJW 1983, 232; siehe auch König, JuS 2004, 119, 120.
278 S. auch Rn. 343.
279 Z.B. ein Versäumnis- oder Anerkenntnisurteil.

2. Kapitel: Tenor

> **✎ Klausurtipp** **337**
>
> In der Klausur kommt es zu solch einem Ausspruch nur bei mehreren Beklagten oder bei einem Teilversäumnis- oder Teilanerkenntnisurteil[280]. Bei einem solchen Teilurteil ist dann zu beachten, dass das Urteil hinsichtlich der auf dem Teil-Anerkenntnis oder der Teil-Versäumnis beruhenden Verurteilung ohne Sicherheitsleistung und ohne Abwendungsbefugnis für vorläufig vollstreckbar zu erklären ist.

Wurde beispielsweise auf eine Klage von 10.000,00 € ein Teilbetrag von 2.000,00 € anerkannt und ergibt die streitige Verurteilung den Betrag von 8.000,00 €, muss es heißen:

Formulierungsvorschlag **338**
„Das Urteil ist vorläufig vollstreckbar; wegen des 2.000,00 € überschreitenden Betrages aber nur gegen Sicherheitsleistung in Höhe von 110 % des jeweils zu vollstreckenden Betrages"[281].

b) §§ 708 Nr. 11, 711 ZPO. – aa) Anwendungsbereich. Für die Assessorklausur **339** besonders wichtig ist § 708 Nr. 11 ZPO[282]. Diese Regelung erfasst alle vermögensrechtlichen Streitigkeiten, bei denen der Beklagte in der Hauptsache i. S. v. § 4 ZPO auf Zahlung von bis zu 1.250,00 € verurteilt worden ist oder bei denen nur die Kostenentscheidung vollstreckbar ist[283] und der Kostenerstattungsanspruch 1.500,00 € nicht übersteigt. Für den Kostenerstattungsanspruch i. S. von § 708 Nr. 11 ZPO ist maßgebend, welche Kosten die obsiegende Partei vom Gegner erstattet verlangen kann[284]. Bei teilweisem Obsiegen ist der Kostenerstattungsanspruch für jede Partei gesondert zu errechnen[285].

bb) Abwendungsbefugnis nach § 711 ZPO. Im Falle des § 708 Nr. 11 ZPO ist – **340** anders als nach § 708 Nr. 1–3 ZPO – gem. § 711 S. 1 ZPO eine Abwendungsbefugnis der anderen Partei auszusprechen.

Formulierungsvorschläge **341**
- „Das Urteil ist vorläufig vollstreckbar. Der Beklagte darf die Vollstreckung durch Sicherheitsleistung in Höhe des auf Grund des Urteils vollstreckbaren Betrages zuzüglich 10 %[286] abwenden, wenn nicht der Kläger vor der Vollstreckung Sicherheit in Höhe des jeweils zu vollstreckenden Betrages zuzüglich 10 % leistet[287]."

---

280 König, JuS 2004, 119, 120.
281 Brögelmann, JuS 2007, 1007, 1010.
282 Zu den weiteren Fällen des § 708 ZPO siehe Schroer, JA 1990, 107 und kurz König, JuS 2004, 119, 120. Diese spielen in der Klausur kaum eine Rolle.
283 Z.B. klageabweisende Urteile, Feststellungsurteile, Gestaltungsurteile.
284 Dazu Rn. 345 ff.
285 Grundsatz der Trennung der Vollstreckungsverhältnisse, Gottwald, JA 1997, 486, 488.
286 Die 10 % sind die Vollstreckungskosten im Sinne von § 788 ZPO, so auch Oberheim, JA 2002, 493, 494; a. A. König, JuS 2004, 119, 121. Nach Nöhre, JA 2004, 644, 645, sind die 10 % Zinsen auf den zu vollstreckenden Betrag zu beziehen.
287 Die Fassung „abwenden, wenn nicht der Kläger vor der Vollstreckung Sicherheit in gleicher Höhe leistet" wäre ungenau. Sie berücksichtigt nicht, dass nach Änderung des § 709 S. 2 ZPO der Gläubiger nur für den tatsächlich zu vollstreckenden Betrag

- „Der Kläger darf die Vollstreckung durch Sicherheitsleistung in Höhe von 110 % des auf Grund des Urteils vollstreckbaren Betrages abwenden, wenn nicht der Beklagte vor der Vollstreckung Sicherheit in Höhe von 110 % des jeweils zu vollstreckenden Betrages leistet."

342 cc) §§ 720a, 839 ZPO. Macht der Schuldner von seiner Abwendungsbefugnis keinen Gebrauch, leistet der Gläubiger aber auch keine Sicherheit, kann der Gläubiger nach §§ 720a, 839 ZPO – freilich nicht zur Befriedigung, sondern nur zur Sicherung – vollstrecken.

343 dd) **Mehrere Ziffern des § 708 ZPO.** Fällt ein Urteil unter mehrere Ziffern des § 708 ZPO, ist die vorläufige Vollstreckbarkeit für jeden Entscheidungsteil gesondert festzustellen[288]; die einzelnen Verurteilungen werden nicht addiert.

344   Beispiel:
für ein Anerkenntnisteil- und Endurteil[289], wenn der Beklagte bis auf 1.000,00 € anerkennt:
„Das Urteil ist vorläufig vollstreckbar. In Höhe eines ausgeurteilten Betrages von 1.000,00 € darf der Beklagte die Vollstreckung durch Sicherheitsleistung in Höhe des auf Grund des Urteils vollstreckbaren Betrages zuzüglich 10 % abwenden, wenn nicht der Kläger vor der Vollstreckung Sicherheit in Höhe des jeweils zu vollstreckenden Betrages zuzüglich 10 % leistet."

345 c) **Höhe der Sicherheitsleistung.** Die Höhe der Sicherheitsleistung bestimmt das Gericht gem. § 108 ZPO nach freiem Ermessen. Bei der Ermessensausübung steht der Zweck einer Sicherheitsleistung im Vordergrund, den Anspruch aus § 717 Abs. 2 ZPO auf **Ersatz des Vollstreckungsschadens** zu sichern[290]. Bei der Abwägung, welche Höhe angemessen ist, sind für Gläubiger und Schuldner verschieden hohe Sicherheitsleistungen denkbar. Zu beachten sind der Nachteil, der dem Gläubiger dadurch entstehen kann, dass er erst ab Rechtskraft vollstrecken kann, und der Schaden, der dem Schuldner durch voreilige Vollstreckung droht. Ferner müssen die unterschiedlichen Fassungen von § 709 S. 2 ZPO („Verhältnis zur Höhe des jeweils zu vollstreckenden Betrages") und § 711 S. 2 ZPO („Sicherheit in einem bestimmten Verhältnis") beachtet werden.

346 Die Höhe der Sicherheitsleistung wird bestimmt durch die Höhe der Hauptforderung, die Zinsen[291], die Gebühren und Auslagen nach dem RVG und die Gebühren und Auslagen nach GKG. Für die Berechnung im Einzelfall ist zu

---

Sicherheit leisten muss, der Schuldner hingegen für den vollen Betrag. Siehe dazu die ausführliche Begründung von OLG Celle, NJW 2003, 73. König hält sogar mit Blick auf § 817a ZPO wenigstens 200 % für richtig. Brögelmann, JuS 2007, 1006, 1090, schlägt hingegen 20 % vor. OLG Celle, NJW 2003, 73, hält dabei die Annahme 10 % für zu wenig und schlägt 20 % vor. König, NJW 2003, 1372, 1373 lehnt das ab. Seiner Auffassung nach muss auch der Schuldner nur Sicherheit in Höhe des jeweils zu vollstreckenden Betrages leisten; ein Zuschlag wäre nicht sachgerecht. Das ist nicht gut vertretbar. Wie hier etwa auch Gehrlein, MDR 2003, 421, 430.

288 Z.B. Teilanerkenntnis, s. Rn. 337, 355.
289 Ich halte diese Überschrift für allein richtig, diese ist aber sehr streitig. So jetzt auch König, JuS 2004, 119, 120 unter 3. am Ende.
290 S. Rn. 334.
291 Überwiegend vertreten: Zinsen bis zur Entscheidung + ½ Jahr seit Urteilsverkündung, str.; siehe den Überblick der Meinungen bei Zimmermann, JuS 1991, 674, 675.

fragen, wer aus dem Urteil was gegen wen vollstreckt. Fehlen – wie meist – konkrete Angaben für eine möglichen Vollstreckungsschaden, kann man zur Berechnung auf den **Streitwert als Orientierungswert** zurückgreifen, auch wenn das im Streitwert zum Ausdruck kommende Interesse des Gläubigers an der Durchsetzung des Anspruchs nicht unbedingt dem Grad des Interesses des Gegners an der Verhinderung der Vollstreckung entsprechen muss[292].

d) Art der Sicherheit. Nach § 232 Abs. 1 BGB ist eine Sicherheitsleistung in erster Linie durch Hinterlegung von Geld oder Wertpapieren zu bewirken. Im Regelfall lässt deshalb das Gericht die Art des Sicherungsmittels offen. Der Schuldner kann dann gemäß § 108 Abs. 1 S. 2 ZPO die Sicherheit erbringen durch: die schriftliche, unwiderrufliche, unbedingte und unbefristete Bürgschaft eines im Inland zum Geschäftsbetrieb befugten Kreditinstituts, Hinterlegung von Geld, Hinterlegung von Wertpapieren, die nach § 234 Abs. 1 und 3 BGB zur Sicherheitsleistung geeignet sind (mündelsichere Wertpapiere). Die in der Praxis häufigste Art einer anderweitigen Sicherheitsleistung als Geld ist die schriftliche Bankbürgschaft. Die Zulassung der Bankbürgschaft enthebt die Gerichte von der früher notwendigen Entscheidung über einen entsprechenden Parteiantrag.

347

Die Voraussetzungen zur Sicherheitsleistung durch Bankbürgschaft in § 108 Abs. 1 S. 2 ZPO sind auf die Zulassung des im Geltungsbereich des Gesetzes zum Geschäftsbetrieb befugten Kreditinstitutes sowie die sonstigen Tauglichkeitseigenschaften eines Bürgen nach § 239 BGB beschränkt. Die von einer Bank übernommenen Bürgschaften müssen durch ihr Eigenkapital gesichert sein. Die Kreditinstitute sind verpflichtet, im Interesse der Erfüllung ihrer Verpflichtungen gegenüber ihren Gläubigern angemessene haftende Eigenmittel zu bilden[293]. Den nach § 239 Abs. 2 BGB für eine Sicherheitsleistung durch Bürgschaft erforderlichen Verzicht auf die Einrede der Vorausklage stellt § 108 Abs. 1 S. 2 ZPO dadurch sicher, dass nur die Bürgschaft eines im Inland zum Geschäftsbetrieb befugten Kreditinstitut zugelassen ist und die Bürgschaft eines Kreditinstituts als Handelsgeschäft kraft Gesetzes[294] stets eine selbstschuldnerische ist, also den Verzicht auf die Einrede der Vorausklage enthält. Die Bürgschaft muss – zu Dokumentations- und Beweiszwecken – schriftlich erklärt werden sowie unwiderruflich, unbedingt und unbefristet sein.

348

> ✎ **Klausurtipp**
>
> Strittig war früher, ob die Bank namentlich im Tenor aufgeführt sein muss[295]. Heute ist eine ausdrückliche Nennung entbehrlich.

349

📄 **Formulierungsvorschlag**
„Das Urteil ist vorläufig vollstreckbar. Der Beklagte darf die Vollstreckung durch Sicherheitsleistung in Höhe des auf Grund des Urteils vollstreckbaren Betrages zuzüglich 10 % abwenden, wenn nicht der Kläger vor der Vollstreckung Sicherheit in Höhe des jeweils zu vollstreckenden Betrages zuzüglich 10 % leistet. Dem Beklagten[296] wird nachgelassen,

350

---

292 Brögelmann, JuS 2007, 1007, 1010/1011 m. w. Nachw.
293 § 10 KWG.
294 § 349 S. 1 HGB.
295 OLG Frankfurt a. M., OLGZ 1966, 340; vgl. auch Schroer, JA 1990, 105, 109.
296 Falls beide Bürgschaft angeboten haben: beiden Parteien.

die Sicherheitsleistung auch in Form einer schriftlichen, unbedingten, unwiderruflichen und unbefristeten Bürgschaft der [Name der Bank] zu erbringen."

351 3. § 709 ZPO[297]. § 709 S. 1 ZPO ist der Grund- und Auffangtatbestand[298]. Nach § 709 S. 1 ZPO sind Urteile, die nicht unter § 708 ZPO fallen, gegen Sicherheitsleistung für vorläufig vollstreckbar zu erklären. Das sind: stattgebende Urteile in nichtvermögensrechtlichen Streitigkeiten (z. B. Herausgabeurteile, Urteile auf Vornahme einer Handlung oder Urteile, nach denen die Zwangsvollstreckung für unzulässig erklärt wird) und vermögensrechtliche Streitigkeiten, bei denen die Grenzwerte des § 708 Nr. 11 ZPO überschritten sind. Handelt es sich um ein Urteil, das ein Versäumnisurteil aufrechterhält, ist § 709 S. 3 ZPO anwendbar, wenn das Urteil nicht unter § 708 ZPO fällt[299]. Hierbei gilt zu Höhe und Art der Sicherheitsleistung und dem Fall des teilweisen Obsiegens das oben Gesagte[300].

352 Formulierungsvorschläge
- Zu § 709 S. 2 ZPO: „Das Urteil ist gegen Sicherheitsleistung in Höhe des jeweils[301] zu vollstreckenden Betrages zuzüglich 10 % vorläufig vollstreckbar." Oder: „Das Urteil ist gegen Sicherheitsleistung in Höhe von 110 % des jeweils zu vollstreckenden Betrages vorläufig vollstreckbar[302]."
- Zu § 709 S. 1 und S. 3 ZPO[303]: „Das Urteil ist gegen Sicherheitsleistung in Höhe des jeweils[304] zu vollstreckenden Betrages zuzüglich 10 % vorläufig vollstreckbar. Die Vollstreckung aus dem Versäumnisurteil des Amtsgerichts Neukölln vom ..., Aktenzeichen.., darf nur fortgesetzt werden, wenn diese Sicherheit geleistet ist."
- Für einen Tenor, falls das Versäumnisurteil unter § 708 ZPO, der streitige Teil hingegen unter § 709 ZPO fällt[305]:
„Das Urteil ist vorläufig vollstreckbar. Der Beklagte darf die Vollstreckung durch Sicherheitsleistung in Höhe des auf Grund des Urteils vollstreckbaren Betrages zuzüglich 10 % abwenden, wenn nicht der Kläger vor der Vollstreckung Sicherheit in Höhe des jeweils zu vollstreckenden Betrages zuzüglich 10 % leistet. Die Vollstreckung aus dem Versäumnisurteil des Amtsgerichts Neukölln vom... darf nur gegen Sicherheitsleistung in Höhe des jeweils zu vollstreckenden Betrages zuzüglich 10 % fortgesetzt werden."

353 Nicht nötig ist der Zusatz, für wen das Urteil gegen Sicherheitsleistung vorläufig vollstreckbar ist. Fällt ein Urteil mehrmals unter § 709 ZPO, so ist die vorläufige Vollstreckbarkeit für jeden Entscheidungsteil gesondert festzustellen; die einzelnen Verurteilungen werden nicht addiert.

354 Beispiel:
„Das Urteil ist vorläufig vollstreckbar, für den Kläger gegen Sicherheitsleistung von 6.500,00 €, für den Beklagten gegen Sicherheitsleistung von 4.000,00 €."

---

297 Siehe dazu auch Holtkamp, DRiZ 2002, 274 f.
298 Gottwald, JA 1997, 486, 488.
299 Wie im Beispielsfall von Becker, JA 1997, 576, 585.
300 Rn. 345 ff.
301 Siehe dazu Huber, JuS 2002, 791, 795.
302 So etwa König, NJW 2003, 1372, 1374, oder Holtkamp, DRiZ 2002, 274. König hält die Zuschläge allerdings ungeachtet der Vorschrift des § 709 S. 2 ZPO oder des § 788 ZPO für unnötig.
303 Siehe dazu auch Huber, JuS 2002, 791, 794.
304 Siehe dazu Huber, JuS 2002, 791, 795.
305 Nach Häublein, JA 1999, 53, 54.

4. Mischentscheidungen. Eine Entscheidung kann unter mehrere Ziffern des § 708 ZPO oder sowohl unter § 708 ZPO als auch unter § 709 ZPO fallen[306]. Auch in diesem Fall ist jeder Entscheidungsteil getrennt zu behandeln.

> **Beispiel:**
> K klagt 20.000,00 € ein, obsiegt aber nur mit 800,00 €:
> „Das Urteil ist vorläufig vollstreckbar, für den Beklagten gegen Sicherheitsleistung in Höhe des jeweils zu vollstreckenden Betrages zuzüglich 10 %. Der Beklagte darf die Vollstreckung durch Sicherheitsleistung in Höhe des auf Grund des Urteils vollstreckbaren Betrages zuzüglich 10 % abwenden, wenn nicht der Kläger vor der Vollstreckung Sicherheit in Höhe des jeweils zu vollstreckenden Betrages zuzüglich 10 % leistet."

5. Vollstreckungsschutzanträge. Beantragt eine der Parteien ausnahmsweise Vollstreckungsschutz gemäß §§ 710, 712, 714 ZPO, so müssen die tatsächlichen Voraussetzungen glaubhaft (§ 294 ZPO) gemacht werden. Ein Antrag „höchstvorsorglich beantrage ich Vollstreckungsschutz" ist allerdings nicht ausreichend und stellt keinen Vollstreckungsschutzantrag dar, der beschieden werden muss.

> **✐ Klausurtipp**
>
> In der Klausur und Praxis scheitert ein Vollstreckungsschutzantrag regelmäßig an der Glaubhaftmachung. Wird der Antrag abgelehnt, so wird dies nur in den Entscheidungsgründen ausgeführt.

Vollstreckungsschutz ist in allen Fällen der §§ 708f. ZPO möglich. Der Ausspruch zur vorläufigen Vollstreckbarkeit ist dann entsprechend zu ergänzen. Bei Antrag des Schuldners wird der Ausspruch um eine Abwendungsbefugnis ergänzt. Bei Antrag des Gläubigers entfällt die Abwendungsbefugnis.

> **✐ Klausurtipp**
>
> An Vollstreckungsschutzanträge ist insbesondere in Anwaltsklausuren zu denken, wenn dies der Vortrag des Mandanten rechtfertigt.

6. § 713 ZPO[307]. Die Anordnungen nach §§ 711, 712 ZPO sollen **nicht ergehen**, wenn die Voraussetzungen, unter denen ein Rechtsmittel gegen das Urteil stattfindet, bestimmt nicht vorliegen.

📄 **Formulierungsvorschlag**
„Das Urteil ist vorläufig vollstreckbar."

7. Tenor. §§ 709 und 711 ZPO lassen es zu, dass Urteile, die **wegen einer Geldforderung** für vorläufig vollstreckbar zu erklären sind, gegen Sicherheitsleistung in Höhe des jeweils zu vollstreckenden Betrages zuzüglich eines prozentualen Zuschlags für Schäden des Schuldners, die über den beigetriebenen Betrag hinausgehen, für vollstreckbar erklärt werden können.

---

[306] Schroer, JA 1990,105, 108, 110.
[307] Siehe dazu Nöhre, JA 2004, 644, 645.

364 📄 **Formulierungsvorschläge**
- „Das Urteil ist gegen Sicherheitsleistung in Höhe des jeweils zu vollstreckenden Betrages zuzüglich 10 % vorläufig vollstreckbar."
- „Das Urteil ist vorläufig vollstreckbar. Der Beklagte darf die Vollstreckung durch Sicherheitsleistung in Höhe des auf Grund des Urteils vollstreckbaren Betrages zuzüglich 10 % abwenden, wenn nicht der Kläger vor der Vollstreckung Sicherheit in Höhe des jeweils zu vollstreckenden Betrages zuzüglich 10 % leistet."

365 Die im Beispiel **gewählte Formulierung stellt klar,** dass der Gläubiger, wenn er sich etwa entschließt, von einem zusprechenden Urteil über 20.000,00 € nur 2.000,00 € zu vollstrecken, auch nur für 2.000,00 € zzgl. 10 % Sicherheit leisten muss, der Schuldner hingegen in voller Höhe von 20.000,00 € zzgl. 10 %. Der Unterschied, welche Sicherheit zu leisten ist, ergibt sich aus den unterschiedlichen Formulierungen in § 709 S. 2 ZPO und § 711 S. 2 ZPO[308].

366 🖉 **Klausurtipp**

In der Klausur muss stets gefragt werden:
- wer (wer ist Gläubiger?)
- aus dem Urteil (was ist nach dem Urteil vollstreckbar: Hauptsache und Kosten, nur Kosten?);
- gegen wen (wer ist Schuldner?)
- was (welche Kosten sind angefallen?)

vollstrecken kann[309].
Der Tenor zur vorläufigen Vollstreckbarkeit muss **alle Vollstreckungsrechtsverhältnisse** abdecken. Häufig wird etwa der Streithelfer vergessen; oder es wird übersehen, dass nicht nur der Kläger vollstrecken kann.

367 8. Tatbestand. Der häufig gestellte Antrag, „das Urteil für vorläufig vollstreckbar zu erklären", ist im Tatbestand **nicht zu erwähnen**[310]. Vollstreckungsschutzanträge nach §§ 714, 712, 711 ZPO sind hingegen zu beurkunden[311].

368 9. Entscheidungsgründe. In den Entscheidungsgründen ist die Entscheidung über die vorläufige Vollstreckbarkeit als **prozessuale Nebenentscheidung** am Ende der Begründetheit der Klage zu prüfen. Hier genügt **regelmäßig** – es sei denn, es bestünden ernsthafte Zweifel – ein Zitat der zutreffenden Gesetzesbestimmung.

369 📄 **Formulierungsvorschlag**
„Die Entscheidung über die vorläufige Vollstreckbarkeit folgt aus § 708 Nr. 11, 711 S. 1 ZPO."

---

308 OLG Celle, NJW 2003, 73; Holtkamp, DRiZ 2002, 274.
309 Nöhre, JA 2004, 644.
310 Gottwald, JA 1997, 486, 487; Balzer, NJW 1995, 2448, 2450.
311 Gottwald, JA 1997, 486, 487.

2. Kapitel: Tenor

10. Übungen

Fall 1:
B wird am 1.1.2004 ohne Beweisaufnahme verurteilt, an K 5.840,00 € zuzüglich Zinsen i. H. v. 5 Prozentpunkten über dem Basiszinssatz seit dem 1.1.1998 (vereinfacht 10 %) zu zahlen.
a) Wie lautet der Tenor über die vorläufige Vollstreckbarkeit, wenn B vollumfänglich unterliegt?
b) Wie lautet der Tenor zur vorläufigen Vollstreckbarkeit, wenn K insgesamt eine Forderung in Höhe von 7.000 € geltend gemacht hat und K also 17 %, B hingegen 83 % der Kosten des Rechtsstreits zu tragen hat?

Lösung:
Zu a):
Hier wird aus didaktischen Gründen – obwohl hier § 709 Satz 2 ZPO anwendbar wäre – auch die Sicherheitsleistung für § 709 Satz 1 ZPO berechnet. Gedankliche Prüfungsfolge:
1. § 708 Nr. 1–10 ZPO (-)
2. § 708 Nr. 11 ZPO (-), da Gegenstand der **Verurteilung in der Hauptsache** 1.250,00 € **übersteigt**
3. § 709 Satz 1.

Berechnung:
- Hauptforderung: 5.840,00 €
- Zinsen
  - 10 % von 5.840 € für 6 Jahre: 3.504,00 €
  - pauschal für ein weiteres ½ Jahr 292,00 €
- Kosten
  - Gerichtskosten (3 Gebühren à 136 €): 408,00 €
  - Außergerichtliche Kosten
    - Zwei Gebühren á 338 €: 676,00 €
    - § 26 BRAGO: 20,00 €
    - § 25 II BRAGO (16 % MwSt aus beiden Beträgen): 111,36 €
- Höhe der Sicherheit: 10.851,36 €, (aufgerundet): 10.900,00 €

Lösung nach § 709 Satz 1 ZPO:
„Das Urteil ist gegen Sicherheitsleistung in Höhe von 10.900,00 € vorläufig vollstreckbar."

Lösung nach § 709 Satz 2 ZPO:
„Das Urteil ist in Höhe von 110 % des jeweils zu vollstreckenden Betrages vorläufig vollstreckbar."

Zu b):
I. Vorläufige Vollstreckbarkeit für K
1. 708 Nr. 11 ZPO (-), da Gegenstand der Verurteilung in der Hauptsache 1.250,00 € **übersteigt**
2. § 709 Satz 1 und Satz ZPO (Sicherheitsleistung)
   - Hauptforderung und Zinsen wie Lösung a): 9.636,00 €
   - Kosten (Streitwert beträgt jetzt 7.000,00 €)
     - Gerichtskosten (3 Gebühren à 151 €): 453,00 €
     - Außergerichtliche Kosten
       - Zwei Gebühren à € 375: 750,00 €
       - § 26 BRAGO: 20,00 €
       - § 25 Abs. 2 BRAGO, 16 % MwSt. aus Posten 1. u. 2. Spiegelstrich: 123,20 €

- Kosten Gesamt: 1.346,20 €
- 83 % davon: **1.117,35 €**
• Höhe der Sicherheit 10.753,35 €, gerundet: **10.800,00 €**
II. Vorläufige Vollstreckbarkeit für B
B kann 17 % seiner Kosten vollstrecken. Diese umfassen in der Regel nur seine eigenen Rechtsanwaltskosten, die für die Sicherheitsleistung als ebenso hoch anzusetzen sind, wie die für die Klägerin errechneten, also 17 % von 893,20 €. Das sind 151,84 €, gerundet 155,00 €. Hier ist §§ 708 Nr. 11, 711 ZPO anwendbar, da nur die Entscheidung über die Kosten vollstreckbar ist und der Wert unter 1.500,00 € liegt.

Tenor:
„Das Urteil ist vorläufig vollstreckbar, für K jedoch nur gegen Sicherheitsleistung in Höhe von 10.800,00 €. K darf die Vollstreckung durch Sicherheitsleistung in Höhe von 140,00 € (in Höhe des aufgrund des Urteils vollstreckbaren Betrages zuzüglich 10 %, § 711 Satz 2 ZPO) abwenden, wenn nicht B vor der Vollstreckung Sicherheit in gleicher Höhe (in Höhe des jeweils zu vollstreckenden Betrages zuzüglich 10 %, § 711 Satz 2 ZPO) leistet (§ 711 Satz 1 ZPO)."

Fall 2:
B wird am 1.1.2004 ohne Beweisaufnahme verurteilt, an K 1.000,00 € zuzüglich Zinsen i.H.v. 5 Prozentpunkten über dem Basiszinssatz seit dem 1.1.1998 (vereinfacht 10 %) zu zahlen. Wie lautet der Ausspruch über die vorläufige Vollstreckbarkeit, wenn K insgesamt eine Forderung in Höhe von 1.250,00 € geltend gemacht hat 20 % und B 80 % der Kosten des Rechtsstreits zu tragen hat?

Lösung:
a) Bzgl. K:
§ 708 Nr. 11 ZPO (+), da der Gegenstand der Verurteilung in der Hauptsache 1.250,00 € nicht übersteigt.
Sicherheitsleistung gem. § 711 ZPO:
• Hauptforderung: 1.000,00 €
• Zinsen (10 % für 6 Jahre + ½ Jahr): 650,00 €
• Kosten
  - GK (3 x 65 €): 195,00 €
  - AuK (2 x 105, §§ 26, 25 Abs. 2 BRAGO): 266,80 €
• Höhe der Sicherheit: 2.111,80 €, (aufgerundet) 2.200,00 €

b) Bzgl. B:
§ 708 Nr. 11, 711 ZPO (+), da nur die Entscheidung über die Kosten vollstreckbar ist und der Wert unter 1.500,00 € liegt:
1. 20 % der AuK der Klägerin: 53,36 €
2. Höhe der Sicherheit (aufgerundet): 55,00 €

Tenor:
„Das Urteil ist vorläufig vollstreckbar. B darf die Vollstreckung durch Sicherheitsleistung in Höhe von 2.200,00 € (in Höhe des aufgrund des Urteils vollstreckbaren Betrages zuzüglich 10 %, § 711 Satz 2 ZPO) abwenden, wenn nicht K vor der Vollstreckung Sicherheit in gleicher Höhe (in Höhe des jeweils zu vollstreckenden Betrages zuzüglich 10 %, § 711 Satz 2 ZPO) leistet (§ 711 Satz 1 ZPO). K darf die Vollstreckung durch Sicherheitsleistung in Höhe von 55,00 € abwenden, wenn nicht B vor der Vollstreckung Sicherheit in gleicher Höhe leistet (§ 711 Satz 1 ZPO)."

3. Kapitel: **Tatbestand**

I. Einführung

Der Tatbestand ist die objektive und geordnete, durch das Gebot der Verständ- **372** lichkeit bestimmte Darstellung des Sach- und Streitstandes. Der **Sachstand**[312], der **Streitstand**[313] und das Ergebnis der Beweisaufnahme sind die **tatsächliche Grundlage des Urteils**. Sie bilden den Prozessstoff. Das tatsächliche Vorbringen der Parteien ist nach § 314 ZPO in erster Linie dem Tatbestand des Urteils zu entnehmen. Vor allem aus dem **Tatbestand** muss sich also **verständlich** ergeben, welche tatsächlichen Voraussetzungen das Gericht seiner Entscheidung zu Grunde gelegt hat[314]. Nur der vom Gericht vollständig erfasste und sachgerecht ausgewertete Prozessstoff bietet Gewähr dafür, dass der Rechtsstreit „richtig" entschieden werden kann.

Der **Tatbestand des Ersturteils** liefert nach § 314 S. 1 ZPO außerdem **positiv** **373** Beweis für das mündliche Parteivorbringen einer Partei im erstinstanzlichen Verfahren[315]. Diese Beweiswirkung erstreckt sich auch darauf, ob eine bestimmte Behauptung bestritten ist oder nicht[316]. Da sich die Beweisregel des § 314 S. 1 ZPO auf das mündliche Parteivorbringen bezieht, ist davon auszugehen, dass die Parteien dasjenige in der mündlichen Verhandlung vorgetragen haben, was der Tatbestand ausweist. Zum Tatbestand i.d.S. gehören auch **tatsächliche Feststellungen, die sich in den Entscheidungsgründen finden**[317]. Die Beweiswirkung gemäß § 314 Satz 1 ZPO kann nur durch das Sitzungsprotokoll (§ 314 Satz 2 ZPO) und nicht auch durch den Inhalt der Schriftsätze entkräftet werden. Vorher eingereichte Schriftsätze sind durch den Tatbestand, der für das Vorbringen am Schluss der mündlichen Verhandlung Beweis erbringt, überholt. Bei einem Widerspruch zwischen dem Inhalt der vorbereitenden Schriftsätze und der Wiedergabe des Parteivorbringens im Urteilstatbestand sind die Ausführungen im Tatbestand maßgeblich[318]. Der Tatbestand bringt vor allem Beweis dafür, ob und in welchem Umfange die Parteien ihr schriftliches Vorbringen berichtigt, ergänzt oder fallengelassen haben. Daneben ist dem Tatbestand zu entnehmen, ob das Gericht das tatsächliche Vorbringen der Parteien überhaupt zur **Kenntnis** genommen hat, den wesentlichen Inhalt der erhobenen Ansprüche sowie das Angriffs- und Verteidigungsvorbringens der Parteien **verstanden** hat, die Beweisanträge **beachtet** hat, und den erheblichen Prozessstoff richtig **verarbeitet** hat.

---

312 Das unstreitige Parteivorbringen.
313 Das streitige Parteivorbringen.
314 Es ist allerdings anerkannt, dass von § 314 ZPO auch solche tatsächlichen Feststellungen erfasst werden, die nur in den Entscheidungsgründen enthalten sind, BGH, ZMR 2005, 686, 687; BGH, MDR 2000, 1026; BGH, BGHZ 139, 36, 39.
315 Die Beweiskraft des Tatbestandes entfällt, soweit die „Feststellungen" Widersprüche, Lücken oder Unklarheiten aufweisen, BGH, MDR 2000, 1026; BGH, MDR 1981, 645 = BGHZ 80, 64, 67.
316 BGH, NJW-RR 2008, 1566; BGH, BGHReport 2005, 1618; BGH, NJW 2000, 3007; BGH, BGHZ 140, 335, 339.
317 BGH, NJW-RR 2008, 1566; BGH, NJW 2003, 2158, 2159.
318 BGH, NJW-RR 2008, 1566; BGH, BGHReport 2005, 1618; BGHZ 140, 335, 339.

374 🖉 **Klausurtipp**

Noch unsicher ist, ob der Tatbestand auch negative Beweiskraft hat[319]. Die Lösung dieser Frage besitzt große Auswirkungen auf den Umfang, was zu beurkunden ist: Ist eine negative Beweiskraft zu verneinen, können die Tatsachen viel „sparsamer" beurkundet werden. Jedenfalls nach Ansicht des V. Zivilsenats des BGH kommt dem Urteilstatbestand für *„schriftsätzlich angekündigtes Vorbringen"* keine negative Beweiskraft zu[320]. Freilich bleibe die negative Beweiskraft für solche Angriffs- und Verteidigungsmittel von Bedeutung, die in der mündlichen Verhandlung ohne vorherige Ankündigung in einem vorbereitenden Schriftsatz vorgebracht würden[321]. Mich überzeugt das. Nach **überkommener** Ansicht beweist der Tatbestand nicht nur, dass diejenigen Parteibehauptungen, die in ihm wiedergegeben werden, tatsächlich aufgestellt worden sind, sondern auch, dass die Parteien nichts behauptet haben, was nicht im Tatbestand – und sei es auch nur durch Bezugnahme – erwähnt ist[322]. Im Schrifttum wird mittlerweile überwiegend die Auffassung vertreten, dass dem Tatbestand keine **negative Beweiskraft** beigelegt werden könne[323]. Dies folge aus § 313 Abs. 2 ZPO. Die Gegenmeinung sei Ausfluss des mündlichen Verfahrens, was es so **nicht** mehr gebe. Für die **Klausur** empfiehlt es sich noch, im **Zweifel** lieber mehr als wenig zu beurkunden.

375 Diese Funktionen des Tatbestandes sind von **besonderer Bedeutung** wegen der grundsätzlichen Bindung des Berufungsgerichts an die erstinstanzlichen Tatsachenfeststellungen, § 529 Abs. 1 Nr. 1 Hs. 1 ZPO. Ein Berufungsführer muss **konkrete Anhaltspunkte** bezeichnen, die Zweifel an der Richtigkeit oder Vollständigkeit der Tatsachenfeststellungen im angefochtenen Urteil begründen und deshalb eine erneute Feststellung gebieten. Um Neufeststellungen des Berufungsgerichts nach § 529 Abs. 1 Nr. 1 Hs. 2 ZPO zu ermöglichen, müssen konkrete Anhaltspunkte vorliegen, die Zweifel an der Richtigkeit der im Tatbestand festgestellten Tatsachen begründen[324]. Ob sich dies künftig noch als Problem herausstellt, bleibt abzuwarten! Nach der neueren Rechtsprechung des Bundesgerichtshofs gelangt mit dem zulässigen Rechtsmittel grundsätzlich der **gesamte aus den Akten ersichtliche Prozessstoff erster Instanz ohne weiteres in die Berufungsinstanz**. Das Berufungs-

---

319 Pielke, JA 2006, 202, 203 (dort Fn. 21) meint, es gebe eine *„gefestigte Rechtsprechung des BGH"*, die eine negative Beweiskraft ablehne.
320 BGH, MDR 2004, 954, 957 = NJW 2004, 1876, 1879; BGH, NJW 2004, 2152, 2155.
321 BGH, MDR 2004, 954, 957 unter Verweis auf Ball, in: Festschrift für Geiß [2000], S. 3, 20.
322 BGH, NJW-RR 1990, 1269 = MDR 1991, 36: Nach § 314 ZPO beweist der Tatbestand nicht nur, dass diejenigen Parteibehauptungen, die in ihm wiedergegeben werden, tatsächlich aufgestellt worden sind, sondern auch, dass die Parteien nichts behauptet haben, was nicht im Tatbestand erwähnt ist; BGH, NJW 1983, 885 = MDR 1983, 384: Der Tatbestand beweist nicht nur, dass das, was in ihm als Parteivortrag wiedergegeben wird, tatsächlich vorgetragen worden ist, sondern auch, dass von den Parteien nichts behauptet worden ist, was nicht aus dem Tatbestand ersichtlich ist; BGH, NJW 1981, 1848; BAG, NJW 1960, 166.
323 Siehe für alle Pielke, JA 2006, 202, 205; Gaier, NJW 2004, 110, 111; Rixecker, NJW 2004, 705, 708; Crückeberg, MDR 2003, 199, 200; Fischer, DRiZ 1994, 461, 462.
324 Siehe dazu Crückeberg, MDR 2003, 199; Rimmelspacher, NJW 2002, 1897, 1901; Schellhammer, MDR 2001, 1141, 1144; Schnauder, JuS 2002, 68, 74.

3. Kapitel: Tatbestand 376, 377

gericht darf also auch schriftsätzlich angekündigtes, entscheidungserhebliches Parteivorbringen berücksichtigen, das von dem erstinstanzlichen Gericht für **unerheblich** erachtet worden ist, auch wenn es im Urteilstatbestand **keine Erwähnung** gefunden hat[325]. Nach § 313 Abs. 2 S. 1 ZPO sollen im **Tatbestand** die erhobenen Ansprüche und die dazu vorgebrachten Angriffs- und Verteidigungsmittel unter Hervorhebung der gestellten Anträge (durch Einrücken) nur ihrem **wesentlichen Inhalt** nach **knapp**[326] dargestellt werden. Wegen der Einzelheiten des Sach- und Streitstandes soll auf Schriftsätze, Protokolle und andere Unterlagen verwiesen werden, § 313 Abs. 2 S. 2 ZPO. Der Prozessstoff ist objektiv und **vollständig**[327], klar geordnet und verständlich darzustellen. Der Verfasser des Tatbestandes muss sich in die Lage derer versetzen, für die das Urteil bestimmt ist. Im Hinblick auf die Beurkundungsfunktion aus § 314 ZPO muss die Vollständigkeit überwiegend durch **konkrete Verweisungen** erzielt werden[328].

☑ **Checkliste** 376

Typische Fehler beim Aufbau eines Tatbestandes sind:
- keine oder falsche Trennung von Unstreitigem/Streitigem;
- falsche Gewichtung[329];
- unzulässige Wertungen;
- Vorwegnahmen von Auslegungen[330];
- fehlende Einbindung des restlichen Sachverhalts per Verweisung.

✎ **Klausurtipp** 377

Was im Tatbestand berichtet werden muss, kann nur zurückhaltend erwogen werden. Es gilt etwa Folgendes:
- Bildung von **Schwerpunkten** nach dem Korrespondenzprinzip. Was Gegenstand umfangreicher Erwägungen in den Entscheidungsgründen ist, muss auch im Tatbestand im Mittelpunkt stehen.

---

325 BGH, NJW-RR 2007, 2414, 2415; BGH, BGHZ 158, 295, 309; BGH, BGHZ 158, 269, 278, 280 ff.
326 Die Schriftsätze der Parteien enthalten neben den Behauptungen, die der Rechtsverfolgung und der Rechtsverteidigung dienen, oft weitschweifige Ausführungen, die offensichtlich nicht geeignet sind, die Entscheidung des Gerichts zu beeinflussen. Bei solchem Vorbringen genügt es, der „langen Rede kurzen Sinn" mitzuteilen und das offensichtlich Belanglose wegzulassen. Siehe dazu eindringlich und überzeugend vor allem Höhne, JA 2005, 290, 293 und auch Schnapp, Jura 2003, 602 ff.
327 Nicht nur das, was der Richter für seine Entscheidung für erheblich hält, sondern auch das, was die Parteien zur Begründung ihrer Ansprüche vorgebracht haben, ist deshalb verkürzt auf das Wesentliche zu berichten; a. A. AG Frankfurt a. M., NJW 2002, 2328: Ausschlaggebend ist, was das Gericht für seine Entscheidung benötigt.
328 Erst Ausformuliertes und Verweisungen bilden damit die vollständige Urteilsgrundlage.
329 Nur „Entscheidungserhebliches" gehört ins Ausformulierte: Was „entscheidungserheblich" ist, muss der Referendar anhand seiner Lösungsskizze ermitteln. Die Tatsachen, die für die Entscheidungsgründe bedeutend sind, sind auch entscheidungserheblich. Ferner ist das, was die Parteien zur Begründung ihrer Ansprüche vorgebracht haben, wenigstens verkürzt auf das Wesentliche zu berichten.
330 Gegenstand des Tatbestandes ist es daher nicht, den Antrag der Parteien zu korrigieren oder bereits im Tatbestand zu klären, welche Tatsache unzulässig bestritten wurden.

- **Unproblematisches** ist zu verkürzen und zu verdichten. **Überflüssiges** ist ganz wegzulassen. Ist z. B. eine Erklärung, eine Urkunde oder AGB einer Partei in den Entscheidungsgründen auszulegen, so ist nur die entscheidende Passage wörtlich mitzuteilen.
- Wird ein **Datum** oder eine **Zahl** in den Entscheidungsgründen nicht rechtlich ausgewertet und ist sie auch nicht zum Verständnis erforderlich, so ist die Mitteilung überflüssig. Besser ist hier ein verbalisierter Zeitbezug.
- Keine **Wiederholungen**, auch keine des Rubrums.
- Sachvortrag, auch streitiger, ist zu **filtern**, zu sichten und zu ordnen. Falsch ist es, Schriftsätze einfach abzuschreiben[331].
- Der Tatbestand ist ferner **objektiv** aufzubauen. Das Parteivorbringen ist nicht zu verändern, bei der Wiedergabe dürfen auch keine eigenen Wertungen einfließen. Das Parteivorbringen darf ferner nicht schon auf die Voraussetzungen der in Betracht kommenden Normen, unter die es zu subsumieren ist, **zugeschnitten** und dadurch verändert und verfälscht werden. Daraus folgt, dass auch solche Tatsachen (wenigstens kurz) zu beurkunden sind, die für die Entscheidungsgründe **keine Rolle** spielen.
- Im Tatbestand ist somit jede Vorwegnahme der rechtlichen Beurteilung des **Tatsachenstoffes** durch das Gericht zu vermeiden. Zulässig ist es aber, Rechtsbegriffe oder Rechtsverhältnisse (z. B. die Leihe) als „**Rechtstatsachen**" anzusehen und zu berichten, wenn sie einfach und allgemein bekannt sind[332]. Enthält ein Vorbringen eine Rechtstatsache, ist die Darlegung noch ausreichend, wenn der Inhalt des benutzten Rechtsbegriffes in etwa auch im **Laienverständnis** festgelegt ist. Die Reaktion des Gegners bleibt dann zunächst abzuwarten. Eine Substanziierungspflicht erwächst insbesondere dann, wenn der Gegner den durch die Rechtstatsache mitgeteilten Tatsachenkern bestreitet oder wenn durch die gegnerische Erwiderung deutlich wird, dass die Parteien den Rechtsbegriff inhaltlich **nicht** übereinstimmend verstehen[333].
- Ob eine Rechtstatsache im Einzelfall anzunehmen ist, ist eine Frage der Auslegung. Der **BGH** hat eine Rechtstatsache z. B. für eine „Schenkung" verneint[334], für die „Kommanditistenstellung" hingegen bejaht[335].

II. Aufbau

378 Für den **Aufbau** des Tatbestandes gibt es **kein** vorgeschriebenes oder stets anwendbares Schema. Angesichts der Vielzahl möglicher Prozesssituationen ist dies im

---

331 Unzulässig ist, den von den Parteien geschilderten Sach- und Streitstand unreflektiert wiederzugeben. Ein häufiger Anfängerfehler ist es, die Schriftsätze einfach abzuschreiben. Aufgabe des Richters bzw. des Referendars ist es aber, den Sach- und Streitstand nur insoweit auszuformulieren, wie er wesentlich ist. Und das – wie ausgeführt – knapp. Das kann nur gelingen, wenn sich der Rechtsreferendar kritisch mit dem Vorbringen der Parteien auseinandersetzt und es einfach, klar und kurz mit eigenen Worten wiedergibt.
332 BGH, NJW 1992, 906; BGH, NJW-RR 1988, 416.
333 Seutemann, MDR 1997, 615, 618.
334 BGH, NJW 1992, 906, 907.
335 BGH, NJW-RR 1987, 416.

3. Kapitel: Tatbestand

Ergebnis auch gar nicht möglich. Allerdings hat sich in der **Praxis** ein gewisser „Standard" herausgebildet, der **nicht grundlos** verlassen werden sollte.

Schema

- Ggf. Einleitungssatz (str.), jedenfalls häufig wegzulassen
- Geschichtserzählung, ggf. Prozessgeschichte
- Streitiger Vortrag des Klägers, ggf. Prozessgeschichte
- Eventuell Prozessgeschichte
  – Antrag des Klägers
  – Antrag des Beklagten
- Streitiger Vortrag des Beklagten
- ggf. Replik/Duplik, vor allem bei der Aufrechnung
- eventuell Prozessgeschichte

Von dem für den **Normalfall** möglichen Aufbau sollte stets **abgewichen** werden, wenn dies der Verständlichkeit dient. Das ist z. B., aber nicht nur bei dem Streit über die Wirksamkeit eines Prozessvergleichs[336] der Fall. Ferner bei Erledigung, Aufrechnung oder Widerklage. **Aufbauhinweise** zu **allen klausurrelevanten** prozessualen Problemen werden für jedes Problem ausführlich bis Teil 13 dargestellt.

🖉 **Klausurtipp**

Der Tatbestand ist – anders als die Entscheidungsgründe (auch das ist str.) – **nicht durch Ziffern** zu gliedern[337]. Logisch aufgebaut sollte er freilich sein.

III. Sprache

Sprache und Stil einer Assessorklausur sind für Prüfer allzu häufig eine Qual. Vielen Referendaren gelingt es nicht, sich lesbar auszudrücken. Der Tatbestand, aber auch die Entscheidungsgründe sollten einfach, knapp und verbal[338] (mit Tuwörtern) geschrieben werden. Er muss sprachlich und stilistisch[339] so **genau und so verständlich** wie möglich sein: Gefordert ist Klartext (Fakten, Fakten, Fakten)[340]. Den Stil verbessern heißt nicht nur hier, den Gedanken zu verbessern[341]. Die zu berichtenden Tatsachen sollten in elementaren, kurzen und – auch

---

336 Siehe dazu Rn. 900 ff.
337 Wie hier Titz, JA 2003, 677, 678. Eine Ausnahme ist ggf. bei Punktesachen zu machen.
338 Zum Umgang mit dem Nominalstil siehe Schnapp, Jura 2003, 173 ff.
339 Siehe dazu Berg, Stilschlampereien, NJW 1957, 1224 ff.; ders., NJW 1957, 1408 ff.; ders., NJW 1957, 1791 ff.; Schneider, JZ 1955, 267–270; Jasper, Blick in die Zeit, MDR 1986, 198–200; Lauterbach, Deutsch für Juristen, Anwalt 2/2000, 20–22; Möllers, Juristischer Stil, JuS Lernbogen 2001 S. L 65–L 68, L 81–84.
340 Höhne, JA 2005, 290, 293 sagt dazu: Es ist Klartext gefragt, *„nicht die Verschlüsselung eines Vorgangs der Außenwelt in einer apokryphen (von griechisch „apokryphos" = verborgen) Semantik mit der augenzwinkernden Absicht, den esoterischen Code anschließend von anderen fachlich Eingeweihten wieder dechiffrieren zu lassen".* Wie wahr, aber: Ließ sich nicht auch das leichter ausdrücken?
341 Das Zitat stammt von Nietzsche.

für den juristischen Laien – leicht verständlichen Sätzen dargestellt werden. Jede wichtige Tatsache gehört in einen Hauptsatz; Nebensächliches in einen Nebensatz. Die regelmäßige Wortstellung „Subjekt, Prädikat, Objekt" dient der Klarheit eines Satzes. Die willkürliche Umstellung (**Inversion**), die dazu dient, bestimmte Satzteile hervorzuheben, kann die Darstellung leicht subjektiv einfärben. Dasselbe gilt von dem Gebrauch des Passivs, das gleichfalls dazu dient, einzelne Worte besonders zu betonen.

383 Auf die richtige Form der **indirekten Rede** (Konjunktiv I) sollte Wert gelegt werden; häufig wird stattdessen der Konjunktiv II benutzt[342]. Die indirekte Rede gibt eine (fremde) Äußerung wieder. Grundsätzlich[343] wird hier der **Konjunktiv I** benutzt. Der **Konjunktiv I** wird gebildet aus der **Präsensform** des Verbs („ich bin" → „ich sei"). Der Konjunktiv II wird hingegen aus der Vergangenheitsform gebildet („ich war" → „ich wäre").

384 🗎 Formulierungsvorschlag
„Der Kläger behauptet: Der Beklagte habe ihn mit der rechten Faust zweimal wuchtig ins Gesicht geschlagen. Er – der Kläger – sei umgefallen und mit der rechten Gesichtshälfte auf den Tresen gefallen. Dadurch habe er sich das Nasenbein gebrochen. Außerdem sei seine neuwertige ‚Lacoste-Brille' (350,00 €) zu Bruch gegangen."

385 ☑ Checkliste
- Wähle den besonderen Ausdruck; drücke dich konkret aus.
- Bilde kurze Hauptsätze und wenig Nebensätze.
- Vermeide Schachtel- und Bandwurmsätze (verfalle aber auch nicht in den „Telegrammstil").
- Ziehe bei Zeitwörtern das Aktiv dem Passiv vor. Lasse die Parteien handeln!
- Achte darauf, ob Superlative notwendig sind.
- Wähle keine Verneinungen, sondern positive Begriffe.
- Meide „Kraftwörter".
- Drücke die Handlung einfach und durch Verben aus. Also: Kein Nominalstil, sondern „kräftige" Verben.
- Wehre der Hauptwortsucht („-ung", „-keit" oder „-heit").
- Bilde Schwerpunkte und gliedere deine Arbeit.
- Spare mit Bei- und Mittelwörtern und vermeide Fürwörter.
- Vermeide alle entbehrlichen Fremdwörter.
- Meide: „bezüglich", „seitens", „erfolgen", „-mäßig".
- Führe eigene Begründungen an.
- Widme Anmerkungen und Zitaten Sorgfalt.
- Vermeide Sprachschnitzer und schiefe Bilder.
- Achte auf Klarheit.
- Langweile deinen Prüfer nicht.

---

342 Sehr gut und knapp dazu Schnapp, Jura 2003, 32, 33.
343 Zu Ausnahmen siehe etwa knapp Schnapp, Jura 2003, 32, 34: Ausnahmen sind danach möglich bei stark gebeugten Verben: böte, hülfe, führe, gewönne, trüge.

IV. Einzelheiten

1. Einleitungssatz. Der Tatbestand wird in der Praxis häufig noch mit einem Einleitungssatz, der den Streitstand seiner Art nach kurz umreißt, begonnen[344]. Diese Übung ist zumeist überflüssig[345]. Ein kurzer und einfacher Einleitungssatz ist nur dort angebracht, wo er zum **Verständnis** erforderlich ist, z. B. bei einer Klage aus abgetretenem Recht oder in einem Erbfall. Vor allem bei sehr einfachen Sachverhalten wirkt ein Einleitungssatz hingegen gequält[346]. Wenigstens in diesen Fällen sollte er entfallen[347]. Manche Praktiker bevorzugen es, den Streitgegenstand erst kurz vor dem streitigen Klägervorbringen zu umreißen. Auch dagegen ist nichts einzuwenden. Der Einleitungssatz ist – wenn überhaupt – aber am Beginn des Sachberichts weitaus besser platziert.

2. Sachstand/Geschichtserzählung. Zu Beginn des Urteils ist in einer Geschichtserzählung zunächst der **Sachstand** i. S. v. § 278 Abs. 2 S. 2 ZPO, also der unstreitige Sachverhalt, in historischer (chronologischer) oder logischer Reihenfolge zu beurkunden. Der **Sachstand** wird gebildet durch das unstreitige Vorbringen der Parteien.

> ✎ **Klausurtipp**
>
> Als unstreitig wird behandelt:
> - **unstreitige Prozessgeschichte**, z. B. vorausgegangene Teilurteile und ihr Inhalt
> - was die Parteien **übereinstimmend** vortragen oder was von einer Partei vorgetragen und von der anderen Partei ausdrücklich auf Grund gerichtlichen Geständnisses gem. § 288 ZPO[348] oder fiktiv auf Grund Nichtbestreitens gem. § 138 Abs. 3 ZPO **zugestanden** wurde;
> - wenn eine Partei das gegnerische Vorbringen lediglich **pauschal**[349] bestritten hat[350].

---

344 Siehe dazu auch Titz, JA 2003, 677, 678. Ein Plädoyer für den Einleitungssatz findet man bei Höhne, JA 2005, 290, 292.
345 A. A. Titz, JA 2003, 677, 678: *„Sollte in keiner Examensklausur fehlen."*
346 Baur, JA 1980, 687.
347 Huber, JuS 1987, 786, 788.
348 Gegenstand eines Geständnisses können Tatsachen sein, zu denen auch innere Tatsachen wie eine Willensrichtung gehören. Gegenstand eines Geständnisses können darüber hinaus aber auch juristisch eingekleidete Tatsachen sein; hierzu ist auch der Vortrag zu rechnen, wer Vertragspartei geworden sei, BGH, NJW-RR 1994, 1405; dieser Entscheidung ist zu entnehmen, dass auch der Vortrag, ein Kaufvertrag sei zustandegekommen, geständnisfähig ist. Grundsätzlich können ferner präjudizielle Rechtsverhältnisse Gegenstand eines Geständnisses sein, vgl. BGH, MDR 2003, 1433.
349 *„Das Vorbringen des Gegners wird bestritten, soweit es nicht ausdrücklich zugestanden wird".*
350 In diesen Fällen darf in den Entscheidungsgründen zur Einordnung als unstreitig nichts geschrieben werden. Ist eine Begründung angebracht, muss das Vorbringen im Tatbestand als streitig dargestellt werden.

389 Eine **Bewertung** (Auslegung) einzelner Tatsachen, dahin gehend, ob sie inhaltlich streitig sind, findet im Tatbestand **nicht** statt. Daher ist auch (formal) streitig, was unzulässig bestritten wurde[351], was unsubstanziiert bestritten wurde und was dem Ergebnis einer Beweisaufnahme entgegensteht. Diese Frage stellt sich freilich nur, soweit die Parteien trotz der entgegenstehenden Beweisaufnahme an ihrem Vortrag festhalten. Das ist ein Problem der **Auslegung**. Im Zweifel sollte man davon ausgehen, dass die Parteien auch nach einer für sie ungünstigen Beweisaufnahme ihren gegensätzlichen Vortrag für die nächste Instanz aufrechterhalten. Einer Partei günstige Aussagen sind hingegen im Zweifel **als Parteivortrag** zu berücksichtigen. Deshalb darf eine nach dem schriftsätzlichen Vorbringen unschlüssige Klage nicht abgewiesen werden, wenn diese nach dem Inhalt von Zeugenaussagen schlüssig wird. Eine Beweisaufnahme kann also ein bislang unschlüssiges Vorbringen **ohne Zutun der Partei schlüssig** machen[352]. Auch die von einer Partei im Rahmen ihrer mündlichen Anhörung gemachten Angaben sind, ohne dass es einer Übernahme der Erklärung durch den Anwalt bedarf, als Sachvortrag bei der gerichtlichen Entscheidung zu berücksichtigen. Da das Gesetz bestimmt, dass der Partei auf Antrag das Wort zu gestatten ist (§ 137 Abs. 4 ZPO) und es zugleich zulässt, dass ihr persönliches Erscheinen zur Aufklärung des Sachverhalts angeordnet wird, will es ihre tatsächlichen Erklärungen auch berücksichtigt wissen. Die Anhörung der Partei hat nicht nur Bedeutung für den Beweis, sondern auch insofern, als sich daraus ergibt, was die Partei selbst als wahr ansieht, was sie im Prozess zur Begründung ihrer Anträge behaupten will.

390 Nicht zum Vortrag der Parteien gehört verspätetes Vorbringen oder Vorbringen, das – ohne Schriftsatzfrist nach § 283 ZPO – erst nach dem Schluss der letzten mündlichen Verhandlung bei Gericht eingeht. Dieser Parteivortrag ist an besten im Rahmen der Prozessgeschichte darzustellen. Der „Stoff" für den Tatbestand ist nicht nur den Schriftsätzen der Parteien, sondern sämtlichen Unterlagen zu entnehmen, also:

391 ☑ **Checkliste**
- Schriftsätze
- Urkunden und Privatgutachten
- Beiakten
- Protokolle
- Gutachten
- Beweisaufnahme
- Beweisbeschlüsse
- andere Entscheidungen

392 3. **Streitiges Vorbringen. – a) Allgemeines.** Das streitige Vorbringen der Parteien ist der **Streitstand** i. S. v. § 278 Abs. 2 S. 2 ZPO. Die Frage, ob eine streitige Tatsache beim Kläger- oder Beklagten wiederzugeben ist, hängt von der **Darlegungslast** ab. Eine Tatsache ist bei der Partei zu berichten, der die Darlegungslast obliegt, weil die

---

351 Z.B. wenn Tatsachen der eigenen Wahrnehmung entgegen § 138 Abs. 4 ZPO mit Nichtwissen bestritten wurden.
352 BGH, BGHReport 2004, 173; Gehrlein, MDR 2004, 541.

3. Kapitel: Tatbestand

Norm ihr günstig ist. Zum Teil muss im streitigen Vorbringen auch dargestellt werden, dass eine Partei – ggf. mehrfach – ihr Vorbringen modifiziert hat. Das ist nach dem **Korrespondenzprinzip** dann der Fall, wenn dieser Umstand im Rahmen der Beweiswürdigung eine Rolle spielt[353]. Der Aufbau des jeweiligen Streitvorbringens, vor allem das des Klägers, folgt keiner „festen" Reihenfolge. Zu ordnen ist nach dem „**Rechtsanwendungsprogramm**"[354] oder nach der von den Parteien vorgegebenen Binnenstruktur.

Schema

- Tatsachen und Rechtsansichten[355] zum Verständnis der Anträge[356]
- Tatsachen und Rechtsansichten zur Statthaftigkeit eines Rechtsmittels/Rechtsbehelfs[357]
- Tatsachen und Rechtsansichten zur Wirksamkeit eines Prozessvergleichs, zur Wiedereinsetzung in den vorigen Stand, zu einer Klageänderung, zur Auslegung des Rubrums, zu einer Klageänderung usw.
- Tatsachen und Rechtsansichten zur Zulässigkeit
- Tatsachen und Rechtsansichten zur Begründetheit (dem Grunde nach)
- Tatsachen und Rechtsansichten zur Begründetheit (der Höhe nach)
- Tatsachen und Rechtsansichten zu den Nebenforderungen
- Tatsachen und Rechtsansichten zu den Kosten
- Haupt- vor Hilfsvorbringen
- Haupteinwendung vor Hilfseinwendung
- Hilfsaufrechnung meist am Ende

---

b) Streitiges Vorbringen des Klägers. Im **streitigen Vorbringen des Klägers** sind die Tatsachen anzugeben, die vom ihm vorgetragen und – da sie nicht unstreitig sind – im unstreitigen Parteivorbringen nicht angeführt werden. Der Kläger muss die streitigen Tatsachen behaupten, die die Merkmale der von ihm in Anspruch genommenen Anspruchsnorm erfüllen[358]. Streitig ist in diesem Zusammenhang, ob **unerledigte Beweisantritte** hier oder in den Entscheidungsgründen hervorzuheben sind[359]. Wer dies will, sollte das streitige Vorbringen beurkunden, und den unerledigten Beweisantritt hinter die streitige Tatsache in Klammern beurkunden.

---

353 BGH, NJW-RR 2000, 208; BGH, NJW 2000, 3212; BGH, NJW 2002, 1276, 1277; BAG, BAGE 83, 105 = NZA 1997, 86.
354 Höhne, JA 2005, 290, 293.
355 Soweit diese zu berichten sind, siehe Rn. 400.
356 Siehe Rn. 465.
357 Siehe Rn. 468.
358 Zu Einzelheiten siehe Rn. 1401.
359 Eine Abhandlung in den Entscheidungsgründen ist vorzugswürdig. Ggf. liegt aber auch ein Verzicht auf die Vernehmung von Zeugen durch schlüssige Handlung vor. Ein solcher Verzicht kann darin gesehen werden, dass die Partei, welche noch nicht vernommene Zeugen benannt hat, nach durchgeführter Beweisaufnahme ihren Beweisantrag nicht wiederholt. Diese Schlussfolgerung ist jedoch nur ausnahmsweise berechtigt, nämlich dann, wenn die Partei aus dem Prozessverlauf erkennen konnte, dass das Gericht mit der bisher durchgeführten Beweisaufnahme seine Aufklärungstätigkeit als erschöpft angesehen hat, vgl. BGH, NJW 1994, 329.

395 📄 Formulierungsvorschlag

„… die Wand sei grün (Beweis: Herbert Zeppezauer, Geschäftsführer der Beklagten)."

396 Sehr **häufig** wird vergessen, auch den streitigen Klägervortrag zu den **Nebenforderungen**, z.B. zu den Zinsen, zu beurkunden[360]. Eingeleitet wird das streitige **tatsächliche** Klägervorbringen – also seine Behauptungen über streitige Tatsachen – mit der Formulierung:

397 📄 Formulierungsvorschläge
- „Der Kläger behauptet:…."
- „Der Kläger behauptet,…."

398 **Rechtsansichten** des Klägers kennzeichnet man hingegen mit:

399 📄 Formulierungsvorschläge
- „Der Kläger ist der Ansicht/Auffassung:…"
- „Der Kläger meint,…"

400 Rechtsausführungen der Parteien, insbesondere ihre Rechtsansichten und ihre rechtliche Argumentation, sind im Tatbestand in der Regel nicht mitzuteilen.

401 ✏ **Klausurtipp**

Das gilt freilich nur für die **Praxis**. Da in der **Klausur** meistens keine oder nur wenig Tatsachen streitig sind, sind dort häufig und fast nur Ansichten zu beurkunden. Etwas anderes gilt zum einen, wenn sich in einer Rechtsansicht **Tatsachenbehauptungen** verstecken. Rechtsansichten sind zum anderen zu berichten, wenn die Parteien **im Kern** nur über Rechtsfragen streiten oder die bloße Mitteilung von Tatsachen schwer verständlich sein würde. Das ist in der **Praxis** zwar selten, in der **Klausur** aber sehr häufig der Fall. Enthält der Aufgabentext keine Beweisaufnahme, liegt dieser Fall sogar regelmäßig vor.

Als **Merksatz** gilt: Wenn etwas als **streitig** dargestellt wird, bedarf es in den Entscheidungsgründen entweder einer Beweiswürdigung oder Ausführungen, warum eine Beweisaufnahme entbehrlich war.

402 4. **Eventuell Prozessgeschichte.** Wenn es zum Verständnis des Sachverhalts, insbesondere der Anträge, erforderlich ist[361], ist noch vor den Anträgen der Parteien die **Prozessgeschichte** zu berichten, die sich auf die Anträge auswirkt[362].

---

360 Wie hier Titz, JA 2003, 677, 679.
361 Z.B. bei vorausgegangenem Versäumnisurteil, vorausgegangenem Vollstreckungsbescheid, Parteiänderungen, Hauptsachenerledigung, Vorbehaltsurteil, Teilrücknahme oder Teilurteil.
362 Fehlerhaft wäre es hingegen, den ganzen Gang eines Rechtsstreits im Einzelnen zu erzählen, etwa mitzuteilen, was in den einzelnen Terminen von den Parteien vorgetragen, was davon im letzten Termin aufrechterhalten, was fallengelassen worden ist usw.

3. Kapitel: Tatbestand

▣ **Formulierungsvorschläge**

- „Das Amtsgericht Neukölln hat auf Antrag des Klägers am ... den Beklagten durch Versäumnisurteil zur Zahlung von 2.000,00 € nebst Zinsen in Höhe von 5 Prozentpunkten über dem jeweiligen Basiszinssatz gem. § 247 BGB verurteilt. Gegen das am ... [und im Falle des § 331 Abs. 1 ZPO: „und dem Kläger am ..., dem Beklagten am ..."] zugestellte Versäumnisurteil hat der Beklagte mit bei Gericht eingegangen Schriftsatz am ... Einspruch eingelegt ..."
- „Der Kläger hat zunächst Zahlung von 1.000,00 € verlangt. Nunmehr beantragt er..."

5. Anträge. Nach dem Vorbringen des Klägers bzw. eventuell notwendiger Prozessgeschichte folgen die Anträge der Parteien und ihrer jeweiligen Streithelfer[363] **nach dem letzten Stand** der mündlichen Verhandlung. Nebenanträge, insbesondere solche wegen der Kostenentscheidung und Vollstreckbarkeit, sind **wegzulassen**[364]. Anträge sind in der Regel wörtlich[365] mitzuteilen, außer wenn es sich um offenbare Unrichtigkeiten oder um sprachliche Unebenheiten handelt. Für den Antrag des Klägers sollte auch bei zuerkennendem Urteil nicht auf den Hauptsachetenor verwiesen werden. Unklare Anträge sind in der ursprünglichen unklaren Fassung mitzuteilen und erst in den **Entscheidungsgründen** auszulegen[366]. Anträge sind **hervorzuheben**, § 313 Abs. 2 ZPO. In der Klausur hebt ein **deutliches Einrücken** die Anträge am besten hervor. Der Leser kann dann mit einem Blick erfassen, was die Parteien beantragen und worüber das Gericht entscheiden soll. Beantragt der Kläger **Rechtshängigkeitszinsen**, ist dies wörtlich zu berichten und erst in den Entscheidungsgründen auszulegen. In diesem Falle darf aber nicht vergessen werden, in der **Prozessgeschichte**[367] mitzuteilen, wann die Klage **zugestellt**[368] wurde.

▣ **Formulierungsvorschläge**

- „Der Kläger beantragt, den Beklagten zu verurteilen, an **ihn**[369] 5.500,00 € nebst Zinsen in Höhe von 5 Prozentpunkten über dem jeweiligen Basiszinssatz seit Rechtshängigkeit zu zahlen."
- „Die Beklagte beantragt, die Klage abzuweisen, hilfsweise das Urteil nicht für vorläufig vollstreckbar zu erklären oder die Vollstreckung auf die in § 720a Abs. 1, 2 ZPO bezeichneten Maßregeln zu beschränken."

6. Streitiges Vorbringen des Beklagten. Das **streitige Vorbringen des Beklagten** wird entsprechend dem streitigen Vorbringen des Klägers aufgebaut. Auch der Beklagte muss also für ihn günstige Tatbestände sämtliche streitigen Tatsachen

---

363 Deren Anträge folgen dem Antrag der von ihnen unterstützten Partei.
364 Anzugeben sind aber z. B. Schuldnerschutzanträge nach §§ 712, 710 ZPO.
365 Siehe dazu auch BGH, NJW 2003, 1743. Der BGH hält es dort für zulässig, den Antrag des Berufungsklägers nicht wörtlich mitzuteilen, wenn er sich aus dem Zusammenhang sinngemäß deutlich ergebe. Hiervon kann innerhalb einer Assessorklausur nur abgeraten werden.
366 Siehe dazu Rn. 466.
367 Siehe Rn. 412.
368 Zum Streit, wann dies anzunehmen ist, siehe Rn. 1575.
369 Nicht „an den Kläger", wie häufig beurkundet. Die Formulierung „der Kläger beantragt, den Beklagten zu verurteilen, an den Kläger ... zu zahlen" ist sprachlich abzuändern in „... an ihn ... zu zahlen."

behaupten – und unter Beweis[370] stellen. Innerhalb des Beklagtenvorbringens kann man wie folgt **aufbauen**[371]:

407

> **Schema**
>
> - Prozessrügen[372]
> - **Qualifiziertes** Klageleugnen (z. B. Schenkung statt Kaufvertrag)[373]
> - Rechtshindernde Einwendungen (z. B. Anfechtung)
> - Rechtsvernichtende Einwendungen (z. B. Erfüllung)
> - Einreden (z. B. Verjährung, Stundung)
> - ggf. Primär- und Hilfsaufrechnung[374]
> - ggf. Beweiseinreden[375]

408 7. Replik/Duplik. Ausnahmsweise ist im Anschluss an das streitige Vorbringen des Beklagten **nochmals** auf das streitige Vorbringen des Klägers einzugehen. Eine **Replik/Duplik** ist aber nur richtig, wenn das Vorbringen in den anderen Bereichen zum Parteivortrag nicht verständlich untergebracht werden kann. Zu dieser Situation wird es in aller Regel nur kommen, wenn der Beklagte Gegenrechte geltend macht[376] und der Kläger hierzu **qualifiziert** vorträgt. Besteht die Verteidigung gegenüber Gegenrechten in der Geltendmachung von Gegenrechten, kann nicht nur eine Replik, sondern sogar einmal eine Duplik notwendig werden; diese Situation dürfte jedoch **ausgesprochen selten** sein.

409 8. Salvatorische Klausel. Eine § 313 Abs. 2 ZPO gemäße Klausel ist in der Praxis zwar immer noch verbreitet[377], ihre Verwendung in **Klausur** und Examen ist aber umstritten und fragwürdig[378]. Von salvatorischen Klauseln ist abzuraten[379]. Wer dennoch pauschal verweisen will, muss aber wenigstens so verweisen, dass keine Missverständnisse entstehen können.

---

370 Zu unerledigten Beweisantritten siehe Rn. 394 und 1472.
371 Wie hier jetzt auch Titz, JA 2003, 677, 680.
372 Bestreiten der Zulässigkeit der Klage.
373 Einfaches Bestreiten ist nicht darzustellen. Das geschieht bereits dadurch, dass es streitig beim Kläger dargestellt wird.
374 Die Aufrechnungserklärung ist allerdings zumeist unstreitig; es kann sich anbieten, die Erklärung vor dem streitigen Klägervortrag anzusprechen.
375 Beweiseinreden verhalten sich über die Glaubwürdigkeit eines Zeugen. Sie können daher auch in der Prozessgeschichte im Zusammenhang mit dem Beweismittel geschildert werden.
376 Z. B. wenn er aufrechnet.
377 Vgl. BGH, NJW 1990, 2755 m. Anm. Schwöbbermeyer, NJW 1990, 1451.
378 Siehe dazu etwa Fischer, JuS 2005, 904, 906: schlichtweg unwirksam, unzulässig, bewirken nichts; ders., JuS 1995, 535, 536; Puhle, JuS 1989, 203, 208.
379 So auch OLG Hamburg, NJW 1988, 267; Fischer, DRiZ 1994, 461, 463; Schumann, NJW 1993, 2786, 2787; Schwöbbermeyer, NJW 1990, 1451, 1453 und Gottwald, Das Zivilurteil, 6.5.9. (Bezugnahmen im Tatbestand); a. A. BGH, NJW 1990, 2755 und NJW 1983, 885, 886. Siehe neuerdings die (zutreffende) Kritik von Höhne, JA 2005, 290, 291.

3. Kapitel: Tatbestand

410 📄 Formulierungsvorschlag

„Wegen der Einzelheiten des Sach- und Streitstandes wird auf den Inhalt der zwischen den Parteien gewechselten Schriftsätze vom ... und vom ... nebst Anlagen, auf das Sitzungsprotokoll vom ... und den übrigen Akteninhalt verwiesen ..."

411 9. **Prozessgeschichte.** Was in die Prozessgeschichte am Ende des Tatbestandes gehört, ist **streitig**.

412 ☑ Checkliste

- **Hinweise** nach § 139 ZPO, die nicht an anderer Stelle aktenkundig gemacht wurden.
- **Vorbringen,** das gem. § 296a ZPO nach Schluss der mündlichen Verhandlung vorgebracht worden ist.
- **Klageänderungen** oder **Widerklagen** nach Schluss der mündlichen Verhandlung.
- Für den Fall, dass der Kläger **Rechtshängigkeitszinsen** beantragt hat[380] und die Klage mit dem Leistungsantrag wenigstens teilweise erfolgreich war, der Zeitpunkt, **wann** die Klage zugestellt wurde.
- Dass bestimmte **Akten** (mit Nennung des Zweckes) beigezogen waren.

413 📄 Formulierungsvorschlag

„Die Strafakten 341 Ds 120/07 des Amtsgerichts Tiergarten haben dem Gericht vorgelegen und sind Gegenstand der mündlichen Verhandlung gewesen."

- Sofern es für die Frage der **Verjährung** relevant ist, der Zeitpunkt des Eingangs der Klage bei Gericht, der Klagezustellung oder der Zeitpunkt, wann Kosten angefordert und eingezahlt worden sind[381].
- Dass das Gericht **Beweis** erhoben hat.
- Die Übertragung des Rechtsstreits auf den Einzelrichter.
- Bei dem Bericht über eine Beweisaufnahme ist der Beweisbeschluss zu nennen. Hinsichtlich des Ergebnisses der Beweisaufnahme ist auf die Sitzungsniederschrift zu verweisen. Fehlt ein Beweisbeschluss, ist das Beweisthema kurz zu umschreiben.

414 📄 Formulierungsvorschläge

- „Das Gericht hat gem. Beschluss vom 15. Mai 2007 Beweis erhoben durch eidliche Vernehmung des Zeugen Wilhelm Busch. Hinsichtlich des Ergebnisses der Beweisaufnahme wird auf die Sitzungsniederschrift vom 20. Juni 2007 verwiesen."
- „Das Gericht hat über die Behauptung des Klägers, der Beklagte habe ihm einen Faustschlag versetzt, Beweis erhoben durch eidliche Vernehmung der Zeugen ... und ... Hinsichtlich des Ergebnisses der Beweisaufnahme wird auf die Sitzungsniederschrift vom ... verwiesen."

---

380 Zimmermann, JuS 1991, 674, 675. Die Zustellung kann freilich auch als auf den Antrag wirkendes Moment vor den Anträgen berichtet werden.
381 Möglich ist auch, die im Zusammenhang mit der Verjährung stehenden Tatsachen im Sachbericht zu beurkunden.

V. Berufungsurteile

415 **1. Einführung.** Bei der Urteilsabfassung **entlastet** das Gesetz die Berufungsgerichte gegenüber den erstinstanzlichen Gerichten[382]. Ein Berufungsurteil bedarf nämlich weder eines Tatbestandes noch bedarf es Entscheidungsgründe. Nach § 540 Abs. 1 S. 1 Nr. 1 und 2 ZPO enthält das Berufungsurteil anstelle von Tatbestand und Entscheidungsgründen vielmehr die Bezugnahme auf die **tatsächlichen Feststellungen**[383] im angefochtenen Urteil mit Darstellung etwaiger Änderungen oder Ergänzungen, und eine kurze Begründung für die Abänderung, Aufhebung oder Bestätigung der angefochtenen Entscheidung.

416 **2. Inhalt des Berufungsurteils.** Das Berufungsurteil muss **Antworten** auf folgende Fragen geben:

417 ☑ Checkliste

- Von welchem **Sach- und Streitstand** ist das Berufungsgericht ausgegangen?
- Welche **tatsächlichen Feststellungen** liegen der Entscheidung zu Grunde?
- Welches **Rechtsmittelbegehren** haben die Parteien verfolgt?
- Musste das erstinstanzliche Urteil **geändert** werden? Wenn ja, warum?

418 **3. Zweck.** Die tatsächlichen Grundlagen der Entscheidung müssen sich so erschließen, dass eine **revisionsrechtliche Nachprüfung** möglich ist[384]. In einem Berufungsurteil dürfen daher weder tatbestandliche Darstellungen völlig fehlen noch dürfen sie derart widersprüchlich, unklar oder lückenhaft sein, dass sich die tatsächlichen Grundlagen der Entscheidung des Berufungsgerichts nicht mehr zweifelsfrei erkennen lassen[385]. Mangelt es daran, fehlt dem Berufungsurteil die für die revisionsrechtliche Nachprüfung nach §§ 545, 559 ZPO erforderliche tatsächliche Beurteilungsgrundlage. In einem solchen Falle ist das Berufungsurteil grundsätzlich **von Amts wegen aufzuheben**, und die Sache ist an das Berufungsgericht **zurückzuverweisen**[386]. Von der Aufhebung und Zurückverweisung kann nur ausnahmsweise und nur dann abgesehen werden, wenn sich die notwendigen tatsächlichen Grundlagen der Entscheidung hinreichend deutlich aus den Urteilsgründen ergeben[387].

---

382 BGH, NJW 2006, 1523.
383 Hierbei handelt es sich um eine „unglückliche" Formulierung. Gemeint sind wohl nicht Feststellungen, sondern der vom Vordergericht beurkundete Sach- und Streitstand. Feststellungen (die Klärung, welche Tatsache „wahr ist") werden in den Entscheidungsgründen getroffen.
384 BGH, NJW-RR 2007, 781; BGH, NJW 2006, 1523; BGH, MDR 2003, 1170, 1171 = NJW-RR 2003, 1290, 1291.
385 BGH, MDR 2003, 1170, 1171 = NJW-RR 2003, 1290, 1291.
386 BGH, NJW-RR 2007, 781.
387 BGH, BGHZ 156, 216, 218; BGH, MDR 2003, 1170, 1171 = NJW-RR 2003, 1290, 1291.

3. Kapitel: Tatbestand

4. Rubrum und Tenor. Wie jedes Urteil muss auch das Urteil des Berufungsgerichtes die Angaben nach § 313 Abs. 1 Nr. 1 bis Nr. 4 ZPO enthalten[388]. Überblick über die notwendigen Inhalte: **419**
- die **Bezeichnung** der Parteien, ihrer gesetzlichen Vertreter und der Prozessbevollmächtigten;
- die Bezeichnung des Gerichts und die Namen der Richter, die bei der Entscheidung **mitgewirkt** haben;
- der Tag, an dem die mündliche Verhandlung **geschlossen** worden ist;
- die **Urteilsformel.** Diese muss darüber entscheiden:
  - was mit der erstinstanzlichen Entscheidung zu geschehen hat: Bestätigung = Zurückweisung der Berufung; Abänderung: teilweise oder vollständig;
  - wer die Kosten – ggf. nur der Berufung – zu tragen hat, §§ 91 ff., 97 ZPO;
  - über die Vollstreckbarkeit;
  - ggf. Zulassung der Revision.

Formulierungsvorschläge **420**
- „Die Berufung des Beklagten gegen das am 8.8.2006 verkündete Urteil des LG Berlin – 35 O 684/06 – wird auf seine Kosten **zurückgewiesen**."
- „Auf die Berufung des Klägers wird das am 29.3.2006 verkündete Urteil des LG Berlin – 11 O 170/06 – **abgeändert**: Die Beklagte wird verurteilt, an den Kläger 7.000,00 € zu zahlen."

5. Einleitungssatz. Für die Einleitung der Gründe eines Berufungsurteils kann es sich empfehlen, mit einem Satz kurz den wesentlichen Streitgegenstand zu umschreiben. **421**

6. Zu Grunde gelegte Tatsachen. Aus dem **Berufungsurteil** selbst muss auch nach neuem Recht alles Wichtige zu ersehen sein[389]. Das Berufungsurteil muss dazu seine **tatsächlichen Grundlagen klarstellen**. Mangelt es daran, fehlt ihm die für die revisionsrechtliche Nachprüfung nach §§ 545, 559 ZPO erforderliche tatsächliche Beurteilungsgrundlage[390]. Von einer deshalb notwendigen Aufhebung und Zurückverweisung kann nur ausnahmsweise und nur dann abgesehen werden, wenn sich die notwendigen tatsächlichen Grundlagen der Entscheidung hinreichend deutlich aus den Urteilsgründen ergeben. **422**

a) Alte Tatsachen. Im Berufungsurteil ist nach § 540 Abs. 1 Satz 1 Nr. 1 ZPO durch Verweisung auf die tatsächlichen „Feststellungen" des angefochtenen Urteils (= alter Sach- und Streitstand) **Bezug** zu nehmen. **423**

Formulierungsvorschlag **424**
„Gründe
Wegen des in erster Instanz erreichten Sach- und Streitstandes wird auf den Tatbestand des angefochtenen Urteils Bezug genommen. Sach- und Streitstand sind wie folgt zu ergänzen (zu ändern): ..."

---

388 BGH, MDR 2004, 827.
389 BGH, MDR 2004, 289, 290 = WM 2004, 50.
390 BGH, MDR 2004, 464.

425 **b) Neue Tatsachen.** Neben dem Sach- und Streitstand I. Instanz sind **Änderungen** oder **Ergänzungen** der dem Berufungsurteil zu Grunde zu legenden Tatsachen im Einzelnen darzustellen. Das ist vor allem der Fall, soweit konkrete Anhaltspunkte Zweifel an der Richtigkeit oder Vollständigkeit der entscheidungserheblichen Feststellungen des angefochtenen Urteils begründen und deshalb eine erneute Feststellung gebieten, § 529 Abs. 1 Nr. 1 ZPO (z. B. nach einer Beweisaufnahme des Berufungsgerichtes[391]), soweit die Berücksichtigung neuer Tatsachen nach § 529 Abs. 1 Nr. 2 ZPO zulässig ist und nach einer gem. § 533 ZPO zulässigen Klageänderung, Aufrechnungserklärung oder Widerklage.

426 **c) Darstellung.** Die Darstellung der neuen und alten Tatsachen darf **nicht zu knapp** erfolgen. Dem Revisionsgericht kann nicht angesonnen werden, den Sachverhalt selbst zu ermitteln und festzustellen, um abschließend beurteilen zu können, ob die Nichtzulassungsbeschwerde begründet ist. Es ist nicht Aufgabe des Revisionsgerichts, den Sachverhalt anhand der Akten **selbst** zu ermitteln und festzustellen[392].

427 **d) Teilweise Anfechtung.** Bei nur teilweiser Anfechtung muss der Umfang des in die Berufung gelangten Streitgegenstandes deutlich werden[393].

428 **7. Anträge.** Das Berufungsurteil muss die **Berufungsanträge** zumindest sinngemäß, besser **wörtlich** wiedergeben[394]. Auch hier empfiehlt sich eine Einrückung. Beispiel:

429 🕮 Formulierungsvorschlag
„Der Kläger beantragt, das am 1. Juli 2007 verkündete Urteil des Landgerichts Berlin – 31 O 314/07 – abzuändern und den Beklagten zu verurteilen, an ihn 23.400,00 € zu zahlen."

430 Zwar ist eine wörtliche Wiedergabe der Anträge **nicht unbedingt** erforderlich. Es kann genügen, dass aus dem Zusammenhang der Ausführungen des Berufungsgerichts zu den einzelnen angegriffenen Positionen **sinngemäß** deutlich wird, was beide Parteien mit ihren wechselseitig eingelegten Rechtsmitteln erstrebt haben[395]. Hierauf sollte man in der **Klausur** aber nicht setzen.

---

391 BGH, MDR 2005, 346, 347.
392 BGH, MDR 2004, 704, 705; BGH, MDR 2004, 289, 290 = WM 2004, 50.
393 BGH, MDR 2004, 464.
394 BGH, MDR 2005, 705; BGH, BGHZ 154, 99, 100 = MDR 2003, 765 = BGHReport 2003, 629; BGH, BGHZ 156, 216, 218 = BGHReport 2004, 272 = MDR 2004, 289; BGH, BGHReport 2004, 85 = MDR 2004, 326 = ZfIR 2003, 1049.
395 BGH, MDR 2004, 826; BGH, MDR 2003, 765 = BGHReport 2003, 629 = VersR 2003, 1415, 1416; BGH, BGHReport 2003, 1128 = MDR 2003, 1170 = NJW-RR 2003, 1290, 1291.

3. Kapitel: Tatbestand

VI. Übungen

Fall 1: 431
Das AG Neukölln erlässt gegen B ein Versäumnisurteil.
a) Wie ist der Tatbestand aufzubauen?
b) Würde es ein Unterschied machen, wenn B in Bayern/Frankreich wohnt?
c) Bedarf ein Urteil in einem Verfahren nach § 495a ZPO eines Tatbestandes?

Lösung:
Zu a): Nach § 313b Abs. 1 ZPO bedarf es bei einem Versäumnisurteil keines Tatbestandes.
Zu b): § 313b Abs. 3 ZPO schließt die Anwendung des § 313b Abs. 1 ZPO für die Fälle aus, in denen zu erwarten ist, dass das Versäumnisurteil im Ausland geltend gemacht werden soll. Ein Tatbestand ist daher für den Fall „Frankreich" erforderlich.
Zu c): Im Fall eines Verfahrens nach billigem Ermessen nach § 495a ZPO ist ein Tatbestand grundsätzlich nicht erforderlich.

Fall 2: 432
K klagt gegen B auf Zahlung von 200,00 € Kaufpreis zzgl. 15 % Zinsen seit dem 1.1.2009 für ein Fahrrad. Zwischen den Parteien ist streitig, ob ein Mitarbeiter der K – nämlich C – von B die 200,00 € erhalten hat; außerdem ist die Höhe der Zinsen streitig. Das Gericht erhebt Beweis.
a) Wie ist der Tatbestand schematisch aufzubauen?
b) Was meint das Gesetz, wenn es z.B. in §§ 278 Abs. 2 Satz 2, 313 Abs. 2 Satz 2 ZPO von Sach- und Streitstand spricht?
c) Was sind Angriffs- und Verteidigungsmittel?
d) Was sind Verweisungen und wie sind sie zu beurkunden?
e) Was versteht man unter dem Korrespondenzprinzip?
f) Wann sind Zahlen und Daten zu beurkunden, wann AGB, wann der Text eines Vertrages und wie?

Lösung:
Zu a):
1. Geschichtserzählung
2. Streitiger Vortrag des K (Höhe der Zinsen)
3. Anträge
4. Streitiger Vortrag des B (Tatsache der Kaufpreiszahlung an C, Höhe der Zinsen)
5. Prozessgeschichte – im Übrigen Verweis auf das Protokoll

Zu b): Mit Sach- und Streitstand sind das unstreitige sowie das streitige Vorbringen der Parteien gemeint.
Zu c): Angriffs- und Verteidigungsmittel ist jedes sachliche oder prozessuale Vorbringen, das der Durchsetzung oder Abwehr des geltend gemachten Anspruchs dient. Dies sind insbesondere Behauptungen, Bestreiten, Einwendungen, Einreden, Beweismittel und Beweiseinreden, vgl. § 282 Abs. 1 ZPO.
Zu d): Verweisungen nehmen Bezug auf Schriftsätze und Protokolle. Diese sind mit konkretem Bezug an der relevanten Stelle im Tatbestand zu beurkunden (z.B.: Wegen des Ergebnisses der Beweisaufnahme wird auf das Protokoll vom ... verwiesen).
Zu e): Nach dem Korrespondenzprinzip sollen im Tatbestand nur solche Tatsachen und Vorgänge beurkundet werden, auf die in den Entscheidungsgründen Bezug genommen wird.
Zu f): Zahlen und Daten sind bei Entscheidungserheblichkeit im Tatbestand, entweder in der Geschichtserzählung oder beim streitigen Kläger- bzw. Beklagtenvorbringen, zu beurkunden. Ansonsten sind diese überflüssig. Bei Daten ist vielmehr ein verbalisierter Zeitbezug vorzuziehen. AGBs und der Text eines Vertrages werden nur dann im Tatbestand beurkundet, wenn diese in den Entscheidungsgründen auszulegen sind.

433 Fall 3:

B stellt den Antrag, ihm für den Fall, dass das Urteil für vorläufig vollstreckbar erklärt wird, eine Bankbürgschaft nachzulassen und stellt außerdem einen Antrag nach § 712 ZPO. K beantragt, das Urteil für vorläufig vollstreckbar zu erklären und B die Kosten aufzuerlegen.

a) Sind die Anträge jeweils zu beurkunden und wenn ja wie?
b) K erklärt den Rechtsstreit in der Hauptsache für erledigt. B schließt sich dieser Erklärung nicht an. Was ist zu beurkunden?
c) K beantragt, den B zu verurteilen, an K 2.481,07 € nebst Zinsen in Höhe von 5 Prozentpunkten aus 2.395,66 € seit Rechtshängigkeit zu zahlen. Was ist zu beurkunden?
d) Was ist bei Haupt und Hilfsanträgen zu beachten?

Lösung:

Zu a): Die Anträge des K sind vom Gericht von Amts wegen zu entscheiden und daher nicht zu beurkunden. Der Antrag des B, ihm eine Bankbürgschaft nachzulassen, ist ebenfalls nicht zu beurkunden, da eine solche Entscheidung gemäß § 108 ZPO im Ermessen des Gerichtes liegt. Der Antrag des B nach § 712 ZPO ist dagegen als Antrag des Beklagten zu beurkunden.

Zu b): Die Erledigterklärung des K ist vor dem Antrag des Klägers zu beurkunden. Der Widerspruch des B ist bei dem Antrag des Beklagten zu beurkunden.

Zu c): K beantragt, den B zu verurteilen, an K 2.481,07 € nebst Zinsen in Höhen von 5 Prozentpunkten aus 2.395,66 € seit Rechtshängigkeit zu zahlen. Das Datum der Rechtshängigkeit ist nicht in den Anträgen zu beurkunden.

Zu d): Nach der Beurkundung des Hauptantrages des Klägers und des entsprechenden Antrages des Beklagten ist ebenso der Hilfsantrag des Klägers mit dem entsprechenden Antrag des Beklagten zu beurkunden. Dabei ist die hilfsweise Beantragung deutlich zu machen.

434 Fall 4:

K klagt gegen B auf Zahlung von 200,00 € Kaufpreis zzgl. 15 % Zinsen seit dem 1.1.2009 für ein Fahrrad. Zwischen den Parteien ist streitig, ob ein Mitarbeiter der K – nämlich C – von B die 200,00 € erhalten hat; außerdem ist die Höhe der Zinsen streitig und B vertritt die Ansicht, der Vertrag verstoße gegen die Verfassung.

a) Wo sind die streitigen Tatsachen zu beurkunden, wo streitige Ansichten?
b) Wie kann sich B überhaupt verteidigen?
c) Wie ist der Vortrag des Klägers/Beklagten aufzubauen?

Lösung:

Zu a): Beim streitigen Beklagtenvorbringen ist zu beurkunden, dass ein Mitarbeiter des K, der C, von B die 200,00 € erhalten habe, da der B sich hier auf die Einwendung der Erfüllung, § 362 BGB, beruft. Die Höhe der geltend gemachten Zinsen ist beim streitigen Klägervorbringen, im Fall des qualifizierten Bestreitens auch beim streitigen Beklagtenvorbringen zu beurkunden. Die Rechtsansicht des B, der Vertrag verstoße gegen die Verfassung, ist dagegen nicht zu beurkunden, da Rechtsansichten nur dann zu beurkunden sind, wenn sich in einer Rechtsansicht Tatsachenbehauptungen verstecken, wenn die Parteien im Kern nur über Rechtsansichten streiten oder die bloße Mitteilung von Tatsachen des Streit nicht erkennen lassen würde. Dies ist nicht der Fall.

Zu b): B kann sich dadurch verteidigen, indem er die vom Kläger vorgetragenen, anspruchsbegründenden Tatsachen bestreitet, so dass diese beweisbedürftig werden. Bei der Beweisaufnahme kann B dann versuchen, durch eigene Beweisanträge den Beweis der anspruchsbegründenden Tatsachen zu verhindern. Er kann ferner Tatsachen vortragen, die rechtshindernde oder rechtsvernichtende Einwendungen sowie

rechtshemmende Einreden begründen. B kann zudem durch die Erhebung einer Widerklage zum Angriff auf K übergehen.
Zu c): Vortrag des Klägers:
1. Tatsachenvortrag zur Anspruchsbegründung
2. Ggf. Rechtsansichten zur Anspruchsbegründung soweit erheblich

Vortrag des Beklagten:
1. Prozessrügen
2. Qualifiziertes Bestreiten
3. Einwendungen/Einreden
4. ggf. Primär- und Hilfsaufrechnung
5. ggf. so genannte Beweiseinreden

4. Kapitel: **Entscheidungsgründe**

I. Einleitung

1. Allgemeines. § 313 Abs. 1 Nr. 6 ZPO schreibt für das erstinstanzliche Urteil im Anschluss an den Tatbestand[396] grundsätzlich[397] „Entscheidungsgründe" vor. Die Entscheidungsgründe sind das „**Herzstück**" der Assessorklausur: Vor allem hier werden die **meisten Punkte** gesammelt – oder verloren. Aufgabe der Entscheidungsgründe ist es, die Urteilsformel, so wie sie im Tenor wiedergegeben ist, zu **begründen**. Die Entscheidungsgründe sollen deshalb nach § 313 Abs. 3 ZPO eine kurze Zusammenfassung der Erwägungen enthalten, auf denen die Entscheidung in tatsächlicher und rechtlicher Hinsicht beruht.

435

2. Urteilsstil. Die Entscheidungsgründe sind im Urteilsstil[398] – einer juristisch-technische Kunstsprache[399] – zu schreiben[400].

436

Übersicht:

Obersatz	„Der Kläger hat gegen den Beklagten einen Anspruch auf Zahlung aus dem Vertrag vom 1.3.2009, § 433 Abs. 2 BGB."
Definition	„Ein Kaufvertrag kommt durch zwei übereinstimmende Willenserklärungen – Angebot und Annahme – zustande."
Subsumtion	„Der Kläger bot dem Beklagten die Yacht am 1.3.2009 schriftlich zum Kauf an. Dieses Angebot nahm der Beklagte per Fax noch am selben Tage an."

437

---

396 Äußerlich sind Tatbestand und Entscheidungsgründe durch einen Absatz zu trennen.
397 Anders nach § 313a Abs. 1 oder Abs. 2 ZPO; dazu Huber, JuS 2002, 791, 792.
398 „Denn", „weil", „nämlich", etc. Der Urteilsstil bildet den Gegensatz zum Gutachtenstil. Beim Urteilsstil steht am Anfang das Ergebnis, für das nachfolgend eine Begründung geliefert wird; vgl. zu allem Möllers, JuS 2001, Lernbogen L 81, L 84. Der Urteilsstil ist z.B. dem englischen Richter fremd. Gotthold Ephraim Lessing klagt über ihn im „Jungen Gelehrten" als *„unselige Geschicklichkeit der Rechtsgelehrten, die fürchterlichsten Urteile in einer noch fürchterlicheren Sprache vorzutragen"*.
399 Lesenswert dazu Jasper, Die Sprache des Urteils, MDR 1986, 198 ff.
400 Das Ergebnis des Urteils steht – durch den Tenor festgelegt – bereits fest und soll nur begründet werden. Siehe dazu Danger, JA 2005, 523 ff.

438 Dieser Stil bereitet Rechtsreferendaren erhebliche Schwierigkeiten. Ein **häufiger Klausurmangel** besteht darin, dass der Urteilsstil in den Entscheidungsgründen nicht genutzt oder nicht konsequent durchgehalten wird.

439 *Klausurtipp*

Ein anderer Aufbau ist im Examen nicht so gut vertretbar wie ein strikt am Urteilsstil orientierter Aufbau. Grundsätzlich haben die Entscheidungsgründe eines Urteils die Aufgabe, die bereits gefundene und im vorangestellten Tenor niedergelegte Entscheidung zu begründen. Alle Ausführungen, die nicht geeignet sind, die getroffene Entscheidung zu stützen, sind fehl am Platz, verkennen das Wesentliche der Entscheidungsgründe und nehmen ihnen die klare Linie[401].

440 Beim Urteilsstil steht das **Ergebnis am Anfang**. Im Anschluss folgt eine Begründung dieses Ergebnisses. Setzt sich das Gesamtergebnis aus mehreren Teilstücken zusammen, sind diese hintereinander wiederum im Urteilsstil abzuhandeln und jeweils mit Obersätzen zum betreffenden Zwischenergebnis zu versehen. Die einzelnen, in sich abgeschlossenen Gedankengänge müssen gleichsam mit einem „denn" verbunden werden können – von dem Bindewort „denn" sollte aus stilistischen Gründen freilich nur zurückhaltend Gebrauch gemacht werden[402]. Beispiel:

441 *Formulierungsvorschlag*

„Die Beklagte ist auf Grund des Leasingvertrages vom 4. Dezember 2008 in Verbindung mit § 398 BGB zur Zahlung der Leasingraten von März 2009 bis Dezember 2009 in Höhe von insgesamt 951,00 € sowie eines Restwertes in Höhe von 3.881,53 € verpflichtet. Diese Ansprüche sind nicht durch eine Vereinbarung zwischen dem Leasinggeber und der Beklagten über die Beendigung des Leasingvertrags erloschen. Die Klägerin braucht die zwischen dem Leasinggeber und der Beklagten vereinbarte Vertragsaufhebung nicht gegen sich gelten zu lassen. Aus § 407 BGB folgt, dass der Zessionar – die Klägerin – es nicht hinnehmen muss, dass Leasinggeber und Leasingnehmer das Vertragsverhältnis ohne seine Beteiligung aufheben …"

442 Innerhalb der Entscheidungsgründe sollte der **Weg der Subsumtion** stets nachvollziehbar bleiben:
- Konkrete Rechtsfolge: „Der Kläger hat einen Anspruch auf Schadensersatz aus § 280 Abs. 1 S. 1 BGB."
- Abstrakte Rechtsfolge und abstrakter Tatbestand der Norm (hier § 280 Abs. 1 S. 1 BGB)
- Konkreter Lebenssachverhalt oder Subsumtionsergebnis
- Auslegung des Tatbestandsmerkmals
- Konkreter Lebenssachverhalt

---

401 VGH München, BayVBl 2007, 723; Danger, JA 2005, 523; Teplitzky, DRiZ 1974, 262.
402 Außerdem ist immer wieder festzustellen, dass dieses Bindewort nicht richtig verwendet wird. Es ist nur gerechtfertigt, wenn der „Denn-Satz" das vorangegangene Ergebnis (umfassend) begründet.

4. Kapitel: Entscheidungsgründe

3. Zitate. Zitate sollten auf das **Wesentliche** beschränkt werden und sind in Klammern (und nicht – wie im Gutachten – in Fußnoten) zu setzen. Gibt es eine ständige Rechtsprechung des BGH, reicht es aus, sich unter Hinweis auf die ständige höchstrichterliche Rechtsprechung auf die letzte Entscheidung, in der erfahrungsgemäß die vorangegangenen Entscheidungen zitiert sind, zu beziehen.

> **Formulierungsvorschlag**
> „so ständige Rechtsprechung des BGH, vgl. hierzu zuletzt BGH, BGHZ ... mit weiteren Nachw."

> **✎ Klausurtipp**
>
> In **Klausuren** können nur die Kommentare zitiert werden, die dem Referendar zur Verfügung stehen. Ist in einem solchen Kommentar eine Entscheidung erwähnt, kann wie folgt verfahren werden: „*BGH, BGHZ ... zitiert bei Palandt, ...*". Durch ein Zitat wird die eigene Entscheidung freilich nicht begründet. Vielmehr ist zu einem Meinungsstreit eine eigene Stellungnahme abzugeben, wenn es darauf ankommt. Es kann daher in **Klausuren** völlig auf Zitate verzichtet werden. Diese wirken nur künstlich und führen regelmäßig nicht weiter. Sie verdecken häufig, dass der Referendar nicht argumentiert, sondern anstelle von eigenen Gedanken versucht, sich auf eine Autorität zu berufen. Damit geht er regelmäßig „baden".

4. Bezugnahmen. Bezugnahmen, etwa auf frühere Entscheidungen – das ist in einer **Klausur** nicht möglich – oder auf einen bestimmten Schriftsatz, sind in den Entscheidungsgründen zulässig, wenn es den Parteien möglich war, diese kennen zu lernen und das Gericht zu erkennen gibt, welche tatsächlichen Feststellungen und rechtlichen Erwägungen für die Entscheidung maßgeblich waren.

5. Bezifferung. Um die Gründe besser lesbar zu machen, ist es richtig, diese – wie es im Übrigen durchweg alle Obergerichte tun – **mit Ziffern zu gliedern** [etwa: I. 1. a) aa) (1) (a) (aa)].

6. Zeitform des Urteils. Zeitform des Urteils ist das Präsens.

> **Formulierungsvorschlag**
> „Die Klage **ist** begründet; die Voraussetzungen des § 280 Abs. 1 BGB **liegen** vor ...."

Für die Prozessgeschichte ist die Zeitform hingegen Perfekt.

> **Formulierungsvorschlag**
> „Die Beweisaufnahme **hat ergeben,** der Zeuge **hat bekundet** ..."

Für **zurückliegende Vorgänge** ist die Zeitform die des Imperfekts.

> **Formulierungsvorschlag**
> „Ein wirksamer Kaufvertrag **kam** zustande, das Rechtsgeschäft **verstieß** nicht gegen die guten Sitten, der Beklagte **befand** sich nicht im Irrtum."

454 Es soll so sein, als wenn der Richter zum Zeitpunkt der Verkündung die Urteilsgründe vorliest. Oft gebrauchte Ausdrücke, wie *„Der Klage war stattzugeben"* oder *„Die Kostenentscheidung beruhte auf dem § 91 Abs. 1 S. 1 ZPO"*, sind also, streng genommen, falsch. Es muss stets das **Präsens** eingehalten werden.

455 **7. Feststellungen i. S. v. § 286 ZPO.** Neben der Subsumtion des feststehenden Sachverhalts unter einzelne Tatbestandsmerkmale einschließlich der Klärung von Rechtsfragen muss in den Entscheidungsgründen der Sachverhalt bewertet werden, soweit dies nicht bereits bei der Erstellung des Tatbestandes geschehen ist. Es ist im Einzelnen klarzustellen, durch welche **konkreten Tatsachen die Tatbestandsmerkmale ausgefüllt werden**. Soweit dies problematisch ist, ist auch die Grundlage der Tatsachenfeststellung (= Beweiswürdigung i. S. v. § 286 ZPO) anzugeben. Daher sind u. U. Ausführungen zu den Fragen erforderlich, ob ein **wirksames Geständnis** vorliegt, welche Tatsachen bestritten oder ob Tatsachen wegen Widersprüchlichkeit, mangelnder Substanziierung, Verspätung usw. unbeachtlich sind. Hierzu gehören auch und vor allem Ausführungen i. S. d. § 286 Abs. 1 S. 2 ZPO. Danach müssen bei einer Beweiswürdigung immer die Gründe angegeben werden, die für die richterliche Überzeugung leitend gewesen sind.

456 📄 **Formulierungsvorschlag**
„Nach dem Ergebnis der Beweisaufnahme ist nicht erwiesen, dass der Beklagte im eigenen Namen und für eigene Rechnung Baustoffe von der Klägerin gekauft hat. Die Mitarbeiter der Klägerin, Harald Baetke und Regina Gräfe, bekundeten übereinstimmend, dass der Beklagte Baustoffe nur im Namen und in Rechnung für die GmbH – unter Nennung der für dieser bestimmten Kundennummer – gekauft hat. Dies ist auch glaubhaft, da die Klägerin auf den Beklagten erst dann Rechnungen ausstellte, nachdem ihr die GmbH mitgeteilt hatte, der Beklagte habe die Waren für sich selbst geordert …"

457 Ist eine Wertung **in tatsächlicher Hinsicht unproblematisch** oder bereits bei Erstellung des Tatbestandes vorgenommen worden, z. B. wenn eine Tatsache im Tatbestand als unstreitig dargestellt worden ist, ein pauschales Bestreiten selbst im Tatbestand schon weggelassen oder ein überholtes Vorbringen auch in den Tatbestand nicht aufgenommen worden ist, sind weitschweifige Ausführungen in den Entscheidungsgründen nicht erforderlich. Hat sich der Beklagte auf Einreden im Sinne der ZPO berufen, gehört auch die Auseinandersetzung mit diesen in die Entscheidungsgründe. Bei einem positiven Ausgang des Rechtsstreits für den Kläger ist allerdings nur das Merkmal der Einredenorm zu behandeln, das verneint wird. Die anderen Merkmale dieser Norm gehören hingegen nicht zu den tragenden Gründen. Fehlen mehrere Merkmale der Einredenorm, ist dasjenige zu erörtern, das am leichtesten verneint werden kann. Verteidigt sich der Kläger seinerseits erfolgreich gegen eine Einrede des Beklagten, kann offengelassen werden, ob die Voraussetzungen der Einredenorm des Beklagten zu bejahen sind. Hier reicht die Feststellung aus, dass der eventuellen Einrede des Beklagten die Einrede des Klägers entgegensteht. Allerdings sind alle Tatbestandsmerkmale dieser Einrede abzuhandeln.

458 **8. Gewichtung.** In den Entscheidungsgründen sollte die **Gewichtung der Probleme** stimmen. Nicht selten wird die praktische Brauchbarkeit der Entscheidungsgründe herabgesetzt, wenn **umfänglich nicht entscheidungserhebliche Gesichtspunkte**

4. Kapitel: Entscheidungsgründe

erörtert werden. Unproblematisches muss kurz abgehandelt oder ganz weggelassen werden.

> **Klausurtipp** 459
> Rechtsfragen, die keinen Einfluss auf den Rechtsstreit haben, sind wegzulassen. Rechtsfragen müssen (unter Einbeziehung von Meinungsstreitigkeiten) dargestellt werden, wenn es für die Entscheidung darauf ankommt. Zu einer Frage, die für das Verfahren hingegen von zentraler Bedeutung ist, muss man sich äußern[403]

Ungeachtet § 313 Abs. 3 ZPO ist ausnahmsweise – in der gebotenen Kürze (Formel: „Ein Satz") – auch auf Rechtsfragen einzugehen, wenn es den **Parteien** erkennbar auf die Klärung einer nicht entscheidungserheblichen Frage ankommt. 460

> **Klausurtipp** 461
> Dieser Weg kann sich in der **Klausur** indes als gefährlich erweisen und sollte daher jedenfalls mit Vorsicht beschritten werden.

II. Aufbau der Entscheidungsgründe

1. Einführung. In einem Urteil folgen nach dem Tatbestand gem. § 313 Abs. 3 ZPO die Entscheidungsgründe. Nach der in der Praxis **üblichen Binnenstruktur der Entscheidungsgründe** steht an ihrem Anfang die Antwort auf die Frage, ob die Klage zulässig ist (Zulässigkeit). Ist diese Frage zu verneinen, ergeht ein **Prozessurteil**[404]. Kann diese Frage bejaht werden, ist darzustellen, ob die Klage vollständig oder teilweise begründet ist (Begründetheit)[405]. Das Ergebnis der jeweiligen Prüfungen (also der Zulässigkeit und der Begründetheit) sollte in einem **kurzen** Einleitungssatz am Beginn der Entscheidungsgründe gleich nach der Überschrift „Entscheidungsgründe" (zentriert; danach ein Absatz) dargestellt werden, str[406]. 462

Formulierungsvorschläge 463
- „Die zulässige Klage ist begründet."
- „Die Klage ist zulässig und begründet."
- „Die Klage ist zulässig (I.) und begründet (II.)."
- „Die Klage ist in ihrer ausgelegten Form (I.) zulässig (II.) und begründet (III.)."
- „Die zulässige Klage ist in dem aus dem Tenor ersichtlichen Umfang begründet."
- „Die zulässige Klage ist unbegründet."
- „Die Klage ist bereits nach dem Hauptantrag begründet."

In **besonderen Fällen** müssen noch vor der Zulässigkeit bestimmte Fragen gleichsam „vor die Klammer" gezogen werden. Von ihrer Beantwortung hängt nämlich ab, ob und ggf. wie die weitere Prüfung läuft. 464

---

403 BGH, ZFBR 2009, 560.
404 Siehe dazu Rn. 52 und Rn. 510.
405 Die Zulässigkeit ist also grundsätzlich vor der Begründetheit zu prüfen, siehe Rn. 541.
406 Manche Prüfer halten das für unnötig.

465 **2. Vorzuziehende Punkte. – a) Unklare Anträge.** Es ist vorstellbar, dass zu Beginn der Entscheidungsgründe und noch vor Zulässigkeit und Begründetheit der oder die Klageanträge **auszulegen** sind. Denn nur wenn vom Gericht festgestellt ist, über welchen Antrag zu entscheiden ist, können Zulässigkeits- und Begründetheitsfragen erörtert werden. Eine in diesem Sinne notwendige Auslegung ist vor allem vorstellbar bei:
- Unklarheiten über die gewählte Klageart (z. B. Umdeutung des Feststellungs- in einen **Gestaltungsantrag** [häufig bei § 767 ZPO] oder Umdeutung einer Erledigterklärung in eine **Erledigtfeststellungsklage**[407])
- Bei Unklarheiten wegen des **Verhältnisses** mehrerer Anträge untereinander.
- Bei der Reaktion der Parteien auf **Rücknahmen**, Erledigungen etc.
- Bei der falschen **Formulierung eines Antrages** (z. B. statt richtig *„Zinsen i. H. v. 5 Prozentpunkten über dem jeweiligen Basiszinssatz"* der falsche Antrag *„5 % Zinsen über dem jeweiligen Basiszinssatz"*[408]).

466 In einem solchen Fall kann etwa wie folgt **formuliert** werden:

467 🗎 Formulierungsvorschlag
„Entscheidungsgründe
Die zulässige Klage ist begründet. Der Antrag des Klägers [Wiedergabe des Antrages] ist dahin gehend auszulegen, dass er (...). Für diese Auslegung spricht, dass [Begründung für das Ergebnis der Auslegung]."

[Es **folgen**: Zulässigkeit und ggf. Begründetheit].

468 **b) Prüfung eines Rechtsbehelfs/Rechtsmittels.** Im Aufbau **vor die Prüfung der Zulässigkeit und Begründetheit** einer Klage ist stets auch die Prüfung eines Rechtsbehelfs oder Rechtsmittels, z. B. eines Einspruchs oder einer Berufung abzuhandeln. Zu prüfen ist dabei neben der **Statthaftigkeit des gewählten Mittels** (Frage: Kann gegen die jeweilige gerichtliche Entscheidung gerade dieses Rechtsmittel oder dieser Rechtsbehelf genutzt werden? Ggf. gilt der **Meistbegünstigungsgrundsatz**[409]), ob das Mittel frist- und formgerecht eingelegt wurde. Die in der **Klausur** am häufigsten notwendige Prüfung eines Einspruchs[410] kann z. B. so dargestellt werden:

469 🗎 Formulierungsvorschlag
„Der Einspruch der Beklagten gegen das Versäumnisurteil vom 24. Mai 2007 ist statthaft. Er ist nach § 338 ZPO der gegen ein Versäumnisurteil mögliche Rechtsbehelf. Der Einspruch ist auch formgerecht eingelegt worden, § 340 Abs. 1 und Abs. 2 ZPO. Ferner ist durch Eingang des Einspruchs bei Gericht am 21. Juni 2007 die Zweiwochenfrist des § 339 Abs. 1 ZPO eingehalten[411]. Denn diese beginnt bei einem Versäumnisurteil nach § 331 Abs. 3 ZPO erst mit der Zustellung an beide Parteien, hier also erst mit der am 7. Juni 2007 erfolgten Zustellung an den Kläger. Die Zustellung an beide Parteien ersetzt

---

407 Siehe dazu auch Rn. 270 und Rn. 1563.
408 OLG Hamm, NJW 2005, 2238; a. A. Hartmann, NJW 2004, 1358, 1359, 1360, der eine Auslegung nicht für angemessen erachtet.
409 Zu diesem siehe Rn. 1136.
410 Vgl. Rn. 1125 ff. Siehe dazu auch Schmitz, JuS 1990, 131, 134 mit Fn. 12.
411 Siehe dazu Rn. 1140 ff.

bei einem Versäumnisurteil die Verkündung des Urteils (§ 310 Abs. 3 ZPO); erst mit Verkündung (§ 310 Abs. 1 ZPO) wird das Urteil rechtlich existent."

Für die im Anschluss zu prüfende Zulässigkeit eines Rechtsmittels ist stets auf den Zeitpunkt der Einlegung des Rechtsmittels abzustellen. Spätere Veränderungen können die Zulässigkeit des Rechtsmittels grundsätzlich nicht mehr entfallen lassen[412].

c) **Weitere vorzuziehende Punkte.** Im Aufbau vor die Prüfung der Zulässigkeit und Begründetheit einer Klage gehören schließlich auch folgende Punkte:
- **Die Wirksamkeit eines Prozessvergleichs:** Ist ein zuvor geschlossener Prozessvergleich wirksam, kann ein im Vergleich vollständig enthaltener Streitgegenstand nicht weiterverfolgt werden.
- **Eine Wiedereinsetzung in den vorigen Stand, §§ 233 ff. ZPO:** Ist eine Wiedereinsetzung zu verwehren, muss eine Prüfung von Zulässigkeit und Begründetheit unterbleiben.
- **Eine Klageänderung, §§ 263 ff. ZPO:** Nur wenn feststeht, welcher Antrag vom Kläger verfolgt wird, kann dessen Zulässigkeit und Begründetheit geprüft werden.
- **Die Auslegung des Rubrums:** Vorstellbar ist, dass das Gericht die Parteien erst durch Auslegung ermitteln muss.

III. Sachurteilsvoraussetzungen[413]

1. Allgemeines. Sind sämtliche „Aufbaufragen" geklärt, steht zu Beginn der Entscheidungsgründe die Frage, ob die erhobene Klage in dem ggf. vorher ausgelegten „Kleid" zulässig ist. Die sich hier **stellenden Fragen** werden von Rechtsreferendaren **regelmäßig überschätzt**. Nur selten ist eine Klage im Assessorexamen unzulässig. Da sich die wesentlichen Probleme einer **Assessorklausur** fast immer in der Begründetheit „verstecken", ist die Zulässigkeit zumeist nur „abzuhaken". Eine unzulässige Klage, die verhindert, zu materiell-rechtlichen Fragen Stellung zu nehmen, ist zurzeit eine große Ausnahme.

2. Kein Zulässigkeitsproblem. Taucht – wie zumeist – kein Zulässigkeitsproblem auf, reicht es völlig aus, **knapp festzustellen, dass die Klage zulässig ist** – oder es ist sogar sofort mit der Begründetheit der Klage zu beginnen. Breitere Ausführungen zu unproblematischen Bereichen fallen negativ auf. Beispiele:

📄 **Formulierungsvorschlag längere Version**
„Die Klage ist zulässig. Insbesondere ist das angerufene Gericht nach §§ 23 Nr. 1, 71 Abs. 2 GVG sachlich und nach § 13 ZPO örtlich zuständig. Sie ist auch in der Sache begründet. ..."

---

412 BGH, FamRZ 2009, 495, 496.
413 Siehe zu den Einzelfragen umfassend Rn. 515 ff.

475 🗐 **Formulierungsvorschlag Kurzform**
„Die zulässige Klage ist begründet." (Es ist dadurch ausreichend angedeutet, dass dem Referendar die Fragen der Zulässigkeit geläufig sind, er sie geprüft sowie hier als unproblematisch bejaht hat.)

476 3. **Ausnahmen.** Die Zulässigkeit einer Klage ist **ausnahmsweise zu problematisieren**, wenn eine Sachurteilsvoraussetzung nach dem Sachverhalt oder der Rechtslage im Einzelfall zweifelhaft ist (z. B. eine fragliche Zuständigkeit, entgegenstehende Rechtshängigkeit oder Rechtskraft) oder wenn die Zulässigkeit unter den Parteien umstritten ist. Streiten die Parteien nämlich über die Frage, ob eine Sachurteilsvoraussetzung vorliegt oder nicht, dürfen sie hierzu in den Entscheidungsgründen eine klärende Antwort erwarten – auch wenn der Punkt in Wahrheit unproblematisch ist.

477 4. **Feststellungsklagen.** Die Zulässigkeit einer Feststellungsklage (etwa einer Erledigt- oder Kostenfeststellungsklage) ist stets – wenigstens kurz – zu **problematisieren**[414]. Die notwendige Kurzprüfung kann dabei etwa so aussehen:

478 🗐 **Formulierungsvorschlag**
„Die Klageänderung[415] ist schon nach § 267 ZPO zulässig. Danach ist die Einwilligung des Beklagten in die Änderung der Klage anzunehmen, wenn er – wie gem. § 165 ZPO hier das Protokoll vom 6. 7. 2007 beweist –, ohne der Änderung zu widersprechen, sich in einer mündlichen Verhandlung auf die abgeänderte Klage eingelassen hat. Auch das nach § 256 Abs. 1 ZPO erforderliche Feststellungsinteresse ist gegeben. Denn der Kläger hat bei Eintritt eines erledigenden Ereignisses keine andere Möglichkeit als die Feststellungsklage, von den Kosten des Rechtsstreits befreit zu werden."

IV. Begründetheit

479 1. **Allgemeines.** In einem **kurzen Einleitungssatz** sollte das Ergebnis der materiellrechtlichen Prüfung knapp vorgestellt werden. Bei einer unschlüssigen Klage genügt es, allein auf den Klägervortrag einzugehen. Ausführungen zu dem Vortrag des Beklagten sind dann entbehrlich. Ist eine Klage durch mehrere Anspruchsgrundlagen begründet, so haben sich die Ausführungen auf die am leichtesten begründbare Anspruchsgrundlage – also auf eine – zu beschränken[416]. Bei Klageabweisung sind hingegen alle **ernsthaft in Betracht** kommenden Anspruchsgrundlagen – kurz – zu erörtern.

480 2. **Hauptanspruch. – a) Begründete Klage.** In einem **kurzen und einfachen Einleitungssatz** sollte das Ergebnis des Prozesses vor allem unter Nennung der entscheidungserheblichen **Anspruchsnorm** (ggf. auch des entsprechenden Vertrages) genannt werden. Dass ggf. auch andere Anspruchsgrundlagen zu demselben Ergebnis führen, interessiert nicht.

---

414 Siehe dazu im Einzelnen Rn. 764.
415 Siehe dazu Rn. 797 ff.
416 Im Examen ist auf den Bearbeitervermerk zu achten. Zum Teil sind ausgeschiedene Anspruchsgrundlagen hilfsgutachtlich zu erläutern.

4. Kapitel: Entscheidungsgründe

481 📄 **Formulierungsvorschlag**

„Der Kläger hat einen Anspruch auf Zahlung von 5.000,00 € aus dem am 21. Mai 2009 zwischen den Parteien geschlossenen Kaufvertrag i. V. m. § 433 Abs. 2 BGB, 1. a)[417]. Der Anspruch ist nicht durch die Zahlung des Beklagten vom 3. Juli 2007 nach § 362 Abs. 1 BGB erloschen, 1. b)."

482 Unter 1. a) dann darlegen, dass der Kaufvertrag entstanden ist. Unter 1. b) ausführen, dass der Anspruch nicht erloschen ist. [dann: Nebenentscheidungen etc.]. Innerhalb der bejahten Anspruchsgrundlage müssen **alle Tatbestandsmerkmale**, auch wenn einzelne von ihnen unproblematisch sind, erörtert werden. Nur das Vorliegen aller Tatbestandsmerkmale ergibt nämlich den betreffenden Anspruch. Unproblematische Merkmale sind allerdings so kurz wie möglich darzustellen, ggf. **zusammenfassend** in einem Satz. Die Anspruchsnorm ist „streitiges Merkmal" für „streitiges Merkmal" durchzuprüfen.

483
> **Schema**
> - Anspruch entstanden?
>   - Merkmal A
>   - Merkmal B
>   - Merkmal C
> - Anspruch erloschen?
>   - z. B. Erfüllung?
>   - z. B. Aufrechnung?
> - Anspruch durchsetzbar?
>   - z. B. Verjährung?
>   - z. B. Stundung?

484 **b) Unbegründete Klage.** Ist eine Klage abzuweisen, müssen **alle ernsthaft** (also nicht die fernliegenden) in Betracht **kommenden Anspruchsgrundlagen** behandelt und verneint werden. Übliche Reihenfolge der Prüfung:

485
> ☑ **Checkliste**
> - Ansprüche aus Vertrag
> - quasivertragliche Ansprüche (§§ 280 Abs. 1, 311 Abs. 2 BGB, „GoA")
> - dingliche Ansprüche
> - Ansprüche aus Delikt
> - Ansprüche aus ungerechtfertigter Bereicherung

486 Bei allen Ansprüchen ist jeweils nur das zu **verneinende Tatbestandsmerkmal**, nicht alle Tatbestandsmerkmale zu erörtern. Bei mehreren negativen Merkmalen ist grundsätzlich das auszuwählen, das am **leichtesten abgehandelt** werden kann. Wird eine Klage abgewiesen, weil eine Einrede im Sinne der ZPO eingreift, interessiert es grundsätzlich[418] nicht, ob die anspruchsbegründenden Tatsachen vorliegen. In diesem Fall ist die Anspruchsgrundlage nur mit der Einredenorm zu

---
417 Zur Bezifferung siehe bereits Rn. 447.
418 Ausnahme: Aufrechnung, wegen der zu prüfenden Aufrechnungslage. Siehe im Einzelnen Rn. 865.

verneinen, wobei alle einredebegründenden Merkmale erörtert werden müssen, und zwar auch diejenigen, die unproblematisch sind. Erhebt der Kläger seinerseits gegenüber der Einrede des Beklagten erfolglos eine Einrede, ist auch diese abzuhandeln. Insoweit beschränken sich jedoch die Erörterungen auf das Merkmal, das verneint wird.

3. Checkliste Anspruchsaufbau

487 ☑ Checkliste

I. Anspruch entstanden
1. Originärer Erwerb
   a) Rechtsgeschäftliches Schuldverhältnis (i. d. R. Vertrag)
      aa) Einigung (übereinstimmende Willenserklärungen über essentialia negotii)
         (1) Angebot
            - eigene Willenserklärung/Zurechnung fremder Willenserklärungen
            - Wirksamwerden der Willenserklärung durch Abgabe und Zugang
         (2) Annahme
            - eigene Willenserklärung/Zurechnung fremder Willenserklärungen
            - Wirksamwerden der Willenserklärung durch Abgabe und Zugang
            - Rechtzeitigkeit
            - inhaltliche Übereinstimmung mit dem Angebot
      bb) Wirksamkeit der Einigung (= rechtshindernde Einwendungen im mat. Sinn)
         §§ 104 ff. BGB (Geschäftsunfähigkeit)
         § 125 BGB (Form)
         § 134 BGB (Gesetzesverstoß)
         § 138 Abs. 1 und Abs. 2 BGB (Sittenwidrigkeit)
         § 142 Abs. 1 BGB (Anfechtung), str.
         § 158 Abs. 1 BGB (Aufschiebende Bedingung)
   b) Gesetzliches Schuldverhältnis (z. B. Delikt, GoA, ungerechtfertigte Bereicherung)
2. Derivativer Erwerb
   durch Vertrag (z. B. § 398 BGB)
   durch Gesetz (z. B. § 1922 BGB)

II. Anspruch untergegangen
(= rechtsvernichtende Einwendungen im mat. Sinn)
1. Erlöschen
   a) § 362 BGB (Erfüllung)
   b) §§ 364, 378, 389 (Erfüllungssurrogate)
2. Übergang
   a) durch Vertrag (§ 398 BGB, Abtretung)
   b) durch Gesetz (§ 1922 BGB, Erbfall)

> 3. § 275 BGB (Unmöglichkeit)
> 4. § 346 BGB (Rücktritt)
> 5. §§ 440, 323, 326 Abs. 5 BGB (Rücktritt)
> 6. § 242 BGB (unzulässige Rechtsausübung [Schikaneverbot/Arglisteinrede/Verwirkung])
>
> **III. Anspruch durchsetzbar (= rechtshemmende Einreden im mat. Sinn)**
> 1. Dilatorische Einreden (z. B. §§ 320, 271 [Stundung])
> 2. Peremptorische Einreden (z. B. § 214 Abs. 1 BGB [Verjährung])

4. Nebenforderungen (Zinsen und Mahnauslagen, § 4 ZPO). Innerhalb der Begründetheit darf **nicht vergessen** werden, auch die **Nebenforderungen** angemessen (zumindest summarisch) zu **prüfen**. Der Umfang der Begründung hängt vom Einzelfall ab[419]. Ist z. B. der Verzugsbeginn problematisch, gehören auch hierzu Ausführungen in die Entscheidungsgründe.

▣ Formulierungsvorschläge
- „Der zuerkannte Zinsanspruch rechtfertigt sich unter dem Gesichtspunkt des Verzuges, §§ 286 Abs. 1 S. 1, 288 Abs. 1 S. 1 BGB. Die Klägerin forderte die Beklagten unter Fristsetzung auf den 20. Oktober 2009 auf (Kopie des Schreibens Bl. 28 d. A.), den streitbefangenen Betrag an sie zu zahlen."
- „Der zuerkannte Zinsanspruch[420] folgt aus § 291 S. 1 Hs. 1 BGB. Das Gericht hat die Klage am 12. Juli 2009 zugestellt. Damit trat die Rechtshängigkeit analog §§ 187, 188 BGB am 13. Juli 2009 ein[421]."

V. Nebenentscheidungen

Zu den Nebenentscheidungen gehören stets die **Begründung der Kostenentscheidung** sowie die Begründung der Entscheidung über die vorläufige Vollstreckbarkeit. Zum Teil ist auch zu begründen, warum ein Rechtsmittel vom Gericht zu- oder nicht zugelassen worden ist.

1. Kostenentscheidung. Die Kostenentscheidung beurteilt sich zumeist nach §§ 91 bis 101, 269 Abs. 3 S. 2, 281 Abs. 3, 344 ZPO. In der Regel genügt zur Begründung der Kostenentscheidung ein Zitat der gesetzlichen Normen, auf denen die Entscheidung beruht.

▣ Formulierungsvorschlag
„Die Kostenentscheidung beruht auf § 91 Abs. 1 S. 1 ZPO."

Ergibt sich die Kostenentscheidung ausnahmsweise nicht ohne weiteres aus dem Gesetz, muss sie begründet werden. Das ist z. B. einer Entscheidung nach § 92 Abs. 2 ZPO oder bei einer übereinstimmenden Teilerledigterklärung oder bei

---
419 Zimmermann, JuS 1991, 674, 675.
420 Zum Problem der Zukunftszinsen siehe für alle Herr, MDR 1989, 788 und NJW 1988, 3137; Zimmermann, JuS 1991, 674, 675 ff. und KG, NJW-RR 1989, 305.
421 Siehe dazu BGH, NJW-RR 1990, 518, 519; BGH, NJW 1997, 3168; Toussaint, JA 2001, 142, 145.

einem teilweisen Anerkenntnis der Fall. In diesem Fall muss die Kostenentscheidung – soweit sie sich auf § 91a ZPO stützt – ausführlich begründet werden. Dies findet seinen Grund darin, dass die auf §§ 91a, 93 ZPO beruhende Entscheidung **gesondert** angefochten werden kann.

494 🗎 **Formulierungsvorschlag**
„Soweit die Parteien den Rechtsstreit in der Hauptsache wegen des Austauschs der Fenster in der Küche und der Abdichtung der Terrasse für erledigt erklärt haben, sind dem Beklagten die Kosten aufzuerlegen. Nach § 91a Abs. 1 ZPO ist eine Billigkeitsentscheidung nach dem bisherigen Sach- und Streitstand zu treffen. Die Kostenlast ist nach einer summarischen Würdigung des bisherigen Prozessstoffes zu verteilen, indem ohne weitere Sachaufklärung ermittelt wird, welche Partei voraussichtlich unterlegen wäre und demnach bei streitiger Fortführung des Verfahrens die Kosten nach den allgemeinen Kostenvorschriften zu tragen gehabt hätte. Nach der derzeitigen Sach- und Rechtslage hätte die Klage Erfolg gehabt. Der Beklagte war unstreitig bereits vor Rechtshängigkeit verpflichtet, die Schäden an den Fenstern und an der Terrasse zu beheben [ist weiter auszuführen]."

495 **2. Vorläufige Vollstreckbarkeit.** Entscheidungen über die vorläufige Vollstreckbarkeit des Urteils folgen aus §§ 708, 709, 711, 713 ZPO. In der Regel genügt auch hier ein **Zitat**.

496 🗎 **Formulierungsvorschlag**
„Die Kostenentscheidung beruht auf § 91 Abs. 1 S. 1 ZPO. Die Entscheidung über die vorläufige Vollstreckbarkeit folgt aus § 708 Nr. 11, 711 ZPO."

497 **3. Zulassung von Rechtsmitteln.** Zu den Nebenentscheidungen gehört auch die Zu- oder Nichtzulassung eines Rechtsmittels, beim Amtsgericht stets der Berufung[422]. Ist vom Amtsgericht die Berufung oder vom Berufungsgericht die Revision zuzulassen[423], sollte dies bereits im Tenor **deutlich ausgesprochen** werden[424]. Die Begründung folgt dann in den Nebenentscheidungen. Wird ein Rechtsmittel nicht zugelassen, sollte dies zumindest in den Entscheidungsgründen ausdrücklich anklingen[425]. Auch diese Begründung wird dann im **Rahmen der Nebenentscheidungen** gegeben. Schweigt das Ersturteil über die Zulassung des Rechtsmittels, gilt die Berufung als nicht zugelassen[426].

---

422 Siehe zum Ganzen bereits Rn. 141.
423 Wann ein Rechtsmittel zuzulassen ist, ergibt sich aus §§ 511, 543 ZPO. Danach kommt ein Rechtsmittel vor allem in Betracht, wenn die Sache grundsätzliche Bedeutung hat oder die Fortbildung des Rechts oder die Sicherung einer einheitlichen Rechtsprechung es erfordert. Zur Auslegung dieser Kriterien siehe vor allem BGH, NJW 2003, 65, 66 und 67.
424 Vgl. etwa Hartmann, NJW 2001, 2577, 2586; Hinz, WuM 2002, 3; Oberheim, JA 2002, 493, 494; Stackmann, NJW 2002, 781, 788; Huber, JuS 2002, 791, 796.
425 Huber, JuS 2002, 791, 796. Beispiele bei OLG Celle, NJW 2003, 73 und LG Bad Kreuznach, NJW 2003, 72.
426 LG Görlitz, WuM 2003, 39.

VI. Streitwert

Mit den Ausführungen zu den **prozessualen Nebenentscheidungen** endet das Urteil. Es folgen lediglich noch die Unterschriften der Richter, die bei der Entscheidung mitgewirkt haben[427]. In der Praxis ist es teilweise üblich, vor den Unterschriften der Richter den Gebührenstreitwert festzusetzen. Gemäß § 63 Abs. 2 S. 1 GKG ist der Streitwert grundsätzlich von Amts wegen festzusetzen, und zwar auch bei Zahlungsklagen.

Aus Praktikabilitätsgründen sollte der Gebührenstreitwert vor den Unterschriften der Richter festgesetzt werden. Diese Streitwertfestsetzung ist **kein Bestandteil des Urteils**, da sie in Form eines selbstständig anfechtbaren Beschlusses[428] zu ergehen hat. Sie wird jedoch unter das Urteil vor die Unterschriften gesetzt, weil man sich dadurch die nochmalige Angabe der Parteien und der sonstigen Förmlichkeiten erspart. Üblicherweise wird die Streitwertfestsetzung, soweit sie unter das Urteil gesetzt wird, nicht begründet; es werden lediglich die Vorschriften des Gerichtskostengesetzes und ggf. der Zivilprozessordnung in Klammern gesetzt.

VII. Schemata zum Urteil

Schemata sind gefährlich, weil sie dazu verführen, nicht mehr nachzudenken und dem Einzelfall nicht mehr gerecht zu werden. Schemata sind aber nicht nutzlos. Auch die hier nachfolgend aufgeführten Aufbauhinweise haben einen bestimmten Zweck: Sie bilden den **Normalfall** ab. Von ihnen sollte **nicht ohne Not** abgewichen werden. Erst wenn man sie kennt – und verinnerlicht – besitzt man das Wissen und die Freiheit, die Gründe zu erkennen, von ihnen im Einzelfall abzuweichen.

1. Begründete Klage. Das nachstehende **grobe Schema** für den Aufbau einer begründeten Klage ist als möglicher Anhalt, nicht als Zwang zu verstehen und im Einzelfall sachgerecht anzupassen.

Schema

Entscheidungsgründe

Einleitungssatz: „Die Klage ist zulässig und begründet."

I. Zulässigkeit
1. Sachurteilsvoraussetzungen
2. § 260 ZPO

II. Begründetheit
1. Hauptantrag
   a) Anspruch entstanden (ggf. bewiesen)
   b) Anspruch nicht erloschen

---

[427] § 315 Abs. 1 ZPO. Der Rechtsreferendar sollte hier vermerken, dass Unterschriften zu setzen wären.
[428] § 63 Abs. 1 S. 2 GKG.

      c)   Anspruch nicht gehemmt
2. Nebenforderungen
    a)   Zinsen
    b)   Mahnauslagen
    c)   Inkassokosten

              III. Nebenentscheidungen
1. Kosten
2. vorläufige Vollstreckbarkeit
3. ggf. Zulassung Rechtsmittel
4. ggf. Streitwert

503 **2. Unbegründete Klage.** Das nachstehende grobe Schema für eine unbegründete Klage ist nur als möglicher Anhalt, nicht als Zwang zu verstehen und im Einzelfall sachgerecht anzupassen.

504
> Schema
>
>   **Entscheidungsgründe**
>
> Einleitungssatz: „Die zulässige Klage ist unbegründet."
>
>   I. Zulässigkeit
> 1. Sachurteilsvoraussetzungen
> 2. § 260 ZPO
>
>   II. Begründetheit
> 1. Anspruchsgrundlage 1
>   a)   Anpruch nicht entstanden
>   b)   oder Anspruch erloschen
>   c)   oder Anspruch gehemmt
> 2. Anspruchsgrundlage 2
>   a)   Anspruch nicht entstanden
>   b)   oder Anspruch erloschen
>   c)   oder Anspruch gehemmt
>
>   III. Nebenentscheidungen
> 1. Kosten
> 2. vorläufige Vollstreckbarkeit
> 3. ggf. Zulassung eines Rechtsmittels
> 4. ggf. Streitwert

VIII. Berufungsurteil

505 Nach § 540 Abs. 1 Nr. 2 ZPO muss das Berufungsurteil eine **kurze Begründung** für die Abänderung, Aufhebung oder Bestätigung der angefochtenen Entscheidung geben. Diese Begründung kann im Falle einer Bestätigung auch in einer Bezugnahme auf das angefochtene Urteil bestehen[429]. Ist der Sachverhalt **ergänzt**

---

[429] BGH, MDR 2007, 1277; BGH, MDR 1985, 570 = NJW 1985, 1784, 1785.

worden, genügt eine Bezugnahme nicht mehr. Vielmehr muss in dem Urteil begründet werden, warum der erstinstanzlichen Entscheidung gleichwohl in vollem Umfang gefolgt wird[430]. Dasselbe gilt, wenn **neue rechtliche Gesichtspunkte** aufgetreten sind. Eine **Aneinanderreihung von Gesichtspunkten**, die eine gedankliche Bearbeitung ebenso vermissen lässt wie eine sprachlich angemessene Fassung, **genügt nicht** den Anforderungen, die an eine Urteilsbegründung zu stellen sind.[431]

IX. Übungen

Fall 1:
Das AG Neukölln erlässt gegen B ein Versäumnisurteil.
a) Wie sind die Entscheidungsgründe aufzubauen?
b) Würde es einen Unterschied machen, wenn B auf Seeland in Dänemark wohnt?
c) Welche Funktion haben die Entscheidungsgründe?
d) In welcher Zeitform werden die Entscheidungsgründe geschrieben?

Lösung:
Zu a): Wegen § 313b Abs. 1 Satz 1 ZPO bedarf es bei einem Versäumnisurteil weder eines Tatbestandes noch der Entscheidungsgründe.
Zu b): Ja: Nach § 313b Abs. 3 ZPO ist in diesem Fall § 313b Abs. 1 ZPO nicht anzuwenden. Es ist zu erwarten, dass das Versäumnisurteil im Ausland geltend gemacht werden soll.
Zu c): Aufgabe der Entscheidungsgründe ist es, die Urteilsformel, so wie sie im Tenor wiedergegeben ist, zu begründen (s. § 313 Abs. 3 ZPO).
Zu d): Die Zeitform des Urteils ist das Präsens, die der Prozessgeschichte Perfekt und die zurückliegender Vorgänge der Imperfekt.

Fall 2:
K verklagt B auf Zahlung von 3.000,00 € nebst Zinsen i. H. v. 5 Prozentpunkten über dem jeweiligen Basiszinssatz seit dem 3. Mai 2009.
a) Wie sind die Entscheidungsgründe in diesem Standardfall schematisch aufzubauen, wenn die Klage Erfolg/keinen Erfolg hat?
b) Was meint das Gesetz in § 313 Abs. 3 ZPO, wenn es von „*Zusammenfassung der Erwägungen, auf denen die Entscheidung in tatsächlicher und rechtlicher Hinsicht beruht*" spricht?
c) Wo knüpft das Gesetz noch an die tatsächlichen Erwägungen an und warum?

Lösung:
Zu a)
Variante 1: Klage ist begründet und hat Erfolg:
Entscheidungsgründe
Einleitungssatz: „Die Klage ist zulässig und begründet."
I. Zulässigkeit (nur wenn hierzu Anlass besteht)
II. Begründetheit
    1. Hauptantrag
        a) entstanden
        b) Nicht erloschen
        c) Nicht gehemmt

---

[430] BGH, MDR 2007, 1277; BGH, BGHReport 2004, 272 m. Anm. Schultz = MDR 2004, 289 = NJW 2004, 293, 294.
[431] BGH, MDR 2007, 1277.

　　　　2. Nebenforderungen
　III. Nebenentscheidungen
　　　　1. Kosten
　　　　2. Vorläufige Vollstreckbarkeit

Variante 2: Klage ist unbegründet und hat keinen Erfolg:
Entscheidungsgründe
Einleitungssatz: „Die zulässige Klage ist unbegründet."
I. Zulässigkeit (nur wenn hierzu Anlass besteht)
II. Begründetheit
　　　　1. Anspruchsgrundlage 1
　　　　　　a) Nicht entstanden oder
　　　　　　b) erloschen oder
　　　　　　c) gehemmt
　　　　2. Anspruchsgrundlage 2
　　　　　　a) Nicht entstanden oder
　　　　　　b) erloschen oder
　　　　　　c) gehemmt
　　　　...
III. Nebenentscheidungen
　　　　1. Kosten
　　　　2. Vorläufige Vollstreckbarkeit

Zu b): Alle aufgeworfenen Rechtsfragen bzw. -ansichten sind zu klären und ggf. eine Beweiswürdigung durchzuführen.
Zu c): In § 286 Abs. 1 Satz 2 ZPO (Grundsatz der freien Beweiswürdigung). Es ist nämlich im Einzelnen klarzustellen, durch welche konkreten Tatsachen die Tatbestandsmerkmale ausgefüllt werden. Soweit dies problematisch ist, ist auch die Grundlage der Tatsachenfeststellung, d.h. die Beweiswürdigung i.S.v. § 286 ZPO anzugeben.

Fall 3:
K klagt gegen B auf Zahlung von 200,00 € Kaufpreis für ein Fahrrad. Zwischen den Parteien ist allein streitig, ob ein Mitarbeiter der K – nämlich C – von B die 200,00 € erhalten hat. Das Gericht erhebt Beweis. Nach der Würdigung des Gerichts, ist nicht bewiesen/ist bewiesen, dass C das Geld erlangt hat.
　a) Wo ist die Beweisaufnahme darzustellen?
　b) Wie ist die Darstellung des Beweisergebnisses aufzubauen?

Lösung:
Zu a): Die Beweisaufnahme ist am Ende des Tatbestandes unter dem Punkt „Prozessgeschichte" zu erwähnen. In den Entscheidungsgründen ist die Beweisaufnahme jeweils bei den Tatbestandsmerkmalen relevant, deren (Nicht-)Vorliegen problematisch ist.
Zu b): Variante 1: Tatsache ist bewiesen:
　aa) Ergebnis der Beweisaufnahme
　bb) Darstellung der Beweismittel, auf die sich die Überzeugung des Gerichts gründet
　cc) Unergiebige Beweismittel
　dd) Ggf. negativ-ergiebige Beweismittel
Variante 2: Tatsache ist nicht bewiesen:
　aa) Ergebnis der Beweisaufnahme
　bb) Positiv-ergiebige Beweismittel
　cc) Negativ-ergiebige Beweismittel
　dd) Unergiebige Beweismittel

4. Kapitel: Entscheidungsgründe

Fall 4:
K erhebt Klage vor dem AG Neukölln mit dem Antrag, B zu verurteilen, an ihn 5.000,00 € nebst Zinsen i. H. v. 5 Prozentpunkten über dem jeweiligen Basiszinssatz seit Rechtshängigkeit zu zahlen. Die Post AG hat die Klage am 17. Mai 2009 zugestellt.
a) Wo und welche Ausführungen finden sich hierzu in den Entscheidungsgründen?
b) Wo und wie begründet das Gericht die Kostenentscheidung und die zur vorläufigen Vollstreckbarkeit?
c) Welche Unterschiede ergeben sich, wenn der Kläger die Klage über 2.000,00 € mit/ohne Zustimmung des Beklagten zurückgenommen hat?
d) Was ändert sich, wenn die Parteien den Rechtsstreit i. H. v. 2.000,00 € für teilweise in der Hauptsache erledigt erklärt haben?

Lösung:
Zu a): Im Rahmen der Kosten ist das Datum für die Berechnung der Zinsen wichtig. Hier könnten Zinsen bei einem stattgebenden Urteil ab dem 18. Mai 2009 berechnet werden (arg.: § 187 BGB). Ferner spielt das Datum der Zustellung im Rahmen der Verjährung (Hemmung!) eine Rolle.
Zu b): Dies geschieht im Rahmen der Nebenentscheidungen. Regelmäßig genügt zur Begründung der Kostenentscheidung ein Zitat der gesetzlichen Normen, auf denen die Entscheidung beruht. Ebenso verhält es sich mit der Entscheidung über die vorläufige Vollstreckbarkeit. Auf eine genaue Zitierweise der jeweiligen Normen (nach Absatz, Satz, Alternative, Variante) ist zu achten!
Zu c): Gemäß § 269 Abs. 3 Satz 2 ZPO ist der Kläger verpflichtet, die Kosten des Rechtsstreits zu tragen, soweit sie nicht dem Beklagten aus einem anderen Grund aufzuerlegen sind. Siehe aber auch § 269 Abs. 3 Satz 3 ZPO: Hier ist nach billigem Ermessen zu entscheiden.
Zu d): Gemäß § 91a Abs. 1 ZPO entscheidet das Gericht über die Kosten unter Berücksichtigung des bisherigen Sach- und Streitstands nach billigem Ermessen durch Beschluss. Hier muss die Kostenentscheidung jedoch ausführlich begründet werden.

Teil 4: **Besondere prozessuale Probleme**

1. Kapitel: **Zulässigkeit**

I. Einführung

510 **1. Allgemeines.** Ziel eines Prozesses ist die Sachentscheidung des Gerichtes über den geltend gemachten Streitgegenstand[1]. Um **Popularklagen**[2] zu verhindern, müssen Voraussetzungen[3] erfüllt sein, ohne deren Vorliegen eine Entscheidung des Gerichts zur Sache ganz ausgeschlossen oder aber jedenfalls unzulässig ist. Ist eine Sachentscheidung unzulässig, ergeht ein Prozessurteil[4]. Prozessurteile stellen fest, dass eine bestimmte Sachurteilsvoraussetzung zu einem bestimmten Zeitpunkt nicht vorliegt. Eine Entscheidung darüber, ob der Kläger gegen den Beklagten einen Anspruch geltend machen kann, wenn die Klage zulässig wäre, wird nicht getroffen. In der Sache selbst entscheidet das Gericht bei einem Prozessurteil nicht. Wird die Klage zu einem späteren Zeitpunkt zulässig, kann der Kläger denselben Streitgegenstand nochmals zur Überprüfung des Gerichts stellen. Prozessurteil und Sachurteil unterscheiden sich damit vor allem im Umfang ihrer materiellen Rechtskraft[5]. Eine Zivilklage ist unter folgenden, stets zu bedenkenden Bedingungen zulässig: Die Sachurteilsvoraussetzungen im eigentlichen Sinne und die Sachurteilsvoraussetzungen im weiteren Sinne müssen gegeben sein. Von der Gegenseite geltend gemachte Prozesshindernisse dürfen nicht durchgreifen.

511 ✎ **Klausurtipp**
Schweigt ein Aufgabentext über bestimmte Sachurteilsvoraussetzungen, spricht eine „Vermutung" für eine fehlerfreie Abwicklung des Prozesses. Der Aufgabentext ist im Zweifel so auszulegen, dass von den Parteien und dem Gericht keine Fehler begangen werden[6]. Kann nicht geklärt werden, ob bestimmte Sachurteilsvoraussetzungen vorliegen, so geht dies zu Lasten der Partei, die

---

1 Siehe zum Streitgegenstand Rn. 42.
2 Aber auch aus Ordnungsinteressen, allgemeinen Zweckmäßigkeits- und Gerechtigkeitserwägungen heraus. Siehe ferner § 42 Abs. 2 VwGO.
3 Hier Sachurteilsvoraussetzungen genannt.
4 Zeiss, Zivilprozeßrecht, 8. Aufl. 1993, Rdnr. 534.
5 Das Rechtsmittelgericht kann ein die Klage als unzulässig abweisendes Prozessurteil durch sachabweisendes Urteil ersetzen, BGH, MDR 2004, 705, 706; BGH, MDR 2000, 717 = NJW 2000, 1645, 1647; BGH, MDR 1988, 769 = NJW 1988, 1982.
6 Schumann, JuS 1974, 367, 368.

1. Kapitel: Zulässigkeit

eine Sachentscheidung anstrebt[7]. Die Beweislast für Tatsachen, die die Sachurteilsvoraussetzungen begründen, obliegt derjenigen Partei, die aus der behaupteten Voraussetzung Rechte für sich herleiten will[8].

2. Begriff. Herkömmlich werden die Bedingungen für die Zulässigkeit einer Sachentscheidung als **Prozessvoraussetzungen** bezeichnet[9]. Diese Begriffswahl ist meist **ungenau**, weil die vom Gesetzgeber bestimmten Voraussetzungen regelmäßig keine Bedingung für die Einleitung eines Prozesses, sondern nur für dessen Entscheidung „in der Sache" sind. Hier wird daher der Begriff Sachurteilsvoraussetzungen bevorzugt[10]. Unter diesem Begriff werden die Umstände zusammengefasst, von denen es abhängt, ob das auf sachliche Entscheidung gerichtete Verfahren als solches und im Ganzen zulässig ist. Die Sachurteilsvoraussetzungen sind in der ZPO in **keinem besonderen Abschnitt** geregelt, sondern finden sich an **verschiedenen Stellen**. Zur Unterscheidung können die Sachurteilsvoraussetzungen wie folgt benannt werden:

- **Sachurteilsvoraussetzungen im eigentlichen Sinn** sind die Bedingungen, die erfüllt sein müssen, damit überhaupt ein Prozess eingeleitet und die Klage zugestellt wird[11].
- **Sachurteilsvoraussetzungen im weiteren Sinn** sind diejenigen allgemeinen und besonderen Sachentscheidungsvoraussetzungen, die das Zustandekommen eines Prozesses an sich nicht hindern können. Sie stehen aber einer Sachentscheidung mit der Folge entgegen, dass die erhobene Klage „als unzulässig" abgewiesen werden muss, es sei denn, das Gesetz ermöglicht die Heilung[12] oder der Rechtsstreit kann verwiesen[13] werden.

Prozesshindernisse sind **Bedingungen**, die auf Einrede (Rüge) einer Partei eine Entscheidung in der Sache hindern. Weil Prozesshindernisse nicht von Amts wegen zu berücksichtigen und zu prüfen sind, handelt es sich um verzichtbare Sachentscheidungsvoraussetzungen. Entscheidender Zeitpunkt für das Vorliegen dieser Voraussetzungen ist grundsätzlich die letzte mündliche Verhandlung.

3. Aktiv- und Passivlegitimation. Der Begriff der Sachentscheidungsvoraussetzungen ist von der so genannten **Aktiv- oder Passivlegitimation** zu **unterscheiden**. Die Aktivlegitimation ist die Frage danach, ob dem Kläger tatsächlich ein materiell-rechtlicher Anspruch zusteht. Die Passivlegitimation beantwortet hingegen die Frage, ob der Beklagte Schuldner ist. Beide Fragen wollen ergründen, ob nach materiellem Recht der Anspruch begründet ist und sind damit eine Frage der Begründetheit.

---

7 Zur Beweislast siehe ausführlich Rn. 1408.
8 BGH, MDR 2005, 1306, 1307; BGH, MDR 2004, 1197.
9 Nach Oskar Bülow, Die Lehre von den Prozesseinreden und die Prozessvoraussetzungen (1868), S. 6. Siehe etwa BGH, NZM 2008, 285; BGH, MDR 2005, 1306, 1307; BGH, MDR 2004, 1197; BGH, MDR 2003, 518, 519.
10 So auch BGH, FamRZ 2006, 550; BGH, MDR 2000, 660, 661; BGH, MDR 1997, 879; KG, MDR 1998, 618, 620.
11 Zeiss, Zivilprozeßrecht, 8. Aufl. 1993, Rdnr. 254.
12 Z.B. §§ 295, 39 ZPO.
13 Gem. § 281 ZPO.

II. Sachurteilsvoraussetzungen im eigentlichen Sinne

515 Damit ein Prozessrechtsverhältnis zwischen Kläger und Beklagten begründet werden kann, müssen die **echten Sachurteilsvoraussetzungen** vorliegen. Ist dies nicht der Fall, wird die Klage nicht zugestellt, zurückgereicht, ein Termin zur mündlichen Verhandlung wird nicht anberaumt und es kommt also nicht zu einem Prozess. Die Akten werden in diesen Fällen nach sechs Monaten weggelegt. Als echte Sachurteilsvoraussetzungen werden hier verstanden:
- Formalien der Klageschrift
- die deutsche Gerichtsbarkeit
- die funktionelle Zuständigkeit
- die Prozessgebühr
- die Bestimmung des § 15a EGZPO

516 **1. Klageschrift.** Eine Klage kann daran scheitern, dass **Formalien der Klageschrift** nicht eingehalten sind[14]. Fehlt eine Unterschrift, kann diese nachgeholt werden. Eine Klageschrift muss vom Kläger aber z. B. wirksam eingereicht worden sein und formellen Mindestanforderungen genügen. Aus der Klageschrift muss erkennbar sein, dass es sich überhaupt **um eine Klage handelt**. Das Schriftstück muss also ein Begehren an das Gericht um Gewährung von Rechtsschutz darstellen. Der Antrag muss ausreichend bestimmt sein, § 253 Abs. 2 Nr. 2 ZPO[15]. Dafür kommt es nicht darauf an, ob der maßgebende Lebenssachverhalt bereits in der Klageschrift **vollständig beschrieben** oder der Klageanspruch schlüssig und substanziiert dargelegt worden ist; vielmehr ist es – entsprechend dem Zweck der Klageerhebung, nämlich dem Schuldner den Willen des Gläubigers zur Durchsetzung seiner Forderungen zu verdeutlichen – im Allgemeinen ausreichend, wenn der Anspruch als solcher identifizierbar ist[16]. Die gebotene Individualisierung der Klagegründe kann grundsätzlich auch durch eine konkrete Bezugnahme auf andere Schriftstücke erfolgen[17]. Der Klagegegner muss **individualisierbar** und mit **ladungsfähiger Anschrift** benannt sein[18]. Enthält die Klageschrift keine ladungsfähige Anschrift, ist die Klage nach h. M. jedenfalls dann unzulässig, wenn die Angabe ohne weiteres möglich ist und kein schützenswertes Interesse entgegensteht[19]. Die Klage darf nicht an eine Bedingung geknüpft sein, da die Klageerhebung als Prozesshandlung bedingungsfeindlich ist.

517 Als **bestimmender Schriftsatz** i. S. d. § 129 ZPO muss die Klageschrift **eigenhändig unterschrieben** sein. Im Bereich des Anwaltszwanges (§ 78 ZPO) ist die Unterschrift durch einen zugelassenen Rechtsanwalt oder seinen Vertreter erforderlich. Formwirksam ist auch ein Schriftsatz, der durch elektronische Übertragung einer Textdatei auf ein Faxgerät (Computer-Fax) des Gerichts übermittelt wird, wenn die Unterschrift eingescannt wurde[20]. Wird der bestimmende Schriftsatz aller-

---

14 S. auch Rn. 528, 1373 ff.
15 Vgl. OLG Köln, MDR 2004, 532, zur Frage einer Lageskizze.
16 BGH, WRP 2003, 1458 = BGHReport 2003, 1438.
17 Rn. 1374.
18 Siehe dazu auch Rn. 1372.
19 BGH, NJW-RR 2004, 1503 m. w. Nachw.
20 GemOG, BGHZ 144, 160, 164.

1. Kapitel: Zulässigkeit 518–522

dings durch ein normales Telefaxgerät übermittelt, so kann der ausgedruckt vorliegende, per Fax zu übermittelnde Schriftsatz von dem Rechtsanwalt ohne weiteres unterschrieben werden. Mangels technischer Notwendigkeit lehnt es der BGH daher ab, in einem solchen Fall auf das Unterschriftserfordernis zu verzichten oder das bloße Einscannen der Unterschrift genügen zu lassen[21].

2. Deutsche Gerichtsbarkeit. Die Beteiligten müssen der **deutschen Gerichtsbarkeit** unterfallen[22]. Das sind grundsätzlich alle Personen, die sich innerhalb der Bundesrepublik aufhalten oder dort ihren Sitz haben, § 12 ZPO. **518**

3. Funktionelle Zuständigkeit. Das angerufene Gericht muss **funktionell zuständig** sein, siehe dazu §§ 23, 71, 72, 119, 133 GVG, RechtspflegerG[23]. **519**

4. Prozessgebühr. Der Kläger muss die nach § 12 Abs. 1 GKG erforderliche **Prozessgebühr** einzahlen, es sei denn, ihm ist Prozesskostenhilfe gem. § 114 ff. ZPO gewährt worden. **520**

5. § 15a EGZPO. Nach § 15a EGZPO[24] kann durch Landesgesetz geregelt werden, dass die Erhebung der Klage erst zulässig ist, nachdem von einer durch die Landesjustizverwaltung eingerichteten oder anerkannten Gütestelle versucht worden ist, die **Streitigkeit einvernehmlich** beizulegen. Der Kläger hat dann eine von der Gütestelle ausgestellte Bescheinigung über einen erfolglosen Einigungsversuch mit der Klage einzureichen. Ohne Bescheinigung ist die Klage unzulässig[25]. Auch bei der Bescheinigung handelt es sich nach hier vertretener Ansicht um eine echte Sachurteilsvoraussetzung[26]. Ist durch Landesrecht ein obligatorisches Güteverfahren vorgeschrieben, muss der Einigungsversuch also der Klageerhebung vorausgehen. Er kann nicht nach der Klageerhebung nachgeholt werden. **521**

Eine ohne den Einigungsversuch erhobene Klage ist als **unzulässig abzuweisen**[27]. Wird die Bescheinigung nicht vorgelegt, darf die Klage nicht zugestellt und muss zurückgereicht werden. Nur dadurch wird verhindert, dass die Parteien im laufenden Verfahren darüber streiten, ob und wann das Güteverfahren nachzuholen ist[28] oder ob eine nachträgliche Erhöhung der Klage (= Klageerweiterung) zulässig ist[29]. **522**

---

21 BGH, NJW 2006, 3784, 3785.
22 §§ 18–20 GVG, siehe Rn. 548 ff.
23 Siehe dazu Rn. 571.
24 Siehe dazu u.a. etwa AG Nürnberg, MDR 2002, 233; AG Lüdenscheid, NJW 2002, 1279; LG Kassel, NJW 2002, 2256.
25 AG Königstein i. Ts., NJW 2003, 1954, 1955.
26 So jetzt auch BGH, MDR 2005, 285, 286.
27 BGH, MDR 2005, 285, 286; OLG Frankfurt, NJOZ 2008, 1996.
28 Siehe dazu LG Ellwangen, NJW-RR 2002, 936; AG Nürnberg, NJW 2001, 3489; AG Wuppertal, ZInsO 2002, 92, 92 und Friedrich, MDR 2003, 1313 f. zu LG München, MDR 2003, 1313.
29 So in LG München, MDR 2003, 1313; vorinstanzlich AG München, NJW-RR 2003, 515.

III. Sachurteilsvoraussetzungen im weiteren Sinne

523 Fehlt eine der Sachurteilsvoraussetzungen im weiteren Sinne, wird eine Klage zwar zugestellt und ein Termin zur mündlichen Verhandlung anberaumt; es darf aber kein Urteil in der Sache ergehen (Sachurteil)[30]. Die Klage wird stattdessen grundsätzlich[31] durch Prozessurteil[32] **als unzulässig** abgewiesen. Man kann die Sachurteilsvoraussetzungen im weiteren Sinne wie folgt **unterteilen**[33]:
- gerichtsbezogene
- parteibezogene
- streitgegenstandsbezogene
- besondere Sachurteilsvoraussetzungen der Klageart

524 **1. Gerichtsbezogene Sachurteilsvoraussetzungen.** Bei den gerichtsbezogenen Sachurteilsvoraussetzungen kann man wie folgt unterscheiden:
- internationale Zuständigkeit, z. B. §§ 606a, 640a, EuGVVO[34]
- Rechtsweg, §§ 13, 17 GVG
- sachliche Zuständigkeit, §§ 23, 71 GVG, 38–40, 281 ZPO
- örtliche Zuständigkeit, §§ 12–40, 281 ZPO[35]

525 **2. Parteibezogene Sachurteilsvoraussetzungen.** Bei den parteibezogenen Sachurteilsvoraussetzungen kann man wie folgt unterscheiden:
- **Existenz der Partei**, §§ 239, 246, 619 ZPO
- **Parteifähigkeit**, §§ 50, 56 ZPO
- **Prozessfähigkeit**, § 51 ZPO
- **Gesetzliche Vertretung**, § 57 ZPO
- **Prozessführungsbefugnis**: Jeder ist berechtigt, eigene Ansprüche einzuklagen. Für eigene Ansprüche ist die Prozessführungsbefugnis nicht zu problematisieren. Anders ist es bei fremden Ansprüchen. Ein fremdes Recht in eigenem Namen einzuklagen, nennt man Prozessstandschaft (dazu Rn. 664). Bei der Prozessführungsbefugnis handelt es sich um eine Prozessvoraussetzung, die in jeder Lage des Verfahrens, auch noch in der Revisionsinstanz, von Amts wegen zu prüfen ist[36]. Grundsätzlich müssen die Tatsachen, aus denen sich eine Prozessstandschaft ergibt, spätestens zur Zeit der letzten mündlichen Verhandlung in der Tatsacheninstanz vorliegen. Etwa ein Zwangsverwalter, der auf Rückgabe einer Mietsicherheit klageweise in Anspruch genommen wird, ist zur Führung des Prozesses nicht mehr befugt, wenn die Zwangsverwaltung vor Rechtshängigkeit der Streitsache aufgehoben worden ist. In diesem Fall ist die Klage mangels Prozessführungsbefugnis des als Zwangsverwalter in Anspruch genommenen Beklagten (als unzulässig) abzuweisen[37]. Entsprechendes gilt für den Insolvenzverwalter. Mit Aufhebung des

---

30 Vgl. etwa BGH, MDR 2000, 1334.
31 Die Ausnahme ist § 281 ZPO.
32 Siehe zum Begriff oben Rn. 52 und Rn. 510.
33 Schmitz, JuS 1976, 441, 443.
34 Siehe Rn. 549.
35 Siehe Rn. 579 ff.
36 BGH, MDR 2005, 1306. Siehe dazu Rn. 538.
37 BGH, MDR 2005, 1306.

1. Kapitel: Zulässigkeit

Insolvenzverfahrens nach Bestätigung eines Insolvenzplans erlischt sein Amt (§ 259 Abs. 1 S. 1 InsO). Der Schuldner erhält das Verfügungsrecht über die Insolvenzmasse zurück (§ 259 Abs. 1 S. 2 InsO) und wird wieder selbst prozessführungsbefugt. Der Insolvenzverwalter kann einen anhängigen Prozess auch nicht nach § 265 Abs. 2 ZPO weiterführen[38]. Die Änderung in der Prozessführungsbefugnis betrifft nicht wie die Abtretung die Sachlegitimation.

- **Postulationsfähigkeit, §§ 78, 79 ZPO**

3. Streitgegenstandsbezogene Sachurteilsvoraussetzungen. Bei den streitgegenstandsbezogenen Sachurteilsvoraussetzungen kann man wie folgt unterscheiden:

- **Ordnungsmäßigkeit der Klageerhebung, § 253 ZPO.** Nach § 253 Abs. 2 Nr. 2 ZPO muss die Klageschrift neben der bestimmten Angabe des Gegenstands und des Grundes des erhobenen Anspruchs außerdem einen bestimmten Antrag enthalten. Damit wird der Streitgegenstand abgegrenzt und zugleich eine Voraussetzung für die etwa erforderlich werdende Zwangsvollstreckung geschaffen. Ein Klageantrag ist hinreichend bestimmt, wenn er den erhobenen Anspruch konkret bezeichnet, dadurch den Rahmen der gerichtlichen Entscheidungsbefugnis (§ 308 ZPO) absteckt, Inhalt und Umfang der materiellen Rechtskraft der begehrten Entscheidung (§ 322 ZPO) erkennen lässt, das Risiko eines Unterliegens des Klägers nicht durch vermeidbare Ungenauigkeit auf den Beklagten abwälzt und eine Zwangsvollstreckung aus dem Urteil ohne eine Fortsetzung des Streits im Vollstreckungsverfahren erwarten lässt[39]. Welche Anforderungen an die Konkretisierung des Streitgegenstands in einem Klageantrag zu stellen sind, hängt jedoch auch von den Besonderheiten des anzuwendenden materiellen Rechts und den Umständen des Einzelfalls ab. Die Anforderungen an die Bestimmtheit des Klageantrags sind danach abzuwägen zwischen dem zu schützenden Interesse des Beklagten, sich gegen die Klage erschöpfend verteidigen zu können, sowie seinem Interesse an Rechtsklarheit und Rechtssicherheit hinsichtlich der Entscheidungswirkungen mit dem ebenfalls schutzwürdigen Interesse des Klägers an einem wirksamen Rechtsschutz. Eine Teilklage, die mehrere prozessual selbstständige Ansprüche zum Gegenstand hat, genügt etwa dem Bestimmtheitserfordernis des § 253 Abs. 2 Nr. 2 ZPO nur dann, wenn der Kläger die Reihenfolge angibt, in der das Gericht diese Ansprüche prüfen soll. Sonst könnte es zu unüberwindlichen Schwierigkeiten bei der Bestimmung des Streitgegenstandes und damit der materiellen Rechtskraft kommen[40].
- **Klagbarkeit.** Klagbarkeit des behaupteten materiellen Anspruchs, z.B. §§ 656, 762 BGB.
- **Keine entgegenstehende Rechtshängigkeit, § 261 ZPO** (= negative Sachurteilsvoraussetzung[41]). Anderweitige Rechtshängigkeit der Streitsache liegt vor, wenn die Parteien und der Streitgegenstand eines neuen Prozesses identisch sind mit den Parteien und dem Streitgegenstand eines bereits

---

38 BGH, NZG 2008, 711; BGH, NJW-RR 2008, 860; BGH, NJW 1992, 2894.
39 BGH, NJW 1999, 954.
40 BGH, NJW 2000, 3718; BGH, NJW 1990, 2068 f.
41 BGH, NZM 2008, 285 = NJW 2008, 1227 = JuS 2008, 754.

rechtshängigen Prozesses[42]. Zu einer mehrfachen Geltendmachung ein und desselben Anspruches kann es z. B. kommen, wenn ein zuständiges sowie ein unzuständiges Gericht angerufen werden. Es ist einleuchtend, dass bereits zur Vermeidung widersprüchlicher Entscheidungen diese Konstellation verhindert werden muss. Unabhängig davon, ob das angerufene Gericht zuständig oder nicht zuständig ist, begründet daher die **Erhebung der Klage** die Rechtshängigkeit. Jede weitere Klage ist auch dann, wenn sie bei dem zuständigen Gericht eingereicht wird, wegen bereits vorhandener Rechtshängigkeit unzulässig und wird wegen fehlender Prozessaussetzung abgewiesen, § 261 ZPO. Eine entgegenstehende Rechtshängigkeit ist als Sachurteilsvoraussetzung von Amts wegen zu prüfen[43]

- **Keine entgegenstehende materielle Rechtskraft, §§ 322, 325 bis 327 ZPO** (= negative Sachurteilsvoraussetzung[44]): Wenn über einen Anspruch bereits rechtskräftig entschieden ist, ist es aus Gründen formeller Gerechtigkeit nicht mehr möglich, den Rechtsstreit erneut durch ein Gericht entscheiden zu lassen. Eine zweite Klage ist wegen entgegenstehender Rechtskraft als unzulässig abzuweisen[45]. Die materielle Rechtskraft eines Urteils führt in einem späteren Rechtsstreit allerdings nur dann zur Unzulässigkeit der neuen Klage und zur Prozessabweisung, wenn die Streitgegenstände beider Prozesse identisch sind oder im zweiten Prozess das kontradiktorische Gegenteil der im ersten Prozess ausgesprochenen Rechtsfolge begehrt wird[46].
- **Rechtsschutzbedürfnis:** Das Rechtsschutzbedürfnis für eine Klage fehlt, wenn dem Kläger ein einfacherer Weg zur Erlangung eines vollstreckbaren Titels zur Verfügung steht[47]. Dies ist der Fall, wenn über den Anspruch bereits ein rechtskräftiges Urteil oder ein sonstiger Vollstreckungstitel vorliegt oder der Anspruch auf einem einfacheren Weg geltend gemacht werden kann[48]. Grundsätzlich ist davon auszugehen, dass für jede Klage ein Rechtsschutzbedürfnis vorhanden ist, d. h. ein anerkennenswertes Interesse an einer Entscheidung des Rechtsstreits durch das Gericht. Bei Leistungsklagen wird das Rechtsschutzbedürfnis deshalb vermutet. Der Kläger muss sich niemals auf einen **verfahrensmäßig unsicheren Weg** verweisen lassen[49], zumal wenn die Durchsetzbarkeit des auf diese Weise erreichbaren Titels zweifelhaft ist[50].

4. Sachurteilsvoraussetzungen der Klageart. Bei den Sachurteilsvoraussetzungen der jeweiligen Klageart kann man wie folgt unterscheiden:
- Klage auf zukünftige Leistung, §§ 257 ff. ZPO
- Änderungsklage, § 323 ZPO

---

42 Ein Fall von Rechtshängigkeitssperre (Sperrwirkung eines außergerichtlichen Vergleichs) wird von BGH, NJW 2002, 1503 mit Anm. Löhning JA 2002, 836 geprüft.
43 BGH, NJW-RR 2007, 398, 399.
44 BGH, NZM 2008, 285 = NJW 2008, 1227 = JuS 2008, 754.
45 KG, KGReport 2004, 472.
46 BGH, NZM 2008, 285, 286 = NJW 2008, 1227 = JuS 2008, 754.
47 BGH, NJW 2006, 443; BGH, MDR 1996, 1288, 1289.
48 BGH, NJW 2006, 1124; BGH, BGHZ 111, 168, 171 = FamRZ 1990, 966; BGH, BGHZ 75, 230, 235.
49 BGH, MDR 1994, 1037 = ZIP 1994, 654, 655.
50 BGH, MDR 1994, 1037.

1. Kapitel: Zulässigkeit

- Urkundenprozess, §§ 592 ff. ZPO
- Wiederaufnahmeklage, §§ 578 ff. ZPO
- Zwischenfeststellungsklage, § 256 Abs. 2 ZPO

IV. Prozesseinreden

1. **Gesetzliche Prozesseinreden.** Die Klage ist nur **zulässig**, wenn keine Prozesseinreden bestehen. Prozesseinreden werden nicht wie Sachurteilsvoraussetzungen von Amts wegen geprüft, sondern nur auf **Rüge des Beklagten**. 528

☑ Checkliste
In der Klausur wichtige Einreden sind: 529
- Einrede des Schiedsvertrages, §§ 1032 Abs. 1, 1025 ZPO
- Einrede mangelnder Kostensicherheit, §§ 110 bis 113 ZPO
- Einrede mangelnder Kostenerstattung, § 269 Abs. 6 ZPO
- Einrede mangelnder Vertretung, § 88 ZPO

2. **Vertragliche Prozesseinreden.** Die Parteien können auch **materiell-rechtlich bindende Vereinbarungen** über ihr Prozessverhalten eingehen. Neben den gesetzlichen gibt es daher auch vertragliche Prozesseinreden. 530

Beispiele: 531
- Jemand hat sich in einem Vergleich verpflichtet, eine Klage zurückzunehmen[51].
- Jemand hat sich verpflichtet, eine Berufung zurückzunehmen[52].

Hält sich eine Partei nicht an diese Verpflichtung, kann der Vertragspartner den materiell-rechtlichen Verstoß im Wege der prozessualen Einrede geltend machen. Mit seinem vorangegangenen rechtsgeschäftlichen Verhalten darf sich auch **prozessual niemand in Widerspruch setzen**[53]. Beruft sich der Prozessgegner etwa darauf, dass sich eine Partei zur Zurücknahme des von ihr eingelegten Rechtsmittels verpflichtet habe, so ist im gleichwohl weiterbetriebenen Verfahren das Rechtsmittel als unzulässig zu verwerfen[54]. 532

V. § 260 ZPO

Die Bestimmung des § 260 ZPO (objektive Klagehäufung) stellt **keine Sachurteilsvoraussetzung** dar. Sie ist ein einzelner und gesonderter Prüfungspunkt **zwischen Zulässigkeit und Begründetheit**. Sind die Voraussetzungen des § 260 ZPO nicht erfüllt, werden die Klagen nach § 145 ZPO **getrennt**. Voraussetzungen von § 260 ZPO sind: 533

---

51 BGH, NJW 1984, 805; OLG Düsseldorf, OLGReport Düsseldorf 1997, 360.
52 OLG Köln, OLGReport Köln 1997, 95, 96.
53 Vgl. dazu RG, RGZ 102, 217; RG, RGZ 123, 84; RG, RGZ 159, 186; BGH, BGHZ 28, 45, 48 ff., BGH, NJW 1961, 460; BGH, NJW 1964, 549; BGH, NJW 1968, 794.
54 BGH, NJW 1984, 805.

534 ☑ **Checkliste**

- gleiche Parteien
- gleiches Gericht (siehe aber: §§ 5, 25 ZPO)
- gleiche Prozessart (nicht Familien- und Nichtfamiliensachen, nicht gewöhnlicher Prozess mit Urkundenprozess)
- zwei zivilprozessuale Streitgegenstände (Ansprüche)

535 Eine Besonderheit ist eine Eventalklagenhäufung. Bei einer **Eventualklagenhäufung** wird ein Hilfsantrag für den Fall gestellt, dass der Hauptantrag (bzw. die vorgehenden Anträge) erfolglos bleibt. Zulässigkeit und Begründetheit des Hilfsantrags dürfen daher erst geprüft werden, wenn der Hauptantrag **erfolglos geblieben** ist. Dies ist trotz der grundsätzlichen Bedingungsfeindlichkeit von Prozesshandlungen unproblematisch, weil der Hilfsantrag nur von einem innerprozessualen Ereignis abhängt und dadurch keine Unsicherheit in den Prozess getragen wird.

536 🖉 **Klausurtipp**

Der Hilfsantrag wird bereits mit seiner Erhebung rechtshängig, nicht erst durch Eintritt der Bedingung, wichtig z. B. für die Hemmung der Verjährung. Die Rechtshängigkeit (und damit die Hemmung der Verjährung) entfällt allerdings rückwirkend, wenn über den Hilfsantrag nicht entschieden wird, weil der Hauptantrag Erfolg hat („auflösend bedingte Rechtshängigkeit").

537 Die Voraussetzungen des § 260 ZPO sind bei einer solche Eventualklagehäufung ausnahmsweise keine **bloßen Prozessverbindungsvoraussetzungen**, sondern allgemeine Sachurteilsvoraussetzungen des Hilfsantrages. Bei ihrem Fehlen kann das Verfahren **nicht** gem. § 145 ZPO **abgetrennt** werden, weil der Hilfsantrag dann unter einer außerprozessualen Bedingung stünde, nämlich dem Misserfolg des Hauptantrages. Der Hilfsantrag ist vielmehr als **unzulässig abzuweisen**.

VI. Amtsprüfung

538 Weil ein öffentliches Interesse daran besteht, Sachentscheidungen durch ein Gericht nur zuzulassen, wenn die Sachurteilsvoraussetzungen vorliegen, sind diese nach § 56 Abs. 1 ZPO **in jeder Lage des Verfahrens von Amts wegen** auch ohne entsprechende Rüge zu prüfen[55]. Dies muss in jeder Lage des Verfahrens, also auch in der Revisionsinstanz, geschehen. Vorbringen hierzu darf nicht als verspätet zurückgewiesen werden[56]. Amtsprüfung bedeutet, dass der Streitstoff auch ohne entsprechende Rüge zu berücksichtigen ist. Wenn der von einer Partei vorgetragene Sachverhalt Anlass zu dem Bedenken gibt, es könnte ein Verfahrenshindernis bestehen, muss der Richter nach § 139 Abs. 3 ZPO hierauf

---

[55] BGH, NZM 2008, 285 = NJW 2008, 1227 = JuS 2008, 754; BGH, NJW 2006, 1124; BGH, FamRZ 2006, 550.
[56] BGH, NJW 2004, 2523, 2524.

1. Kapitel: Zulässigkeit

hinweisen[57]. Das Gericht muss dabei nur die von den Parteien vorgetragenen Tatsachen prüfen und nicht die zur Beurteilung der Zulässigkeit erforderlichen Tatsachen von Amts wegen ermitteln (keine Amtsermittlung).

Zu einer **Prüfung von Amts wegen** kommt es, wenn eine **besondere Veranlassung** dazu besteht. Behauptet eine Partei, sie sei prozessunfähig, so muss die Darlegung von Tatsachen erwartet werden, aus denen sich ausreichende Anhaltspunkte dafür ergeben, dass die Behauptung richtig sein könnte[58]. Anderenfalls braucht das Gericht die Prozessfähigkeit nicht zu überprüfen. Entsprechendes gilt für die Parteifähigkeit. Die Prüfung selbst erfolgt entsprechend § 56 ZPO nach h. M. noch im **Wege des Freibeweises**[59]. Hier ist das Gericht nicht an die förmlichen Beweisvorschriften gebunden, so dass weder eine förmliche Ladung der Beteiligten noch eine förmliche Beweisaufnahme notwendig ist[60]. Im Rahmen des Freibeweises können auch eidesstattliche Versicherungen berücksichtigt werden. Der Freibeweis senkt nicht die Anforderungen an die richterliche Überzeugungsbildung. Es ist, da es bei den Anforderungen des § 286 ZPO verbleibt, vielmehr der volle Beweis zu erbringen[61].

> **✎ Klausurtipp**
>
> Auch bei der **Prüfung der Zulässigkeitsvoraussetzungen eines Rechtsmittels** gilt, auch soweit es um die Rechtzeitigkeit der Begründung des Rechtsmittels geht, gilt der Freibeweis[62].

VII. Vorrang der Zulässigkeit

Nach h. M. ist es nicht zulässig, die Frage der **Zulässigkeit einer Klage offen zu lassen** und diese jedenfalls wegen feststehender Unbegründetheit abzuweisen[63]. Schon wegen der Auswirkungen auf die Rechtskraft ergibt sich ein **absoluter Vorrang** der Zulässigkeits- vor der Begründetheitsprüfung.

> **✎ Klausurtipp**
>
> Für die Prüfung der jeweiligen Sachurteilsvoraussetzungen innerhalb der Zulässigkeit gibt es keine feste Reihenfolge. Ist eine Klage unzulässig, ist nach dem Urteilsstil nur die Voraussetzung darzustellen, an der es fehlt.

Nur **ausnahmsweise** kann die Prüfung der Zulässigkeit einer Klage dahin gestellt bleiben. Dies ist etwa dann der Fall, wenn feststeht, dass eine Klage unbegründet

---

57 BGH, NJW 1976, 149.
58 BGH, NJW 2004, 2523, 2524 m. w. Nachw.
59 BGH, MDR 1994, 1205 = NJW 1994, 2549, 2550; KG, KGReport 2002, 356 m. w. Nachw.
60 BGH, FamRZ 2007, 552, 553 m. w. Nachw.
61 BGH, FamRZ 2002, 1470, 1471; BGH, NJW 1997, 3319, 3320.
62 BGH, FamRZ 2007, 552, 553; BGH, NJW 2000, 814.
63 BGH, NJW 2009, 999; BGH, NZM 2008, 285, 286 = NJW 2008, 1227 = JuS 2008, 754.

ist, hingegen offen ist, ob der Kläger ein Rechtsschutzbedürfnis[64] oder ein Feststellungsinteresse[65] besitzt. Dies ist in drei Fällen möglich:
- Nach allgemeiner Auffassung[66] muss das **Feststellungsinteresse nur bei einer begründeten Klage** vorliegen[67].
- Nach überwiegender Meinung kann ferner der **Antrag auf Erlass eines Arrestes oder einer einstweiligen Verfügung** bei Fehlen eines Arrest- oder Verfügungsanspruches als jedenfalls unbegründet zurückgewiesen werden und die Frage, ob ein Arrest- und Verfügungsgrund vorliegt, offengelassen werden[68].
- Eine **weitere Ausnahme** vom Vorrang der Zulässigkeitsfeststellung besteht schließlich hinsichtlich der besonderen **Voraussetzungen des Urkundenprozesses** (§§ 592, 597 Abs. 2 ZPO). Eine Urkundenklage, deren materiellrechtliche Unbegründetheit feststeht, kann gem. § 597 Abs. 1 ZPO als unbegründet abgewiesen werden, auch wenn die besonderen Zulässigkeitsvoraussetzungen fehlen.

544 Eine klagabweisende Entscheidung, die die Zulässigkeit der Klage **fälschlich „offen" lässt**, erwächst als **Sachurteil in Rechtskraft**.[69] Eine Sachabweisung erwächst nämlich auch dann in Rechtskraft, wenn das Gericht das Fehlen einer Zulässigkeitsvoraussetzung der Klage übersehen oder die Zulässigkeit grob fehlerhaft bejaht hat. Darüber hinaus erwächst auch ein Urteil in Rechtskraft, das unter Verstoß gegen § 308 ZPO mehr als beantragt zuspricht.

VIII. Doppelrelevante Tatsachen

545 Von einer doppelrelevanten Tatsache spricht man, wenn eine Tatsache sowohl für die Zulässigkeit als auch für die Begründetheit einer Klage notwendigerweise erheblich ist[70].

546 Beispiele:
- Das Vorliegen einer **unerlaubten Handlung** kann sowohl die Zuständigkeit des Gerichts (§ 32 ZPO) als auch den eingeklagten Schadenersatzanspruch gem. §§ 823 ff. BGB stützen.
- Erhebt eine wegen Vermögenslosigkeit gelöschte GmbH wegen nachträglich festgestellter Vermögenswerte gegen den vermeintlichen Schuldner Leistungsklage, so hat sie, da sie ein Sachurteil erstrebt, die Tatsachen darzulegen, aus denen sich der behauptete Anspruch und damit ihre Parteifähigkeit ergeben sollen.
Dabei handelt es sich um doppelrelevante Tatsachen. Sie betreffen sowohl die Zulässigkeit der Klage als auch deren Begründetheit. Besteht der behauptete Anspruch, steht damit fest, dass die Klage zulässig ist. Denn entgegen der angenommenen Vermögenslosigkeit ist die Gesellschaft tatsächlich noch nicht voll beendet. Die Klage ist dann auch zugleich begründet. Im Rechtsstreit einer als vermögenslos gelöschten GmbH ist deshalb regelmäßig ihr Vorbringen als richtig

---

64 BGH, NJW 2006, 1124; BGH, BGHZ 130, 390, 399.
65 BGH, NJW-RR 2001, 957.
66 BGH, NJW-RR 2001, 957; BGH, NJW 1987, 2808, 2809.
67 Siehe Rn. 768.
68 Siehe Rn. 1237.
69 BGH, NZM 2008, 285, 286 = NJW 2008, 1227 = JuS 2008, 754.
70 BAG, MDR 2002, 1451, 1452; BGH, MDR 1994, 1240, 1241.

zu unterstellen und danach zu beurteilen, ob der verfolgte prozessuale Anspruch einen Vermögenswert darstellt[71].

Ob eine **doppelrelevante Tatsache** vom Gericht festgestellt werden kann, ist erst im Rahmen der Prüfung der **Begründetheit** zu klären. Für die Zulässigkeit reicht die einseitige Behauptung aller erforderlichen Tatsachen durch den Kläger aus[72]. Beweise brauchen im Rahmen der Zulässigkeit nicht erhoben zu werden. Eine Klage ist also bereits dann zulässig, wenn der Kläger bloß schlüssig vorträgt = behauptet, dass das angerufene Gericht, z. B. wegen einer unerlaubten Handlung, zuständig ist. Die doppelrelevante Tatsache wird dann erst im Rahmen der Beweisaufnahme zur Begründetheit geprüft. Besteht der behauptete Anspruch, steht damit auch fest, dass die Klage zulässig ist[73]. Wurde z. B. eine unerlaubte Handlung vorgenommen, steht (nachträglich) die Zuständigkeit des Gerichts fest. Ist die unerlaubte Handlung aber nicht begangen worden, so geht dies zu Lasten des Klägers. Er hat die Anrufung des falschen Gerichts zu verantworten. Die Klage wird als unbegründet abgewiesen und entfaltet somit eine weiter gehende Rechtskraft, als dies bei der bloßen Unzulässigkeit der Fall gewesen wäre.

IX. Gerichtsstand

1. Einführung. – a) Deutsche Gerichtsbarkeit. Die Frage der deutschen Gerichtsbarkeit ist eine **gerichtsbezogene Sachurteilsvoraussetzung**[74], bei der geprüft wird, ob der Beklagte der deutschen Gerichtshoheit als Teil der staatlichen Gewaltausübung unterliegt. Grundsätzlich unterliegen alle natürlichen und juristischen Personen auf dieser Welt der deutschen Gerichtsbarkeit, so dass das Fehlen der deutschen Gerichtsbarkeit auf eng begrenzte Ausnahmefälle beschränkt ist. **Ausnahmen** bilden kraft Völkergewohnheitsrechts ausländische Staaten und Staatsoberhäupter, soweit es um **hoheitliche Tätigkeit** = acta iure imperii geht[75] (**nichthoheitliche Tätigkeit** = acta iure gestionis sollen dagegen die deutsche Gerichtsbarkeit nicht ausschließen)[76] und kraft Völkervertragsrechts die diplomatischen und konsularischen Vertreter ausländischer Staaten. Allerdings können die diplomatischen und konsularischen Vertreter ausländischer Staaten als Kläger auftreten. Die diplomatischen und konsularischen Vertreter ausländischer Staaten sind in den §§ 18 und 19 GVG mit den einschlägigen Vertragswerken angesprochen.

b) Internationale Zuständigkeit. Von der deutschen Gerichtsbarkeit zu unterscheiden ist die **deutsche internationale Zuständigkeit**. Bei ihr geht es um zwei Fragen: Wann können die deutschen Gerichte im Erkenntnisverfahren in Fällen mit

---

71 Bork, JZ 1991, 841.
72 BGH, MDR 1994, 1240, 1241; BGH, NJW 1964, 497, 498 = MDR 1964, 226; BGH, BGHZ 7, 184, 186. Ausnahmen gibt es freilich auch. Die internationale (Anerkennungs-)Zuständigkeit des ausländischen Gerichts ist etwa auch dann selbstständig festzustellen, wenn die sie begründenden Tatsachen zugleich die Klageforderung inhaltlich stützen; die schlüssige Behauptung der doppelrelevanten Tatsachen genügt insoweit nicht, BGH, MDR 1994, 1240, 1241.
73 BAG, MDR 2002, 1451, 1452.
74 Siehe Rn. 524.
75 BVerfG, NJW 1963, 435; KG, KGReport 2002, 356, 357.
76 Ein Beispielsfall ist in KG, KGReport 2002, 356, 357 nachzulesen.

Auslandsberührung entscheiden? Welche Urteile ausländischer Gerichte sind anzuerkennen bzw. zu vollstrecken? Die internationale Zuständigkeit richtet sich in Deutschland nur **selten** nach der ZPO (§ 12 ff.)[77]. Der **Regelfall** ist, dass sich die Zuständigkeit nach der Verordnung über die gerichtliche Zuständigkeit und die Anerkennung und Vollstreckung von Entscheidungen in Zivil- und Handelssachen (EuGVVO)[78] richtet.

550 ✎ **Klausurtipp**

Da **Dänemark** auf Grund einer Ausnahmeregelung im Vertrag von Amsterdam noch nicht von der EuGVVO erfasst wird, gilt gegenüber diesem Staat weiter das alte EuGVÜ. Es ist jedoch beabsichtigt, die Regelungen der EuGVVO durch einen völkerrechtlichen Vertrag auf Dänemark zu erstrecken. Auch das Luganer Übereinkommen bleibt vorerst unverändert.

551 Gegenüber den EFTA-Staaten – Norwegen, Schweiz, Liechtenstein und Island –, die mangels EU-Mitgliedschaft dem EuGVÜ nicht beitreten konnten – gilt seit 1988 das inhaltsgleiche Parallelübereinkommen von Lugano (LuGVÜ)[79]. Der wohl wichtigste Unterschied EuGVVO/LuGVÜ ist, dass nach LuGVÜ kein Verfahren vor dem EuGH vorgesehen ist (die Entscheidungen zum EuGVÜ/EuGVVO werden aber herangezogen). Die EuGVVO bzw. das EuGVÜ und das LuGVÜ **verdrängen deutsches Recht**: Wenn die EuGVVO, das EuGVÜ oder das LuGVÜ anzuwenden sind, kann autonomes deutsches Rechts nicht herangezogen werden[80].

552 ✎ **Klausurtipp**

Die Regeln der örtlichen Zuständigkeit der ZPO **bifunktional** zur Bestimmung der internationalen Zuständigkeit heranzuziehen, ist nur bei solchen Sachverhalten möglich, in denen der Beklagte keinen Wohnsitz in einem EU/EFTA-Mitgliedsstaat hat[81] und keine anderen, verdrängenden Vorschriften bestehen.

553 c) **Folgen.** Fehlt die **deutsche Gerichtsbarkeit**, so wird die Klage **nicht zugestellt** und dem Kläger zurückgereicht. **Fehlt die internationale Zuständigkeit** des angerufenen Gerichts, wird die Klage hingegen zugestellt und durch Prozessurteil als unzulässig abgewiesen[82].

554 2. **Zuständigkeitsordnung.** Die Rechtsordnung muss gewährleisten, dass für jeden Rechtsstreit **im Vorhinein** feststeht, welcher Richter über diesen Rechtsstreit

---

77 So auch Coester-Waltjen, Jura 2003, 320. Auch bei den Bestimmungen über die deutsche internationale Zuständigkeit handelt es sich freilich grundsätzlich um nationales Recht.
78 Abrufbar unter *www.euzw.beck.de* (Materialien).
79 Siehe dazu Coester-Waltjen, Jura 2003, 320, 321.
80 Vgl. etwa EuGH, NJW 1992, 1029; EuGH, NJW 1985, 905.
81 Bsp.: Klage eines Deutschen gg. US-Bürger vor deutschen Gerichten als Gerichtsstand des Erfüllungsortes/dinglicher Gerichtsstand.
82 BGH, BGHZ 98, 270.

1. Kapitel: Zulässigkeit

entscheiden wird[83]. Sieht man von den in den §§ 18 bis 20 GVG geregelten Fragen ab, wann eine Person überhaupt der deutschen Gerichtsbarkeit[84] unterliegt, so kann man sich die Zuständigkeitsordnung als eine Art Trichter vorstellen, der nach unten hin immer enger wird und schließlich bei den Personen ausläuft, die zur Entscheidung des Rechtsstreits berufen sind. Die Stationen bilden:

☑ **Checkliste**
- internationale Zuständigkeit[85]
- Rechtswegzuständigkeit
- funktionelle, sachliche und örtliche Zuständigkeit[86]
- Präsidialgeschäftsverteilungsplan[87]
- spruchkörperinterne Geschäftsverteilung

Die deutsche Gerichtsbarkeit kennt verschiedene, untereinander gleichrangige Rechtswege. Bei der Zivil- und Strafgerichtsbarkeit spricht man vom so genannten **ordentlichen Rechtsweg**. Alle bürgerlichen Rechtsstreitigkeiten fallen in die Zuständigkeit der ordentlichen Gerichte[88]. Für öffentlich-rechtliche Streitigkeiten ist der **Rechtsweg zu den Verwaltungsgerichten** gegeben[89]. Der Rechtsweg unterliegt nicht der Disposition der Parteien. Ob es sich um eine bürgerlich-rechtliche oder eine öffentlich-rechtliche Streitigkeit handelt, entscheidet das Gericht aufgrund rechtlicher Prüfung des tatsächlichen Vorbringens. Wird nun von einem Kläger eine öffentlich-rechtliche Streitigkeit vor einem Zivilgericht geltend gemacht[90], so hat das Gericht von Amts wegen die Unzulässigkeit auszusprechen und[91] an das zuständige Gericht des zulässigen Rechtsweges zu verweisen[92]. Welche Abteilung oder welcher Spruchkörper gerichtsintern zur Entscheidung berufen ist, muss nicht mehr der Kläger herausfinden, sondern wird durch den **Präsidialgeschäftsverteilungsplan** (§ 21e GVG) bestimmt. Den Präsidialgeschäftsverteilungsplan ergänzt bei Spruchkörpern mit mehreren Richtern der **spruchkörperinterne Geschäftsverteilungsplan** (§ 21g GVG).

3. Internationale Zuständigkeit. – a) Allgemeines. Anlass zur Prüfung der internationalen Zuständigkeit besteht für ein deutsches Gericht immer dann, wenn der Rechtsstreit eine **Auslandsberührung** aufweist. Eine Auslandsberührung kann sich aus der Tatsache ergeben, dass Kläger und/oder Beklagter nicht die deutsche Staatsangehörigkeit besitzen oder dass der Ort des rechtsrelevanten Geschehens[93] im Ausland liegt. Die Prüfung der internationalen Zuständigkeit erfolgt **von Amts wegen**. Das deutsche autonome Recht der internationalen Zuständigkeit kennt nur

---

83 Art. 101 Abs. 1 S. 2 GG.
84 Gerichtshoheit.
85 Rn. 557.
86 Siehe dazu Rn. 571 ff.
87 Rn. 556.
88 § 13 GVG.
89 § 40 VwGO.
90 Oder umgekehrt.
91 Auch ohne Antrag!
92 § 17a GVG.
93 Etwa Vertragsverhandlungen, Leistungserbringung, unerlaubte Handlung.

wenige ausdrückliche Regelungen und muss in allen anderen Fällen zu den **Regeln der örtlichen Zuständigkeit** nach §§ 12 ff. ZPO **als Ersatzordnung** greifen[94]. Faustregel: Die örtliche Zuständigkeit indiziert regelmäßig die internationale Zuständigkeit. §§ 13 ff. ZPO haben deshalb eine Doppelfunktion im Rahmen der Zuständigkeitsordnung: Sie bestimmen einmal darüber, ob überhaupt die deutschen Gerichte zur Entscheidung eines Konflikts berufen sind, und zum anderen darüber, an welchem Ort in Deutschland die Klage erhoben werden muss.

558 b) **Vollstreckung.** Fragen der **internationalen Zuständigkeit** können sich dem erkennenden Gericht als Sachurteilsvoraussetzung für das bei ihm anhängige Verfahren stellen. Sie sind aber auch noch in anderer Hinsicht von nicht zu unterschätzender Bedeutung: Sie haben eine Funktion bei der Anerkennung und Vollstreckung eines in einem ausländischen Staate ergangenen Urteils. Die Vollstreckung eines Urteils ist ein Staatsakt, der nach den Grundsätzen des Völkerrechts auf das Gebiet zu beschränken ist, über das der betreffende Staat die Staatsgewalt hat[95]. Deshalb kann ein ausländisches Urteil in Deutschland[96] nicht ohne weiteres vollstreckt werden. Für die Vollstreckung ausländischer Urteile in Deutschland richtet sich das Verfahren, **wenn keine speziellen völkerrechtlichen Übereinkommen eingreifen**, nach den Vorschriften der ZPO. § 722 Abs. 1 ZPO lässt die Zwangsvollstreckung aus einem ausländischen Urteil nur zu, wenn ihre Zulässigkeit durch ein (deutsches) Vollstreckungsurteil ausgesprochen ist. Ein Vollstreckungsurteil ist nach § 723 Abs. 2 S. 2 ZPO nicht zu erlassen, wenn die Anerkennung des rechtskräftigen ausländischen Urteils nach § 328 ZPO ausgeschlossen ist. Nach § 328 Abs. 1 Nr. 1 ZPO ist die Anerkennung des Urteils eines ausländischen Gerichts ausgeschlossen, wenn:
- die Gerichte des Staates, denen das ausländische Gericht angehört, nach den deutschen Gesetzen nicht zuständig sind,
- das rechtliche Gehör versagt wurde,
- das Urteil mit einem früheren Urteil unvereinbar ist[97],
- das Urteil gegen den deutschen ordre public verstößt (nicht geprüft wird die Gesetzmäßigkeit der Entscheidung) und
- Gegenseitigkeit nicht verbürgt ist.

559 4. **EuGVVO.** Der sachliche Anwendungsbereich des EuGVVO ist in Art. 1 Abs. 1 Satz 1 **mit Zivil- und Handelssachen** umschrieben. Ausdrücklich von der EuGVVO ausgenommen sind der Personenstand, die Rechts- und Handlungsfähigkeit sowie die gesetzliche Vertretung von natürlichen Personen, die ehelichen Güterstände, das Gebiet des Erbrechts einschließlich des Testamentsrechts, Konkurse (Insolvenzen), Vergleiche und ähnliche Verfahren, soziale Sicherheit und Schiedsgerichtsbarkeit. Im Allgemeinen ist die Anwendung der EuGVVO davon **abhängig**, dass der Beklagte seinen Wohnsitz (Art. 59 EuGVVO) in einem Mitgliedstaat hat. Bei Gesellschaften und juristischen Personen entscheidet der Sitz

---

94 BGH, BGHZ 115, 92 ff.; dazu Geimer, NJW 1991, 3072 ff.; Schack, JZ 1992, 54 ff.
95 Territorialitätsprinzip.
96 Und umgekehrt ein deutsches Urteil im Ausland.
97 Es kann sich sowohl um ein deutsches als auch um ein anzuerkennendes ausländisches Urteil handeln. Auch die Nichtbeachtung einer früheren deutschen Rechtshängigkeit durch das Gericht, das die zur Anerkennung anstehende Entscheidung gefällt hat, führt zur Nichtanerkennung.

1. Kapitel: Zulässigkeit 560–565

(Art. 60 EuGVVO), in Versicherungssachen reicht auch eine Zweigniederlassung (Art. 9 Abs. 2 EuGVVO).

5. Rechtswegzuständigkeit. Als Rechtswegzuständigkeit kann man die **Zulässigkeit des Rechtswegs** bezeichnen. Die einschlägigen Normen sind für die ordentliche Gerichtsbarkeit §§ 13 GVG, 1 FamFG, für die Verwaltungsgerichtsbarkeit § 40 VwGO, für die Sozialgerichtsbarkeit § 51 SGG, für die Finanzgerichtsbarkeit § 33 FGO und für die Arbeitsgerichtsbarkeit §§ 2, 2a, 3 ArbGG 560

> ✎ **Klausurtipp** 561
> Prüfsteine für die Rechtswegbestimmung sind ausdrückliche gesetzliche Zuweisungen (vgl. etwa Art. 14 Abs. 3 Satz 4, 34 Satz 3 GG) oder die „Natur des streitigen Anspruchs"[98].

Nach der **Natur des streitigen Anspruchs** gehören vor die ordentlichen Gerichte alle „bürgerlichen Rechtsstreitigkeiten", für die nicht entweder die Zuständigkeit von Verwaltungsbehörden oder Verwaltungsgerichten begründet ist oder auf Grund von Vorschriften des Bundesrechts besondere Gerichte bestellt oder zugelassen sind, § 13 GVG. 562

6. Kompetenzkonflikte. Wenn zwischen unterschiedlichen Gerichtsbarkeiten Streit darüber herrscht, in welcher Gerichtsbarkeit die Entscheidung über den Streit zu suchen ist, stellt sich die Frage, wie die **Kompetenzkonflikte** gelöst werden können. Dabei ist ein negativer Kompetenzkonflikt dadurch gekennzeichnet, dass zwei Gerichtsbarkeiten sich jeweils für unzuständig halten, ein positiver dadurch, dass zwei Gerichtsbarkeiten sich für zuständig halten. Für Entscheidungen über die Zulässigkeit des beschrittenen Rechtswegs trifft § 17a GVG eine **eigenständige Regelung**, die einen Streit zwischen Gerichten verschiedener Rechtswege von vornherein ausschließen soll[99]. 563

Wenn das angerufene Gericht den zu ihm führenden Rechtsweg für unzulässig hält, hat es dies auszusprechen und den Rechtsstreit zugleich an das zuständige Gericht des zulässigen Rechtswegs zu verweisen[100]. In ein und derselben Sache schließt § 17a GVG Kompetenzkonflikte durch **Bindungsanordnungen** aus. Keine vergleichbare Sicherung gibt es demgegenüber bei gleichartigen Rechtsbeziehungen in unterschiedlichen Sachen. 564

X. Zuständigkeit

1. Einführung. Die Zuständigkeit des angerufenen Gerichts ist eine **Sachurteilsvoraussetzung im weiteren Sinne**[101]. Das Gericht hat dabei **von Amts wegen** 565

---

98 GmS OGB, BGHZ 97, 312, 313; BGH, MDR 2003, 228.
99 BGH, NJW 2002, 2474.
100 Vgl. etwa BGH, NJW 2001, 2181 = MDR 2001, 951 (Verweisung an FGG-Gericht); BGH, NJW 2001, 3631; BGH, NJW 2001, 3633.
101 Siehe Rn. 523 ff.

(eigenverantwortlich) zu ermitteln, ob es funktionell, sachlich, örtlich und international zuständig ist. Die Fragen zur funktionellen und sachlichen Zuständigkeit sind in §§ 23, 23 a, 23 b, 71, 72, 94, 119 und 133 GVG geregelt. Die Bestimmungen über die örtliche Zuständigkeit finden sich hingegen in §§ 12 ff. ZPO. Für die internationale Zuständigkeit gibt es bis auf **Spezialregelungen** keine ausdrücklichen Bestimmungen. Hier sind die Bestimmungen über die örtliche Zuständigkeit **subsidiär** anwendbar. Eine Klage wird durch **Zustellung** der Klageschrift **erhoben**, §§ 261 Abs. 1, 253 Abs. 1 ZPO[102]. Ist eine Klage einmal zulässig vor einem zuständigen Gericht erhoben worden, wird die Zuständigkeit des Prozessgerichts – und damit die Zulässigkeit der Klage – durch eine Veränderung „der sie begründenden Umstände" nicht mehr berührt, § 261 Abs. 3 Nr. 2 ZPO (perpetuatio fori). Unschädlich sind z. B. der Umzug des Beklagten in einen anderen Gerichtssprengel (**Änderung der örtlichen Zuständigkeit**) und die Reduzierung der Klage unter einen Wert von 5.000,01 € beim **Landgericht**.

566 *Klausurtipp*

Für die **nachträgliche sachliche Unzuständigkeit des Amtsgerichts** gilt allerdings nicht § 261 Abs. 3 Nr. 2 ZPO, sondern § 506 ZPO. Wird durch Widerklage oder durch Erweiterung des Klageantrages (§§ 264 Nr. 2, 3, 263 ZPO) ein Anspruch erhoben, der zur Zuständigkeit der Landgerichte gehört, oder wird nach § 256 Abs. 2 ZPO die Feststellung eines Rechtsverhältnisses beantragt, für das die Landgerichte zuständig sind, so hat sich das Amtsgericht, sofern eine Partei vor weiterer Verhandlung zur Hauptsache darauf anträgt, durch Beschluss für unzuständig zu erklären und den Rechtsstreit an das zuständige Landgericht zu verweisen. Die Vorschriften des § 281 Abs. 2, Abs. 3 Satz 1 ZPO gelten in diesem Falle entsprechend.

567 Regeln für die Entscheidung von **Kompetenzkonflikten** sind in §§ 11, 36 ZPO zu finden[103]. Die Zuständigkeit des angerufenen Gerichts ist in jeder Lage des Verfahrens zu prüfen. Ist das Gericht funktionell, örtlich oder sachlich unzuständig, ist die Klage durch Prozessurteil (als unzulässig) abzuweisen. Um eine solche Klageabweisung mit negativer Kostenfolge zu verhindern, kann der Kläger nach § 281 ZPO beantragen, den Rechtsstreit zu verweisen. Eine **Verweisung** ist aber nur möglich, wenn das Gericht **örtlich** oder **sachlich** unzuständig ist.

568 Problematisch ist die in § 281 Abs. 2 Satz 2 und 4 ZPO vorgesehene **Bindung** von Verweisungsbeschlüssen[104]. Diese gilt nur im Grundsatz. Denn eine Bindung soll dann nicht eintreten, wenn die Verweisung „willkürlich" war[105]. Ein Verweisungsbeschluss ist in diesem Sinne willkürlich, wenn die Verweisung jeglicher Rechtsgrundlage entbehrt und daher die Grundlage fehlt, so dass sie objektiv als willkürlich erscheint, oder wenn das rechtliche Gehör verletzt worden ist. Eine

---

102 Vor Klageerhebung ist die Sache nicht rechtshängig, sondern lediglich anhängig.
103 Zu § 36 ZPO siehe etwa BGH, NJW 2001, 1285; BGH, NJW 2001, 3631; BGH, NJW 2001, 3633.
104 Vgl. Tombrink, NJW 2003, 2364 ff.
105 Dazu etwa BGH, MDR 2002, 1446 = NJW 2002, 3634; BGH, BGHZ 102, 338, 341 = MDR 1988, 470; BGH, NJW 1978, 1163; OLG München, MDR 2007, 1278, 1279; KG, MDR 2002, 905.

1. Kapitel: Zulässigkeit 569–572

Verweisung erscheint auch dann als willkürlich, wenn das verweisende Gericht eine in Rechtsprechung und Schrifttum einhellige Ansicht außer Acht lässt oder seine eigene Unzuständigkeit nicht nachvollziehbar begründet. Nach dem Bundesgerichtshof[106] ist Willkür ferner anzunehmen, wenn die Verweisung darauf beruht, dass das Gericht eine Gesetzesänderung nicht zur Kenntnis genommen hat[107]. Für die **funktionelle Zuständigkeit** fehlt eine § 281 ZPO entsprechende Regelung. Bei funktioneller Unzuständigkeit können die Akten deshalb nur **formlos** an den zuständigen Spruchkörper abgegeben werden.

Beispiel: 569
Wird z. B. eine Klage bei einem Amtsgericht erhoben, das nach einer „**Konzentrationsverordnung**" unzuständig ist, ist das stets eine Frage der „internen Geschäftsverteilung". Solche Akten können nur formlos abgegeben werden, etwa an das zuständige Familiengericht, str.

Auch die **Anrufung der falschen Instanz** wird nicht als Fall der sachlichen, 570 sondern als Fall funktionellen Unzuständigkeit angesehen, ähnlich wie die Anrufung des falschen Spruchkörpers[108].

2. Funktionelle Zuständigkeit. Von **funktioneller Zuständigkeit** spricht man, 571 wenn verschiedene Justizorgane zur Mitwirkung an ein und demselben Verfahren berufen sind. Bei diesen Justizorganen kann es sich um **Rechtspfleger** oder um **Gerichte** unterschiedlicher Instanzen handeln. Ein Rechtsmittel eröffnet kein neues Verfahren, sondern setzt das Verfahren in höherer Instanz fort[109]. Deshalb ist die Rechtsmittelzuständigkeit eine **funktionelle** Zuständigkeit. Da Berufungen nach § 519 Abs. 1 ZPO beim Berufungsgericht einzulegen sind, ist eine bei einem anderen als dem konkret funktionell zuständigen Gericht eingelegte Berufung unzulässig. **Wichtigster Fall** funktioneller Zuständigkeit ist die Aufgabenverteilung zwischen Erster Instanz und Rechtsmittelinstanz, mithin der **Instanzenzug**, der sich aus der Überordnung der Gerichte ergibt[110]. Für Berufungen sind gem. § 72 GVG grundsätzlich die **Landgerichte** zuständig[111]. Nur für Familiensachen und die meisten FG-Sachen hat der Gesetzgeber eine Zuständigkeit der Oberlandesgerichte zur Entscheidung über Berufungen und Beschwerden gegen Entscheidungen der Amtsgerichte eingeführt.

3. Sachliche Zuständigkeit. Die Regeln der **sachlichen Zuständigkeit** bestimmen, 572 welches von mehreren möglichen Eingangsgerichten zur Entscheidung berufen ist. § 1 ZPO verweist dazu auf die Bestimmungen des GVG, §§ 23 ff. und 71 GVG. In der Zivilgerichtsbarkeit kommen als Eingangsgerichte die Amts- und die Landgerichte in Betracht[112]. Durch welchen Richter das danach zuständige Gericht zu

---

106 BGH, MDR 2003, 1446.
107 Ausführlich Fischer, MDR 2003, 1401–1405.
108 Siehe Rn. 576.
109 § 525 ZPO.
110 Vgl. § 568 ZPO, §§ 72, 119, 133 GVG.
111 Zum Teil als „Konzentrationsgericht", vgl. § 72 Abs. 2 GVG.
112 Die Ausnahme sind allein Streitigkeiten nach dem Finanzmarktstabilisierungsfondsgesetz (G. v. 17. 10. 2008 BGBl. I S. 1982). In diesen entscheidet der BGH (!) in erster und letzter Instanz.

573 **a) Amtsgerichte.** Die Amtsgerichte sind grundsätzlich für alle Streitigkeiten bis zu einem Zuständigkeitsstreitwert (§ 2 ZPO) von **einschließlich** 5.000,00 € zuständig. Zu seiner Berechnung sind primäre Rechtsgrundlage §§ 4–9 ZPO, subsidiär § 3 ZPO.

574 🖋 **Klausurtipp**

Daneben sind die Amtsgerichte **ohne Rücksicht** auf den Streitwert nach §§ 23 Ziff. 2, 23 a, 23 b GVG vor allem für **Familienrechtsstreite, Miet- und WEG-Sachen** zuständig.

575 **b) Landgerichte.** Die Landgerichte sind sachlich ab 5.000,01 € zuständig. Ohne Rücksicht auf den Streitwert sind ihnen außerdem Klagen aus Amtspflichtverletzungen zugewiesen, § 71 Abs. 2 Ziff. 2 GVG.

576 **c) Spruchkörper.** Spruchkörper sind alle Spruchorgane, die mit mehr als einem Richter entscheiden[113]. Bei den Amtsgerichten ist in allgemeinen Zivilsachen immer ein einzelner Berufsrichter Vorsitzender. Bei den Landgerichten sind die Kammern „Spruchkörper". Eine Zivilkammer besteht aus wenigstens **drei** Berufsrichtern, von denen einer der Vorsitzende ist. Die Kammern können zwar im Einzelfall auch mehr als drei Richter haben, aber für eine Kammerentscheidung in einer bestimmten Sache sind nur drei von ihnen zuständig. Nach § 348 Abs. 1 Satz 1 ZPO entscheidet die Zivilkammer durch eines ihrer Mitglieder als Einzelrichter (**originärer Einzelrichter**). Dies gilt nur dann nicht, wenn die Ausnahmen des § 348 Abs. 1 Satz 2 ZPO erfüllt sind. Bei Zweifeln, wer zuständig ist, entscheidet die Kammer durch unanfechtbaren Beschluss. Der Einzelrichter legt den Rechtsstreit der Zivilkammer außerdem zur Entscheidung über eine Übernahme vor, wenn die Sache besondere Schwierigkeiten tatsächlicher oder rechtlicher Art aufweist, die Rechtssache grundsätzliche Bedeutung hat oder die Parteien dies übereinstimmend beantragen. Die Kammer übernimmt den Rechtsstreit, wenn die Voraussetzungen vorliegen. Eine Zurückübertragung auf den Einzelrichter ist dann ausgeschlossen. Neben dem originären Einzelrichter gibt es außerdem den **obligatorischen Einzelrichter**. Dieser ist zuständig, wenn die Voraussetzungen des § 348a ZPO vorliegen. Auch er kann den Rechtsstreit ggf. an die Kammer „zurückgeben".

577 Die Entscheidungen in der Kammer werden mehrheitlich gefällt. Jedes Kammermitglied hat eine Stimme. Vorbereitet wird die Sache von einem der **Beisitzer**, der auch später das Urteil schreiben muss[114]. Dieser Beisitzer wird Berichterstatter genannt (der andere z. T. auch – weil er insoweit nichts zu tun hat – ironisch als „Beischläfer"). An den Landgerichten gibt es für Streitigkeiten zwischen Vollkaufleuten besondere Kammern, nämlich die **Kammern für Handelssachen**. Diese bestehen aus einem Berufsrichter als Vorsitzenden und zwei Laien, die Kaufleute

---

113 Siehe nur § 21f Abs. 1 Satz 1 GVG.
114 Selbst wenn er überstimmt worden ist.

1. Kapitel: Zulässigkeit 578–581

sein müssen, als Beisitzern[115]. Alle haben gleiches Stimmrecht. Die Angelegenheit wird aber nicht von einem der Beisitzer, sondern dem Vorsitzenden vorbereitet, der dann auch das Urteil schreibt. Bei den Kammern für Handelssachen können die Parteien sich damit einverstanden erklären, dass der Vorsitzende allein entscheidet. Die Handelsrichter werden dann nicht hinzugezogen. Von dieser Möglichkeit wird fast immer Gebrauch gemacht. Denn die Hinzuziehung der Handelsrichter erschwert nach Ansicht der Praxis die Terminierung und verzögert den Rechtsstreit.

578 Spruchkörper der Oberlandesgerichte sind die **Senate**. Sie bestehen aus drei Berufsrichtern, von denen einer/eine der/die Vorsitzende ist. Auch hier können im Einzelfall mehr als drei Richter dem Spruchkörper angehören, wobei aber immer nur drei entscheiden. Die Arbeitsteilung zwischen Vorsitzenden und Beisitzer ist wie bei den Zivilkammern am Landgericht. Auch beim BGH heißen die Spruchkörper Senate. Sie bestehen jedoch aus fünf Berufsrichtern.

579 **4. Örtliche Zuständigkeit. – a) Allgemeines.** Bei der örtlichen Zuständigkeit unterscheidet man den allgemeinen Gerichtsstand (bei natürlichen Personen der Wohnsitz, §§ 12, 13 ZPO), die Wahlgerichtsstände und die ausschließlichen Gerichtsstände (etwa §§ 24, 29 a ZPO).

580 **aa) Allgemeiner Gerichtsstand.** Der **allgemeine Gerichtsstand** ist für alle Klagen gegen eine Person gegeben, sofern nicht im Einzelfall ein ausschließlicher Gerichtsstand begründet ist. Die Bestimmung des allgemeinen Gerichtsstandes ist erschöpfend in §§ 12–19 ZPO geregelt. Danach gilt für natürliche Personen:
- (inländischer) Wohnsitz
- hilfsweise (inländischer) Aufenthaltsort
- hilfsweise (inländischer) letzter Wohnsitz.

581 **(1) Inländischer Wohnsitz.** Grundsätzlich ist der **Wohnsitz** des Beklagten maßgeblich, §§ 12, 13 ZPO. Was man unter „Wohnsitz" zu verstehen hat, ist in §§ 7 ff. BGB geregelt. Die Begründung eines Wohnsitzes geschieht durch tatsächliche Niederlassung, verbunden mit dem Willen, den Ort zum ständigen Schwerpunkt seiner Lebensverhältnisse zu machen. Niederlassung ist die Unterkunft einer Person am Ort ihres Aufenthaltes. Während der Dauer der Obdachlosigkeit kann daher kein Wohnsitz begründet werden. Andererseits ist zur Wohnsitzbegründung die Innehabung einer eigenen Wohnung nicht erforderlich. Es genügt das Bewohnen eines Gasthauses oder Hotels, eines Zimmers unter behelfsmäßigen Umständen in Untermiete oder bei Verwandten. Auf eine polizeiliche Anmeldung kommt es nicht an, da zur Unterkunft der **tatsächliche Aufenthalt** hinzukommen muss. Eine polizeiliche Anmeldung ist aber ein Indiz (= Hilfstatsache) für die Begründung eines Wohnsitzes. Neben dem tatsächlichen Akt der Niederlassung setzt § 7 BGB den Willen voraus, den Aufenthaltsort ständig zum Schwerpunkt der Lebensverhältnisse zu machen[116]. Der Besitz einer Wohnung und die

---

115 So genannte Handelsrichter.
116 Zum Gefängnisaufenthalt siehe BGH, MDR 1978, 558, 559; KG, KGReport 2005, 989.

polizeiliche Anmeldung begründen keinen Wohnsitz, wenn die Wohnungsinhaber nicht auch den Willen haben, sich dort dauernd niederzulassen. Dieser Wille kann aus dem gesamten Verhalten einer Person sowie den sonstigen Umständen geschlossen werden, wobei auch wieder die **polizeiliche Anmeldung** als Indiz herangezogen werden kann.

582 Ein Student begründet regelmäßig am Hochschulort **keinen Wohnsitz**, da er nicht den Willen hat, auf Dauer, also „ständig", dort zu wohnen. Die Begründung eines Doppelwohnsitzes erfordert, dass an zwei Orten dauernd Wohnungen unterhalten werden und beide gleichermaßen den Schwerpunkt der Lebensverhältnisse darstellen, so etwa, wenn sich jemand im Sommer in seinem Landhaus und im Winter in der Stadtwohnung aufhält. Kein doppelter Wohnsitz besteht, wenn der zweite Aufenthaltsort nur zu länger andauernden Besuchen aufgesucht wird.

583 (2) **Kein Wohnsitz.** Wenn jemand **keinen Wohnsitz** hat, wird der Gerichtsstand durch den Aufenthaltsort im Inland bestimmt, § 16 ZPO. Voraussetzung ist, dass jemand weder im Inland noch im Ausland einen Wohnsitz hat. Er darf gar keinen Wohnsitz haben. § 16 ZPO trifft etwa zu bei Landfahrern, Artisten und politischen Flüchtlingen.

584 (3) **Letzter Wohnsitz.** Wenn ein solcher Aufenthalt nicht bekannt ist, wird der Gerichtsstand durch den letzten Wohnsitz bestimmt, § 16 ZPO.

585 (4) **Juristische Personen und Fiskus.** Für juristische Personen und Handelsgesellschaften ist der **Sitz** maßgeblich, § 17 ZPO[117]. Der allgemeine Gerichtsstand des **Fiskus** ist in § 18 ZPO geregelt.

586 bb) **Besondere Gerichtsstände (Auswahl).** – (1) **§ 21 ZPO: Niederlassung.** Eine **Niederlassung** liegt dann vor, wenn von ihr selbstständig Geschäfte abgeschlossen werden und sie als Mittelpunkt der geschäftlichen Tätigkeit des Stammhauses nach außen auftritt. Dabei reicht es aus, dass die ausländische Gesellschaft regelmäßig von einem selbstständigen deutschen Unternehmen bedient wird (besonders Reiseagenturen, die für ausländische Fluggesellschaften handeln). Die Klage muss sich auf ein mit dieser Niederlassung abgeschlossenes Geschäft beziehen.

587 (2) **§ 29 ZPO: Erfüllungsort.** Gemäß § 29 Abs. 1 ZPO ist für Streitigkeiten aus einem **Vertragsverhältnis** das Gericht des Ortes zuständig, an dem die streitige Verpflichtung zu erfüllen ist. Die Vorschrift verweist auf die Regelung des **materiellen Rechts.** Danach hat die Leistung an dem Ort zu erfolgen, an welchem der Schuldner zur Zeit der Entstehung des Schuldverhältnisses seinen Wohnsitz hatte, sofern nicht ein anderer Ort von den Parteien bestimmt wird oder aus den Umständen, insbesondere der Natur des Rechtsverhältnisses, zu entnehmen ist, § 269 Abs. 1 BGB. Ein späterer Wohnsitzwechsel ist für den Gerichtsstand des Erfüllungsorts bedeutungslos[118]. Bei **gegenseitigen Verträgen** besteht danach im Allgemeinen **kein einheitlicher** Leistungsort; dieser muss grundsätzlich für jede

---

117 Zur „GbR" siehe Kellermann, JA 2003, 648, 651.
118 OLG München, MDR 2007, 1278, 1279; BayObLG, NJW-RR 1996, 956.

1. Kapitel: Zulässigkeit **588, 589**

Verpflichtung gesondert bestimmt werden[119]. Die Rechtsprechung hat jedoch bei Vertragstypen, bei denen der Schwerpunkt des Vertrages wegen der **besonderen Ortsbezogenheit** der vertragstypischen Leistung an einem bestimmten Ort liegt, diesen als Erfüllungsort für die beiderseitigen Verpflichtungen angesehen[120].

Für den Gerichtsstand des Erfüllungsortes ist deshalb maßgeblich auf die **jeweils geschuldete Leistung** abzustellen[121]. Es muss sich dabei um Klagen aus einem Vertragsverhältnis handeln, was auch den Streit um das Bestehen eines Vertrages umfasst. Der Erfüllungsort ist nach der **lex causae** des Vertrages für die jeweilige streitige Verpflichtung zu bestimmen[122]. Im Zweifel ist Leistungsort der jeweilige Wohnsitz des Schuldners. Bei einem Ladengeschäft des täglichen Lebens, wo die beiderseitigen Leistungspflichten sofort an Ort und Stelle erfüllt werden[123], oder einem Bauvertrag, der durch den Ort des zu errichtenden Bauwerks sein besonderes Gepräge erhält[124], mögen besondere Umstände i. S. d. § 269 Abs. 1 BGB gegeben sein. Für Gebührenforderungen aus Anwaltsverträgen besteht in der Regel aber **kein Gerichtsstand** des Erfüllungsorts am Kanzleisitz[125]. Das klassische Ladengeschäft des täglichen Lebens ist der Anwaltsvertrag nicht vergleichbar, weil regelmäßig der Abschluss des Vertrags nicht zur gleichzeitigen Erfüllung der gegenseitigen Leistungen führt. Sowohl der Rechtsanwalt als auch der Mandant erledigen das hierzu Erforderliche regelmäßig erst später. Selbst dass ein Mandant den von ihm beauftragten Rechtsanwalt sofort bezahlt, ist jedenfalls in der heutigen Zeit allenfalls ganz ausnahmsweise der Fall.

588

> ✎ **Klausurtipp** **589**
>
> Anders entscheidet die h. M. für den Honoraranspruch eines Arztes für einen von ihm stationär behandelten Patienten[126]. Erfüllungsort für die Verpflichtung aus Energie- oder Wasserlieferungsverträgen ist der Ort der Abnahme[127]. Bei Geschäften im Versandhandel ist keine Bringschuld anzunehmen: Erfüllungsort ist also der Ort des Versenders[128].

---

119 BGH, MDR 2003, 1405 = WM 2003, 1530, 1532 = NJW 2003, 3418; BGH, WM 1995, 833, 834 = MDR 1995, 592.
120 BGH, MDR 1986, 469 = NJW 1986, 935 zum Bauwerkvertrag; BGH, MDR 2001, 686 = BGHReport 2001, 368 = WM 2001, 904 = NJW 2001, 1936 zum Architektenvertrag; OLG Celle, MDR 2007, 604, 605 und BayObLG, MDR 2005, 677 zum Krankenhausaufnahmevertrag.
121 Allgemeine Meinung, siehe BGH, NJW 1986, 935 = MDR 1986, 469; KG, MDR 2002, 905.
122 OLG Frankfurt a. M., NJW 2001, 3792.
123 Vgl. dazu BGH, MDR 2004, 164; BGH, MDR 2003, 1405 = WM 2003, 1530, 1532 = NJW 2003, 3418.
124 BGH, NJW 1986, 935.
125 BGH, MDR 2004, 765. Vorher str., siehe Vorlagebeschluss OLG Karlsruhe, NJW 2003, 2174, 2175; BayObLG, NJW 2003, 366, 367; LG München I, MDR 2001, 591 m. Anm. Prechtel = NJW 2001, 1583; OLG Frankfurt a. M., NJW 2001, 1583; LG Frankfurt, NJW 2001, 2640 = MDR 2001, 1257.
126 LG München I, MDR 2003, 53; a. A. LG Mainz, NJW 2003, 1612 m. umfang. Nachw.
127 BGH, MDR 2003, 1405 = WM 2003, 1530, 1532 = NJW 2003, 3418.
128 BGH, NJW 2003, 3341, 3342.

590 Bei **Sekundäransprüchen** kommt es auf den Erfüllungsort der verletzten Primärpflicht an. Bei Erfüllungsortvereinbarungen ist § 29 Abs. 2 ZPO zu beachten.

591 (3) **§ 29c ZPO: Haustürgeschäfte.** Für Klagen aus **Haustürgeschäften**[129] ist das Gericht zuständig, in dessen Bezirk der Verbraucher zur Zeit der Klageerhebung seinen Wohnsitz, in Ermangelung eines solchen seinen gewöhnlichen Aufenthalt hat. Für Klagen gegen den Verbraucher ist dieses Gericht ausschließlich zuständig. § 33 Abs. 2 ZPO findet aber auf Widerklagen der anderen Vertragspartei keine Anwendung. Eine abweichende Vereinbarung ist zulässig für den Fall, dass der Verbraucher nach Vertragsschluss seinen Wohnsitz oder gewöhnlichen Aufenthalt aus dem Geltungsbereich dieses Gesetzes verlegt oder sein Wohnsitz oder gewöhnlicher Aufenthalt im Zeitpunkt der Klageerhebung nicht bekannt ist.

592 Eine Klage, mit der ein Verbraucher Schadenersatzansprüche wegen schuldhafter Verletzung vertraglicher Pflichten aus einem Haustürgeschäft, wegen Verschuldens bei Vertragsschluss oder wegen einer mit dem Haustürgeschäft begangenen unerlaubten Handlung geltend macht, ist eine Klage aus einem Haustürgeschäft, für die das Wohnsitzgericht des Verbrauchers zuständig ist. Das gilt auch insoweit, als Ansprüche aus Verschulden bei Vertragsschluss oder unerlaubter Handlung nicht nur gegenüber der anderen Vertragspartei, sondern auch gegenüber ihrem Vertreter verfolgt werden[130].

593 (4) **§ 32 ZPO: Delikt.** Der Gerichtsstand der unerlaubten Handlung umfasst alle Fälle außervertraglicher Haftung und richtet sich nach dem Tatort. Nicht entscheidend ist, wo der Schaden eintrat. Der **Begehungsort** des § 32 ZPO liegt überall dort, wo ein Teilakt der unerlaubten Handlung begangen wurde. Das ist neben dem Handlungsort auch der Erfolgsort, an dem in das geschützte Rechtsgut eingegriffen wurde[131]. Die Unterscheidung zwischen Handlungs- und Erfolgsort ermöglicht ein Auseinanderfallen der Gerichtsstände[132], das so genannte „**forum shopping**". Damit kann sowohl am Gericht des Handlungs- als auch des Erfolgsortes geklagt werden. Gehört wie beim Betrug der Schadenseintritt selbst zum Tatbestand der Rechtsverletzung, ist der Ort des Schadenseintritts Verletzungs- und damit Begehungsort[133]. Bei Streudelikten – hier tritt die Rechtsgutverletzung an verschiedenen Orten bzw. in verschiedenen Ländern ein – gilt dies ebenso. Es kann an jedem Ort geklagt werden, an dem es zur Rechtsgutverletzung kam, jedoch kann nur der Schaden geltend gemacht werden, der in dem jeweiligen Ort (Staat) entstanden ist. Der **gesamte Schaden** kann nur am Gerichtsstand des Handlungsortes[134] geltend gemacht werden.

---

129 § 312 BGB. Siehe zu Versicherungsgeschäften LG Landshut, NJW 2003, 1197.
130 BGH, NJW 2003, 1190, 1191.
131 BGH, NJW 1996, 1411, 1413; BayObLG, MDR 2003, 893.
132 Z. B. bei Distanzdelikten.
133 BayObLG, MDR 2003, 893.
134 Z. B. Niederlassung des Herausgebers einer Zeitschrift bei Pressedelikten.

1. Kapitel: Zulässigkeit 594–597

Das nach § 32 ZPO national[135] örtlich zuständige Gericht hat den Rechtsstreit **594** unter **allen** in Betracht kommenden rechtlichen Gesichtspunkten zu entscheiden, wenn im Gerichtsstand der unerlaubten Handlung im Rahmen der Darlegung eines Anspruchs aus unerlaubter Handlung ein einheitlicher prozessualer Anspruch geltend gemacht wird[136]. Dies ergibt sich aus § 17 Abs. 2 GVG. Nach dieser Bestimmung muss ein Gericht, zu dem für ein bestimmtes Begehren der Rechtsweg eröffnet ist, den Streitgegenstand auch unter anderen, an sich nicht zur Zuständigkeit seines Rechtswegs gehörenden rechtlichen Gesichtspunkten prüfen und entscheiden. Hierdurch wird vermieden, dass es über denselben Streitgegenstand zu mehreren Verfahren in verschiedenen Gerichtszweigen kommt. Dabei wird in Kauf genommen, dass das zur Entscheidung berufene Gericht über Sachverhalt und Rechtsfragen zu befinden hat, die nicht zu seinem angestammten Zuständigkeitsbereich gehören und für die ein anderer Gerichtszweig möglicherweise größere Sachnähe besäße.

Der darin zum Ausdruck kommende Rechtsgedanke muss im Zusammenhang **595** mit der örtlichen Zuständigkeit ebenfalls zur Anwendung kommen. Wenn nach der Entscheidung des Gesetzgebers ein Gericht befugt und verpflichtet ist, über „rechtswegfremde" Anspruchsgrundlagen zu entscheiden, muss es erst recht befugt sein, über in seine Rechtswegzuständigkeit fallende Anspruchsgrundlagen zu entscheiden, die für sich gesehen seine örtliche Zuständigkeit nicht begründen würden.

cc) **Wahlrecht.** Unter mehreren nicht ausschließlichen Gerichtsständen hat der **596** Kläger die **Wahl**, § 35 ZPO.

b) **Abgabe von Mahnakten.** Auf die Zustellung des Mahnbescheids kommt es für **597** die Frage der Zuständigkeit des Streitgerichts nach Abgabe eines Mahnverfahrens nicht an. Bei vorangegangenem Mahnverfahren richtet sich die sachliche Zuständigkeit gemäß § 696 Abs. 1 S. 4 ZPO vielmehr nach dem Zeitpunkt, in dem die Akten beim Prozessgericht eingehen[137]. Die Zustellung des Mahnbescheids mag ein Verdachtsgrund dafür sein, wo der Beklagte zum Zeitpunkt des Akteneingangs wohnte. **Sicherer festzustellen** ist aber, wo die Zustellung der Klageschrift erfolgte. Diese trägt wegen der Zeitnähe zum Akteneingang stets die Vermutung in sich, dass der Beklagte auch zum Zeitpunkt der Eingang der Akten beim Streitgericht bereits dort wohnhaft war.

---

135 Das Folgende gilt nicht für die internationale Zuständigkeit, vgl. BGH, MDR 1996, 1036. Dies kann zu einer unterschiedlichen Reichweite der Entscheidungskompetenz führen, wenn auf der Beklagtenseite Deutsche und Ausländer beteiligt sind.
136 BGH, NJW 2003, 828 = BGHReport 2003, 300 m. Anm. Reichling, m. Anm. Kiehte, NJW 2003, 1294 ff. und Anm. Deubner, JuS 2003, 692, 694; KG, NJW-RR 2001, 62; OLG Hamburg, MDR 1997, 884; a.A. OLG Hamm, MDR 2002, 904, 905 m. umfangreichen Nachw.; OLG Köln, MDR 2000, 170. Folgt man der Minderansicht und lehnt das Gericht deliktische Ansprüche ab, so muss die Klage abgewiesen werden: wegen der deliktischen Ansprüche als unbegründet, wegen anderer Ansprüche hingegen als unzulässig.
137 KG, NJW-RR 1999, 1011 = MDR 1998, 735.

598 c) **Ausschließliche Zuständigkeit.** Ausschließliche Zuständigkeit bedeutet, dass die Zuständigkeit eines Gerichts der Parteivereinbarung **entzogen** ist und andere Zuständigkeiten nicht wirksam werden lässt[138]. Die funktionelle Zuständigkeit[139] ist **immer** ausschließlich. Ansonsten gibt es sowohl ausschließliche sachliche als auch ausschließliche örtliche Zuständigkeiten. Sie ergeben sich aus dem Gesetz, etwa aus:
- § 23 Nr. 2a GVG für die Amtsgerichte in sachlicher Hinsicht
- § 71 Abs. 2 GVG für die Landgerichte in sachlicher Hinsicht
- § 29a ZPO für das Amts- oder Landgericht in örtlicher Hinsicht
- § 24 ZPO für das Amts- oder Landgericht in örtlicher Hinsicht
- § 32a ZPO für das Amts- oder Landgericht in örtlicher Hinsicht
- § 40 Abs. 2 ZPO für die sachliche und örtliche Zuständigkeit in nichtvermögensrechtlichen Streitigkeiten.

599 d) **Gerichtsstandsvereinbarungen.** Im Rahmen des § 38 ZPO können die Parteien Gerichtsstandsvereinbarungen über die örtliche, sachliche oder internationale Zuständigkeit eines deutschen Gerichts treffen. Allgemeine Zulässigkeitsvoraussetzungen für Gerichtsstandvereinbarungen sind:
- vermögensrechtliche Streitigkeit (§ 40 Abs. 2 ZPO)
- bestimmtes Rechtsverhältnis (§ 40 Abs. 1 ZPO)
- bestimmtes oder mindestens bestimmbares Gericht
- kein ausschließlicher Gerichtsstand (§ 40 Abs. 2 ZPO)

600 Liegen diese Voraussetzungen vor, sind Gerichtsstandsvereinbarungen nach § 38 Abs. 1 ZPO **uneingeschränkt** und ohne Erfordernis einer bestimmten Form praktisch nur unter Vollkaufleuten[140] möglich. Eingeschränkt und unter Beachtung besonderer Form (schriftlich) sind Gerichtsstandsvereinbarungen gemäß § 38 Abs. 2 ZPO möglich, wenn eine Partei keinen allgemeinen Gerichtsstand (Wohnsitz) im Inland hat. Sonst gilt gemäß § 38 Abs. 3 ZPO, dass Gerichtsstandsvereinbarungen nur möglich sind nach Entstehen der Streitigkeiten und bei ausdrücklicher schriftlicher Vereinbarung. Dies gilt sowohl für die sachliche als auch für die örtliche Zuständigkeit.

601 e) **§ 39 ZPO.** Von praktischer Bedeutung ist § 39 ZPO. Diese Bestimmung begründet eine Zuständigkeit des an sich örtlich oder sachlich nicht zuständigen Gerichts, wenn der Beklagte sich **rügelos** zur Hauptsache einlässt (Prorogation). Eine Zuständigkeitsbegründung nach § 39 ZPO scheidet für anderweitige ausschließliche Gerichtsstände oder anderweitige ausschließliche sachliche Zuständigkeiten aus. Ansonsten kommt es zu einer so genannten „veranlassten Zuständigkeit", wenn die Parteien bei dem örtlich und/oder sachlich unzuständigen Landgericht mündlich verhandeln, ohne die Unzuständigkeit zu rügen, oder Amtsgericht mündlich verhandeln, ohne die Unzuständigkeit zu rügen, obwohl sie zuvor über die Unzuständigkeit belehrt worden sind, §§ 39, 504, 506 ZPO.

---

[138] § 40 Abs. 2 ZPO.
[139] Z.B. die des Instanzgerichts, des BGH, des Rechtspflegers, Konkurs-, Vollstreckungs-, Vergleichsgerichts.
[140] Vgl. §§ 1 bis 7 HGB.

602 ✎ **Klausurtipp**

Hat ein Amtsrichter die fehlende Zuständigkeit nicht bemerkt und daher nicht gemäß § 504 ZPO auf seine Unzuständigkeit hingewiesen, hat er die Unzuständigkeitsfolgen zu beachten, wenn er die fehlende Zuständigkeit erkennt[141]. Anders ist dies vor dem Landgericht. Wurde die fehlende Unzuständigkeit übersehen oder verkannt, so ist durch rügelose Einlassung die Zuständigkeit gemäß § 39 ZPO dennoch begründet worden. Damit ist und bleibt das Landgericht zuständig. Spätere Rügen der Unzuständigkeit sind nicht mehr möglich, weil das Gericht jetzt zuständig ist.

603 Eine weitere Sicherung enthält § 331 Abs. 1 ZPO im Fall der Säumnis des Beklagten bei Vereinbarungen über den Erfüllungsort.

604 f) **Angeordnete Zuständigkeit.** Eine Zuständigkeit kann gem. § 36 ZPO in den dort genannten Fällen **angeordnet** werden, etwa weil alle Richter eines Gerichts befangen sind oder weil für Streitgenossen auf Beklagtenseite unterschiedliche allgemeine Gerichtsstände bestehen und ein gemeinschaftlicher besonderer Gerichtsstand nicht besteht.

XI. Die Partei

605 1. **Prozesshandlungsvoraussetzungen.** Um auf den **Streitgegenstand**[142] einwirken und sich vor Gericht vertreten zu können, aber auch um überhaupt klagen zu können oder verklagt zu werden, müssen die Parteien prozessual **handlungsfähig** sein. Prozesshandlung i. d. S. ist jedes Parteiverhalten, das den Prozess gestaltet und in Voraussetzungen und Wirkungen im Prozessrecht geregelt ist[143]. **Prozesshandlungen** sind solche Handlungen, deren Hauptwirkungen auf prozessualem Gebiet liegen. Dabei werden im Allgemeinen unterschieden:
- **Erwirkungshandlungen**: Mit ihnen soll ein Verhalten des Gerichts **erwirkt** werden (z. B. Klage, Anträge).
- **Bewirkungshandlungen**: Mit ihnen soll im Prozess unmittelbar etwas **bewirkt** – d. h. eine Gestaltung oder Änderung der Prozesslage herbeigeführt – werden (z. B. Klagerücknahme, Anerkenntnis, Verzicht).

606 Als **Prozesshandlungen** kommen z. B. in Betracht:
- Klageerhebung
- Klagerücknahme
- Anerkenntnis
- Verzicht
- Prozessverträge, etwa der Prozessvergleich
- Geltendmachen von vollzogenen Gestaltungen, etwa die Behauptung der außergerichtlichen Anfechtung oder Aufrechnung

---

141 Nachholung des Hinweises und dann je nach Reaktion Prozessurteil, Verweisung auf Antrag oder Sachurteil bei rügeloser Einlassung.
142 Siehe Rn. 42.
143 BGH, BGHZ 49, 384, 386.

607 Zu den von Amts wegen zu prüfenden **Prozesshandlungsvoraussetzungen** gehören[144]:
- Parteifähigkeit[145]
- Prozessfähigkeit[146]
- Postulationsfähigkeit[147]
- Prozessvollmacht

608 Prozesshandlungen unterliegen nicht den Vorschriften des BGB über Willensmängel. Etwa eine Anfechtung nach §§ 119 ff. BGB ist daher **ausgeschlossen**[148]. Ob und wie Willensmängel nach den Regeln des Prozessrechts zu berücksichtigen sind, gilt nicht für alle Prozesshandlungen gleich. Außerdem sind Prozesshandlungen grundsätzlich **bedingungsfeindlich**. Prozesssituationen müssen eindeutig und klar sein. Diese Grundsätze verbieten es, dass Prozesshandlungen unter einer Bedingung vorgenommen werden. So darf z. B. eine Klage nur **unbedingt** erhoben oder zurückgenommen, ein Rechtsmittel nicht bedingt eingelegt, ein Anerkenntnis nicht bedingt ausgesprochen werden. **Innerprozessuale** Bedingungen sind aber möglich.[149] Prozesshandlungen einer partei- oder prozessunfähigen Person sind schwebend **unwirksam**, etwa der Abschluss eines Prozessvergleichs durch einen Prozessunfähigen. Solche unvollkommene Prozesshandlungen sind aber **genehmigungsfähig**, z. B. wenn die Partei später die Fähigkeit erlangt.

609 *Klausurtipp*

In der **Klausur** müssen die Prozesshandlungsvoraussetzungen einer Partei von Amts wegen[150] zwar für **jede Prozesshandlung** (etwa die Nebenintervention, die Widerklage, die Klageänderung, die Stufenklage, in den Eilverfahren, in der Zwangsvollstreckung etc.) sorgfältig geprüft werden. Es besteht aber sehr **selten Anlass**, diese Fragen in der Niederschrift auch zu problematisieren. Anders liegt es etwa, wenn ein **Prozessvergleich** zu prüfen ist. Dieser scheitert **häufig** an dem Vorliegen etwa der Postulationsfähigkeit.

610 2. **Parteibegriff. Parteien im Zivilprozess** sind diejenigen Personen, von denen und gegen die im eigenen Namen Rechtsschutz begehrt wird. Wer im Verfahren Partei ist, ergibt sich damit aus der Bezeichnung in der zugestellten Klageschrift[151]. Die Bezeichnung einer Partei ist für die Parteistellung **nicht** allein **ausschlaggebend**[152]. Es kommt vielmehr darauf an, welcher Sinn der von der klagenden Partei in der Klageschrift gewählten Parteibezeichnung bei objektiver Würdigung des Erklä-

---

144 BGH, NJW 2006, 773 nennt die Prozessvollmacht nicht.
145 BPatG, BPatGE 44, 113.
146 BGH, NJW 2000, 289, 291.
147 BGH, NJW 2005, 3773, 3774.
148 BGH, FamRZ 2007, 375; BGH, NJW-RR 1986, 1327. Siehe auch Rn. 69.
149 Siehe dazu Rn. 1015.
150 BGH, NJW 2006, 773.
151 Vgl. §§ 253 Abs. 2 Nr. 1 und Abs. 4, 130 Nr. 1 ZPO. Formeller im Gegensatz zum materiellen Parteibegriff: Parteien sind die am streitigen Rechtsverhältnis Beteiligten.
152 BGH, FamRZ 2006, 1193.

1. Kapitel: Zulässigkeit

rungsinhalts beizulegen ist. Bei unrichtiger äußerer Bezeichnung ist grundsätzlich die Person als Partei anzusprechen, die erkennbar betroffen werden sollte[153]. Dieser Grundsatz gilt auch, wenn sich die klagende Partei selbst fehlerhaft bezeichnet[154]. Bei der Auslegung muss die **Identität** derjenigen Partei **gewahrt werden**, die durch die Bezeichnung erkennbar getroffen sein sollte[155].

Beispiel: 611
Eine **ohne weiteres zulässige Berichtigung** liegt etwa vor, wenn eine Partei infolge einer Eheschließung zwischenzeitlich ihren Namen geändert hat. Ebenso möglich ist eine nachträgliche Berichtigung (des Aktiv- oder Passivrubrums) oder Vervollständigung der Parteibezeichnung in den Einzelheiten.

Eine Berichtigung soll dagegen nicht möglich sein, wenn eine GmbH durch Verschmelzung in eine andere GmbH umgewandelt wurde[156]. Eine ungenaue Bezeichnung der Partei ist ggf. unter Heranziehung der Klagegründe zu ergänzen[157]. Eine bloße Ladung schafft in keinem Falle eine Partei[158]. 612

a) **Scheinpartei.** Der bloße **Zustellungsempfänger**, die so genannte Scheinpartei[159], kann, obwohl nicht Partei, geltend machen, Scheinpartei zu sein[160]. Um dies vorzubringen, ist sie zum Verfahren zuzulassen[161]. Entsprechendes gilt für die **nicht existente Partei**, die in einem gegen sie angestrengten Prozess **insoweit als parteifähig** zu behandeln ist, als sie ihre Nichtexistenz geltend macht[162]. Durch diese Fiktion soll erreicht werden, dass die Partei die Frage ihrer Existenz selbst klären lassen kann. 613

---

153 BGH, NJW-RR 2004, 501 m. Anm. Deubner JuS 2004, 775; BGH, NJW 2002, 3110, 3111; BGH, NJW 2001, 445; BGH, NJW 1981, 1453; BGH, NJW-RR 1997, 1216; OLG Dresden, OLGReport Dresden 2007, 151, 153; OLG Zweibrücken, NJW-RR 2002, 212, 213.
154 BGH, NJW-RR 2006, 42; BGH, NJW 2003, 1043.
155 Als Auslegungsmittel können auch spätere Prozessvorgänge herangezogen werden, BGH, ZIP 1999, 616, 617; BGH, ZIP 1988, 571, 574. Zur Auslegung von Prozesshandlungen siehe Rn. 70.
156 BGH, NJW 2002, 3110, 3111.
157 BGH, NJW 1983, 2448, 2449; BGH, NJW-RR 1995, 764f.; OLG Düsseldorf, ZMR 2002, 189.
158 BGH, NJW 1994, 3232; OLG Stuttgart, NJW-RR 1999, 216, 217 = JuS 1999, 821 Nr. 11 [Karsten Schmidt].
159 Auch Nichtpartei, vgl. LG Frankfurt a.M., NJW-RR 2002, 213.
160 KG, KGReport 2003, 395.
161 Zum Scheinurteil siehe BGH, NJW 1999, 1192 = JuS 1999, 1021 Nr. 10 (Karsten Schmidt).
162 BGH, NZG 2008, 28, 29; BGH, NJW-RR 2004, 1505; BGH, NJW 1993, 2943, 2944.

614 ✎ **Klausurtipp**

Räumt der Kläger etwa ein, dass sich die Klage nicht gegen den Zustellungsempfänger richtet, kann Letzterer beantragen, dies durch Beschluss feststellen zu lassen. Gleichzeitig kann die Scheinpartei beantragen, dem Kläger, soweit dieser die falsche Zustellung **veranlasst** hat, die Kosten aufzuerlegen, die zur Geltendmachung der „Nichtparteieigenschaft" notwendig waren[163]. Streitig ist, auf welcher **Grundlage** die Kostenentscheidung in diesem Falle beruht. Vorzuziehen ist eine Analogie zu § 269 Abs. 3 Satz 2 ZPO oder eine Rechtsanalogie zu dieser Regelung sowie zu §§ 91, 91a ZPO.

615 b) **Auseinanderfallen der Identität.** Auf Grund des **formellen Parteienbegriffs** können Identität von Partei und der als solcher handelnden Person auseinanderfallen. Macht jemand ein **fremdes Recht im eigenen Namen geltend,** spricht man von einer **Prozessstandschaft**[164]. Ob im Einzelfall eine gesetzliche oder gewillkürte Prozessstandschaft zulässig ist, ist eine Frage der **Prozessführungsbefugnis**[165]. Nimmt ein anderer hingegen unter der Parteibezeichnung eines anderen Prozesshandlungen vor, so berühren diese die wahre Partei nicht; unter Umständen bedarf es jedoch einer Nichtigkeitsklage nach § 579 Abs. 1 Nr. 4 ZPO, wenn ein Urteil gleichwohl ergangen ist.

616 c) **Insichprozesse.** Der Zivilprozess fordert – anders als viele Verfahren der freiwilligen Gerichtsbarkeit – zwei Parteien (Zweiparteienprinzip). So genannte **Insichprozesse** (etwa zwischen Hauptgeschäft und Filiale) sind deshalb grundsätzlich unzulässig[166]. Es ist prozessrechtlich nicht möglich, einen Rechtsstreit mit sich selbst – und zwar auch als Vertreter eines anderen – zu führen[167]. Wird eine Partei im Zivilprozess von der anderen beerbt, so **endet der Rechtsstreit von selbst**[168].

617 ✎ **Klausurtipp**

Ausnahmsweise sind Prozesse z.B. zwischen Vorstand und Aktiengesellschaft oder solche zwischen der Partei kraft Amtes und dem Rechtsinhaber zulässig. Das folgt daraus, dass diese Funktionsträger eines **privaten Amtes** vom Gesetz mit **originären Rechten** ausgestattet worden sind.

---

163 OLG Stuttgart, NJW-RR 1999, 216, 217; OLG Hamm, NJW 1999, 217; so grundsätzlich auch BGH, NJW-RR 1995, 765 für den Fall, dass noch kein Vollstreckungsbescheid ergangen ist.
164 Siehe dazu unten Rn. 664.
165 Vgl. dazu etwa BGH, NJW 1999, 1717 = JuS 1999, 1133 Nr. 13 (Karsten Schmidt), Rn. 525.
166 BGH, NJW-RR 1999, 1152.
167 BGH, NJW 1984, 57, 58; BGH, NJW 1975, 345.
168 BGH, NJW-RR 1999, 1152.

1. Kapitel: Zulässigkeit

d) Partei im Rubrum. Die Probleme der Partei im Rubrum stellen sich im Überblick wie folgt dar:

Schema

Partei (formeller Parteibegriff)
- Natürliche Personen
  (→ § 130 Nr. 1 ZPO: nach Vor- und Nachnamen [ggf. Geburtsname oder Aliasname], Stand oder Gewerbe [Beruf], Wohnort und Parteistellung; bei Minderjährigen Geburtsdatum oder ggf. Alter)
- Mehrere Parteien (z. B. Kläger zu 1)
- Kaufleute → Firma
  (→ § 17 Abs. 2 HGB; ggf. Firmenname + bürgerlicher Name)
- Parteien kraft Amtes
  (→ Kennzeichnung nach Amtsstellung; z. B. Insolvenzverwalter, Testamentsvollstrecker, Zwangsverwalter, Nachlassverwalter)
- Streithelfer und Streitverkündungsempfänger

Parteiänderung
- Parteierweiterung (§§ 260, 263 ZPO)
- Ausscheiden einer Partei (z. B. §§ 269, 263, 239 ff. ZPO)

Gesetzlicher Vertreter (→ § 171 Abs. 1, Abs. 3 ZPO)
- Eltern (beide)
- Geschäftsführer (alle)
- Vorstand (der gesamte Vorstand)
- Gesellschafter (GbR, OHG, KG)
- Öffentliche Hand (→ § 171 Abs. 2 ZPO. Zu nennen ist die Behörde, nicht der Name des Behördenleiters, etwa: „Freie und Hansestadt Hamburg, vertreten durch die Behörde für Inneres")

Prozessbevollmächtigte (→ § 176 ZPO)
- Einzelanwalt (→ nicht Terminsvertreter oder Unterbevollmächtigte)
- Anwaltskanzleien

---

3. Partei- und Prozessfähigkeit. – a) Parteifähigkeit. Unter **Parteifähigkeit** (die rechtliche Existenz) ist die Fähigkeit zu verstehen, im Prozess Kläger oder Beklagter zu sein[169]. Die Parteifähigkeit jeder an einem Rechtsstreit beteiligten Partei gehört zu den Sachurteilsvoraussetzungen, deren Mangel das Gericht nach § 56 Abs. 1 ZPO in jeder Lage des Verfahrens von Amts wegen zu berücksichtigen hat[170].

aa) Grundsatz. Gem. § 50 Abs. 1 ZPO ist parteifähig, wer **rechtsfähig** i. S. d. BGB ist. Daher sind natürliche und juristische Personen stets parteifähig. Im Allgemeinen ist davon **auszugehen**, dass eine Partei **parteifähig** ist. Die Parteifähigkeit ist daher nur zu prüfen, wenn **hinreichende** Anhaltspunkte dafür gegeben sind, dass sie nicht vorliegt[171]. Z. B. eine beklagte Partei, die behauptet, sie habe ihre Rechts- und Parteifähigkeit inzwischen verloren, muss die Tatsachen darlegen und ggf.

---

169 Prozessuale Rechtsfähigkeit.
170 BGH, MDR 2004, 1197; BGH, BGHZ 134, 116, 118 = MDR 1997, 473.
171 BGH, MDR 2004, 1197.

beweisen, aus denen sich ausreichende Anhaltspunkte für die Richtigkeit ihrer Behauptung ergeben. Vorstellbar ist, dass auch ein **nicht rechtsfähiges Sondervermögen** parteifähig ist; jedenfalls dann, wenn ein Gesetz Parteifähigkeit zuerkennt.[172]

622 Probleme gibt es mit Gesellschaften, die ihren satzungsmäßigen Sitz in einem **anderen Mitgliedstaat** haben[173]. Bei solchen Gesellschaften ist fraglich, ob sie nach deutschem Recht eine Gesellschaft darstellen.

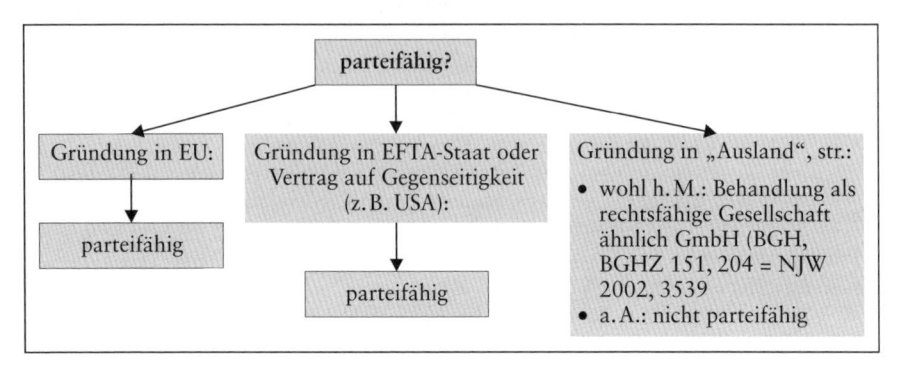

```
                        parteifähig?
      ┌──────────────────────┼──────────────────────┐
Gründung in EU:    Gründung in EFTA-Staat oder   Gründung in „Ausland", str.:
                   Vertrag auf Gegenseitigkeit    • wohl h.M.: Behandlung als
                         (z.B. USA):                rechtsfähige Gesellschaft
   parteifähig                                      ähnlich GmbH (BGH,
                                                    BGHZ 151, 204 = NJW
                       parteifähig                  2002, 3539
                                                  • a.A.: nicht parteifähig
```

623 bb) **Ausnahmen.** Obwohl sie grundsätzlich nicht rechtsfähig sind, werden **ausnahmsweise** doch als parteifähig angesehen:
- der Nasciturus, soweit ihm Rechte gewährt werden, nach §§ 331, 844, 1923, 2043 BGB
- der noch nicht Erzeugte, soweit ihm Rechte gewährt werden, bei Ansprüchen aus §§ 331, 2101 BGB
- die OHG (§ 124 Abs. Abs. 1 HGB) und die KG (§§ 161 Abs. 2, 124 Abs. 1 HGB)
- die Partenreederei (§§ 489, 493 Abs. 3 HGB).

624 cc) **Der nichtrechtsfähige Verein.** Ein **nichtrechtsfähiger Verein** kann nach h.M.[174] entgegen § 50 Abs. 2 BGB klagen und – natürlich – auch verklagt werden. In **Ausnahmefällen** gewährt das Gesetz selbst dem nichtrechtsfähigen Verein bereits allgemein die Parteifähigkeit[175]. Neben diesen gesetzlichen Ausnahmen hatte der **Bundesgerichtshof** im Wege der richterlichen Rechtsfortbildung den **Gewerkschaften** wegen ihrer Bedeutung im öffentlichen Leben die unbeschränkte aktive Parteifähigkeit zuerkannt[176]. Dies tut er jetzt auch für **sämtliche nichtrechtsfähigen Vereine.** Dem steht **§ 50 Abs. 2 ZPO** nicht entgegen. Der Bundesgerichts-

---

172 OLG Dresden, OLGReport Dresden 2007, 151, 153.
173 Etwa in Luxemburg gibt es Gesellschaftsformen, wo die eigentliche Geschäftsaktivität an einem anderen Ort ausgeübt werden kann als am Gesellschaftssitz.
174 BGH, NJW 2008, 69, 74; KG, KGReport 2003, 241; Hadding, ZGR 2006, 137, 146; Hess, ZZP 117 [2004], 267, 292; Jauernig, NJW 2001, 2231 f.; K. Schmidt, NJW 2001, 993, 1003; a.A. noch BGH, BGHZ 109, 15, 18; Schöpflin, Der nicht rechtsfähige Verein, 2003, S. 364.
175 Z.B. in §§ 3 PartG, 10 ArbGG.
176 BGH, JZ 1990, 50.

hof hat der (Außen-)Gesellschaft bürgerlichen Rechts die aktive und passive Parteifähigkeit zuerkannt. Da § 54 Satz 1 BGB für den nicht rechtsfähigen Verein ergänzend auf die Vorschriften über die Gesellschaft bürgerlichen Rechts verweist, kann ihm in Abkehr vom früheren Verständnis die aktive Parteifähigkeit **nicht weiter vorenthalten werden.**

dd) Vor-GmbH. Die Vor-GmbH ist sowohl **passiv**[177] als auch **aktiv parteifähig**[178]. Die Vor-GmbH steht nämlich nicht nur in ihrer aktuellen Struktur, sondern auch in ihrer Eigenart als bloßes Durchgangsstadium bei der Bildung einer vollwertigen juristischen Person dieser Rechtsform näher als der Gesamthand, so dass ihr im Rahmen ihrer Geschäftstätigkeit auch eine aktive Parteirolle zuzuerkennen ist. Die Vorgründungs-GmbH ist GbR, dazu Rn. 626. **625**

ee) Gesellschaft bürgerliche Rechts (GbR). Nach h. M. besitzt grundsätzlich auch die (Außen-)Gesellschaft bürgerlichen Rechts **Rechtsfähigkeit**, soweit sie durch Teilnahme am Rechtsverkehr eigene Rechte und Pflichten begründet[179]. In diesem Rahmen ist die GbR aktiv- und passiv parteifähig. Ihre Gesellschafter haften rechtsähnlich nach den §§ 128, 129 HGB und sind keine notwendigen Streitgenossen[180]. **626**

Als **Bezeichnung der GbR** als Partei bietet sich die Bezeichnung an, unter der die Gesellschaft im Verkehr auftritt. Sieht der Gesellschaftsvertrag keine Bezeichnung der GbR vor, kann die GbR als „Gesellschaft bürgerlichen Rechts bestehend aus ... (Namen ihrer Gesellschafter) bezeichnet werden[181]. Für die Zustellung kann § 171 ZPO angewendet werden[182]. **627**

ff) Wohnungseigentümergemeinschaft (Verband Wohnungseigentümergemeinschaft). Der Verband Wohnungseigentümergemeinschaft besitzt eine eigene Rechtspersönlichkeit und ist nach § 10 Abs. 6 S. 5 WEG partei- und prozessfähig[183]. Der Verband Wohnungseigentümergemeinschaft muss die Bezeichnung „Wohnungseigentümergemeinschaft", gefolgt von der bestimmten Angabe des gemeinschaftlichen Grundstücks, führen, § 10 Abs. 6 S. 4 WEG. **628**

b) Prozessfähigkeit. Die **Prozessfähigkeit** einer Partei ist ihre Fähigkeit, vor Gericht zu stehen[184]. Die Vertretung nicht prozessfähiger Parteien durch andere Personen[185] und die Notwendigkeit einer besonderen Ermächtigung zur Prozess- **629**

---

177 BGH, BGHZ 79, 239, 241 = NJW 1981, 873; BAG, NJW 1963, 680, 681.
178 BGH, NJW 1998, 1079, 1080 = WM 1998, 245, 246 = NZG 1998, 181 = JR 1998, 290, 291 m. Anm. Demuth, BB 1998, 966 und Goette, DStR 1998, 500; so schon LG Köln, NJW-RR 1993, 1385.
179 BGH, BB 2001, 374 m. Anm. Habersack BB 2001, 477 = DStR 2001, 310 = JuS 2001, 509 Nr. 11 [K. Schmidt], bestätigt von BGH, NJW 2002, 1207 = NZM 2002, 272 = ZIP 2002, 614; siehe auch BGH, NJW 2002, 2958.
180 OLG Frankfurt a.M., NJW-RR 2002, 1277 = JuS 2002, 1232 Nr. 10 (Karsten Schmidt).
181 BGH, NJW 2009, 954.
182 Zum Verwaltungsprozess siehe Pache/Knauff, BayVBl. 2003, 118 ff.
183 BGH, ZMR 2005, 547 ff.
184 Prozessuale Geschäftsfähigkeit.
185 Gesetzliche Vertreter.

führung bestimmt sich grundsätzlich nach dem BGB. Jede Partei wird grundsätzlich als prozessfähig behandelt.[186]

630 ✎ **Klausurtipp**
Wird in einem Rechtsstreit eine prozessfähige Person etwa durch einen Betreuer vertreten, so steht sie gem. § 53 ZPO für den Rechtsstreit einer nicht prozessfähigen Person gleich. Nach hier vertretener Ansicht muss der Betreuer – es sei denn, der Betreute ist sowieso prozessunfähig – seinen Eintritt in das Verfahren **ausdrücklich erklären**, um die Wirkungen des § 53 ZPO auszulösen.

631 c) **Zweifel.** Ein Rechtsmittel einer Partei, die sich dagegen wendet, dass sie in der Vorinstanz zu Unrecht als prozess- oder parteifähig oder als prozess- oder parteiunfähig behandelt worden ist, ist **ohne weiteres** zulässig[187]. Anderenfalls bliebe ein an dem Verfahrensverstoß leidendes Urteil der unteren Instanz aufrechterhalten und könnte nur mit der Nichtigkeitsklage[188] beseitigt werden[189].

632 ✎ **Klausurtipp**
Wird die Prozessunfähigkeit festgestellt oder kann die Prozessfähigkeit nach Ausschöpfung aller Beweismöglichkeiten nicht bewiesen werden, ist die **Klage „als unzulässig" abzuweisen**[190]. Bevor diese Frage geklärt ist und die Prozessfähigkeit feststeht, darf eine Sachentscheidung nicht ergehen[191].

633 Der Kläger hat insofern das Risiko der Nichterweislichkeit **seiner Prozessfähigkeit** zu tragen, da ihn insoweit eine „objektive" Beweislast trifft[192]. Jedoch ist das Gericht gehalten, von Amts wegen alle in Frage kommenden Beweise, insbesondere durch Einholung von Sachverständigengutachten, zu erheben, um Zweifel an der Prozessfähigkeit nach Möglichkeit aufzuklären; den Kläger trifft hier keine „subjektive" Beweisführungslast.

634 4. **Mehrheit von Parteien (Streitgenossen)**[193] – a) **Begriff.** Im Zivilprozess stehen sich ein Kläger und ein Beklagter gegenüber. Wenn in **einem** Verfahren auf der Kläger- und/oder Beklagtenseite mehrere Parteien auftreten, liegt eine **Streitgenossenschaft** oder **subjektive Klagenhäufung** vor. Die Streitgenossenschaft dient vor allem der Prozessökonomie[194]. Ein solches **gemeinsames Verfahren** kann begründet werden durch gemeinsame Klage, Verbindung nach § 147 ZPO, oder Tod einer Partei, die durch mehrere Erben (Erbengemeinschaft) beerbt wird, § 239 ZPO.

---

186 BGH, MDR 1990, 610 = NJW 1990, 1734; OLG Rostock, MDR 2006, 706.
187 BGH, NJW 1990, 1734; BGH, WM 1986, 145.
188 § 579 Abs. 1 Nr. 4 ZPO.
189 BGH, BGHZ 40, 197, 199 = NJW 1964, 203 für die gesetzliche Vertretung der juristischen Person; BGH, NJW-RR 1986, 157 und 1119.
190 Vgl. BGH, NJW 1962, 1510.
191 BGH, NJW-RR 1986, 157, 158.
192 Zum Begriff siehe Rn. 1408.
193 Siehe dazu Gottwald, JA 1982, 64 ff; Lindacher, JuS 1986, 379 ff.
194 Z.B. wenn es aus Rechtsgründen oder Zweckmäßigkeitsgründen geboten ist, eine einheitliche Beurteilung vorzunehmen.

1. Kapitel: Zulässigkeit

b) Ursprüngliche Streitgenossenschaft. – aa) Einfache Streitgenossenschaft. Bei einer **einfachen Streitgenossenschaft** werden mehrere selbstständige Klagen zu einem Prozess zusammengefasst. Die Verfahren sind aber nur äußerlich verbunden; das Verfahren eines jeden Streitgenossen ist selbstständig. Jeder Streitgenosse ist deshalb so zu behandeln, als ob nur er allein mit dem Gegner prozessieren würde[195]. Jedes Prozessrechtsverhältnis bleibt **autonom** und jeder Streitgenosse betreibt seinen Prozess **selbstständig** und **unabhängig** von den übrigen Streitgenossen, soweit das Gesetz (etwa §§ 421 ff., 428 ff. BGB) keine gemeinsame Wirkung vorsieht, § 61 ZPO. Das Prozessergebnis kann daher auch für jeden Streitgenossen unterschiedlich ausfallen: **635**

📄 **Formulierungsvorschlag** **636**
„1. Der Beklagte zu 1) wird verurteilt, an den Kläger 8.000,00 € zu zahlen. Im Übrigen wird die Klage abgewiesen.
2. Von den Gerichtskosten haben der Kläger und der Beklagte zu 1) jeweils ½ zu tragen. Die außergerichtlichen Kosten des Beklagten zu 2) hat der Kläger zu tragen. Die außergerichtlichen Kosten des Klägers hat der Beklagte zu 1) zu ½ zu tragen."

Die **Verbindung** mehrerer Prozesse zu einer einfachen Streitgenossenschaft ist nach §§ 59, 60 ZPO zulässig. Soweit man in **jeder** subjektiven Klagehäufung auch eine objektive sieht, ist des Weiteren § 260 ZPO analog heranzuziehen. Fehlt eine der Voraussetzungen, sind die Prozessrechtsverhältnisse zu trennen[196], die Klagen also nicht abzuweisen. Eine **Rechtsgemeinschaft** i. S. d. § 59 1. Alt. ZPO besteht bei Miteigentümern, Miterben und Gesamtschuldnern/-gläubigern. §§ 59 2. Alt., 60 ZPO werden hingegen nicht genau voneinander abgegrenzt. Hierher gehören z. B. folgende Klagen: **637**

- Klagen aus einem gemeinsamen Vertragsverhältnis
- Klagen zur Geltendmachung von Schadenersatzansprüchen mehrerer, etwa durch denselben Unfall
- Klagen des Wechselinhabers gegen mehrere Wechselverpflichtete

Die Wirkung der einfachen Streitgenossenschaft ergibt sich aus §§ 61, 63 ZPO.

bb) Notwendige Streitgenossenschaft. Neben der einfachen Streitgenossenschaft gibt es die Parteienmehrheit in Form der **notwendigen Streitgenossenschaft**. Sie ist zur Erzielung einer einheitlichen Sachentscheidung **aus Rechtsgründen** erforderlich ist. Merkmale: **638**

- Prozesshandlungen, wie Geständnis, Klagerücknahme, Erledigungserklärung, Anerkenntnis, Verzicht und Vergleich können nur von allen gemeinsam vorgenommen werden.
- Der Protest eines Streitgenossen gegen eine solche Prozesshandlung lässt diese nicht wirksam werden.
- Die Säumnis eines Streitgenossen führt zur Fiktion der Vertretung durch die anwesenden Streitgenossen, § 62 Abs. 1 ZPO. Ein Versäumnisurteil wäre dann nicht zulässig.
- Die Einlegung eines Rechtsmittels durch einen Streitgenossen wirkt für und gegen die anderen.

---

195 BGH, WM 1989, 997, 998.
196 § 145 Abs. 1 ZPO.

639 Eine notwendig einheitliche Sachentscheidung kann sich aus **prozessualen**, § 62 Abs. 1, 1. Fall ZPO, aber auch aus **materiell-rechtlichen** Gründen, § 62 Abs. 1, 2. Fall ZPO, ergeben.

640 (1) **Prozessrechtliche Gründe.** Eine Partei kann bei einer notwendigen Streitgenossenschaft aus prozessrechtlichen Gründen **einzeln** klagen. Wenn aber mehrere Parteien in verschiedenen Prozessen klagen, auf die sich die Rechtskraft des jeweils anderen Verfahrens erstreckt, werden sie zu notwendigen Streitgenossen.

641 Beispiel:
Wenn ein Aktionär nach § 245 AktG Hauptversammlungsbeschlüsse anficht, würde die Nichtigkeitserklärung durch Urteil gemäß § 248 AktG für und gegen alle Aktionäre gelten. Wenn also mehrere Aktionäre gegen denselben Beschluss klagen, kann das Urteil in allen Prozessen auch nur gleich ausfallen. Um dies zu gewährleisten, ist eine Verbindung der Verfahren zu einer **notwendigen Streitgenossenschaft** erforderlich, § 246 Abs. 3 AktG. Entsprechendes gilt für mehrere Anfechtungsklagen nach § 46 WEG, vgl. § 47 WEG.

642 (2) **Materiell-rechtliche Gründe.** Hier ergibt sich die Notwendigkeit der einheitlichen Entscheidung aus **materiellem Recht**. Ein Anspruch kann nur von mehreren Personen verfolgt werden. Sie haben also nur gemeinsam die Prozessführungsbefugnis. Hierunter fallen die **Miterben**, wenn Rechte der Gesamthand geltend gemacht werden (§§ 719, 2038, 2040 BGB). Auch Gestaltungsrechte können, wenn es mehreren zusteht, nur durch eine gemeinsame Klage ausgeübt werden (§§ 117, 127, 140 HGB). Während bei der **prozessualen** Streitgenossenschaft grundsätzlich auch Einzelklagen zulässig sind, im Falle einer Streitgenossenschaft aber zwingend eine einheitliche Sachentscheidung ergehen muss, ist bei der **materiell-rechtlichen Streitgenossenschaft** bereits notwendig eine gemeinschaftliche Klage durch alle oder gegen alle zu erheben. **Einzelklagen sind nicht möglich.** Es ist deshalb nicht nur erforderlich, dass die Sachentscheidung einheitlich ergeht, sondern dass auch alle notwendigen Streitgenossen daran beteiligt sind.

643 c) **Nachträgliche Streitgenossen.** Wenn in ein Verfahren weitere Kläger oder Beklagte hinzutreten, liegt ein Parteibeitritt oder **nachträgliche Streitgenossenschaft** vor. Die Voraussetzungen und die Wirkungen eines solchen gewillkürten Parteibeitritts sind **streitig**. Die Rechtsprechung behandelt einen gewillkürten Parteibeitritt als Unterfall des Parteiwechsels (§§ 263 ff. ZPO analog)[197]. Sieht man dagegen im ersten Rechtszug die Parteierweiterung unter den Voraussetzungen der §§ 59, 60 ZPO als uneingeschränkt zulässig an, bedarf es für den Beitritt eines neuen Klägers nur dessen Antrags, die bisherigen Parteien müssen nicht zustimmen. Der Beitritt eines neuen Beklagten erfolgt ebenfalls auf Antrag des Klägers. Die Zustimmung des neuen Beklagten ist nicht erforderlich, weil er auch gegen seinen Willen hätte verklagt werden können.

644 5. **Parteiänderung.** Eine **Parteiänderung** ist anzunehmen, wenn an Stelle der objektiv erkennbar verklagten Partei eine andere Partei verklagt werden soll. Eine Parteiänderung kann etwa notwendig werden, wenn die verklagte Partei nicht berechtigt oder nicht verpflichtet ist.

---

197 Siehe Rn. 651.

a) **Gesetzliche Parteiänderungen.** In der ZPO sind **einige Fälle ausdrücklich** **645** geregelt, in denen **kraft Gesetzes** eine Parteiänderung stattfindet[198] oder stattfinden kann[199]. In diesen Fällen muss die neue Partei den Rechtsstreit in der von ihr vorgefundenen Lage übernehmen. Sie ist außerdem an die früheren Prozesshandlungen des Gerichts[200] und der alten Partei[201] **gebunden.** Die bedeutsamsten Fälle einer Parteiänderung sind **Tod** oder **Insolvenz** einer Partei:
- Verstirbt eine Partei, so werden kraft Gesetzes ihre Erben Partei (§ 239 ZPO, § 1922 BGB). Das Verfahren kann bei Vertretung der verstorbenen Partei durch einen Prozessbevollmächtigten ohne weiteres fortgesetzt werden (§ 246 ZPO). Auf Antrag wird es jedoch ausgesetzt.
- Wird während eines laufenden Prozesses das Insolvenzverfahren über das Vermögen einer Partei eröffnet, so verliert diese ihre Prozessführungsbefugnis und das Verfahren wird unterbrochen (§ 240 ZPO). Die Fortsetzung erfolgt nach den Vorschriften der InsO.

Im Falle einer Erbschaft sind die **Erben Partei** und im Kopf (Rubrum) aufzuführen; die Bezeichnung „Erbengemeinschaft nach ..." genügt nicht. Üblicherweise wird der Urteilskopf in derartigen Fällen wie folgt formuliert: **646**

Formulierungsvorschlag: **647**
„der Erben des am ... verstorbenen ..., nämlich
1. ...
2. ...
3. ...
Kläger,"

Im Falle einer Nachlasspflegschaft schreibt man: **648**

Formulierungsvorschlag **649**
„die unbekannten Erben des am ... verstorbenen ..., vertreten durch den Nachlasspfleger Rechtsanwalt Udo Hand, Fedicinstraße 45, 12345 Berlin,"

b) **Gewillkürte Parteiänderungen.** Gewillkürte Parteiänderungen sind im Gesetz **650** nicht geregelt. Das Reichsgericht hat sie in ständiger Rechtsprechung als Klageänderung i. S. v. § 263 ZPO angesehen und zugelassen[202]. Das hatte zur Folge, dass jemand ohne seinen Willen in einen Prozess jederzeit hingezogen werden konnte und an den bisherigen Prozessverlauf gebunden war, und zwar auch noch in der zweiten Instanz, §§ 263, 533 ZPO. Der Bundesgerichtshof ist grundsätzlich der Ansicht des Reichsgerichts gefolgt[203]. Für die Zulässigkeitsvoraussetzungen im Einzelnen ist zwischen Beklagten und Kläger sowie zwischen einem Partei-

---

198 Vgl. §§ 239 bis 242 ZPO.
199 Vgl. §§ 75 ff., 265 Abs. 2 Satz 2, 266 Abs. 1, 640 g ZPO.
200 Z. B. eine Beweisaufnahme.
201 Z. B. ein Anerkenntnis, ein Geständnis.
202 RG, RGZ 108, 350; RG, RGZ 157, 369, 377. Zur Klageänderung und ihren Voraussetzungen siehe Rn. 798 ff.
203 Siehe etwa BGH, MDR 2004, 700 = NJW-RR 2004, 640; MDR 1976, 211 = BGHZ 65, 253, 268; OLG Dresden, OLGReport Dresden 2007, 151, 153.

wechsel in der ersten und in der zweiten Instanz zu unterscheiden. Ein „hilfsweise" erklärter Parteiwechsel ist freilich stets unzulässig.[204]

651 aa) **Beklagtenwechsel.** Einem gewillkürten Beklagtenwechsel **in der ersten Instanz** muss der alte Beklagte nach § 269 Abs. 1 ZPO zustimmen. Der neue Beklagte wird nach der Rechtsprechung Partei des Rechtsstreits, wenn er in den Parteiwechsel **einwilligt** oder sich **rügelos** einlässt, oder aber das Gericht den Parteiwechsel für **sachdienlich** hält. Auch insoweit kommt es auf die Prozessökonomie[205] an.

652

	neuer Beklagter I. Instanz
Zustimmung des alten Beklagten erforderlich?	nach mündlicher Verhandlung [+] vor mündlicher Verhandlung [-]
Zustimmung des neuen Beklagten?	• *BGH:* [+], aber ersetzbar • *hL:* [-]
Zustimmung des Klägers?	[+]

653 Einer ausdrücklichen Einwilligung des alten und des neuen Beklagten bedarf der Eintritt des neuen Beklagten in der **II. Instanz**[206]. Die Einwilligung des neuen Beklagten kann auch **nicht** aus Gründen der Sachdienlichkeit oder auf Grund rügeloser Einlassung ersetzt werden[207]. Der Grund hierfür liegt in dem **Verlust** einer Instanz, auf die der neue Beklagte keinen Einfluss hatte. Die Zustimmung des neuen Beklagten war nach Ansicht des Bundesgerichtshofs nur dann ausnahmsweise entbehrlich, wenn sie **rechtsmissbräuchlich** verweigert wird[208]. Dies ist anzunehmen, wenn es an einem schutzwürdigen Interesse des neuen Beklagten fehlt, etwa beim Übergang vom Gesellschafts- zum Gesellschafterprozess, wenn der neue Beklagte den Prozess bereits von Anfang an beeinflussen konnte. Nach dem neuen Berufungsrecht ist allerdings vorstellbar, dass diese Ausnahme entfallen ist[209].

654

	neuer Beklagter II. Instanz
Zustimmung des alten Beklagten?	[+]
Zustimmung des neuen Beklagten?	[+], es sei denn Willkür (zweifelhaft)
Zustimmung des Klägers?	[+]

---

204 OLG Dresden, OLGReport Dresden 2007, 151, 153.
205 Siehe Rn. 86 und Rn. 803.
206 KG, KGReport 2006, 193, 194.
207 BGH, BGHZ 65, 264, 268; BGH, NJW 1987, 1946; BGH, NJW 1981, 989; OLG München, OLGReport München 2006, 1186 = MDR 2006, 1886.
208 BGH, BGHZ 21, 285, 287; BGH, NJW 1974, 750; BGH, JZ 1986, 107; BGH, NJW 1987, 1946; KG, KGReport 2006, 193, 194. Dies gilt auch für das WEG-Verfahren.
209 So etwa OLG München, OLGReport München 2006, 1186.

1. Kapitel: Zulässigkeit 655–658

Der neue Beklagte ist wie bei einem gesetzlichen Parteiwechsel **grundsätzlich** an die Prozessführung seines Vorgängers **gebunden**. Die Prozessökonomie kann allerdings **im Einzelfall** mit dem Anspruch eines neu in den Rechtsstreit einbezogenen Beklagten kollidieren, sich uneingeschränkt verteidigen zu können und insbesondere an die von ihm nicht beeinflussbaren Beweiserhebungen nicht gebunden zu sein. Auf Antrag des neuen Beklagten muss das Gericht daher gegebenenfalls **ergänzend oder wiederholend Beweis** erheben[210]. **655**

bb) Kläger. Einem **gewillkürten Klägerwechsel** – egal in welcher Instanz – müssen sowohl der alte wie auch der neue Kläger **zustimmen**. Weder kann ein Kläger gegen seinen Willen aus einem Prozess ausscheiden noch kann ein neuer Kläger gegen seinen Willen in die Prozessstellung als Kläger gedrängt werden. Dem Ausscheiden des alten Klägers **nach Beginn** der mündlichen Verhandlung muss **außerdem** der Beklagte zustimmen, ohne dass die Zustimmung durch die Sachdienlichkeit des Ausscheidens ersetzt werden kann[211]. **656**

> **✒ Klausurtipp** **657**
>
> In der Praxis werden Zweifel an der Aktivlegitimation des Klägers zumeist nicht durch einen Parteiwechsel, sondern durch eine **Abtretung der Klageforderung** vom Berechtigten an den Kläger gelöst. Das bietet sich für die Anwaltsklausur an.

Der Wechsel auf der Klägerseite ist eine Klageänderung gemäß § 263 ZPO. Wird der Parteiwechsel nur hilfsweise für den Fall erklärt, dass das Gericht die Prozessführungsbefugnis verneint, ist der Klägerwechsel **unzulässig**. Eine **Parteiänderung**, die zu einer subjektiven Klagehäufung führt, kann wirksam **nicht bedingt** erfolgen, weder unter der prozessualen Bedingung, dass der Anspruch der in erster Linie angeführten Partei für unbegründet befunden wird, noch unter der Bedingung, dass das Gericht die Zulässigkeit der Klage der ursprünglichen Klägerin als Prozessstandschafterin verneint. Bei einem nur bedingten Parteiwechsel geht es sich nicht wie bei **gewöhnlichen Hilfsanträgen** darum, ob demselben Kläger der eine oder der andere Anspruch zuzubilligen ist, sondern um die Begründung eines Prozessrechtsverhältnisses mit einer anderen Partei. Ob ein solches besteht, darf, schon um der Rechtsklarheit willen, nicht bis zum Ende des Rechtsstreits in der Schwebe bleiben[212]. **658**

---

210 Auch kann beispielsweise der neue Beklagte mit einem Beweismittel nicht mit der Begründung präkludiert sein, der ursprüngliche Beklagte sei damit ausgeschlossen.
211 A. A. OLG München, NJW-RR 1998, 788 m. Anm. Deubner, JuS 1998, 541.
212 BGH, NJW-RR 2004, 640.

659		neuer Kläger
Zustimmung des alten Klägers erforderlich?	[+]	
Zustimmung des alten Klägers?	[+]	
Zustimmung des Beklagten?	BGH: vor mündlicher Verhandlung [+], aber ersetzbar; danach [+] h. L.: vor mündlicher Verhandlung [-], danach [+]	

660 c) **Verfahren und Entscheidung.** Ein **Parteiwechsel** setzt einen entsprechenden Schriftsatz des Klägers nach § 253 ZPO voraus. Mit Zustellung dieses Schriftsatzes entsteht ein Prozessrechtsverhältnis zwischen den neuen Parteien. Der **Streitwert** ändert sich auf Grund des Wechsels nicht. Die Entscheidung über die Zulässigkeit des Parteiwechsels ergeht im Endurteil, soweit das Gericht nicht vorab in einem **Zwischenurteil**[213] hierüber befindet.

661 aa) **Unzulässige Parteiänderung.** Erweist sich eine **Parteiänderung** als **unzulässig**, wird die Klage z. B. gegen den neuen Beklagten als **unzulässig** abgewiesen. Durch eine unzulässige Parteiänderung scheidet der ursprüngliche Beklagte aus dem Verfahren hingegen **nicht ohne weiteres** aus[214]. Mit ihm wird das Prozessrechtsverhältnis fortgesetzt, sofern der Kläger nichts anderes erklärt.

662 bb) **Zulässige Parteiänderung.** Bei einer **zulässigen Parteiänderung** wird der Rechtsstreit z. B. mit dem neuen Beklagten fortgesetzt. Der bisherige Beklagte, der aus dem Prozess ausscheidet, kann entsprechend § 269 Abs. 4 ZPO beantragen, dass seine außergerichtlichen Kosten dem Kläger vorab per Beschluss auferlegt werden. Anderenfalls ist hierüber in der abschließenden Kostenentscheidung zu befinden. Hierbei ist davon auszugehen, dass der Parteiwechsel eine Teilrücknahme der Klage enthält. Der Kläger muss daher die durch den Wechsel eventuell verursachten Mehrkosten tragen. Da die gerichtliche Verfahrensgebühr nicht ein zweites Mal anfällt, handelt es sich bei den Mehrkosten allerdings nur um die außergerichtlichen Kosten des ursprünglichen Beklagten.

663 cc) Überblick

Zustimmung erforderlich?	neuer Beklagter I. Instanz	neuer Beklagter II. Instanz	neuer Kläger I./II. Instanz
des alten Beklagten	• § 269 Abs. 1 ZPO: Ja, und **nach** mündlicher Verhandlung nicht ersetzbar	• § 269 Abs. 1 ZPO: Ja, und nicht ersetzbar	

---

213 Rn. 45.
214 BGH, NZG 2008, 711; BGH, NJW 1998, 1496, 1497.

1. Kapitel: Zulässigkeit

Zustimmung erforderlich?	neuer Beklagter I. Instanz	neuer Beklagter II. Instanz	neuer Kläger I./II. Instanz
	• **vorher** durch rügelose Einlassung/Sachdienlichkeit ersetzbar		
des neuen Beklagten	• BGH: Ja, aber durch rügelose Einlassung/Sachdienlichkeit ersetzbar • hL: Nicht erforderlich	• § 269 Abs. 1 ZPO: Ja, und nicht ersetzbar	
des Klägers	Ja	Ja	
des alten Klägers			§ 269 Abs. 1 ZPO: Ja, nicht ersetzbar
des Beklagten			• § 269 Abs. 1 ZPO: Ja, und **nach** mündlicher Verhandlung nicht ersetzbar • BGH: **Vorher** durch rügelose Einlassung/Sachdienlichkeit ersetzbar • hL: **Vorher** nicht erforderlich

6. Prozessstandschaft. Unter einer Prozessstandschaft[215] wird das Recht verstanden, **fremde Rechte im eigenen Namen** geltend zu machen[216]. Nach ihrem Geltungsgrund werden „gesetzliche" und „gewillkürte" Prozessstandschaften unterschieden. Als gesetzliche Prozessstandschaft wird etwa das Prozessführungsrecht des Insolvenzverwalters, des Zwangsverwalters des Nachlassverwalters oder des Nießbrauchverwalters angesehen. Als gewillkürter Prozessstandschafter

---

215 Dazu allgemein Koch, JZ 1984, 809 ff.; Schmidt, JuS 1986, 65 ff.; Pawlowski, JuS 1990, 378 ff.
216 Prozessstandschaften tauchen am häufigsten in Zusammenhang mit Sicherungsabtretungen und Sicherungsübereignungen auf, wenn z. B. ein Bauunternehmer seine Werklohnforderung an eine Bank abgetreten hat und nun im eigenen Namen die Forderung einklagt, oder wenn jemand seinen Pkw einer Bank sicherungsübereignete und nunmehr selbst Schadenersatz nach einem Verkehrsunfall verlangt. Materiell-rechtlich ergibt sich eine Prozessstandschaft häufig beim Inkasso von Forderungen.

(das Pendant ist der materiell-rechtlich zur Einziehung Ermächtigte) wird der angesehen, der in zulässiger Weise auf Grund eines Rechtsgeschäfts fremde Rechte, nicht als Vertreter des Berechtigten, sondern im eigenen Namen geltend macht[217].

665 Grundsätzlich ist jemand nur befugt, sich zur Wahrung (behaupteter) **eigener** Rechte am Verfahren zu beteiligen. Die Rechtsordnung lässt aus diesem Grunde gewillkürte Prozessstandschaften allgemein nicht zu. Nur in **Einzelfällen**[218] muss es im Interesse des Rechtsinhabers möglich sein, dass ein **Dritter** fremde Rechte im eigenen Namen einklagt. Erteilung, Bestand und eventuelle Mängel einer solchen **gewillkürten Prozessstandschaft** richten sich nach **bürgerlich-rechtlichen Grundsätzen**[219]. Nach den Bestimmungen der **ZPO** und des **FamFG** darf sich jemand zur Wahrung (behaupteter) fremder Rechte am Verfahren dann beteiligen, wenn er dafür einen besonderen **Rechtfertigungsgrund** hat.

666 Dieser Rechtfertigungsgrund kann sich zum einen aus dem Gesetz ergeben[220]. Der Rechtfertigungsgrund kann sich zum anderen auch daraus ergeben, dass der Rechtsträger zustimmt und der Prozessstandschafter ein eigenes **schutzwürdiges Eigeninteresse**[221] an der Geltendmachung des behaupteten fremden Rechts besitzt[222]. Dies ist z. B. zu bejahen, wenn eine Honorarforderung sicherungshalber abgetreten wird. Denn für den Fall einer Sicherungszession ist anerkannt, dass der Zedent jedenfalls, wenn es sich bei ihm um eine natürliche Person handelt, ein eigenes schutzwürdiges Interesse daran hat, die abgetretene Forderung im eigenen Namen gerichtlich geltend zu machen[223].

667 Ob eine zulässige Prozessstandschaft vorliegt, ist eine Frage der Zulässigkeit der Klage und damit eine **allgemeine Sachurteilsvoraussetzung**[224]. Liegt eine zulässige Prozessstandschaft vor, so wirkt die Rechtskraft eines klageabweisenden Urteils auch gegen den tatsächlichen Inhaber des Rechts. Wird ein Prozess verloren, so

---

217 BayObLG, NZM 1999, 78 = NJW-RR 1999, 235 = ZMR 1999, 190.
218 An der gewillkürten Prozessstandschaft wird vor allem kritisiert, dass sie eine „gezielte Verschiebung der Prozessrollen" ermögliche; vgl. aus neuerer Zeit Frank, ZZP 92 [1979], 321, 322 f.; Koch, JZ 1984, 809, 810 f.
219 BGH, NJW 2000, 739.
220 Wie bei der gesetzlichen Prozessstandschaft des Insolvenzverwalters.
221 Nach ständiger Rechtsprechung des RG und des BGH darf jemand ein fremdes Recht auf Grund einer ihm vom Berechtigten erteilten Ermächtigung im eigenen Namen und auf eigene Rechnung im Prozess nur dann verfolgen, sofern er hieran ein eigenes schutzwürdiges Interesse hat, BGH, BGHZ 92, 347, 349 m. w. Nachw. Aktuell etwa BGH, NJW 2003, 2231 m. Anm. K. Schmidt, JuS 2003, 1126, 1127.
222 BGH, NJW-RR 1988, 127.
223 BGH, FamRZ 2003, 1096; BGH, NJW 1999, 2110; BGH, NJW 1995, 3186.
224 KG, KGReport 2002, 356. Eine Prozessstandschaft ist beispielsweise unzulässig, wenn eine überschuldete und vermögenslose GmbH, die ihre werbende Tätigkeit aufgegeben hat, abgetretene Forderungen mit Ermächtigung des neuen Gläubigers zu dessen Gunsten geltend machen will, BGH, NJW 1986, 850 m. Anm. Olzen JR 1986, 289, und m. Anm. Schmidt, JuS 1986, 318; BGH, NJW 1989, 1932; BGH, NJW 1990, 1117; BGH, NJW-RR 1989, 1104. Zu Ausnahmen siehe BGH, NJW 2003, 2231, 2232.

1. Kapitel: Zulässigkeit

kann der obsiegende Beklagte Kostenerstattung nur von der klagenden Partei verlangen.

c) Die Vorschrift des § 265 ZPO. Nach §§ 265, 266 ZPO bleibt der Veräußerer stets Prozesspartei. **668**
- **Veräußerung auf Klägerseite:** Hier wird der Prozess durch den Veräußerer nach Wegfall seiner Sachlegitimation als gesetzlicher Prozessstandschafter fortgeführt. Der Veräußerer ist grundsätzlich allein prozessführungsbefugt. Ausnahme: § 265 Abs. 3 ZPO. Die Klage ist auf Leistung an den Rechtsnachfolger **umzustellen** (so genannte Relevanztheorie).
- **Veräußerung auf Beklagtenseite:** Materiell-rechtliche Fiktion des Fortbestandes der Passivlegitimation, keine bloße Prozessstandschaft (h. M., str.).
- **Streitbefangen** ist ein Gegenstand oder Recht, wenn die Sachlegitimation des Veräußerers von seiner Innehabung abhängt.
- **Voraussetzungen:** Einzelrechtsübertragung unter Lebenden, durch die der Veräußerer die Sachlegitimation verliert und ein Dritter sie erhält. Auch ein gesetzlicher Rechtsübergang (z. B. nach §§ 401, 426 Abs. 2, 774 Abs. 1 BGB) genügt.

7. Übungen

Fall 1: **669**
K 1 und K 2 beantragen, B zu verurteilen, an sie als Gesamtgläubiger 20.000,00 € zu zahlen. K 1 teilt dem Gericht mit, dass er den Anspruch künftig allein verfolgt. K 2 habe ihn nach Abtretung ermächtigt, den Anspruch im eigenen Namen einzuklagen. K 2 tritt im Verfahren im Folgenden nicht mehr auf. Wie ist zu entscheiden, wenn B am 1.10 zum Termin erscheint, sich gegen den Vortrag des K 1 nicht wendet und einen Antrag auf Klageabweisung stellt, zum Termin am 3.12 aber nicht erscheint und K 1 einen Antrag auf Erlass eines Versäumnisurteils stellt?

Lösung:
B ist durch Versäumnisurteil zu verurteilen, an K 1 (als alleinige Partei des Rechtsstreits – im Rubrum ist daher auch nur K 1 zu erwähnen) 20.000,00 € zu zahlen. Die Gerichtskosten haben K 2 und B je zur Hälfte zu tragen. Die außergerichtlichen Kosten des K 2 hat dieser selbst zu tragen. Im Übrigen sind die Kosten des Rechtsstreits B aufzuerlegen.
Fraglich war, welchen Einfluss die „Ermächtigung" des K 2, K 1 könne nach Abtretung den Anspruch des K 2 im eigenen Namen einklagen, auf die **Parteistellung** des K 2 und die **Kosten** besaßen.

Zur Parteistellung:
Nach § 265 Abs. 2 Satz 1 ZPO hat die Abtretung eines Anspruches keinen Einfluss auf den Prozess und damit auch nicht auf die am Prozess beteiligten Parteien[225]. An den Parteien kann sich aber etwas im Falle des § 265 Abs. 2 Satz 2 ZPO ändern: Danach

---

225 Im Falle des § 265 Abs. 2 Satz 1 ZPO (also ohne Übernahme des Prozesses durch den Rechtsnachfolger) liegt ein Fall einer gesetzlichen Prozessstandschaft vor. Der BGH (vgl. nur NJW 1990, 2755) schränkt § 265 Abs. 2 Satz 1 ZPO allerdings insoweit ein, als der Kläger, wenn das Gericht von einer Rechtsnachfolge auf Klägerseite Kenntnis erhält, seinen Antrag anpassen muss, z. B. Umstellung auf Leistung an den Rechtsnachfolger (sog. Relevanztheorie).

kann der Rechtsnachfolger mit Zustimmung des Gegners – und notwendigerweise auch nur mit Einwilligung des Rechtsvorgängers – den Prozess vollständig und allein übernehmen. Folge ist, dass der Rechtsvorgänger aus dem Verfahren ausscheidet und der Rechtsnachfolger Hauptpartei des Prozesses wird[226]. Unproblematisch ist hier, dass K 1 den Prozess von K 2 übernommen hat[227]. Fraglich kann nur sein, ob B der Übernahme zugestimmt hat. Nach allgemeiner Auffassung kann jedoch die Zustimmung des Gegners stillschweigend und auch durch eine rügelose Einlassung des Gegners erfolgen[228]. So ist es hier: B hat sich rügelos auf die weitere Prozessführung allein durch den K1 eingelassen, so dass seine Zustimmung als erteilt gilt. Infolge dessen ist K2 aus dem Prozess ausgeschieden. Im Ergebnis ist daher K 2 aus dem Prozess ausgeschieden.

Zu den Kosten:
Weil kein Antrag nach § 269 Abs. 4 ZPO vorlag, ist das *OLG Naumburg* im Originalfall der Auffassung gewesen, dass K 2 keine Kosten zu tragen hat. Das Gericht verkennt dabei aber m. E., dass die Kostentragungspflicht unmittelbare Folge der Anordnung in § 269 Abs. 3 Satz 2 ZPO ist. Der Kostenbeschluss nach § 269 Abs. 4 ZPO spricht diese Folge nur deklaratorisch aus. Da in einem Urteil von Amts wegen über die Kosten zu entscheiden ist (und nicht durch gesonderten Beschluss), bedurfte es deshalb keines Kostenantrages des B.

670 Fall 2:
Nach Schluss der mündlichen Verhandlung am 10.4.2009 macht B geltend, dass sie bereits im Jahr 2002 liquidiert worden sei und als Rechtsperson nicht mehr existiere.
a) Kann dieser Vortrag als verspätet zurückgewiesen werden?
b) Wer muss die Parteifähigkeit beweisen?
c) Was gilt, wenn sich die Parteifähigkeit nicht erweisen lässt?
d) Wann ist eine Prüfung des Gerichts zur Parteifähigkeit geboten?
e) Müssen die Parteien hierzu vortragen?

Lösung:
Zu a): Die rechtliche Existenz und damit die Parteifähigkeit jeder an einem Rechtsstreit beteiligten Partei gehört zu den Sachurteilsvoraussetzungen, deren Mangel das Gericht nach § 56 Abs. 1 ZPO in jeder Lage des Verfahrens von Amts wegen zu berücksichtigen hat (BGH, *BGHZ* 134, 116, 118). Der Beklagte ist zwar nach § 282 Abs. 3 ZPO verpflichtet, Rügen, die die Zulässigkeit der Klage betreffen, innerhalb einer ihm gesetzten Frist zur Klageerwiderung oder spätestens in der ersten mündlichen Verhandlung geltend zu machen. Zulässigkeitsrügen des Beklagten, die eine der in § 56 Abs. 1 ZPO genannten Prozessvoraussetzungen betreffen und auf die er daher nicht verzichten kann, dürfen aber in erster Instanz nicht wegen Verspätung zurückgewiesen werden (§ 296 Abs. 3 ZPO) und können in den Rechtsmittelinstanzen zu der dort ebenfalls von Amts wegen durchzuführenden Überprüfung der Prozessvoraussetzungen des § 56 Abs. 1 ZPO (vgl. *BGHZ* 134, 116, 118) Anlass geben. Sie sind deshalb auch in der Berufungsinstanz einer Zurückweisung wegen Verspätung nicht zugänglich.

---

226 Musielak, ZPO, 3. Aufl., 2003, § 265 Rdnr. 14.
227 Das OLG Naumburg, NJW-RR 2003, 212, sieht das ggf. anders: Es wertet die Erklärung des K 1, den Anspruch allein und mit „Ermächtigung" des K 2 im eigenen Namen führen zu können, als Begründung eines gewillkürten Prozessstandschaftsverhältnisses. Das überzeugt nicht: In diesem Falle wäre K 1 sein eigener Prozessstandschafter. Denn K 1 würde K 2 vertreten, der wiederum K 1 vertritt.
228 Analog § 267 ZPO.

1. Kapitel: Zulässigkeit 671

Zu b): § 56 Abs. 1 ZPO verpflichtet die Gerichte nicht, in jedem Rechtsstreit von Amts wegen eine umfassende Überprüfung aller in der Vorschrift genannten Prozessvoraussetzungen vorzunehmen. Sie haben in dieser Hinsicht lediglich einen „Mangel ... von Amts wegen zu berücksichtigen". Für die Prozessvoraussetzung der Prozessfähigkeit hat der BGH daher ausgesprochen, dass im Allgemeinen von ihrem Vorhandensein auszugehen und ihre Überprüfung nur dann angezeigt ist, wenn hinreichende Anhaltspunkte dafür gegeben sind, dass Prozessunfähigkeit vorliegen könnte (BGH, *BGHZ* 86, 184, 189). Behauptet eine Partei, sie sei prozessunfähig, so muss die Darlegung von Tatsachen erwartet werden, aus denen sich ausreichende Anhaltspunkte dafür ergeben, dass die Behauptung richtig sein könnte (BGH, WM 1986, 58, 59). Anderenfalls braucht das Gericht die Prozessfähigkeit nicht zu überprüfen.

Zu c)–e): Entsprechendes gilt für die Prozessvoraussetzung der **Parteifähigkeit**. Jedenfalls bei einer juristischen Person, von der, wie hier, außer Frage steht, dass sie ursprünglich rechts- und parteifähig i. S. d. § 50 Abs. 1 ZPO war, ist im Allgemeinen vom Fortbestand dieser Eigenschaft auszugehen und eine Überprüfung nur dann veranlasst, wenn hinreichende Anhaltspunkte für das Gegenteil gegeben sind. Eine beklagte Partei, die behauptet, sie habe ihre Rechts- und Parteifähigkeit inzwischen verloren, muss daher Tatsachen darlegen, aus denen sich ausreichende Anhaltspunkte für die Richtigkeit ihrer Behauptung ergeben. Das gilt in besonderem Maße dann, wenn die beklagte Partei erst nach jahrelangem Rechtsstreit und nach dem Schluss der mündlichen Verhandlung in der Berufungsinstanz mit der Behauptung hervortritt, sie sei bereits vor dem Zeitpunkt, in dem sie in die Beklagtenrolle geriet, rechtlich nicht mehr existent gewesen. In derartigen Fällen müssen die Gerichte besonders sorgfältig prüfen, ob sich aus den vorgetragenen Tatsachen hinreichend konkrete Anhaltspunkte ergeben, die es rechtfertigen, in eine – in aller Regel zeitaufwendige – Überprüfung der Parteifähigkeit einzutreten. Das ist auch deshalb geboten, weil anderenfalls der Gefahr der mutwilligen Prozessverschleppung Tür und Tor geöffnet würde.

Fall 3:
K verklagt die B-GmbH. Die Klage wird B als Geschäftsführer der B-GmbH zugestellt. Wer ist Partei, wenn B zutreffend vorträgt, dass es niemals ein B-GmbH gab?

Lösung:
Bei unrichtiger äußerer Bezeichnung ist grundsätzlich die Person als Partei anzusprechen ist, die erkennbar durch die Parteibezeichnung getroffen werden soll. Es kommt darauf an, welcher Sinn der von der klagenden Partei in der Klageschrift gewählten Parteibezeichnung bei objektiver Würdigung des Erklärungsinhalts beizulegen ist (BGH, NJW-RR 1995, 764–765). Die Auslegung der in der Klageschrift zum Ausdruck gekommenen prozessualen Willenserklärung führt hier zu dem Ergebnis, dass die Beklagte sein soll. Eine B-GmbH existierte aber unstreitig zu keinem Zeitpunkt. B war ohne weiteres erkennbar, dass sich die Klage bei richtigem Verständnis der Bezeichnung der Beklagten gegen ihn selbst richtete. Daraus ergibt sich, dass nicht etwa eine nicht existente Partei in der Rechtsform einer GmbH, sondern B, wenn auch unter einer objektiv unrichtigen Bezeichnung, verklagt sein sollte.

2. Kapitel: Besondere Klagen

I. Widerklage

672 1. Einleitung. Durch das Rechtsinstitut der Widerklage soll die Vervielfältigung und Zersplitterung von Prozessen vermieden werden; zusammengehörende Ansprüche sollen einheitlich verhandelt und entschieden werden können[229]. Der Beklagte ist aus diesem Grunde nicht darauf beschränkt, sich gegen die Klage zu verteidigen. Ihm steht es frei, seinerseits – und zwar unter erleichterten Bedingungen – in einem rechtshängigen Rechtsstreit bis zum Schluss der mündlichen Verhandlung[230] zum **Gegenangriff** überzugehen und gegen den Kläger Widerklage zu erheben.

673 Beispiel für die Anwaltsklausur:
Negative Feststellungswiderklage gegen überschießenden Rest einer Teilklage.

674 Ein bloßer Sachantrag des Beklagten kann auch dann als **Widerklage anzusehen sein**, wenn der Beklagte diesen Angriff nicht ausdrücklich als Widerklage bezeichnet. Wann dies anzunehmen ist, ist eine Frage der Auslegung. Wenn der Beklagte etwa beantragt, *„festzustellen, dass der Klageanspruch nicht besteht,"* handelt es sich jedenfalls um einen falsch formulierten Klageabweisungsantrag und um keinen Sachantrag: Der Beklagte führt nämlich hier keinen neuen Streitgegenstand[231] in den Prozess ein. Anders liegt es, wenn der Beklagte einen weiteren Streitgegenstand in den Prozess einführt.

675 Beispiel:
Im Wege der Widerklage wendet sich der Beklagte gegen eine Kaufpreisforderung in Höhe von 6.000,00 € mit einem Anspruch aus einem Werkvertrag in Höhe von 5.400,00 €.

676 Auch wenn der Beklagte eine **Zug-um-Zug-Verurteilung** beantragt, ist dies nicht als Sachantrag zu verstehen. Der Beklagte erhebt auch in diesem Falle keine Widerklage, sondern übt sein Leistungsverweigerungsrecht nach §§ 273, 322 Abs. 1 BGB aus. In Ausnahmefällen kommt es zu einer Widerklage, wenn zwei bis dahin selbstständige Verfahren vom Gericht gem. § 147 ZPO miteinander verbunden werden.

677 Beispiel:
Werkunternehmer U klagt gegen Besteller B auf restlichen Werklohn. B klagt gegen U auf Grund desselben Werkvertrages Kosten seiner Selbstvornahme nach § 637 Abs. 1 BGB ein. Wegen des rechtlichen Zusammenhangs verbindet das Amtsgericht die Rechtsstreite.

---

229 BGH, NJW 2007, 1753; BGH, BGHZ 147, 220, 222; BGHZ 40, 185 188 = NJW 1964, 44 = JuS 1964, 122 (Bähr).
230 BGH, NJW-RR 1992, 1085.
231 Zum Begriff siehe Rn. 42.

2. Kapitel: Besondere Klagen

2. Vorteile. Gegenüber **selbstständigen Klagen** hat eine Widerklage **mehrere Vorteile**[232]. So können mit der Widerklage Dritte[233] als Zeuge ausgeschaltet werden, weil sie Partei werden. Außerdem können Verspätungsregelungen umgangen werden. Da die Widerklage Angriff, nicht Angriffs- oder Verteidigungsmittel ist, kann das Gericht sie auch nicht nach § 296 ZPO als verspätet zurückweisen, sondern allenfalls nach § 145 Abs. 2 ZPO abtrennen[234]. Als weitere Vorzüge einer Widerklage können folgende Punkte benannt werden:

- § 33 ZPO schafft einen zusätzlichen besonderen Gerichtsstand beim Prozessgericht.
- Über Klage und Widerklage wird zusammen verhandelt und entschieden.
- Es wird einheitlich und nur einmal Beweis erhoben.
- Der Widerkläger muss keinen Gerichtskostenvorschuss zahlen, § 12 Abs. 2 Nr. 1 GKG.
- Wegen der Gebührendegression sind die Kosten für Klage und Widerklage insgesamt geringer, als wenn in getrennten Prozessen[235] über die beiden Klagen verhandelt, Beweis erhoben und entschieden werden würde.
- Nach § 261 Abs. 2 ZPO wird die Widerklageforderung nicht nur durch Zustellung der Widerklageschrift, sondern auch durch Verlesung des Widerklageantrags in mündlicher Verhandlung rechtshängig.
- Es gibt keine Güteverhandlung über eine Widerklage.

3. Zulässigkeit. – a) Allgemeines. Eine umfassende gesetzliche Regelung der Widerklage **besteht nicht**[236]. Die ZPO setzt grundsätzlich ihre Zulässigkeit voraus und erwähnt sie vor allem in den besonderen Fällen, in denen sie ausgeschlossen ist[237]. Außerdem enthält die ZPO für die Widerklage einige vom Verfahren über die Klage abweichende Vorschriften[238]. Eine Widerklage setzt begrifflich eine Klage voraus, die schon und noch anhängig ist. Als Klage muss die Widerklage außerdem auch ohne besondere Erwähnung die Sachurteilsvoraussetzungen im eigentlichen und im weiteren Sinne[239] erfüllen[240]. Eine Widerklage ist weiter nur dann zulässig, sobald und solange die (Haupt-) Klage rechtshängig ist[241], §§ 253 Abs. 1, 261 Abs. 1 ZPO, also auch noch im Nachverfahren nach einem Grund-

---

232 Zur Ratio dieser Privilegierung Hau, ZZP 117 (2004), 31, 34: Er nennt vor allem das Gebot der prozessualen Waffengleichheit, daneben die Prozessökonomie und das öffentliche Interesse (keine widersprechenden Entscheidungen).
233 Z.B. der Fahrer des Fahrzeuges bei einem Verkehrsunfall.
234 Das deutsche Recht kennt auch keine Widerklagelast, ausführlich dazu Hau, ZZP 117 [2004], 31 ff.
235 Ggf. vor verschiedenen Gerichten.
236 BGH, NJW 2002, 751, 752.
237 §§ 533, 595, 610, 640c ZPO. Der umgekehrte Fall, nämlich eine Urkundenwiderklage, ist hingegen zulässig, BGH, NJW 2002, 751, 752 = MDR 2002, 406 mit Anm. Remmerbach = EWiR 2002, 409 m. Anm. Vollkommer, und m. Anm. Schmidt, JuS 2002, 503.
238 Z.B. §§ 33, 145 ZPO.
239 Siehe Rn. 523.
240 Meyer, JuS 1991, 678; z.B. ordnungsgemäße Klageerhebung nach § 253 ZPO, Partei- und Prozessfähigkeit des Widerklägers, Rechtsschutzbedürfnis, vgl. etwa BGH, NJW 1987, 3138 hinsichtlich einer Unterlassungswiderklage, etc.
241 BGH, NJW 2009, 148, 150; BGH, NJW-RR 2001, 60; BGH, BGHZ 40, 185, 187 = NJW 1964, 44 = JuS 1964, 122 (Bähr).

oder Vorbehaltsurteil und in der Berufungsinstanz, dagegen nicht mehr nach Klagerücknahme, Prozessvergleich, Rechtskraft des Endurteils oder übereinstimmenden Erledigterklärungen, und auch nicht mehr in der Revisionsinstanz[242].

680 Ist die Widerklage erst wirksam erhoben, berührt sie das Schicksal der Klage **rechtlich nicht mehr,** § 261 Abs. 3 Nr. 2 ZPO[243]. In der Klausur „versteckt" sich im Falle einer Rücknahme der Hauptklage die Entscheidung über die Klage allein in der Kostenentscheidung. Die Kostenentscheidung muss in diesem Falle also ausführlich begründet werden[244].

681 🖉 **Klausurtipp**

Ist die „Haupt"-Klage zurückgenommen worden oder wurde diese von den Parteien übereinstimmend für erledigt erklärt, ist der Aufbau des Urteils freilich sehr schwierig. Es ist wohl richtig, in diesem Falle das Rubrum einfach „umzudrehen" und gemäß den Rollen der verbliebenen Parteien den Beklagten und Widerkläger schlicht Kläger zu nennen und auch zuerst anzuführen. Ähnlich verfährt man, wenn zwei zunächst selbstständige Klagen miteinander verbunden werden. Diese Verfahrensweise hat den großen Vorteil, dass dann im Tatbestand der Vortrag des (Wider-)Klägers ganz konventionell zuerst zu beurkunden ist. Auch die Anträge bereiten dann keine Schwierigkeiten: Zuerst wird der (Wider-)Klageantrag beurkundet. Wer an den ursprünglichen Parteirollen festhält – was natürlich vertretbar ist –, kommt ins Schlingern und hat Probleme. Meine Meinung ist aber ggf. nicht mehrheitsfähig. Empfohlener Aufbau:

- **Rubrum:** Der (ehemalige) Kläger und Widerbeklagte wird schlicht Beklagter genannt, der (ehemalige) Beklagte und Widerkläger jetzt schlicht Kläger.
- **Tatbestand:** Geschichtserzählung, streitiger Vortrag des jetzt allein noch klagenden Klägers, Antrag (= ursprünglich Widerklageantrag), usw.
- **Entscheidungsgründe:** Zulässigkeit der (ehemaligen) Widerklage, Begründetheit der (ehemaligen) Widerklage, Nebenentscheidungen zur (ehemaligen) Widerklage und § 91a ZPO bzw. § 269 ZPO.

682 Nach h.M. ist die Erhebung einer Widerklage durch einen Nebenintervenienten **nicht zulässig,** selbst wenn er dem Rechtsstreit beigetreten ist[245]. Zu erwägen ist allenfalls, eine Widerklage bei einer notwendigen Streitgenossenschaft des widerklagenden Dritten mit dem Beklagten und/oder Sachdienlichkeit zuzulassen[246].

---

242 BGH, NJW-RR 2001, 60; BGH, BGHZ 40, 185 = NJW 1964, 44 = JuS 1964, 122 (Bähr).
243 Z.B. ein Vergleich oder eine Erledigung der Hauptsache.
244 Siehe dazu auch Rn. 410 ff.
245 BGH, JR 1973, 18; OLG Hamburg, OLGReport Hamburg 2003, 373, 374: OLG Hamm, FamRZ 1987, 710, 711; ArbG Düsseldorf, NJW-RR 1992, 366, 367.
246 Uhlmannsiek, MDR 1996, 114, 115; Schröder, ACP Bd. 164 [1964], 517, 533 ff.

2. Kapitel: Besondere Klagen 683–685

b) Unzulässigkeit. Widerklagen sind in bestimmten Fällen unzulässig oder nur 683 beschränkt zulässig:
- nach Schluss der mündlichen Verhandlung[247];
- wenn eine Widerklage denselben Streitgegenstand wie die Klage besitzt[248];
- teilweise in der Berufung, § 533 ZPO;
- im Urkundenprozess, § 595 Abs. 1 ZPO;
- im Arrestprozess und im Verfahren der einstweiligen Verfügung.

c) Zusammenhang. Streitig ist, ob § 33 ZPO als **besondere Sachurteilsvoraus-** 684 **setzung**[249] für die Widerklage einen Zusammenhang zwischen Klage und Widerklage i.S.v. § 273 Abs. 1 BGB verlangt[250] oder allein einen zusätzlichen besonderen Gerichtsstand begründet[251]. Ein Zusammenhang in diesem Sinne besteht, wenn:
- prozessuale Ansprüche auf einen gemeinsamen Tatbestand zurückzuführen sind;
- Ansprüche und Gegenansprüche in einem Bedingungsverhältnis zueinander stehen;
- Ansprüche und Gegenansprüche nach ihrem Zweck und nach der Verkehrsanschauung wirtschaftlich als ein Ganzes, als ein innerlich zusammengehöriges Lebensverhältnis erscheinen.

> **Klausurtipp** 685
>
> In der Klausur kann dieser Streit zumeist unentschieden bleiben: Denn er wirkt sich in den meisten Fällen wegen der Bestimmungen der §§ 295, 39 ZPO nicht aus. Der Streit ist nur zu entscheiden, wenn sich die Parteien in eine nicht konnexe Widerklage nicht rügelos einlassen und für eine Widerklage am Ort der Klage ein anderer Gerichtsstand gegeben ist.
> Übersicht zum Streit:
> - Wenn § 33 ZPO eine zusätzliche Sachurteilsvoraussetzung aufstellt, ist eine Widerklage nur dann zulässig, wenn sie mit dem Streitgegenstand der Klage oder mit Verteidigungsmitteln[252] in einem rechtlichen oder tatsächlichen Zusammenhang steht[253], oder der Kläger nach § 295 Abs. 1 ZPO rügelos zur Widerklage verhandelt. Andernfalls muss das Gericht die Widerklage abtrennen und in einem selbstständigen Verfahren verhandeln, wenn es dafür zuständig ist. Fehlt auch die örtliche Zuständigkeit, wird die Widerklage auf Antrag gem. § 281 ZPO verwiesen oder als unzulässig abgewiesen.
> - Regelt § 33 ZPO dagegen nur einen zusätzlichen Gerichtsstand (Argumente: Stellung im Gesetz und Wortlaut), braucht der Widerkläger den besonderen Gerichtsstand nicht, wenn das Prozessgericht bereits aus

---

247 BGH, NJW 2000, 2512, 2513; BGH, NJW-RR 1992, 1085: Es erscheint sachgerecht, dass ein Gegenanspruch im Wege der Widerklage nur bis zum Ablauf des Zeitpunktes erhoben werden kann, bis zu dem Sachanträge zur Klage noch möglich sind.
248 Siehe dazu etwa BGH, NJW 2002, 751, 752; BGH, NJW 1989, 2064.
249 Siehe Rn. 523.
250 So BGH, LM § 302 ZPO Nr. 1; BGH, NJW 1975, 1228.
251 So die herrschende Lehre.
252 Die aber zulässig sein müssen!
253 Maßstab § 273 BGB.

> anderem Grunde nach §§ 12–32 ZPO auch für die Widerklage zuständig ist: Denn nur wenn ein Gerichtsstand nach §§ 12–32 ZPO fehlt, müssen Klage und Widerklage nach § 33 ZPO zusammenhängen. Nach dieser Meinung wird die Zuständigkeit eines Gerichts des ersten Rechtszuges also bereits dadurch begründet, dass der Beklagte, ohne die Unzuständigkeit geltend zu machen, zur Hauptsache mündlich verhandelt, § 39 S. 1 ZPO.

686 d) **Sachliche Zuständigkeit.** § 33 ZPO regelt allein die örtliche Zuständigkeit und lässt die sachliche Zuständigkeit unberührt; diese richtet sich nach den allgemeinen Vorschriften. Für den Referendar ist daher vor allem die Frage **examensrelevant**, was mit einer vor einem sachlich unzuständigen Gericht erhobenen Widerklage passiert.

687 aa) **Für Widerklage ist LG zuständig.** Ist eine Klage beim Amtsgericht **rechtshängig** und erhebt der Beklagte eine **Widerklage**, die nach ihrem Streitwert in die Zuständigkeit des Landgerichts fällt, so verweist das Amtsgericht den gesamten Rechtsstreit (also Klage und Widerklage) auf Antrag an das Landgericht, §§ 5 Hs. 2, 504, 506 ZPO. Wird kein Verweisungsantrag nach § 281 ZPO gestellt und die mangelnde Zuständigkeit auch nicht nach § 39 S. 1 ZPO geheilt, ist über die Klage zu verhandeln und die Widerklage wegen Unzuständigkeit durch Prozessurteil abzuweisen.

688 bb) **Für Widerklage ist AG zuständig.** Ist hingegen eine Klage beim Landgericht rechtshängig und wird dagegen eine in die Zuständigkeit des Amtsgerichts fallende Widerklage erhoben, so ist das Landgericht auch für die eigentlich in die sachliche Zuständigkeit des Amtsgerichts fallende Widerklage zuständig, arg. „e contrario" § 506 ZPO[254]. § 506 ZPO ist nicht – auch nicht analog – anwendbar[255].

689 e) **Hilfswiderklage.** Hilfswiderklagen (Eventual-Widerklagen) sind **zulässig**[256]. Zwar ist auch die Widerklage bedingungsfeindlich und darf nicht von einer außerprozessualen Bedingung abhängen. Die Möglichkeit, Anträge in einem Zivilprozessverfahren bedingt zu stellen, ist aber allgemein unter der Voraussetzung anerkannt, dass die Antragstellung nicht von dem Eintritt eines außer-, sondern eines innerprozessualen Ereignisses abhängt[257]. Wie der Kläger den Hilfsantrag, darf deshalb auch der Beklagte die Widerklage unter die innerprozessuale Bedingung stellen, dass die Klage erfolglos oder erfolgreich ist[258].

690 Hilfswiderklagen kommen z.B. in folgenden Situationen vor:
- wenn der Aufrechnungseinwand vertraglich ausgeschlossen ist;
- wenn die Aufrechnung nur hilfsweise erklärt wurde, die Bedingung aber nicht eingetreten und die Klage abzuweisen ist.

---

254 Korte, JA 2005, 534, 535; Meyer, JuS 1991, 678. § 45 Abs. 1 GKG ist ebenso wie § 33 ZPO nicht einschlägig.
255 KG, KGReport 1999, 263, 264.
256 BGH, MDR 2002, 410; BGH, BGHZ 21, 13, 15 = NJW 1956, 1478; BGH, BGHZ 43, 28, 30 = NJW 1965, 440.
257 BGH, MDR 2002, 410.
258 BGH, NJW 1996, 2165, 2167; BGH, NJW 1996, 2306, 2307.

2. Kapitel: Besondere Klagen

691 Wie der Hilfsantrag wird auch die Hilfswiderklage mit Zustellung oder Antragstellung in mündlicher Verhandlung nach § 261 Abs. 2 ZPO **sogleich rechtshängig**; tritt die auflösende Bedingung ein, erlischt die Rechtshängigkeit **rückwirkend**, so, als wäre die Widerklage nie erhoben worden.[259]

692 **4. Aufbau des Urteil**[260]. – a) **Kopf (Rubrum).** Allein im Kopf des Urteils[261] werden die Parteien in ihrer Widerklagerolle auch bezeichnet.

693 🗎 Formulierungsvorschlag
„In dem Rechtsstreit
Carola Tesch, Leinpfad 10, 20456 Hamburg,
                                       Klägerin und Widerbeklagte,
gegen
Mathias Matz, Leinpfad 11, 20456 Hamburg,
                                       Beklagter und Widerkläger,
…"

694 Im Weiteren richtet sich die Bezeichnung der Parteien nur nach ihrer Rolle im Rechtsstreit. Schon im Ausspruch (Tenor) ist nur noch von Kläger und Beklagtem die Rede. Allerdings muss der Spruch deutlich erkennen lassen, ob er sich auf Klage oder Widerklage bezieht.

695 🗎 Formulierungsvorschläge
- „Der Beklagte wird verurteilt, an den Kläger 5.000,00 € zu zahlen. Die Widerklage wird abgewiesen."
- „Die Klage wird abgewiesen. Auf die Widerklage (hin) wird der Kläger verurteilt, an den Beklagten 5.000,00 € zu zahlen."
- „Der Beklagte wird verurteilt, an den Kläger 3.000,00 € zu zahlen. Auf die Widerklage wird der Kläger verurteilt, an den Beklagten 5.000,00 € zu zahlen. Im Übrigen werden Klage und Widerklage abgewiesen."

696 b) **Kosten.** Eine Kostenverteilung nach Verfahrensgegenständen oder Verfahrensabschnitten ist unzulässig, vielmehr ist nach dem Verhältnis der Streitwerte zu quotieren. Werden die Kosten falsch getrennt, ist die korrekte Verteilungsquote durch Auslegung zu ermitteln[262]. Obsiegt der Kläger, werden die Kosten des gesamten Rechtsstreits nach § 91 Abs. 1 Satz 1 ZPO dem Beklagten auferlegt; unterliegt der Kläger voll, muss er hingegen die Kosten nach dieser Bestimmung tragen. Unterliegen die Parteien mit ihren Angriffen jeweils in gleicher Höhe, so können die Kosten nach § 92 Abs. 1 ZPO gegeneinander aufgehoben werden. Schwierig wird es, wenn Klage und/oder Widerklage nur **teilweise** Erfolg haben. Dann müssen die Kosten, die nur für einen Angriff aufgewendet worden sind, ggf. durch Bildung fiktiver Streitwerte Berücksichtigung finden[263].

---

259 Zur sachlichen Zuständigkeit siehe Rn. 686.
260 Zum Aufbau des Urteils, wenn die Klage sich nach Rechtshängigkeit der Widerklage erledigt oder zurückgenommen wird, siehe bereits Rn. 681.
261 Siehe Rn. 95 ff.
262 OLG Naumburg, OLGReport Naumburg 1999, 412; Lorff, JuS 1979, 569, 573.
263 BGH, BGHZ 19, 172, 173; Socha, JA 2000, 316, 317 mit Fällen; Schröer, JA 1990, 15, 18.

697 Beispiel:
Klagt z. B. bei einem einheitlichem Streitgegenstand der Kläger 6.000,00 € ein und obsiegt er nur mit 4.000,00 €, während der Beklagte mit der Widerklage über 10.000,00 € in Höhe von 7.000,00 € Erfolg hat, so lautet die Kostenentscheidung:

Kläger verlangt 6.000 € und erhält 4.000 €	Beklagter verlangt 10.000 € und erhält 7.000 €	fiktiver Streitwert 16.000 €
Kläger verliert in Bezug auf fiktiven Streitwert 9.000 € Kosten: 9/16	Kläger gewinnt/verliert in Bezug auf fiktiven Streitwert 7.000 € Kosten 7/16	

Von den Kosten des Rechtsstreits hat der Beklagte 7/16 und der Kläger 9/16 zu tragen.

698 Nimmt der Kläger die Klage, der Beklagte die Widerklage zurück, fallen die Kosten den Parteien anteilig zur Last[264].

699 c) **Tatbestand.** Beim Aufbau des Tatbestandes ist zu unterscheiden, ob es sich um **verschiedene** oder **einheitliche** Lebenssachverhalte handelt.

700 aa) **Verschiedene Lebenssachverhalte.** Bei verschiedenen Lebenssachverhalten[265] ist es **nicht möglich**, den Sachstand[266] für Klage und Widerklage zusammenzufassen. Der Sachstand beider Klagen muss daher ebenso wie das dazugehörige streitige Vorbringen und die jeweiligen Anträge getrennt berichtet werden. Aufbau[267]:

701 Aufbauschema:
- Einleitung: „Die Klage betrifft ..., die Widerklage betrifft ..."
- Unstreitiges zur Klage
- Streitiger Klägervortrag zur Klage
- Ggf. Prozessgeschichte
- Klägerantrag zur Klage
- Beklagtenantrag zur Klage
- Streitiger Beklagtenvortrag zur Klage
- Überleitung zur Widerklage: „Widerklagend begehrt der Beklagte .... Dem liegt folgender Sachverhalt zu Grunde: ..."
- Unstreitiges zur Widerklage
- Streitiger Beklagtenvortrag zur Widerklage

---

264 LG Meiningen, MDR 2004, 171.
265 Das ist in der Klausur selten der Fall.
266 Die Geschichtserzählung.
267 Titz, JA 2003, 677, 681.

2. Kapitel: Besondere Klagen

> - Widerklageantrag
> - Streitiger Klägerantrag zur Widerklage
> - Streitiger Vortrag des Klägers zur Widerklage
> - Ggf. Prozessgeschichte

bb) Einheitliche Lebenssachverhalte. Bei einem einheitlichen Lebenssachverhalt wäre es **doppelte Arbeit**, den Sachstand für Klage und Widerklage getrennt darzustellen. Der Sachstand beider Klagen kann daher ebenso wie das dazugehörige streitige Vorbringen und die jeweiligen Anträge **grundsätzlich zusammen berichtet** werden. 702

> **Aufbauschema[268]:** 703
> - Einleitung: „Klage und Widerklage betreffen…"
> - Unstreitiges zur Klage und zur Widerklage
> - Streitiger Klägervortrag zur Klage
> - Ggf. Prozessgeschichte
> - Klägerantrag zur Klage
> - Beklagtenantrag zur Klage
> - Widerklageantrag [„Widerklagend beantragt er…" oder „Im Wege der Widerklage beantragt er,…"]
> - Klägerantrag zur Widerklage
> - Streitiger Beklagtenvortrag zur Klage
> - Streitiger Beklagtenvortrag zur Widerklage
> - Streitiger Klägervortrag zur Widerklage
> - Ggf. Prozessgeschichte

cc) Hilfswiderklage. Die vorstehenden Grundsätze sind bei einer **Hilfswiderklage** entsprechend anzuwenden. 704

d) Entscheidungsgründe[269]. Am **Anfang der Entscheidungsgründe** sollte man das Gesamtergebnis für Klage und Widerklage feststellen. Im Anschluss ist zumeist die gesamte Klage mit Zinsen ohne Kosten darzustellen, danach[270] die Widerklage und zuletzt die Nebenentscheidungen. 705

---

268 Titz, JA 2003, 677, 681.
269 Siehe dazu den ausformulierten Vorschlag von Korte, JA 2005, 534, 538 f.
270 Etwas anderes gilt, wenn die Widerklage ausnahmsweise weiter geht als die Klage: Der Kläger klagt 1.000,00 € ein (Teilklage), der Beklagte erhebt negative Feststellungswiderklage über weitere – nicht eingeklagte – 9.000,00 €. Etwas anders gilt auch bei petitorischen Widerklagen, siehe dazu Rn. 711.

> Aufbauschema[271]:
>
> „Entscheidungsgründe
>
> Die Klage ist begründet. Die Widerklage hat hingegen keinen Erfolg."
>
> [I.] Zulässigkeit der Klage (wenn nötig)
>
> [II.] Begründetheit der Klage
> [1.] Hauptforderung
> [2.] Nebenforderungen
>
> [III.] Zulässigkeit der Widerklage
> [1.] Allgemeine und Sachurteilsvoraussetzungen
> [2.] Besondere Sachurteilsvoraussetzungen
> - Rechtshängigkeit der Hauptklage bei Erhebung der Widerklage
> - Widerklage vor Schluss der mündlichen Verhandlung
> - Kein Ausschluss der Widerklage, etwa §§ 33 Abs. 2, 40 Abs. 2 ZPO; dieselbe Prozessart?
> - Zusammenhang nach § 33 ZPO
>
> [IV.] Begründetheit der Widerklage
> [1.] Hauptforderung
> [2.] Nebenforderungen
>
> [V.] Nebenentscheidungen
> [1.] Kosten
> [2.] Vorläufige Vollstreckbarkeit

706 5. **Streitwert.** Auch bei der Widerklage ist zwischen **Zuständigkeitsstreitwert** und **Gebührenstreitwert** zu unterscheiden[272].

707 a) **Zuständigkeitsstreitwert.** Für den Zuständigkeitsstreitwert werden Klage und Widerklage **nicht addiert**, § 5 Hs. 2 ZPO. Maßgeblich ist allein der **höhere Streitwert**. Das Amtsgericht verweist den Rechtsstreit nach § 506 ZPO **auf Antrag** an das Landgericht, wenn es für die Widerklage sachlich nicht zuständig ist[273]. Aber auch hier werden Klage und Widerklage nicht addiert.

708 b) **Gebührenstreitwert.** Hinsichtlich des Gebührenstreitwerts ist nach § 45 Abs. 1 GKG zu unterscheiden, ob **gleiche** oder **verschiedene Streitgegenstände** vorliegen. Bei gleichem Streitgegenstand entscheidet wiederum der höhere der beiden Streitwerte, bei verschiedenen Streitgegenständen werden beide addiert[274]. Entscheidend für die Anwendung des § 45 Abs. 1 S. 3 GKG ist, ob die Ansprüche einander ausschließen und damit notwendigerweise die Zuerkennung des einen Anspruchs mit der Aberkennung des anderen verbunden ist[275]. Zweck des § 45 Abs. 1 GKG ist es, den Gebührenstreitwert **niedrig** zu halten, wenn die gemein-

---

271 Beispiele auch bei Pape, JuS 1992, 506, 511 ff., und Radtke, JuS 1993, 235, 238.
272 Siehe Rn. 181.
273 Ohne Antrag wird die Klage als unzulässig abgewiesen.
274 BGH, NJW-RR 1992, 1404.
275 BGH, NJW-RR 2003, 713.

2. Kapitel: Besondere Klagen

schaftliche Behandlung von Klage und Widerklage die Arbeit des Gerichts vereinfacht.

> **✎ Klausurtipp** 709
>
> Auf den **zivilprozessualen Streitgegenstandsbegriff** kommt es nicht an. Der kostenrechtliche Gegenstandsbegriff erfordert vielmehr eine **wirtschaftliche Betrachtung**. Eine Zusammenrechnung hat grundsätzlich nur dort zu erfolgen, wo durch das Nebeneinander von Klage und Widerklage eine „wirtschaftliche Werthäufung" entsteht, beide also nicht das wirtschaftlich identische Interesse betreffen[276]. Hiervon ist nach der „Identitätsformel" auszugehen, wenn die Ansprüche aus Klage und Widerklage nicht in der Weise nebeneinander stehen können, dass das Gericht unter Umständen beiden stattgeben kann, sondern die Verurteilung nach dem einen Antrag notwendigerweise die Abweisung des anderen Antrags nach sich zieht[277].

6. Besondere Fälle der Widerklage. – a) Petitorische Widerklage. Bei **possessori-** 710 **scher Hauptklage** und **petitorischer Widerklage** ist fraglich, ob sich der Beklagte wegen der Bestimmung des § 863 BGB gegenüber possessorischen Ansprüchen mit petitorischen Gegenansprüchen wehren darf. Durch eine petitorische Widerklage wird gegen einen possessorischen Klageanspruch aus Besitz widerklagend ein Recht zum Besitz geltend gemacht. In dieser Konstellation ist der dem ehemaligen Besitzer ohne seinen Willen widerrechtlich entzogene Besitz fehlerhaft, § 858 BGB, wodurch der ehemalige Besitzer gem. § 861 BGB vom Entzieher die Wiedereinräumung des Besitzes verlangen kann. Gem. § 864 Abs. 2 BGB ist die Geltendmachung eines petitorischen Gegenantrags eigentlich erst dann möglich, wenn das Recht aus dem Besitz rechtskräftig festgestellt worden ist. Das ist bei gleichzeitiger Entscheidung jedenfalls durch die Amts- und Landgerichte aber nicht der Fall (gegen deren Urteil regelmäßig die Berufung zulässig ist und die daher eine Frage nicht rechtskräftig bereits mit dem Urteil selbst klären). Unter „normalen" Umständen kann diese Frage regelmäßig offenbleiben: Selbst wenn man eine Widerklage trotz § 863 BGB für möglich hält, führt dies zu keinen Nachteilen für den sich auf seinen possessorischen Rechtsschutz berufenden Kläger: Da zumeist die Besitzschutzklage zuerst entscheidungsreif ist, kann über sie vorab durch Teilurteil entschieden werden. Dem Anliegen von § 863 BGB wird damit Rechnung getragen: Der im Wege der Widerklage petitorisch geltend gemachte Rechtsschutz greift (zunächst) nicht.

> **✎ Klausurtipp** 711
>
> Ein Klausurproblem entsteht, wenn Klage und Widerklage gleichzeitig entscheidungsreif sind. In diesem Falle würde eine Verurteilung des sich auf petitorischen Besitzschutz berufenden Beklagten dazu führen, dass die Sache „sogleich" wieder an den Herausgabekläger herausgegeben werden müsste[278]. Ein solcher Fall läge z. B. vor, wenn der Verkäufer/Beklagte eine dem Käufer/Kläger auf Grund eines Kaufvertrages auf Probe bereits übergebene Sache

---

276 BGH, NJW-RR 2005, 506.
277 OLG Düsseldorf, ZMR 2009, 197, 198 = IMR 2009, 109.
278 BGH, NJW 1999, 425, 427; BGH, NJW 1979, 1358, 1359.

eigenmächtig wieder zurückgeholt hat. Der Käufer/Kläger erwirkt dann eine einstweilige Verfügung auf Herausgabe der Sache an den Gerichtsvollzieher und klagt danach gegen den Verkäufer auf Zustimmung zur Freigabe aus § 861 BGB. Hier kann der Verkäufer/Beklagte gemäß § 863 BGB nicht einwenden, er habe ein Recht zum Besitz. <u>Nach h.M. gilt deshalb bei gleichzeitiger Entscheidungsreife beider Klagen der Ausschluss petitorischer Einwendungen des Besitzers nach § 863 BGB analog § 864 Abs. 2 BGB nicht.</u> Dies wird damit begründet, dass in einem solchen Fall feststehe, dass das Besitzrecht im Endergebnis dem Widerkläger zusteht[279]. Der BGH gibt daher der Widerklage statt und weist die (an sich begründete) Klage entsprechend § 864 Abs. 2 BGB ab[280].

In der Klausur muss beachtet werden, dass bei petitorischen Widerklagen in den Entscheidungsgründen ausnahmsweise mit der Widerklage begonnen werden muss, um eine Inzidentprüfung des § 864 Abs. 2 BGB beim possessorischen Besitzschutz zu vermeiden. Ferner muss herausgearbeitet werden, dass die Klagen nicht denselben Streitgegenstand haben. Entweder stellt man dazu auf den Antrag ab, der ersichtlich anders ist. Oder man verweist darauf, dass ansonsten gegenüber einer possessorischen Klage keine petitorischen Rechte im Wege der Widerklage geltend gemacht werden können. Das ist aber § 863 BGB nicht zu entnehmen und wäre nicht prozessökonomisch, zumal die Möglichkeit eines Teilurteils besteht.

712 b) **Zwischenfeststellungswiderklage. – aa) Allgemeines.** Bei einer Leistungsklage erwächst nur die **Rechtsfolge der Anspruchsgrundlage in Rechtskraft**, nicht aber die Anspruchsgrundlage selbst. Eine Zwischenfeststellungs(wider)klage nach § 256 Abs. 2 ZPO ermöglicht es, auch die Anspruchsgrundlage selbst der Rechtskraft zuzuführen[281]. Gegenstand einer Zwischenfeststellungsklage kann auch ein Rechtsverhältnis sein, das zwischen einer Partei und einem Dritten besteht[282]. Voraussetzung ist jedoch, dass dieses Rechtsverhältnis für die Entscheidung der Hauptsache präjudiziell ist. Voraussetzungen:
- **Vorgreiflichkeit** (= ohne eine Entscheidung über den Gegenstand der Zwischenfeststellungswiderklage kann die Hauptklage nicht entschieden werden) und
- die **Bedeutung reicht über die Hauptklage hinaus** (dies ist der Fall, wenn sich der Kläger noch auf andere Ansprüche aus dem Rechtsverhältnis beruft, z.B. nach einem Verkehrsunfall).

713 bb) **Streitwert.** Der Streitwert einer negativen Zwischenfeststellungswiderklage ergibt sich aus dem Gesamtwert der durch sie abgewehrten Ansprüche. Der Streitwert einer positiven Zwischenfeststellungswiderklage ist mit 50–80 % einer entsprechenden Leistungsklage anzusetzen.

---

279 Lehmann-Richter, NJW 2003, 1717.
280 BGH, NJW 1979, 1358, 1359.
281 Zur Zwischenfeststellungswiderklage Huber, JuS 2003, 490.
282 BGH, ZMR 2005, 777, 778; BGH, FamRZ 1998, 226.

2. Kapitel: Besondere Klagen 714–717

c) Drittwiderklagen[283]. Gegen Dritte erhobene Widerklagen sind im Wesentlichen[284] in zwei Konstellationen vorstellbar: Erstens eine Widerklage, die sich sowohl gegen den Kläger als auch gegen einen an der Hauptklage unbeteiligten Dritten richtet. Und zweitens eine Widerklage, die sich ausschließlich gegen bislang am Prozess unbeteiligte Dritte richtet (isolierte Drittwiderklage). 714

aa) Gegen Kläger und Dritten. Die Widerklage gegen einen Dritten ist nach h. M. grundsätzlich dann zulässig, wenn sie vorher oder zugleich gegen den Kläger erhoben wird[285]. Nach der Rechtsprechung[286] sind auf solche parteierweiternden (Dritt-)Widerklagen neben §§ 33, 59 ZPO die Vorschriften über die Klageänderung entsprechend anwendbar[287]. Voraussetzungen sind danach[288]: 715
- Konnexität i. S. von § 33 ZPO;
- Rechtsgemeinschaft hinsichtlich des Streitgegenstandes oder Berechtigung oder Verpflichtung aus demselben tatsächlichen und rechtlichen Grund, § 59 ZPO[289];
- Einwilligung des Drittwiderbeklagten oder Sachdienlichkeit einer subjektiven Klagehäufung, §§ 263 ff. ZPO.

Die örtliche Zuständigkeit richtet sich bei Drittwiderklagen allerdings nicht nach § 33 ZPO, sondern nach den allgemeinen Bestimmungen[290]. Nach Ansicht des BGH besteht zu einer Erweiterung des Anwendungsbereichs des § 33 ZPO kein Anlass[291]. Eine weitere Besonderheit der Drittwiderklage ist, dass sie nicht hilfsweise[292] geltend gemacht werden kann[293]. 716

bb) Nur gegen Dritte (isolierte Drittwiderklage). Nach der Rechtsprechung des BGH ist eine **Drittwiderklage grundsätzlich unzulässig**, wenn sie sich ausschließlich gegen einen am Prozess bislang nicht beteiligten Dritten richtet (isolierte Drittwiderklage).[294] § 33 ZPO lässt nur die Widerklage des Beklagten zu[295]. Im 717

---

283 Siehe dazu Uhlmannsiek, MDR 1996, 114; BGH, BGHZ 40, 185 ff. = NJW 1964, 44 = JuS 1964, 122 (Bähr); dazu auch Putzo, NJW 1964, 1026, und Johannsen, LM § 33 ZPO Nr. 6; zur Zulässigkeit der Drittwiderklage zur Zeugenausschaltung siehe LG Koblenz, MDR 1999, 1020 ff.; BGH, NJW 1987, 3138, 3139 = MDR 1987, 999.
284 Vgl. aber die weiteren Beispiele bei Uhlmannsiek, MDR 1996, 114.
285 Siehe dazu etwa OLG Dresden, OLG-NL 2003, 65 unter Hinweis auf BGH, BGHZ 69, 44; BGH, BGHZ 131, 79. Siehe ferner BGH, BGHZ 40, 185, 187 ff. = NJW 1964, 44 = JuS 1964, 122 (Bähr); BGH, NJW 1966, 1028; BGH, NJW 1975, 1228, 1229. Auf die Voraussetzung, dass gegen den Widerbeklagten eine schon anhängige Klage bestehen muss, wird hier also verzichtet.
286 Nach dem Schrifttum richtet sich die Zulässigkeit von Drittwiderklagen allein nach §§ 59, 60 ZPO.
287 BGH, NJW 2001, 2094, 2095; BGH, NJW 1996, 196 = BGHZ 131, 79.
288 BGH, NJW 2001, 2094, 2095.
289 BGH, BGHZ 40, 185; BGH, NJW 1975, 1228.
290 BGH, MDR 2008, 1178; BGH, NJW 2000, 1871, 1872; BGH, NJW 1993, 2120; BGH, NJW 1992, 982; BGH, NJW 1991, 2838; Vossler, NJW 2006, 117, 121.
291 A. A. OLG Dresden, OLG-NL 2003, 65, 66.
292 Siehe dazu oben Rn. 689.
293 Kion, Eventualverhältnisse im Zivilprozeß, 1971, S. 81.
294 BGH, NJW 2007, 1753; BGH, BGHZ 147, 220, 221 = NJW 2001, 2094; BGH, NJW 1971, 466; BGH, BGHZ 40, 185, 187 = NJW 1964, 44 = JuS 1964, 122 (Bähr).
295 BGH, NJW 1993, 2120.

Verhältnis zum Dritten ist der Beklagte aber nicht „Beklagter", sondern allein Kläger. Nur in besonders gelagerten Fällen ist **bislang** eine Ausnahme von diesem Grundsatz für möglich erachtet worden. Entscheidend hierfür waren der Zweck der Widerklage (Vervielfältigung und Zersplitterung von Prozessen über einen einheitlichen Lebenssachverhalt vermeiden, gemeinsame Verhandlung und Entscheidung über zusammengehörende Ansprüche ermöglichen)[296], die tatsächliche und rechtlich enge Verknüpfung und dass keine schutzwürdigen Interessen des Widerbeklagten verletzt werden[297]. Mögliche Konstellationen:

- Der BGH hat die Zulässigkeit einer auf Schadenersatz gerichteten Widerklage gegen mehrere an einer arglistigen Täuschung Beteiligte bejaht, von denen nur einer Kläger war[298].
- Weiterhin hat der BGH eine isolierte Drittwiderklage gegen Gesellschafter einer klagenden Gesellschaft für zulässig gehalten, wenn das auf die Drittwiderklage ergehende Urteil für die Gesellschaft verbindlich ist und damit für die Zahlungsklage vorgreiflich sein kann[299].
- Ferner hat der BGH bereits mehrfach die Zulässigkeit einer isoliert gegen den am Prozess bisher nicht beteiligten Zedenten bei seinem Gerichtsstand erhobenen Drittwiderklage bejaht, wenn deren Gegenstand sich mit dem Gegenstand einer hilfsweise gegenüber der Klage des Zessionars zur Aufrechnung gestellten Forderung deckt[300].
- Tritt der von einem Verkehrsunfall Betroffene seine Schadenersatzforderung an einen Dritten ab und wird die Forderung im Haftpflichtprozess von dem Zessionar geltend gemacht, so ist eine Drittwiderklage, die der beklagte Unfallgegner wegen seiner aus dem Unfall resultierenden Schadenersatzforderung gegen den am Prozess bisher nicht beteiligten Zedenten bei seinem Gerichtsstand erhebt, regelmäßig zulässig[301].

718 cc) **Besonderheiten im Aufbau des Urteils.** Im **Rubrum** wird der Drittwiderbeklagte nach dem Kläger aufgeführt.

719 📄 **Formulierungsvorschlag**
„In dem Rechtsstreit

Rabe Schneedienst GmbH, gesetzlich vertreten durch den Geschäftsführer
Martin Müller, Kochstraße 34, 12047 Berlin,
Klägerin und Widerbeklagten,

– Prozessbevollmächtigte:
Rechtsanwälte Martina Klage, Karl Meier,

---

296 BGH, NJW 2008, 2852, 2854.
297 Zu dieser Argumentationslinie BGH, NJW 2008, 2852, 2854; BGH, NJW 2007, 1753.
298 BGH, BGHZ 40, 185 = NJW 1964, 44 = JuS 1964, 122 (Bähr).
299 BGH, BGHZ 91, 132, 134 = NJW 1984, 2104. Die Besonderheit bestand dort darin, dass das gegen die Mitgesellschafter zu erstreitende Feststellungsurteil für die Klägerin verbindlich war. Wo die Dinge tatsächlich und rechtlich derart eng miteinander verknüpft sind, entspricht es dem Sinn des § 33 ZPO, der verklagten Partei den Gegenangriff auch dann zu ermöglichen, wenn die widerbeklagte Partei nicht die Klägerin selbst ist.
300 BGH, BGHZ 147, 220, 222 = NJW 2001, 2094.
301 BGH, NJW 2007, 1753. Vor allem dazu siehe Dräger, MDR 2008, 1373, 1374.

2. Kapitel: Besondere Klagen 720–722

Richard Schröder u. a., Parkstraße 101, 12165 Berlin –

Karla Müller, Kochstraße 38, 12047 Berlin,

Drittwiderbeklagte,

– Prozessbevollmächtigter:
Rechtsanwalt Martin Schröder Parkstraße 10, 12165 Berlin –

g e g e n

..."

Im **Tatbestand** wird der Drittwiderbeklagte als solcher bezeichnet. Die Prozessgeschichte zur Drittwiderklage wird am besten vor den Anträgen beurkundet. Der Vortrag des Drittwiderbeklagten ist – soweit er von dem des Klägers abweicht – nach dem Vortrag des Klägers zu berichten. Für den Aufbau im Einzelnen ist auf die entsprechend geltenden Hinweise zum Aufbau der Widerklage zu verweisen[302]. **720**

In den **Entscheidungsgründen** wird der Drittwiderbeklagte als solcher bezeichnet. Aufbau im Übrigen: **721**

Schema **722**

„Entscheidungsgründe

Die Klage ist begründet. Widerklage und Drittwiderklage haben hingegen keinen Erfolg."

    [I.] Zulässigkeit der Klage (wenn nötig)

    [II.] Begründetheit der Klage
[1.] Hauptforderung
[2.] Nebenforderungen

    [III.] Zulässigkeit der Widerklage
[1.] Allgemeine Sachurteilsvoraussetzungen
[2.] Besondere Sachurteilsvoraussetzungen

    [IV.] Begründetheit der Widerklage
[1.] Hauptforderung
[2.] Nebenforderungen

    [V.] Zulässigkeit der Drittwiderklage
[1.] Allgemeine und besondere Sachurteilsvoraussetzungen; Gerichtsstand § 33 ZPO nach BGH nicht anwendbar
[2.] Drittwiderklage auch gegen den Kläger gerichtet?
    [a] Ausnahme bei einer Gesellschafterdrittwiderklageklage?
    [b] Ausnahme bei demselben Gegenstand von Drittwiderklage und Aufrechnung gegen den Kläger?
[3.] §§ 263 ff. ZPO analog, Klageänderungstheorie: Einwilligung des Drittwiderbeklagten oder Sachdienlichkeit einer subjektiven Klagehäufung, §§ 263 ff. ZPO

---

[302] Siehe Rn. 699 ff.

> [4.] § 59 ZPO: Rechtsgemeinschaft hinsichtlich des Streitgegenstandes oder Berechtigung oder Verpflichtung aus demselben tatsächlichen und rechtlichen Grund
> [5.] Konnexität i. S. von § 33 ZPO (das ist freilich widersprüchlich: Wenn § 33 ZPO wegen der örtlichen Zuständigkeit nicht gilt, sollte er auch im Übrigen keine Anwendung finden)
>
> [VI.] Begründetheit der Drittwiderklage
> [1.] Hauptforderung
> [2.] Nebenforderungen
>
> [VII.] Nebenentscheidungen
> [1.] Kosten
> [2.] Vorläufige Vollstreckbarkeit

723 d) **Widerstreite.** Beantragt der Kläger, einen Leistungsanspruch negativ festzustellen, und erhebt der Beklagte daraufhin widerklagend eine Leistungsklage[303], so **erlischt das Feststellungsinteresse** des Klägers, wenn der Beklagte die Leistungsklage nicht mehr einseitig zurücknehmen kann – also nach Beginn der mündlichen Verhandlung[304]. Die Leistungsklage ist dann vorrangig, weil sie dem Beklagten bei Bestehen des Leistungsanspruchs einen Titel verschafft. Der Kläger muss deshalb, wenn er einer Klageabweisung durch Prozessurteil entgehen will, den Feststellungsantrag für erledigt erklären[305].

724 ✎ **Klausurtipp**
Möglich ist die Erwiderung der negativen Feststellungsklage mit einer positiven Feststellungswiderklage. Die Feststellungsklage kann mit einer Widerklage erwidert werden, sofern sie über den Gegenstand des Feststellungsantrags hinausgeht. Möglich ist ferner, eine Stufenklage mit einer negativen Feststellungsklage zu erwidern, weil ein Zuspruch auf der ersten Stufe der Stufenklage keine Rechtskraft bezüglich des Anspruchsgrundes entfaltet[306].

725 e) **Wider-Widerklage.** Eine **Wider-Widerklage** ist zulässig[307]. Eine Wider-Widerklage ist eine Reaktion des Klägers auf eine Widerklage[308]. Wurde eine Wider-Widerklage durch die „eigentliche" Widerklage veranlasst und besteht ein Zusammenhang i. S. des § 33 ZPO, ist die Wider-Widerklage nach den Vorschriften über die Widerklage zu behandeln[309]. Eine hilfsweise erhobene Wider-Widerklage, die von einer mit der Verteidigung gegen die Widerklage zusammenhängenden Bedingung abhängig gemacht wird[310], ist zulässig.

---

303 Im Fall BGH, MDR 2002, 965, hat die Klägerin den Beklagten zu einer Leistungsklage (Unterlassungsklage) über § 926 Abs. 1 ZPO gezwungen.
304 § 269 Abs. 1 ZPO; BGH, MDR 2002, 965; BGH, NJW 1987, 2680, 2681.
305 Siehe dazu und zu Art. 21 EuGVÜ auch BGH, NJW 2002, 2795 = JZ 2002, 949 mit Anm. Goebel, JZ 2002, 951 ff.
306 Siehe Rn. 754.
307 BGH, MDR 1959, 571.
308 BGH, NJW 2009, 148, 150 m. w. Nachw.
309 BGH, NJW-RR 1996, 65.
310 BGH, NJW 2009, 148, 150 m. w. Nachw.

7. Aufrechnung und Widerklage[311]. Kommt eine Aufrechnung in Betracht, so besteht für eine Widerklage in der Regel **kein Bedürfnis**: Denn durch eine Aufrechnung erhöht sich der Streitwert nicht.

> ✎ **Klausurtipp**
>
> Lediglich bei Bestehen eines **Aufrechnungsverbotes** bietet sich vor allem in der Anwaltsklausur die Hilfswiderklage an, bei der sich der Gebührenstreitwert nur dann erhöht, wenn das Aufrechnungsverbot durchgreift.

Ein Unterschied zwischen Aufrechnung und Widerklage besteht ferner darin, dass bei einer Aufrechnung der zur Aufrechnung gebrachte Anspruch **nicht rechtshängig** wird[312]. Wenn der Beklagte der Ansicht ist, dass die Klageforderung unbegründet ist, sollte er deshalb vorsorglich Hilfsaufrechnung erklären und daneben eine Hilfswiderklage über die Gesamtforderung erheben. Hält der Beklagte die Klage hingegen für begründet, sollte er den die Klageforderung übersteigenden Betrag im Wege der Widerklage geltend machen und mit dem Rest (primär) aufrechnen. Auch um Verspätungsvorschriften zu umgehen, kann im Einzelfall eine Widerklage an Stelle einer Aufrechnung geboten sein, so genannte „Flucht in die Widerklage".

II. Stufenklage

1. Einleitung. Die Klageschrift muss grundsätzlich die **bestimmte** Angabe des Gegenstandes und des Grundes des erhobenen Anspruchs sowie einen bestimmten Antrag enthalten, § 253 Abs. 2 Nr. 2 ZPO. **Eine Klage muss grundsätzlich bestimmt sein.** Ist das nicht der Fall, so ist sie **unzulässig** und durch Prozessurteil abzuweisen. Ausnahmsweise sind aber auch **unbestimmte Anträge zulässig.** Das ergibt sich zum einen aus § 254 ZPO. Zum anderen hat die Rechtsprechung Fallgruppen entwickelt, bei denen unbezifferte Anträge **jenseits des Gesetzes** zulässig sind.

2. Die Bestimmung des § 254 ZPO. § 254 ZPO betrifft einen **Sonderfall der objektiven Klagehäufung**, § 260 ZPO[313]. Nach § 254 ZPO kann eine Auskunftsklage mit der Klage auf Abgabe einer eidesstattlichen Versicherung und mit der Klage verbunden werden, was der Beklagte aus dem zu Grunde liegenden Rechtsverhältnis schuldet. Eine Stufenklage kann damit aus **drei Stufen** bestehen:
- 1. Stufe: Auskunft
- 2. Stufe: Eidesstattliche Versicherung (in **Anwaltsklausuren** ist Vorsicht geboten; dort ist von dieser Stufe bei Klageerhebung in der Klausur abzuraten!)
- 3. Stufe: Leistung

---

311 Dazu Schneider, MDR 1998, 21 ff.; Fischer, JuS 1999, 900 ff.; ders., JuS 1999, 1002 ff.
312 Siehe Rn. 874; vgl. etwa BGH, JZ 1999, 623, 624 mit Anm. Foerste.
313 BGH, BGHReport 2003, 1100; BGH, NJW 2000, 1645, 1646; OLG Düsseldorf, NJW 1996, 839.

731 Das Gesetz lässt die Verbindung dieser Klagen bevorzugt zu, weil der Kläger zwar oftmals von seinem Anspruch gegen den Beklagten weiß, er aber vom Beklagten noch **ergänzend Informationen** über diejenigen Tatsachen benötigt, aus denen sich die Höhe der begehrten Leistung ergibt. Um **verschiedene Prozesse** auf Erteilung der Auskunft und Leistung zu **vermeiden**, kann der Kläger diese Ansprüche gemeinsam geltend machen.

732 ✎ **Klausurtipp**
Ausdrückliche Auskunftsansprüche folgen etwa aus §§ 2003, 2028 BGB, 836 ZPO, 97 InsO. Nach h. M. gibt es aber **keine allgemeine Auskunftspflicht**; der Umstand allein, dass eine Person Kenntnis über Tatsachen hat, die für eine andere Person von Bedeutung sein können, zwingt sie nicht zur Auskunftserteilung. Auf der Grundlage **besonderer rechtlicher Beziehungen** vertraglicher oder außervertraglicher Art erkennt die Rechtsprechung aber einen aus § 242 BGB folgenden Auskunftsanspruch an[314]. Voraussetzung für eine Auskunftspflicht unter dem Gesichtspunkt von Treu und Glauben ist, dass sich aus den Besonderheiten der zwischen den Parteien bestehenden Rechtsbeziehungen ergibt, dass der Auskunftsbegehrende in entschuldbarer Weise über das Bestehen oder den Umfang seines Rechts im Ungewissen ist, während der Verpflichtete unschwer in der Lage ist, Auskunft zu erteilen. Außerdem muss ein dem Grunde nach bereits feststehender Leistungsanspruch bestehen; dessen Wahrscheinlichkeit reicht nicht[315]. Wer Auskunft fordert, muss durch das Verhalten desjenigen, von dem er Auskunft will, oder in sonstiger Weise bereits in seinem bestehenden Recht so betroffen sein, dass nachteilige Folgen für ihn ohne die Auskunftserteilung eintreten können.

733 Macht der Kläger im Rahmen einer Stufenklage einen **Mindestbetrag** geltend, weil er die Klageforderung insofern beziffern und auch begründen kann, ohne auf eine Auskunft des Beklagten angewiesen zu sein, liegt nur wegen des darüber hinausgehenden Klagebegehrens eine Stufenklage, im Übrigen aber eine **bezifferte Teilklage** vor[316]. Nur das Begehren, das das bezifferte Zahlungsbegehren übersteigt, ist als Stufenklage anzusehen[317]. Bei dem zu leistenden Gegenstand geht es nicht nur um den Vorbehalt einer späteren Bezifferung, mag dies auch der Hauptanwendungsfall einer Stufenklage sein, und ebenso wenig allein um eine Herausgabe im engeren Sinn[318]. Vielmehr kann der Kläger, wie das Beispiel des § 667 BGB zeigt, aus dem zu Grunde liegenden Rechtsverhältnis Anspruch auf „Herausgabe" ganz unterschiedlicher Gegenstände haben.

734 Beispiele:
Etwa bei Auftrags- oder Geschäftsbesorgungsverhältnissen auf Zahlung eines Geldbetrags, Übereignung beweglicher Sachen oder Grundstücke, Verschaffung des Besit-

---

314 RG, RGZ, 108, 1, 7; RG, RGZ 158, 377, 379; BGH, BGHZ 10, 385, 387 = NJW 1954, 70; BGH, NJW 1981, 1733.
315 BGH, BGHZ 74, 379, 381 = NJW 1979, 1832; BGH, NJW 1981, 1733.
316 BGH, NJW-RR 2003, 68.
317 BGH, BGHZ 107, 236, 239 m. w. Nachw.
318 BGH, BGHReport 2003, 1100, 1101.

2. Kapitel: Besondere Klagen 735–738

zes an Sachen, Abtretung von Forderungen, Übertragung sonstiger Rechte, Erteilung einer Gutschrift im Bankverkehr und anderes mehr.

In allen diesen Fallgestaltungen kann der Kläger außer Stande sein, seinen Leistungsantrag in Bezug auf die herausverlangten Gegenstände hinreichend zu konkretisieren. Der Kläger darf sich dann darauf beschränken, in der letzten Stufe seiner Klage die „Herausgabe" des ihm **nach der Auskunft oder Rechnungslegung Geschuldeten** zu beantragen. Geht der Kläger einen Schritt weiter und stellt bereits mit Klageerhebung klar, dass er Herausgabe gegenständlich noch vorhandener Sachen verlangt (bei einer Veräußerung in deren Umfang Herausgabe des Erlöses, subsidiär Zahlung von Schadenersatz), ist dies zulässig. **735**

3. Vorteile einer Stufenklage. Die Stufenklage hat für den Kläger vor allem **vier Vorteile:** **736**
- Die Klage kann ungeachtet des § 253 ZPO **unbestimmt** erhoben werden.
- Der Hauptanspruch[319] wird schon mit Erhebung der Klage auf erster Stufe **rechtshängig**, obwohl ihm noch die notwendige Bestimmtheit fehlt[320].
- Die **Verjährung** des Hauptanspruches ist bereits durch das Auskunftsbegehren auf erster Stufe gehemmt[321].
- Es ist **kostengünstig**, nur eine Klage zu erheben.

4. Sachurteilsvoraussetzungen einer Stufenklage. Die Sachurteilsvoraussetzungen einer Stufenklage sind in Bezug auf jeden einzelnen prozessualen Anspruch zu prüfen. Hinsichtlich der örtlichen Zuständigkeit ist aber von einer **Kompetenz kraft Zusammenhangs** des für den Hauptanspruch örtlich zuständigen Gerichts auszugehen. Dies ergibt sich aus dem Sinn des § 254 ZPO und dem Umstand, dass § 260 ZPO nicht anzuwenden ist. Eine Stufenklage ist unzulässig, wenn die verlangte Auskunft nicht der Bestimmung des Leistungsanspruches dient[322]. **737**

5. Vorgehen. Die prozessuale Selbstständigkeit der Einzelansprüche einer Stufenklage bedingt abweichend von § 260 ZPO, dass über jeden der Ansprüche in der vorgegebenen Reihenfolge im Wege der **abgesonderten Antragstellung** und **Verhandlung** zu befinden ist[323]. Dies geschieht grundsätzlich durch **Teilurteil**[324] gem. § 301 ZPO. Anders als sonst steht dem Gericht bei der Entscheidung, ob es ein Teilurteil erlassen will, aber **kein Ermessen** zu[325]. Das Gericht darf über den Antrag auf Abgabe einer eidesstattlichen Versicherung oder über den Hauptantrag also nur dann entscheiden, wenn es über das Auskunftsbegehren oder den Antrag auf eidesstattliche Versicherung entschieden hat. Diese Begehren, die auf materiell-rechtlichen Ansprüchen beruhen, stellen trotz ihrer Hilfsfunktion für das eigentlich verfolgte Klageziel selbstständige prozessuale Ansprüche dar. Vo- **738**

---

319 Das ist der Leistungsanspruch auf letzter Stufe.
320 BGH, NJW-RR 1995, 513; BGH, NJW 1975, 1409; OLG Frankfurt a. M., NJW-RR 2002, 296.
321 BGH, NJW 1975, 1409; OLG Stuttgart, NJW-RR 1990, 766.
322 BGH, NJW 2000, 1645 m. Anm. Löhnig JA 2000, 745.
323 Vgl. nur BGH, NJW-RR 1987, 1030.
324 Dazu Rn. 44.
325 BGH, LM § 254 ZPO Nr. 3; RG, RGZ 58, 57.

raussetzungen für das Verfahren auf der jeweils nächsten Stufe sind deshalb die Rechtskraft und erforderlichenfalls die Zwangsvollstreckung der vorangehenden Entscheidung und der Terminsantrag einer Partei[326].

739 🖉 **Klausurtipp**

Trotz der fehlenden Rechtskraft- oder Bindungswirkung des Urteils über den Auskunftsanspruch für das Verfahren über den Hauptanspruch wird es allgemein für zulässig erachtet, die Klage ausnahmsweise schon **insgesamt als unbegründet** abzuweisen, wenn das Gericht bei der Prüfung des Auskunftsanspruchs zu dem Ergebnis kommt, dass dem Kläger materiell-rechtlich der Hauptanspruch nicht zustehen kann[327]. Dies ist für solche Fälle zu befürworten, in denen den Begehren **eine Frage** gemeinsam ist. Stellt sich etwa schon im Auskunftsverfahren nach § 2028 BGB heraus, dass der Kläger nicht Erbe ist, so kann auch das letztstufig geltend gemachte Herausgabebegehren gem. § 2018 BGB abgewiesen werden. Wird der Auskunftsanspruch jedoch aus anderen Gründen verneint, so ergeht lediglich ein abweisendes Teilurteil über den Auskunftsanspruch[328].

740 6. **Rubrum und Ausspruch.** Die jeweiligen **Teilurteile** sind als solche zu bezeichnen und nach Maßgabe der §§ 708 ff. ZPO für vorläufig vollstreckbar zu erklären; eine **Kostenentscheidung** bleibt grundsätzlich dem Urteil über das auf letzter Stufe geltend gemachte Begehren vorbehalten = Schlussurteil[329].

741 📄 Formulierungsvorschläge
- „Der Beklagte wird verurteilt, dem Kläger ein Verzeichnis der Nachlassgegenstände des am 13. März 2002 in 14321 Berlin-Neukölln, Perterweg 6, verstorbenen Eduard Peter vorzulegen."
- „Der Beklagte wird verurteilt, zu Protokoll an Eides Statt zu versichern, dass er nach bestem Wissen und Gewissen den Bestand des Nachlasses des am 13. März 2002 in in 14321 Berlin-Neukölln, Perterweg 6, verstorbenen Eduard Peter angegeben hat, als er dazu imstande war."

742 Wird eine Teilklage abgewiesen, ergeht auch **keine Entscheidung** zur vorläufigen Vollstreckbarkeit.

743 7. **Kosten.** Das Ausmaß des Obsiegens und Unterliegens der Parteien bestimmt sich nach dem Unterliegen auf jeder Stufe. Um die Kostenquote zu ermitteln, sind die sich ergebenden „Unterliegenskosten" auf Seiten einer jeden Partei zusammenzurechnen und zu einem fiktiven Kostenstreitwert, der aus der Summe der Streitwerte der aufgerufenen Stufen gebildet wird, ins Verhältnis zu setzen. Das bedeutet, dass bei Erfolg des Auskunftsanspruches und Abweisung des Leistungsantrages nach Maßgabe der unterschiedlichen Streitwerte zu quoteln ist. Manch-

---

326 OLG Karlsruhe, FamRZ 1997, 1224.
327 BGH, NJW 1985, 2405, 2407 = BGHZ 94, 268, 275; BGH, NJW 1982, 235, 236; OLG Zweibrücken, NJOZ 2005, 4719, 4721.
328 OLG Hamm, OLGReport Hamm 1992, 298.
329 Allgemein zum Tenor bei Teilurteilen vgl. Elzer, JuS 2000, 699 Fn. 7 und Fn. 10 sowie S. 701 unter III.

mal erfährt der Kläger erst nach Erhebung der Klage, dass er gegen den Beklagten **keinen Anspruch** hat[330]. Er kann in diesem Falle den gesamten Rechtsstreit in der Hauptsache für erledigt erklären. Schließt sich der Beklagte dieser Erklärung an, ergeht eine Entscheidung nach § 91a Abs. 1 ZPO. In einem normalen Fall würden die Gerichte demjenigen die Kosten auferlegen, der unterlegen wäre und die Kosten nach §§ 91 ff. ZPO zu tragen gehabt hätte, wenn das erledigende Ereignis nicht eingetreten wäre[331].

Weil der Kläger in der Leistungsstufe unterlegen gewesen wäre – er hatte keinen Anspruch –, wäre es auf den ersten Blick auch billig, dass der Beklagte die Kosten nur für die Auskunftsstufe zu tragen hat. Dieses Ergebnis wäre aber **nicht richtig**: Da es der Beklagte war, der durch seine verspätete Auskunft erst Anlass zur Klage gegeben hat, sind in der Regel bei bloßer Erledigung der Auskunftsstufe die Kosten **aller Stufen** – auch der Leistungsstufe – dem Beklagten aufzuerlegen[332]. Schließt sich der Beklagte einer Erledigterklärung **nicht** an, kann der Kläger seine Klage in eine Kostenfeststellungsklage[333] ändern und so seinen materiell-rechtlichen Kostenerstattungsanspruch durchsetzen[334]. Auch auf diesem Wege sind alle Kosten dem Beklagten aufzuerlegen. **744**

8. Tatbestand und Entscheidungsgründe. Das streitige Klägervorbringen ist in aller Regel nur dann verständlich, wenn im **Tatbestand** vorab das **Teilurteil** über die verlangte Auskunft bzw. das Urteil über die eidesstattliche Versicherung mitgeteilt wird. Das kann wahlweise in der **Geschichtserzählung** erfolgen oder in der **Prozessgeschichte** vor den Anträgen. **745**

> ✎ **Klausurtipp** **746**
>
> In den **Entscheidungsgründen** sollte vor allem bei Klageabweisung aus Gründen der Klarheit zu Beginn der Umfang des Streitgegenstandes genau mitgeteilt werden. Es ist also mitzuteilen, über welchen Teil der Stufenklage sich die Klage verhält.

9. Zuständigkeits-/Gebührenstreitwert. Der Zuständigkeitsstreitwert der Stufenklage richtet sich nach § 5 Hs. 1 ZPO. **747**

> **Beispiele:** **748**
> - Auskunftsklage 1/10 bis 2/5 der Höhe des von dem Kläger erhofften Zahlungsanspruchs.
> - Klage auf eidesstattliche Versicherung nach dem Interesse des Klägers.

---

330 Dies ist z.B. vorstellbar, wenn die Auskunft des Beklagten über die Höhe seiner Einkünfte ergibt, dass Unterhaltsansprüche nicht bestehen.
331 OLG Stuttgart, NJW-RR 1999, 997.
332 BGH, LM § 254 ZPO Nr. 18 m. Anm. Wax = NJW 1994, 2895 = MDR 1994, 717; OLG Nürnberg, MDR 2001, 591; OLG Karlsruhe, JurBüro 1999, 37, 38 = FamRZ 1999, 1216 m.w. Nachw.; OLG Naumburg, FamRZ 2001, 844, 845 für den Fall der Klagerücknahme.
333 Siehe Rn. 280.
334 BGH, NJW 1994, 2895 = JuS 1995, 78 Nr. 10 [Karsten Schmidt] = JZ 1994, 1009 mit Anm. Bork; siehe auch OLG Naumburg, FamRZ 2001, 844, 845.

- Leistungsklage in Höhe des von dem Kläger erhofften Zahlungsanspruches, gegebenenfalls Schätzung nach § 3 ZPO[335].

749 Der **Gebührenstreitwert** richtet sich nach § 44 GKG. Die Gebühr bestimmt sich danach nach dem Anspruch mit dem **höchsten Wert**[336]. Dies wird in der Regel der noch nicht bezifferte Herausgabe- bzw. Zahlungsanspruch sein[337]. Streitig ist, ob der höchste Wert sich an dem ausrichtet, was der Kläger am Ende zu erlangen hofft, oder an dem, was er am Ende bekommt[338]. Es ist wohl ein **Stufenstreitwert** zu bilden. Der **Rechtsmittelstreitwert** ist das Interesse des Rechtsmittelführers am Erfolg seines Rechtsmittels. Er wird nach §§ 4–9 ZPO bzw. § 3 ZPO bemessen.

750 10. **Säumnis.** Ist der Beklagte säumig, so kann gegen ihn **nur** auf der **jeweiligen Stufe** ein Teilversäumnisurteil ergehen. Ist hingegen der Kläger säumig, ist auf jeder Stufe **die gesamte Klage** abzuweisen[339].

751 11. **Erledigung.** – a) **Erledigung des Auskunftsanspruch.** Die Parteien können den Rechtsstreit nach überwiegender Auffassung in der Hauptsache für erledigt erklären, sobald der Beklagte die begehrte Auskunft erteilt. Streitig ist, ob der Kläger die Erledigung durch Urteil feststellen lassen kann:
- Nach einer Meinung muss dies möglich sein, wenn der Kläger ein rechtliches Interesse daran habe, dass sich der Rechtsstreit insoweit erledigt habe[340].
- Nach h.M. kommt die **Feststellung der Erledigung** nicht in Betracht: Der dem Leistungsanspruch vorgeschaltete Auskunftsanspruch sowie der diesem gegebenenfalls folgende Antrag auf Versicherung der Auskunft an Eides Statt habe nur **vorbereitenden und unselbstständigen** Charakter, als er lediglich ein Hilfsmittel zur Bezifferung des eigentlichen Klageziels, des Zahlungsanspruchs, ist[341]. Nach diesem Zweck des Auskunftsanspruchs sei über das Bestehen der Auskunftspflicht nur zu entscheiden, solange noch zu klären ist, ob der Kläger dieses Hilfsmittels zur Bezifferung seiner Ansprüche bedarf. Werde der Auskunftsanspruch dagegen – aus welchen Gründen auch immer – fallengelassen, so erfordere dies keine Erledigterklärung im Rechtssinne und auch keine teilweise Klagerücknahme oder einen Teilverzicht, sondern lediglich den Übergang zum eigentlichen Rechtsschutzziel, dem Zahlungsanspruch[342].

752 b) **Erledigung des Leistungsbegehrens.** Ergibt die erteilte Auskunft, dass ein Leistungsanspruch **nicht** besteht, so tritt eine Erledigung der Hauptsache nicht

---

335 OLG Zweibrücken, JurBüro 1989, 1455; KG, NJW-RR 1998, 418, 419 und 1615; OLG Hamm, AnwBl. 1984, 202; OLG München, JurBüro 1980, 125.
336 OLG Celle, MDR 2003, 55.
337 OLG Celle, MDR 2003, 55.
338 Siehe KG, MDR 1997, 598, und OLG Celle, MDR 2003, 55.
339 OLG Stuttgart, NJW-RR 1990, 766; str.
340 OLG Frankfurt, MDR 1989, 1108.
341 KG, NJW 1970, 903; OLG Köln, FamRZ 1984, 1029; Bernreuther, JA 2001, 490, 492.
342 OLG Koblenz, NJW 1963, 912; OLG München, FamRZ 1983, 629; OLG Köln, FamRZ 1984, 1029; OLG Düsseldorf, NJW-RR 1996, 839.

ein. Bei einseitiger Erledigterklärung kommt ein Kostenausspruch zu Gunsten des Klägers weder nach § 91 ZPO noch in entsprechender Anwendung des § 93 ZPO in Betracht: Dem Kläger kann jedoch ein materiell-rechtlicher Kostenerstattungsanspruch zustehen, den er in dem anhängigen Rechtsstreit geltend machen kann[343].

12. Rechtskraft. Die Rechtskraft eines Teilurteils – also auch des Auskunftsanspruches – ist auf den Streitgegenstand beschränkt[344]. Nach h.M. ist ein Gericht daher nicht gehindert, die Klage auf der Leistungsstufe abzuweisen, obwohl es „inzident" auf der ersten Stufe die Voraussetzungen eines Leistungsanspruches noch bejaht hat.

13. Sonstige unbezifferte Anträge. – a) Schmerzensgeld. Nach der Rechtsprechung[345] können **unbezifferte Anträge** ungeachtet § 253 Abs. 2 Nr. 2 ZPO auch außerhalb von § 254 ZPO zulässig sein. Dies ist der Fall, wenn dem Kläger eine genaue Festlegung seines Antrags nicht möglich oder nicht zumutbar ist, insbesondere wenn die Höhe des Anspruchs von billigem Ermessen oder einer Schätzung des Gerichts nach § 287 ZPO abhängt[346]. Damit die Klage i.S.v. § 253 Abs. 2 Nr. 2 ZPO hin „bestimmt" ist, muss der Kläger in diesen Fällen folgende Punkte beachten:
- Zum einen muss der Kläger eine ausreichende tatsächliche Grundlage für die Ausübung des richterlichen Ermessens mitteilen[347].
- Zum anderen muss der Kläger, nach älterer Rechtsprechung um dem Bestimmbarkeitsgebot in § 253 Abs. 2 ZPO zu genügen, nach neuerer Ansicht jedenfalls um die Beschwer festzulegen, die **ungefähre Größenordnung** seines behaupteten Anspruchs festlegen[348]. Will sich der Kläger die Möglichkeit eines Rechtsmittels offenhalten, muss er den Betrag nennen, den er **auf jeden Fall** zugesprochen haben will und bei dessen Unterschreitung er sich als nicht befriedigt ansehen würde[349].

Die Mitteilung der Größenordnung verfolgt **mehrere Zwecke**: Die Auffassung der Partei von einer **Größenordnung** kann für das Gericht eine wesentliche Hilfe bei der Ermittlung des angemessenen Betrages darstellen. Durch die Angabe seiner Größenvorstellung soll der Kläger deutlich machen, mit welchem Schmerzensgeldbetrag das Gericht jedenfalls sein Klagebegehren hinreichend befriedigen würde; daher kann der Kläger nachträglich keine **Beschwer** geltend machen, wenn ein Betrag zugesprochen worden ist, der die von ihm bezeichnete Größen-

---

343 BGH, NJW 1994, 2895 = JZ 1994, 1009. Siehe Rn. 743f.
344 OLG Düsseldorf, NJW-RR 1996, 839.
345 Seit RG, RGZ 21, 386; vgl. auch BGH, BGHZ 45, 91 = NJW 1966, 780 = LM § 253 ZPO Nr. 41 m.w. Nachw.; a.A. Bull, JR 1958, 95; ders., Prozesskunst, 2. Aufl. 1975, S. 31 ff.
346 BGH, NJW 1970, 281.
347 RG, RGZ 10, 353, 356; BGH, NJW 1967, 1421.
348 BGH, MDR 2002, 49 = NJW 2002, 212; BGH, NJW 1999, 1339; BGH, NJW 1996, 2425 = JZ 1996, 1080 m. Anm. Schlosser = BGHZ 132, 341; BGH, JR 1982, 156 m. Anm. Grossmann.
349 BGH, BGHZ 132, 341, 351f. = NJW 1996, 2425.

ordnung nicht unterschreitet. Der Größenvorstellung kommt ferner für die **Festsetzung des Streitwertes** Bedeutung zu. Da das Begehren des Klägers nicht unterschritten werden kann, ohne dass er beschwert wäre, erreicht der Streitwert jedenfalls die angegebene Höhe. Nach oben ist das Gericht hingegen streitwertmäßig nicht an die Angaben des Klägers gebunden, da sich der Streitwert am angemessenen Schmerzensgeld auszurichten hat. Gegebenenfalls hat das Gericht – auf Antrag einer Partei oder von Amts wegen – nach Anhörung der Parteien den Streitwert im Hinblick auf einen ihm angemessen und billig erscheinenden Betrag höher festzusetzen, als dies der angegebenen Größenvorstellung entspricht.

756 b) **Bindung an Größenvorstellung.** Nach Ansicht des BGH[350] sind dem Richter bei der Festsetzung des für angemessen gehaltenen Schmerzensgeldes im Rahmen des § 308 ZPO durch die Angabe eines Mindestbetrages oder einer Größenordnung nach oben **keine Grenzen** gezogen[351]. Da weder das Gebot einer prozessualen Rechtssicherheit noch andere durchgreifende Gründe eine Bindung des Richters an eine vom Kläger genannte Mindestsumme oder Größenordnung im Rahmen des § 308 ZPO erfordern, käme eine Eingrenzung auf einen prozentual bestimmten Rahmen nicht in Betracht. Bei sonstigen unbezifferten Anträgen kann das Gericht daher trotz § 308 Abs. 1 ZPO[352] mehr zusprechen als den angegebenen Betrag. Der **BGH** folgert hieraus, dass, wenn und soweit der Kläger seine Vorstellungen korrigiert und er keine Unter- oder Obergrenze angegeben hatte, allein in der **Korrektur der Größenordnung** keine Klageänderung zu sehen sei[353]. Nach einem **Teil des Schrifttums** hat das Gericht hingegen nur eine gewisse Bandbreite für seine Entscheidung[354]. Nach Dunz[355] und Wurm[356] ist als Bandbreite für eine Entscheidung etwa 20 % nach oben und unten anzunehmen.

757 c) **Beschwer.** Der Kläger ist i.S.v. § 511 ZPO beschwert, wenn **weniger** zugesprochen wird als der angegebene **Mindestbetrag**[357], oder wenn bei Ca.-Beträgen ein **Betrag unterhalb** der **Bandbreite**[358] zugesprochen wird. Nach dem BGH[359] beschwert den Kläger nicht, dass das Gericht Mitverschulden berücksichtigt, den angestrebten Mindestbetrag aber zuspricht.

758 d) **Tenor.** Bewegt sich das Gericht **innerhalb** einer Bandbreite von 20 % der vom Kläger genannten Größenordnung, ist die Klage nach h.M. **nicht** „im Übrigen" abzuweisen[360]. Wird hingegen weniger als 20 % zugesprochen oder hat der Kläger einen Mindestwert angegeben, ist die Klage „im Übrigen" abzuweisen.

---

350 BGH, NJW 1996, 2425, 2427 = MDR 1996, 886 m. Anm. Jaeger.
351 Bestätigt von BGH, NJW 2002, 3769.
352 Dazu etwa BGH, NJW 2001, 157.
353 BGH, NJW 2002, 3769, 3770.
354 So auch BGH, VersR 77, 861; a.A. OLG München, NJW 86, 3089, 3090.
355 NJW 1984, 1734, 1736.
356 JA 1989, 65, 69; vgl. auch Steinle, VersR 1992, 425; Butzer, MDR 1992, 539, 541.
357 BGH, NJW 2002, 212 m. Anm. Krauss JA 2002, 361; BGH, NJW 1999, 1339 = JuS 1999 Nr. 14 [Schmidt].
358 OLG Köln, MDR 1988, 62.
359 BGH, NJW 2002, 212.
360 Gerlach, VersR 2000, 525, 528.

2. Kapitel: Besondere Klagen

e) Wegfall der Geschäftsgrundlage. Eine der Stufenklage bzw. einem unbezifferten Schmerzensgeldanspruch vergleichbare Prozesssituation liegt nach einigen Autoren im Falle einer Klage auf Vertragsanpassung nach § 313 Abs. 1 BGB vor[361]. Hier soll es unter den folgenden Voraussetzungen möglich sein, den Vertragspartner allgemein zur Zustimmung zu einer i. S. d. § 313 Abs. 1 BGB **angemessenen Anpassung** zu verklagen:
- Schilderung der tatsächlichen Grundlagen
- Angabe eine „groben Rahmens" für die erwartete Anpassung.

Ein Sonderfall ist die Bestimmung des § 10 Abs. 2 Satz 3 WEG.

f) Billigkeitsentscheidung nach § 21 Abs. 8 WEG. Neuerdings kann der Kläger in einer WEG-Sache i. S. v. § 43 WEG eine Klage mit dem Ziel erheben, dass das Gericht nach billigem Ermessen entscheidet. Diese Klage gleicht der Klage auf Schmerzensgeld.

14. Übungen

Fall 1:
Wie berechnen sich der Zuständigkeitsstreitwert und der Gebührenstreitwert einer Stufenklage?

Lösung:
Die Berechnung des **Zuständigkeitsstreitwertes** einer Stufenklage ergibt sich nach h. M. aus § 5 Hs. 1 ZPO[362]. Die Einzelwerte (Auskunft/Rechnungslegung, eidesstattliche Versicherung, Zahlung) werden addiert. Obwohl die beiden ersten Stufen wirtschaftlich als Hilfsansprüche der Vorbereitung des Hauptanspruchs 3. Stufe dienen, handelt es sich um verschiedene Streitgegenstände und mithin um selbstständige prozessuale Ansprüche in objektiver Klagehäufung, § 260 ZPO. Der **Gebührenstreitwert** richtet sich nach § 18 GKG[363]. Maßgeblich ist nur der höhere der verbundenen Ansprüche. Durch die Vorstufen soll lediglich eine Beweisgrundlage für das Verfahren auf Herausgabe desjenigen geschaffen werden, was der Beklagte aus dem zu Grunde liegenden Rechtsverhältnis schuldet.

---

361 So jedenfalls Eidenmüller, Jura 2001, 824, 830; Schmidt-Kessel/Baldus, NJW 2002, 2076, 2077. Jetzt auch Dauer-Lieb/Dötsch, NJW 2003, 921 ff.
362 Nach a. A. richtet sich der Zuständigkeitsstreitwert der Stufenklage nach dem je höchsten Einzelwert, da die Norm auf wirtschaftliche Wertbetrachtung des Prozesses ziele und die in der Stufenklage zusammengefassten Ansprüche eine wirtschaftliche Einheit bilden. Ausnahmsweise soll § 5 dann anwendbar sein, wenn kumulativ verschiedene Streitgegenstände mit wirtschaftlich verschiedenen Werten vorliegen.
363 Nach OLG Celle, MDR 2003, 55 richtet sich der Gebührenstreitwert nach der Erwartung des Klägers, wie sie sich in der Klageschrift ausdrückt. Gegebenenfalls muss hierfür eine Schätzung vorgenommen werden (§ 3 ZPO). Der Gebührenstreitwert kann nicht an dem bemessen werden, was dem Kläger in der 3. Stufe (Leistungsstufe) zugesprochen wird. *„Bereits entstandene Gebühren lassen sich denknotwendig nicht nach dem Wert bestimmen, welcher zu dem Zeitpunkt, in welchem sie entstehen, noch nicht existiert. Dies wird besonders augenfällig, wenn die Vorstufen des Zahlungsanspruchs dessen Nichtbestehen ergeben."*

761 **Fall 2:**
Ehefrau K verlangt von ihrem getrennt lebenden Ehemann B Auskunft über erzielten Zugewinn. Nachdem B Auskunft erteilt hat, keinen Zugewinn erzielt zu haben, stellt K keinen Antrag für die Leistungsstufe. B erhebt daraufhin eine gesonderte Feststellungsklage gegen K, keinen Zugewinn erzielt zu haben. Ist die Feststellungsklage zulässig?

Lösung:
Die von K in einem gesonderten Verfahren erhobene Feststellungsklage ist unzulässig, weil ihr gemäß § 261 Abs. 3 Nr. 1 ZPO das von Amts wegen zu beachtende Prozesshindernis der anderweitigen Rechtshängigkeit entgegensteht. Mit Erhebung der Stufenklage wird auch der noch unbezifferte Leistungsantrag rechtshängig. Der Streitgegenstand der Leistungsklage enthält nach Klagegrund und nach der konkreten Art des Rechtsschutzzieles (Antrag und Lebenssachverhalt) gleichsam den Streitgegenstand zur negativen Feststellungsklage.

762 **Fall 3:**
Im Rahmen einer Stufenklage wird von B die überraschende, aber korrekte Auskunft erteilt, dass der Erblasser keine Vermögenswerte hinterlassen hat.
a)   Wie ist zu entscheiden, wenn die Parteien den gesamten Rechtsstreit in der Hauptsache für erledigt erklären?
b)   Was kann K sonst tun?

Lösung:
Nach h. M.[364] werden die Kosten dem Beklagten auferlegt[365]. Er hat auch die Kosten des Rechtsstreits im Hinblick auf die 3. Stufe zu tragen (§ 91a ZPO), obwohl er der Auskunft zufolge obsiegt hätte. Im Einzelnen:
Zu a): Der Kläger kann nicht schlechter gestellt werden, als wenn er von Anfang an nur Auskunftsklage erhoben hätte. Sinn und Zweck der Stufenklage ist, ein Verfahren zur Verbesserung der Stellung des nicht hinreichend unterrichteten Klägers bereitzustellen, nicht sein Risiko zu erhöhen.
- Die Stufenklage dient der Prozessökonomie. Wenn der Kläger das Kostenrisiko tragen müsste, würde er statt der Stufenklage eine isolierte Auskunftsklage erheben.
- Die Kostenentscheidung zu Lasten des Beklagten ergibt sich auch aus dem Umkehrschluss zu § 93 ZPO: Hätte der Beklagte die erforderlich Auskunft erteilt, hätte der Kläger nicht Klage erheben müssen.
- Der die Auskunft verweigernde Beklagte haftet im Rahmen des § 286 BGB für den Verzugsschaden und muss die Kosten der Rechtsverfolgung tragen.

---

364   Nach einer Entscheidung des OLG Jena, FamRZ 1997, 219 m. w. Nachw. richtet sich, wenn bei einer Stufenklage die Hauptsache erst nach einem rechtskräftigen Teilurteil übereinstimmend für erledigt erklärt wird, die Kostenfolge der weiteren Stufen (insbesondere der Leistungsstufe) nach § 91a ZPO, während über die Kosten des Teilurteils nach §§ 91 ff. ZPO zu befinden ist (gemischte Kostenentscheidung). Nach OLG Karlsruhe, JurBüro 1999, 37 ist unter Berücksichtigung der Grundgedanken der §§ 91, 92, 93 ZPO hinsichtlich aller Stufen eine Entscheidung gemäß § 91a ZPO zu treffen.
365   Etwas anderes gilt evtl. für die 2. Stufe (eidesstattliche Versicherung): Diese Kosten können ggf. dem Kläger auferlegt werden, wenn er den Antrag bereits vorsorglich in der Klageschrift gestellt hat. Er hätte u. U. die zusätzlichen Kosten vermeiden können, indem er diesen Antrag erst bei Zweifel an der Glaubhaftigkeit der Auskunft klageerweiternd im Laufe des Verfahrens gestellt hätte. Im Hinblick auf die verschiedenen Streitgegenstände der zwei Stufen wird von einer Minderansicht vertreten, den Kläger treffe die Kostenlast bezüglich des Zahlungsantrags, wenn sich dieser nach der erteilten Auskunft als unbegründet darstelle, OLG Koblenz, FamRZ 1994, 1607.

2. Kapitel: Besondere Klagen

- Der Kläger ist unter Umständen auf die Stufenklage angewiesen, um einen Rechtsverlust zu vermeiden (vgl. § 323 Abs. 3 ZPO).

Zu b): Nach h.M. ist eine Erledigungsfeststellungsklage ausgeschlossen, denn die Erledigung der Hauptsache greift nur, wenn die Klage bis zum Eintritt des erledigenden Ereignisses zulässig und begründet war. Der Kläger kann seinen Leistungsantrag aber im Wege der sachdienlichen Klageänderung in einen Antrag auf Feststellung der Pflicht zum Ersatz der Prozesskosten ändern, § 263 ZPO. Dieser besteht als Verzugsschaden infolge der Nichterteilung der Auskunft, §§ 280 Abs. 1, 2, 286 BGB, soweit der Beklagte mit der Zahlungsklage obsiegt und dem Kläger durch die Kostenpflicht – § 91 ZPO – ein Schaden entstanden ist.[366] Aufbau:

Entscheidungsgründe

I.
1. Ggf. Auslegung
2. Klageänderung
3. Sachurteilsvoraussetzungen der geänderten Klage
4. Feststellungsinteresse[367]

II.
1. Zulässige[368] und begründete ursprüngliche Klage
2. Erledigung vor Rechtshängigkeit
3. Schadenersatz wegen Pflichtverletzung, § 280 Abs. 1, Abs. 2 BGB
4. Schaden
5. Schuldverhältnis i.S. von § 280 Abs. 1 BGB (z.B. Kaufvertrag)
6. Pflichtverletzung = Verzögerte Leistung
7. Kausalität zwischen Pflichtverletzung und Schaden
8. Vertretenmüssen
9. Verzug des Beklagten i.S. von § 286 BGB, z.B. mit Kaufpreiszahlung
   a) Fälligkeit der Leistung
   b) Keine Einrede
   c) Mahnung etc.
10. Schuldverhältnis i.S. von § 280 Abs. 1 BGB, z.B. Kaufvertrag
11. Pflichtverletzung = Verzögerte Leistung
12. Fälligkeit/Durchsetzbarkeit des Anspruchs
13. Verzug des Beklagten i.S. von § 286 BGB, z.B. mit Kaufpreiszahlung

III.
1. Kosten
2. Vorläufige Vollstreckbarkeit

III. Feststellungsklage

1. Einführung. Feststellungsklagen richten sich auf Feststellung eines Leistungs- oder Gestaltungsrechts und sind nur zugelassen, wenn der Kläger ein besonderes rechtliches Interesse an der alsbaldigen Feststellung hat, § 256 Abs. 1 ZPO. Feststellungsklagen hemmen nach § 204 Abs. 1 Nr. 1 BGB die Verjährung. Aus

---

366 Eine andere Ansicht vertritt eine analoge Anwendung des § 269 Abs. 3 Satz 3 ZPO.
367 Hier ist zu diskutieren, ob § 269 Abs. 3 Satz 3 ZPO vorrangig ist bzw. auf ein Feststellungsinteresse für diese Klage verzichtet wird oder ob es ausreicht, dass der Kläger das Interesse behauptet.
368 War die Klage unzulässig, muss der Beklagte die Kosten nicht tragen!

diesem Grund haben sie insbesondere in **Haftpflichtprozessen** – z. B. einem Verkehrsunfall – eine große praktische Bedeutung.

764 **2. Zulässigkeit. – a) Allgemeine Sachurteilsvoraussetzungen.** Eine Feststellungsklage ist zum einen zulässig, wenn ihre **allgemeinen Sachurteilsvoraussetzungen**[369] vorliegen. So muss auch eine Feststellungsklage z. B. einen **bestimmten Antrag** haben, § 253 Abs. 2 Nr. 2 ZPO. Der Kläger muss deshalb in seinem Antrag das Rechtsverhältnis, dessen Bestehen oder Nichtbestehen festgestellt werden soll, so genau bezeichnen, dass über dessen Identität und damit über den Umfang der Rechtskraft des begehrten Feststellungsanspruchs keinerlei Ungewissheit herrschen kann. Ein Feststellungsantrag, der diesem Erfordernis nicht genügt, ist unzulässig[370].

765 **b) Besondere Sachurteilsvoraussetzungen.** Eine Klage auf Feststellung des Bestehens oder Nichtbestehens eines Rechtsverhältnisses, auf Anerkennung einer Urkunde oder auf Feststellung ihrer Unechtheit ist nach § 256 ZPO ferner nur dann zulässig, wenn der Kläger ein rechtliches Interesse = **Feststellungsinteresse** daran hat, dass das **Rechtsverhältnis** oder die **Echtheit oder Unechtheit der Urkunde** durch richterliche Entscheidung alsbald festgestellt wird.

766 aa) Feststellungsinteresse. – (1) Begründete Klage. Das Gesetz verlangt als besondere Sachurteilsvoraussetzung ein **rechtliches Interesse** als Ausprägung des allgemeinen Rechtsschutzbedürfnisses. Ein solches Feststellungsinteresse ist zu bejahen, wenn dem Recht oder der rechtlichen Lage des Klägers eine **gegenwärtige Gefahr** oder **Unsicherheit** droht und das erstrebte Urteil geeignet ist, diese Gefahr zu beseitigen[371]. Etwa drohende Verjährung begründet stets ein solches Feststellungsinteresse[372]; ferner, wenn sich die Gegenseite eines über die Klageforderung hinausgehenden Anspruchs berühmt[373]. Das rechtliche Interesse fehlt **aus Gründen der Prozessökonomie**, wenn der Kläger **einfacher** zu seinem Ziel gelangen kann oder wenn die **Feststellungsklage** den Streit nicht endgültig aus der Welt schaffen kann. Feststellungsklagen sind damit **grundsätzlich** sowohl gegenüber Leistungs-[374] als auch gegenüber Gestaltungsklagen **subsidiär**[375]. Durch den **grundsätzlichen Vorrang des Leistungsverfahrens** gegenüber dem Feststellungsverfahren mit gleichem Streitstoff sollen sowohl widerstreitende Entscheidungen der Gerichte als auch – dies im Hinblick auf das im Interesse der Parteien und der

---

369 Siehe im Einzelnen Rn. 523 ff.
370 BGH, NJW 2001, 445 = MDR 2001, 166; BGH, VersR 1982, 68.
371 BGH, MDR 2007, 104; BGH, NJW 1992, 436.
372 BGH, NJW 1991, 2707.
373 BGH, MDR 2007, 104.
374 Wegen der mangelnden Vollstreckbarkeit der Feststellungsurteile entsteht die Gefahr, dass noch einmal geklagt werden muss, siehe dazu etwa BGH, NJW 2006, 515, 516; BGH, NJW 1993, 2993; BGH, NJW 1998, 1633; auch in Form einer Stufenklage: BGH, MDR 2002, 107 = NJW-RR 2002, 834 m. Anm. Schmidt JuS 2002, 1026 Nr. 9; BGH, NJW 1994, 2896, 2897; anders im Wettbewerbsrecht (wegen der Verjährung und der Schwierigkeit, Leistungstitel zu erlangen).
375 BGH, BGHReport 2006, 388, 389.

2. Kapitel: Besondere Klagen

Rechtsprechung wesentliche Erfordernis der Prozessökonomie – mehrere parallele Verfahren über denselben Streitgegenstand vermieden werden[376].

767 Einen Schaden zu beziffern oder ihn zu substanziieren kann allerdings schwierig und wenig prozessökonomisch sein, wenn die Parteien im Wesentlichen über den **Grund der Haftung** streiten. Trotz der Möglichkeit einer Klage auf Leistung soll daher für eine Feststellungsklage ein Rechtsschutzbedürfnis bestehen, wenn davon auszugehen ist, dass die Parteien die Entscheidung des Gerichts respektieren und ihr folgen werden. Eine Klage auf **Feststellung der deliktischen Verpflichtung** eines Schädigers zum Ersatz künftiger Schäden ist zulässig, wenn die Möglichkeit eines Schadenseintritts besteht. Ein Feststellungsinteresse ist hier nur zu verneinen, wenn aus der Sicht des Geschädigten bei verständiger Würdigung kein Grund besteht, mit dem Eintritt eines Schadens wenigstens zu rechnen[377]. Eine Feststellungsklage ist auch dann zulässig, wenn eine Leistungsklage **nicht den gesamten Schaden** umfassen würde (dieser befindet sich in der Entwicklung) oder die **Schadensentwicklung** erst im Laufe des Prozesses oder später abgeschlossen ist[378]. Feststellungsklagen sind schließlich auch dann zulässig, wenn der Beklagte dem Urteil von sich aus nachkommen wird – wie z. B. bei **öffentlich-rechtlichen Körperschaften** und **Anstalten des öffentlichen Rechts, bei Versicherungen**[379] **und Insolvenzverwaltern** – oder in denen eine Feststellungsklage wegen der besonderen Lage des Verfahrens eine weiter gehende Klärung bringt, als man sie mit einer Leistungsklage erreichen könnte – wie z. B. bei Streitigkeiten zwischen mehreren Erben in Vorbereitung einer Erbauseinandersetzung oder bei Prätendentenstreitigkeiten.

768 (2) **Ausnahme bei unbegründeten Klagen.** Nach allgemeiner Auffassung[380] muss das Feststellungsinteresse allerdings nur bei einer **begründeten Klage** vorliegen. Ist die **Klage** hingegen **unbegründet**, kann sie durch Sachurteil abgewiesen werden, ohne dass es letztlich auf ein Feststellungsinteresse ankommt[381]. Dies erleichtert dem Gericht die Urteilsbegründung insbesondere dann, wenn das Feststellungsinteresse nur schwer festzustellen ist.

> ✏ **Klausurtipp** **769**
>
> In der **Klausur** sollte dieser Weg nur gewählt werden, wenn die Frage des Feststellungsinteresses sehr schwer zu klären, die Klage hingegen offenkundig unbegründet ist. Dies wird zumeist **nicht** der Fall sein.

770 (3) **Kostenfeststellungsklagen.** Offen ist, ob auch bei Kostenfeststellungsklagen (Erledigung zwischen Anhängigkeit und Rechtshängigkeit) auf ein Feststellungs-

---

376 BGH, NJW 2006, 515, 516; BGH, NJW-RR 1990, 1532.
377 BGH, MDR 2007, 792 = NJW-RR 2007, 601.
378 BGH, MDR 2008, 461, 462; BGH, BGHZ 99, 340 = NJW 1987, 2680; OLG Brandenburg, BeckRS 2009.08456.
379 In der Haftpflichtversicherung kann der Versicherungsnehmer grundsätzlich auf Feststellung klagen, dass der Versicherer wegen einer genau bezeichneten Haftpflichtforderung Versicherungsschutz zu gewähren habe.
380 BGH, NJW-RR 2001, 957; BGH, NJW 1987, 2808, 2809.
381 BGH, NJW-RR 2001, 957. Ein Beispiel hierfür ist KG, GE 2004, 886, das zunächst das Feststellungsinteresse ablehnt und dennoch in die Sachprüfung einsteigt.

interesse **verzichtet** werden kann. Auch hier kann wohl nach dem Wortlaut des § 256 ZPO auf ein besonderes Rechtsschutzbedürfnis **nicht verzichtet** werden[382]. Aus Gründen der „Praktikabilität" bzw. wegen „Unzumutbarkeit" verzichtet die h. M. aber darauf[383].

771 bb) **Rechtsverhältnis.** Grundsätzlich können nur Rechtsverhältnisse (rechtliche Beziehungen) festgestellt werden. Unter einem **Rechtsverhältnis** versteht man die rechtlich **geregelte Beziehung** einer Person zu einer anderen Person oder zu einer Sache[384]. Das Rechtsverhältnis muss **konkret**[385] sein. Der Sinn dieser Beschränkung liegt darin, einer **Prozessvermehrung entgegenzuwirken**. Der Kläger soll nicht die Möglichkeit haben, den Prozessgegner und die Gerichte wiederholt mit derselben Rechtssache zu befassen, indem er zunächst über die Rechtsgrundlagen und dann über den Anspruch selbst entscheiden lässt. Es soll der Bezug der begehrten Entscheidung zu einem **konkreten Rechtsschutzbegehren** sichergestellt werden. Die Erstattung von Rechtsgutachten entspräche nicht der von der ZPO vorausgesetzten Funktion der Gerichte. Das Rechtsverhältnis muss außerdem **gegenwärtig** sein[386]. Für ein gegenwärtiges Rechtsverhältnis genügen Beziehungen zwischen den Parteien, die schon zur Zeit der Klageerhebung die Grundlage bestimmter Ansprüche bilden. Nicht ausreichend ist dagegen ein Rechtsverhältnis, das noch nicht besteht, sondern erst in Zukunft unter Voraussetzungen, deren Eintritt noch völlig offen ist, entstehen kann.

772 **Klausurtipp**

Im Rahmen der Zulässigkeit reicht es aus, wenn der Kläger das Bestehen eines gegenwärtigen und konkreten Rechtsverhältnisses **behauptet**[387]. Ob dieses wirklich besteht, ist eine Frage der Begründetheit.

773 cc) **Tatsachen.** Eine Tatsache kann nur ausnahmsweise Gegenstand einer Feststellungsklage sein. Das ist der Fall, wenn es um die Feststellung der **Echtheit einer Urkunde** geht. In **Ausnahmefällen** können darüber hinaus auch einzelne, sich **aus einem Rechtsverhältnis ergebende Rechte und Pflichten** zulässiger Gegenstand einer Feststellungsklage sein[388]. Dies ist z. B. bei folgenden Punkten **nicht der Fall:**
- Tatsachen[389] (es sei denn: die Echtheit einer Urkunde)
- einzelne Elemente eines Anspruchs[390]
- Vorfragen
- Wirksamkeit von Willenserklärungen[391]
- Rechtswidrigkeit eines Verhaltens

---
382 Ausführlich Elzer, NJW 2002, 2006, 2007 f.
383 Fischer, MDR 2002, 1097, 1099, und Musielak, JuS 2002, 1203, 1206. Jetzt auch Schneider, ZAP 2003, 873, 874 jeweils mit Kritik an der hier vertretenen Auffassung.
384 BGH, BGHZ 22, 43, 47.
385 BGH, NJW 2001, 445, 446; BGH, NJW 1995, 1097 = MDR 1995, 306.
386 BGH, MDR 2001, 829.
387 BGH, MDR 2001, 829; BGH, MDR 1993, 868.
388 BGH, GE 2008, 473, 474.
389 BGH, GE 2008, 473, 474.
390 BGH, GE 2008, 473, 474; BGH, NJW-RR 1992, 252.
391 BGH, GE 2008, 473, 474.

2. Kapitel: Besondere Klagen

- abstrakte Rechtsfragen[392]
- Berechnungsgrundlagen[393].

Eine zulässige Ausnahme kommt beim **Annahmeverzug**, hingegen nicht beim **774** Schuldnerverzug in Betracht[394]. Auch der **Annahmeverzug** ist zwar eine Tatsache und kann damit grundsätzlich nicht Gegenstand einer Feststellungsklage sein. Begehrt der Kläger eine Verurteilung Zug um Zug gegen eine von ihm zu erbringende Leistung, wird von der h. M. aber der weitere Antrag, *„den Annahmeverzug des Schuldners hinsichtlich der ihm gebührenden Leistung festzustellen,"* mit Rücksicht auf §§ 756, 765 ZPO[395] aus Gründen der Prozessökonomie allgemein als **zulässig** angesehen[396]. Nach dem KG ist eine solche Feststellung auch „isoliert" und nicht nur als Antrag neben einer Leistungsklage zulässig.[397]

dd) Schuldnerverzug. Der **BGH**[398] hat es abgelehnt, diese Rechtsprechung auf den **775** **Schuldnerverzug** auszudehnen: Ein solches „Verzugsverhältnis" sei ein der Feststellungsklage nicht zugängliches Rechtsverhältnis i. S. d. § 256 ZPO[399].

3. Begründetheit. Die **Begründetheit** einer Feststellungsklage richtet sich aus- **776** schließlich **nach materiellem Recht**[400]. In einer **Haftungssache** ist ein Feststellungsantrag z.B. begründet, wenn die sachlichen und rechtlichen Voraussetzungen eines Schadenersatzanspruchs vorliegen, also ein haftungsrechtlich relevanter Eingriff gegeben ist, der zu möglichen künftigen Schäden führen kann[401]. Ob darüber hinaus im Rahmen der Begründetheit eine **gewisse Wahrscheinlichkeit des Schadenseintritts** zu verlangen ist[402], ist noch ungeklärt[403], aber wohl zu bejahen[404]

4. Negative Feststellungsklage. Nach § 256 Abs. 1 ZPO kann auch das „Nicht- **777** bestehen eines Rechtsverhältnisses" festgestellt werden. Eine solche Klage nennt man **negative Feststellungsklage**[405]. Wie in jedem anderen Prozess auch muss jede Partei die ihr günstigen Tatsachen dartun und beweisen[406]. Die **negative Feststellungsklage** bietet daher dem Kläger die Möglichkeit, seinen **Gegner** zum

---

392 BGH, NJW 2001, 445, 446; BGH, MDR 2000, 897, 898; BGH, NJW-RR 1992, 252; BGH, BGHZ 68, 331, 332.
393 KG, GE 2004, 886; BGH, NJW 1995, 1097 = MDR 1995, 306.
394 Siehe dazu Rn. 775 ff.
395 Seit der Entscheidung RG, JW 1909, 463 Nr. 23.
396 Zuletzt BGH, MDR 2000, 897, 898 = NJW 2000, 2663. Siehe ferner BGH, WM 1987, 1496, 1498.
397 KG, KGReport 2009, 24, 25 m. w. Nachw.
398 BGH, MDR 2000, 897, 898.
399 S. Rn. 794
400 Siehe dazu Rn. 791 ff.
401 BGH, MDR 2007, 792 = NJW-RR 2007, 601.
402 Vgl. BGH, NJW 2001, 1431 = VersR 2001, 874; v. Gerlach, VersR 2000, 525, 531.
403 BGH, MDR 2007, 792 = NJW-RR 2007, 601.
404 S. Rn. 792
405 BGH, MDR 2007, 104.
406 Es sei denn, es greifen besondere Darlegungs- und Beweislastregelungen ein.

Nachweis der streitigen Forderung zu **zwingen**. Für den Kläger reicht es in den meisten Fällen zunächst aus, zu bestreiten, dass die Forderung besteht.

778 🖋 **Klausurtipp**

Zu beachten ist freilich auch hier, dass das in Rede stehende Rechtsverhältnis genau umschrieben werden muss, damit die Rechtskraft des Urteils eindeutig umgrenzt werden kann. Obsiegt der Kläger, wird rechtskräftig festgestellt, dass das behauptete Rechtsverhältnis nicht besteht. Wird die Klage abgewiesen, wird das Bestehen des Rechtsverhältnisses festgestellt.

779 **5. Zwischenfeststellungsklage. – a) Allgemeines.** Aufgabe einer Zwischenfeststellungsklage nach § 256 Abs. 2 ZPO ist es, die Rechtskraft auf **vorgreifliche Fragen** auszudehnen, die als bloße Urteilselemente ansonsten nicht an der Rechtskraft teilnehmen. Diese Regelung trägt dem Umstand Rechnung, dass sich die **Rechtskraftwirkung bei der Leistungsklage** nur auf die Entscheidung über den prozessualen Anspruch = Streitgegenstand bezieht, nicht aber auf die den **Leistungsbefehl tragenden Feststellungen**. § 256 Abs. 2 ZPO ermöglicht die Ausdehnung der Rechtskraft auch auf das der Leistungsklage vorgreifliche Rechtsverhältnis und die tragenden Entscheidungsgründe. Mit einer positiven oder negativen Zwischenfeststellungsklage wird es dem Kläger ermöglicht, neben einer rechtskräftigen Entscheidung über seine Klage auch eine solche über nach § 322 Abs. 1 ZPO der Rechtskraft nicht fähige streitige Rechtsverhältnisse herbeizuführen, auf die es für die Entscheidung des Rechtsstreits ankommt[407].

780 🖋 **Klausurtipp**

Zwischenfeststellungsklagen bieten sich aus Sicht des Beklagten und seines **Anwalts** vor allem als Waffe gegen **Teilklagen** an[408]. Aus Sicht des Klägers ermöglichen sie hingegen eine Klärung von Rechtsfragen für weitere Prozesse zwischen den Parteien.

781 **b) Voraussetzungen.** Wie bei jeder Klage müssen auch für eine Zwischenfeststellungsklage die **allgemeinen Sachurteilsvoraussetzungen** vorliegen. **Besondere Sachurteilsvoraussetzung** für die Zwischenfeststellungsklage ist, dass ein Rechtsverhältnis zwischen den Parteien streitig ist, von dem die Entscheidung des Rechtsstreits ganz oder zum Teil abhängig ist und das über den Streitgegenstand hinaus von Bedeutung sein kann. Diese **Vorgreiflichkeit** ersetzt das ansonsten für die Feststellungsklage erforderliche Feststellungsinteresse: Statt eines Feststellungsinteresses muss die Entscheidung des Rechtsstreits in der „Hauptsache" also ganz oder teilweise von dem Bestehen des streitigen Rechtsverhältnisses abhängen.

782 Ein Rechtsverhältnis ist **vorgreiflich**, wenn in dem Urteil darüber befunden werden müsste, ob es besteht[409]. Außerdem muss wenigstens die Möglichkeit

---

407 BGH, NJW 2007, 82, 83.
408 Kurze Ausführungen hierzu bzw. zur Zwischenfeststellungswiderklage finden sich bei Huber, JuS 2003, 490.
409 BGH, NJW-RR 1994, 1272; BGH, NJW 1992, 1897.

2. Kapitel: Besondere Klagen

bestehen, dass das inzidenter zu klärende Rechtsverhältnis zwischen den Parteien über den gegenwärtigen Streitstand **hinaus** Bedeutung hat oder gewinnen kann[410]: Die begehrte Feststellung muss sich auf einen Gegenstand beziehen, der über den der Rechtskraft fähigen Gegenstand des Rechtsstreits hinausgeht. Für eine Zwischenfeststellungsklage ist daher **kein Raum**, wenn mit dem Urteil über die Hauptklage die Rechtsbeziehungen der Parteien erschöpfend geregelt werden[411]. Auch wenn eine Klage zur Hauptsache unabhängig davon abgewiesen werden würde, ob das zwischen den Parteien streitige Rechtsverhältnis besteht, ist das Rechtsverhältnis nicht vorgreiflich[412]. Gegenstand einer Zwischenfeststellungsklage nach § 256 Abs. 2 ZPO kann auch ein Rechtsverhältnis sein, das zwischen einer Partei und einem Dritten besteht[413]. Voraussetzung der Zulässigkeit ist jedoch auch hier, dass dieses Rechtsverhältnis für die Entscheidung der Hauptsache **präjudiziell** (vorgreiflich) ist[414].

> **Klausurtipp** 783
> Entschieden wird über den Zwischenfeststellungsantrag entweder durch Teilurteil[415], da es sich dabei um einen zusätzlichen und eigenständigen Sachantrag des Klägers handelt, oder im Endurteil.

6. Kollisionen mit Leistungsklage. Beantragt der Kläger im Wege der **negativen** 784 **Feststellungsklage**[416] festzustellen, dass dem Beklagten ein Anspruch nicht zusteht, und erhebt der Beklagte daraufhin widerklagend die Leistungsklage[417], so **erlischt** nach h. M. **das Feststellungsinteresse** des Klägers, wenn der Beklagte die Leistungsklage **nicht mehr einseitig zurücknehmen** kann[418] – also nach Beginn der mündlichen Verhandlung[419]. Die Leistungsklage ist vorrangig, weil sie dem Beklagten bei Bestehen des Leistungsanspruchs einen Titel verschafft. Der Kläger muss deshalb h. M. nach, wenn er einer Klageabweisung durch Prozessurteil entgehen will, den Feststellungsantrag für erledigt erklären[420].

Dieses Ergebnis ist allerdings erstaunlich. Zu klären ist, warum die später 785 erhobene Leistungsklage eigentlich zulässig ist. Nach dem BGH[421] hat die Leis-

---

410 BGH, BGHZ 69, 37, 42 = NJW 1977, 1637.
411 BGH, NJW 2007, 82, 83.
412 BGH, NJW-RR 1990, 318.
413 BGH, ZMR 2005, 777, 778; BGH, FamRZ 1998, 226.
414 BGH, ZMR 2005, 777, 778.
415 § 301 ZPO.
416 Siehe Rn. 777 ff.
417 Im Fall BGH, MDR 2002, 965, hat die Klägerin den Beklagten zu einer Leistungsklage (Unterlassungsklage) über § 926 Abs. 1 ZPO gezwungen.
418 BGH, BGHReport 2006, 388, 389; BGH, NJW 2006, 515, 516; BGH, NJW 1987, 2680, 2681. Etwas anderes gilt, wenn der Feststellungsrechtsstreit entscheidungsreif oder im Wesentlichen zur Entscheidungsreife fortgeschritten und die Leistungsklage noch nicht entscheidungsreif ist, BGH, NJW 2006, 515, 516; BGH, BGHZ 134, 201, 209 = NJW 1997, 870.
419 § 269 Abs. 1 ZPO; BGH, MDR 2002, 965; BGH, NJW 1987, 2680, 2681; siehe auch BGH, MDR 2006, 1307.
420 Siehe dazu und zu Art. 21 EuGVÜ auch BGH, NJW 2002, 2795 = JZ 2002, 949 m. Anm. Goebel JZ 2002, 951 ff.
421 BGH, NJW 1994, 3107, 3108 = MDR 1995, 492.

tungsklage einen **anderen Streitgegenstand**. Der beklagte Feststellungskläger soll danach nicht einwenden können, dass der Streitgegenstand bereits rechtshängig ist, § 261 Abs. 3 Satz 1 ZPO. Richtiger Ansicht nach sind die **Streitgegenstände** einer originären Leistungsklage und einer vorher oder später erhobenen Feststellungsklage hingegen **teilidentisch**. In jedem Leistungsurteil ist neben dem Leistungsbefehl die **Feststellung der Leistungspflicht** enthalten. Es besteht also für die Streitgegenstände eine Teilidentität[422]. Diese Teilidentität müsste für die Rechtshängigkeitssperre genügen[423]. Hierfür spricht neben Gründen der Waffengleichheit und Prozessökonomie (Verlust von Ergebnissen) essentiell auch die Rechtsprechung des EuGH zur Rechtshängigkeitssperre nach § 27 EuGVVO – Entscheidung „Tatry"[424]. Danach haben eine negative Feststellungsklage und eine Leistungsklage **denselben Streitgegenstand**.

786 Etwas anderes gilt hingegen für eine **Leistungswiderklage**: Hier ist der begehrte Leistungsbefehl noch nicht rechtshängig und kann prozessökonomisch im Feststellungsstreit abgeschlossen werden[425]. Allerdings bleibt in diesem Fall auch die negative Feststellungsklage zulässig. Möglich ist im Übrigen die Erwiderung der negativen mit einer positiven Feststellungsklage. Die Feststellungsklage kann auch mit einer Widerklage erwidert werden, sofern sie über den Streitgegenstand des Feststellungsantrags hinausgeht. Möglich ist schließlich, eine Stufenklage mit einer negativen Feststellungsklage zu erwidern, weil ein Zuspruch auf der ersten Stufe der Stufenklage keine Rechtskraft bezüglich des Anspruchsgrundes entfaltet[426].

787 7. Streitwert. Gemäß § 3 ZPO ist der Streitwert bei einer positiven Feststellungsklage nach freiem Ermessen festzusetzen. Ist der Feststellungsantrag mit einem Leistungsantrag vergleichbar, so nimmt man dessen Streitwert als Ausgangspunkt und mindert ihn zumeist um 20 %, da das Feststellungsurteil hinter den Wirkungen des Leistungstitels zurückbleibt. Die negative Feststellungsklage ist hingegen mit dem vollen Wert des bestrittenen Anspruchs zu bewerten.

788 8. Urteilsaufbau. Für das **Rubrum** gibt es keine Besonderheiten zu beachten. Im **Tenor** ist jedenfalls in einer Klausur deutlich herauszustellen, dass das Gericht eine Feststellung trifft.

789 Formulierungsvorschlag
„Es wird **festgestellt**, dass ..."

790 Der **Tatbestand** einer Feststellungsklage ist wie üblich aufzubauen. Bei einer **negativen Feststellungsklage** ist auf die Besonderheiten Rücksicht zu nehmen, wer was beweisen muss[427]. In den Entscheidungsgründen ist im Rahmen der **Zulässigkeit** stets das besondere **Feststellungsinteresse** wenigstens kurz festzustel-

---

422 Gruber, ZZP 117 (2004), 133, 140; Lüke, JuS 1969, 300.
423 So Gruber, ZZP 117 [2004], 133, 140 ff., 147.
424 EuGH, JZ 1995, 616 = Slg. 1994, 5439.
425 Zu allem Gruber, ZZP 117 (2004), 133, 154 ff.
426 Siehe dazu ausführlich Rn. 753.
427 Siehe dazu oben Rn. 777.

2. Kapitel: Besondere Klagen

len und grundsätzlich zu bejahen. § 256 ZPO regelt die Zulässigkeit der Feststellungsklage, trifft aber keine Aussage über die **Begründetheit**. Diese richtet sich nach **materiellem Recht**. Eine Feststellungsklage ist danach begründet, wenn das behauptete Rechtsverhältnis[428] besteht oder – im Falle einer negativen Feststellungsklage – nicht besteht. Der Kläger hat grundsätzlich die dafür erforderlichen Tatsachen vorzutragen[429]. Der Aufbau der **Begründetheitsprüfung** richtet sich im Einzelfall nach dem festzustellenden Rechtsverhältnis. Wegen der Vielzahl der möglichen, strukturell aber sehr verschiedenen feststellbaren Rechtsverhältnisse kann für die **Klausur** nur schwer ein „Schema" vorgeschlagen werden. Ist Gegenstand der Klage, ob der Kläger Eigentümer einer Sache ist, muss die **Eigentumslage** und damit kein Anspruch geprüft werden. Gutachterlicher Aufbau:

Schema

Eigentumslage:
- Wer war zunächst Eigentümer?
- Hat der Kläger Eigentum erworben?
- Ist das Eigentum auf einen anderen übergegangen?

Ist das **Bestehen oder Nichtbestehen eines Vertrages** Gegenstand, ist zu prüfen, ob dieser zustande gekommen und nicht wieder untergegangen ist. Gutachterlicher Aufbau:
- Ist der Anspruch entstanden?
- Ist der Anspruch untergegangen?
- Ist der Anspruch durchsetzbar?

Besonderheiten ergeben sich bei einem **Schadenersatzanspruch**. Will jemand die Verpflichtung zum Schadenersatz dem Grunde nach festgestellt wissen, hat er das schadenersatzbegründende Verhalten sowie die weiteren Voraussetzungen der die Schadenersatzpflicht begründenden Norm substanziiert darzulegen. Stünde der Anspruch nach Grund und Höhe fest, könnte der Kläger allerdings auch auf Leistung klagen. Es kann daher **nicht** verlangt werden, dass der Schadenersatzanspruch feststeht. Die Begründetheit setzt deshalb auch **nicht** voraus, dass ein Schaden **sicher feststeht**. Es reicht aus, dass die Entstehung eines zu ersetzenden Schadens wahrscheinlich (50 % Wahrscheinlichkeit + x) ist[430]. Unerheblich ist insoweit, dass künftige Schadensfolgen nur entfernt möglich sind und ihre Art und ihr Umfang, sogar ihr Eintritt noch ungewiss sind[431].

9. Übungen

Fall 1:
Kläger K beantragt festzustellen, dass
a) sein Freund, der Referendar B, ihm 2.000,00 € schuldet (ändert sich etwas, wenn B eine Versicherung ist?),

---

428 Oder die Echtheit der Urkunde.
429 BGH, BGHZ 103, 362, 365 = NJW 1988, 2542.
430 BGH, NJW 1992, 697.
431 BGH, NJW 1991, 2707; BGH, NJW-RR 1988, 445; BGH, VersR 1974, 248; BGH, VersR 1972, 459.

b) die von B gebaute Hauswand schief ist,
c) die von B ausgestellte Quittung echt ist,
d) er sein Angebot zum Abschluss des ihn mit B verbindenden Kaufvertrages vom 12.12.2002 wirksam angefochten habe,
e) sich B mit der Annahme des ihm von K verkauften Fahrrades in Verzug befindet.
Ist die Feststellungsklage jeweils zulässig?

Lösung:
Zu a): Die **Feststellungsklage** ist **unzulässig**. K beantragt zwar die Feststellung eines Rechtsverhältnisses. Gegenstand der Feststellungsklage kann nach § 256 Abs. 1 ZPO das Bestehen oder Nichtbestehen eines Rechtsverhältnisses, wobei als Rechtsverhältnis die (rechtliche) Beziehung einer Person zu einer anderen Person bzw. einer Person zu einer Sache gilt. Ein Schuldverhältnis i. S. v. § 241 Abs. 1 Satz 1 BGB ist in jedem Fall ein Rechtsverhältnis. K könnte aber auf Zahlung klagen.
Etwas anderes gilt, wenn – wie in der Abwandlung – der Beklagte nach Feststellung freiwillig zahlt. Trotz der Möglichkeit einer Klage auf Leistung soll daher für eine Feststellungsklage ein Rechtsschutzbedürfnis bestehen, wenn davon auszugehen ist, dass die Parteien die Entscheidung des Gerichts respektieren und ihr folgen werden.
Zu b): Die **Feststellungsklage ist unzulässig**, weil lediglich die Feststellung einer Tatsache begehrt wird. Reine Tatsachen, bloße Elemente oder Vorfragen eines Rechtsverhältnisses oder die Wirksamkeit von Willenserklärungen oder die Rechtswidrigkeit eines Verhaltens sind keine zulässigen Gegenstände der Feststellungsklage. (Ausnahmen siehe c) und e))
Zu c): Die **Feststellungsklage ist** trotz der Feststellung einer (so genannten juristischen) Tatsache **statthaft**, da es sich um den Fall der Anerkennung einer Urkunde (bzw. der Feststellung ihrer Unechtheit) handelt, den § 256 Abs. 1 ZPO ausdrücklich regelt.
Zu d): Die **Feststellungsklage ist unzulässig**, da lediglich die Feststellung eine Vorfrage des Bestehens oder Nichtbestehens eines Leistungsanspruchs aus dem Kaufvertrag begehrt wird.
Zu e): Die **Feststellungsklage ist zulässig**. Seit der Rechtsprechung des Reichsgerichts (JW 1909, 463 Nr. 23) ist anerkannt, dass in Fällen, in denen eine Verurteilung zu einer Zug um Zug zu erbringenden Leistung begehrt wird, der weitere Antrag des Klägers, den Annahmeverzug des Schuldners hinsichtlich der ihm gebührenden Leistung festzustellen, mit Rücksicht auf §§ 756, 765 ZPO aus Gründen der Prozessökonomie als zulässig angesehen wird.

Fall 2:
K begehrt Feststellung, dass eine Frist zur Errichtung eines Gebäudes am 11. Oktober 2009 zu laufen begann. Ist die Klage zulässig?

Lösung:
Anders als beim Annahmeverzug ist die **Klage auf die Feststellung des Bestehens oder Nichtbestehens des Schuldnerverzugs nicht zulässig**. Der Schuldnerverzug stellt eine Leistungspflichtverletzung dar und ist zugleich Voraussetzung unterschiedlicher Rechtsfolgen, also lediglich Vorfrage für die Beurteilung dieser Rechtsfolgen. Ein gegenüber dem Schuldverhältnis **selbstständiges Verzugsverhältnis** kennt das Gesetz nicht. Bei diesem „Verzugsverhältnis" handelt es sich deshalb nicht um ein der Feststellung zugängliches Rechtsverhältnis i. S. d. § 256 Abs. 1 ZPO. Und auch die für den Fall des Annahmeverzugs anerkannte Ausnahme ist auf den Fall des Schuldnerverzugs nicht zu erstrecken, weil diese allein mit dem schutzwürdigen Interesse des Klägers zu rechtfertigen ist, den für die Vollstreckung nach §§ 756, 765 ZPO erforderlichen Nachweis des Annahmeverzuges bereits im Erkenntnisverfahren erbringen zu können. Dabei ist der Antrag auf Feststellung des Annahmeverzugs auch nur insoweit zulässig, als er zur erleichterten Vollstreckung des Leistungsanspruchs erforderlich ist. Die Feststellung bezieht sich letztlich auf die mit dem Leistungsantrag geltend gemachte

2. Kapitel: Besondere Klagen

Forderung des Klägers, nämlich auf die aus prozessökonomischen Gründen zulässige Feststellung, dass diese unabhängig von der dem Beklagten gebührenden Gegenleistung vollstreckbar ist.

Fall 3:
In der „W-Zeitung" erschien eine Anzeige K's, die B als wettbewerbswidrig beanstandete. Eine strafbewehrte Unterlassungserklärung lehnte K ab. Gleichzeitig forderte sie B erfolglos auf, die Beanstandung zurückzunehmen. Mit Schriftsatz vom 14.12.2008, B zugestellt am 14.1.2009, erhebt K Klage, gerichtet auf die negative Feststellung, dass B der mit der Abmahnung geltend gemachte Unterlassungsanspruch nicht zustehe. B verweist mit einem am 31.1.2009 zu den Akten gelangten Schriftsatz darauf, dass er – was unstreitig ist – am 23.1.2009 vor dem LG eine seiner Abmahnung entsprechende Unterlassungsklage gegen K eingereicht habe. Ist die Klage des K zulässig?

Lösung:
Das rechtliche Interesse an alsbaldiger Feststellung des Nichtbestehens eines Anspruchs entfällt, wenn eine auf die Durchsetzung desselben Anspruchs gerichtete Leistungsklage erhoben wird und diese einseitig nicht mehr zurückgenommen werden kann, was gem. § 269 Abs. 1 ZPO bis zum Beginn der mündlichen Verhandlung des Beklagten zu Hauptsache möglich ist. Die Feststellungsklage wird mit diesem Zeitpunkt unzulässig, im Fall also in dem Zeitpunkt der mündlichen Verhandlung des K zur Hauptsache des Unterlassungsbegehrens vor dem LG. (Für den Fall, dass auch die Feststellungsklage bereits am LG erhoben wurde, werden die beiden Begehren gem. § 147 ZPO zu Klage und Widerklage verbunden.)

Fall 4:
K begehrt die Feststellung, dass B aus einem gegen sie ergangenen Vollstreckungsbescheid keine Ansprüche mehr zustehen. K war bis zu ihrem Ausscheiden Mitgesellschafterin der S-GbR. B erwirkte am 1.11.2009 gegen K einen Vollstreckungsbescheid über von 60.157,14 €. Mit der Feststellungsklage erhebt K den „Einwand der Erfüllung". Ausweislich des Forderungskontos der B habe am 22.7.2003 keine Forderung mehr gegen die S-GbR bestanden. Ist die Klage zulässig?

Lösung:
Grundsätzlich kann die Klägerin neben der Möglichkeit der Vollstreckungsabwehrklage ein Interesse an der (negativen) Feststellung haben, dass der Beklagten keine Ansprüche aus dem Vollstreckungsbescheid gegen sie zustehen. Denn die **Vollstreckungsabwehrklage ist nur auf Beseitigung des Titels** gerichtet, dagegen ist das Fortbestehen eines Anspruchs nicht ihr Gegenstand und die Entscheidung über das Bestehen der gegen den titulierten Anspruch erhobenen Einwendung erwächst nicht in Rechtskraft. Wenn die Klägerin es aber versäumt, ihre Einwendungen im Rahmen des Einspruchsverfahrens zu formulieren und eine Vollstreckungsabwehrklage deshalb wegen der Präklusion der §§ 767 Abs. 2, 796 Abs. 2 ZPO unzulässig wäre, dann steht der Feststellungsklage insofern die materielle Rechtskraft des Vollstreckungsbescheids entgegen und sie wäre als unzulässig abzuweisen.

3. Kapitel: **Klageänderung**

I. Einleitung

797 Eine Klage wird durch **Zustellung** eines Schriftsatzes (Klageschrift) beim Beklagten erhoben, § 253 Abs. 1 ZPO. Die wichtigsten Folgen der durch die zugestellte Klage eintretenden **Rechtshängigkeit** sind die Verjährungshemmung (§ 204 Abs. 1 Nr. 1 BGB) und das Verbot der anderweitigen Klageerhebung (§ 261 Abs. 3 Nr. 1 ZPO) = Einrede der anderweitigen Rechtshängigkeit. Rechtshängig wird der prozessuale Anspruch, der Streitgegenstand. Der Streitgegenstand setzt sich bei Leistungsklagen nach **h. M.** aus dem Lebenssachverhalt (Klage- oder Anspruchsgrund)[432], der der Klagebegründung zu Grunde liegt, und der geltend gemachten Rechtsfolge (dem Antrag) zusammen[433]. Da im Verlauf des Prozesses durch den Vortrag der Gegenpartei, aber auch sonst, neue Tatsachen und Umstände bekannt werden können, stellt sich für die Parteien die Frage, inwieweit sie neuen Umständen durch Einwirkung auf den ursprünglichen Streitgegenstand Rechnung tragen können. Denkbare Fälle, auf den Streitgegenstand einzuwirken, sind folgende Konstellationen:

- Auswechslung des Streitgegenstandes = Änderung von Sachverhalt **und** Antrag;
- Veränderung nur des Klagegrundes = Änderung des **Sachverhalts**;
- Geltendmachung eines anderen Rechtsschutzzieles = neuer Antrag;
- Einschränkungen oder Erweiterungen des Streitgegenstandes in qualitativer oder quantitativer Hinsicht = zulässige Änderung des Antrages (§ 264 Nr. 2 ZPO);
- Auswechslung der Parteien = gewillkürter Parteiwechsel[434].

798 Regelungshintergrund der §§ 263, 264 ZPO sind verschiedene, einander teilweise widersprechende Schutzgüter:

- Der Kläger muss auf Veränderungen der Sach- und Rechtslage angemessen reagieren und Fehler der Klageschrift beheben können.
- Einer unbeschränkten Abänderbarkeit der Klage nach deren Rechtshängigkeit stehen allerdings schutzwürdige Interessen der beklagten Partei entgegen (vgl. § 269 ZPO). Durch die absolut freie, der Willkür der klagenden Partei unterliegende Abänderbarkeit der Klage, erführe die Verteidigungsmöglichkeit des Beklagten eine unzumutbare Einschränkung und führte zu dessen Schutzlosstellung im Prozess.
- Weiterhin zu beachtende Schutzgüter sind die Prozessökonomie und die Sachdienlichkeit.

---

[432] BGH, NJW 2003, 585, 586 spricht von Anspruchsgrund.
[433] BGH, NJW 2003, 828, 829; BGH, NJW 2001, 157, 158; BGH, NJW 2000, 3492, 3493; BGH, NJW 1994, 460; BGH, NJW 1992, 1173. S. Rn. 42.
[434] Siehe dazu ausführlich Rn. 650.

II. Klageauswechselnde Klageänderung

Eine klageauswechselnde Klageänderung ist anzunehmen, wenn der Kläger einen **neuen Streitgegenstand** in den Prozess einbringt und der alte prozessuale Anspruch **nicht** mehr Gegenstand des Rechtsstreits sein soll.

1. Zulässigkeit einer Klageauswechslung. Ob eine klageauswechselnde Klageänderung zulässig ist, misst sich an §§ 263 ff. ZPO. Nach Eintritt der Rechtshängigkeit ist eine Änderung der Klage jedenfalls dann zulässig, wenn der Beklagte **einwilligt.** Sie ist außerdem zulässig, wenn das Gericht sie für **sachdienlich** erachtet.

a) Einwilligung des Beklagten. Die Einwilligung[435] des Beklagten in eine Klageauswechslung kann schlüssig[436] oder ausdrücklich erfolgen, entweder in der mündlichen Verhandlung oder im Voraus erteilt werden. Wenn der Kläger sich die von seinem Sachvortrag abweichende Sachdarstellung des Beklagten zur Begründung des neuen Anspruchs zu eigen macht, wird z.B. eine vorweggenommene schlüssige Einwilligung des Beklagten bejaht[437].

b) Sachdienlichkeit. Willigt der Beklagte in die Klageänderung nicht ein und liegt auch kein Fall des § 264 ZPO vor, kann eine Klageänderung auch dann zulässig sein, wenn sie **sachdienlich** ist. Eine klare, handhabbare Definition des Begriffs der Sachdienlichkeit gibt es nicht[438]. Nach ständiger Rechtsprechung des BGH kommt es für die Frage, ob eine Klageänderung **sachdienlich** ist, nicht auf die subjektiven Interessen der Partei, sondern allein auf die objektive Beurteilung an, ob und inwieweit die Zulassung der Klageänderung den sachlichen Streitstoff im Rahmen des anhängenden Rechtsstreits ausräumt und andernfalls einem möglichen weiteren Rechtsstreit vorbeugt[439]. Maßgebend ist damit der Gesichtspunkt der **Prozesswirtschaftlichkeit**[440]. Die Zulässigkeit einer Klageänderung berührt nicht, dass weitere Parteierklärungen und Beweiserhebungen nötig werden und dadurch die Erledigung des Prozesses verzögert wird[441]. Weitere **Maßstäbe** für Sachdienlichkeit[442]:
- wenn die Klageänderung die sachliche Erledigung des Streitfalls fördert;
- wenn der Streitstoff im Wesentlichen gleich bleibt[443];
- wenn keine Beweisaufnahme notwendig ist.

---

435 Die Terminologie der §§ 183, 184 BGB gilt für die ZPO nicht.
436 Einer ausdrücklichen Einwilligung steht die in der Praxis sehr häufige rügelose Einlassung des Beklagten nach § 267 ZPO gleich, wobei es unerheblich ist, ob sich der Beklagte einer Klageänderung überhaupt bewusst ist, BGH, NJW-RR 1989, 1207. Eine konkludente Einwilligung ist nicht bei Säumnis des Beklagten anzunehmen.
437 BGH, NJW-RR 1990, 505; RG, LZ 1927, 1023 Nr. 16 m.w. Nachw.
438 Schikora, MDR 2003, 1160.
439 BGH, NJW-RR 1990, 505; BGH, NJW 1985, 1841, 1842; BGH, BGHZ 1, 65, 71 = NJW 1951, 311.
440 BGH, NJW 1975, 1228; OLG Hamm, MDR 2001, 1186, dazu Rn. 86.
441 BGH, WM 1983, 1162.
442 Nach Schikora, MDR 2003, 1160.
443 BGH, BGHZ 91, 132, 134.

803 Die **Sachdienlichkeit** einer Klageänderung ist im Allgemeinen nur dann zu **verneinen**, wenn ein völlig **neuer** Streitstoff in den Rechtsstreit eingeführt werden soll, bei dessen Beurteilung das Ergebnis der bisherigen Prozessführung nicht verwertet werden kann[444]. Eine Klageänderung ist deshalb ausnahmsweise nicht sachdienlich, wenn
- der Kläger einen völlig neuen Prozessstoff einbringt[445];
- das Ergebnis der bisherigen Prozessführung unverwertbar werden würde[446];
- ein Schlichtungsverfahren nach § 15a EGZPO umgangen werden würde.

804 Auch die Unzulässigkeit[447] oder Unstatthaftigkeit des neuen Antrags kann der Sachdienlichkeit einer Klageänderung entgegenstehen[448].

805 c) **Berufung und Revision.** Auch für eine klageauswechselnde Klageänderung in der Berufungsinstanz gelten die genannten Voraussetzungen. Maßgebend ist wieder allein der Gesichtspunkt der Prozesswirtschaftlichkeit[449]. Deshalb steht der Sachdienlichkeit einer Klageänderung im **Berufungsrechtszug** regelmäßig nicht entgegen, dass der Beklagte im Fall ihrer Zulassung eine Tatsacheninstanz verliert[450]. Allerdings muss die Klageänderung auf Tatsachen gestützt werden, die das Berufungsgericht seiner Verhandlung und Entscheidung über die Berufung ohnehin nach § 529 ZPO zu Grunde zu legen hat[451]. Im **Revisionsverfahren** ist eine Klageänderung im Allgemeinen unstatthaft. Eine Ausnahme gilt nur für eine quantitative Erweiterung oder Beschränkung des Anspruchs, unter Zugrundelegung des gleichen Lebenssachverhaltes[452].

806 2. **Klagerücknahme.** Tritt eine neue Klage an Stelle[453] der ursprünglichen Klage, so stellt sich die Frage, ob **neben** den Bestimmungen über die Klageänderung die Vorschriften über die Klagerücknahme gem. § 269 ZPO anwendbar sind. Jedenfalls nach h. M. findet § 269 ZPO auf eine klageauswechselnde Klageänderung

---

444 BGH, NJW-RR 1990, 505; BGH, WM 1983, 604, 605 m.w. Nachw. Nach LG Flensburg, NJW 2003, 3425, soll der nachträgliche Übergang vom normalen Verfahren in den Urkundenprozess möglich sein, wenn der Übergang in einem frühen Stadium erfolgt.
445 BGH, NJW-RR 1990, 505.
446 BGH, WM 1983, 604, 605.
447 BVerwG, NVwZ 2000, 172; nach BGH, NJW-RR 2002, 929, 930, kann eine Klageänderung sachdienlich sein, wenn die geänderte Klage als unzulässig abgewiesen werden müsste. Der BGH nennt aber kein Beispiel, wann dies der Fall wäre. Prüfstein soll sein, dass die geänderte Klage in der Lage ist, den Streitstoff zwischen den Parteien endgültig zu beseitigen. Nach Schikora, MDR 2003, 1160, 1161, ist eine Klageänderung jedenfalls dann zulässig, wenn sie mit dem Antrag auf Verweisung an das zuständige Gericht verbunden wird.
448 OLG Frankfurt a.M., NJW 1976, 1982.
449 BGH, NJW 1985, 1841, 1842; BGH, NJW 1975, 1228.
450 BGH, BGHZ 1, 65, 72 = NJW 1951, 311.
451 § 533 Nr. 2 ZPO.
452 BGH, WM 1973, 1990.
453 Tritt eine neue Klage neben eine alte, handelt es sich um eine Klageänderung in Form der nachträglichen objektiven Klagehäufung. Auch diese Klageänderung ist anhand der §§ 263 ff. ZPO zu beurteilen, vgl. BGH, NJW-RR 2002, 929, 930.

3. Kapitel: Klageänderung

für den alten Anspruch keine Anwendung[454]. Dies gilt auch für alle anderen Fälle der Klageänderung, mit der Ausnahme einer **quantitativen negativen Klagebeschränkung** i. S. d. § 264 Nr. 2 ZPO[455].

Beispiel: 807
Der Kläger nimmt die Klage über 4.000,00 € um 2.000,00 € zurück.

III. §§ 264, 265 Abs. 2 ZPO

1. § 264 Nr. 1 ZPO. Die Ergänzung des Antrags in tatsächlicher oder rechtlicher Sicht ist nach § 264 Nr. 1 ZPO stets zulässig und keine Klageänderung. 808

2. § 264 Nr. 2 ZPO. § 264 Nr. 2 ZPO regelt **entgegen** seines Wortlauts **qualitative** oder **quantitative Klageänderungen**[456]: Bei gleichbleibendem Sachverhalt – Klagegrund – wird jeweils der Antrag geändert. Gegenstand von § 264 Nr. 2 und Nr. 3 ZPO sind daher letztlich **privilegierte Klageänderungen**[457]. 809

a) Qualitative Antragsänderung. Die Qualität der Antragsänderung bezieht sich auf die geltend gemachte Rechtsfolge. In Bezug auf den Streitgegenstand wird bei gleichbleibendem Klagegrund durch **Abänderung des Antrages** eine neue Rechtsfolge begehrt. 810

aa) Erweiterung/Beschränkung. Eine qualitative Antragsänderung i. S. v. § 264 Nr. 2 ZPO, also eine **Erweiterung** oder **Beschränkung** des Klageantrags bei gleichbleibendem Lebenssachverhalt, ist anzunehmen, wenn der ursprüngliche Antrag in **irgendeiner** Form im neuen Antrag enthalten ist, sei es, dass über ihn hinausgegangen wird, sei es, dass eine Beschränkung stattfindet. Bei den Fällen des § 264 Nr. 2 ZPO müssen alter und neuer Antrag daher immer in einem „Mehr-" oder „Weniger-"Verhältnis stehen. 811

Beispiele: 812
- Übergang von einer Leistungs- auf eine Feststellungsklage[458];
- Übergang von einer Feststellungs- auf eine Leistungsklage[459];
- Übergang von der Klage auf Zahlung an die Partei selbst zu dem Antrag, ein Zahlungsgebot zu Gunsten eines Dritten zu erlassen[460];
- Übergang von dem ursprünglichen Antrag auf Zahlung an sich selbst, zu einem Antrag auf Hinterlegung zu Gunsten der Erbengemeinschaft[461];
- Übergang von einer Klage auf Auskunft auf eine solche auf Zahlung[462].

---

454 BGH, NJW 1951, 311; BGH, NJW-RR 1990, 505.
455 Siehe Rn. 817 ff.
456 Vgl. BGH, NJW-RR 1990, 505.
457 So ausdrücklich BGH, MDR 2002, 413.
458 BGH, NJW 1985, 1384; BGH, NJW 1984, 2295.
459 BGH, NJW 2002, 442.
460 BGH, NJW-RR 1987, 1534; RG, RGZ 158, 302, 314.
461 BGH, NJW-RR 2005, 955; BGH, NJW-RR 1990, 505 m. w. Nachw.; zur Zulässigkeit nach neuem Recht BGH, BGHZ 158, 295, 305 ff.
462 BGH, NJW 1979, 925, 926.

813 Eine Klageänderung ist hingegen **nicht** anzunehmen, wenn der Kläger bei einem unbezifferten Schmerzensgeldantrag seine ursprünglich geäußerte Größenvorstellung nach oben „korrigiert"[463].

814 **bb) Klageauswechslung.** Eine Klageauswechslung liegt hingegen vor, wenn alter und neuer Anspruch in einem **Aliud-Verhältnis** zueinander stehen, sie also keine gemeinsame Teilmenge einer Rechtsfolgenbehauptung aufweisen. Dies ergibt sich aus § 264 ZPO. Danach muss bei einer Klageänderung nach § 264 Nr. 2 ZPO der Klagegrund – der Lebenssachverhalt – „derselbe" bleiben. Die Identität des Klagegrundes wird **aufgehoben**, wenn durch neue Tatsachen der **Kern** des in der Klage angeführten **Lebenssachverhalts verändert** wird.[464] Dabei muss es sich **um wesentliche Abweichungen** handeln; die bloße Ergänzung oder Berichtigung der tatsächlichen Angaben fällt unter § 264 Nr. 1 ZPO und stellt keine Änderung des Klagegrundes dar.[465]

815 Beispiele für eine Klageauswechslung:
- Übergang von Schadenersatz zum Kostenvorschuss[466];
- der Übergang von der Klage aus eigenem Recht zur Geltendmachung eines Anspruchs aus fremdem Recht.[467]

816 **b) Quantitative Klageänderung.** Bei einer quantitativen Klageänderung wird vom Betrag der klageweise geltend gemachten Summe positiv oder negativ abgewichen, z. B. Erweiterung der Klage um 150,00 €[468].

817 **aa) Positive Abweichungen.** Bei einer **positiven Abweichung** sind neben § 264 Nr. 2 ZPO keine weiteren Voraussetzungen zu prüfen. Erhebt der Kläger Teilklage[469] über eine bestimmte Summe und stellt sich im Laufe der Beweisaufnahme ein günstiger Prozessverlauf heraus, besteht für ihn ohne weiteres z. B. die Möglichkeit, auf den vollen Betrag zu klagen.

818 **bb) Negative Abweichungen.** Eine Besonderheit ergibt sich hingegen für die Fälle einer **negativen Abweichung.** Die Minderung des Klageantrags führt zwar grundsätzlich nicht zur Unzuständigkeit des Eingangsgerichtes. Für diese Fälle ist aber ausnahmsweise § 269 ZPO anwendbar. Zweck dieser **zusätzlichen Voraussetzung** ist es, dass der Kläger im Falle eines für ihn ungünstigen Prozessverlaufes nicht folgenlos die Klageforderung und damit die Prozesskosten absenken kann. Probleme ergeben sich, wie mit dem „Restbetrag" umzugehen ist. Die Lösung ist davon abhängig, was der Kläger – das ist ggf. im Wege der Auslegung zu ermitteln – zum **Restbetrag** erklärt. Überblick:

---

463 BGH, NJW 2002, 3769, 3770.
464 BGH, NJW 2007, 83, 84 m. w. Nachw.
465 BGH, NJW 2007, 83, 84; BGHG, BGHZ 154, 342, 348 = NJW 2003, 2317.
466 OLG Köln, MDR 2002, 716, 717.
467 BGH, NJW 2007, 2414, 2415.
468 Vgl. LG Kassel, NJW 2002, 1156, auch zur Frage der Umgehung außergerichtlicher Streitschlichtung nach § 15a Abs. 1 S. 1 Nr. 1 EGZPO.
469 Siehe zur Rechtskraft von Teilklagen Elzer, JuS 2001, 224 ff.

3. Kapitel: Klageänderung

☑ **Checkliste** 819
- Stimmt der Beklagte einer **Teilrücknahme** zu, ist die Frage allein in der **Kostenentscheidung** anzusprechen.
- Verweigert der Beklagte seine Zustimmung zur Teilrücknahme nach § 269 ZPO, bleibt der weitere, aber nicht mehr verfolgte Hauptantrag **rechtshängig**.
- Verhandelt der Kläger dann wegen des Restbetrags, ergeht ein streitiges Endurteil.
- Verhandelt der Kläger wegen des Restbetrags hingegen nicht, ergeht auf Antrag ein **Versäumnisurteil**.
- Liegt eine **Teilerledigterklärung**[470] vor, bleibt die Klage nach wie vor rechtshängig, es ändert sich aber ggf. die **Antragsart**. Das ist dann der Fall, wenn sich der Beklagte der Erledigterklärung nicht anschließt.

c) **§ 264 Nr. 3 ZPO.** Nach § 264 Nr. 3 ZPO ist eine Klageänderung ferner stets 820 zulässig, wenn bei Beibehaltung des Klagegrundes ein **anderer Gegenstand**[471] gefordert wird. Hiermit soll dem Kläger die Möglichkeit gegeben werden, sein Begehr an Umstände anzupassen, die sich erst im Verlaufe des Prozesses herausstellen. „Spätere Veränderung" meint Umstände, die nach der Klageerhebung aufgetreten sind. Dieses Merkmal wird freilich weit ausgelegt. Nach h.M. wird deshalb eine spätere Kenntnisnahme des Klägers von Veränderungen vor der Klageerhebung für ausreichend erachtet[472], auch wenn die Unkenntnis auf ein Verschulden des Klägers zurückzuführen ist.

Beispiele: 821
- Übergang von einer Klage auf Herausgabe zu einer Klage auf Zahlung des als Surrogats erhaltenen Schadenersatzes des Beklagten in Folge des Untergangs der Sache.
- Übergang von der Vollstreckungsabwehrklage zur Klage auf Rückzahlung des auf den Titel entrichteten Betrages[473].

IV. Wirkungen

Die Folgen einer zulässigen und die einer unzulässigen Klageänderung sind im 822 Hinblick auf Rechtshängigkeit und Kostenentscheidung bedeutend.

1. Klageänderung zulässig. Ist eine Klageänderung zulässig, so tritt der neue 823 Streitgegenstand an die Stelle des alten. Die Parteien sind an die bisherigen Prozessergebnisse gebunden, wobei die anspruchsbezogenen Prozesshandlungen (z.B. Geständnis oder Anerkenntnis) des alten Anspruchs gemeinsam mit diesem wegfallen.

---

470 Siehe dazu im Einzelnen Rn. 307.
471 Also ein neuer Antrag gestellt wird.
472 RG, RGZ 70, 338.
473 BAG, NJW 1980, 141, 142.

824 Für das Erlöschen der Rechtshängigkeit des alten Anspruchs werden nach **h. M.** zwei Zeitpunkte unterschieden. Der alte Anspruch erlischt **jedenfalls** rückwirkend mit der rechtskräftigen Entscheidung über den neuen Anspruch. Diese Wirkung tritt schon **vorher** ein, und zwar in dem Moment, in dem der Beklagte einer Klageauswechselung zustimmt[474]. Nach anderer Ansicht entfällt die Rechtshängigkeit des alten Anspruchs **stets** bereits mit der Rechtshängigkeit des neuen[475].

825 **2. Klageänderung unzulässig.** Ist eine Klageänderung unzulässig, fragt sich, ob das Gericht über den alten und den neuen Anspruch, nur noch über den neuen oder weiterhin allein über den alten Anspruch zu entscheiden hat. Alle drei Ansichten werden vertreten. Nach der auch hier vertretenen h. M.[476] hat das Gericht über **beide** Ansprüche zu entscheiden. Nach einer Minderansicht wird der **alte Prozess** fortgesetzt, als wenn kein neuer Anspruch eingebracht worden wäre[477]. Nach einer weiteren Ansicht wird **allein der neue Prozess** fortgesetzt. Im Folgenden wird von der **h. M.** ausgegangen[478].

826 a) **Neuer Anspruch = Streitgegenstand.** Der unzulässig geltend gemachte neue Streitgegenstand[479] ist durch Prozessurteil (als unzulässig) abzuweisen.

827 b) **Alter Anspruch = Streitgegenstand.** Das Schicksal des **alten Anspruchs** hängt davon ab, wie sich der Kläger zu diesem verhält. Der Kläger kann an dem alten Streitgegenstand – ggf. hilfsweise – festhalten, ihn zurücknehmen oder ihn für erledigt erklären. Was im Einzelfall anzunehmen ist, ist danach zu unterscheiden, was der Kläger erklärt bzw. welcher Wille sich seinen Erklärungen im Wege der Auslegung entnehmen lässt.

828 aa) **Klagerücknahme.** Nimmt der Kläger den alten Anspruch zurück, ist zu untersuchen, ob der Beklagte der Rücknahme zustimmt. Bei Zustimmung[480] ist der alte Anspruch in der Kostenentscheidung abzuhandeln. In einer Klageänderung kann für den Fall der Nichtzulassung der Klageänderung die **Rücknahme** des ursprünglichen prozessualen Anspruchs liegen. Falls dies nicht ausdrücklich von den Parteien vorgetragen wird, muss durch Auslegung ermittelt werden, was gewollt ist. Dabei ist es für die Annahme einer Klagerücknahme nicht ausreichend, wenn der Kläger nach Einbringung seines neuen Antrags und Abweisung der Klageänderung bloß untätig bleibt. Ohne **Zustimmung** ergeht über den alten Anspruch ein Sachurteil. **Verhandelt** der Kläger **nicht** mehr über den alten Anspruch im Falle einer Klagehäufung bzw. einer unzulässigen Klagerücknahme, so ergeht wegen des alten Anspruchs auf Antrag ein Versäumnisurteil. Wesentliches Argument hierfür ist, dass die ursprüngliche Rechtshängigkeit

---

474 BGH, NJW 1992, 2235.
475 BGH, NJW 1990, 2682.
476 BGH, NJW 1988, 128; vgl. auch BVerwG, JZ 1998, 89 m. Anm. Zaernow.
477 Blomeyer, JuS 1970, 233; Walther, NJW 1994, 423.
478 Nach den Minderansichten ist allein jeweils über den noch bzw. jetzt anhängigen Streitgegenstand zu entscheiden: Dies wirkt sich auf den Tenor, den Aufbau des Tatbestandes und die Entscheidungsgründe aus.
479 Siehe dazu Rn. 42.
480 Bzw. wenn eine Zustimmung entbehrlich ist.

3. Kapitel: Klageänderung

auf Grund der Klageauswechslung nicht entfallen ist[481]. Somit ist der Prozess auf jeden Fall durch ein Endurteil zu beenden. Unerheblich ist, ob der Antrag in der mündlichen Verhandlung gestellt wurde. **Verhandelt der Kläger** über den alten Anspruch, ergeht neben dem Prozessurteil über den neuen Anspruch ein Sachurteil über den alten Anspruch.

bb) Erledigterklärung. Erklärt der Kläger den alten Anspruch für erledigt, ist zu untersuchen, ob sich der Beklagte der Erledigterklärung anschließt. Bei Zustimmung[482] ist der alte Anspruch in der Kostenentscheidung nach § 91a ZPO abzuhandeln. Stimmt der Beklagte nicht zu, gilt das zur Klagerücknahme Ausgeführte entsprechend[483].

cc) Klagehäufung. Der Kläger kann seinen neuen Antrag auch als Hauptantrag einbringen und den alten Hauptantrag hilfsweise aufrechterhalten. Für diese **nachträgliche objektive Eventual-Klagehäufung**[484] gilt das eben zur Klagerücknahme Ausgeführte entsprechend[485].

Exkurs: Übersicht zur objektiven Klagehäufung

Tatbestand

• Einleitungssatz
• Geschichtserzählung
  – Streitgegenstand 1
  – Streitgegenstand 2
• Streitiger Vortrag des Klägers
  – Streitgegenstand 1
  – Streitgegenstand 2
• Eventuell Prozessgeschichte
• Antrag des Klägers
• Antrag des Beklagten
• Streitiger Vortrag des Beklagten
  – Streitgegenstand 1
  – Streitgegenstand 2
• Ggf. Replik/Duplik
  – Streitgegenstand 1
  – Streitgegenstand 2
• Prozessgeschichte
	• Einleitungssatz
	  – Geschichtserzählung Streitgegenstand 1
	  – Streitiger Vortrag des Klägers Streitgegenstand 1
	  – Geschichtserzählung Streitgegenstand 2
	  – Streitiger Vortrag des Klägers Streitgegenstand 2
	• Eventuell Prozessgeschichte
	• Antrag des Klägers
	• Antrag des Beklagten
	• Streitiger Vortrag des Beklagten
	  – Streitgegenstand 1
	  – Streitgegenstand 2
	• Ggf. Replik/Duplik
	  – Streitgegenstand 1
	  – Streitgegenstand 2
	• Prozessgeschichte

Entscheidungsgründe

I.
1. Ordnungsgemäße Klageerhebung, § 253 Abs. 2 ZPO
2. Zuständigkeit, vor allem § 5 ZPO

---
481 BGH, NJW 1988, 128.
482 Bzw. wenn eine Zustimmung entbehrlich ist.
483 Rn. 828.
484 Zu einer nachträglichen Anspruchshäufung – die wie eine Antragsänderung zu behandeln ist – siehe etwa BGH, NJW 1985, 1841, 1842, und BayObLG, WuM 2003, 351.
485 Rn. 828.

§ 260 ZPO?

II.

III.

832

Erfolgreiche Klage	Klageabweisung	Mischformen
1. Anspruch 1 + Zinsen 2. Anspruch 2 + Zinsen	Alle in Frage kommenden Anspruchsgrundlagen	1. Anspruch 1 + Zinsen 2. Anspruch 2: Alle in Frage kommenden Anspruchsgrundlagen

IV.
1. Kosten
2. Vorläufige Vollstreckbarkeit

V. Tenor

833 1. **Zulässige Klageänderung.** Ist eine Klageänderung zulässig, so tritt der neue Anspruch an die Stelle des alten. Im Tenor wird nur über den neuen Anspruch entschieden. Der Zusatz „Im Übrigen wird die Klage abgewiesen." wäre falsch.

834 2. **Unzulässige Klageänderung.** Folgt man wie hier der h. M., so ergeht bei einer unzulässigen Klageänderung und beim Nichtverhandeln über den alten Anspruch ein

835 📄 Formulierungsvorschlag
„**Versäumnis- und Endurteil**
Die Klage wird abgewiesen.
Die Kosten des Rechtsstreits hat der Kläger zu tragen.
...."

836 Durch diese Fassung des Rubrums wird zum Ausdruck gebracht, dass der Tenor zwei Entscheidungen enthält, die mit **verschiedenen** Rechtsmitteln bekämpft werden können. Gegen die Entscheidung über den alten Anspruch durch Versäumnisurteil kann der Kläger Einspruch gem. § 342 ZPO einlegen. Gegen die Abweisung des neuen Anspruchs als unzulässige Klageänderung kann der Kläger in Berufung gehen.

837 3. **Kostenentscheidung.** – a) **Zulässige Klageänderung.** Grundsätzlich trägt der Kläger die Mehrkosten, die der fallengelassene Anspruch verursacht hat. Für die Frage ihrer Berechnung[486] ergeben sich **zwei** Möglichkeiten:
- Abtrennung der ausscheidbaren Kosten nach § 96 ZPO analog. Voraussetzung ist, dass die Mehrkosten tatsächlich ausscheidbar sind.

---

[486] Zu beachten ist, dass die Gebühren nur einmal anfallen, da bei einer Klageänderung ein einheitlicher Rechtszug gegeben ist.

3. Kapitel: Klageänderung

- §§ 91, 92 ZPO (Mehrkostenmethode oder Quotenmethode[487]): Entweder ermittelt man dabei für jede Gebühr eine unterschiedliche Quote oder man errechnet, welche Kosten angefallen sind und welche angefallen wären, hätte der Kläger gleich weniger eingeklagt.

b) Unzulässige Klageänderung. Verhandelt der Kläger bei einer unzulässigen Klageänderung nicht über den alten Anspruch, ergeht gegen ihn auf Antrag ein Versäumnisurteil. Die Kostenentscheidung ergeht dann insoweit nach § 344 ZPO, im Übrigen nach § 91 ZPO.

VI. Tatbestand

1. Allgemeines. Sowohl die zulässige als auch die unzulässige Klageänderung müssen im Tatbestand berichtet werden. Grund hierfür ist, dass die Entscheidung gem. § 313 Abs. 2 ZPO über alle in den Prozess eingebrachten Ansprüche ergeht und die Kostenentscheidung sich auch auf die nicht mehr aktuellen Ansprüche bezieht. Die Schilderung der Klageänderung kann entweder am Ende der Schilderung des unstreitigen Lebenssachverhaltes oder in die Prozessgeschichte vor die Anträge einfließen.

> **Beispiel:**
> *„Der Kläger hat ursprünglich beantragt,* [entweder ein wörtlicher Bericht der Anträge oder eine kurze, aber nicht sinnentstellende Zusammenfassung] .... *Er beantragt zuletzt,..."*

Zu beachten ist, dass die lange Schilderung von Ansprüchen, welche möglicherweise nicht Inhalt der Sachentscheidung wurden, auf Kosten der Verständlichkeit geht. Im Fall der unzulässigen Klageänderung muss der alte Antrag allerdings ausführlich dargestellt werden. Wie bei **Haupt- und Hilfsantrag**[488] sind sowohl im unstreitigen als auch im streitigen Vorbringen die dem alten Antrag zu Grunde liegenden Tatsachen darzustellen. Die Klageänderung selbst ist wieder in der Prozessgeschichte zu schildern. Bei einem Teilversäumnisurteil über den alten Antrag bedarf es wegen § 313b ZPO keines Tatbestandes.

> 🖉 **Klausurtipp**
> In der **Klausur** sollte die Problematik in der Regel in einem Hilfsgutachten dargestellt werden.

2. Aufbau

> **Schema**
> a) Zulässige Klageauswechslung
> - Ggf. Einleitungssatz: „Nach Umstellung der Klage fordert der Kläger..."
> - Geschichtserzählung zum neuen Anspruch
> - Streitiger Vortrag des Klägers zum neuen Anspruch

---

487 Dazu OLG Hamm NJOZ 2005, 3149, 3152.
488 Siehe dazu umfassend Rn. 1007 ff.

- Prozessgeschichte zur Klageänderung
- Letzte Anträge
- Streitiger Vortrag des Beklagten
- Sonstige Prozessgeschichte

b) Unzulässige Klageauswechslung
- Ggf. Einleitungssatz: „Nach Umstellung der Klage fordert der Kläger..."
- Geschichtserzählung zum neuen Anspruch (wenn kein VU zum alten Anspruch: auch Geschichtserzählung zum alten Anspruch)
- Streitiger Vortrag des Klägers zum neuen Anspruch (wenn kein VU zum alten Anspruch: auch streitiger Vortrag zum alten Anspruch)
- Prozessgeschichte zur Klageänderung
- Letzte Anträge
- Streitiger Vortrag des Beklagten (wenn kein VU zum alten Anspruch: auch streitiger Vortrag zum alten Anspruch)
- Sonstige Prozessgeschichte

VII. Entscheidungsgründe

844 1. **Allgemeines.** Am Anfang der Entscheidungsgründe und noch **vor** Zulässigkeit der Klage[489] ist die Zulässigkeit der Klageänderung zu prüfen. Es sollte zunächst gefragt werden, ob der Beklagte in eine mögliche Klageänderung jedenfalls ausdrücklich oder konkludent eingewilligt hat[490]. Danach ist zu untersuchen, ob ein nach § 264 Nr. 2 oder Nr. 3 ZPO privilegierter Fall einer Klageänderung vorliegt[491]. Ist auch das zu verneinen, ist zu klären, ob die Klageänderung sachdienlich[492] ist.

845 ☑ Checkliste

- Einwilligung, §§ 267, 263 ZPO
- § 264 Nr. 2, Nr. 3 ZPO
- Sachdienlichkeit, § 263 ZPO

846 Bei einer statthaften Klageänderung ist zu klären, ob die neue Klage auch ansonsten zulässig ist. Ist dies der Fall, beginnt die Begründetheitsprüfung sogleich mit dem **neuen** Antrag. In der **Klausur** sollte in den Entscheidungsgründen kurz dargestellt werden, dass über den alten Antrag wegen Gegenstandslosigkeit nicht mehr zu entscheiden ist[493]. Bei einer **unzulässigen Klageänderung** ist die neue Klage durch Prozessurteil abzuweisen. Nach der Prüfung der Klageänderung ist dann festzustellen, ob der alte Antrag entweder ausdrücklich oder im Wege der Auslegung für den Fall der Unzulässigkeit der Klageänderung aufrechterhalten worden ist. Ist das zu bejahen, ist die Zulässigkeit und Begründetheit des alten

---

489 Siehe Rn. 465.
490 Siehe dazu Rn. 801. Die wohl h. M. will vor einer konkludenten oder ausdrücklichen Einwilligung zunächst § 264 Nr. 2 und Nr. 3 ZPO prüfen.
491 Rn. 809 ff.
492 Rn. 802 ff.
493 Sinnvollerweise bevor die Nebenentscheidungen begründet werden.

3. Kapitel: Klageänderung

Antrags zu untersuchen. Auch bei einer **einseitigen Erledigterklärung** des alten Antrags sind Zulässigkeit und Begründetheit des **Feststellungsantrags** auf Erledigung der Hauptsache in den Entscheidungsgründen zu erörtern. Bei übereinstimmenden Erledigterklärungen oder Rücknahme des alten Antrags finden sich die Ausführungen dazu allein in der Begründung der Kostenentscheidung.

2. Aufbau

Schema
a) Zulässige Klageauswechslung
- Ggf. Einleitungssatz: „Die Klage ist in ihrer letzten Fassung zulässig und begründet."
- Zulässigkeit der Klageänderung
- Zulässigkeit des neuen Anspruchs
- Begründetheit des neuen Anspruchs
- Hauptanspruch
- Nebenforderungen
- Nebenentscheidungen
- Kosten
- §§ 708 ff. ZPO

b) Unzulässige Klageauswechslung
- Einleitungssatz: „Die Klage ist sowohl in ihrer letzten als auch in der ursprünglichen Fassung erfolglos."
- Zulässigkeit der Klageänderung
- Zulässigkeit und ggf. (Auslegung) Begründetheit des alten Anspruchs
- Nebenentscheidungen
- Kosten
- §§ 708 ff. ZPO

VIII. Übungen

Fall 1:
K verlangt von B Zahlung von 6.000,00 € aus Kaufvertrag.
a) Nach dem frühen ersten Termin erweitert K die Klage vor der geplanten Beweisaufnahme um weitere 3.000,00 €. Er erklärt, er habe versehentlich bislang zu wenig Kaufpreis geltend gemacht. B widerspricht einer hierin eventuell zu sehenden Klageänderung. Zu Recht?
b) Nach dem frühen ersten Termin ändert K die Klage. Er verlangt nunmehr nur noch 4.000,00 €. 2.000,00 € habe er versehentlich geltend gemacht. B stimmt dem nicht zu. Wie ist die Rechtslage?
c) Nach der für ihn ungünstigen Beweisaufnahme erklärt K, seinen Anspruch nunmehr auf Darlehn zu stützen: Er habe B im selben Zeitraum ein Darlehn über 9.000,00 € gewährt. B beantragt, auch diese Klage abzuweisen und rügt im Übrigen, dass es sich um eine unzulässige Klageänderung handele. Die Änderung sei nicht sachdienlich. Zu Recht?

Lösung

Zu a): Da der Beklagte dem Klageänderungsantrag ausdrücklich widersprochen hat, greift nicht die Vermutungsregelung des § 267 ZPO. Auch eine Einwilligung des Beklagten i. S. d. § 263 1. Var. ZPO liegt nicht vor. Es handelt sich jedoch um eine **quantitative Klageerweiterung i. S. d. § 264 Nr. 2 ZPO** ohne Änderung des Klagegrundes. Sie wird **nicht** als Klageänderung angesehen. Überblick zur Prüfungsreihenfolge:
- Einwilligung, §§ 267, 263 ZPO
- § 264 Nr. 2, Nr. 3 ZPO
- Sachdienlichkeit, § 263 ZPO

Zu b): Eine Einwilligung im Sinne der §§ 263, 267 ZPO liegt nicht vor. Es handelt sich aber um eine **quantitative Klagebeschränkung**, welche nach § 264 ZPO nicht als Klageänderung anzusehen ist. Eine Zustimmung ist nach § 269 Abs. 1 ZPO aber **ausnahmsweise** erforderlich, weil eine quantitative Klageänderung auch den Charakter einer Klagerücknahme hat. Handlungsmöglichkeiten:
- Versäumnisteilurteil (falls K zu den 2.000,00 € nichts vorträgt).
- Teil-Erledigtfeststellungsklage (im Falle der einseitigen, teilweisen Erledigterklärung – hier wohl nicht zu empfehlen, da die Klage schon nach Einschätzung des Klägers im Hinblick auf die 2.000,00 € nicht begründet war).
- Teilweise Klagerücknahme (sofern der Beklagte nicht widerspricht).

Zu c): Eine Einwilligung i. S. d. § 263 1. Var. ZPO liegt nicht vor. Es handelt sich um eine Klageänderung auf Grund der Änderung des Klagegrundes (Klageauswechslung). Die Regelung des § 264 Nr. 2, 3 ZPO greift nicht. Entscheidend kommt es damit auf die Frage der Sachdienlichkeit nach § 263 Var. 2 ZPO an. Der BGH legt hierzu verschiedene Kriterien an:
- Klageänderung fördert die Erledigung des Prozesses
- Streitstoff ist im Wesentlichen gleich
- Es ist keine neue Beweisaufnahme erforderlich

Hier ist die **Sachdienlichkeit wohl nicht gegeben**, da Kaufvertrag und Darlehn grundsätzlich ganz unterschiedliche rechtliche Würdigungen erfordern. Die Klageänderung ist unzulässig.

Fall 2:

K und B stehen in laufender Geschäftsbeziehung. K verlangt von B die Bezahlung der Rechnung vom 1.4.2001 über 20.000,00 €. B habe von ihm 30 Fahrräder bezogen. B behauptet Erfüllung, die er in einem Beweistermin auch beweisen kann. Nunmehr stützt K die Klage auf eine Rechnung vom 10.4.2001 über 20.000 €. B widerspricht der Klageänderung. K hält seinen neuen Antrag für zulässig. Wegen des alten Antrages verhandelt er nicht mehr.
a) Ist die Klageänderung zulässig?
b) Wie ist zu verfahren, wenn das Gericht die Klageänderung nicht für zulässig erachtet?

Lösung:

Zu a): Eine Zustimmung gemäß §§ 263, 267 ZPO ist nicht erteilt. Die Klageänderung fällt auch nicht privilegiert unter § 264 ZPO. Möglicherweise ist sie jedoch wegen der **laufenden Geschäftsbeziehung** als sachdienlich i. S. d. § 263 2. Var. ZPO anzusehen.

Zu b): Da der Kläger zu seinem ursprünglichen Antrag nicht mehr verhandelt, hängt die Entscheidung des Gerichts allein vom Verhalten des Beklagten ab:
- Sofern der Beklagte einen Antrag auf Erlass eines Versäumnisurteils stellt, erlässt das Gericht ein „Versäumnis- und Endurteil": Hinsichtlich des alten Antrags ergeht das Versäumnisurteil nach § 330 ZPO, hinsichtlich des neuen Antrags ergeht ein Prozessurteil als Endurteil.

3. Kapitel: Klageänderung 850, 851

- Denkbar ist auch, dass der Beklagte eine Entscheidung nach Lage der Akten gemäß § 331a ZPO beantragt.
- Sofern der Beklagte ebenfalls keinen Antrag zum alten Antrag stellt, kann das Gericht insofern gemäß § 251a ZPO nach Lage der Akten entscheiden, da bereits in einem früheren Termin (nämlich im Beweistermin) mündlich verhandelt wurde. Das Gericht wird die Klage insgesamt abweisen: Hinsichtlich des neuen Antrags ergeht ein Prozessurteil. Den alten Klageantrag wird das Gericht angesichts für den Kläger ungünstigen Beweisaufnahme in einem Sachurteil abweisen.

Fall 3: 850
K verlangt von B vor dem AG Neukölln 4.000,00 € aus Darlehen.
a) Nachdem das Gericht Bedenken anmeldet, stützt K seinen Antrag zusätzlich auf angebliche Ansprüche aus einem zwischen den Parteien geschlossenen Werkvertrag. Zulässig? Würde es einen Unterschied machen, wenn K seinen weiteren Antrag nur hilfsweise geltend machen würde?
b) Wie wäre es, wenn K seinen ursprünglichen Antrag allein um weitere 2.000,00 € erweitert hätte?

Lösung:
Zu a): Der Anspruch wird mit zwei unterschiedlichen Lebenssachverhalten begründet. Sofern der Kläger ein und denselben Antrag gleichzeitig auf beide Lebenssachverhalte stützt, ist die Klage **mangels hinreichender Bestimmtheit** nach § 253 Abs. 2 Nr. 2 ZPO **unzulässig**. Sofern er die beiden Lebenssachverhalte im Rahmen von Haupt- und Hilfsantrag in das Verfahren einbringt, sind beide Anträge für sich genommen hinreichend bestimmt; ein solches Vorgehen wäre also zulässig. Als dritte – hier allerdings nicht erfragte – Möglichkeit kommt die kumulative Bezugnahme auf die beiden Lebenssachverhalte in zwei voneinander unabhängigen Anträgen in Betracht.

Zu b): Die Klageänderung stellt eine **quantitative Klageerweiterung** dar, die nach § 264 Nr. 2 ZPO nicht als Klageänderung zu behandeln ist. Hier führt die Klageänderung zur Änderung der Gerichtszuständigkeit. Die prozessualen Konsequenzen einer solche Zuständigkeitsänderung bestimmen sich nach § 506 ZPO: Das Amtsgericht hat sich für unzuständig zu erklären und den Rechtsstreit an das Landgericht zu verweisen, sofern der Beklagte vor der weiteren Verhandlung eine entsprechenden **Antrag** stellt.

Sofern sich die Zulässigkeit der Klageänderung – **anders als hier** – nicht aus § 264 Nr. 2 ZPO ergibt, stellt sich die Frage, ob im Falle der Änderung der Gerichtszuständigkeit eine Klageänderung noch sachdienlich sein kann. Nach bisheriger BGH-Rechtsprechung wurde eine Klageänderung, die zur Unzulässigkeit der Klage führt (etwa weil sie eine andere sachliche Zuständigkeit begründet), grundsätzlich nicht als sachdienlich i. S. d. § 263 betrachtet. Nach einer neuen Literaturauffassung soll es für das **Amtsgericht** jedoch möglich sein, die Sachdienlichkeit der Klageänderung nach § 263 ZPO festzustellen und dann gemäß § 506 ZPO an das Landgericht zu verweisen.

Fall 4: 851
K verlangt von B und C die Räumung einer Wohnung. Als das Gericht in der mündlichen Verhandlung K darauf hinweist, dass Mieter voraussichtlich A ist, verlangt K von dieser Räumung.
a) Zulässig?
b) Muss A einer Änderung der Klage zustimmen?

Lösung:
Zu a): Es handelt sich um einen **gewillkürten Beklagtenwechsel** in der mündlichen Verhandlung in der 1. Instanz. Gegenüber B und C ist dies als (vollständige) Klage-

rücknahme zu werten. Nach § 269 Abs. 1 ZPO ist somit die Zustimmung von B und C erforderlich.
Zu b): Nach der Rechtsprechung des BGH ist der gewillkürte Parteiwechsel dem neuen Beklagten gegenüber wirksam, wenn er
- ausdrücklich zustimmt,
- sich rügelos einlässt oder
- die Einbeziehung des neuen Beklagten sachdienlich ist.

Nach der vorherrschenden Literaturmeinung ist eine Zustimmung des neuen Beklagten nicht erforderlich.

IX. Zusammenfassung

1. Fälle der Klageänderung

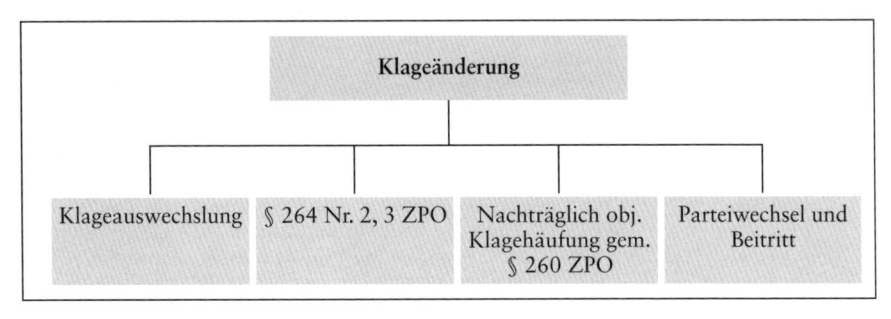

```
                        Klageänderung
        ┌──────────────┬──────────────┬──────────────┐
 Klageauswechslung  § 264 Nr. 2, 3   Nachträglich obj.  Parteiwechsel und
                       ZPO          Klagehäufung gem.      Beitritt
                                        § 260 ZPO
```

2. Prüfungsreihenfolge
- § 267 ZPO
- § 263 1. Var ZPO (Einwilligung)
- § 264 Nr. 2, Nr. 3 ZPO
- § 263 2. Var ZPO (Sachdienlichkeit)

3. Klausur

Tatbestand

Einleitungssatz: „*Der Kläger fordert nach Umstellung seiner Klage zuletzt …*"
1. Unstreitiges Parteivorbringen
2. Streitiger Vortrag des Klägers
3. Prozessgeschichte.
   Etwa: „*Der Kläger hat zunächst beantragt, den Beklagten zu verurteilen,… Der Kläger beantragt nunmehr…*"
4. Antrag des Klägers
5. Antrag des Beklagten
6. Streitiger Vortrag des Beklagten
7. Sonstige Prozessgeschichte

Entscheidungsgründe

zulässige Klageänderung	unzulässige Klageänderung nach h. M.	854

Die Klage ist in ihrer letzten Fassung zulässig und begründet.
I. Zulässigkeit neue Klage
II. Begründetheit neue Klage
  1. Hauptentscheidung
  2. Klarstellung alte Klage
  3. Zinsen
III. Nebenentscheidungen
  1. Kosten, ggf. mit § 96 ZPO
  2. Vorläufige Vollstreckbarkeit
	Die Klage ist sowohl in ihrer ursprünglichen wie auch in ihrer geänderten Fassung erfolglos.
	I. Zulässigkeit neue Klage
	II. Alte Klage
	  – § 260 ZPO, hilfsweise?
	  – § 269?
	  – Erledigung?
	III. Evt. Zulässigkeit alte Klage
	IV. Evt. Begründetheit alte Klage
	V. Nebenentscheidungen
	nach a. A. ist nur über den neuen Anspruch bzw. nur über den alten Anspruch zu entscheiden	

4. Kapitel: **Aufrechnung**

I. Einleitung

1. Allgemeines. Um sich zu verteidigen und die Klage zu Fall zu bringen, kann der Beklagte (ggf. aber auch der Kläger: nämlich gegen die Aufrechnung des Beklagten) die Zulässigkeit rügen, qualifiziert die Klage leugnen, aber auch Einreden erheben oder mit einer **Gegenforderung** nach §§ 387 ff. BGB **aufrechnen**. Dazu muss der Beklagte aufrechnen (**vor** oder **im** Verfahren) und sich zugleich **im** Verfahren auf die Aufrechnung (und ihre Wirkung) einredeweise **berufen**. Eine **Aufrechnung** ist zwar **keine Klage**. Die Einrede der Aufrechnung kommt prozessual aber einer Widerklage nahe und steht mit dieser in einem engen Zusammenhang. Kommt nämlich eine Aufrechnung in Betracht, besteht für eine Widerklage in der Regel kein Bedürfnis mehr. Denn durch eine Aufrechnung erhöht sich der Streitwert nicht. Besteht hingegen ein **Aufrechnungsverbot** bietet sich vor allem in der **Anwaltsklausur** die **Hilfswiderklage** an, bei der sich der Gebührenstreitwert nur dann erhöht, wenn das Aufrechnungsverbot durchgreift.

855

> ✎ **Klausurtipp**
>
> Der Vortrag, der Anspruch sei (ggf. jetzt) durch Aufrechnung erloschen, ist **prozessual** eine **Einrede**[494], **materiell** hingegen eine **Gestaltungserklärung**. Aus diesem Grunde ist sorgfältig zu unterscheiden zwischen der **materiell-rechtlichen Aufrechnungserklärung** (§ 388 S. 1 BGB) und der **prozessualen Behauptung** einer Aufrechnung, also der Einführung der Wirkung der Aufrechnung (§ 389 BGB) in das Verfahren.

856

---

494 Siehe dazu Rn. 457 und Rn. 486 f.

857 Eine Aufrechnung ist für das Gericht nur dann zu beachten, wenn sich der **Aufrechnende** auf die **Wirkung** der Aufrechnung – das Erlöschen der Hauptforderung – auch **beruft**. Die Prozessaufrechnung hemmt die Verjährung in Höhe der Klageforderung, § 204 Abs. 1 Nr. 5 BGB.

858 2. Zulässigkeit. Eine Aufrechnung ist wie eine Erledigterklärung, die Erhebung der Widerklage, die Klagerücknahme, Verzicht, Anerkenntnis oder z. B. ein Prozessvergleich eine **Prozesshandlung**[495]. Damit die Einführung der Aufrechnung **wirksam** und also vom Gericht zu beachten ist, muss der Erklärende prozesshandlungsfähig sein, es müssen für ihn also die Prozesshandlungsvoraussetzungen – wie etwa die Partei- und Prozessfähigkeit sowie die Postulationsfähigkeit – gegeben sein. Liegen die Prozesshandlungsvoraussetzungen nicht vor, geht die **Aufrechnung ins Leere**. § 322 Abs. 2 ZPO gilt dann nicht.

859 Nach der Rechtsprechung ist der Aufrechnende nicht gehindert, eine einmal erklärte Prozessaufrechnung **zurückzunehmen**[496]. Dies ist eine Folge des Umstands, dass die im Prozess erklärte Aufrechnung ein **Verteidigungsmittel** ist, das auch in seiner sachlich-rechtlichen Auswirkung davon abhängig ist, dass die prozessuale Geltendmachung der Aufrechnung wirksam wird. Dementsprechend ist es der aufrechnenden Prozesspartei auch nicht verwehrt, eine zurückgenommene Aufrechnung **später erneut zu erklären** und nunmehr mit einem anderen Tilgungsrang zu versehen, später nur die Bestimmung über die Tilgungsreihenfolge zu ändern oder eine solche Bestimmung überhaupt erst nachträglich zu treffen[497].

860 Die Forderung, mit der aufgerechnet wird (das ist nach dem Gesetz die Gegenforderung), muss im Hinblick auf § 322 Abs. 2 ZPO (materielle Rechtskraft) **bestimmt** sein. Denn der Bestimmtheitsgrundsatz des § 253 Abs. 2 ZPO gilt auch für Prozessaufrechnungen[498]. Rechnet der Beklagte mit mehreren Gegenforderungen auf, deren Summe die Klageforderung übersteigt, muss er deshalb angeben[499], in welcher **Reihenfolge** er die Forderungen zur Aufrechnung stellt. Bleibt die Aufrechnung hingegen unbestimmt, ist sie prozessual unzulässig und wiederum für § 322 Abs. 2 ZPO unbeachtlich. Ob für die in einem normalen Prozess zur Aufrechnung gestellte Gegenforderung die **internationale Zuständigkeit** deutscher Gericht erforderlich ist, ist fraglich[500]. Nach überwiegender Auffassung ist die Aufrechnung keine „unterentwickelte Widerklage". Eine Aufrechnung ist daher auch dann **national zulässig**, wenn die Forderung „im Kleid einer Widerklage" mangels internationaler Zuständigkeit unzulässig wäre[501].

---

495 Siehe dazu Rn. 605 ff.
496 BGH, NJW 2009, 1071, 1072; BGH, NJW-RR 1991, 156, 157.
497 BGH, NJW 2009, 1071, 1072.
498 BGH, MDR 2002, 410 m. Anm. Vollkommer.
499 Ggf. i. V. m. der Auslegungsregel der §§ 396 Abs. 1 S. 2, 366 Abs. 2 BGB.
500 Verneinend LG Köln, RIW 1997, 956; a. A. OLG Hamm, IPRspr. 1997, Nr. 160 A, 323, 325; LG Berlin, RIW 1996, 960 ff.; die Frage wurde von BGH, NJW 2002, 2182 = JZ 2002, 605 mit Anm. Heß/Müller, und Anm. Gruber, IPRax 2002, 285 ff. offengelassen.
501 Möller, JA 2001, 49, 52.

> **✎ Klausurtipp** 861
>
> Etwa anderes soll im Bereich der **internationalen Zuständigkeit** unter Anwendung der EuGVVO gelten: Hier wird verlangt, dass auch für die Aufrechnung die Voraussetzungen des § 33 ZPO analog erfüllt sein müssen[502]. Eine Aufrechnung ist dort also unzulässig, wenn die internationale Zuständigkeit des nationalen Gerichts nicht über § 33 ZPO begründet ist.

II. Primär- und Hilfsaufrechnung

1. Überblick. Der Beklagte kann sich mit einer **Gegenforderung** wehren und mit 862
dieser **primär** (unbedingt) **aufrechnen**. In diesem Falle stellt der Beklagte die Klageforderung unstreitig und **verteidigt sich** in der Regel **nur** mit der Aufrechnung. Bestätigt sich die Gegenforderung, bewirkt die Einrede der Aufrechnung nach § 389 BGB, dass die Forderungen, soweit sie sich decken, als in dem Zeitpunkt erloschen gelten, in welchem sie zur Aufrechnung geeignet einander gegenübergetreten sind. Der Beklagte kann aber auch **hilfsweise aufrechnen**. In diesem Falle ist er der Auffassung, dass die Klage bereits durch seine weitere Verteidigung erheblich bestritten ist. Eine Prüfung der Gegenforderung soll aber unter der Bedingung erfolgen, dass das Gericht die übrige Verteidigung als unerheblich ansieht.

2. Primäraufrechnung. Eine **unbedingte Prozessaufrechnung** ist selten und setzt 863
im Grundsatz voraus, dass die Klageforderung außer Streit ist[503]. Das dürfte in der Klausur **fast nie der Fall** sein. Eine „Vermutung" spricht dafür, dass die Klageforderung streitig ist.

3. Hilfsaufrechnung. – a) Allgemeines. In der **Klausur** erhebt der Beklagte grund- 864
sätzlich den **Aufrechnungseinwand nur hilfsweise** für den Fall, dass alle übrigen Verteidigungsmittel[504] scheitern. Diese Möglichkeit, in einem Zivilprozessverfahren Anträge nur **bedingt** zu stellen, ist ungeachtet des Verbotes in § 388 S. 2 BGB und der **Bedingungsfeindlichkeit von Prozesshandlungen**[505] allgemein unter der Voraussetzung anerkannt, dass die Antragstellung – wie hier – nicht von dem Eintritt eines außer-, sondern eines **innerprozessualen Ereignisses** abhängt. Das Bestehen der Klageforderung ist in diesem Sinne aber kein künftiges ungewisses Ereignis, sondern bloße **Rechtsbedingung** und **innerprozessuales** Ereignis[506].

---

502 BGH, JZ 2002, 605, 607.
503 Für eine unbedingte Aufrechnung siehe etwa BGH, NJW-RR 1996, 699, wo der BGH im Hinblick auf die Schlüssigkeit der Klage ein Geständnis des Beklagten annahm; ferner BGH, NJW-RR 1999, 1736.
504 Z.B. einfaches Bestreiten, andere Einwendungen und Einreden.
505 Grundsätzlich sind Prozesshandlungen bedingungsfeindlich, unterliegen nicht der Anfechtung wegen Willensmängeln und sind keiner Zeitbestimmung zugänglich.
506 Wankner, JA 2002, 185, 186.

Erklärt der Beklagte im Prozess hilfsweise die Aufrechnung, ist die **danach** vom Kläger erklärte **Gegenaufrechnung** unbeachtlich[507].

865 b) **Bindung an Reihenfolge.** Die vom Beklagten bei der Hilfsaufrechnung gesetzte Bedingung[508] **fesselt** das Gericht in seiner **Prüfungsreihenfolge**[509]. Es darf sich mit der Gegenforderung erst befassen und darüber entscheiden, wenn feststeht, dass die Klageforderung entstanden und – abgesehen von der Aufrechnung – weder erloschen noch gehemmt ist[510]. In einem solchen Eventualverhältnis können auch mehrere nacheinander zur Aufrechnung gestellte Forderungen hintereinander stehen.

866 ✎ **Klausurtipp**

Trifft der Aufrechnungseinwand ausnahmsweise mit der Stundungseinrede, der Einrede des nichterfüllten gegenseitigen Vertrags nach § 320 BGB oder einem Zurückbehaltungsrecht nach §§ 273, 1000 BGB zusammen, muss der **Beklagte allerdings erklären**, in welcher **Reihenfolge** über diese Verteidigungsmittel zu entscheiden ist[511]. **Prozessual vorrangige** Fragen, etwa ob die Klageforderung überhaupt entstanden ist, noch besteht und auch nicht gehemmt ist, aber auch, ob die Aufrechnung materiell und prozessual überhaupt **zulässig** ist, dürfen – anders als sonst nach dem Urteilsstil, bei dem alle Fragen, auf die es nicht ankommt, dahingestellt bleiben – **nicht** offengelassen werden[512].

867 Die Klage darf auch **nicht** mit der **Alternativbegründung** abgewiesen werden, die Klageforderung sei entweder nicht entstanden[513] oder aber durch Aufrechnung erloschen.

868 4. **Bindung an Erklärung.** Stellt ein Beklagter seine Forderung zur **Aufrechnung**, obwohl er auch **abrechnen**[514] könnte, ist das Gericht auch an diese Erklärung gebunden und kann wegen der unterschiedlichen Rechtskraft keine Abrechnung annehmen[515].

---

507 KG, KGReport 2006, 500; Möller, JA 2001, 49; a. A. Braun, ZZP 89, 93; Pawlowski, ZZP 104, 249.
508 Diese Bindung gibt es für die Primäraufrechnung nicht.
509 Siehe hierzu Rn. 885 und Rn. 887.
510 So genannte Beweiserhebungstheorie (h. M.) gegen Klageabweisungstheorie (für diese etwa Stölzel, Schulung II, S. 90 ff., 5. Aufl. 1914). Beispiel: Da der Schuldner eine verjährte Klageforderung nach § 214 Abs. 2 BGB noch erfüllen, folglich auch gegen sie aufrechnen kann, würde er mit der unbedingten Aufrechnung ein überflüssiges Vermögensopfer bringen. Die nachrangige Verjährungseinrede erhält so kraft Parteiwillens prozessualen Vorrang vor der Hilfsaufrechnung.
511 Kion, Eventualverhältnisse im Zivilprozeß, 1971, S. 33 und 34. Dieser sieht im Übrigen allein in dieser Konstellation in der Hilfsaufrechnung ein echtes Eventualverhältnis.
512 BGH, NJW-RR 1991, 971; BGH, NJW 1988, 3210: Lässt das Gericht die Zulässigkeit der Aufrechnung dennoch offen, ist über die Gegenforderung nicht rechtskräftig i. S. v. § 322 Abs. 2 ZPO entschieden.
513 Oder erfüllt oder verjährt.
514 Siehe dazu etwa OLG Koblenz, MDR 2002, 715.
515 BGH, MDR 2002, 601, 602.

III. Rechtskrafterstreckung

1. Grundsatz. Das Urteil entscheidet grundsätzlich nur über den prozessualen Anspruch = **Streitgegenstand**[516], nicht aber über einzelne Angriffs- und Verteidigungsmittel, § 322 ZPO. Rechnet der Beklagte auf, ist ausnahmsweise aber auch die Entscheidung, dass die Gegenforderung nicht besteht, der **Rechtskraft** fähig, § 322 Abs. 2 ZPO[517]. Das Urteil stellt dann rechtskräftig fest, dass die aufgerechnete Gegenforderung entweder bis zur Höhe des Betrags, für den die Aufrechnung geltend gemacht worden ist, überhaupt **nicht** besteht, oder zwar bestanden hat, infolge der Aufrechnung aber erloschen ist[518] und also **nicht mehr** besteht. Eine solche **aberkennende Entscheidung** liegt nicht nur dann vor, wenn das Gericht die Gegenforderung aus materiell-rechtlichen Gründen als unbegründet nicht durchgreifen lässt, sondern auch dann, wenn die Aufrechnung aus **prozessualen Gründen** scheitert, insbesondere wegen Verspätung des **tatsächlichen Vorbringens**[519], § 296 ZPO, oder **fehlender Substanziierung** = eine Tatsache wurde nicht erwiesen[520]. 869

2. Ausnahmen. Keine aberkennende Entscheidung über die Gegenforderung liegt vor, wenn das Gericht die Aufrechnung aus **materiell-rechtlichen** oder aus anderen als den genannten **prozessualen Gründen** als unzulässig zurückweist[521], ohne über die Gegenforderung sachlich zu entscheiden[522]. Auch die Rechtskraft erfasst in diesem Falle nicht die Gegenforderung[523]. An einer rechtskraftfähigen Entscheidung fehlt es ferner, wenn das Gericht die Zulässigkeit der Aufrechnung offen lässt[524]. Zweifel im Hinblick auf die Rechtskraft können schließlich auftreten, wenn das Gericht in einem solchen Fall die Gegenforderung **als jedenfalls unbegründet** bezeichnet. 870

---

516 Siehe dazu Rn. 42
517 Für die Reichweite der Rechtskraft kommt es auch darauf an, wie das erkennende Gericht geltend gemachte Gegenansprüche des Bestellers beurteilt. Nimmt es ein Abrechnungsverhältnis an, ohne über die erklärte Aufrechnung zu entscheiden, liegt keine der Rechtskraft fähige Entscheidung über die Gegenforderungen vor, BGH, MDR 2004, 47; BGH, MDR 2002, 601 = BGHReport 2002, 389; BGH, MDR 1994, 612.
518 BGH, MDR 2002, 601, 602.
519 BGH, MDR 1984, 239. Etwas anderes gilt, wenn das Vorbringen zurückgewiesen wird, weil bereits der Einwand verspätet war. In diesem Falle ergeht keine aberkennende Entscheidung.
520 BGH, NJW-RR 1991, 971; BGH, NJW-RR 1987, 1196; BGH, MDR 1984, 239; BGH, BGHZ 33, 236, 242 = NJW 1961, 115 = LM § 279a ZPO Nr. 1.
521 Vgl. dazu etwa BGH, NJW 2001, 3616 m. Anm. Deubner, JuS 2001, 1208, und Anm. Wankner JA 2002, 185.
522 Vgl. BGH, BGHZ 16, 124, 127 = NJW 1955, 497.
523 BGH, NJW 2001, 3616; BGH, NJW 1997, 743.
524 BGH, NJW 1988, 3210 = LM § 546 ZPO Nr. 121 = BGHR, ZPO § 322 II – Hilfsaufrechnung 3 = WM 1988, 1322.

IV. Rechtsweg

871 Es ist möglich, dass der Beklagte mit einer Forderung aufrechnen will, die, würde sie selbstständig im Wege der Klage geltend gemacht werden, in einem **anderen Rechtsweg** einzuklagen wäre: So ist es vorstellbar, dass Forderung und Gegenforderung in verschiedenen Rechtswegen, etwa die eine vor dem Zivilgericht, die andere vor dem Verwaltungsgericht, geltend zu machen sind[525]. In diesen Fällen ist **nicht klar**, ob sich das angerufene Gericht auch mit der ggf. bestrittenen Gegenforderung beschäftigen und über diese entscheiden kann[526].
Überblick[527]:
- Der **BGH** hält es für zulässig, dass das ordentliche Streitgericht über solche zur Aufrechnung gestellten Forderungen befindet, die als eigenständige Klage vor dem **Arbeitsgericht**[528] oder vor dem **Landwirtschaftsgericht**[529] eingeklagt werden müssten. Dies gilt auch dann, wenn das **Familiengericht** zur Entscheidung über die Gegenforderung berufen wäre[530].
- Das **BAG** hält im **Arbeitsgerichtsverfahren** die Aufrechnung mit einer rechtswegfremden Gegenforderung hingegen für unzulässig[531].
- Der **BFH** ist dem für den **Finanzgerichtsprozess** beigetreten[532]. Eine rechtswegfremde Forderung sei einer objektiven Klagehäufung oder einer Widerklage vergleichbar. Für diese bestehe nach § 17 Abs. 2 S. 1 GVG ebenfalls keine Entscheidungsbefugnis.

872 🖉 Klausurtipp

Eine Aufrechnung ist **unstreitig** nicht möglich, wenn die **bestrittene** oder **nicht rechtskräftig festgestellte** Gegenforderung vor das **Verwaltungs- oder Sozialgericht** gehört[533]. Das Zivilgericht muss dann mit Rücksicht auf § 322 Abs. 2 ZPO nach § 148 ZPO **aussetzen**. Dem Beklagten ist ggf. eine Frist zur Klageerhebung zu setzen.[534]

---

525 Siehe dazu BGH, BGHZ 16, 124, 127 = NJW 1955, 497 = LM § 148 ZPO Nr. 2; BGH, NJW-RR 1989, 173, 174. Vgl. ferner BFH, NJW 2002, 3126, 3127.
526 Siehe dazu BGH, BGHZ 16, 124, 128 ff., und Gaa, NJW 1997, 3343.
527 Einen Sonderfall behandelt OLG Hamburg, OLGReport Hamburg 2003, 493, 494: Nur die Frage, ob eine Erklärung zulässig war, fiel in die Zuständigkeit der ordentlichen Gerichte.
528 BGH, MDR 1989, 238, 239; BGH, BGHZ 26, 304 = NJW 1958, 543 = LM § 322 ZPO Nr. 22.
529 BGH, MDR 1989, 238, 239; BGH, BGHZ 60, 85, 88 = NJW 1973, 421 = LM § 38 ZPO Nr. 17.
530 BGH, MDR 1989, 238, 239.
531 BAG, NJW 2008, 1020 mit ablehnender Anm. Deubner, JuS 2008, 504 ff.; BAG MDR 2002, 52 = NJW 2002, 317 = EWiR 2002, 19 [Greger].
532 BFH, NJW 2002, 3126.
533 BGH, BGHZ 16, 124; BSG, BSGE 19, 207, 209; a. A. Schenke/Ruthig, NJW 1992, 2505. Zum umgekehrten Fall der Aufrechnung vor dem VG siehe BVerwG, NJW 1999, 160, 161; BVerwG, NJW 1993, 2255.
534 Zur anwaltlichen Taktik in diesem Zusammenhang vgl. Kruse, JuS 2007, 1104, 1105.

4. Kapitel: Aufrechnung   **873, 874**

V. Rechtshängigkeit

Die **Aufrechnungsforderung** = Gegenforderung wird nach h. M. **nicht rechtshängig**[535]. Nach ständiger Rechtsprechung hindert die Rechtshängigkeit einer Forderung ihren Inhaber deshalb nicht, mit dieser Forderung die Aufrechnung gegen eine Forderung zu erklären, die gegen ihn eingeklagt wird[536]. Ebenso ist es zulässig, im Prozess hilfsweise die Aufrechnung zu erklären und gleichzeitig die Gegenforderung zum Gegenstand einer Widerklage zu machen[537]. Der Beklagte ist daher aus **prozessualen Gründen** regelmäßig nicht gehindert, mit seiner bereits aufgerechneten Gegenforderung gegen einen anderen Klageanspruch in einem weiteren Verfahren nochmals aufzurechnen[538]. In Fällen dieser Art wird es allerdings vielfach zweckmäßig sein, auf der Grundlage des § 148 ZPO den **zweiten Prozess** bis zur Erledigung desjenigen Verfahrens **auszusetzen**, in dem die erste Aufrechnungserklärung erfolgt ist[539]. Zulässig ist auch, dass die Forderung nicht von ihrem ursprünglichen Inhaber, sondern auf Grund einer Abtretung von dem Abtretungsempfänger hilfsweise zur Aufrechnung gestellt wird: Der Abtretungsempfänger tritt in vollem Umfang in die rechtliche Stellung des Abtretenden ein[540]. Der Beklagte ist somit weder gehindert, die aufgerechnete Gegenforderung anderweitig einzuklagen, noch mit der bereits eingeklagten Forderung aufzurechnen. Dies folgt auch aus § 261 Abs. 1 ZPO. Nur die Klageforderung wird danach rechtshängig. Ist die Gegenforderung bereits anderswo eingeklagt, kann das Gericht den Rechtsstreit aber nach § 148 ZPO aussetzen.

873

VI. Kosten

1. **Allgemeines.** Wird die Klage wegen einer Aufrechnung abgewiesen, so ist mit Blick auf die Kostenfolge zu differenzieren. Wenn gegen eine **unstreitige Klageforderung** aufgerechnet wird, hat der Kläger nach § 91 ZPO die Kosten des Rechtsstreits zu tragen. Wenn gegen eine streitige Klageforderung **hilfsweise aufgerechnet** wird, ist die Kostenentscheidung hingegen streitig.
- Nach h. M. ist eine **Kostenteilung/Kostenaufhebung** nach § 92 Abs. 1 ZPO angemessen[541]. Hierfür spricht, dass der Kläger zwar seinen Prozess verliert, zugleich aber festgestellt wird, dass ihm die Klageforderung zustand und der Prozessverlust allein auf dem Opfer einer Forderung des Beklagten beruhte.
- Die andere Ansicht lehnt eine Kostenteilung ab und will dem Kläger die **gesamten Kosten** des Rechtsstreits anlasten. Das wird damit begründet, dass

874

---

535 BGH, MDR 2004, 705 = NJW-RR 2004, 1000; BGH, JZ 1999, 623, 624 m. Anm. Foerste; BGH, NJW-RR 1989, 173, 174.
536 Vgl. BGH, NJW-RR 1994, 379, 380; BGH, NJW 1986, 2767 = LM § 597 ZPO Nr. 7; BGH, NJW 1977, 1687 = LM § 599 ZPO Nr. 4.
537 BGH, NJW 1999, 1179; BGH, NJW-RR 1994, 379, 380 m. w. Nachw.; BGH, BGHZ 57, 242 = BGH, NJW 1961, 1862.
538 BGH, MDR 2004, 705 = NJW-RR 2004, 1000.
539 BGH, MDR 2004, 705 = NJW-RR 2004, 1000.
540 Daraus erwächst dem Schuldner kein prozessualer Nachteil: Denn die vom Abtretenden auf Zahlung in Anspruch genommene Partei kann die Abtretung im Prozess vortragen und dadurch erreichen, dass der Abtretende seinen Klageantrag auf Zahlung an den Abtretungsempfänger umstellen muss.
541 BGH, MDR 1985, 487 = NJW 1985, 1556.

der Kläger **selbst aufrechnen** und die Klage damit vermeiden konnte. Die Aufrechnung wirke nach § 389 BGB auf die Aufrechnungslage zurück, so dass die Klage von Anfang an unbegründet sei, wenn sich die Forderungen bereits bei Klageerhebung aufrechenbar gegenüber standen. Diese Ansicht ist nach der Rechtsprechung des BGH[542], wonach der Zeitpunkt der Erledigung nicht materiell-rechtlich zu bestimmen ist, sondern im Lichte prozessrechtlicher Erwägungen beurteilen sei, **nicht mehr haltbar**. Ist die Gegenforderung, genauer die Aufrechnungslage i. S. von § 389 BGB, erst **nach Klageerhebung** entstanden, muss der Kläger nach dieser Ansicht den Rechtsstreit in der Hauptsache für erledigt erklären, wenn er eine für ihn ungünstige Kostenfolge vermeiden will[543].

875 2. Erledigung. Rechnet der Beklagte **nach Rechtshängigkeit** mit einer bereits vor Rechtshängigkeit aufrechenbaren Gegenforderung auf, stellt trotz der materiell-rechtlichen Rückwirkung auf den Zeitpunkt der Aufrechnungslage gem. § 389 BGB erst die Aufrechnungserklärung das „**erledigende Ereignis**" dar[544]. Der Zeitpunkt der Erledigung ist **nicht materiell-rechtlich zu bestimmen**, sondern im Lichte prozessrechtlicher Erwägungen zu beurteilen. Die Forderung erlischt rückwirkend erst mit der Aufrechnungserklärung im Prozess. Nur Nebenkosten in Form der Zinsen entfallen rückwirkend. Die Interessenlage des Klägers als Gläubiger und des Beklagten als Schuldner lässt keine andere Wertung zu: Fordert der Kläger vorprozessual den Beklagten auf, die Forderung zu zahlen, steht es dem Beklagten frei, vor oder nach Rechtshängigkeit die Aufrechnung zu erklären. Für den Kläger kann die Aufrechnung aus Rechtsgründen aber gem. § 393 BGB ausgeschlossen oder einredebehaftet sein.

VII. Gebührenstreitwert

876 Macht der Beklagte hilfsweise die Aufrechnung mit einer bestrittenen Gegenforderung geltend, so erhöht sich gem. § 45 Abs. 3 GKG der **Gebührenstreitwert**[545] um den Wert der Gegenforderung, **soweit** eine der Rechtskraft fähige Entscheidung über sie ergeht[546]. Die **Primäraufrechnung** hat auf den Gebührenstreitwert hingegen keine Auswirkungen.

---

542 BGH, NJW 2003, 3134.
543 Vgl. KG, MDR 1976, 846.
544 BGH, NJW 2003, 3134. So bereits OLG Düsseldorf, NJW-RR 2001, 432 m. Anm. Heistermann, NJW 2001, 3527; a.A. OLG Hamm, OLG-Report 2000, 100; LG Berlin, ZMR 1989, 98. Diese Rechtsprechung steht im Gegensatz zur ständigen Rechtsprechung bei § 767 ZPO. Siehe Rn. 1311 ff.
545 Hingegen nicht der Zuständigkeitsstreitwert, § 5 ZPO.
546 Hinweis zum Rechtsmittelstreitwert: Nach dem BGH ist eine beklagte Partei zusätzlich zur Klageforderung in Höhe des Betrages ihrer vorsorglich zur Aufrechnung gestellten Gegenforderung beschwert, wenn das Gericht der Vorinstanz das Bestehen der Gegenforderung verneint hat und im Falle der Rechtskraft des Berufungsurteils das Nichtbestehen der Gegenforderung nach § 322 Abs. 2 ZPO rechtskräftig festgestellt wäre, BGH, MDR 1992, 73; BGH, BGHZ 48, 212, 213 = MDR 1967, 821.

4. Kapitel: Aufrechnung   877–880

VIII. Berufung

Eine Aufrechnung in der **Berufungsinstanz** ist gem. § 533 ZPO nur zulässig, wenn der Gegner einwilligt oder das Gericht eine Aufrechnung für sachdienlich hält **und** diese auf Tatsachen gestützt werden können, die das Berufungsgericht seiner Verhandlung und Entscheidung über die Berufung ohnehin nach § 529 zu Grunde zu legen hat. Ob eine Aufrechnung zuzulassen ist, ist nach **objektiven Gesichtspunkten** und nach Sachdienlichkeit zu beurteilen. Maßgeblich ist der Gedanke der Prozesswirtschaftlichkeit, für den es entscheidend darauf ankommt, ob und inwieweit die Zulassung der Aufrechnung zu einer sachgemäßen und endgültigen Erledigung des Streits zwischen den Parteien führt, der den Gegenstand des anhängigen Verfahrens bildet und einem andernfalls zu erwartenden weiteren Rechtsstreit vorbeugt[547]. Der Sachdienlichkeit steht nicht entgegen, dass durch die Zulassung der Aufrechnung neue Parteierklärungen und Beweiserhebungen notwendig werden und die Erledigung des Rechtsstreits dadurch verzögert wird[548]. 877

IX. Urteil

1. Rubrum. Für das **Rubrum** ergeben sich keine Besonderheiten. 878

2. Tatbestand. Eine Aufrechnung kann – wie ausgeführt – unbedingt[549] oder bedingt[550] erklärt werden. Innerhalb des **Tatbestandes** führt **dieser** Unterschied aber zu keinem unterschiedlichen Aufbau. Die Geschichtserzählung für die Gegenforderung kann unstreitig, aber auch streitig sein. Aus Gründen des Sachzusammenhangs sollte sie in beiden Fällen **grundsätzlich** im Beklagtenvorbringen beurkundet werden. Auch die – fast immer unstreitige – Aufrechnungserklärung (bzw. die Berufung auf eine Aufrechnung) sollte nicht in der Geschichtserzählung, sondern am **Ende des streitigen Beklagtenvortrages** berichtet werden. Auch hierfür spricht der Sachzusammenhang mit den weiteren, streitigen Behauptungen des Beklagten. Etwas anderes kann ausnahmsweise nur gelten, wenn die Parteien allein darüber streiten, **ob** die Aufrechnung unzulässig ist. 879

Schema	880
• [Ggf. Einleitungssatz] • Unstreitiges Parteivorbringen = Geschichtserzählung (Auch soweit die Tatsachen, auf der die Gegenforderung beruht, unstreitig sind, werden sie **hier** aus Gründen des Sachzusammenhanges meistens nicht geschildert. Auch die [unstreitige] Aufrechnungserklärung selbst sollte an dieser Stelle nicht beurkundet werden.) • Streitiges Klägervorbringen • Ggf. Prozessgeschichte	

---

547 BGH, BGHReport 2004, 1107, 1108; BGH, ZIP 1992, 558, 562.
548 BGH, WM 1983, 1162, 1163; BGH, NJW 1985, 1841, 1842; BGH, NJW 2000, 143, 144.
549 Primäre Aufrechnung.
550 Hilfsaufrechnung.

- Anträge
  - Antrag des Klägers
  - Antrag des Beklagten
- Beklagtenvorbringen[551]
- Streitiges Beklagtenvorbringen zur Klage (etwa qualifiziertes Klageleugnen und die Einrede der Erfüllung)
- Darstellung, dass der Beklagte die Aufrechnung erklärt bzw. erklärt hat
- Ggf. jetzt Geschichtserzählung (also das Unstreitige) zur Aufrechnung
- Streitiges Beklagtenvorbringen zur Aufrechnung
- Ggf. Replik
- Streitiges Klägervorbringen zur Aufrechnung
- Prozessgeschichte

881 3. **Entscheidungsgründe.** Auf die **Sachurteilsvoraussetzungen** hat eine Aufrechnung **keinen Einfluss.** In der **Begründetheit** ist die Aufrechnung im Hinblick auf § 322 Abs. 2 ZPO und zur Klarstellung des Umfanges ihrer Rechtskraft ähnlich wie eine Klage **nach Zulässigkeit und Begründetheit** aufzubauen. Der **Aufbau im Einzelnen** richtet sich danach, ob eine Primär- oder eine Hilfsaufrechnung zu bearbeiten ist.

882 a) **Primäraufrechnung.** Für die **Primäraufrechnung** kann es sich anbieten, bloß festzustellen, dass die Klageforderung begründet ist. Eine lange Prüfung erübrigt sich in jedem Falle. **Gegenstand der Begründetheit** ist allein, ob die Klage durch die Aufrechnung gem. § 389 BGB erloschen ist.

883

Schema
„**Entscheidungsgründe**
I.
...
II.
1. Der Kläger hat unstreitig einen Anspruch auf ...
2. Der Anspruch ist/ist nicht gem. § 389 BGB erloschen. Denn ....
III.
..."

884 b) **Hilfsaufrechnung.** Bei einer Hilfsaufrechnung ist hingegen die vom Beklagten **vorgegebene Prüfungsreihenfolge zu berücksichtigen.** Es sind also zunächst alle anderen Einwände des Beklagten zu prüfen und erst im Anschluss zu fragen – sofern die Einwände nicht greifen –, ob die Klageforderung jedenfalls wegen der Aufrechnung erloschen ist.

---

551 Handelt es sich um eine Primäraufrechnung, ist zumeist kein streitiges Vorbringen des Beklagten zum Anspruch des Klägers vorhanden.

4. Kapitel: Aufrechnung

> **Schema** 885
>
> **„Entscheidungsgründe**
>
> I.
> ...
>
> II.
> 1. Der Kläger hat einen Anspruch auf ...
>   a. [Tatbestandsmerkmal 1]
>   b. [Tatbestandsmerkmal 2]
> 2. Der Beklagte hat den Anspruch nicht erfüllt, § 362 BGB. Denn ...
> 3.-4. ...
> 5. Der Anspruch ist/ist nicht gem. § 389 BGB erloschen. Denn ...
>
> III.
> ..."

c) **Interne Prüfungsreihenfolge. Innerhalb des Aufrechnungseinwandes** prüft man zuerst, ob der Beklagte die Aufrechnung erklärt hat, dann die materiell-rechtliche[552] und prozessuale Zulässigkeit der Aufrechnung[553] sowie Entstehung und Bestand der Gegenforderung 886

> ☑ **Checkliste** 887
>
> - Der Beklagte muss sich auf die Einrede der Aufrechnung berufen: Frage der Zulässigkeit
> - Es besteht kein materiell-rechtliches Aufrechnungsverbot: Frage der Zulässigkeit
> - Die Aufrechnung ist prozessual zulässig: Frage der Zulässigkeit
> - Es gibt eine Aufrechnungslage: Frage der Begründetheit

X. Übungen

Fall 1: 888
K klagt gegen Krankenhaus B vor dem Arbeitsgericht Berlin auf rückständigen Lohn. B rechnet für den Fall, dass die Klage nicht wegen anderer Einwände abgewiesen wird, mit einem Anspruch wegen nicht gezahlter Mieten auf. Ist die Aufrechnung zulässig?

Lösung:
Fraglich ist, ob das Arbeitsgericht Berlin über die Mietforderung entscheiden kann. Grundsätzlich sind für Mietforderungen gemäß § 23 Nr. 2a GVG die ordentlichen Gerichte (Amtsgericht) und nicht das Arbeitsgericht zuständig.

---

552 Unzulässig ist der Aufrechnungseinwand etwa, wenn der Beklagte vertraglich auf ihn verzichtet hat: In diesen Fällen gilt auch § 322 Abs. 2 ZPO nicht, denn das Gericht entscheidet nicht über die Gegenforderung, wenn es annimmt, der Beklagte dürfe nicht aufrechnen.
553 §§ 309 Nr. 3, 387, 390 bis 395 BGB.

Der **BGH** hat entschieden, dass ein Gericht auch für die Entscheidung über die Gegenforderung, mit der aufgerechnet wird, zuständig sein kann. Er hat dies damit begründet, dass die Arbeitsgerichtsbarkeit in Abgrenzung zur Verwaltungsgerichtsbarkeit der ordentlichen Gerichtsbarkeit „sehr nahe" sei. Es handele sich nicht um eine Frage des Rechtsweges sondern um eine Frage der sachlichen Zuständigkeit. Die Trennung sei daher nicht so bedeutsam, dass *„die strenge Einhaltung der verschiedenen Verfahrenszuständigkeiten unerlässlich wäre"* (BGH, NJW 1980, 2466, 2467; BGH, NJW 1958, 543; BGH NJW 1973, 421).

In der **Literatur** wird dieses Ergebnis unter Hinweis auf § 17 Abs. 2 Satz 1 GVG erzielt (Neufassung 1990 durch 4. VwGO-Änderungsgesetz). Hiernach hat das erkennende Gericht den Rechtsstreit unter allen in Betracht kommenden rechtlichen Gesichtspunkten zu entscheiden (so genanntes „Durchentscheiden"). Hierunter sei auch eine aufgerechnete Gegenforderung zu fassen (Gaa, NJW 1997, 3343; MünchKomm/ZPO, § 17 GVG Rdnr. 15). Zu beachten ist jedoch, dass § 17 GVG das Verhältnis unterschiedlicher Rechtswege, nicht aber das Verhältnis unterschiedlicher sachlicher Zuständigkeiten regelt. Es lässt sich aber im Wege eines erst-recht-Schlusses argumentieren: Wenn im eigentlich nicht eröffneten Rechtsweg entschieden werden kann, muss es erst recht möglich sein, auch die sachliche Zuständigkeit zu überwinden. Im gleichen Sinn hat der BGH entschieden, dass § 17 Abs. 2 GVG grundsätzlich auch im Falle der örtlichen Unzuständigkeit eines Gerichtes gelten soll (BGH, NJW 2003, 828 ff.).

Folgt man der Literatur und wendet § 17 Abs. 2 Satz 1 GVG an, muss es aber konsequenterweise entgegen dem BGH auch möglich sein, dass ein ordentliches Gericht über eine Gegenforderung entscheidet, die eigentlich im Verwaltungsrechtsweg geltend zu machen wäre. Der BGH hat hierzu seit der Neufassung des § 17 Abs. 2 GVG noch keine Stellung bezogen (offen gelassen in BGH, NJW 2000, 2428, 2429; zustimmend VGH Kassel, NJW 1995, 1107, 1108; ablehnend BVerwG, NJW 1999, 160, 161).

Das **BAG** hat die Anwendung von § 17 Abs. 2 GVG abgelehnt. Die Frage nach dem Erfolg der Aufrechnung sei nicht als *„rechtlicher Gesichtspunkt"* im Sinne der Vorschrift anzusehen. § 17 Abs. 2 GVG beziehe sich nicht auf eigenständige Gegenstände eines Prozesses wie eine Aufrechnungsforderung. Eine solche stelle eine selbstständige, von dem Klageantrag zu trennende Gegenforderung dar. Sie sei daher kein „rechtlicher Gesichtspunkt" einer Klage i.S.d. § 17 Abs. 2 GVG. Dieser verleihe dem in der Hauptsache angerufenen Gericht daher nicht die Kompetenz zur Prüfung der Gegenforderung. Das entspreche auch dem Willen des Gesetzgebers. Er habe die Problematik bei der Änderung des § 17 GVG im Rahmen des 4. VwGO-Änderungsgesetzes gekannt, eine entsprechende Klarstellung jedoch nicht vorgenommen (BAG, MDR 2002, 52). Für diese Argumentation spricht auch, dass zwischen Klageforderung und Gegenforderung nicht notwendiger Weise ein objektiver Sachzusammenhang besteht. § 17 Abs. 2 GVG gilt aber grundsätzlich für die Fälle, in denen derselbe prozessuale Anspruch auf mehreren, eigentlich verschiedenen Gerichten zugewiesenen Anspruchsgrundlagen beruht. Die Prozessaufrechnung ist insoweit eher mit der Widerklage und der objektiven Klagehäufung vergleichbar. Die vom BGH bemühte Argumentation der „Nähe" der Rechtszweige zieht das BAG nicht in Betracht. Von einer Vorlage beim Gemeinsamen Senat wurde wahrscheinlich deshalb abgesehen, da der BGH sich zu der durch § 17 GVG n. F. grundlegend geänderten Situation noch nicht geäußert hat.

Folgt man dem BGH und der Literatur, die sich nur hinsichtlich der Frage der Zuständigkeit der Verwaltungsgerichtsbarkeit unterscheiden, kann das Arbeitsgericht auch über die Mietforderung entscheiden.

Folgt man dem BAG, ist das Verfahren auszusetzen oder durch Vorbehaltsurteil zu entscheiden. Im Nachverfahren ist gegebenenfalls die zwischenzeitlich im ordentlichen Rechtsweg entschiedene Aufrechnungsforderung zu berücksichtigen. Das Gericht kann dem Aufrechnenden eine Frist zur Geltendmachung der Aufrechnungsforderung im anderweitigen Rechtsweg bestimmen.

4. Kapitel: Aufrechnung

Fall 2:
K klagt gegen B auf Zahlung von 4.000,00 € aus Darlehen. B bestreitet die Forderung und rechnet für den Fall, dass die Klage nicht wegen seiner Einwände abgewiesen wird, mit einer Forderung aus Kaufvertrag über 8.000,00 € auf. Das Gericht stellt fest, dass die Aufrechnung erheblich ist. Kann es die Klage mit der Begründung abweisen, die Klageforderung sei jedenfalls erloschen?

Lösung:
Die Entscheidung des Gerichts wäre unzulässig. Die Aufrechnung des B steht unter der innerprozessualen Bedingung, dass die Klageforderung nach Ansicht des Gerichts zulässig und begründet ist. Der Antrag des B lautet daher auf Entscheidung über die Gegenforderung nur für den Fall, dass der Klage ansonsten stattgegeben würde. Bei einer Entscheidung als „jedenfalls erloschen" steht die Entscheidung zur Hauptsache aber nicht fest. Die innerprozessuale Bedingung ist mithin nicht eingetreten, so dass der an den Antrag des Beklagten gebundene Richter (§ 308 ZPO) nicht über die Aufrechnungsforderung entscheiden dürfte. Stellt das Gericht sofort auf die Aufrechnung ab, könnte der Beklagte eine Forderung gegenüber dem Kläger einbüßen, obwohl die Klageforderung möglicherweise auf Grund von Unschlüssigkeit, von Beweisnot oder erfolgreichen Einwendungen/Einreden nicht durchgedrungen wäre. Der Sinn der eben gerade hilfsweise Erklärung der Aufrechnung wird damit konterkariert.

Fall 3:
K klagt gegen B auf Zahlung von 4.000,00 € aus Darlehen. Bevor der Prozess entschieden ist, erhebt B Klage vor einem anderen Gericht auf Schadenersatz. Mit der dort geltend gemachten Forderung rechnet B auch im Darlehensprozess auf. Zulässig?

Lösung:
Das Vorgehen des B wäre zulässig. Eine Forderung kann gleichzeitig Streitgegenstand einer Leistungsklage und Gegenforderung einer Aufrechnung sein. Die Aufrechnung im Prozess ist ein bloßes Verteidigungsmittel. Zwischen einer rechtshängigen Klage und einer Aufrechnung bestehen Parallelen dahingehend, dass auf Grund des § 322 Abs. 2 ZPO die Aufrechnung ähnlich einer Klage auf Zulässigkeit und Begründetheit hin geprüft wird und die Aufrechnung hinsichtlich der Verjährung dieselbe Wirkung entfaltet wie eine Klageerhebung (Hemmung nach § 204 Abs. 1 Nr. 5 BGB). Die Aufrechnungsforderung wird jedoch nicht nach § 261 ZPO rechtshängig, eine Geltendmachung der Aufrechnung macht daher die Einklagung derselben Forderung in einem anderen Prozess nicht unzulässig und umgekehrt. Die rechtskräftige Entscheidung über das Nichtbestehen einer Forderung bindet den hinsichtlich der Aufrechnung zuständigen Richter, so dass eine erfolgreiche Aufrechnung nicht mehr möglich ist. Wird vor der Entscheidung über die klageweise geltend gemachte Forderung in dem parallel laufenden Prozess über die Aufrechnungsforderung entschieden, geht diese bei erfolgreicher Aufrechnung gem. § 322 Abs. 2 ZPO unter (bis zur Höhe der Gegenforderung). Die andere Klage ist dann (zumindest in dieser Höhe) abzuweisen, der Kläger kann jedoch die (gegebenenfalls teilweise) Rücknahme der Klage oder auch die Erledigung des Rechtsstreits erklären. Dem Kläger sind dann entsprechend die Kosten aufzuerlegen.

5. Kapitel: **Prozessvergleich**[554]

I. Einführung

891 1. **Allgemeines.** Der Prozessvergleich ist ein vor Gericht in mündlicher Verhandlung (siehe aber § 278 Abs. 6 ZPO) geschlossener und protokollierter Vertrag, durch den die Parteien – oder beide Parteien und Dritte – einen rechtshängigen Rechtsstreit gütlich vollständig oder teilweise (Teilvergleich) beenden. **Gegenstand eines Prozessvergleichs** kann sein, was auch Gegenstand eines Urteils sein kann.

892   ✐ **Klausurtipp**
Der Prozessvergleich ist ein – aus Prüfersicht – beliebtes Objekt von Klausuren. Als Schnittstelle zwischen BGB und ZPO ermöglicht er es nämlich, die Kenntnisse sowohl im materiellen als auch im prozessualen Bereich abzufragen. Eben aus diesem Grunde bereitet der Prozessvergleich allerdings auch besondere Probleme: Der prozessuale Aufbau, die Fassung von Rubrum, Tatbestand und Entscheidungsgründen wird im Wesentlichen auch von materiellen Kenntnissen bestimmt.

893 Ein sachgerechter Aufbau in der Klausur wird durch die unzureichende Regelung der Voraussetzungen des Prozessvergleichs in der ZPO erschwert:
- Die ZPO definiert den Prozessvergleich nicht, sondern setzt seine Kenntnis – z. B. in § 278 Abs. 1 S. 1 ZPO – als bekannt voraus[555]. Allein § 794 Nr. 1 ZPO können Anhaltspunkte entnommen werden.
- Die gesetzlichen Regelungen des Prozessvergleichs sind weitgehend unsystematisch[556] und verstreut.

Prozessvergleiche besitzen gegenüber streitigen Entscheidungen große Vorteile:
- Mit einem Prozessvergleich kann der Streit der Parteien ausgeglichen und nicht bloß entschieden werden.
- Mit einem Prozessvergleich können Kosten gespart werden.
- Durch einen Prozessvergleich können Prozessrisiken ausgeglichen werden.

---

554 Vgl. auch § 36 FamFG.
555 Siehe hingegen § 106 VwGO: Um den Rechtsstreit vollständig oder zum Teil zu erledigen, können die Beteiligten zur Niederschrift des Gerichts oder des beauftragten oder ersuchten Richters einen Vergleich schließen, soweit sie über den Gegenstand des Vergleichs verfügen können. Ein gerichtlicher Vergleich kann auch dadurch geschlossen werden, dass die Beteiligten einen in der Form eines Beschlusses ergangenen Vorschlag des Gerichts, des Vorsitzenden oder des Berichterstatters schriftlich gegenüber dem Gericht annehmen. Oder § 101 Abs. 1 SGG: Um den geltend gemachten Anspruch vollständig oder zum Teil zu erledigen, können die Beteiligten zur Niederschrift des Gerichts oder des Vorsitzenden oder des beauftragten oder ersuchten Richters einen Vergleich schließen, soweit sie über den Gegenstand der Klage verfügen können.
556 Kotzur, JZ 2003, 73, 75.

2. Doppelnatur. Ein Prozessvergleich besitzt eine **Doppelnatur**[557]: Er ist einerseits **894** materiell-rechtlicher Vertrag und andererseits Prozesshandlung.
- Er ist eine **Prozesshandlung**: Er wird vor Gericht geschlossen, ist Vollstreckungstitel und beendet den Prozess, § 794 Abs. 1 Nr. 1 ZPO, beseitigt also die Rechtshängigkeit.
- Er ist ein **schuldrechtlicher Vertrag**: Er regelt die Rechtsbeziehungen der Parteien untereinander und ist nach § 779 BGB[558] zu beurteilen. Er ist also ein gegenseitiger Vertrag, durch den der Streit oder auch nur die subjektive Ungewissheit der Parteien über ein Rechtsverhältnis im Wege gegenseitigen Nachgebens beseitigt wird, § 779 Abs. 1 BGB.

II. Voraussetzungen

1. Allgemeine Wirksamkeitsvoraussetzungen. Die Bestimmungen über den Prozessvergleich sind wegen seiner Doppelnatur sowohl im BGB als auch in der ZPO zu suchen. Als materiell-rechtlicher Vertrag unterliegt der Prozessvergleich den Wirksamkeitsvoraussetzungen des BGB. Der Vertragsschließende muss also etwa nach §§ 105 ff. BGB geschäftsfähig sein, der Vertrag darf nicht gegen §§ 134, 138, 242 BGB verstoßen. Als Prozesshandlung unterliegen die Vertragsschließenden **den allgemeinen Sachurteilsvoraussetzungen**[559]. **895**

Außerdem müssen die **Prozesshandlungsvoraussetzungen** vorliegen[560]. Die Parteien müssen also z. B. partei- oder prozessfähig sein. In der Klausur sind Vergleiche vor allem dahin gehend zu überprüfen, ob sie ordnungsgemäß protokolliert wurden, § 160 Abs. 3 Nr. 1 ZPO. Da nur mündliche Erklärungen vor Gericht protokolliert werden, müssen die Parteien den Vergleich auch mündlich schließen. Dieses Protokoll muss den Parteien vorgelesen[561] werden, diese müssen es genehmigen, und der Richter muss es schließlich unterschreiben. **896**

2. Besondere Wirksamkeitsvoraussetzungen. Weitere und besondere Wirksamkeitsvoraussetzungen des Vergleichs ergeben sich aus § 794 Abs. 1 S. 1 ZPO. Danach muss der Prozessvergleich u. a. geschlossen werden in einem Streitverfahren, vor einem deutschen Gericht oder einer Gütestelle, während eines anhängigen Verfahrens[562], also nicht vorher oder nach Rechtskraft des Urteils, zwischen den Parteien des Rechtsstreits und zur Beilegung des Rechtsstreits seinem ganzen Umfang nach oder wegen eines Teiles des Streitgegenstandes. Gemäß § 779 BGB **897**

---

557 Vgl. nur BGH, NJW-RR 2007, 1451, 1452; BGH, NJW 2005, 3576, 3577; BGH, NJW-RR 2005, 1323; BGH, NJW 1999, 2806 = MDR 1999, 1150; BGH, BGHZ 79, 71, 74 = JuS 1981, 926; BGH, BGHZ 28, 171, 172 = NJW 1958, 1970; BSG, ZfS 2004, 172; BSG, NJW 1989, 2565; BVerwG, DVBl. 2001, 642; BVerwG, NJW 1988, 662; LAG Hamm, MDR 2003, 713, 714.
558 Dazu etwa LAG Hamm, MDR 2003, 713, 714.
559 Siehe dazu Rn. 510 ff. Auch hier gilt nach h. M. (BGH, NJW 1991, 1743 ff. = MDR 1991, 1093, 1094) der Anwaltszwang in dafür vorgesehenen Verfahren.
560 Siehe dazu Rn. 605 ff.
561 Oder vorgespielt.
562 BGH, NJW-RR 1991, 1021.

kommt ein Vergleich außerdem nur dann zu Stande, wenn die Parteien die Einigung durch gegenseitiges Nachgeben erzielen.

898 Der Umfang des Nachgebens jeder Partei muss **nicht gleich groß** sein – es genügt, wenn die Parteien das Nachgeben für gleichwertig halten. Die Rechtsprechung ist bei der Auslegung dieses Merkmals eher großzügig, so dass schon ein minimales Nachgeben ausreicht. Nach Ansicht des BGH liegt gegenseitiges Nachgeben i. S. von § 779 BGB schon dann vor, wenn die Parteien, um zur Einigung zu gelangen, überhaupt Zugeständnisse machen; geringes Nachgeben auch im kleinsten Streitpunkt reicht insoweit aus[563].

899 3. **Unwirksamkeit.** Ein Prozessvergleich unterliegt – wie bereits ausgeführt – zum einen den Regelungen der ZPO, zum anderen denen des BGB. Die Unwirksamkeit eines gerichtlichen Vergleichs kann daher zum einen darauf beruhen, dass der materiell-rechtliche Vertrag z. B. nach §§ 104 ff., 134, 138, 145 ff. BGB nichtig ist oder wirksam angefochten wurde. Zum anderen kann er unwirksam sein, weil die zum Abschluss des Vergleichs notwendigen Prozesshandlungen nicht wirksam vorgenommen worden sind, z. B. wegen mangelnder Protokollierung[564] oder nicht ausreichender Prozessvollmacht[565].

900 a) **Formelle Fehler.** Weist der Prozessvergleich **formelle Fehler** auf, etwa weil der Vergleich nicht vorgelesen und genehmigt wurde[566], liegt kein Prozessvergleich i. S. v. § 794 Abs. 1 Nr. 1 ZPO vor. Der Prozess endet also nicht und muss fortgesetzt werden. Wird der Fehler erst bei Erteilung der Klausel bemerkt, ist dies im Verfahren auf Erteilung der Klausel nach § 732 ZPO[567] zu prüfen. Ein Vergleich, der an prozessualen Mängeln leidet, kann aber unter Umständen als außergerichtlicher Vergleich Bestand haben[568]. Dies kann allerdings nur ausnahmsweise angenommen werden: Zumeist wird auch der außergerichtliche Vergleich gem. § 139 BGB nichtig sein.

901 b) **Materielle Fehler.** Ist ein Vergleich wegen **materiell-rechtlicher Regelungen nichtig**[569], ist **umstritten**, ob der Prozess weiter zu führen ist. Nach h. M. ist danach zu unterscheiden, ob der Fehler zu einer „Beseitigung" des Vergleichs ex nunc oder ex tunc führt. Fällt der Vergleich ex tunc weg – sei es auf Grund einer Anfechtung, sei es weil er von vornherein nichtig war – oder liegen sowohl Gründe für eine Aufhebung ex tunc als auch ex nunc vor, entfaltet der Vergleich

---

563 BGH, NJW-RR 2006, 644, 645; BGH, MDR 2005, 897; BGH, BGHZ 39, 60, 62 m. w. Nachw.
564 BGH, NJW 1954, 1886.
565 BGH, BGHZ 16, 167.
566 Vgl. §§ 160 Abs. 3 Nr. 1, 162 Abs. 1 S. 1 und 3 ZPO; OLG Hamm, MDR 2000, 350.
567 Zum Aufbau der Entscheidung siehe Lackmann, Zwangsvollstreckungsrecht, 6. Aufl. 2003, Rn. 765–767. Stichpunkte: „In Sachen", Gläubiger und Schuldner, keine Gerichtskosten, usw.
568 Umdeutung gem. § 140 BGB, vgl. BGH, NJW 1985, 1962, 1963; BVerwG, DVBl. 1994, 211, 212.
569 Etwa wegen §§ 142, 123, 138, 779 BGB, wegen Rücktritts vom Vergleich und eines Widerrufs.

keine prozessualen Folgen. Der alte Prozess wird „normal" fortgesetzt[570]. Argument ist, dass ein Vergleich, der nie da war, auch keine prozessgestaltenden Wirkungen entfalten konnte. Entfällt der Vergleich hingegen ex nunc, etwa im Falle des gesetzlichen Rücktritts vom Vergleich, so ist die Rechtsfolge strittig:

- Nach dem Bundesgerichtshof[571] und dem Bundesverwaltungsgericht[572] entfaltet der Vergleich in diesem Falle seine prozessuale Wirkung. Nach ihnen müssen Unwirksamkeitsgründe daher in einem neuem Verfahren geltend gemacht werden[573].
- Das Bundesarbeitsgericht[574] und die h. L. gehen hingegen davon aus, dass ein Vergleich auch bei einer ex-nunc-Wirkung keine prozessualen Wirkungen entfaltet. Sie plädieren also für eine Fortsetzung des ursprünglichen Verfahrens.

Übersicht:

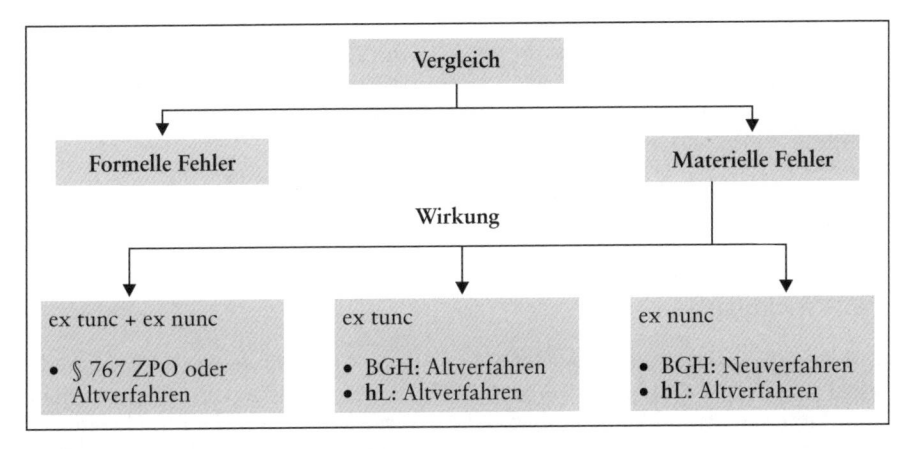

	Vergleich	
Formelle Fehler	Wirkung	Materielle Fehler
ex tunc + ex nunc	ex tunc	ex nunc
• § 767 ZPO oder Altverfahren	• BGH: Altverfahren • hL: Altverfahren	• BGH: Neuverfahren • hL: Altverfahren

4. Form. Für den Vergleich als Prozesshandlung ist stets darauf zu achten, dass dieser **ordnungsgemäß protokolliert** wird. Ist für den Vertragsgegenstand nach materiellem Recht eine bestimmte Form vorgesehen, so wird diese gemäß § 127a BGB durch das richterliche Protokoll erfüllt.

5. Bedingung. Es ist möglich und üblich, die **Wirksamkeit eines gerichtlichen Vergleichs** von einer **Bedingung** abhängig zu machen, § 158 BGB, es sei denn, die Bedingung ist gesetzlich verboten[575]. Streitig ist, ob die Möglichkeit eines Widerrufs eine aufschiebende oder auflösende Bedingung oder einen Rücktrittsvorbehalt darstellt. Die h. M. nimmt eine aufschiebende Bedingung an. Bedingung ist, dass der Vergleich nicht fristgerecht widerrufen wird.

---

570 BGH, NJW 1999, 2903 = JuS 2000, 94 Nr. 15 [Karsten Schmidt] = ZZP 2000, 363.
571 BGH, NJW 1966, 1658; BGH, NJW 1955, 705.
572 BVerwG, DÖV 1962, 323.
573 Beispiel bei Becker, JA 1995, 683, 690.
574 BAG, BAGE 3, 43 = NJW 1956, 1215.
575 Z. B. § 925 BGB.

904 📄 Formulierungsvorschläge
- „Den Parteien wird nachgelassen, diesen Vergleich durch einfache schriftliche Anzeige gegenüber dem Gericht[576] bis zum ... zu widerrufen."
- „Der Vergleich wird wirksam, wenn er nicht bis zum ... durch einfache schriftliche Anzeige gegenüber dem Gericht widerrufen wird."

III. Zweck

905 Durch den Vergleich bezwecken die Parteien, den Prozess und ggf. andere Gegenstände zumindest teilweise durch Einigung über den Streitgegenstand zu erledigen. Aus dem Vergleich muss deshalb der genaue Regelungsumfang ersichtlich sein. In der Praxis geschieht dies zumeist durch die Formulierung, dass durch den Vergleich alle Forderungen der Parteien, die Gegenstand des Rechtsstreits waren, gegeneinander abgegolten sind. Häufig wird auch das Motiv für den Abschluss des Vergleichs aufgenommen.

906 📄 Formulierungsbeispiel:
„Auf [ggf.: „dringendes"] Anraten des Gerichts schließen die Parteien folgenden Vergleich....".

907 Die **Angabe eines Motivs** kann insbesondere dann von Bedeutung sein, wenn der Vergleich von der Zustimmung Dritter[577] abhängig ist.

IV. Wirkungen

908 **1. Prozessende.** Der Prozess wird durch den gerichtlichen Prozessvergleich unmittelbar beendet, §§ 81 Hs. 3, 83 Abs. 1 ZPO. Die Rechtshängigkeit erlischt ex nunc ohne Gerichtsentscheidung. Sind vor einem Vergleich gerichtliche Entscheidungen ergangen, z. B. ein Versäumnisurteil, werden diese nach h. M. analog § 269 Abs. 3 S. 1 Hs. 2 ZPO wirkungslos[578]. Der Schuldner kann dies nach §§ 269 Abs. 4, 732 ZPO feststellen lassen oder rügen. Durch einen außergerichtlichen Vergleich wird der Prozess nicht beendet[579]. Für eine Prozessbeendigung[580] müssen noch eine Klagerücknahme, eine **übereinstimmende Erledigterklärung** oder ein Urteil hinzutreten. Hält eine Partei den Vergleich für unwirksam, so ist zu differenzieren.

---

576 Für die Beantwortung der Frage, wem gegenüber der in einem Prozessvergleich vorbehaltene Widerruf zu erklären ist, kommt es vorrangig auf eine in dem Vergleich getroffene Bestimmung an, BGH, NJW-RR 2005, 1323; BAG, BAGE 87, 352 = NJW 1998, 2844, 2845. Wenn die Parteien hierüber keine Regelung getroffen haben, kann der Widerruf eines Prozessvergleichs sowohl dem Gericht als auch der anderen Vergleichspartei gegenüber wirksam erklärt werden. Dies gilt jedenfalls für Prozessvergleiche, die seit dem 1.1.2002 geschlossen wurden; BGH, GE 2005, 1551 = NJW 2005, 3576 m. w. Nachw.
577 Z. B. einer Rechtsschutzversicherung.
578 Kniffka, Jus 1990, 969, 970; Rensen, JA 2004, 556.
579 BGH, NJW 2002, 1503 m. Anm. Jacoby, JZ 2002, 722, und m. Anm. Schultzky = BGH, BGHReport 2002, 479, m. Anm. Krauss, JA 2002, 836.
580 Für den Inhalt einer Entscheidung ist der außergerichtliche Vergleich hingegen von großer Bedeutung. Er gestaltet schließlich die Rechte der Parteien um.

5. Kapitel: Prozessvergleich

a) Fortsetzung des alten Prozesses. Zieht der Kläger die **prozessbeendigende Wirkung** des Vergleichs in **Zweifel**, etwa weil er den Vergleich nach §§ 142, 123 BGB angefochten hat[581] oder den Vergleich gem. §§ 138, 779 BGB für unwirksam hält, muss er den alten Rechtsstreit fortsetzen[582]. Maßgeblich hierfür ist vor allem die Erwägung, dass ein nichtiger Prozessvergleich nicht zur Beendigung des Ursprungsverfahrens geführt hat und daher einer neuen Klage, jedenfalls soweit mit ihr das ursprüngliche Prozessziel bei unverändert gebliebenem Streitgegenstand weiterverfolgt werden soll, der Einwand anderweitiger Rechtshängigkeit entgegenstehen würde. Der Kläger muss also beantragen, ggf. „*die Vollstreckung einstweilen einzustellen und Termin zur mündlichen Verhandlung in dem alten Rechtsstreit anzuberaumen*". 909

In diesem Rechtsstreit geht es zunächst um die Frage, ob der alte **Rechtsstreit durch den Vergleich beendet** wurde[583]. Ist diese Frage zu verneinen, sind dann Zulässigkeit und Begründetheit der ursprünglichen Klage zu prüfen. War der Vergleich hingegen wirksam, so ergeht keine Entscheidung über die Sache[584]. 910

> **✎ Klausurtipp** 911
> Auch der Rückforderungsanspruch des auf Grund eines unwirksamen Vergleichs Geleisteten ist im bisherigen Rechtsstreit einzuklagen[585].

b) Vollstreckungsabwehrklage. Zieht eine Parteien die prozessbeendigende Wirkung nicht in Zweifel, meint sie aber gleichwohl, den Vergleich nicht erfüllen zu müssen, etwa weil die Parteien den Vergleich aufgehoben haben oder weil sie von dem Vergleich zurückgetreten oder weil die Geschäftsgrundlage für den Vergleich entfallen ist, ist die **Vollstreckungsabwehrklage** gem. § 767 ZPO der richtige Weg. 912

Vertritt der Kläger hingegen die Auffassung, der Vergleich sei wegen §§ 142, 123 BGB unwirksam, wäre eine Vollstreckungsabwehrklage gem. § 767 ZPO **wegen mangelnden Rechtsschutzinteresses** unzulässig. In einem solchen Fall muss der Kläger den alten Prozess fortsetzen. Vertritt eine Partei (ggf. hilfsweise) beide Standpunkte, nämlich dass sowohl die prozessbeendigende Wirkung des Vergleichs ex tunc entfallen ist als auch dass gegen den Vergleich Einwendungen nach Vertragsschluss entstanden sind, so ist die Vollstreckungsabwehrklage ausnahmsweise zulässig[586]. 913

2. Titel. Der Prozessvergleich ist **Vollstreckungstitel**, sofern die Voraussetzungen der §§ 795, 724 ZPO erfüllt sind. Die Leistungsverpflichtungen müssen also auch 914

---

581 So in BGH, NJW 1999, 2903 = ZZP 2000, 363 m. Anm. Becker-Eberhard = JZ 2000, 421 m. Anm. Münzberg = LM § 794 Abs. 1 Ziff. ZPO Nr. 44 Grunsky.
582 BGH, NJW 1999, 2903.
583 Kein Problem der Zulässigkeit der Klage. Die Frage der Zulässigkeit stellt sich erst, wenn die Frage zu verneinen ist.
584 Siehe im Einzelnen unten Rn. 916 ff.
585 So in BGH, NJW 1999, 2903.
586 BGH, NJW 1967, 2014; BGH, NJW 1986, 1348, 1349.

in einem Vergleich so genau wie möglich beschrieben werden. Anders als ein Urteil entfaltet ein Prozessvergleich allerdings keine Rechtskraft.

V. Urteil: Streit über Wirksamkeit des Vergleichs

915 **1. Allgemeines.** Ob bei einem Streit über die Wirksamkeit eines Prozessvergleichs ein **Zwischenurteil** gem. § 303 ZPO erlassen werden darf, ist streitig[587]. Eine Entscheidung könnte sich verbieten, wenn es sich bei dem Streit um die Wirksamkeit eines Vergleichs um einen materiell-rechtlichen Streit über das Bestehen des klägerischen Anspruchs und nicht lediglich um einen prozessualen Zwischenstreit über die Fortsetzung des Verfahrens handeln würde. Der BGH scheint der Ansicht zuzuneigen, dass es sich um einen **prozessualen Zwischenstreit** handelt[588]. Diese Haltung wird hier zu Grunde gelegt.

916 **2. Tenor.** Stellt sich als Ergebnis des prozessualen Zwischenstreits heraus, dass der Vergleich wirksam ist, ergeht ein Endurteil. Offen ist, ob dieses Urteil die weiter verfolgte Klage abweist[589], oder aber feststellt, dass sich der Rechtsstreit durch den Vergleich erledigt hat[590]. Nach wohl h. M.[591] ergeht ein **Feststellungsurteil**, dass der Streit durch den **Vergleich beendet worden ist**[592]. Beispiel für einen danach zu erstellenden Tenor, wenn der Kläger die Wirksamkeit des Vergleichs bestritten hat:

917 ▫ Formulierungsvorschlag
„1) Es wird festgestellt, das der Rechtsstreit durch den Vergleich vom 9. Januar 2009 erledigt ist[593].
2) Der Kläger trägt die weiteren Kosten des Rechtsstreits.
3) ...."

918 Nach a. A. ist hingegen ein durch einen Vergleich wirksam beendigtes, aber gleichwohl weiter verfolgtes Verfahren als unzulässig abzuweisen. Tenor:

919 ▫ Formulierungsvorschlag
„1) Die Klage wird abgewiesen.
2) Der Kläger trägt die weiteren[594] Kosten des Rechtsstreits[595].
3) ..."

---

587 Siehe etwa BAG, NJW 1960, 2211.
588 BGH, BGHZ 47, 132, 134.
589 Als unzulässig.
590 Siehe die Anmerkung von Schuschke, EWiR 1996, 1003, 1004 zu BGH, NJW 1996, 3345.
591 BGH, NJW 1996, 3345, 3346; BGH, BGHZ 46, 277, 278 = NJW 1967, 440, 441; BGH, NJW 1955, 705, 706 am Ende; OLG Oldenburg, MDR 1997, 781.
592 Siehe LAG Hamm, MDR 2003, 713, 714.
593 LSG Brandenburg, HVBG-INFO 2003, 399; in BGH, NJW 1996, 3345, 3346 heißt es: Dem Kläger ist *„eine Fortsetzung des Verfahrens zu versagen"*.
594 Über die anderen Kosten ist bereits im Vergleich befunden worden.
595 Die Kosten sind dem aufzuerlegen, der zu Unrecht behauptet hat, dass der Rechtsstreit nicht durch Vergleich beendet war.

5. Kapitel: Prozessvergleich

920 Stellt sich in dem Zwischenstreit heraus, dass der **Prozessvergleich unwirksam** ist, ergeht eine Entscheidung in der Sache. In den Entscheidungsgründen[596] muss das Gericht am Anfang und noch vor Zulässigkeit der Klage ausführen, dass der Streit nicht durch den Vergleich beendet worden ist. Nach h. M. kann die Entscheidung über die Wirksamkeit des Vergleichs zwar auch in einem Verfahren nach § 303 ZPO durch Zwischenurteil ergehen[597]. Dies wird aber nicht Gegenstand einer Klausur sein. Hier muss der Referendar die Entscheidung als Teil der Endentscheidung mittreffen.

921 **3. Tatbestand.** Für den Aufbau des Tatbestandes **muss nicht danach unterschieden** werden, ob der Vergleich den Prozess beendet hat. Die Tatsache des Vergleichsschlusses und seine näheren Umstände sind am besten vor dem streitigen Klägervorbringen zu beurkunden. Die Behauptungen und Ansichten der Parteien sind ihrem jeweiligen Vorbringen zum eigentlichen Streitgegenstand voranzustellen. Beispiel für einen Aufbau, wenn der Kläger die Wirksamkeit des Vergleichs bestreitet:

922
Schema
- Ggf. Einleitung
- Unstreitiges zur Klage = Sachstand
- Prozessgeschichte zum Vergleich
- Streitiger Klägervortrag
- zum Vergleich
- zur Klage
- Ggf. Prozessgeschichte zu den Anträgen
- Klägerantrag zum Vergleich und zur Klage
- Beklagtenanträge zur Klage
- Streitiger Beklagtenvortrag
- zum Vergleich
- zur Klage
- Sonstige Prozessgeschichte

923 **4. Entscheidungsgründe.** Für den Aufbau der Entscheidungsgründe ist zu **unterscheiden**, ob der Vergleich den Prozess beendet hat.

924
Schema

a) Prozess beendet (selten in der Klausur)

Entscheidungsgründe

I.[598]

- Ggf. Auslegung der Anträge
  - Klageänderung [-]
  - Feststellungsklage [-]

---

596 A. A. BAG, BAGE 9, 172; OLG Hamm, MDR 2000, 350; Grün, JA 1999, 226, 230.
597 So in BGH, NJW 1996, 3345.
598 Wirksamkeit des Vergleichs.

- Antrag auf Fortführung des ursprünglichen Verfahrens
- Wirksamkeit des Prozessvergleichs
  - Prozessuale Voraussetzungen
  - Materielle Voraussetzungen

II.[599]

- Kosten
- Vollstreckbarkeit

b) Prozess nicht beendet

Entscheidungsgründe

I.[600]

- Ggf. Auslegung der Anträge
  - Klageänderung [-]
  - Feststellungsklage [-]
  - Antrag auf Fortführung des ursprünglichen Verfahrens
- Wirksamkeit des Prozessvergleichs
  - Prozessuale Voraussetzungen
  - Materielle Voraussetzungen

II.[601]

- Allgemeine Sachurteilsvoraussetzungen
- Besondere Sachurteilsvoraussetzungen

III.[602]

- Hauptforderung
- Nebenforderungen

IV.[603]

- Kosten
- Vollstreckbarkeit

VI. Kosten

925 Die Kosten des Vergleichs[604] werden entweder von den **Parteien selbst geregelt** oder gem. § 98 ZPO gegeneinander aufgehoben[605].

---

599 Nebenentscheidungen.
600 Wirksamkeit des Vergleichs.
601 Zulässigkeit (bei Bedarf).
602 Begründetheit.
603 Nebenentscheidungen.
604 Siehe auch BGH, MDR 1988, 1053.
605 Anders im Verwaltungsprozess: Dort werden die Kosten nach § 160 VwGO geteilt.

5. Kapitel: Prozessvergleich

🖋 **Klausurtipp Anwaltsklausur:** 926
Die Kosten eines außergerichtlichen Vergleichs gehören zu den zu erstattenden Kosten des Rechtsstreits, wenn die Parteien das vereinbart haben[606].

Wenn die Parteien bestimmen, dass der **Vergleich nur die Hauptsache** betreffen soll[607], oder zulässigerweise § 98 ZPO ausschließen, wird über die Kosten analog § 91a ZPO vom Gericht entschieden[608]. Haben die Parteien mit dem Vergleich einen hälftigen Ausgleich angestrebt, kann dies das Gericht im Rahmen seines Ermessens berücksichtigen[609]. Beendet der Vergleich den Rechtsstreit, ist nur noch über die weiteren Kosten entsprechend § 97 ZPO zu entscheiden. Beendet der Vergleich den Rechtsstreit nicht, gibt es für die Kostenentscheidung keine Besonderheiten. 927

VII. Übungen

Fall 1: 928
K und B schließen vor dem LG Berlin einen Vergleich. Der Vergleich bestimmt, dass K an B zur Abgeltung titulierter Ansprüche 35.000,00 € in zwei Teilbeträgen zahlt. Nach Zahlung des Vergleichsbetrags an B sind die Titel gegen K herauszugeben. K macht später zu Recht geltend, der Vergleich sei nur geschlossen worden, weil die Prozessbeteiligten – und das Gericht – irrtümlich angenommen hätten, dass Zinsansprüche nicht verjährt gewesen seien. K beantragt beim LG Berlin die Feststellung, dass der Prozessvergleich unwirksam bzw. nichtig sei. Wie wird das LG entscheiden?

Lösung:
1. Unwirksamkeit nach § 779 Abs. 1 BGB
Unwirksamkeit des Vergleichs nach § 779 Abs. 1 BGB scheidet aus. Ein rechtserheblicher Irrtum liegt nicht darin, dass (sowohl das Gericht als auch) die Parteien der Ansicht waren, die Zinsansprüche auf die titulierten Forderungen seien nicht verjährt. Dabei kann es dahinstehen, ob die beiderseits unzutreffende Beurteilung der Verjährungsfrage zu einem nach § 779 BGB erheblichen Sachverhaltsirrtum oder nur zu einem Rechtsirrtum geführt hat. Nach § 779 BGB führt nämlich nur ein *streitausschließender* Irrtum zur Unwirksamkeit des Vergleichs. Wenngleich in unserem Fall offen bleibt, worüber die Parteien gestritten haben, haben sie jedenfalls nicht über die Verjährung der Zinsen gestritten.
2. Nichtigkeit nach §§ 142 Abs. 1, 119 Abs. 2 BGB
Auch eine Irrtumsanfechtung des K nach § 119 Abs. 2 BGB kann nicht durchgreifen. Die Parteien sind demselben Irrtum unterlegen. Dessen Beurteilung richtet sich nach den Regeln über das Fehlen der Geschäftsgrundlage. Infolgedessen kann offen bleiben, ob K sich bei der Annahme, die Zinsansprüche seien verjährt, i.S.v. § 119 BGB über eine verkehrswesentliche Eigenschaft geirrt hat.
3. Unwirksamkeit/Nichtigkeit wegen Fehlens der Geschäftsgrundlage
Die Unwirksamkeit oder Nichtigkeit des Vergleichs kann sich auch nicht aus den Regeln über das Fehlen der Geschäftsgrundlage (früher § 242 BGB, jetzt § 313 BGB)

---

606 BGH, NJW 2009, 519.
607 Teilvergleich.
608 BGH, NJW 2007, 835, 837; BGH, NJW 1965, 103; OLG Nürnberg, MDR 2002, 1275; OLG München, MDR 1996, 424.
609 BGH, NJW 2007, 835, 837.

ergeben. Der gemeinsame Irrtum der Parteien kann unter dem Gesichtspunkt des Fehlens der Geschäftsgrundlage nur zu einer Anpassung des Vergleichs führen, die seinen rechtlichen Bestand und seine prozessbeendende Wirkung grundsätzlich nicht berührt. Der BGH hat für den Wegfall der Geschäftsgrundlage des Vergleichs (wegen veränderter Verhältnisse) ausgesprochen, dass diese Frage nicht durch Fortsetzung des durch den Vergleich erledigten Rechtsstreits zu entscheiden sei (BGH, WM 1966, 793; z. Gegenstand des fortgesetzten Verfahrens s. auch BGH, WM 1985, 673 unter I. 1, 2). Für das Fehlen der Geschäftsgrundlage kann nichts anderes gelten. Es führt zu denselben Rechtsfolgen wie der Wegfall der Geschäftsgrundlage, nämlich zu einer Anpassung des Vergleichs, und berührt nicht – wie etwa die Unwirksamkeit gemäß § 779 BGB oder die Nichtigkeit nach § 142 BGB – seine rechtliche Existenz. Vielmehr ist ein neuer Prozess erforderlich: Vollstreckungsabwehrklage (§ 767 ZPO) gegen den Vergleichstitel.

Wird wegen des Wegfalls der Geschäftsgrundlage ausnahmsweise ein Rücktrittsrecht ausgeübt (§ 313 Abs. 3 BGB), führt dies nur zu einer Unwirksamkeit des Vertrages *ex nunc*, weshalb auch hier – zumindest mit dem BGH – ein neues Verfahren anzustrengen ist.

Fall 2:
K nimmt vor dem LG Leipzig B auf Zahlung von Maklerprovision i. H. v. 156.125,00 € in Anspruch. Unter dem 7./14.9.1998 schließen die Parteien privatschriftlich eine Vereinbarung, in der es heißt: *„Zur Beilegung des unter dem Aktenzeichen ... beim LG Leipzig anhängigen Rechtsstreits zwischen den Parteien sind sich diese darüber einig, dass Frau Sch. (B) 100.000 € zahlt"*. B erklärt sich im Vergleich bereit, die Kosten des Rechtsstreites, und zwar sowohl die gerichtlichen wie auch die außergerichtlichen Kosten K's, zu übernehmen.

Mit beim LG Memmingen erhobener Klage verlangt K Zahlung von 50.000,00 € sowie der ihr im Rechtsstreit vor dem LG Leipzig entstandenen gerichtlichen und außergerichtlichen Kosten in Höhe von 10.000,00 €, insgesamt 60.000,00 €, aus dem Vergleich. B bestreitet die Wirksamkeit des Vergleichs und beruft sich auf anderweitige Rechtshängigkeit der Streitsache. Wer hat Recht?

Lösung:

1. Forderung auf Zahlung von 50.000,00 €

Bei der mit der Klage vor dem LG Memmingen geltend gemachten Forderung auf Zahlung von 50.000,00 € handelt es sich um einen Teil desselben prozessualen Anspruchs, wie er Gegenstand des Ursprungsverfahrens vor dem LG Leipzig war. Dieses Ursprungsverfahren vor dem LG Leipzig war auch nicht durch einen Prozessvergleich beendet, weil die Parteien lediglich einen privatschriftlichen Vergleich nach § 779 BGB abgeschlossen haben, der den Rechtsstreit nicht beendet.

Voraussetzung für anderweitige Rechtshängigkeit ist, dass die Streitgegenstände in beiden Prozessen übereinstimmen. Gegenstand des Rechtsstreits ist nach der heute herrschenden und vom BGH in ständiger Rechtsprechung vertretenen prozessrechtlichen Auffassung ein prozessualer Anspruch; er wird bestimmt durch das allgemeine Rechtsschutzziel und die erstrebte konkrete Rechtsfolge, wie sie sich aus dem Klageantrag ergeben, sowie durch den Lebenssachverhalt (Klagegrund), aus dem der Kläger die begehrte Rechtsfolge herleitet (zweigliedriger Streitgegenstandsbegriff). Ordnen die Parteien ihr in einem anhängigen Rechtsstreit streitiges Rechtsverhältnis neu, ist zu unterscheiden: Ein anderer Lebenssachverhalt und Klagegrund liegt vor, wenn die Beteiligten unter Aufhebung des alten Schuldverhältnisses ein neues vereinbaren (Novation) und hierdurch ihre beiderseitigen Forderungen ohne Rücksicht auf die früheren Streitigkeiten auf eine neue Grundlage stellen. Erhält hingegen der Vergleich nur eine die Identität des ursprünglichen Schuldverhältnisses wahrende Modifikation des Streitverhältnisses, so gehört der Vergleich als unselbstständiges Element zu dem

5. Kapitel: Prozessvergleich

einheitlichen Lebenssachverhalt, aus dem der Kläger seinen ursprünglichen Anspruch herleitet und mit dem er jetzt seinen – modifizierten – Klageanspruch begründet.
Ein Vergleich wirkt regelmäßig nicht schuldumschaffend. Novierende Wirkung hat er nur bei einem durch Auslegung zu ermittelnden Parteiwillen, für den hier keine Anhaltspunkte vorliegen

2. Kostenerstattungsanspruch

In Bezug auf den Kostenerstattungsanspruch besteht zwar keine anderweitige Rechtshängigkeit. Die einer Partei aus der Führung eines Rechtsstreits entstandenen gerichtlichen und außergerichtlichen Kosten können allerdings regelmäßig einfacher und billiger im Kostenerstattungsverfahren nach §§ 104 ff. ZPO geltend gemacht werden. Für eine selbständige Klage fehlt daher grundsätzlich das Rechtsschutzinteresse.

Fall 3:
K hat auf Grund gerichtlichen Vergleichs gegen B einen Anspruch auf Einräumung einer Sicherungshypothek an deren Grundstück. K erhebt Klage auf Abgabe der Eintragungsbewilligung. Zulässig?

Lösung:
Der Beklagte im Originalfall hatte die Zulässigkeit deshalb bezweifelt, weil K sein Ziel einfacher im Wege der Zwangsvollstreckung aus dem Vergleich hätte erreichen können. Dafür spricht zwar, dass nach gefestigter Auffassung in Rechtsprechung und Literatur das Rechtsschutzbedürfnis für eine Klage zu verneinen ist, wenn der Kläger bereits einen vollstreckbaren Titel über die Klageforderung in Händen hat und aus diesem unschwer die Zwangsvollstreckung gegen einen Schuldner betreiben kann. Doch ist dem Gläubiger trotz eines Vollstreckungstitels die Erhebung einer Klage nicht verwehrt, wenn hierfür nach Lage der Dinge ein verständiger Grund angeführt werden kann.
Da die Abgabe einer Willenserklärung eine unvertretbare Handlung darstellt, könnte der Gläubiger vom Schuldner nach § 888 ZPO durch die Verhängung von Zwangsgeld und Zwangs(Beuge-)haft die Abgabe der geschuldeten Willenserklärung erzwingen. Das Verfahren ist zeitraubend und kostenträchtig, sein Ergebnis unsicher. Der Gläubiger, der die Abgabe einer Willenserklärung aufgrund Prozessvergleiches verlangen kann, steht damit schlechter da als der Gläubiger, dem ein solches Recht durch Urteil zugesprochen ist, weil dieses nach § 894 ZPO die verlangte Erklärung ersetzt. Damit räumt die Prozessordnung mit § 894 ZPO dem Urteil eine besondere Stellung vor anderen Vollstreckungstiteln ein. Daraus wird hergeleitet, dass dem Gläubiger dieser einfache und gerade Weg zur Erreichung seines Ziels (Abgabe der Willenserklärung) auch dann offengehalten werden muss, wenn der Weg über § 888 ZPO zur Verfügung steht, ohne dass es zur Rechtfertigung einer Leistungsklage noch des Vorliegens besonderer Umstände bedarf. Schutzwürdige Belange des Schuldners werden hingegen nicht betroffen.
Aus anwaltlicher Sicht hätte hier die die Einräumung einer Sicherungshypothek betreffende Willenserklärung des B gleich in den Vergleich aufgenommen werden müssen (das Sitzungsprotokoll ersetzt auch die notarielle Beurkundung, § 127a BGB).

6. Kapitel: Streitverkündung; Beiladung

I. Einführung

931 Unter einer Streitverkündung versteht man die **förmliche Benachrichtigung** eines Dritten vom Schweben eines anhängigen Prozesses durch eine der Parteien[610]. Die Partei wird in diesem Fall als „Streitverkünder", der Dritte als „Streitverkündungsempfänger" bezeichnet. Die Streitverkündung kann helfen, sich widersprechende Beurteilungen desselben Sachverhalts durch verschiedene Richter zu verhindern und überflüssige Prozesse zu vermeiden[611].

932 ✎ Klausurtipp Anwaltsklausur:

Die Streitverkündung ist ein in erster Linie den **Interessen des Streitverkünders** dienender **prozessualer Behelf**. Er ist dazu bestimmt, verschiedene Beurteilungen desselben Tatbestandes zu vermeiden. Es geht darum, den Streitverkünder durch die Bindungswirkung gemäß §§ 74, 68 ZPO vor dem Risiko zu bewahren, dass er wegen der materiell-rechtlichen Verknüpfung der im Vor- und Folgeprozess geltend gemachten bzw. geltend zu machenden Ansprüche mehrere Prozesse führen muss. Dies birgt die Gefahr, alle Prozesse zu verlieren, obwohl zumindest einer gewonnen werden müsste[612].

933 In der **Praxis** wird die Streitverkündung gewählt, wenn der Kläger sich nicht sicher ist, ob er gegen den Beklagten oder gegen den Dritten einen Anspruch hat, er aber sicher ist, dass **einer** von beiden schuldet. Durch die mit der Streitverkündung ermöglichte **Bindungswirkung** gem. §§ 74, 68 ZPO kann er sich dagegen schützen[613].

934 Außerdem soll die Streitverkündung den Verkünder gegen den **Einwand schützen**, er habe den Prozess schlecht geführt oder eine unrichtige Entscheidung herbeigeführt. Demgegenüber braucht der Streitverkündungsempfänger keine entsprechende Hilfe: Er hat lediglich mit **einem** Prozess zu rechnen. Seinem Interesse daran, gegen ihn gerichtete Ansprüche möglichst früh abzuwehren, ist genügt, wenn er Gelegenheit erhält, den Streitverkünder im Erstprozess gegen den anderen Anspruchsgegner zu unterstützen. Soweit es ihm dabei wegen der Beschränkungen des § 67 ZPO nicht möglich ist, seinen eigenen Standpunkt zur Geltung zu bringen, kann er sich uneingeschränkt im Folgeprozess verteidigen. **Zweck** einer Streitverkündung ist danach vor allem die **Bindung** des Dritten im Nachfolgeprozess an die Ergebnisse des Vorprozesses durch die **Interventionswirkung**[614].

---

610 Siehe auch Haertlein, JA 2007, 10, 13.
611 BGH, NJW 1987, 2874 = MDR 1987, 835, 836 = JZ 1987, 1035 m. Anm. Fenn; BGH, MDR 1976, 910; BGH, BGHZ 36, 212, 215 = MDR 1962, 200.
612 BGH, NJW 2009, 1488, 1490; BGH, BGHZ 116, 95, 100 = MDR 1992, 516; BGH, NJW 2008, 519, 520; BGH, NJW 1989, 521, 522.
613 BGH, BGHZ 116, 95, 100 = MDR 1992, 516; BGH, NJW 1989, 521, 522; BGH, NJW 1987, 2874 = MDR 1987, 835, 836 = JZ 1987, 1035 m. Anm. Fenn; BGH, MDR 1976, 910.
614 Dazu Rn. 984; ferner Knöringer, JuS 2007, 335.

6. Kapitel: Streitverkündung; Beiladung

> **Klausurtipp** 935
>
> **Examensrelevanz** besitzt die Streitverkündung vor allem mit Blick auf die **Interventionswirkung** und der materiell-rechtlichen Folgen der **Verjährungshemmung** gem. § 204 Abs. 1 Nr. 6 BGB[615]. In der **Anwaltsklausur** kann ein Gutachten und die Anfertigung einer Streitverkündungsschrift verlangt werden. Ist im Folgeprozess ein Urteil zu fertigen, wird es im Rahmen der Begründetheit der Klage auf die Interventionswirkung ankommen.

II. Zulässigkeit

Eine Streitverkündung ist unter folgenden, erst im **Folgeprozess**[616] zu prüfenden 936
Voraussetzungen zulässig[617]:
- **Erklärung** der Streitverkündung gegen einen **Dritten**;
- **anhängiger** und noch rechtshängiger **Hauptprozesses**, in dem der Streitverkünder Partei ist;
- **Prozesshandlungsvoraussetzungen** liegen vor;
- Streitverkündungsgrund: D.h. der Verkündende muss glauben dürfen, bei Verlust gegenüber dem Streitverkündungsempfänger einen Rückgriffsanspruch auf Gewährleistung oder Schadenersatz haben.

1. Streitverkündungserklärung gegen Dritten. Zum Zwecke der Streitverkündung 937
hat die Partei gem. § 73 Satz 1 ZPO einen **Schriftsatz** einzureichen, in dem der Grund der Streitverkündung und die Lage des Rechtsstreits anzugeben ist[618]. Der Streitverkündete muss „Dritter" sein[619]. Der Schriftsatz ist außerdem dem Dritten **zuzustellen**[620] und dem Gegner des Streitverkünders in Abschrift mitzuteilen. Die Streitverkündung wird erst mit der Zustellung an den Dritten wirksam. Das Gericht hat den Streitverkündungsschriftsatz dabei dem Betroffenen grundsätzlich ohne Prüfung der Zulässigkeit der Streitverkündung zuzustellen. Soll die Streitverkündung gegenüber den im Rechtsstreit tätigen **Sachverständigen** erfolgen, so hat der Streitverkündende keinen Anspruch auf Zustellung der Streitverkündung. Denn die Streitverkündung gegenüber einem gerichtlichen Sachverständigen zur Vorbereitung von Haftungsansprüchen gegen diesen aus angeblich fehlerhafter, im selben Rechtsstreit erbrachter Gutachterleistungen ist gem. § 72 Abs. 2 ZPO **unzulässig**[621].

---

615 Knöringer, JuS 2007, 335.
616 BGH, NJW 1987, 1894; BGH, NJW 1982, 281, 282 = MDR 1982, 314; BGH, NJW 1978, 643; BGH, BGHZ 65, 127, 130/131 m.w. Nachw. = MDR 1976, 215; OLG Köln, InVO 2003, 40; OLG München, OLGReport München 1993, 200; OLG Köln, OLGReport Köln 1993, 79, 80.
617 Die Streitverkündung wird mit der (gem. § 270 Abs. 1 ZPO von Amts wegen zu bewirkenden) Zustellung des Schriftsatzes an den Streitverkündeten wirksam.
618 Ein Beispiel für eine typische Erklärung findet sich bei Knöringer, JuS 2007, 335 und 336.
619 Zum Begriff siehe Rn. 972.
620 BGH, BGHZ 92, 251, 253.
621 So bereits zum alten Recht BGH, NJW 2006, 3214 m.w. Nachw.

938 ✒ **Klausurtipp**

Als **bestimmender Schriftsatz** (für den kein Anwaltszwang besteht[622]) muss der Schriftsatz vom Streitverkünder **unterschrieben** sein. Er muss die wörtliche oder unzweideutig aus dem Gesamtinhalt zu entnehmende Erklärung enthalten, dass dem Dritten der Streit verkündet wird.

939 2. **Anhängiger Hauptprozess.** Der Streitverkünder kann dem Dritten den Streit **bis zur rechtskräftigen Entscheidung** eines anhängigen[623] Rechtsstreits verkünden.

940 3. **Prozesshandlungsvoraussetzungen.** Der Streitverkünder muss ebenso wie der Dritte (= Streitverkündete) in der Lage sein, im Prozess zu handeln. Er muss also
- parteifähig,
- prozessfähig und
- postulationsfähig

sein.

941 4. **Streitverkündungsgrund.** Eine Partei, die für den Fall des ihr ungünstigen Ausganges des Rechtsstreits einen Anspruch auf Gewährleistung oder **Schadloshaltung** gegen einen Dritten erheben zu können **glaubt**[624] (die Einschätzung darf nicht „unrealistisch" sein) oder den Anspruch eines Dritten z.B. als Kommissionär oder Pfandgläubiger besorgt, **kann** bis zur rechtskräftigen Entscheidung des Rechtsstreits dem Dritten gerichtlich den Streit verkünden. Die jeweiligen Ansprüche brauchen weder auf derselben Rechtsgrundlage zu beruhen noch inhaltlich identisch zu sein; es genügt vielmehr, dass mit ihnen das gleiche wirtschaftliche Ziel verfolgt wird[625].

942 ✒ **Klausurtipp**

Es ist aber keine Voraussetzung für die Streitverkündung im Vorprozess, dass der behauptete Anspruch gegen den Streitverkündungsempfänger auch **wirklich besteht**. Die Streitverkündung ist vielmehr schon dann zulässig, wenn die Annahme des Streitverkünders berechtigt war, dass wesentliche Fragen in beiden Vertragsverhältnissen gleichlaufend zu beantworten sind[626]. Die eigentliche Prüfung findet eben erst in dem Prozess zwischen dem Streitverkünder und dem Dritten statt[627].

943 Eine Streitverkündung ist mit anderen Worten möglich, wenn das **Unterliegen** einer Partei in einem (Vor-)Prozess **Anlass** zu einem Rechtsstreit mit einem Dritten

---

622 BGH, BGHZ 92, 251, 254.
623 BGH, BGHZ 92, 251, 257.
624 BGH, BGHZ 116, 95, 100 = MDR 1992, 516.
625 BGH, BGHZ 116, 95, 101 = MDR 1992, 516.
626 BGH, NJW 2009, 1488, 1490.
627 OLG Naumburg, OLGReport Naumburg 2006, 150. Siehe vor allem Rn. 952.

6. Kapitel: Streitverkündung; Beiladung

in einem **Folgeprozess** gibt. Ein Anspruch auf Schadenersatz ist nicht erforderlich[628]. **Beispiele** für solche Anlässe können sein:
- Rechtskrafterstreckung, § 322 ZPO
- Gewährleistungsansprüche[629], z. B. wegen einer Lieferkette[630]
- Ansprüche auf Schadloshaltung, z. B. gegen einen Bürgen aus § 774 Abs. 1 Satz 1 ZPO
- Rückgriffsansprüche zwischen einer Partei und einem Dritten
- das Verhältnis zwischen Pfandgläubiger und Kommissionär
- Ansprüche gegen Dritte, die anstelle des Beklagten im Vorprozess alternativ als Schuldner in Betracht kommen[631]
- nicht, wenn aus Sicht des Streitverkünders schon im Zeitpunkt der Streitverkündung von vornherein nur eine kumulative, d. h. insbesondere eine gesamtschuldnerische, Haftung des zuerst in Anspruch genommenen Schuldners und des Dritten in Betracht kommt[632]

Die Streitverkündung ist außerdem dann zulässig, wenn **alternativ** die **Vertragspartnerschaft** des wirksam Vertretenen (§ 164 Abs. 1 BGB) oder dessen in Betracht kommt, der den Vertrag ohne erkennbaren Willen abschließt, in fremdem Namen zu handeln § 164 Abs. 2 BGB[633]. Soweit es dagegen um **gesamtschuldnerische Haftung** geht (oder diese nur in Betracht kommt)[634], ist eine Streitverkündung unzulässig[635]. Dem Dritten bleibt nämlich in diesem Fall für eine Unterstützung des Streitverkünders kein Raum (§§ 74 Abs. 1, 67 ZPO). Denn wenn dem Streitverkündungsgegner gerade vorgeworfen wird, für den Schaden gemeinsam mit einem anderen verantwortlich zu sein, könnte er dem Vortrag des Streitverkünders nur entgegentreten und den ihm gemachten Vorwurf abstreiten. Das dürfte er als Streithelfer aber nicht. Im Übrigen werden Fälle, in denen der Dritte vorrangig vor dem zunächst Verklagten haftet, von § 72 ZPO nicht erfasst[636]. **944**

III. Wirkung

Der Dritte (der Streitverkündete) muss nach der Streitverkündung **entscheiden**, ob er dem Streitverkünder beitritt oder aber Gründe sieht, es lieber zu lassen. Tritt der Dritte bei, bestimmt sich sein Verhältnis zu den Parteien nach den Grundsätzen über die Nebenintervention[637]. Der Streitverkündete ist dann Nebenintervenient des Streitverkünders. Lehnt der Dritte den Beitritt ab oder erklärt er sich nicht, so wird der Rechtsstreit ohne Rücksicht auf ihn fortgesetzt. Wie sich auch **945**

---

628 OLG Naumburg, OLGReport Naumburg 2001, 351, 353.
629 Knöringer, JuS 2007, 335, 336.
630 Siehe Köper, JA 2004, 741, 743.
631 BGH, MDR 1983, 220 = BGHZ 85, 252, 255; BGH, NJW 1982, 281, 282 m. w. Nachw. = MDR 1982, 314; BGH, BGHZ 8, 72, 80; OLG Schleswig, OLGReport Schleswig 2003, 93, 94.
632 OLG Brandenburg, NZBau 2006, 720, 722.
633 BGH, NJW 1982, 281, 282 = MDR 1982, 314.
634 BGH, NJW 2008, 519, 520.
635 BGH, NJW 1982, 281, 282 = MDR 1982, 314.
636 BGH, NJW 2008, 519, 520; OLG Hamm, MDR 1985, 588.
637 Siehe dazu Rn. 965.

der Streitverkündungsempfänger entscheidet: In jedem Falle trifft ihn die **Interventionswirkung des § 68 ZPO**[638] ab dem Zeitpunkt des möglichen Beitritts. Einer Interventionswirkung steht **nicht** entgegen, dass der Streitverkündung **nicht** dem Streitverkünder beitritt, sondern dem Gegner. Bei einem Beitritt des Streitverkündeten auf Seiten des Prozessgegners des Streitverkünders tritt die Interventionswirkung **in gleicher Weise** ein wie bei unterlassenem Beitritt[639].

946 **Materiell-rechtliche Wirkungen**[640] einer zulässigen Streitverkündung sind vor allem die **Hemmung der Verjährung**, § 204 Abs. 1 Nr. 6 BGB[641], und die Erhaltung von **Gewährleistungsrechten**.

IV. Klausur

947 Für die **Klausur** ist sorgfältig zwischen Vorprozess und Folgeprozess unterscheiden.

948 ✏ **Klausurtipp**

Das **Hauptgewicht** einer Streitverkündung liegt wegen der Problematik der Interventionswirkung vor allem im **Nachfolgeprozess**.

949 1. Vorprozess (Erstprozess). – a) **Der Streitverkündete tritt bei.** Wenn der Dritte dem **Streitverkünder beitritt**, hat er nach § 74 Abs. 1 ZPO die Stellung eines **Streithelfers**. Wegen des Rubrums, des Tenors und des Tatbestandes gelten dann daher die für den Nebenintervenienten gemachten Ausführungen[642].

950 b) **Der Streitverkündete tritt nicht bei.** Ohne Beitritt wirkt sich die Streitverkündung nicht auf den Vorprozess aus. Das Gericht überprüft den Schriftsatz nicht daraufhin, ob die Form des § 73 ZPO eingehalten wurde oder ob die Voraussetzungen des § 72 Abs. 1 ZPO erfüllt sind. Da durch die Streitverkündung kein materiell-rechtlicher oder prozessualer Anspruch erhoben wird, bedarf es auch **keiner Ladung** des Dritten. Tritt der Streithelfer nicht bei, ist die Streitverkündung weder im Kopf noch im Tenor noch an einer anderen Stelle[643] des Urteils des Vorprozesses zu erwähnen. Die auch in diesem Falle eintretende **Interventionswirkung** kann sich eben nur auf den **Nachfolgeprozess** auswirken.

951 2. Nachfolgeprozess. Im **Nachfolgeprozess** steht vor allem die Frage im Vordergrund, ob eine Streithilfe zulässig ist/war. Ist der Dritte dem Streitverkünder nicht beigetreten, ist die Frage der Zulässigkeit der Streitverkündung nämlich **allein hier** zu prüfen. Die Streitverkündung ist daher in **Klausuren** vor allem Gegenstand des **Nachfolgeprozesses**[644].

---

638 Siehe dazu Rn. 984 ff.
639 BGH, BGHZ 85, 252, 255.
640 Dazu Knöringer, JuS 2007, 335, 341.
641 BGH, NJW 2002, 1414; BGH, BB 2000, 1964.
642 Ausführlich Rn. 989 ff.
643 Köper, JA 2004, 741, 746.
644 So auch Köper, JA 2004, 741, 746.

6. Kapitel: Streitverkündung; Beiladung

a) Der Streitverkündete tritt bei. Tritt der Dritte dem Streitverkünder bei, hat er nach § 74 Abs. 1 ZPO im Vorprozess die Stellung eines Streithelfers. Für Rubrum, Tenor und Tatbestand gelten daher ganz überwiegend die für den **Nebenintervenienten** gemachten **Ausführungen**[645].

- Im **Tatbestand** ist zu beurkunden, **wann** der Streitverkündete beigetreten und – wegen § 68 ZPO – zu welchem Zeitpunkt der Beitritt infolge der Streitverkündung zuerst möglich war, § 74 Abs. 3 ZPO.
- In den **Entscheidungsgründen** des Vorprozesses wird dann nicht mehr geprüft und nichts mehr dazu ausgeführt, dass es eine Streitverkündung gibt und ob die Streitverkündung zulässig war.

b) Der Streitverkündete tritt nicht bei. – aa) Rubrum. In einem **Folgeprozess** treffen sich Hauptpartei und Dritter als **Gegner**. Im Rubrum sind sie also als Parteien aufzunehmen. Besonderheiten ergeben sich nicht.

bb) Tatbestand. Im Tatbestand des Folgeprozesses ist vor allem darzustellen,
- dass es einen Vorprozess gegeben hat,
- wegen § 68 ZPO, zu welchem Zeitpunkt der Beitritt infolge der Streitverkündung möglich war,
- wie der Vorprozess ausgegangen ist.

Ferner ist ggf. die Tatsache zu beurkunden, dass die Parteien darüber streiten, **ob** die Streitverkündung im Vorprozess zulässig war. Außerdem kann die Reichweite der Interventionswirkung streitig sein. Das ist im „Streitigen" des Tatbestandes darzustellen.

c) Entscheidungsgründe. Durch die **Interventionswirkung** nach §§ 74, 68 ZPO ist das Gericht des Folgeprozesses grundsätzlich an die tatsächlichen und rechtlichen Feststellungen des Vorprozesses **gebunden**. Materiell-rechtliche und prozessrechtliche Wirkungen löst freilich nur eine **zulässige Streitverkündung** aus, wobei die Frage, ob die Streitverkündung zulässig ist, wie bereits erwähnt ja auch erst in dem „Folgeprozess" zu prüfen ist[646].

Da also nur eine **zulässige Streitverkündung** deren spezielle materiell- und prozess-rechtlichen Wirkungen auslöst, muss in den Entscheidungsgründen – und zwar **erstmals** hier – erörtert werden, ob die Voraussetzungen einer Streitverkündung im Vorprozess vorlagen. Zu prüfen sind Formvorschriften des § 73 ZPO und materielle Voraussetzungen nach § 72 ZPO. Wenn der Streitverkündungsempfänger die Mängel der Streitverkündung bis zum Schluss der ersten mündlichen Verhandlung nicht rügt, wird ein Zulässigkeitsmangel allerdings gem. § 295 Abs. 1 ZPO geheilt[647]. In den **Entscheidungsgründen** ist also zu erörtern,
- ob dem Kläger die **Interventionswirkung** zu Gute kommt,
- wie die Reichweite der Bindung ist, und
- ob der Beklagte die Zulässigkeit der Streitverkündung erfolgreich rügen kann.

---

645 Ausführlich Rn. 989 ff.
646 Siehe dazu Rn. 950.
647 BGH, NJW 1976, 293.

V. Beiladung

958 **1. Allgemeines.** Ein der ZPO bislang **überwiegend fremdes Institut** ist die in § 48 Abs. 1 WEG angeordnete **Beiladung**. Richtet sich die Klage eines Wohnungseigentümers, der in einem Rechtsstreit gemäß § 43 Nr. 1 oder Nr. 3 WEG einen ihm allein zustehenden Anspruch geltend macht, nur gegen einen oder einzelne Wohnungseigentümer oder nur gegen den Verwalter, so sind die übrigen Wohnungseigentümer beizuladen, es sei denn, dass ihre rechtlichen Interessen erkennbar nicht betroffen sind. Soweit in einem Rechtsstreit gemäß § 43 Nr. 3 oder Nr. 4 WEG der Verwalter nicht Partei ist, ist er ebenfalls beizuladen. Die Beiladung will aus Gründen der in § 48 Abs. 3 WEG angeordneten Rechtskrafterstreckung sicherstellen, dass formell diejenigen Personen beteiligt werden, die auch materiell „betroffen" sind. Der Sicherung einer ausreichenden Beteiligung dient außerdem die Möglichkeit des Beitritts.

959 **2. Rechtsstellung des Beigeladenen.** Die Beigeladenen haben in dem Verfahren, zu dem sie beigeladen werden, von Gesetzes wegen **keine Pflichten**. Sie müssen sich weder prozessual äußern noch müssen sie zu einem Termin erscheinen. Auch an den Kosten des Rechtsstreits sind sie außer im Falle des § 49 Abs. 2 WEG nicht zu beteiligen. Den Beigeladenen sind nach § 48 Abs. 2 S. 1 die Klageschrift und die Verfügungen des Vorsitzenden zuzustellen. Weitere (Beteiligungs-)Rechte besitzen die Beigeladenen von Gesetzes wegen nicht (s. hingegen § 12 Hs. 2 KapMuG). Der Beigeladene ist nicht Partei. Er ist daher nicht anzuhören, es sei denn, er wäre Zeuge oder ein anderes Beweismittel. Eine Ladung des bloß Beigeladenen ist nicht erforderlich. Ohne Beitritt bedarf es auch keiner Übersendung weiterer Schriftsätze, weiterer Benachrichtigungen oder einer irgendwie durch das Gericht zu veranlassenden Beteiligung der Beigeladenen am Verfahren.

960 *✎* **Klausurtipp**

Will sich ein Beigeladener prozessuale Rechte sichern und sich die Möglichkeit verschaffen, selbst auf den Streitgegenstand einzuwirken, kann er allerdings nach § 48 Abs 2 S. 2 der einen oder anderen Partei zu deren Unterstützung beitreten. In diesem Falle stehen ihm umfangreiche Einwirkungsmöglichkeiten zu.

961 Jeder **beigeladene Wohnungseigentümer** und auch der **Verwalter** können nach § 48 Abs. 2 S. 2 WEG der einen oder anderen Partei zu deren Unterstützung beitreten – auch noch in der Rechtsmittelinstanz. Der Beitritt des Einzelnen erfolgt entsprechend § 70 Abs. 1 ZPO. Der Beigeladene hat als **streitgenössischer Nebenintervenient** eine Doppelstellung:
- Er ist **Streithelfer** und gilt als Streitgenosse der Hauptpartei, kann deshalb z. B. nicht mehr als Zeuge vernommen werden.
- Als Streitgenosse der Hauptpartei steht ihm **das Recht zur Prozessführung** in dem Prozess der Hauptpartei mit dem Ziel ihrer Unterstützung nicht als abgeleitetes, sondern als ein von der Partei unabhängiges selbstständiges Recht zu. Ihm sind deshalb auch widersprüchliche Prozesshandlungen möglich. Im Gegensatz zum einfachen Streithelfer darf er z. B. den Anspruch anerkennen oder auf ihn verzichten oder durch seinen Widerspruch dem

Anerkenntnis oder Verzicht der unterstützten Partei die Wirksamkeit nehmen; auch kann ein streitgenössischer Nebenintervenient eigenständig Tatsachen bestreiten oder die Säumnis der unterstützten Partei abwenden.

Der Beigeladene als **streitgenössischer Nebenintervenient** ist nicht an die der Partei gesetzten Fristen gebunden. Verfügungen, Beschlüsse und Urteile des Gerichts werden ihm ebenso wie der Partei zugestellt und es werden deswegen für ihn **eigene Fristen** in Lauf gesetzt. Der beigetretene Beigeladene kann ferner gegen den erklärten Willen der Partei Rechtsmittel einlegen, die für die Partei wirksam sind. Widersprechen sich die Partei und der streitgenössische Streithelfer, liegt ein streitiger Sachvortrag vor, der notfalls durch eine Beweisaufnahme geklärt werden muss. Der streitgenössische Nebenintervenient kann allerdings nicht die Klage zurücknehmen oder den Streitgegenstand ändern. **962**

3. Rubrum/Tatbestand/Entscheidungsgründe. Tritt der Beigeladene bei, gelten die Ausführungen über die Nebenintervention. Tritt er nicht bei, ist er ggf. im Rubrum zu nennen. Das ist aber noch streitig. **963**

7. Kapitel: **Streithilfe**

I. Einführung

Grundsätzlich hat der Ausgang einer zivilprozessualen Klage nur **Auswirkungen** auf die an ihm **beteiligten Parteien.** Das Gesetz geht vom so genannten Zweiparteienprinzip[648] aus, d.h. an einem Prozessrechtsverhältnis müssen zwei Parteien beteiligt sein und die Parteien bestimmen, worüber verhandelt wird. In der Regel sind nur die Parteien vom Ausgang des Prozesses betroffen. Der Ausgang des Prozesses kann jedoch über die an ihm beteiligten Personen hinausgreifen und das Rechtsverhältnis einer der beiden Parteien zu einem Dritten beeinflussen. Ist dies der Fall, räumt die ZPO auch Dritten die Möglichkeit ein, sich am Prozess zu beteiligen[649]. **964**

Diese **Streithilfe aus eigenem Antrieb** ist freilich eher eine Ausnahme. Nur wenige nehmen die für sie ggf. nachteiligen Folgen des § 68 ZPO freiwillig in Kauf[650]. Allerdings können sie dann den Rechtsstreit auch nicht beeinflussen. Nimmt ein Dritter dennoch an einem fremden Prozess im eigenen Interesse zur Unterstützung **965**

---

648 OLG Hamm, MDR 1986, 946; Haertlein, JA 2007, 10; Franz, MDR 1981, 977, 978.
649 Damit wird jedoch das Zweiparteienprinzip nicht durchbrochen. Der Streithelfer wird selber nicht Partei. Er steht in dem Rechtsstreit auf der Seite einer Partei und ist in seiner Stellung abhängig von dieser Partei. Der Streithelfer kann die Partei bloß unterstützen.
650 Im Übrigen erfährt der Dritte teilweise nicht oder nur zu spät von dem anhängigen Rechtsstreit.

einer der Parteien teil, nennt man das Streithilfe oder Nebenintervention[651]. Den Dritten, der einer der Parteien zu ihrer Unterstützung beitritt, nennt man hingegen Streithelfer oder Nebenintervenient. Die Streithilfe will vor allem, aber nicht nur widersprüchliche Prozessergebnisse vermeiden.[652] Ihre Wirkung geht über den Rechtsstreit – den man als Vorprozess bezeichnet – hinaus. Durch die im § 68 ZPO geregelten Interventionswirkungen werden die sonst auf die Parteien beschränkten Wirkungen des Urteils auf den Streithelfer ausgedehnt. Die Nebenintervention soll dem Dritten die Möglichkeit geben, seine Rechte, die durch ein Streitverfahren zwischen anderen Personen berührt sein können, umfassend wahrzunehmen[653].

Überblick:

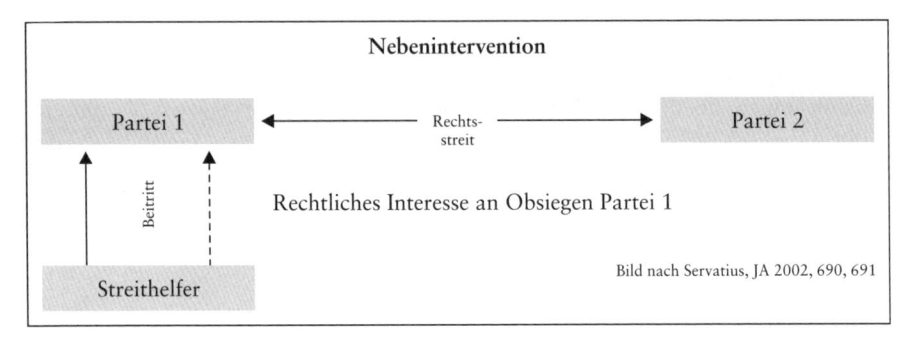

```
                          Nebenintervention
    ┌──────────┐                                    ┌──────────┐
    │ Partei 1 │ ◄────────── Rechts- ──────────►    │ Partei 2 │
    └──────────┘              streit                └──────────┘
       ▲    ▲
       │    │ Beitritt
       │    │        Rechtliches Interesse an Obsiegen Partei 1
    ┌──────────┐                              Bild nach Servatius, JA 2002, 690, 691
    │Streithelfer│
    └──────────┘
```

II. Zulässigkeit

Eine Streithilfe ist zulässig, wenn folgende fünf Voraussetzungen vorliegen:

966 ☑ **Checkliste**
- Es muss eine formal wirksame Beitrittserklärung vorliegen.
- Zwischen zwei anderen Personen ist ein Rechtsstreit anhängig.
- Der Streithelfer muss Dritter sein.
- Es liegt ein Interventionsgrund vor.
- Es müssen die Prozesshandlungsvoraussetzungen vorliegen.

967 **1. Wirksame Beitrittserklärung.** Der Beitritt – der eine Prozesshandlung ist[654] und für den die **Prozesshandlungsvoraussetzungen**[655] gegeben sein müssen – erfolgt durch Einreichung eines Schriftsatzes beim Prozessgericht[656] und, wenn er mit der

---
651 Etwa BGH, MDR 2005, 957 nutzt beide Begriffe; siehe auch Haertlein, JA 2007, 10, 11.
652 Haertlein, JA 2007, 10, 11.
653 BGH, NJW 2006, 773.
654 Siehe Rn. 605 und Rn. 69.
655 Siehe Rn. 605.
656 Mit Prozessgericht ist das Gericht gemeint, bei dem dieser Rechtsstreit gerade anhängig ist.

Einlegung eines Rechtsmittels verbunden wird, durch Einreichung eines Schriftsatzes bei dem Rechtsmittelgericht, § 70 ZPO. Der Schriftsatz muss folgende Punkte enthalten:
- die Bezeichnung der Parteien und des Rechtsstreits
- die bestimmte Angabe des Interesses, das der Nebenintervenient hat
- die Erklärung des Beitritts

Die Beitrittserklärung kann **in jeder Lage** des Rechtsstreits bis zur rechtskräftigen Entscheidung, auch in Verbindung mit der Einlegung eines Rechtsmittels, erfolgen, § 66 Abs. 2 ZPO. **968**

> ✎ **Klausurtipp zur Anwaltsklausur:** **969**
> Für den Beitrittsschriftsatz ist ein abgekürztes Rubrum[657] ausreichend. Die Beitrittserklärung ist ein bestimmender Schriftsatz, der unterzeichnet werden muss. Im Anwaltsprozess muss die Erklärung von einem Rechtsanwalt, der beim Prozessgericht zugelassen ist, abgegeben werden.

2. Anhängigkeit zwischen anderen Parteien. Nach § 66 Abs. 1 ZPO muss für einen wirksamen Beitritt zumindest ein **Rechtsstreit** zwischen anderen Personen **bereits anhängig sein**. Der Beitritt kann dann so lange erklärt werden, wie das Verfahren noch nicht rechtskräftig abgeschlossen ist[658]. Eine Nebenintervention ist bereits im Mahnverfahren zulässig[659]. Der Begriff des Rechtsstreits ist nach dem Sinn und Zweck von § 66 Abs. 1 ZPO weit auszulegen; denn die Nebenintervention soll dem Dritten die Möglichkeit geben, seine Rechte, die durch ein Streitverfahren zwischen anderen Personen berührt sein können, umfassend wahrzunehmen. Das schließt die Möglichkeit ein, durch die Einlegung eines Rechtsmittels – für den Rechtsbehelf des Widerspruchs kann nichts anderes gelten – die Schaffung eines rechtskräftigen Titels gegen die von ihm unterstützte Partei zu verhindern; die Interessen der unterstützten Partei bleiben dadurch gewahrt, dass die Erklärungen und Handlungen des Nebenintervenienten nicht in Widerspruch zu denjenigen der Hauptpartei stehen dürfen (§ 67 Hs. 2 ZPO). Untätigkeit der Hauptpartei stellt kein Hindernis für eigene Prozesshandlungen des Nebenintervenienten dar; deshalb darf der Nebenintervenient Prozesshandlungen so lange vornehmen, wie sich ein – ausdrücklich erklärter oder aus dem Gesamtverhalten im Prozess zu entnehmender – entgegenstehender Wille der Hauptpartei nicht feststellen lässt. **970**

3. Dritter. Der Streithelfer darf selbst **nicht Partei** sein: Er muss Dritter i.S. des Gesetzes sein. Werden mehrere Personen als einfache Streitgenossen verklagt, so kann einer dem anderen aber als Streithelfer beitreten, denn es liegt eine Mehrheit von Prozessen vor, die lediglich zur gemeinsamen Verhandlung verbunden sind[660]. Nicht ganz sicher ist, ob der gesetzliche Vertreter der Partei eines Rechtsstreits dem Rechtsstreit beitreten kann. Für die Zulassung einer Nebenintervention **971**

---

657 Siehe dazu Rn. 1384.
658 Haertlein, JA 2007, 10, 11.
659 BGH, NJW 2006, 773; vgl. für die Streitverkündung BGH, BGHZ 92, 251 = NJW 1985, 328.
660 BGH, BGHZ 8, 72, 79.

spricht, dass der gesetzliche Vertreter einer Partei nicht selbst Partei ist und daher grundsätzlich beitreten können müsste[661].

972 4. **Interventionsgrund.** Der Streithelfer muss nach § 66 Abs. 1 ZPO ein **rechtliches Interesse** daran haben, dass die Partei, der er beitritt, obsiegt (**Interventionsgrund**). Dieses Interesse tritt bei der Nebenintervention an die Stelle des Rechtsschutzbedürfnisses[662]. Es genügt nicht, dass das Obsiegen für den Beitretenden bloß bedeutsam oder günstig ist. Auch wirtschaftliche oder persönliche Vorteile genügen nicht. Maßgeblich für die Frage, ob ein rechtliches Interesse vorliegt, sind die Umstände des Einzelfalls. Es lassen sich jedoch vorsichtig **Fallgruppen** bilden, wann der Streithelfer regelmäßig ein rechtliches Interesse besitzt[663]:
- In den Fällen der **gesetzlichen Prozessstandschaft** (z.B. § 265 ZPO) kann der Rechtsinhaber dem Rechtsstreit auf der Seite des Prozessstandschafters beitreten, z.B. der das Gesamtgut nicht verwaltende Ehegatte auf Seiten des das Gesamtgut allein verwaltenden Ehegatten.
- In den Fällen der auf einen Dritten **erweiterten Rechtskraft** eines Urteils, z.B. gem. §§ 325 ff. ZPO, 407 Abs. 2 BGB, 129 HGB.
- Bei einer **Gestaltungswirkung** des Urteils.
- Bei **Tatbestandswirkung/Vorgreiflichkeit**: In Rechtsstreiten zwischen dem Schuldner einer durch ein akzessorisches Sicherungsrecht gesicherten Forderung[664].
- Schließlich Fälle, in denen ein Dritter im Falle des Unterliegens der von ihm zu unterstützenden Partei den **Regress** befürchten muss.

973 5. **Prozesshandlungsvoraussetzungen.** Wie bei jeder anderen Prozesshandlung auch, müssen für die Streithilfe die **allgemeinen Prozesshandlungsvoraussetzungen** vorliegen[665]. Fehlt eine Prozesshandlungsvoraussetzung, weist das Gericht den Beitritt zurück[666]. Überblick:
- Existenz der Partei (§§ 239, 246, 619 ZPO)
- Parteifähigkeit (§§ 50, 56 ZPO)
- Prozessfähigkeit und gesetzliche Vertretung (§§ 51, 57 ZPO)
- Prozessführungsbefugnis (§§ 51, 56 ZPO)
- Ferner muss im Falle einer Vertretung eine Prozessvollmacht vorliegen.

974 6. **Mängel.** Das Gericht prüft – wie ausgeführt – von Amts wegen nur, ob die Beitrittserklärung prozessual wirksam ist. Darüber hinaus hat das Gericht **keine Möglichkeit**, die weitere Zulässigkeit einer Streithilfe von sich aus zu prüfen. Bei der Nebenintervention beschränkt sich die Prüfung auf die **persönlichen Prozesshandlungsvoraussetzungen**, also darauf, ob Partei-, Prozess- und Postulationsfähigkeit gegeben sind[667]. Die allgemeinen Prozessvoraussetzungen, die sich auf

---

661 KG, KGReport 2006, 150, 151.
662 BGH, NJW 2006, 773.
663 Siehe auch Haertlein, JA 2007, 10, 12.
664 Z.B. kann ein Bürge auf Seiten des Schuldners der gesicherten Forderung beitreten.
665 Die Prozesshandlungsvoraussetzungen werden vom Amts wegen geprüft, siehe dazu Rn. 538 ff.
666 BGH, NJW 2006, 773.
667 BGH, NJW 2006, 773. Siehe bereits Rn. 973.

7. Kapitel: Streithilfe

den Streitgegenstand beziehen, sind dagegen nicht von Amts wegen zu prüfen, weil der Nebenintervenient lediglich in einen fremden Prozess eintritt und seine etwaigen Ansprüche nicht rechtshängig und nicht entschieden werden[668].

> **Klausurtipp**
>
> Ein Richter prüft gem. § 71 Abs. 1 ZPO die Zulässigkeit einer Streithilfe nur auf Antrag in einem so genannten Zwischenstreit (Interventionsstreit)[669]. Im Zwischenstreit muss der Streithelfer sein rechtliches Interesse am Obsiegen der unterstützten Partei gem. § 71 Abs. 1 Satz 2 ZPO glaubhaft machen. Der Zwischenstreit wird durch Zwischenurteil entschieden. Das Zwischenurteil ist ein Feststellungsurteil und lautet auf Zulassung oder Zurückweisung der Streithilfe.

III. Rechtsstellung

1. Allgemeines. Dem Nebenintervenienten kommt durch den Beitritt eine **unterstützende Rolle** zu, er ist keine Partei und kann also Zeuge sein. Ladungen, Zustellungen und Mitteilungen sind an ihn so richten, als sei er Partei. Nach seinem Beitritt teilt der Nebenintervenient das prozessuale Schicksal der Hauptpartei[670]. Der Streithelfer ist nach § 67 Hs. 2 ZPO berechtigt, Angriffs- und Verteidigungsmittel geltend zu machen und alle Prozesshandlungen wirksam vorzunehmen[671]. Im Einzelnen kann er folgendermaßen tätig werden:

> ☑ **Checkliste**
>
> - Rechtsauffassungen vorbringen
> - Behauptungen aufstellen oder bestreiten
> - Beweismittel anbieten
> - sich an Beweisaufnahmen beteiligen
> - sich zu den Ergebnissen äußern
> - alle Anträge stellen, Rechtsmittel einlegen und begründen
> - durch Sachanträge ein Versäumnisurteil gegen die unterstützte Partei abwenden
> - durch rechtzeitiges eigenes Vorbringen eine Zurückweisung nach § 296 ZPO verhindern

Nach § 67 Hs. 1 ZPO muss der Streithelfer den Prozess **allerdings in der Lage annehmen, in der er sich zur Zeit seines Beitritts befindet.** Angriffs- und Verteidigungsmittel kann er daher nur geltend machen und Prozesshandlungen nur vornehmen, soweit seine Erklärungen und seine Handlungen nicht im Widerspruch mit Erklärungen und Handlungen der Hauptpartei stehen[672]. Der Streit-

---

668 BGH, NJW 2006, 773.
669 BGH, NJW 2006, 773, 774.
670 BGH, NJW 2003, 1948, 1949 m. Anm. Schmidt, JuS 2003, 1132.
671 BGH, FamRZ 2009, 1404, 1405 m.w.N.
672 BGH, FamRZ 2009, 1404, 1405; BGH, NJW-RR 2008, 261; OLG Karlsruhe, OLGReport Karlsruhe 2003, 187; OLG Naumburg, OLGReport Naumburg 2001, 351, 353.

helfer darf Prozesshandlungen nur so lange vornehmen, wie sich ein ausdrücklich erklärter oder aus dem Gesamtverhalten im Verfahren zu entnehmender gegenteiliger Wille der Hauptpartei nicht feststellen lässt[673]. Erklärungen und Handlungen der unterstützten Partei haben Vorrang vor seinen Erklärungen und Handlungen. Der Beitritt ist nur zum Zwecke der Unterstützung der Partei zulässig, mag auch das Vorbringen, das dem der unterstützten Partei widerspricht, der Rechtsposition des Streithelfers nützen. Die unterstützte Partei kann jeder Handlung des Streithelfers widersprechen. Der Widerspruch kann ausdrücklich sein; er kann sich aber aus dem Verhalten der Partei ergeben.

979 ✏ **Klausurtipp**

Da der Streithelfer nicht Partei wird, kann er als Zeuge (anders der streitgenössische Streithelfer) vernommen werden[674]. Zu beachten ist weiterhin, dass Fristen nur einfach laufen – es also keine gesonderten Fristen für den Streithelfer gibt. Die Prozesshandlungen des Streithelfers beschränken sich auf die Klage, so, wie sie vom Kläger erhoben worden ist. Der Streithelfer ist vor allem nicht befugt, über den Streitgegenstand zu disponieren: Er darf somit keine Rechtshandlungen vornehmen, durch die die Instanz beendet[675] oder die anhängige Klage in ihrem Wesen verändert wird[676]. Die Streithilfe verleiht dem Streithelfer auch lediglich prozessuale Befugnisse. Damit sind vor allem materiell-rechtliche Handlungen (Aufrechnung, Rücktritt, etc.) nicht möglich[677].

980 **2. Streitgenössische Nebenintervention.** Wenn „nach den Vorschriften des bürgerlichen Rechts" (das sind aber auch solche des Prozessrechts!)[678] die **Rechtskraft** der in dem Hauptprozess erlassenen Entscheidung auf das **Rechtsverhältnis** des Nebenintervenienten zu dem Gegner **von Wirksamkeit ist**, gilt der Nebenintervenient i. S. d. § 61 ZPO als Streitgenosse der Hauptpartei. Eigentlicher Grund dafür, dass die Befugnisse des streitgenössischen Nebenintervenienten gegenüber einem „einfachen" Streithelfer erheblich erweitert sind, ist nicht der Umstand, dass er von der ergehenden Entscheidung wie „jedermann betroffen" wird. Der Grund liegt vielmehr darin, dass die **Rechtskraft der ergehenden Entscheidung** gerade für ein Rechtsverhältnis zwischen ihm und dem Prozessgegner von **Bedeutung** ist.[679] Eine streitgenössische Nebenintervention „entsteht außer bei Veräußerung des streitbefangenen Gegenstandes in allen Fällen der Rechtskrafterstreckung einer im Hauptprozess ergehenden Entscheidung im Verhältnis des Streithelfers zum Gegner der Hauptpartei.

981 Der streitgenössische Nebenintervenient hat eine **Doppelstellung**: Er ist Streithelfer und gilt als Streitgenosse, kann deshalb z. B. **nicht als Zeuge** vernommen

---

673 BGH, FamRZ 2009, 1404, 1405; BGH, NJW-RR 2008, 261; BGH, BGHZ 165, 358, 361.
674 Haertlein, JA 2007, 10, 12.
675 Anerkenntnis, Erledigterklärung, Vergleich, Rechtsmittelrücknahme.
676 Klageänderung oder Widerklage.
677 Ausübung von Gestaltungsrechten, Aufrechnung mit Forderungen der Hauptpartei.
678 Diese eigentümliche Wortwahl ist dadurch zu erklären ist, dass zur Zeit des Gesetzgebungsverfahrens die Rechtskraftlehre als dem bürgerlichen Recht zugehörig betrachtet wurde, BGH, NJW 1985, 386, 387; Haertlein, JA 2007, 10, 13.
679 BGH, NJW 1985, 386, 387.

werden[680]. Als Streitgenosse der Hauptpartei steht ihm das Recht zur Prozessführung in dem Prozess der Hauptpartei mit dem Ziel ihrer Unterstützung nicht als abgeleitetes, sondern als ein von der Partei unabhängiges selbstständiges Recht zu[681]. Ihm sind deshalb ausnahmsweise auch widersprüchliche Prozesshandlungen möglich. Im Gegensatz zum „einfachen" Streithelfer darf er z.B. den Anspruch anerkennen oder auf ihn verzichten oder durch seinen Widerspruch dem Anerkenntnis oder Verzicht der unterstützten Partei die Wirksamkeit nehmen. Er ist auch nicht an die der Partei gesetzten Fristen gebunden; Verfügungen, Beschlüsse und Urteile des Gerichts werden ihm ebenso wie der Partei zugestellt und es werden deswegen für ihn eigene Fristen in Lauf gesetzt. Er kann ferner gegen den erklärten Willen der Partei Rechtsmittel einlegen, die für die Partei wirksam sind.[682] Haben sich die Partei und der streitgenössische Streithelfer widersprochen, liegt ein streitiger Sachvortrag vor, der notfalls durch eine Beweisaufnahme geklärt werden muss.

> ✎ **Klausurtipp**
> Der streitgenössische Nebenintervenient kann allerdings nicht die Klage zurücknehmen oder den Streitgegenstand ändern.

IV. Interventionswirkung

Die **Interventionswirkung tritt im Nachfolgeprozess ein**[683]. Durch die Nebenintervention wird der Streithelfer im Nachfolgeprozess im Verhältnis zu der Hauptpartei mit der Behauptung nicht gehört, dass der Vorprozess unrichtig entschieden sei[684] (Interventionswirkung). Die Interventionswirkung des § 68 ZPO besagt also, dass das Urteil des Vorprozesses als richtig gilt – dass sich der Streithelfer nicht darauf berufen kann, der Vorprozess sei falsch entschieden worden. Der Nebenintervenient wird durch die Interventionswirkung mit der Behauptung, dass die Hauptpartei den Rechtsstreit mangelhaft geführt habe, nur insoweit gehört, als er durch die Lage des Rechtsstreits zur Zeit seines Beitritts oder durch Erklärungen und Handlungen der Hauptpartei verhindert worden ist, Angriffs- oder Verteidigungsmittel geltend zu machen[685], oder als Angriffs- oder Verteidigungsmittel, die ihm unbekannt waren, von der Hauptpartei absichtlich oder durch grobes Verschulden nicht geltend gemacht sind. Die Interventionswirkung bezieht sich nicht nur auf den Inhalt der Entscheidung, also das festgestellte Rechtsverhältnis oder die ausgesprochene Rechtsfolge, sondern

---

680 Siehe auch BGH, NJW 1965, 760.
681 BGH, NJW-RR 1999, 285.
682 BGH, NJW 1986, 386, 387; BGH, NJW 1984, 353.
683 Haertlein, JA 2007, 10, 12.
684 OLG Schleswig, OLGReport Schleswig 2003, 93, 94.
685 BGH, NJW 1987, 1894, 1895 = MDR 1987, 835; BGH, MDR 1982, 314 = NJW 1982, 281, 282; OLG Naumburg, OLGReport Naumburg 2001, 351, 353; OLG Köln, OLGReport Köln 1994, 234 = NJW-RR 1995, 1085.

zusätzlich auf alle tatsächlichen und rechtlichen Grundlagen, auf denen das Urteil im Vorprozess beruht[686] (**tragende Feststellungen**).

984 Als tragende Feststellungen i. d. S. sind nur die **hinreichenden und notwendigen Bedingungen** der Erstentscheidung, die nicht hinweggedacht werden können, ohne dass das konkrete Entscheidungsergebnis nach dem in der Entscheidung zum Ausdruck gekommenen Gedankengang entfiele[687]. Von der Interventionswirkung nicht umfasst sind die Feststellungen des Erstgerichts, auf denen sein Urteil **nicht beruht** (so genannte überschießende Feststellungen)[688]. Eine objektiv notwendige Feststellung wird nicht deshalb überschießend, weil sie sich bei der Wahl eines anderen rechtlichen Ansatzes erübrigt hätte[689].

985 ✒ **Klausurtipp**

Nach ganz h. M. kommt es für die Frage, ob eine Feststellung das Urteil trägt, darauf an, worauf die Entscheidung des Erstprozesses objektiv nach zutreffender Rechtsauffassung beruht[690]. Die Begründung hierfür ist recht mittelbar. Die Nebeninterventionswirkungen treffen auch den nicht beitretenden Streitverkündungsempfänger, weil er potenziell die Möglichkeit hätte, auf den Rechtsstreit Einfluss zu nehmen. Bei korrekter Prozessführung durch das Gericht kann der Streithelfer nur auf den Streitstoff Einfluss nehmen, auf den es bei objektiver Betrachtung ankommt. Die Entscheidung, ob und auf welcher Seite er dem Streit beitritt, kann der Streitverkündungsempfänger sinnvoll nur treffen, wenn er von einer solchen korrekten Prozessführung und den hierbei zu erwartenden Feststellungen ausgeht[691].

986 Im **Unterschied zur Rechtskraft**, bei der nur der Tenor Rechtskraft erlangt, geht die **Interventionswirkung weiter**. Sie erfasst zusätzlich auch alle tatsächlichen und rechtlichen Grundlagen des Urteils[692]. Sie wirkt im Nachfolgeprozess jedoch nur zwischen Nebenintervenienten und unterstützter Partei und nur zu Gunsten und nicht zu Lasten der Hauptpartei[693]. Für dieses Verständnis der Interventionswirkung spricht der Wortlaut des Gesetzes. Für dieses Verständnis spricht aber

---

686 BGH, MDR 2004, 464, 465; BGH, BGHZ 116, 95, 102 = MDR 1992, 516; BGH, BGHZ 103, 275, 278 = MDR 1988, 574; BGH, NJW 1983, 820, 821; BGH, NJW 1955, 625.
687 BVerfG, NJW 1998, 522; KG, KGReport 2006, 150, 151.
688 Siehe dazu BGH, MDR 2004, 464, 465; KG, KGReport 2006, 150, 151; OLG Hamm, NJW-RR 1996, 1506; OLG Köln, NJW-RR 1992, 119, 120; LG Stuttgart, NJW-RR 1993, 296, 297.
689 BGH, MDR 2004, 464, 465 = BGHReport 2004, 407.
690 BGH, BGHReport 2004, 407; KG, KGReport 2006, 150, 151; OLG Hamm, NJW-RR 1996, 1506; LG Stuttgart, NJW-RR 1993, 296, 297; a. A. OLG München, NJW 1986, 263.
691 Allerdings muss der Empfänger einer Streitverkündung auch damit rechnen, dass sich das Erstgericht für einen Begründungsansatz entscheidet, den er nicht für richtig hält. Dieser Begründungsansatz gibt den Rahmen vor.
692 Entscheidungserhebliche Tatsachen und deren rechtliche Beurteilung.
693 BGH, NJW 1997, 2385; BGH, BGHZ 100, 257; BGH, NJW 1987, 2874 = MDR 1987, 835, 836 = JZ 1987, 1035 m. Anm. Fenn; BGH, NJW 1987, 1894 = JZ 1987, 1033; OLG Köln, OLGReport 1994, 234, 235; str.

7. Kapitel: Streithilfe

auch die Interessenlage, denn der Zweck der Streitverkündung ist der Schutz des Streitverkünders, der sonst Gefahr liefe, durch die unterschiedliche Beurteilung desselben Sachverhalts in mehreren Prozessen alle zu verlieren, obgleich er jedenfalls einen gewinnen müsste. Der Streitverkündete bedarf eines solchen Schutzes nicht, denn er hat nur mit einem Rechtsstreit zu rechnen, und sein Interesse an der Vermeidung ihm ungünstiger Feststellungen im Vorprozess kann er durch seine Beteiligung daran verfolgen. Wenn ihm wegen der Beschränkungen des § 67 ZPO eine Geltendmachung nicht möglich ist, tritt insoweit auch keine Bindungswirkung ein. Die Bindungswirkung kann dem Nebenintervenienten nur uneingeschränkt oder gar nicht entgegengehalten werden.

Klausurtipp 987
Die einzige Verteidigungsmöglichkeit des Streithelfers im Nachfolgeprozess gegen die zu Gunsten der Hauptpartei wirkende Interventionswirkung ist die **Einrede der mangelhaften Prozessführung**. § 68 Hs. 2 ZPO lässt diesen Einwand in **drei Fällen** zu:
- wenn der Streithelfer durch die Lage des Rechtsstreits gehindert war, Angriffs- oder Verteidigungsmittel geltend zu machen[694];
- wenn der Streithelfer durch Erklärung der Hauptpartei gehindert war, Angriffs- oder Verteidigungsmittel geltend zu machen[695];
- wenn die Hauptpartei Angriffs- oder Verteidigungsmittel, die dem Streithelfer unbekannt waren, absichtlich oder aus grobem Verschulden unterlassen hat.

V. Klausur

Für die Klausur ist stets zwischen dem **Vorprozess und dem Folgeprozess zu unterscheiden**. Man muss sich also stets klarmachen, in welchem **Stadium sich der Rechtsstreit** befindet. 988

Klausurtipp 989
Klausurrelevanter ist wegen der Problematik der Interventionswirkung vor allem der Nachfolgeprozess.

1. Vorprozess. Im Vorprozess sind vor allem die **Voraussetzungen des Beitritts**[696] und die Rechtsstellung des Streithelfers[697] Klausurthema. 990

a) **Rubrum.** Ein Nebenintervenient wird im Kopf im Anschluss an die Partei erwähnt, der er beigetreten ist[698]. Auch sein Prozessbevollmächtigter ist anzugeben. 991

---
694 Weil er z. B. zu spät von dem Prozess erfahren hat.
695 Weil z. B. seine Handlungen im Widerspruch zu Handlungen der Hauptpartei standen.
696 Siehe dazu oben Rn. 967 ff.
697 Siehe dazu oben Rn. 976 ff.
698 Köper, JA 2004, 741, 746.

992 📄 Formulierungsvorschlag:
„Hermann Meiner, Baumstraße 45, 12345 Berlin,
Streithelfer[699],
– Prozessbevollmächtigter: Rechtsanwalt Karl Meier, Siemensweg 6, 12345 Berlin –"

993 b) Tenor. Dem Streithelfer kann im Urteil **nichts zugesprochen oder aberkannt** werden. Die durch eine Nebenintervention verursachten Kosten[700] sind dem Gegner der Hauptpartei aufzuerlegen, soweit er nach den Vorschriften der §§ 91 bis 98, 269 ZPO die Kosten des Rechtsstreits zu tragen hat[701]; soweit dies nicht der Fall ist, sind sie dem Streithelfer aufzuerlegen, § 101 ZPO[702]. Werden die Kosten der Hauptparteien gegeneinander aufgehoben, steht dem Nebenintervenienten gegen den Gegner der von ihm unterstützten Partei **kein Anspruch** auf Erstattung seiner Kosten zu[703]. Die Kostenregelung in einem **Vergleich** geht den gesetzlichen Regelungen vor. Haben sich die Parteien darauf geeinigt, die Kosten gegeneinander aufzuheben, müssen nach dem Grundsatz der Kostenparallelität die Streithelfer ihre außergerichtlichen Kosten selbst tragen[704]. Beispiele für einen Kostentenor:

994 📄 Formulierungsvorschläge
- „Der Kläger hat die Kosten des Rechtsstreits **und die der Streithilfe** zu tragen."
- „Die Kosten des Rechtsstreits hat der Beklagte, die Kosten der Streithilfe der Streitgehilfe zu tragen."
- „Auf die Berufung des Beklagten wird das am 29. Juli 2008 verkündete Urteil des Landgerichts Berlin – 9 O 462/07 – abgeändert:
  Die Klage wird vollen Umfangs abgewiesen.
  Die Klägerin hat die Kosten des Rechtsstreits, **einschließlich der durch die Nebenintervention entstandenen Kosten**, zu tragen.
  Das Urteil ist vorläufig vollstreckbar. Die Klägerin darf die Vollstreckung durch Sicherheitsleistung oder Hinterlegung in Höhe des aufgrund des Urteils vollstreckbaren Betrages zuzüglich 10 % abwenden, wenn nicht der Beklagte **oder die Streithelferin** vor der Vollstreckung Sicherheit in Höhe des jeweils zu vollstreckenden Betrages zuzüglich 10 % leistet".

995 Trägt die Gegenpartei die Kosten, so hat auch der Streithelfer aus dem Urteil einen Kostenerstattungsanspruch. Im Rahmen der vorläufigen Vollstreckbarkeit ist damit auch ein entsprechender Ausspruch notwendig. Der Gebührenstreitwert einer durchgeführten Nebenintervention stimmt mit dem **Streitwert der Hauptsache** überein[705]. Unterstützt der Streithelfer eine Hauptpartei nur hinsichtlich eines Teiles, so ist nur der Teilwert anzusetzen.

996 c) **Tatbestand.** Der **Vortrag des Streithelfers** wird im **Tatbestand** bei dem der unterstützten Partei oder – sofern er von beiden Parteien nicht beanstandet wird –

---

699 Andere nennen den Streithelfer „Streitgehilfen".
700 Unter den Kosten der Streithilfe versteht man die Auslagen und Aufwendungen des Streithelfers für seine Prozessbeteiligung, insbesondere seine Anwaltskosten.
701 BGH, MDR 2004, 1251.
702 Diese Vorschrift gilt nicht für streitgenössische Nebenintervenienten. Zu den Kosten siehe ferner BGH, NJW 2003, 1948 m. Anm. Schmidt, JuS 2003, 1132.
703 BGH, NJW 2003, 1948 m. Anm. Schmidt, JuS 2003, 1132.
704 BGH, NJW-RR 2008, 261, 262; BGH, BauR 2005, 1057, 1058 = ZfBR 2005, 465.
705 BGH, MDR 2004, 1445.

7. Kapitel: Streithilfe

im Unstreitigen aufgeführt[706]. Eine Klarstellung, wer was vorgetragen hat, erfolgt nicht. Widerspricht die unterstützte Partei, ist das Vorbringen hingegen gesondert und abgesetzt darzustellen. Nur in diesem Falle ist auch klarzustellen, dass das Vorbringen vom Streithelfer stammt. Stellt der Streithelfer einen Antrag, dem die unterstützte Partei widerspricht, ist dieser gesondert zu beurkunden. Ansonsten können die Anträge zusammengefasst werden. Auch hier muss nicht deutlich gemacht werden, dass z. B. Beklagte und Streithelfer beantragen, die Klage abzuweisen. Dass beide denselben Antrag stellen, ergibt sich nämlich **ohne weiteres** aus dem nicht beurkundeten Widerspruch. In der Prozessgeschichte[707] sind die Tatsachen[708] des Beitritts zu erwähnen.

Schema 997

- Beurkundung des Beitritts am Ende der Geschichtserzählung
- Vortrag des Klägers
- Antrag des Beklagten
- Antrag des Streithelfers [entfällt, wenn mit Antrag des Beklagten identisch; alternativ kann man beide Anträge zusammenfassen: „Der Beklagte und der Streithelfer beantragen, ..."]
- Vortrag des Beklagten
- Vortrag des Streithelfers, soweit dieser vom Beklagten abweicht

---

d) **Entscheidungsgründe.** Ausnahmsweise ist zu Beginn der Entscheidungsgründe und noch vor der Zulässigkeit zu erörtern, ob der **Beitritt des Streithelfers zulässig** war[709]. Dieser Aufbau ist zu wählen, wenn der Gegner nach § 71 Abs. 1 ZPO einen Antrag auf Zurückweisung der Nebenintervention gestellt hat und das Gericht über diesen Antrag **nicht in einem gesonderten Zwischenurteil** entschieden hat. In der Klausur dürfte das der Regelfall sein. Zu prüfen sind dann folgende Punkte: 998

☑ **Checkliste** 999

- Liegen die Prozesshandlungsvoraussetzungen des Streithelfers vor?
- Hat der Streithelfer sein Interesse, dass die eine Partei obsiegt, glaubhaft gemacht?
- Ist dieses Interesse nach § 68 Abs. 1 ZPO anerkannt?

Für die Zulässigkeit kann ferner eine Rolle spielen, dass der Streithelfer für die unterstützte Partei **gehandelt** und z. B. für diese einen Rechtsbehelf (Einspruch) oder ein Rechtsmittel eingelegt hat oder die Säumnis abwenden konnte. Für die Darstellung in der Begründetheit kommt es darauf an, ob der Streithelfer etwas erklärt oder einen Antrag gestellt hat. Hat der Streithelfer etwas erklärt und die unterstützte Partei nicht widersprochen, ist das Vorbringen der unterstützten Partei zuzurechnen und so zu behandeln, als hätte es diese Partei vorgebracht. 1000

---

706 Gottwald, Das Zivilurteil, 1999, S. 203.
707 Entweder am Ende der Geschichtserzählung oder aber am Ende des Tatbestandes.
708 Zeitpunkt des Beitritts.
709 Siehe zu diesem Aufbau Rn. 465 ff.

Dass der Vortrag vom Streithelfer kommt, wird nicht erwähnt. Hat die unterstützte Partei hingegen dem Vortrag widersprochen, wird der Vortrag des Streithelfers gar nicht erwähnt.

1001 🖉 **Klausurtipp**

Ebenso wird mit **Anträgen** verfahren. Im Falle eines Widerspruchs wird der Antrag nicht erwähnt. Im Übrigen wird der Antrag wie einer der Partei behandelt, etwa ein Einspruch gegen ein Versäumnisurteil. In der **Kostenentscheidung** ist zusätzlich § 101 ZPO zu zitieren. Vereinbaren die Parteien in einem Vergleich Kostenaufhebung, steht dem Streithelfer einer Partei kein prozessrechtlicher Kostenerstattungsanspruch zu[710]. Etwa bestehende materiell-rechtliche Kostenerstattungsansprüche bleiben davon unberührt.

1002 2. Folgeprozess. Die Frage, ob eine Streithilfe zulässig und wirksam ist, ist **auf Rüge nur im Vorprozess** zu prüfen[711]. Für den Folgeprozess ist in der Klausur daher vor allem **Reichweite und Voraussetzungen** der Interventionswirkung zu **problematisieren**.

1003 a) Rubrum. In einem Folgeprozess treffen sich Hauptpartei und Streithelfer als Gegner. Im Rubrum sind sie als Parteien aufzunehmen. Besonderheiten ergeben sich nicht.

1004 b) Tatbestand. Im Tatbestand – in der Geschichtserzählung[712] – ist **darzustellen**, dass es einen Vorprozess gegeben hat, wann der Streithelfer eingetreten ist und wie und auf Grund welcher (jetzt noch relevanten) Feststellungen des Gerichts der Vorprozess ausgegangen ist. Ferner ist ggf. zu beurkunden, dass die Parteien darüber streiten, ob der vormalige Streithelfer daran gehindert war, Angriffs- und Verteidigungsmittel vorzubringen bzw. dass er die Hauptpartei absichtlich oder grob schuldhaft unterlassen hat, seinerseits dem Streithelfer unbekannt gebliebene Angriffs- und Verteidigungsmittel vorzubringen. Auch die Reichweite der Interventionswirkung kann streitig sein.

1005 c) Entscheidungsgründe. Durch die **Interventionswirkung** ist das **Gericht** an die tatsächlichen und rechtlichen Feststellungen des Vorprozesses **gebunden**. In den Entscheidungsgründen ist also zu erörtern, ob dem Kläger die Interventionswirkung zu Gute kommt, wie ihre Reichweite ist und ob der Beklagte entscheidungserhebliche Tatsachen des Vorprozesses, deren rechtliche Beurteilung und präjudizielle Rechtsverhältnisse nicht bestreiten kann. Dazu ist zu klären, ob ggf. die „Einrede der mangelhaften Prozessführung"[713] greift.

---

710 BGH, MDR 2005, 957, 958.
711 Soeben Rn. 990 ff.
712 Köper, JA 2004, 741, 746.
713 Siehe dazu Rn. 987.

> **Klausurtipp**   **1006**
>
> Die Interventionswirkung **reicht allerdings nur soweit**, als der Streithelfer im Vorprozess in der Lage war, seinen Standpunkt zu vertreten und die gerichtliche Entscheidung zu beeinflussen. Das Gericht ist deshalb gehalten, zu prüfen, ob durch die Berücksichtigung des vom Streithelfer vorgetragenen Mittels eine für die Hauptpartei günstige Entscheidung erreicht worden wäre.

8. Kapitel: **Haupt- und Hilfsantrag**

I. Einführung

Von **Haupt- und Hilfsantrag** spricht man, wenn der Kläger zwei Streitgegenstände **1007** dergestalt in das Verfahren einführt, dass die Entscheidung des Hilfsantrages unter der innerprozessualen Bedingung steht, dass der Hauptantrag in einer bestimmten, vom Kläger vorgegebenen Weise entschieden wird[714]. Verteidigt sich der Beklagte mit **mehreren**, aufeinander abgestuften Anträgen/Vorbringen, liegt entweder eine Hilfswiderklage[715] oder eine Hilfsaufrechnung vor. Keine eventuelle Klagehäufung liegt hingegen vor, wenn der Kläger mit mehreren Anträgen dasselbe Ziel verfolgt oder wenn hilfsweise Sachverhaltsalternativen vorgetragen werden. Hier spricht man von Haupt- und Hilfsvorbringen bzw. Hilfsbegründungen[716]. Ein Hilfsvorbringen ist ohne weiteres zulässig[717]. Hilfsvorbringen und Hilfsanträge werden freilich oft verkannt; Abgrenzungskriterium ist die Streitgegenstandslehre[718]:

> Beispiel 1[719]:   **1008**
> Der Kläger stellt den Antrag, den Beklagten zur Herausgabe seiner – gekündigten – Mietwohnung zu verurteilen, hilfsweise den Antrag auf Räumung. Nach der Lehre vom zweigliedrigen Streitgegenstand liegt hier nur ein Begehren i.S.v. § 261 Abs. 2 ZPO vor, d.h. obwohl sprachlich zwei Anträge gestellt wurden, hat das Gericht nur eine Entscheidung über einen Streitgegenstand zu fällen.

> Beispiel 2[720]:   **1009**
> Der Kläger beantragt, den Beklagten auf Zahlung von 5.000,00 € zu verurteilen und stützt seine Forderung auf ein Darlehen aus dem Jahr 2001, hilfsweise auf ein weiteres

---

714 Der Hilfsantrag kann den „Haupt"-Antrag für einen weiteren Hilfsantrag bilden, so dass mehrere Hilfsanträge hintereinander gestaffelt werden können, vgl. BGH, NJW-RR 1992, 290.
715 BGH, BGHZ 132, 390, 398 = NJW 1996, 2306, 2307.
716 Beispiel: Die Forderung sei bereits erfüllt worden, hilfsweise verjährt.
717 Selbst bei widersprüchlichem Sachvortrag bis zur Grenze der Wahrheitspflicht.
718 Siehe dazu Rn. 42.
719 Nach BGH, BGHZ 9, 22, 28.
720 Nach Fischer, Eventualhäufungen in Klage, Widerklage und Rechtsmittel, S. 39; Speckmann, MDR 1971, 529, Hipke, Die Zulässigkeit der unechten Eventualklagenhäufung, S. 375, Fn. 1290 m.w. Nachw.

aus dem Jahr 2002. Hier liegt ein „verdeckter" Hilfsantrag vor, da der Kläger zwei Streitgegenstände in das Verfahren einbringt, obwohl er nur einmal den Betrag verlangt.

1010 Beispiel 3[721]:
Die Klägerin begehrt von der Beklagten Zahlung des Kaufpreises in Höhe von insgesamt 14.585,18 € für Sanitärartikel, welche die S. GmbH (nachfolgend: Gemeinschuldnerin) gemäß mehreren Einzelrechnungen an die Beklagte verkauft und geliefert hatte. Sie macht geltend, die offenen Kaufpreisforderungen der Gemeinschuldnerin gegen die Beklagte seien vor Eröffnung des Insolvenzverfahrens an sie, die Klägerin, auf Grund eines verlängerten Eigentumsvorbehalts im Voraus abgetreten worden. Für den Fall, dass die Vorausabtretung nicht eingreife, beruft sich die Klägerin hilfsweise auf eine ihr vom Insolvenzverwalter erteilte Ermächtigung, die Forderungen der Gemeinschuldnerin einzuziehen. Ob die Forderung der Klägerin aus eignem oder abgetretenem Recht zusteht, ist kein Haupt- und Hilfsvorbringen. Es handelt sich vielmehr um zwei Streitgegenstände[722]. Es liegen also Haupt- und Hilfsantrag vor. Obwohl auch der BGH einen weiteren Streitgegenstand annimmt, spricht auch er allerdings ungenau von *„Haupt- oder Hilfsvorbringen der Klägerin"*.

1011 Das Prozessrecht ist **eigenständig gegenüber dem materiellen** Recht, so dass es auf die materielle Abhängigkeit und/oder Bedingtheit der geltend gemachten Ansprüchen von anderen Ansprüchen **grundsätzlich nicht ankommt**. Etwa ein bedingter Anspruch muss nicht zwingend als Hilfsantrag gestellt werden und umgekehrt[723]. Es ist folglich auszulegen, ob nach dem Willen des Klägers dieser nur auf die materielle Verbindung der Ansprüche hinweisen oder eine prozessuale Eventualstellung begründen wollte[724]. Bei zwei Klageanträgen, von denen einer hilfsweise gestellt ist, ist in der Regel eine auch prozessual gewollte Abhängigkeit der Entscheidung zum Hilfsantrag von der des Hauptantrages gewollt.

1012 Die Verbindung mehrerer gestufter Anträge **ist in der Praxis sehr verbreitet**, freilich **grundsätzlich unzulässig**[725]. Parteihandlungen, etwa die Erhebung der Klage oder der Widerklage, sind im Gegensatz zu materiell-rechtlichen Willenserklärungen im Allgemeinen bedingungsfeindlich[726], wenn und weil ihre Geltung nicht im Ungewissen bleiben darf, um die Prozesszwecke nicht zu gefährden. Allerdings kann es für die Parteien durchaus ein anerkennenswertes Bedürfnis[727] geben, Prozesshandlungen wie einen Hilfsantrag nur bedingt zu erklären. Das ist zum einen der Fall, wenn die Partei das Gericht an eine bestimmte Entscheidungsreihenfolge binden will. Ein weiterer Antrag oder eine Aufrechnung sollen nach

---

721 Nach BGH, NJW-RR 2005, 216.
722 BGH, NJW-RR 2005, 216.
723 Keine Voraussetzung ist mehr, dass sich materiell-rechtlich Haupt- und Hilfsantrag gegenseitig ausschließen müssen.
724 Vgl. etwa BAG, NJW 1982, 1174 m. w. Nachw.; LAG Köln, MDR 1995, 1150.
725 Gesetzliche Ausnahme ist vor allem § 254 ZPO. Siehe dazu Rn. 1014 ff.
726 BVerfG, BVerfGE 68, 132, 142; BVerwG, BVerwGE 59, 302, 304; BGH, NJW 2007, 913, 914; BGH, NJW-RR 1990, 67; BGH, NJW 1987, 904, 905; BFH, NVwZ 1983, 439.
727 Hierbei handelt es sich um das Rechtsschutzbedürfnis. Sofern im Examen die Zulässigkeit des Hilfsantrags problematisiert wird und dieses Problem nicht eindeutig im Gesetz belegt werden kann, ist zu prüfen, ob der Kläger zu Lasten von Beklagten und Gericht aktiv werden darf.

8. Kapitel: Haupt- und Hilfsantrag

dem Willen der Partei sinnvoll nur dann zu entscheiden sein, wenn ein anderer Antrag oder die übrige Verteidigung erfolglos geblieben sind[728]. Gestützt auf § 308 Abs. 1 ZPO überlässt es die derzeit h. M. dem Kläger, schon immer dann dieses anerkennenswerte Rechtsschutzinteresse in die Antragsstellung mit aufzunehmen, sofern ein rechtlicher oder wirtschaftlicher Zusammenhang zwischen den Anträgen besteht[729]. Ein Bedürfnis ist ferner anzuerkennen, wenn Verjährung droht und durch eine bedingte Geltendmachung durch den Kläger oder Beklagten zumindest vorübergehend der Rechtsverlust verhindert werden kann[730]. Schließlich können Kostengründe die Parteien dazu bewegen, Parteihandlungen zu bedingen[731].

II. Voraussetzungen

Nach h. M. gibt es für eine zulässige **Verbindung mehrerer Anträge** in einem Stufenverhältnis – außer bei einer Stufenklage gem. § 254 ZPO – drei Voraussetzungen:

☑ Checkliste

- Die Bedingung muss innerprozessual sein[732]. Der Hilfsantrag wird indes unzulässig, wenn die Bedingung zunächst als innerprozessuale Bedingung gewollt war und durch eine Prozesstrennung zu einer außerhalb des Verfahrens liegenden Bedingung wird[733].
- Haupt- und Hilfsantrag müssen in einem rechtlichen und wirtschaftlichen Zusammenhang zueinander stehen.
- Mindestens ein Antrag muss unbedingt sein.

1. Knüpfung an innerprozessuale Bedingung. – a) Grundsatz. Weil die von einer Prozesshandlung ausgehende **Gestaltungswirkung** auf das Verfahren **niemals ungewiss** sein darf, ist die Verbindung mit einem außerprozessualen Ereignis unzulässig[734]. Etwa die Klage ist als verfahrenseinleitender Akt **streng bedingungsfeindlich**, weil die Existenz eines Prozessrechtsverhältnisses zwischen den Parteien nicht ungewiss sein darf[735]. Deshalb ist es unzulässig, eine Klage unter einer Bedingung zu erheben, insbesondere der, dass ein anderes selbstständiges Verfahren auf eine bestimmte Weise entschieden wird. Eine bedingte Klage wird auch nicht dadurch zulässig, dass die Bedingung später eintritt[736]. Eine solche

---

728 Beispiel: Klage auf Herausgabe, hilfsweise auf Schadenersatz.
729 S. Rn. 1021.
730 Auch der Hilfsantrag hemmt nach allgemeiner Meinung die Verjährung, vgl. nur Schneider, Die Klage im Zivilprozess, § 12, Rdnr. 432.
731 So auch Merle, Zur eventuellen Klagehäufung, ZZP 83 [1970], 436, 439.
732 BGH, NJW 2007, 913, 914.
733 BGH, NJW 2007, 913, 914.
734 RG, RGZ 144, 71, 73, und Kion, Eventualverhältnisse im Zivilprozeß, 1971, S. 43, 44. Beispiel: Die Bedingung, dass der BGH in einem anderen Verfahren in bestimmter Weise entscheide; die Bedingung, dass ein Dritter der Klage zustimmen müsse, LAG Köln, MDR 1999, 376.
735 BGH, NJW 2007, 913, 914.
736 BGH, NJW 2007, 913, 914.

Verbindung würde sich nicht mit der Bedeutung vertragen, die Parteihandlungen für Gegner und Gericht haben[737]. Etwas anderes gilt, wenn die Parteien ihr Handeln an den Eintritt eines innerprozessualen Ereignisses knüpfen[738]. Durch eine solche Verknüpfung wird keine – besser: keine schädliche – Unsicherheit ins Verfahren getragen. Anträge und Gesuche an das Gericht können daher mit der Bedingung verknüpft werden, das Gericht möge nur bei Eintritt eines bestimmten innerprozessualen Vorgangs entscheiden[739]. Wie der Kläger z. B. den Hilfsantrag darf deshalb auch der Beklagte die Widerklage unter die innerprozessuale Bedingung stellen, dass die Klage erfolglos oder erfolgreich ist[740]. Innerprozessuales Ereignis kann sowohl der Erfolg als auch die Erfolglosigkeit des Hauptantrages[741] sein.

1016 Der in der Praxis **klassische Fall** einer eventuellen Klagehäufung ist der Hilfsantrag für den Fall, dass der Hauptantrag des Klägers ohne Erfolg bleibt (echter bzw. eigentlicher Hilfsantrag), z. B. Klage auf Leistung des gekauften Gegenstandes, hilfsweise für den Fall der Nichterweislichkeit des Kaufvertrages Rückgabe der geleisteten Anzahlung. Möglich ist aber auch ein Hilfsantrag für den Fall, dass der Hauptantrag Erfolg hat (so genannte unechte Hilfsanträge oder auch uneigentliche Hilfsanträge), z. B. ein Antrag auf Vornahme einer Willenserklärung (vgl. § 894 ZPO), hilfsweise verbunden mit einer sich hieraus ergebenden Leistungsverpflichtung, oder – praktisch bedeutsam – die Kündigungsschutzklage, verbunden mit der Lohnzahlungsklage im Fall des Erfolgs[742].

1017 Eine Parteiänderung, die zu einer subjektiven Klagehäufung führt, **kann nicht bedingt erfolgen**, weder unter der prozessualen Bedingung, dass der Anspruch der in erster Linie angeführten Partei für unbegründet befunden wird[743], noch unter der Bedingung, dass das Gericht die Zulässigkeit der Klage der ursprünglichen Klägerin als Prozessstandschafterin verneint[744]. Wenn die Klagepartei eine Prozesshandlung gegenüber einem ersten Streitgenossen von dem Ausgang des Prozesses gegen einen zweiten Streitgenossen abhängig macht, so handelt es sich bezogen auf den ersten Streitgenossen um eine außerprozessuale Bedingung. Die

---

737 RG, RGZ 144, 72, 73.
738 OLG Hamm, MDR 2005, 533.
739 BGH, MDR 2002, 410; BGH, NJW 1995, 1353; BGH, NJW 1984, 1240, 1241; RG, RGZ 157, 369, 378 f. Beachte: Das Gericht verschafft sich selbst Sicherheit darüber, ob es den Hilfsantrag entscheiden darf, indem es den Hauptantrag entscheidet, und kann ggf. in einem Urteil – bei Entscheidungsreife – auch den Hilfsantrag entscheiden. Selbstverständlich fehlt das Rechtsschutzbedürfnis für einen Hilfsantrag, wenn er nur dann gestellt sein soll, falls er selbst zulässig oder begründet wäre (Zirkelschluss).
740 BGH, NJW 1996, 2165, 2167; BGH, NJW 1996, 2306, 2307.
741 Denkbar, aber äußerst selten ist auch die Anknüpfung an andere Ereignisse wie die Entscheidungsreife des Hauptantrags zu einem bestimmten Zeitpunkt, BGH, NJW 1996, 3147.
742 Strittig ist, ob dies zulässig ist: Teilklage verbunden mit dem Hilfsantrag auf Zahlung der Restforderung für den Fall des Erfolgs mit der Teilklage; siehe Hipke, Die Zulässigkeit der unechten Eventualklagenhäufung, S. 359–374; Dem Kläger ist ein Rechtsschutzbedürfnis nicht abzusprechen und die ZPO sieht Einschränkungen nicht vor.
743 BGH, MDR 1973, 742.
744 BGH, NJW-RR, 2004, 640 = BGHReport 2004, 616.

8. Kapitel: Haupt- und Hilfsantrag 1018–1020

Rechtsprechung sieht die eventuelle subjektive Klagehäufung **einhellig als unzulässig** an[745]. Bei einem nur bedingten Parteiwechsel handelt es sich nicht wie bei gewöhnlichen Hilfsanträgen darum, ob demselben Kläger der eine oder der andere Anspruch zuzubilligen ist, sondern um die Begründung eines Prozessrechtsverhältnisses mit einer anderen Partei. Ob ein solches besteht, darf, schon um der Rechtsklarheit willen, nicht bis zum Ende des Rechtsstreits in der Schwebe bleiben.

b) Bedingungseintritt. Bei dem echten Hilfsantrag ist Bedingung für die Entscheidung des Hilfsantrages, dass der **Hauptantrag unbegründet** ist. Dieser Fall liegt klar. Problematisch ist hingegen, ob der Hilfsantrag auch dann zu entscheiden ist (die Bedingung also eingetreten ist), wenn der Hauptantrag **wegen Unzulässigkeit** erfolglos ist, teilweise oder als zurzeit unbegründet abgewiesen wird. Entscheidend ist hier stets der **Wille des Klägers**, der durch Ausübung des richterlichen Fragerechts nach § 139 ZPO zu ermitteln ist.

1018

> ✎ **Klausurtipp**
>
> In der Klausur ist von der Bedingung auszugehen, die unter den gegebenen Umständen für die Partei die günstigere Wirkung erzeugt[746]:
> - Bei einer Abweisung als unzulässig wird es im Zweifel für den Kläger günstiger sein, zunächst nochmals seinen Hauptanspruch geltend zu machen (sofern der Zulässigkeitsmangel behebbar ist).
> - Auch bei einer Abweisung als „zur Zeit unbegründet" wird es im Zweifel für den Kläger günstiger sein, zunächst nochmals seinen Hauptanspruch geltend zu machen.
> - Ist der Hauptantrag hingegen unbegründet, ist die Bedingung für den Hilfsantrag im Zweifel eingetreten.
> - Dringt der Kläger mit dem Hauptantrag nur teilweise durch, sollte auch dies im Zweifel nicht zum Hilfsantrag führen. Dieser Fall ist aber für eine Zweifelsregelung kaum geeignet.

1019

Ein wegen Zuerkennung des Hauptantrags **nicht beschiedener Hilfsantrag** des Klägers wird nach h. M. allein durch die Rechtsmitteleinlegung des Beklagten **Gegenstand des Berufungsverfahrens**[747]. Zu den Grundbedingungen des Klageverfahrens, die auch im Rechtsmittelzug weiter gelten, gehört es, dass der Kläger durch seine Anträge bestimmt, mit welchen Ansprüchen sich das Gericht befassen muss. Diese von dem Kläger zur Überprüfung gestellten Streitgegenstände kann der Beklagte allein durch ein Anerkenntnis oder durch die Hinnahme einer Verurteilung, nie jedoch dadurch beschränken, dass er Rechtsmittel einlegt. Es besteht keine Veranlassung, von dem Kläger, der in erster Instanz voll obsiegt hat, die Einlegung eines Rechtsmittels – auch nicht im Wege einer Eventual-Anschließung – gegen ein zu seinen Gunsten ergangenes Urteil zu verlangen, um die volle Überprüfung seines unveränderten Klagebegehrens im Rechtsmittelzug sicherzustellen.

1020

---

745 OLG Hamm, MDR 2005, 533 m. w. Nachw.
746 Kion, Eventualverhältnisse im Zivilprozeß, 1971, S. 163.
747 BGH, MDR 2005, 162 m. w. Nachw. auch zur Gegenmeinung.

1021 **2. Zusammenhang.** Eine Eventualhäufung ist nur zulässig, wenn Haupt- und Hilfsantrag **rechtlich oder wirtschaftlich dasselbe oder ein gleichartiges Ziel verfolgen**, weil nur dann ein anerkennenswertes Bedürfnis des Klägers vorliegen kann, einen Hilfsantrag stellen zu dürfen. Die Möglichkeit des Beklagten, eine Feststellungs-Eventualwiderklage zu erheben, schützt den Beklagten nicht ausreichend. Außerdem darf der Kläger nicht berechtigt sein, ohne Kostenrisiko den Beklagten mit einem Hilfsantrag zu überziehen, dessen Rechtshängigkeit ggf. durch die Begründetheit des Hauptanspruchs wieder rückwirkend entfällt. Ferner besteht die Gefahr, dass sich der Kläger durch eine unzulässige Verbindung die sachliche Zuständigkeit des Landgerichts erschleicht.

1022 **3. Ein Antrag unbedingt.** Letzte Voraussetzung für die Verbindung eines Haupt- und Hilfsantrages ist schließlich, dass die Partei oder ihr Gegner gleichzeitig **mindestens einen weiteren anderen Antrag**[748] stellt oder einen gleichgerichteten Sachverhalt vorträgt, der nicht an Bedingungen geknüpft ist und die sichere Grundlage für die Entscheidung bildet, falls die bedingte Handlung mangels Eintritts der Bedingung nicht Entscheidungsgrundlage sein kann[749]. Steht auch der Hauptantrag unter einer Bedingung, ist die Klage daher als unzulässig abzuweisen (so genanntes Prozessurteil). Ohne diese Einschränkung führte die Abhängigkeit auch von einem innerprozessualen Ereignis zu jener in einem gerichtlichen Verfahren unerträglichen Ungewissheit, die derartige Prozesshandlungen unzulässig macht.

III. Ausgesuchte Examensprobleme

1023 **1. Bindung an Reihenfolge.** Stehen mehrere Prozesshandlungen untereinander in einem Bedingungsverhältnis, darf das Gericht über den Hilfsantrag erst nach **Bedingungseintritt** entscheiden, d. h. weder zuvor den Hilfsantrag verweisen oder ein Grund- oder Teilurteil in Bezug auf den Hilfsantrag erlassen. Es darf die Bedingung nicht eigenständig verändern. Das Gericht ist also nur aufschiebend bedingt zu einer Entscheidung berufen[750]. Diese Vorgabe einer Entscheidungsreihenfolge von eventuellen Sachanträgen ist die Wichtigste und darf niemals unbeachtet bleiben. Sie wirkt sich vor allem auch auf den Aufbau des Urteils in der Klausur aus.

1024 ✎ **Klausurtipp**

Der Kläger nimmt nur soweit Einfluss auf das Verfahren, die Rechte und Pflichten des Richters (z. B. § 145 ZPO), als erstens die Reihenfolge der Entscheidungen zwingend gewahrt werden kann und zweitens der Richter den Hilfsantrag nicht entscheidet, solange die Bedingung nicht eingetreten ist. Das Gericht ist z. B. befugt, Beweise zum Hilfsantrag zu erheben, selbst wenn sie im

---

748 Hierzu kann es auch bei einer Klageänderung kommen. Siehe dazu Rn. 797 ff.
749 BGH, NJW 1996, 3147 unter 4.; BGH, WM 1995, 701, 702; Baumgärtel, Wesen und Begriff der Prozeßhandlung einer Partei im Zivilprozeß, 1957, S. 123 ff.; Wendtland, Die Verbindung von Haupt- und Hilfsantrag im Zivilprozess, 2001, S. 29 f.
750 BGH, NJW-RR 1992, 290.

8. Kapitel: Haupt- und Hilfsantrag 1025–1027

Nachhinein unnütz sein können. Argument: Dies ist bei Vergleichen oder Klagerücknahmen nach einer Beweisaufnahme nicht anders. Der Beklagte hat sich zur Klage einzulassen, will er nicht den Verspätungseinwand oder – nach Eintritt der Bedingung – ein Versäumnisurteil riskieren.

2. Bestimmtheit der Bedingung. Die Bedingung, von der der Kläger die Entscheidung des Hauptantrags abhängig macht, muss hinreichend bestimmt sein, entsprechend § 253 Abs. 2 Nr. 2 ZPO. Anderenfalls wüsste das Gericht nicht, ob und wann es zur Entscheidung berufen ist. Dieses Bestimmtheitserfordernis muss erst im Zeitpunkt der letzten mündlichen Verhandlung vorliegen, hat also keine Auswirkungen auf die Rechtshängigkeit oder verjährungshemmende Wirkung des Hilfsantrags. 1025

> Beispiel[751]: 1026
> Der Kläger stellt vier Hauptanträge und zwei Hilfsanträge, ohne in der Klageschrift die Abhängigkeit des Hilfsantrages zu einem bestimmten Hauptantrag offenzulegen. Dies kann der Kläger im Prozess nachholen. Wenn das Gericht zudem alle Hauptanträge abweist, ist die Unsicherheit auf andere Weise behoben und das Gericht zur Entscheidung der (echten) Hilfsanträge befugt.

3. Sachliche Zuständigkeit[752]. Da der Kläger bei dem echten Hilfsantrag entweder den Haupt- oder den Hilfsanspruch verfolgt, **scheidet** für die Berechnung des Zuständigkeitsstreitwertes grundsätzlich eine **Zusammenrechnung** nach § 5 ZPO aus. Haupt- und Hilfsanspruch unterliegen einem **Additionsverbot**[753]. Strittig ist, ob stattdessen ausschließlich auf den Hauptantrag abzustellen ist oder auf den höheren der beiden Anträge: 1027
- Nach ganz h. M.[754] ist für den Zuständigkeitsstreitwert bei Haupt- und Hilfsantrag der höhere Wert maßgeblich, da beide Ansprüche rechtshängig sind. Dies gilt m. E. auch bei der Hilfswiderklage[755]. Somit ist das Landgericht immer dann zuständig, wenn nur der Hilfsantrag einen Streitwert von mehr als 5.000,00 € hat. Bei einem Hauptantrag über 3.000,00 € und einem Hilfsantrag über 5.600,00 € ist also das Landgericht zuständig, wobei es nicht darauf ankommt, ob es tatsächlich über den Hilfsantrag entscheidet. Das Landgericht bleibt bei Bedingungseintritt aber auch im umgekehrten Fall (Hauptantrag 9.000,00 € und Hilfsantrag 3.000,00 €) für den Hilfsantrag zuständig (perpetuatio fori gem. § 261 Abs. 3 Nr. 2 ZPO).
- Nach a. A.[756] richtet sich die „Eingangszuständigkeit" immer und ausschließlich nach dem Hauptantrag. Das Amtsgericht müsste dann, wenn

---

751 OLG Celle, NJW 1965, 1487; vgl. auch BGH, NJW 1984, 2346.
752 Siehe dazu Fleischmann, NJW 1993, 506–508.
753 Anders für die unechte Hilfsantragstellung Hipke, Die Zulässigkeit der unechten Eventualklagenhäufung, S. 257 f., da hier zwei zusprechende Entscheidungen vom Kläger begehrt werden.
754 BGH, NJW 1982, 2801 ff.; a. A. Toussaint, Neue Justiz 2006, 392, 394: Er schlägt vor, § 5 ZPO anzuwenden.
755 A. A. Toussaint, Neue Justiz 2006, 392, 394: Er wendet § 506 ZPO an.
756 Fleischmann, NJW 1993, 506 ff.

der Hauptantrag für unbegründet erachtet wird, diesen durch Teilurteil[757] abweisen und im Übrigen, wegen des Hilfsantrages, nach Rechtskraft an das Landgericht verweisen.

1028 4. **Rechtshängigkeit.** Durch Klageerhebung werden Haupt- und Hilfsanspruch rechtshängig. Nach h.M. ist der Hilfsanspruch aber auflösend bedingt rechtshängig[758]. Erweist sich der Hauptantrag als **begründet**, entfällt die Rechtshängigkeit des Hilfsanspruchs. Ganz überwiegend wird insoweit angenommen, dass die Rechtshängigkeit ex tunc erlischt[759]. Dies entspricht der Sichtweise bei der Klagerücknahme nach § 269 ZPO.

1029 ✎ **Klausurtipp**

Alle Rechtsfolgen einer Klage, die an die Einleitung des Verfahrens anknüpfen, treten auch für einen Hilfsantrag ein, z.B. die Verjährungshemmung[760], die Rechtshängigkeit, die Pflicht des Richters, den Hilfsantrag zur Entscheidungsreife zu bringen, § 300 Abs. 1 ZPO. Gleiches gilt für die Berufung: Auch ein Hilfsantrag wahrt die Berufungsfrist.

1030 5. „**Uneigentliche**" **Hilfsanträge.** Als uneigentliche Hilfsanträge bezeichnet man solche Hilfsanträge, die für den Fall des Erfolgs des Hauptantrages gestellt werden[761]. Diese Konstellation ist in der Praxis zwar selten, aber ohne weiteres zulässig[762], wenn nämlich die übrigen Zulässigkeitsvoraussetzungen erfüllt sind.

1031 Beispiel[763]:
Die Kündigungsschutzklage im Arbeitsrecht und Antrag auf Weiterbeschäftigung oder rückständigen Arbeitslohn.

Anwendungsfall[764]:
Anträge auf Abschluss des Kaufvertrags und Zahlung des Kaufpreises (aus dem dann abgeschlossen Kaufvertrag), Zug um Zug gegen Übereignung der Kaufsache. Die Anträge sind unter sich in einem unechten Eventualverhältnis gestellt, der Hilfsanspruch auf Zahlung nämlich für den Fall, dass der Hauptanspruch auf Herbeiführung des Vertrags Erfolg hat. Eine eventuelle Antragstellung dieser Art hat die Recht-

---

757 H.M., vgl. BGH, BGHZ 56, 79, 80; BGH, NJW 1995, 2361, sehr strittig, da die Gefahr widersprüchlicher Entscheidungen von Haupt- und Hilfsantrag in zwei Instanzen verhindert werden soll, weitere Nachweise bei Hipke, Die Zulässigkeit unechter Eventualklagenhäufung, S. 17, Fn. 65.
758 Dies gilt auch für die eventuelle Widerklage, wenn die auflösende Bedingung, von der sie abhängt, eintritt, BGH, NJW 1956, 1478; BGH, NJW 1965, 440.
759 A.A. etwa Stein, DJZ 1913, 36: Ex nunc.
760 Das materielle Recht kann hier vorrangig zu beachtende Regelungen enthalten, vgl. § 212 Abs. 1, Abs. 2 BGB a.F., BGH, NJW 1986, 2318.
761 Schumann, in: Stein/Jonas, Kommentar zur Zivilprozessordnung, 21. Aufl. 1996, ZPO, § 260 ZPO Rdnr. 15.
762 BGH, NJW 2001, 1285; Hipke, Die Zulässigkeit der unechten Eventualklagenhäufung, insb. zu Teilklagen.
763 Großer Senat des BAG, DB 1985, 2197; BAG, DB 1988, 1660; BAG, NJW 1960, 838, bei dem bei zwei aufeinanderfolgenden Prozessen der Beklagte Verjährung einwandte.
764 BGH, NJW 2001, 1285.

8. Kapitel: Haupt- und Hilfsantrag

sprechung bei Vorverträgen aus prozessökonomischen Gründen in Verbindung mit dem Rechtsgedanken des § 259 ZPO zugelassen: Die Partei, die ihre Rechte aus dem Vorvertrag geltend macht, soll nicht gezwungen sein, gegenüber der Seite, die die Bindung leugnet, nacheinander zwei Prozesse, nämlich auf Abschluss des Hauptvertrags (§ 894 ZPO) und auf dessen Vollzug zu führen. Diese für den dinglichen Vollzug des zu schließenden Hauptvertrags entwickelten Grundsätze gelten für die Kaufpreiszahlung entsprechend.

Ähnliche Konstellation[765]:
Die Verbindung einer Klage auf Herausgabe mit einer Fristsetzung nach § 255 ZPO und einer Klage auf künftigen Schadenersatz nach §§ 281 BGB, 259 ZPO[766]. Anders als beim Hilfsantrag ist nicht der Antrag bedingt, sondern die Verurteilung, da der Kläger in der Zwangsvollstreckung Schadenersatz nur im Fall des fruchtlosen Fristablaufs erhält[767]. Schutzwürdige Interessen des Schuldners werden durch eine derartige Verbindung der Schadenersatzklage mit dem Herausgabeanspruch nicht verletzt. Soweit dieser geltend machen will, die Herausgabe sei ihm nachträglich wegen eines von ihm nicht zu vertretenden Umstandes unmöglich geworden, steht ihm mit der Vollstreckungsgegenklage (§ 767 ZPO) hinreichender Rechtsschutz zur Verfügung.

6. Zulässigkeit. 260 ZPO. § 260 ZPO stellt bei einem **Haupt- und Hilfsantrag** – anders als bei den kumulativen Klagehäufungen – eine echte Sachurteilsvoraussetzung (!) für die Entscheidung des Hilfsantrags dar. Eine Trennung von Haupt- und Hilfsantrag nach § 145 ZPO ist nämlich grundsätzlich nicht möglich. Wenn die Voraussetzungen des § 260 ZPO nicht vorliegen, nämlich

- Identität der Parteien,
- gleiche Prozessart,
- kein Verbindungsverbot und
- Zuständigkeit

und das Gericht das Verfahren nach § 145 ZPO in **zwei Verfahren** trennen könnte, hinge der Hilfsantrag von einem außerprozessualen Ereignis ab: dem Ergebnis des abgetrennten Prozesses. Ist eine Verbindung nach allgemeinen Regeln nicht möglich, ist der Hilfsantrag daher als unzulässig abzuweisen. Ist das Gericht hingegen nur unzuständig, ist eine Verweisung möglich. Ist eine Verbindung unzulässig, ist der Hilfsantrag als unzulässig abzuweisen. Ist eine Verbindung zulässig und ist das angerufene Gericht zwar nicht für den Hauptantrag, wohl aber für den Hilfsantrag zuständig, ist der gesamte Rechtsstreit auf Antrag gem. § 281 ZPO an das zuständige Gericht zu verweisen.

---

[765] Siehe dazu Wieser, NJW 2003, 2432, 2433, und sehr ausführlich Gsell, JZ 2004, 110 ff., 121. In diesen Fällen betrifft die Bedingung (erst) die Zwangsvollstreckung, wenn die Herausgabe nicht bis Fristablauf bewirkt worden ist. Es handelt sich damit nicht um den klassischen Fall einer uneigentlichen Eventualklagenhäufung im Erkenntnisverfahren mit dem gebotenen Prüfungsaufbau. Im Examen ist auf §§ 259 ZPO, 510b ZPO und die allgemeinen Vollstreckungsvoraussetzungen (insbesondere §§ 751, 726 ZPO) zu achten.

[766] Eine Besorgnis der Nichterfüllung im Sinne des ZPO § 259 ist dabei regelmäßig schon dann begründet, wenn der Schuldner den Anspruch ernstlich bestreitet, BGH, NJW 1999, 954.

[767] Vgl. Wieser, NJW 2003, 2432, 2433; Schönke/Schröder-Niese, Zivilprozessrecht, § 50 II 2 b) bezeichnen ihn daher nicht als Eventualantrag, sondern als einen Antrag auf Eventualverurteilung.

1033 Ist das angerufene Gericht **für den Hauptantrag**, nicht aber für den Hilfsantrag zuständig, ist der gesamte Rechtsstreit auf Antrag gem. § 281 ZPO an das zuständige Gericht zu verweisen, sobald die Bedingung eingetreten ist. Die Verweisung kann also erst mit Rechtskraft der Entscheidung über den Hauptantrag erfolgen[768].

1034 7. Gebührenstreitwert[769]. Für die Berechnung des Gebührenstreitwerts ist danach zu unterscheiden, ob das Gericht eine Entscheidung auch über den Hilfsantrag gefällt hat und ob die Anträge wirtschaftlich identisch sind:

1035 ☑ Checkliste
- Wird über den Hilfsantrag nicht entschieden, bleibt er für die Berechnung des Gebührenstreitwerts immer außer Betracht[770].
- Sind Haupt- und Hilfsantrag wirtschaftlich verschieden, werden beide Streitwerte addiert, § 45 Abs. 1 Satz 2 GKG.
- Sind Haupt- und Hilfsantrag – wie meist – wirtschaftlich identisch, ist der höhere Streitwert maßgebend, § 45 Abs. 1 Satz 3 GKG.

1036 Faustregel: Gegenstände, die die Beendigung des Hilfsantrages betreffen, werden in der Literatur häufig mit einer Analogie zu § 269 ZPO gelöst[771]. Dies ist sachgerecht, da der Hilfsantrag für den Fall, dass die Bedingung nicht eintritt, auf Grund einer Parteihandlung des Klägers nicht mehr entschieden werden soll, wie bei der Klagerücknahme auch. Für den Gebührenstreitwert besteht im GKG mit § 45 GKG eine Sonderregelung.

1037 8. **Gutachten bei Anwaltsklausur und Votum.** Ein Gutachten in der Anwaltsklausur bzw. im Votum kann wie folgt gegliedert werden:

1038 Schema
I. Hauptantrag
- Prozessstation
- Klägerstation
- Beklagtenstation
- Beweisstation

---

768 Dies rechtfertigt m.E. die unterschiedliche Behandlung der Abweisung als unzulässig und der Verweisung, da mit Rechtskraft der Entscheidung zum Hauptantrag keine Klagenhäufung mehr vorliegt. Nachteil für den Kläger ist es aber, ggf. einen langwierigen Prozess zum Hauptantrag führen zu müssen, bis der Hilfsantrag verwiesen wird.
769 Zum Begriff siehe Rn. 181.
770 Und zwar unabhängig davon, ob zu dem Hilfsantrag bereits verhandelt oder Beweis erhoben ist.
771 Oehlers, NJW 1970, 845: *„... sozusagen von vornherein schon zurückgenommen."* Eine noch kaum vertretene Mindermeinung befürwortet ferner die direkte Anwendung des § 269 ZPO, vgl. Hipke, Die Zulässigkeit der unechten Eventualklagenhäufung, S. 156–172, m.w. Nachw.

8. Kapitel: Haupt- und Hilfsantrag

II. Hilfsantrag
- Vorprüfung: Entscheidungsbefugnis des Gerichtes? Diese ist gegeben, soweit die Bedingung, unter die der Hilfsantrag gestellt wurde, eingetreten ist.
- Zulässigkeit der Verbindung der Streitgegenstände gem. § 260 ZPO
- Prozessstation
- Klägerstation
- Beklagtenstation
- evtl. Replik
- Beweisstation

III. Tenorierungsstation

IV. Urteil in der Klausur

1. Tenor. – a) Allgemeines. Ob bei einem Haupt- und Hilfsantrag über beide Streitgegenstände geurteilt werden muss, hängt davon ab, ob und wie (ganz? teilweise? gar nicht?) der Hauptanspruch durchdringt und wie die Bedingung (welche?) zu verstehen ist, ggf. durch Auslegung oder nach richterlichem Hinweis. Ist der Hilfsantrag für den Fall gestellt, dass der Hauptantrag unbegründet ist, ergibt sich z. B. folgendes Bild:

- Erweist sich der Hauptanspruch als zulässig und begründet, bleibt der Hilfsanspruch unbeschieden. Seine Rechtshängigkeit entfällt ex tunc. Die Klarstellung, dass (zunächst) zwei Anträge rechtshängig waren, ergibt sich nur aus dem Tatbestand. Der Hilfsantrag ist nicht „im Übrigen" zurückzuweisen[772].
- Ist der Hauptantrag unzulässig oder nur teilweise begründet, ist zu klären, ob der Hilfsantrag auch für diesen Fall erhoben war. Wenn ja, muss sich der Tenor zum Hilfs- und Hauptantrag – dieser ist „im Übrigen[773]" abzuweisen – verhalten.
- Erweist sich der Hauptanspruch als unbegründet, der Hilfsanspruch aber als begründet, muss sich der Tenor zum Hilfs- und Hauptantrag – dieser ist „im Übrigen" abzuweisen – verhalten.
- Erweisen sich sowohl der Hauptanspruch als auch der Hilfsanspruch als unbegründet, wird die Klage (insgesamt) abgewiesen. Der Tenor lautet (für beide Anträge): „Die Klage wird abgewiesen". Die Klarstellung, dass hier zwei Anträge abgewiesen werden, ergibt sich aus Tatbestand und Entscheidungsgründen.

b) Kosten. Wird über den Hilfsantrag nicht entschieden oder unterliegt der Kläger mit Haupt- und Hilfsantrag, ist die Kostenentscheidung nach §§ 91 ff. ZPO zu treffen. Umstritten ist, was gilt, wenn der Kläger im Hauptantrag unterliegt, im Hilfsantrag aber obsiegt und die Streitwerte nicht nach § 45 Abs. 1 Satz 2 GKG zusammenzurechnen sind, § 45 Abs. 1 Satz 3 GKG. Übersicht:

---

772 Merkhilfe: Dies ist deswegen gerechtfertigt, weil das Gericht dem Begehren des Klägers gefolgt ist: Für den Fall, dass es den Hauptantrag abgewiesen hat, durfte es keine Entscheidung zum Hilfsantrag fällen.
773 BGH, NJW 1994, 2765.

- Nach h. M.[774] sind die Kosten dem Beklagten aufzuerlegen, wenn der Hilfsantrag im Streitwert mit dem Hauptantrag identisch ist oder diesen sogar übersteigt. Bleibt der Hilfsantrag hinter dem Hauptantrag zurück, sind dem Kläger die Kosten nach § 92 ZPO teilweise aufzuerlegen. Für die h. M. spricht, dass der Kläger im Ergebnis ja nur entweder den Haupt- oder den Hilfsanspruch will[775] und bei voll erfolgreichem Hilfsantrag in dieser Höhe voll obsiegt: Unterliegen kann er dann nur mit der Differenz, um die der Hauptantrag höher war als der Hilfsantrag.
- Nach a. A.[776] ist für die Kostenverteilung stets der Wert von Haupt- und Hilfsantrag zusammenzurechnen und der dem Hauptantrag entsprechende Teil dem Kläger nach § 92 ZPO aufzuerlegen. Für diese Meinung spricht, dass der Hauptantrag rechtskräftig aberkannt wird, den der Kläger vorrangig zur Entscheidung gestellt hat[777], und der Kläger damit einen Teil des Prozesses verliert. Hierfür spricht auch das Gesetz, dass in § 269 Abs. 3 Satz 2 ZPO ohne weiteres von der Möglichkeit ausgeht, dass über die Kosten bereits entschieden worden sein kann, also der Hauptantrag für sich zu beurteilen ist.

1041 **2. Tatbestand.** Der **Aufbau** des Tatbestandes sollte sich danach **bestimmen**, ob Haupt- und Hilfsantrag im Wesentlichen ein **einheitlicher oder ein verschiedener Lebenssachverhalt** zu Grunde liegt. Auch wenn der Hilfsantrag im Ergebnis nicht zu bescheiden ist, weil seine Bedingung nicht eingetreten ist, ist das Vorbringen zum Hilfsantrag im Übrigen **zwingend zu beurkunden**.

1042 a) **Einheitlicher Lebenssachverhalt.** Das hier angebotene **Schema** ist als Anhalt, nicht als Zwang zu verstehen und sachgerecht anzupassen.

1043

Schema
Tatbestand
• Geschichtserzählung zum Haupt- und Hilfsantrag
• Streitiges Klägervorbringen zum Hauptantrag
• Streitiges Klägervorbringen zum Hilfsantrag
• Ggf. Prozessgeschichte
• Antrag des Klägers
• Antrag des Beklagten
• Streitiges Beklagtenvorbringen zum Haupt und Hilfsantrag
• Ggf. Prozessgeschichte

---

774 BGH, NJW 1994, 2765, 2766; Fischinger, JA 2009, 49.
775 Was teils auch zu Verwechslungen der eventuellen mit der alternativen Klagenhäufung führt.
776 Hipke, Die Zulässigkeit der unechten Eventualklagenhäufung, S. 425.
777 Käme es dem Kläger nicht darauf an, welcher Antrag ihm zugesprochen würde, wäre auch eine alternative Klagenhäufung denkbar, vgl. Habscheid, Der Streitgegenstand im Zivilprozess, S. 257 u. 251; Henckel, Parteilehre und Streitgegenstand im Zivilprozess, S. 291. Diese wäre aber gemäß § 253 Abs. 2 Nr. 2 ZPO unzulässig, da unbestimmt bliebe, welcher Streitgegenstand entschieden werden solle („mindestens ein unbedingter Antrag"). Dies spricht tendenziell gegen die h. M.

8. Kapitel: Haupt- und Hilfsantrag

b) Verschiedener Lebenssachverhalt. Das hier angebotene **Schema** ist ebenfalls als Anhalt, nicht als Zwang zu verstehen und sachgerecht anzupassen. **1044**

Schema **1045**

Tatbestand
- Geschichtserzählung Hauptantrag
- Streitiges Klägervorbringen zum Hauptantrag
- Geschichtserzählung Hilfsantrag
- Streitiges Klägervorbringen zum Hilfsantrag
- Ggf. Prozessgeschichte
- Antrag des Klägers
- Antrag des Beklagten
- Streitiges Beklagtenvorbringen zum Hauptantrag
- Streitiges Beklagtenvorbringen zum Hilfsantrag
- Ggf. Replik des Klägers
- Prozessgeschichte

---

c) Anträge. Bei Wiedergabe von Hilfsanträgen sollte die Bedingung – soweit sie nicht erst im Wege der Auslegung ermittelt werden muss – beurkundet werden. **1046**

📄 **Formulierungsvorschlag:** **1047**
„Der Kläger beantragt, den Beklagten zu verurteilen,
1) an ihn 2481,07 Euro nebst Zinsen in Höhe von 5 Prozentpunkten aus 2395,66 Euro seit dem 23. Mai 2001 sowie aus 85,41 Euro seit dem 2. Oktober 2009 zu zahlen,
für den Fall, dass sich der Antrag zu 1) als unzulässig oder ganz oder teilweise unbegründet erweist, hilfsweise,
2) an ihn ..."

3. Entscheidungsgründe. Für die Entscheidungsgründe ist sorgfältig zwischen Haupt- und Hilfsantrag zu unterscheiden. Denn ob der Hilfsantrag zulässig und begründet ist, darf im Urteil und in der Klausur erst geprüft werden, nachdem die dafür vom Kläger oder Beklagten gesetzte Bedingung eingetreten ist[778]. Ist die Bedingung nicht eingetreten, wird der Hilfsantrag – wie auch im Tenor, anders aber im Tatbestand – nicht erwähnt. In einem Einleitungssatz sollte das Ergebnis kurz umschrieben werden. **1048**

📄 **Formulierungsvorschläge** **1049**
- „Die zulässige Klage ist sowohl nach dem Haupt- als auch nach dem Hilfsantrag unbegründet".
- „Der zulässige Hauptantrag ist unbegründet, der Hilfsantrag hingegen zulässig und begründet".

---

[778] Siehe oben Rn. 1019 ff.

1050 a) **Schema für einen Aufbau**[779]. **Schematisch** kann der danach mögliche Aufbau wie folgt dargestellt werden:

1051

> Schema
>
> Entscheidungsgründe
> [I.] Zulässigkeit des Hauptantrages
> [II.] Begründetheit des Hauptantrages
>   [1.] Hauptforderung
>   [2.] Nebenforderungen
> [III.] Eintritt der Bedingung
> [IV.] § 260 ZPO
> [V.] Zulässigkeit des Hilfsantrags
> [VI.] Begründetheit des Hilfsantrags
>   [1.] Hauptforderung
>   [2.] Nebenforderungen
> [VII.] Nebenentscheidungen

1052 b) **Zulässigkeit des Hauptantrages.** Die Prüfung der Zulässigkeit des Hauptantrages weist grundsätzlich keine Besonderheiten auf. § 260 ZPO ist erst zu prüfen, wenn die Bedingung für den Hilfsantrag bejaht werden kann. Die Zulässigkeit des Hilfsantrages ist erst nach der Bejahung von § 260 ZPO zu prüfen. Für die Frage, welches Gericht sachlich zuständig ist, ist zu beachten, dass Haupt- und Hilfsantrag nicht addiert werden. Es kommt auf den höheren Streitwert an[780]. Das Landgericht ist also auch dann zuständig, wenn nur der Hilfsantrag in seiner Zuständigkeit liegt.

1053 c) **Begründetheit des Hauptantrages.** Die Prüfung der Begründetheit des Hauptantrages weist keine Besonderheiten auf[781].

1054 d) **Bedingungseintritt.** Erweist sich der Hauptantrag als unzulässig oder (teilweise) unbegründet oder als zurzeit unzulässig oder unbegründet, muss geprüft werden, ob die vom Kläger gesetzte Bedingung eingetreten ist. Stellt der Kläger einen Hilfsantrag unter der Bedingung, dass der Hauptantrag rechtskräftig unzulässig oder unbegründet ist, darf über den Hilfsantrag erst entschieden werden, wenn der Hauptantrag abgewiesen ist oder sich anderweitig erledigt hat[782]. Ist dies der Fall, sollte die weitere Prüfung in der Klausur mit einer entsprechenden klarstellenden Feststellung beginnen. Sofern mehrere Hilfsanträge gestellt sind, muss geklärt werden, welche Bedingungen der Kläger für die Entscheidung der Hilfsanträge aufgestellt hat. Erst dann ist der Prüfungsaufbau zu ermitteln.

---

779 Siehe hierzu auch das Schema von Huber, Das Zivilurteil, 2. Aufl. 2003, Rdnr. 449.
780 Siehe oben Rn. 1027ff.
781 Wird der Hilfsantrag wegen Zuerkennung des Hauptantrages nicht beschieden, ist durch eine Rechtsmitteleinlegung auch der Hilfsantrag wieder zu prüfen, BGH, NJW-RR 2005, 220; BGH, NJW 1999, 3779; BGH, NJW-RR 1990, 518, 519; RG, RGZ 77, 20, 126.
782 BGH, NJW-RR 1989, 650, 651; BGH, NJW 1996, 3147, 3150.

8. Kapitel: Haupt- und Hilfsantrag

Beispiel[783]:
Der Kläger stellt zwei Hauptanträge (zwei Streitgegenstände). Jedem von ihnen fügt er einen Hilfsantrag an, und zwar dadurch: *„hilfsweise für den Fall, dass eine der Klagebegründungen nicht durchgreifen sollte, die Forderung auf die andere Klagebegründung zu stützen."* Diese „wechselseitige" Hilfsantragstellung ist zulässig.

Das Eventualverhältnis ist nicht darauf beschränkt, dass der Hauptantrag wegen Unzulässigkeit oder Unbegründetheit abgewiesen wird. Einer Abweisung des Hauptantrags als unzulässig oder unbegründet steht nach dem BGH[784] der Fall gleich, dass es wegen einer Erledigterklärung zu keiner Entscheidung über den Hauptantrag kommt. In einem derartigen Fall trägt der Kläger durch Abgabe der Erledigterklärung nur dem Umstand Rechnung, dass der aus seiner Sicht ursprünglich zulässige und begründete Hauptantrag nachträglich gegenstandslos geworden ist. Ansonsten bliebe dem Kläger, wenn er nach wie vor eine Entscheidung über den Hilfsantrag begehrt, nur die Möglichkeit, trotz Erledigung des in erster Linie geltend gemachten Hauptantrags diesen Antrag weiterzuverfolgen und eine Abweisung des Hauptantrags hinzunehmen. Es besteht aber keine Veranlassung, dem Kläger im Falle einer Erledigung des Hauptantrags die Möglichkeit der Erledigterklärung zu versagen, wenn er eine Entscheidung über den Hilfsantrag erreichen möchte. In der Klausur ist folglich der Parteiwille auszulegen und darzulegen, dass der Kläger die Entscheidung des Hilfsantrages auch für den Fall begehrt hat, dass der Kläger der Hauptantrag für erledigt erklärt hat.

e) § 260 ZPO. Vor der Prüfung der Zulässigkeit des Hilfsantrages ist anhand von § 260 ZPO zu prüfen, ob eine Verbindung möglich ist.

f) **Zulässigkeit des Hilfsantrages.** Für die Zulässigkeit des Hilfsantrages sind folgende Besonderheiten zu beachten:
- Ist die vom Kläger gesetzte Bedingung hinreichend bestimmt genug und innerprozessual?
- Verfolgen Haupt- und Hilfsantrag rechtlich oder wirtschaftlich dasselbe oder ein gleichartiges Ziel?

g) **Begründetheit des Hilfsantrages.** Die Prüfung der Begründetheit des Hilfsantrages weist keine Besonderheiten auf.

h) **Kosten und vorläufige Vollstreckbarkeit.** Die Entscheidung über die Kosten und die vorläufige Vollstreckbarkeit erfolgt für Haupt- und Hilfsantrag zusammen am Ende der Entscheidungsgründe. Jedenfalls in der Praxis empfiehlt es sich hier außerdem, im Hinblick auf §§ 104 ff. ZPO den Gebührenstreitwert endgültig festzusetzen.

---

783 BGH, NJW 1992, 2080.
784 BGH, BGHReport 2003, 1158.

V. Hilfswiderklage[785]

1061 Nach allgemeiner Meinung in Rechtsprechung und Schrifttum kann auch der Antrag auf Klageabweisung mit einer Widerklage in einem „echten" Eventualverhältnis stehen[786]. Dort ist sie sogar aus Gründen der Waffengleichheit geboten. Das ist wie bei Haupt- und Hilfsantrag z. B. dann der Fall, wenn die Widerklage unter der Bedingung steht, dass der Beklagte mit seiner Verteidigung die Klage nicht zu Fall bringen kann. Eine Eventualwiderklage kann aber auch für den Fall erhoben werden, dass der Widerkläger mit seinem Hauptvortrag obsiegt und – daran anschließend – die Feststellung des Nichtbestehens eines weiter gehenden oder weiteren Anspruchs, der in seinen Entstehungsvoraussetzungen von dem mit der Klage geltend gemachten Anspruch nicht abhängig ist, bedingt für den Fall seines Obsiegens mit dem Hauptvorbringen begehrt[787].

1062 Beispiel:
Hilfswiderklage mit einer aufrechenbaren Gegenforderung für den Fall, dass die Klageforderung verjährt ist.

1063 Abgesehen hiervon ist die Unterscheidung zwischen echter und unechter Widerklage nicht zwingend, da die Bedingung und ihr Ansatzpunkt austauschbar ist: Die Widerklage nur den Fall des Erfolgs mit dem Antrag auf Klageabweisung zu erheben (unecht), ist inhaltsgleich mit der Formulierung, sie nur im Fall der Abweisung des klägerischen Antrags zu erheben (echt).

VI. Hilfsaufrechnung

1064 Die primäre Verteidigung des Beklagten, verbunden mit einer Hilfsaufrechnung (für den Fall, mit der primären Verteidigung nicht durchzudringen), kann auch als Haupt- und Hilfsantrag des Beklagten verstanden werden[788], wenigstens handelt es sich in beiden Fällen um prozessuale Eventualverhältnisse, die in § 45 GKG – wegen ihrer Ähnlichkeit bei der Entscheidung der Anträge – gleichartig behandelt werden[789].

VII. Erledigung

1065 Dass der Kläger neben seiner Erledigterklärung hilfsweise den **alten Klageantrag** aufrechterhalten kann, ist allgemein anerkannt und zulässig[790]. Es handelt sich hier um eine stets zulässige Verbindung von Haupt- und Hilfsantrag. Ob umge-

---

[785] Siehe zu dieser Rn. 689 ff.
[786] BGH, MDR 2002, 410; BGH, BGHZ 21, 13, 15 = NJW 1956, 1478; BGH, BGHZ 43, 28, 30 = NJW 1965, 440.
[787] BGH, NJW 1996, 2306, 2307.
[788] Siehe hierzu umfassend Rn. 864 ff.
[789] Hipke, Die Zulässigkeit der unechten Eventualklagenhäufung, S. 415 f.
[790] BGH, NJW 1965, 1597, 1598; RG, RGZ 156, 372, 375; OLG Nürnberg, NJW-RR 1989, 444, 445. Kion, Eventualverhältnisse im Zivilprozeß, 1971, S. 98 hält das Gericht ggf. gem. § 139 ZPO sogar für verpflichtet, auf diesen Antrag hinzuwirken.

8. Kapitel: Haupt- und Hilfsantrag

kehrt neben dem Klageantrag eine **hilfsweise Erledigterklärung** des Klägers zulässig ist, ist dagegen streitig. Nach Auffassung des Bundesgerichtshofes[791] ist für eine hilfsweise Erledigterklärung **kein Raum**. Ein solches Urteil sei widersprüchlich und werde der Prozesslage nicht gerecht. Nach einer Mindermeinung[792] besteht für einen Hilfsantrag hingegen ein Bedürfnis. Nur dieser vervollständige den Schutz des Klägers. Das Gericht müsse sich in dieser Konstellation ohnehin mit Zulässigkeit und Begründetheit der ursprünglichen Klage beschäftigen. Nach einem neueren Urteil des Bundesgerichtshofes[793] soll es freilich zulässig sein, dass der Kläger hilfsweise die Feststellung beantragt, dass eine Klage bis zum Eintritt eines erledigenden Ereignisses zulässig und begründet war. Der Unterschied zur Mindermeinung liegt darin, dass die Erledigterklärung einseitig bleibt. Einem solchen Feststellungsantrag sollen keine verfahrensrechtlichen Bedenken entgegenstehen[794].

VIII. Übungen

Fall 1:
K klagt gegen B auf Zahlung von 2.000,00 € aus Kaufvertrag. Hilfsweise verlangt er den verkauften Motorroller zurück, dessen Wert er mit 2.500,00 € angibt.
a) Wie ist zu entscheiden, wenn B den Kaufvertrag bestreitet, K für den Abschluss keinen Beweis anbieten kann, B aber unstreitig stellt, dass der Roller K gehört?
b) Wie ist zu entscheiden, wenn K den Kaufvertrag beweisen kann?
c) Wie ist zu entscheiden, wenn sowohl der Leistungsantrag als auch der Herausgabeanspruch unbegründet sind?

Lösung:
Zu a): Es ist über den Hilfsantrag zu entscheiden; die Bedingung ist eingetreten, weil der Hauptantrag erfolglos ist.
„Der Beklagte wird verurteilt, an den Kläger den Motorroller (genaue Bezeichnung) herauszugeben. Im Übrigen wird die Klage abgewiesen[795].
Der Beklagte hat die Kosten des Rechtsstreits zu tragen.
Das Urteil ist vorläufig vollstreckbar..."
Zu b): Da die aufschiebende Bedingung für den Hilfsantrag nicht eingetreten ist, wird über ihn nicht entschieden. Wegen des bevorstehenden rückwirkenden Wegfalls der Rechtshängigkeit erfolgt auch im Tenor kein Ausspruch zum Hilfsantrag.
„Der Beklagte wird verurteilt, an den Kläger 2.000,00 € zu zahlen.
Der Beklagte hat die Kosten des Rechtsstreits zu tragen[796].
Das Urteil ist vorläufig vollstreckbar..."

---

791 BGH, NJW-RR 1998, 1571, 1572; BGH, NJW-RR 1989, 2885, 2887 = BGHZ 106, 359, 368; BGH, NJW 1967, 564; zustimmend Teubner/Prange, MDR 1989, 586, 588; kritisch Pape/Nothoff, JuS 1996, 538, 541.
792 Zuletzt LG Hanau, NJW-RR 2000, 1233 m. zustimmender Anm. Deubner, JuS 2000, 271; siehe auch KG, NJW-RR 1998, 1074 und Kion, Eventualverhältnisse im Zivilprozeß, 1971, S. 96 mit Fn. 38 unter Verweis auf RG, RGZ 118, 73, 75 und BVerwG, JZ 1969, 262.
793 BGH, NJW-RR 1998, 1571, 1572.
794 Dazu Piekenbrock, ZZP 112 [1999], S. 353–364; Ulrich, EWiR 1998, 715–716; BGH, NJW 1989, 2885 = LM § 1953 BGB Nr. 2 = BGHZ 106, 359, 368; BGH, NJW-RR 1998, 1571.
795 Der Hauptantrag ist ausdrücklich abzuweisen.
796 Kostenentscheidung: § 91 ZPO. Entschieden wird allein über den Hauptantrag.

Zu c): Es wird über beide Anträge entschieden.
„Die Klage wird abgewiesen.[797]
Der Kläger hat die Kosten des Rechtsstreits zu tragen.
Das Urteil ist vorläufig vollstreckbar..."

1067 Fall 2:
K klagt vor dem LG gegen B auf Zahlung von 2.000,00 € aus Kaufvertrag, hilfsweise auf Zahlung von 6.000,00 € aus Darlehen. Der Hauptantrag erweist sich als unbegründet. Vor Verhandlung rügt B die sachliche Zuständigkeit des Gerichts.
a) Zu Recht?
b) Angenommen, der Hauptantrag umfasst 6.000,00 €, der Hilfsantrag hingegen nur 2.000,00 €. Kann B, wenn sich der Hauptantrag als unbegründet erweist, fehlende sachliche Zuständigkeit des Gerichts für den Hilfsantrag rügen?

Lösung:
Zu a): Da der Kläger entweder den Haupt- oder den Hilfsanspruch, aber nicht beide gleichzeitig, verfolgt, scheidet grundsätzlich eine Zusammenrechnung nach § 5 ZPO aus. Haupt- und Hilfsanspruch unterliegen einem Additionsverbot. Strittig ist, ob auch für die streitwertabhängige Zuständigkeit ausschließlich auf den Hauptantrag abzustellen ist, oder auf den höheren der beiden Anträge.
Nach h. M.[798] ist bei Haupt- und Hilfsantrag für den Zuständigkeitsstreitwert der höchste Wert maßgeblich, da beide Ansprüche rechtshängig sind. Somit ist das LG immer dann zuständig ist, wenn auch nur einer der Hilfsanträge ein Streitwert von mehr als 5.000,00 € vorhanden ist, ob im Laufe des Prozesses über diesen Hilfsantrag befunden wird, kann keine Rolle mehr spielen, weil die einmal begründete Zuständigkeit des LG später nicht mehr wegfallen kann (§ 261 Abs. 3 Nr. 2 ZPO). Nach h. M. ist also das LG zuständig, weil der Streitwert des Hilfsantrags 6.000,00 € beträgt. B rügt zu Unrecht die Zuständigkeit des Gerichts.
Nach a. A. richtet sich die „Eingangszuständigkeit" immer und ausschließlich nach dem Hauptantrag. In diesem Fall wäre das AG zuständig, weil der Streitwert des Hauptantrags nur 2.000,00 € beträgt. B hätte zu Recht die Zuständigkeit des LG gerügt. Das AG müsste dann, weil der Hauptantrag für unbegründet erachtet wird, den Hauptantrag durch Teilurteil abweisen und im Übrigen, wegen des Hilfsantrags, an das LG verweisen.
Zu b): Nach beiden Ansichten ist das LG zuständig, weil der Streitwert des Hauptantrags 6.000,00 € beträgt. Wird der Hauptantrag abgewiesen, kann B wegen § 261 Abs. 3 Nr. 3 ZPO die sachliche Zuständigkeit des LG nicht rügen.

1068 Fall 3:
K klagt gegen B auf Zahlung von 2.000,00 € aus Kaufvertrag, hilfsweise auf Zahlung von 2.000,00 € aus Darlehen.
a) Wie lautet die Kostenentscheidung wenn K im Hilfsantrag obsiegt/verliert?
b) Wie wäre es, wenn es sich um gleiche Gegenstände i. S. v. § 45 Abs. 1 Satz 3 GKG gehandelt hätte?
c) Wie wäre es, wenn K aus dem Darlehn nur 1.000,00 € verlangen kann?

Lösung:
Allgemeines: Der Gebührenstreitwert richtet sich nach § 19 Abs. 1 S. 2, 3 GKG, § 8 Abs. 1 BRAGO. Wird über den Hilfsantrag nicht entschieden, bleibt er auch für die Gebühren ganz außer Betracht. Wird über beide Anträge entschieden, werden ihre Streitwerte addiert, wenn sie wirtschaftlich verschiedene Gegenstände betreffen.

---

797 Mit dieser Formulierung wird alles abgewiesen, was zuletzt noch beantragt ist, also Haupt- und Hilfsantrag.
798 BGH, NJW 1982, 2801 ff.

8. Kapitel: Haupt- und Hilfsantrag 1069

Gemeint ist damit, ebenso wie in § 45 Abs. 3 S. 1 GKG eine der Rechtskraft fähige Endscheidung. Die Ablehnung einer Sachentscheidung, weil der Hilfsantrag unzulässig ist, bleibt deshalb für den Gebührenwert außer Betracht.

Zu a): Es ist davon auszugehen, dass die Ansprüche nicht denselben Gegenstand betreffen. Wenn der K im Hilfsantrag obsiegt, ist die Kostenquote auf Grund des Verhältnisses der Misserfolgsanteile zum Gesamtwertstreitwert zu ermitteln. Die Kosten des Rechtsstreits werden also geteilt.

Wenn K auch im Hilfsantrag verliert, trägt er gem. § 91 ZPO die Kosten.

Zu b): Handelt es sich um gleiche Gegenstände i. S. v. § 45 Abs. 1 S. 3 GKG, ist die Kostenentscheidung streitig.

Nach h. M. trägt grundsätzlich der Beklagte gem. § 91 ZPO dir Kosten des Rechtsstreits. Wenn der Hauptantrag abgewiesen und dem Hilfsantrag stattgegeben wird, ist dem Kläger nach § 92 ZPO nur dann ein Teil der Kosten aufzuerlegen, wenn der Wert des Hauptantrags den Wert des Hilfsantrags übersteigt. Für die h. M. spricht, dass der Kläger ja nur entweder den Haupt- oder den Hilfsanspruch will und bei voll erfolgreichem Hilfsantrag in dieser Höhe voll obsiegt: Unterliegen kann er dann nur mit der Differenz, um die der Hauptantrag höher war als der Hilfsantrag. Da hier die Werte der Anträge gleich hoch sind, trägt der Beklagte nach § 91 ZPO die Kosten.

Nach a. A. ist grundsätzlich Kostenteilung nach § 92 ZPO geboten. Wird der Hauptantrag abgewiesen und dem Hilfsantrag stattgegeben, so ist für die Kostenverteilung stets der Wert von Haupt- und Hilfsantrag zusammenzurechnen und der dem Hauptantrag entsprechende Teil dem Kläger nach § 92 ZPO aufzuerlegen. Für diese Meinung spricht, dass der Hauptantrag rechtskräftig aberkannt wird, der Kläger damit einen Teil des Prozesses verliert. Nach dieser Ansicht unterliegt der Kläger mit 2.000,00 € zu 4.000,00 €, damit trägt er zur Hälfte die Kosten des Rechtsstreits.

Zu c): Nach h. M trägt der Kläger zur Hälfte die Kosten des Verfahrens, entweder werden die Kosten nach § 92 Abs. 1 S. 1 ZPO gegeneinander aufgehoben oder verhältnismäßig geteilt. Die Kostenentscheidung lautet: *„Die Kosten des Rechtsstreits werden geteilt."*

Nach a. A. würde der Kläger ¾ und der Beklagte ¼ der Kosten des Rechtsstreits tragen. Die Kostenentscheidung lautet: *„Von den Kosten des Rechtsstreits trägt der Kläger ¾, der Beklagte ¼."*

Fall 4: 1069

K klagt auf Herausgabe von 20 Bierfässern der Marke „Preussenstolz", ferner beantragt er für die Herausgabe die Setzung einer Frist und verlangt schließlich Schadenersatz für den Fall der nicht fristgerechten Herausgabe. Zulässig?

Lösung:

Mit dem ersten Antrag begehrt der Kläger die Verurteilung des Beklagten zur Herausgabe von 20 Bierfässern der Marke „Preußenstolz". Bei Herausgabeansprüchen muss der Kläger die begehrte Leistung so genau bezeichnen, dass das entsprechende Urteil klar die Grenzen der Rechtskraft erkennen lässt und demgemäß auch für die Zwangsvollstreckung klar ist. Diesen Anforderungen wird durch die Angaben der Anzahl der an den Beklagten gelieferten Bierfässer, die Angabe der Marke „Preussenstolz" genügt.

Mit dem 2. Antrag begehrt der Kläger die Fristsetzung im Urteil, innerhalb der die Leistung zu bewirken ist. Gemäß § 255 Abs. 1 ZPO kann ein Kläger, der beabsichtigt, über die Fristsetzung vorzugehen, verlangen, dass das Gericht bereits im Urteil dem Schuldner eine Frist setzt, innerhalb derer die Leistung zu bewirken ist. Es ist kein Anhaltspunkt dafür ersichtlich, dass die ursprünglich im Schwerpunkt auf § 283 Abs. 1 BGB a. F. zugeschnittene Norm für § 281 Abs. 1 BGB n. F. keine Geltung haben sollte. Hier liegt ein besonderer Fall zulässiger kumulativer Antragshäufung vor. Der Kläger darf die Frist in das Ermessen des Gerichts stellen, er kann aber auch auf Festsetzung einer bestimmten Frist antragen. Das Gericht darf die vom Kläger vorgeschlagene Frist überschreiten, aber wegen § 308 Abs. 1 ZPO nicht unterschreiten.

Der 3. Antrag stellt einen unechten Hilfsantrag dar. Das „hilfsweise" bezieht sich also nur auf die materiellrechtliche Voraussetzung des bedingten Anspruchs und nicht, wie bei Eventualhäufung, auf die prozessuale Frage, ob entschieden werden solle oder nicht. Nach überwiegender Meinung[799] folgt die Zulässigkeit einer auf § 281 BGB gestützten bedingten Schadenersatzspruchs aus § 259 ZPO. Hiernach sind Klagen auf künftige Leistung zulässig, wenn die Besorgnis gerechtfertigt ist, dass der Schuldner sich der rechtzeitigen Erfüllung entziehen werde. Die h. M.[800] nimmt jedoch an, dass die Besorgnis der Nichterfüllung bereits dann gegeben ist, wenn der Schuldner ohne triftigen Grund die Erfüllung des mit dem Hauptantrag geltend gemachten Leistungsbegehrens verweigert. Das ist nach dem BGH[801] z. B. der Fall, wenn der Schuldner zahlungsunfähig ist.

Zusammenfassend ist festzuhalten, dass die gleichzeitige Klage auf Erfüllung und Schadenersatz aus § 281 BGB daran zu scheitern scheint, dass das Verlangen nach Schadenersatz die Erfüllung unbegründet macht (§ 281 Abs. 4 BGB). Dieses Hindernis wird überwunden, wenn der Kläger den Schadenersatz nur bedingt verlangt, nämlich für den Fall des fruchtlosen Ablaufs der Erfüllungsfrist, denn dann kann die Erfüllungsklage bis zum fruchtlosen Ablauf der Frist begründet sein, danach die Schadenersatzklage.

1070 Fall 5:
K und B erklären den Hauptantrag übereinstimmend für erledigt. Was passiert mit dem Hilfsantrag?

Lösung:
Über den Hauptantrag ist zu entscheiden. Der vom Kläger für den Fall, dass er mit dem Hauptantrag nicht durchdringt, gestellte Hilfsantrag ist nicht deshalb hinfällig geworden, weil der Kläger mit dem Hauptantrag nicht gescheitert ist, sondern ihn für erledigt erklärt hat. Der BGH weist darauf hin, dass das Eventualverhältnis zwischen Haupt- und Hilfsantrag nicht darauf beschränkt ist, dass der Hauptantrag als unzulässig oder unbegründet abgelehnt wird. Einer Abweisung des Hauptantrages wegen Unzulässigkeit oder Unbegründetheit steht der Fall gleich, dass es wegen einer Erledigterklärung zu keiner Prüfung des Hauptantrages mehr kommt. Ansonsten bleibe dem Kläger, wenn er, nach wie vor eine Entscheidung über den Hilfsantrag begehrt, nur die Möglichkeit, trotz Erledigung den Hauptantrag weiterzuverfolgen und deren Abweisung in Kauf zu nehmen. Es besteht jedoch keine Veranlassung, dem Kläger die Erledigung zu versagen, wenn er eine Entscheidung über den Hilfsantrag begehrt.

---

799 BGH, NJW 1999, 954.
800 BGH, NJW 1999, 955.
801 BGH, NJW 2003, 1395.

Teil 5: Wiedereinsetzung in den vorigen Stand

1. Kapitel: Einführung

Ist für die Vornahme einer Prozesshandlung ein Termin oder eine Frist vorgeschrieben, so liegt **Versäumung** vor, wenn die Handlung nicht rechtzeitig vorgenommen wird. Die Versäumung einer Prozesshandlung hat nach § 230 ZPO zur allgemeinen **Folge**, dass die Partei mit der vorzunehmenden Prozesshandlung **ausgeschlossen** wird.

> ✎ **Klausurtipp**
>
> Eine andere Folge können etwa Kostennachteile, z. B. §§ 95, 97 Abs. 2, 344 ZPO, oder die Fiktion ungünstiger Prozesshandlungen sein, z. B. Einwilligung in die Klageänderung, §§ 267, 427 ZPO, oder Zuständigkeit bei nicht rechtzeitiger Rüge der Unzuständigkeit, § 39 ZPO.

War eine Partei **ohne ihr Verschulden** verhindert, eine **Notfrist** oder die Frist zur Begründung der Berufung, der Revision, der Nichtzulassungsbeschwerde, der Rechtsbeschwerde oder die Frist des § 234 Abs. 1 ZPO einzuhalten, ist ihr allerdings auf Antrag oder von Amts wegen **Wiedereinsetzung in den vorigen Stand** zu gewähren. Dieses Rechtsinstitut dient in **besonderer Weise** dazu, den Rechtsschutz und das **rechtliche Gehör** zu garantieren. Daher gebieten es die Verfahrensgrundrechte auf Gewährung wirkungsvollen Rechtsschutzes (Art. 2 Abs. 1 GG i. V. m. dem Rechtsstaatsprinzip) und auf rechtliches Gehör (Art. 103 Abs. 1 GG), den Zugang zu den Gerichten und den in den Verfahrensordnungen vorgesehenen Instanzen nicht in unzumutbarer, aus Sachgründen nicht mehr zu rechtfertigender Weise zu erschweren[1]. Die Gerichte dürfen daher bei der Auslegung der die Wiedereinsetzung in den vorigen Stand regelnden Vorschriften die Anforderungen an das, was der Betroffene veranlasst haben muss, um Wiedereinsetzung zu erlangen, **nicht überspannen**[2]. Wiedereinsetzung erfolgt entweder auf Antrag der Partei oder von Amts wegen, § 236 Abs. 1, 2 ZPO; § 295 ZPO ist **nicht** anwendbar[3].

---

1 BVerfG, NJW 2004, 2583; BVerfG, NJW-RR 2002, 1004; BVerfG, BVerfGE 69, 381, 385; BVerfG, BVerfGE 88, 118, 123 ff.; BAG, MDR 2005, 288; BGH, FamRZ 2009, 494 m. w. Nachw.
2 BVerfG, BVerfGE 40, 88, 91; BVerfG, BVerfGE 67, 208, 212 f.; BVerfG, NJW 1996, 2857; BVerfG, NJW 2000, 1636.
3 Schroeder, JA 2004, 636, 637.

2. Kapitel: Zulässigkeit

I. Statthaftigkeit

1074 Ein schriftlicher Wiedereinsetzungs**antrag**[4] durch die Partei oder ihren Streitgehilfen ist statthaft, wenn eine **Notfrist**[5] oder eine in § 233 ZPO **besonders genannte Frist** versäumt wurde. Bei Versäumung anderer Fristen, etwa der Frist zum Widerruf eines Prozessvergleichs, ist eine Wiedereinsetzung **ausgeschlossen**[6].

II. Form

1075 Die Form des Wiedereinsetzungsantrages richtet sich nach den Vorschriften, die für die versäumte Prozesshandlung gelten, § 236 Abs. 1 ZPO. Ist z. B. der **Einspruch** versäumt worden, muss der Antrag in der Form des § 340 ZPO erfolgen.

III. Frist

1076 Das Gesuch muss binnen **zwei Wochen** gestellt werden. Die Frist beginnt mit dem Tag, an dem das **Hindernis** behoben ist[7]. Nach Ablauf eines Jahres, von dem Ende der versäumten Frist an gerechnet, kann Wiedereinsetzung nicht mehr beantragt werden. Die Frist beträgt einen Monat, wenn die Partei verhindert ist, die Frist zur Begründung der Berufung, der Revision, der Nichtzulassungsbeschwerde oder der Rechtsbeschwerde einzuhalten. Diese Änderung setzt eine Rechtsprechung der obersten Bundesgerichte zum Lauf der Rechtsmittelbegründungsfristen nach Bewilligung von Prozesskostenhilfe um. Beantragt eine unbemittelte Partei Wiedereinsetzung in den vorigen Stand gegen die Versäumung der Einlegungs- und Begründungsfrist für eine Rechtsbeschwerde, läuft die Frist für deren Begründung ab der Bekanntgabe der **Gewährung von Prozesskostenhilfe** und nicht erst ab Bekanntgabe der Bewilligung von Wiedereinsetzung gegen die Versäumung der Einlegungsfrist.

IV. Zuständigkeit

1077 Über das Gesuch zur Wiedereinsetzung in den vorigen Stand hat das Gericht zu befinden, das auch für die **versäumte Prozesshandlung** zuständig ist, § 237 ZPO. Überblick:

---

4 Der ggf. in diesem Sinne auszulegen ist, BGH, NJW 2000, 592.
5 Eine Frist ist eine Notfrist, wenn sie ausdrücklich in der ZPO als solche bezeichnet wird, § 224 Abs. 1 Satz 2 ZPO. Insbesondere: §§ 339 Abs. 1, 700 Abs. 1, 517, 269 Abs. 2 Satz 2, 321a Abs. 2 Satz 2 ZPO.
6 BGH, BGHZ 61, 394 = NJW 1974, 107, 108.
7 D.h. ab Kenntnis bzw. Kennen-Müssen der Nichtrechtzeitigkeit der Prozesshandlung, BGH, NJW-RR 2005, 76; BGH, NJW-RR 2000, 1591; BGH, NJW 1992, 2098, 2099.

- Versäumte Einspruchsfrist gegen ein Versäumnisurteil des Landgerichts: Landgericht.
- Versäumte Berufungs- oder Berufungsbegründungsfrist: Berufungsgericht.
- Versäumte Frist zur sofortigen Beschwerde: Beschwerdegericht.

V. Prozesshandlungsvoraussetzungen

Wie bei jeder anderen Prozesshandlung auch, müssen für das Gesuch die **allgemeinen Sachurteilsvoraussetzungen** und **Prozesshandlungsvoraussetzungen**[8] vorliegen[9]: **1078**
- Existenz der Partei (§§ 239, 246, 619 ZPO)
- Parteifähigkeit (§§ 50, 56 ZPO)
- Prozessfähigkeit und gesetzliche Vertretung (§§ 51, 57 ZPO)
- Postulationsfähigkeit (§ 78, 79 ZPO)

VI. Rechtschutzbedürfnis

Für den Antrag auf Wiedereinsetzung muss ein **Rechtsschutzbedürfnis** bestehen. Hieran kann es fehlen, wenn die Frist nicht versäumt ist, die versäumte Prozesshandlung prozessual überholt ist oder die Versäumung keine nachteiligen Folgen für den Antragsteller hat. **1079**

VII. Nachholung der Prozesshandlung

Der Antragsteller muss innerhalb der Antragsfrist die versäumte Prozesshandlung nachholen. **1080**

3. Kapitel: **Begründetheit**

Der Antrag auf Wiedereinsetzung in den vorigen Stand ist begründet, wenn die Partei **ohne ihr Verschulden** verhindert war, die Frist einzuhalten. Die die Wiedereinsetzung begründenden Tatsachen sind bei der Antragstellung oder im Verfahren über den Antrag **darzulegen** und nach § 236 Abs. 2 ZPO **glaubhaft zu machen**[10]. Hierzu gehört eine aus sich heraus verständliche, geschlossene Schilderung der tatsächlichen Abläufe, aus denen sich ergibt, auf welchen konkreten Umständen die Fristversäumnis beruht[11]. Der Antragsteller muss sich auf einen Sachverhalt festlegen. Er kann nicht alternativ vortragen oder den tatsächlichen **1081**

---
8 Schroeder, JA 2004, 636, 637.
9 Siehe dazu allgemein Rn. 605 ff.
10 Siehe dazu Rn. 1089.
11 BGH, NJW 2008, 3501, 3502; BGH, NJW-RR 2005, 793, 794.

Geschehensablauf offenlassen, wenn dabei die Möglichkeit der verschuldeten Fristversäumung offenbleibt[12].

I. Verhinderte Fristwahrung

1082 Dem Antrag ist **stattzugeben**, wenn weder die Partei, den Nebenintervenienten oder ihren Vertreter, insbesondere den Prozessbevollmächtigten, ein **Verschulden i.S.v. § 276 BGB** trifft. Maßgeblich ist die **Sorgfalt einer ordentlichen Prozesspartei**. Verschulden Dritter, insbesondere des Büropersonals eines Rechtsanwalts oder anderer Hilfspersonen, hindert die Wiedereinsetzung nicht. Zur Frage, wann Verschulden anzunehmen ist, hat sich eine nahezu unübersehbare Kasuistik gebildet. Eine Einteilung kann **grob** in drei Gruppen vorgenommen werden:
- Verhinderungen der Partei selbst
- Verhinderungen durch zurechenbares Verschulden des Prozessbevollmächtigten
- Externe Hindernisse

1083 *Klausurtipp*

Vor allem die Gruppe „externe Hindernisse" ist Gegenstand von **Klausuren**.

1084 1. Eigenes Verschulden der Partei
- **Jahresurlaub, bis zu sechs Wochen**: Hier bedarf es Vorkehrungen, wenn ein bereits anhängiges gerichtliches Verfahren in einem Stadium ist, in dem mit Zustellungen, die eine Frist in Gang setzen, gerechnet werden muss.
- **Geschäfts-, Dienstreisen, Wohnungswechsel**: Hier ist regelmäßig Vorsorge für eine rechtzeitige Kenntnisnahme von Zustellungen zu treffen.
- **Haft**: Plötzliche Inhaftierung kann einen Wiedereinsetzungsgrund darstellen. Nach einigen Tagen muss der Inhaftierte aber dafür sorgen, dass ihn Zustellungen erreichen.
- **Krankheit**: Krankheit ist nur dann ein Grund für Wiedereinsetzung, wenn wegen der Krankheit die Fristwahrung nicht möglich war, d.h. es wegen der Krankheit unmöglich war, sich an einen Anwalt oder das Gericht zu wenden. Art und Schwere der Krankheit sind substanziiert darzulegen.

1085 2. Verschulden eines Bevollmächtigten
- **Büroorganisation**: Die Schaffung einer Büroorganisation, die bei der Berechnung und Überwachung von Fristen Fehler soweit wie möglich ausschließt, ist eine eigene Obliegenheit des Rechtsanwalts. Verletzungen dieser Obliegenheit sind der Partei gem. § 85 Abs. 2 ZPO zuzurechnen. Nicht zuzurechnen sind hingegen individuelle Fehler des Büropersonals, die sich auch bei optimaler Organisation nicht vermeiden oder rechtzeitig entdecken lassen.
- **Fristausnutzung bis zum letzten Tag**: Regelmäßig dürfen die Parteien Fristen vollständig ausnutzen[13]. Sie müssen dann aber durch geeignete Maßnahmen dafür sorgen, dass die Frist nach normalem und dem auf Grund der kon-

---

12 BGH, NJW 2008, 3501, 3502.
13 BVerfG, MDR 2001, 286; BVerfG, NJW 1983, 1479; BGH, NJW-RR 2000, 799.

3. Kapitel: Begründetheit　　　　　　　　　　　　　　　　　　1086–1089

kreten Umstände voraussehbaren Verlauf der Übermittlung eingehalten werden kann. Es gelten jedoch besondere Sorgfaltsmaßstäbe: Berücksichtigung der Übermittlungszeit für die vorgesehene Übermittlungsart, Kontrolle der Armbanduhr auf Ganggenauigkeit. Scheitert die vorgesehene Übermittlungsart, muss ein zumutbarer anderer Übermittlungsweg beschritten werden.

3. Externe Ereignisse　　　　　　　　　　　　　　　　　　　　　1086
- **Post:** Der Bürger kann darauf vertrauen, dass die nach ihren organisatorischen und betrieblichen Vorkehrungen für den Normalfall festgelegten Postlaufzeiten eingehalten werden. Versagen diese Vorkehrungen, darf das dem Bürger, der darauf keinen Einfluss hat, im Rahmen der Wiedereinsetzung in den vorigen Stand nicht als Verschulden zur Last gelegt werden[14]. Dies gilt auch für Laufzeitangaben anderer konzessionierter Postbeförderungsunternehmen.
- **Fax:** Auf den Sendebericht eines Fax darf vertraut werden. Bei Netzstörungen, die den Zugang eines Fax verhindern, ohne dass dies aus dem gedruckten Sendebericht hervorgeht, besteht ein Wiedereinsetzungsgrund.
- **Gerichtsbetrieb:** Fehler im Gerichtsbetrieb sind regelmäßig ein Grund für eine Wiedereinsetzung.

4. Ursächlichkeit. Die Fristversäumung muss auf **unverschuldeten Umständen** 1087
beruhen. Trifft die Partei oder ihren Anwalt ein Verschulden i. S. d. § 233 ZPO, so kann Wiedereinsetzung nur dann gewährt werden, wenn glaubhaft gemacht ist, dass es sich nicht auf die Fristversäumung ausgewirkt haben kann[15].

II.　Glaubhaftmachung

Die den Antrag rechtfertigenden Tatsachen müssen akten- oder offenkundig sein, 1088
§ 291 ZPO. Tatsachen, die nicht akten- oder offenkundig sind, müssen innerhalb der Frist des § 234 Abs. ZPO **dargelegt** und **glaubhaft** (§ 294 ZPO) gemacht werden. Für die Glaubhaftmachung genügt, dass das Vorbringen nur überwiegend wahrscheinlich ist.

> ✎ **Klausurtipp**　　　　　　　　　　　　　　　　　　　　　　　1089
> Wer eine tatsächliche Behauptung glaubhaft zu machen hat, kann sich aller Beweismittel bedienen, auch zur Versicherung an Eides Statt zugelassen werden. Eine Beweisaufnahme, die nicht sofort erfolgen kann, ist unstatthaft.

---

14 BVerfG, NJW-RR 2000, 726; BGH, NJW 1999, 2118.
15 BGH, NJW 2000, 3649.

III. Mitteilung der Gründe

1090 Alle **Tatsachen**, die für die Gewährung der Wiedereinsetzung in den vorigen Stand von Bedeutung sein können, müssen in **der zweiwöchigen Antragsfrist** vorgetragen werden[16]. Das sind: Tatsachen zur Frage, **warum** es zur Versäumung gekommen ist und Tatsachen zur Frage, **wer** die Versäumung zu verantworten hat. Ein **Nachschieben von Gründen** nach Fristablauf ist **unzulässig**. Lediglich erkennbar unklare oder ergänzungsbedürftige Angaben, deren Aufklärung nach § 139 ZPO geboten war, dürfen nach Fristablauf erläutert und vervollständigt werden[17].

4. Kapitel: **Entscheidung**

I. Allgemeines

1091 Der Antrag auf Wiedereinsetzung kann **ausnahmsweise** in einem Zwischenurteil oder Beschluss[18] beschieden werden[19]. Regelmäßig wird aber das Verfahren über den Antrag auf Wiedereinsetzung mit dem Verfahren über die nachgeholte Prozesshandlung **verbunden**[20].

1092 ✎ Klausurtipp

In der **Klausur** kommt grundsätzlich nur die Bescheidung im **Urteil** in Betracht. Dabei ist **Standard** die Wiedereinsetzung wegen unverschuldeter Versäumung der Einspruchsfrist. Generell ist in der Klausur Wiedereinsetzung zu gewähren – es sein denn, es handelt sich um mehrere Kläger oder Beklagte.

II. Tenor

1093 Dem Antrag auf Wiedereinsetzung kann entweder **stattgegeben** werden oder er wird als **unzulässig verworfen** bzw. als **unbegründet zurückgewiesen**. Die Kosten[21] der **Wiedereinsetzung**[22] fallen ausnahmsweise **im Wege der Kostentrennung** gem. § 238 Abs. 4 ZPO dem obsiegenden Antragsteller zur Last und sind im Tenor **besonders** zu berücksichtigen, soweit sie nicht durch einen unbegründeten

---

16 §§ 234 Abs. 1, 236 Abs. 2 ZPO. Siehe dazu BGH, NJW 1991, 1892.
17 BGH, NJW 1991, 1892.
18 Z.B. bei Versäumung der Frist zur Berufungseinlegung. Dieser Beschluss trägt ein abgekürztes Rubrum.
19 § 238 Abs. 1 Satz 2 ZPO. Beim Zwischenurteil ergeht keine Kostenentscheidung.
20 § 238 Abs. 1 Satz 1 ZPO.
21 Auslagen der Parteien. Besondere Gebühren des Gerichts oder der Anwälte gibt es nicht.
22 Kosten der Wiedereinsetzung können dabei nur durch Auslagen der Parteien oder durch Beweisaufnahmen entstehen, da das Verfahren grundsätzlich keine – Ausnahme: Ein Rechtsanwalt wird nur im Wiedereinsetzungsverfahren tätig – besonderen Gebühren verursacht.

4. Kapitel: Entscheidung

Widerspruch des Gegners entstanden sind[23]. Wird der Antrag hingegen zurückgewiesen, gehören die hierdurch entstandenen Kosten zu den allgemeinen Kosten des Rechtsstreits, über die nach §§ 91 ff. ZPO zu entscheiden ist. Eine Entscheidung ist dann ebenso wie in einem Fall nach §§ 281 Abs. 3, 344 ZPO nicht veranlasst, wenn der Kläger verliert und er säumig war.

1. Antrag erfolgreich. Ist der Antrag erfolgreich, wird die Wiedereinsetzung erteilt und dabei die versäumte Frist in der **Klausur** am besten bereits **im Tenor** genau bezeichnet. In der Praxis ist die ausdrückliche Aussprache **nicht** zwingend. 1094

📄 Formulierungsvorschläge 1095
- „I. Dem Beklagten wird Wiedereinsetzung in den vorigen Stand gewährt, soweit er verhindert war, die Einspruchsfrist einzuhalten.
  II. Das Versäumnisurteil des Amtsgerichts Neukölln vom 24. Mai 2009, Aktenzeichen 12 C 126/08, wird aufgehoben und die Klage abgewiesen.
  III. Die Kosten des Rechtsstreits hat der Kläger zu tragen. Ausgenommen sind die Kosten der Wiedereinsetzung und die durch die Säumnis entstandenen Kosten. Diese hat der Beklagte zu tragen[24]."
- „Den Beklagten zu 1) und 2) wird Wiedereinsetzung in den vorigen Stand gegen die Versäumung der Berufungsbegründungsfrist gewährt."

2. Antrag erfolglos. Ist der Antrag erfolglos, ist zu unterscheiden, ob der Antrag unzulässig oder unbegründet ist. **Zusätzlich** ist über die beabsichtigte Prozesshandlung zu entscheiden. 1096

📄 Formulierungsvorschlag 1097
„I. Der Wiedereinsetzungsantrag des Beklagten gegen die Versäumung der Einspruchsfrist **und** der Einspruch gegen das Versäumnisurteil des Amtsgerichts Neukölln vom 24. Mai 2009, Aktenzeichen 12 C 126/08, werden als unzulässig verworfen. Der Beklagte hat die weiteren Kosten des Rechtsstreits zu tragen."

📄 Formulierungsvorschlag 1098
„I. Der Antrag der Klägerin auf Wiedereinsetzung in den vorigen Stand gegen die Versäumung der Frist zur Einlegung der Nichtzulassungsbeschwerde wird als unbegründet zurückgewiesen.
II. Die Beschwerde der Klägerin gegen die Nichtzulassung der Revision in dem Urteil des X. Zivilsenats des Oberlandesgerichts Hamm vom 17. September 2009 wird als unzulässig verworfen.
III. Die Kosten des Beschwerdeverfahrens trägt die Klägerin."

✏️ **Klausurtipp** 1099
Dieser Fall dürfte in der **Klausur** nie vorkommen. Jedenfalls ist dieser Fall die **große Ausnahme**.

---

23 § 238 Abs. 4 ZPO. § 238 Abs. 4 ZPO stellt gegenüber § 91 ZPO eine Sonderregelung dar, OLG Hamm, MDR 1982, 501.
24 §§ 344, 238 Abs. 4 ZPO.

III. Tatbestand

1100 Im Tatbestand ist das **streitige Vorbringen zur Fristversäumung** bei der Partei zu beurkunden, die die Frist versäumt hat. Die Tatsachen zu den Daten und zum Lauf der Fristen sind vor den Anträgen zu beurkunden. Der entsprechende Antrag auf Wiedereinsetzung ist ebenso wie ein Sachantrag **durch Einrückung hervorzuheben**. Der Antrag sollte vor dem Sachantrag beurkundet werden. Beispiel:

1101 📄 Formulierungsvorschlag
„Das Landgericht Berlin hat auf Antrag des Beklagten die Klage durch Versäumnisurteil abgewiesen. Gegen das ihm am 15. März 2009 zugestellte Versäumnisurteil hat der Kläger mit bei Gericht am 3. April 2009 eingegangenen Schriftsatz Einspruch eingelegt.
Der Kläger beantragt,
    ihm wegen Versäumung der Einspruchsfrist Wiedereinsetzung in den vorigen Stand zu gewähren und
    das Versäumnisurteil aufzuheben sowie den Beklagten zu verurteilen, an ihn . . . .
Der Beklagte beantragt,
    den Einspruch als unzulässig zu verwerfen,
    hilfsweise, das Versäumnisurteil aufrechtzuerhalten."

IV. Entscheidungsgründe

1102 Als Faustregel gilt, dass im Examen Wiedereinsetzung zu **gewähren** ist. Kaum eine **Klausur** ist wegen der Versäumung bereits nach der Zulässigkeit beendet[25]. Etwas anders kann dann gelten, wenn es sich um **mehrere Kläger oder Beklagte** handelt. Beispiel für den Aufbau der Entscheidungsgründe:

1103 📄 Formulierungsvorschlag:
    „Entscheidungsgründe
Dem Antrag des Beklagten auf Wiedereinsetzung in den vorigen Stand ist stattzugeben. Die zulässige Klage ist begründet.

    I.
1. Der Einspruch des Beklagten gegen das Versäumnisurteil vom 1. Mai 2003 ist zulässig.
a. Der Einspruch ist statthaft (§ 338 ZPO) und im Übrigen formgerecht (§ 340 Abs. 1 und Abs. 2 ZPO) eingelegt worden.
b. Allerdings ist die Zweiwochenfrist des § 339 Abs. 1 ZPO nicht eingehalten. Das Gericht hat dem Kläger das Versäumnisurteil am 15. März 2009 zugestellt. Die Einspruchsfrist lief am 29. März 2009 ab, der Einspruch ist aber erst am 3. April 2009 eingegangen.

---

25 Wenn doch, wird in diesen Fällen häufig ein Hilfsgutachten angezeigt sein.

5. Kapitel: Auswirkungen auf den Prozess

2. Dem Beklagten ist aber wegen Versäumung der Einspruchsfrist auf seinen Antrag hin Wiedereinsetzung in den vorigen Stand zu gewähren, § 233 ZPO.
Die Frist des § 339 Abs. 1 Hs. 1 ZPO ist eine Notfrist, § 339 Abs. 1 Hs. 2 ZPO.
Der Beklagte hat die Einspruchsfrist unverschuldet versäumt. Den Beklagten selbst trifft keine Schuld. Auch seinem Prozessbevollmächtigten, dessen Verhalten sich der Beklagte zurechnen lassen muss (§ 85 Abs. 2 ZPO), trifft kein Verschulden an der Versäumung der Einspruchsfrist. Das Verstreichen der Frist beruht auf einem Versehen seiner Mitarbeiterin, der Rechtsanwaltsfachangestellten Lindefrau. Diese hat es, wie sie in ihrer eidesstattlichen Versicherung eingeräumt hat, entgegen der allgemeinen Kanzlei-Anweisung und entgegen ihren sonstigen Gepflogenheiten unterlassen, den Ablauf der Frist sowie eine zusätzliche Vorfrist einzutragen. Nach den glaubhaften Angaben des Klägervertreters handelt es sich bei Frau Lindefrau um eine geschulte und zuverlässige Bürokraft, die seit beinahe einem Jahr den Fristenkalender geführt hatte, und zwar – wie Stichproben bestätigten – sorgfältig und fehlerlos. Das Unterbleiben eines Erledigungsvermerks in der Handakte ist bei dem hier unterlaufenen Versehen unschädlich. Ohne konkreten Anlass ist der Rechtsanwalt nicht verpflichtet, die Erledigung einer einfach gelagerten Fristen-Notierung durch Wiedervorlage und Überprüfung der Handakten gesondert zu kontrollieren. Unter diesen Umständen kann dem Kläger das erstmalige Versehen der ansonsten zuverlässigen Büroangestellten Lindefrau nicht als eigenes Verschulden zugerechnet werden.
3. Die Klage ist zulässig. Insbesondere ist das Gericht durch rüglose Einlassung des Beklagten gem. § 39 ZPO sachlich zuständig.

II.
Die Klägerin hat gegen den Beklagten einen Anspruch auf Rückgewähr des Kaufpreises in Höhe von 8.500,00 € aus § 346 Abs. 1 BGB i.V.m. §§ 437 Nr. 2, 323 Abs. 1 BGB (1). Ein Anspruch auf Zinsen in Höhe von 5 Prozentpunkten über dem jeweiligen Basiszinssatz folgt aus § 291 Hs. 1 BGB (2).
…"

5. Kapitel: **Auswirkungen auf den Prozess**

Die Wiedereinsetzung **beseitigt** die der Partei durch Versäumung einer Frist entstandenen Rechtsnachteile. Durch sie wird fingiert, dass eine verspätete bzw. versäumte und nachgeholte Prozesshandlung rechtzeitig vorgenommen wurde[26]. Wird die Wiedereinsetzung gegen die Versäumung einer Rechtsmittelfrist gewährt, so wird die zunächst eingetretene Rechtskraft des angefochtenen Urteils mit **rückwirkender Kraft** beseitigt, das angefochtene Urteil wird also als solches behandelt, dem **von Anfang an die Endgültigkeit gefehlt hat**[27]. Daraus ergibt sich, dass auch die Rechtsfolgen der zunächst eingetretenen Rechtskraft mit rückwirkender Kraft entfallen. Die damit verbundenen Gefahren für die Rechtssicherheit hat das Gesetz in Kauf genommen. So ist in der Rechtsprechung für die Fälle der Versäumung einer Frist zur Einlegung oder Begründung eines Rechtsmittels anerkannt, dass eine bereits ergangene Entscheidung, durch die dieses Rechtsmittel als unzulässig verworfen wird, mit der Gewährung der Wiedereinsetzung gegenstandslos wird. Nach gefestigter Rechtsprechung wird ferner eine nach

---
26 BGH, NJW 1987, 327.
27 BGH, NJW 1987, 327; BGH, NJW 1959, 45.

rechtskräftigem Scheidungsurteil eingegangene neue Ehe durch Gewährung der Wiedereinsetzung gegen die Versäumung der Frist zur Anfechtung des Scheidungsurteils zur Doppelehe. Ein zuvor ergangenes Versäumnisurteil wird gegenstandslos.

Teil 6: Versäumnisurteile

1. Kapitel: Einleitung

Erscheint der Kläger oder der Beklagte nicht in der mündlichen Verhandlung oder erscheint eine Partei zwar, verhandelt aber nicht, so kann eine **mündliche Verhandlung nicht stattfinden**. In einem solchen Fall kommt neben einer Entscheidung nach Lage der Akten (§ 331a Hs. 1 ZPO) auf Antrag der anwesenden Partei ein so genanntes **Versäumnisurteil** in Betracht. Versäumnisurteile sind daneben praktisch sehr häufig, wenn der Vorsitzende nach §§ 272 Abs. 2, 276 Abs. 1 S. 1 Hs. 1 ZPO das **schriftliche Vorverfahren** veranlasst und der Beklagte nicht innerhalb einer **Notfrist** von zwei Wochen seine Verteidigungsbereitschaft angezeigt hat, § 331 Abs. 3 S. 1 Hs. 1 ZPO.

2. Kapitel: Das Versäumnisurteil

Unterschieden werden – sprachlich ungenau – echte und unechte Versäumnisurteile.

I. Das echte Versäumnisurteil

Das **echte Versäumnisurteil** ergeht gegen die säumige Partei aus Anlass ihrer Säumnis. Das echte Versäumnisurteil ist ein Endurteil. Die säumige Partei kann den Prozess aber durch einen **Rechtsbehelf**, nämlich einen (zulässigen) Einspruch (§ 338 ZPO), wieder in die Lage vor der Säumnis zurückversetzen. Ein echtes Versäumnisurteil kann bei allen Verhandlungsterminen und auch im schriftlichen Vorverfahren ergehen[1]. Mit Erlass eines Versäumnisurteils entfallen alle seit dem ersten Termin gewonnenen Prozessergebnisse. Die ansonsten zu beachtende **Einheit aller Termine** gilt im Versäumnisverfahren also **nicht**. Der Säumige wird behandelt, als hätte es keine weiteren Termine gegeben. **Unbeachtlich** ist auch, dass er ggf. in einem anderen Termin einen Antrag gestellt hat. Kein Versäumnisurteil kann ausnahmsweise in folgenden Terminen erlassen werden:
- **Beweistermin**[2]: Nach dem Beweistermin kann allerdings ein Versäumnisurteil erlassen werden, wenn nämlich die Fortsetzung der mündlichen Verhandlung nach Erledigung des Beweistermins bestimmt ist.

---
1 Also auch in einem frühen ersten Termin, § 275 ZPO.
2 Die Durchführung eines Beweistermins nach § 370 ZPO erfolgt von Amts wegen; den Parteien ist es lediglich gestattet, ihm beizuwohnen.

- Gütetermin[3]
- Verkündungstermin[4]
- **Termin** vor dem beauftragten oder ersuchten Richter[5]

1108 1. § 330 ZPO. Ein **Versäumnisurteil gegen den Kläger** ist auf Antrag des Beklagten zu erlassen, wenn der Kläger im Termin zur mündlichen Verhandlung **nicht erschienen** ist oder zwar erschienen ist, aber **nicht verhandelt**[6], die Klage zulässig ist, keine Erlasshindernisse vorliegen und § 335 ZPO nicht entgegensteht. Bei Säumnis des Klägers wird die Klage also nicht auf Schlüssigkeit und Begründetheit geprüft. Die Klage wird vielmehr nach § 330 ZPO[7] allein auf Grund der Säumnis des Klägers **sachlich abgewiesen**. Auf die Gründe des Klägers, das Versäumnisurteil gegen sich ergehen zu lassen, oder darauf, wie bei dem gegebenen Sach- und Streitstand im Falle eines kontradiktorischen Urteils die Entscheidung hätte lauten können oder müssen, kommt es nicht an[8].

1109 2. § 331 ZPO. Ein Versäumnisurteil gegen den Beklagten ist **auf Antrag** zu erlassen, wenn der Beklagte im Termin zur mündlichen Verhandlung nicht erschienen ist oder zwar erschienen ist, aber nicht verhandelt, die Klage zulässig ist[9], keine Erlasshindernisse vorliegen, § 335 ZPO nicht entgegensteht und die Klage **schlüssig** ist. Ein Sachvortrag ist schlüssig und damit erheblich, wenn er Tatsachen beinhaltet, die in Verbindung mit einem Rechtssatz geeignet sind, das geltend gemachte Recht oder die geltend gemachte Verbindlichkeit als entstanden erscheinen zu lassen. Die Angabe näherer Einzelheiten, die den Zeitpunkt und Ablauf bestimmter Ereignisse betreffen, ist nicht erforderlich, soweit diese Einzelheiten für die Rechtslage nicht von Bedeutung sind[10].

II. Das „unechte" Versäumnisurteil

1110 1. Gewöhnliches Sachurteil. Das so genannte „unechte" Versäumnisurteil ist ein gewöhnliches **abweisendes (Teil-)Sachendurteil**, das ohne Rücksicht auf die Säumnis des Klägers **gegen den Kläger** ergeht. Es ist zu erlassen, wenn die Klage unzulässig oder teilweise unschlüssig ist.

1111 2. Schriftliches Vorverfahren. Hat der Beklagte entgegen § 276 Abs. 1 S. 1, Abs. 2 **ZPO nicht rechtzeitig angezeigt**, dass er sich gegen die Klage verteidigen wolle, kann das Gericht gegen ihn auf Antrag ein Versäumnisurteil im schriftlichen

---

3 Arg. § 279 Abs. 1 S. 1 ZPO.
4 §§ 283 S. 1, 310 Abs. 1, Abs. 2 ZPO.
5 § 229 ZPO.
6 Etwa, wenn ein Fall der so genannten „Flucht in die Säumnis" vorliegt, vgl. BGH, MDR 2002, 230.
7 Ggf. i.V.m. § 333 ZPO.
8 BGH, NJW 2003, 1044, 1045.
9 Die Fiktion, dass der säumige Beklagte das tatsächliche Vorbringen des Klägers zugesteht, gilt nicht für die Zuständigkeit des Gerichts oder eine behauptete Gerichtsstandsvereinbarung, OLG Karlsruhe, MDR 2002, 1269.
10 BGH, ZMR 2005, 777, 779; BGH, NJW 2003, 3339, 3341.

Vorverfahren erlassen. In diesem Urteil kann auch **gegen den** (nicht säumigen) **Kläger** entschieden werden. Dies ist nach § 331 Abs. 3 S. 3 ZPO allerdings nur unter eingeschränkten Voraussetzungen möglich. Der Kläger muss vor Erlass des Versäumnisurteils auf diese Möglichkeit hingewiesen worden und das Vorbringen des Klägers darf den Klageantrag in einer Nebenforderung nicht rechtfertigen.

> ✎ **Klausurtipp** 1112
>
> Auch dann, wenn es sich um keine Nebenforderung i.S.v. § 4 ZPO (Früchte, Nutzungen, Zinsen und Kosten, wenn sie als Nebenforderungen geltend gemacht werden) handelt, wird das Gericht den Kläger auf die Bedenken hinsichtlich der nicht schlüssig dargelegten Punkte hinweisen. Nimmt der Kläger die Klage daraufhin teilweise zurück, kann das Versäumnisurteil nach § 331 Abs. 3 ZPO erlassen werden. Nimmt der Kläger aber nicht zurück, muss ein Termin zur mündlichen Verhandlung anberaumt werden – auch wenn der Beklagte sich zu keinem Zeitpunkt im Verfahren geäußert hat. Erst in diesem Termin kann dann ein Teilversäumnis- (gegen den Beklagten) und ein Endurteil (gegen den Kläger) ergehen.

III. Säumnis

Eine Partei ist säumig, wenn sie in einem ordnungsgemäß angeordneten Termin **nicht erscheint** (§§ 330, 331 Abs. 1 ZPO) oder **nicht verhandelt** (§ 333 ZPO). Die Säumnis wird beseitigt, wenn ein **Streitgehilfe** oder ein **notwendiger Streitgenosse** für den Säumigen auftreten, §§ 67, 62 ZPO. Gemäß § 333 ZPO steht **völliges Nichtverhandeln** dem **Nichterscheinen** gleich. „Verhandeln" ist jede handelnde Teilnahme am Prozessbetrieb in der mündlichen Verhandlung und kann sich auf die **Sachurteilsvoraussetzungen beschränken**[11]. Verhandeln erfordert eine **aktive Beteiligung** an der Erörterung des Rechtsstreits vor Gericht, mag sie sich auch bloß auf eine Tat- oder Rechtsfrage beziehen. Nichtverhandeln i.S.d. § 333 ZPO ist jedenfalls die völlige Verweigerung der Einlassung zur Sache[12]. Ob ein Verhandeln vorliegt, ist aus den besonderen Umständen des einzelnen Falles für jeden Termin selbstständig zu beantworten[13].

1113

> ✎ **Klausurtipp** 1114
>
> Streitig ist, ob es i.S.d. § 333 ZPO einen Sachantrag des Klägers voraussetzt. Der BGH hat dies bislang offengelassen[14]; seine letzte Entscheidung tendiert aber dazu, auf einen Antrag zu verzichten[15]. Wenn sich das Verhandeln auf die Sachurteilsvoraussetzungen beschränken kann, erfordert dies keinen Antrag[16]. Im **Schrifttum** wird überwiegend angenommen, der Begriff des Verhandelns setze das Stellen eines Antrags voraus. Nur die Partei, die die Abweisung der

---

11 BGH, NJW 2002, 145.
12 BGH, NJW-RR 1986, 1252, 1253.
13 BAG, MDR 2003, 520.
14 BGH, NJW-RR 1986, 1252, 1253 = MDR 1986, 1021.
15 BGH, NJW 2002, 145.
16 Siehe auch OLG Jena, OLG-NL 2003, 141, 142.

Klage begehre, brauche nicht ausdrücklich einen dahin gehenden Antrag zu stellen; denn hierdurch werde der Gegenstand des Rechtsstreits nicht bestimmt. Aus dem Vorbringen des Beklagten muss sich danach lediglich ergeben, dass er sich gegen die Verurteilung wendet. Dagegen ist beim Kläger das Stellen eines Antrags erforderlich. Andere Autoren führen, ohne auf die Frage der Antragstellung einzugehen, aus, es genüge jede aktive, auf eine Entscheidung in der Sache gerichtete Beteiligung an der Erörterung des Rechtsstreits. Nach Auffassung des **BAG** liegt ohne Sachantrag des Klägers kein Verhandeln i. S. d. § 333 ZPO vor[17]: Die Vorschriften der §§ 137 Abs. 1, 297 ZPO tragen der Notwendigkeit Rechnung, den Gegenstand des Prozesses durch eine konkrete Antragstellung zu bestimmen; denn das Gericht ist nicht befugt, einer Partei etwas zuzusprechen, was nicht beantragt ist (§ 308 Abs. 1 ZPO). Dem kann nicht durch eine bloße streitige Erörterung der Sach- und Rechtslage Genüge getan werden. Aus Gründen der prozessualen Klarheit und wegen der Notwendigkeit, die Sachentscheidungsbefugnis des Gerichts abzugrenzen, bedarf es einer konkreten, auf die Sachentscheidung des Gerichts ausgerichteten Antragstellung. Schwierig ist, dass durch den **Grundsatz der Einheitlichkeit aller mündlichen Verhandlungen** die Wiederholung eines einmal gestellten Antrages eigentlich überflüssig ist[18]. Weiter zu unterscheiden ist das **Nichtverhandeln** vom **unvollständigen Verhandeln**[19]. Unvollständiges Verhandeln löst die Säumnisfolge nicht aus[20].

1115 1. **Ehe- und Kindschaftssachen.** In Ehe- und Kindschaftssachen darf ein Versäumnisbeschluss nur gegen den Kläger ergehen. Ist dort der Beklagte säumig, findet dennoch eine streitige Verhandlung statt.

1116 2. **Schriftliches Vorverfahren.** Im schriftlichen Vorverfahren gem. § 276 ZPO tritt an die Stelle der Säumnis die fehlende oder nicht rechtzeitige Anzeige der Verteidigungsbereitschaft gem. § 276 Abs. 1 S. 1 Hs. 1 ZPO.

IV. § 337 ZPO

1117 Liegt ein Erlasshindernis nach § 337 S. 1 ZPO vor, darf das Gericht kein Versäumnisurteil erlassen, sondern muss vertagen[21]. Dabei kommt es nur darauf an, dass ein Erlasshindernis **objektiv** vorliegt: Eine Kenntnis des Gerichts vom Erlasshindernis ist nicht notwendig[22]. Für den Begriff des Verschuldens i. S. d. § 337 S. 1 ZPO ist die Rechtsprechung zum Wiedereinsetzungsgrund nach § 233 ZPO

---

17 BAG, MDR 2003, 520. So auch OLG Frankfurt a. M., NJW-RR 1998, 280; offengelassen von OLG Bamberg, NJW-RR 1996, 317, 318. Siehe ferner BGH, NJW 2002, 145 m. w. Nachw.: *„Im Stellen der Anträge kann ein Verhandeln gesehen werden"*.
18 OLG Jena, OLG-NL 2003, 141, 142.
19 BGH, NJW 2002, 145 m. w. Nachw.
20 § 334 ZPO.
21 Vgl. etwa BGH, MDR 1999, 178 m. Anm. Schneider.
22 BGH, NJW 2004, 2309, 2311.

heranzuziehen[23]. Danach muss eine Partei, die nicht bereits in einen Prozess verwickelt ist und auch nicht mit dem Beginn eines Verfahrens rechnen muss, **keine** allgemeinen Vorkehrungen für eine mögliche Fristwahrung treffen. Das Vorliegen eines Erlasshindernisses ist von Amts wegen zu berücksichtigen. Bereits das Bestehen eines Entschuldigungsgrundes i. S. v. § 337 ZPO schließt die Säumnis aus[24].

Es stellt grundsätzlich keinen unabwendbaren Zufall dar, gegen eine anwaltlich vertretene Partei ein Versäumnisurteil zu beantragen, ohne dieses der Gegenseite, d.h. dem gegnerischen Anwalt, rechtzeitig vorher anzudrohen[25]. **Etwas anders gilt**, wenn eine **besondere Vereinbarung** besteht[26] oder unter den Rechtsanwälten eines bestimmten Gerichts die ständige Übung besteht, gegen eine durch einen Kollegen vertretene Partei nicht vor Ablauf einer bestimmten Zeit und nur nach telefonischer Rückfrage ein Versäumnisurteil zu beantragen und das Zuwarten nicht gegen Interessen des vertretenen Mandaten verstößt[27]. **1118**

Das Gericht muss nur die ihm **bekannten Tatsachen** berücksichtigen; eine Amtsermittlung ist nicht erforderlich. Von einem Verschulden der Partei ist auszugehen, wenn sie es versäumt hat, dem Gericht die Möglichkeit zu geben, die Sache gemäß § 337 ZPO zu vertagen. Auch bei kurzfristiger, nicht vorhersehbarer Verhinderung an der pünktlichen Wahrnehmung eines Verhandlungstermins liegt eine unverschuldete Säumnis des Anwalts deshalb nur dann vor, wenn er trotz entsprechender Möglichkeiten (etwa das Telefon) das Gericht über die zu erwartende Verspätung telefonisch nicht so rechtzeitig unterrichtet, dass dieses die Verhandlung gemäß § 337 ZPO vertagen kann[28]. **1119**

V. § 335 ZPO

Ein Versäumnisurteil darf weiter nur dann erlassen werden, wenn die Voraussetzungen des § 335 ZPO **nicht** vorliegen[29]: **1120**
- **§ 335 Abs. 1 Nr. 1 ZPO:** wenn die erschienene Partei die Nachweisung einer von Amts wegen zu berücksichtigenden Tatsache nicht beschaffen kann, und dieser Mangel noch behebbar ist, also noch beschafft werden kann = Zulässigkeitsmängel wie Prozessfähigkeit etc.;
- **§ 335 Abs. 1 Nr. 2 ZPO:** wenn die nichterschienene (nichtverhandelnde) Partei nicht ordnungsgemäß geladen war (form- und fristgerecht), §§ 166 ff., 497, 217, 274 ZPO;
- **§ 335 Abs. 1 Nr. 3 ZPO:** wenn ein Angriffsmittel nicht rechtzeitig (§ 132 ZPO) mitgeteilt war (also nur bei Säumnis des Beklagten zu beachten); gilt

---

23 BGH, NJW 2004, 2309, 2311.
24 LAG Berlin, MDR 1995, 1067.
25 BGH, NJW 1999, 2120, 2122.
26 So in BGH, BeckRS 2004.303.45558.
27 BGH, NJW 1999, 2120, 2122; BGH, NJW 1996, 130.
28 BGH, NJW 2006, 448, 449; KG, MDR 1999, 185; siehe aber BGH, MDR 1999, 178; a. A. LAG Berlin, MDR 1995, 1067.
29 Siehe dazu auch OLG Köln, MDR 2000, 657, 658.

nur für Sachanträge und Tatsachenvorträge, da Prozessanträge nicht angekündigt werden müssen[30];

- **§ 335 Abs. 1 Nr. 4 ZPO:** wenn dem Beklagten im schriftlichen Vorverfahren die Frist des § 276 Abs. 1 ZPO nicht mitgeteilt worden ist oder er über die Folgen deren Versäumung nach § 276 Abs. 2 ZPO nicht belehrt wurde.

VI. Zulässigkeit im Übrigen

1121 Da das Versäumnisurteil ein Sachurteil ist, müssen zu seinem Erlass im Übrigen die **allgemeinen Sachurteilsvoraussetzungen** vorliegen.

3. Kapitel: Prüfungsreihenfolge

1122 Als Prüfungsreihenfolge empfiehlt sich unter dem Vorbehalt, unter dem jedes schematische Vorgehen steht, für Versäumnisurteile in der mündlichen Verhandlung folgendes Prüfschema[31]:

I. Säumnis des Klägers

1123
Schema
- Antrag des Beklagten
- Feststellung der Säumnis des Klägers
- Ordnungsgemäße Ladung des Klägers
- Einhaltung der Ladungsfrist
- Zulässigkeit der Klage

II. Säumnis des Beklagten

1124
Schema
- Antrag des Klägers auf Erlass eines Versäumnisurteils und Sachantrag
- Feststellung der Säumnis des Beklagten
- Ordnungsgemäße Ladung des Beklagten
- Einhaltung der Ladungsfrist
- Einhaltung der Einlassungsfrist
- Zulässigkeit der Klage
- Schlüssigkeit der Klage[32]

---

30 Auch nicht für eine einseitige Erledigterklärung, KG, MDR 1999, 185.
31 Nach Schumann, Die ZPO-Klausur, 2. Aufl. 2002, §§ 60, 61. Siehe auch Schur, JA 2003, 488 ff.
32 Die Ergebnisse etwaiger Beweisaufnahmen bleiben bei der Prüfung unbeachtet.

4. Kapitel: Das Einspruchsverfahren

I. Allgemeines

Gegen ein echtes – und vom Gericht so auch gem. § 313b Abs. 1 ZPO zwingend überschriebenes – Versäumnisurteil kann als **Rechtsbehelf** nur der **Einspruch** eingelegt werden, § 338 ZPO. Versäumnisurteile sind mit der Berufung oder Anschlussberufung **grundsätzlich nicht anfechtbar**. Ist ein Einspruch nicht statthaft, unterliegt das Versäumnisurteil der Berufung oder Anschlussberufung nur insoweit, als sie darauf gestützt wird, dass der Fall der schuldhaften Versäumung nicht vorgelegen hat, § 514 Abs. 1 und Abs. 2 ZPO. **1125**

Durch einen zulässigen Einspruch wird das Verfahren in die Lage vor der Säumnis zurückversetzt[33], § 342 ZPO. Die Frage, ob das Versäumnisurteil als solches zu Recht ergangen ist, ist **nicht** für die **Hauptsachenentscheidung**, sondern **allein** für die **Kostenentscheidung** wichtig, § 344 ZPO. Ist das Versäumnisurteil sachlich unrichtig, so wird es auf einen Einspruch hin aufgehoben. Außerdem wird die sachlich richtige Entscheidung getroffen[34]. **1126**

📋 **Formulierungsvorschlag** **1127**
„I. Das Versäumnisurteil des Amtsgerichts Neukölln – 19 C 134/09 – vom 30. April 2009 wird aufgehoben. Der Beklagte wird verurteilt, an den Kläger 4.000,00 € nebst 4 % Zinsen seit dem 31. Januar 2009 zu zahlen.
II. Dem Beklagten werden die Kosten des Rechtsstreits auferlegt mit Ausnahme der durch die Säumnis im Termin am 30. April 2009 entstandenen Kosten; diese werden dem Kläger auferlegt.
III. Das Urteil ist für den Kläger gegen Sicherheitsleistung in Höhe von 4.500,00 € vorläufig vollstreckbar; **im Übrigen** ist das Urteil vorläufig vollstreckbar[35]."

Ist das Versäumnisurteil hingegen sachlich richtig, so wird es **aufrechterhalten**, § 343 S. 1 ZPO. Möglich ist ferner, dass das Versäumnisurteil nur **teilweise** aufgehoben wird. **1128**

📋 **Formulierungsvorschlag** **1129**
„Das Versäumnisurteil des Amtsgerichts Neukölln vom 26. Februar 2009 – 14 C 8/09 – wird insoweit aufrechterhalten, als der Beklagte verurteilt ist, an den Kläger 4.800,00 € nebst Zinsen in Höhe von 5 Prozentpunkten über dem jeweiligen Basiszinssatz seit dem 13. Dezember 2008 zu zahlen. Im Übrigen wird das Versäumnisurteil aufgehoben und die Klage abgewiesen."

---

33 BGH, NJW 1993, 861.
34 Zum Tenor beim Versäumnisurteil ausführlich Wallisch/Spinner, JuS 2000, 64, 66; Schröer, JA 1997, 873, 876f.
35 Nicht nur der Kläger kann Kosten vollstrecken, sondern auch der Beklagte (§ 344 ZPO), und zwar regelmäßig eine 5/10Verhandlungsgebühr, die sein Anwalt für den Säumnisantrag nach Nr. 3105 VV RVG verdient hat (vgl. OLG Hamm, MDR 1993, 1135) – und zwar auch bei einem Versäumnisurteil nach § 331 Abs. 3 ZPO.

1130 Ist der Einspruch unzulässig, wird das Verfahren nicht zurückversetzt, sondern es verbleibt bei dem Versäumnisurteil[36].

1131 ✎ **Klausurtipp**

In der **Klausur** kommt dieser Fall nur selten vor, z.B. dann, wenn auf der Beklagtenseite zwei Personen stehen: Der Einspruch nur von **einer** Person ist zulässig. Die Kostenentscheidung wird in diesem Falle nach der so genannten Baumbach'schen Formel[37] getroffen.

II. Einspruch statthaft, § 338 ZPO

1132 **1. Allgemeines.** Der Einspruch ist nur bei **echten Versäumnisurteilen** statthaft[38]. Gegen ein technisch 2. Versäumnisurteil[39] ist nach § 345 ZPO[40] hingegen kein weiterer Einspruch möglich[41], sondern allein die **Berufung** statthaft. Die Berufung muss dann darauf gestützt werden, dass ein Fall der Säumnis nicht vorgelegen hat.
Überblick:

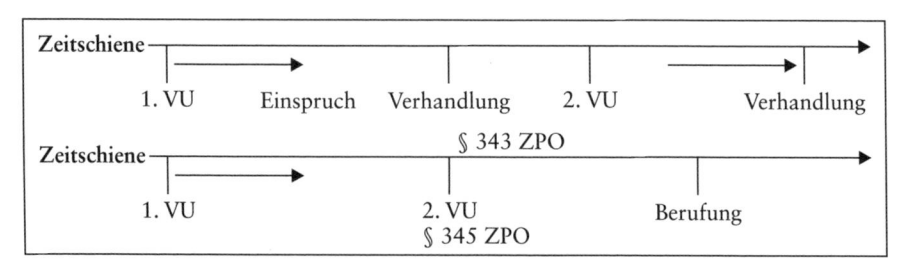

```
Zeitschiene ──┬──────────┬──────────┬──────────┬──────────►
              1. VU   Einspruch  Verhandlung  2. VU    Verhandlung
                                § 343 ZPO
Zeitschiene ──┬─────────────────┬──────────────┬──────────►
              1. VU           2. VU          Berufung
                            § 345 ZPO
```

1133 **2. Prüfungsmaßstab in der Berufung.** Strittig ist der **Prüfungsmaßstab** in der Berufung. Nach h.M.[42] erfolgt **nur** die Prüfung, ob im Einspruchstermin Säumnis vorlag[43]. Nach a.A.[44] muss geprüft werden, ob das Vorbringen des Klägers schlüssig ist. Teilweise wird **außerdem** die Prüfung verlangt, ob das 1. Versäum-

---

36 Der Einspruch wird durch Urteil als unzulässig verworfen, § 341 Abs. 1 S. 2 ZPO.
37 Siehe Rn. 202 und Rn. 207.
38 Unechte Versäumnisurteile sind gewöhnliche Urteile, gegen die Berufung und Revision statthaft sind.
39 Dieses wird erlassen, wenn Partei in der nächsten Verhandlung nach der ersten Säumnis wieder nicht erscheint; dazu BGH, NJW 1999, 2599 = JuS 1999, 1238 Nr. 15 (Schmidt).
40 Zu diesem und seinem Prüfungsmaßstab siehe auch Rn. 1206 und Rn. 1216. Während beim Versäumnisurteil nur die Säumnis zu prüfen ist, muss bei einem vorausgegangenen Vollstreckungsbescheid auch die Schlüssigkeit der Klage geprüft werden.
41 BGH, JR 2000, 243, 245; Brandenburgisches OLG, OLGReport 1998, 324.
42 Für diese BGH, NJW 1999, 2599 = JuS 1999, 1238 Nr. 15 (Schmidt); OLG Schleswig, OLGReport Schleswig 2006, 381, 382; OLG Düsseldorf, MDR 1987, 769; Marcelli, NJW 1981, 2558, 2559; Schreiber, ZZP 105 (1992), 79, 80.
43 Umkehrschluss aus § 700 Abs. 6 ZPO und dem „Strafcharakter" des § 345 ZPO.
44 Etwa BAG, JZ 1995, 523; Vollkommer, JZ 1991, 828 ff.

4. Kapitel: Das Einspruchsverfahren

nisurteil gesetzmäßig erging[45]. **Anders** wird aber wegen § 700 Abs. 6 ZPO entschieden, wenn dem Verfahren ein Mahnverfahren zu Grunde lag[46]. Der Sachverhalt, der die Zulässigkeit des Rechtsmittels rechtfertigen soll, muss vollständig in der Rechtsmittelbegründung vorgetragen werden[47]. Bei § 514 Abs. 2 ZPO ist die Schlüssigkeit des Sachvortrags – anders als sonst – bereits Voraussetzung der Zulässigkeit des Rechtsmittels.

Beispiel:
Der Kläger behauptet, dass ein Versäumnisurteil unzulässig war, weil sein Prozessbevollmächtigter ohne Verschulden am Erscheinen verhindert zum Termin verhindert war. Dann kann man schreiben:
„Die Säumnis des Klägers ist nicht unverschuldet, weil sein Prozessbevollmächtigter erkrankt war. Für die Entscheidung kann unterstellt werden, dass Rechtsanwalt R am … wegen einer Grippeerkrankung mit hohem Fieber nicht verhandlungsfähig und nicht in der Lage war, von M. zur mündlichen Verhandlung nach A. zu reisen. Dieser Umstand genügt aber nicht für die Annahme, der Kläger habe den Termin unverschuldet versäumt. Zwar ist die Frage des Verschuldens im Falle der Versäumung eines Termins grundsätzlich nach den gleichen Maßstäben zu beurteilen wie bei der Wiedereinsetzung in den vorigen Stand. Eine schuldhafte Säumnis i.S. von § 514 Abs. 2 S. 1 ZPO liegt aber auch dann vor, wenn der Prozessbevollmächtigte, der kurzfristig und nicht vorhersehbar an der Wahrnehmung des Termins gehindert ist, nicht das ihm Mögliche und Zumutbare getan hat, um dem Gericht rechtzeitig seine Verhinderung mitzuteilen. Dies ist hier der Fall. Soweit der Kläger geltend macht, sein Prozessbevollmächtigter habe alle erforderlichen und zumutbaren Maßnahmen ergriffen, um rechtzeitig von seiner Verhinderung zu unterrichten, kann dem nicht gefolgt werden. Die Bemühungen von Rechtsanwalt R waren vielmehr unzureichend. Sein um 9.16 Uhr eingegangenes Fax konnte dessen Fernbleiben nicht entschuldigen. Es enthielt neben der Mitteilung, dass er erkrankt sei, lediglich einen Verweis auf das Fax vom 13.11.2007, in dem Rechtsanwalt R erklärt hatte, unter Schnupfen und Halsschmerzen zu leiden. Darin liegt kein erheblicher Grund für eine Verlegung. Das um 11.31 Uhr in der Einlaufstelle des Gerichts eingegangene Fax enthielt zwar neben näheren Ausführungen zur Erkrankung und einer beigefügten eidesstattlichen Versicherung auch einen Hinweis auf Dringlichkeit. Zu diesem Zeitpunkt konnte der Prozessbevollmächtigte angesichts der auf 11.20 Uhr angesetzten Terminzeit aber nicht mehr damit rechnen, dass dieses in seinem Auftrag versandte Fax das Gericht noch rechtzeitig vor Aufruf der Sache oder aber zumindest noch während der Verhandlung erreichen würde. Um sein krankheitsbedingtes Fernbleiben rechtzeitig mitzuteilen, hätte Rechtsanwalt R den Grund seiner Verhinderung vor Beginn des Termins in ausreichender Weise darlegen bzw. durch Anruf bei der Geschäftsstelle oder in anderer Weise sicherstellen müssen, dass das Gericht von seiner Verhinderung benachrichtigt wurde. Nachdem das Gericht ihm um 10 Uhr mit Fax mitgeteilt hatte, dass der Termin nicht verlegt werde, weil eine Erkrankung mit Verhandlungsunfähigkeit nicht nachgewiesen sei, hätte Rechtsanwalt R unmittelbar hierauf reagieren und sich sofort telefonisch oder per Fax an das Gericht wenden müssen. Sein erst um 11.31 Uhr eingegangenes Fax war verspätet und vermag die Säumnis daher nicht zu entschuldigen".

1134

---

45 Also eine Prüfung der Voraussetzungen des ersten Urteils aus Gründen der materiellen Gerechtigkeit.
46 BGH, BGHZ 73, 87, 89 ff.; BGH, BGHZ 112, 367, 371 ff. Ausführlich zu diesem Fragenkreis Elser, Die Rechtsprechung zur Berufung gegen das technisch zweite Versäumnisurteil, JuS 1994, 965–968, und Timme/Hülk, Zweites Versäumnisurteil und Berufungsmöglichkeiten gemäß § 513 II ZPO a.F., JA 2000, 788–790.
47 BGH, NJW 2009, 687, 688.

1135 3. **Grundsatz der Meistbegünstigung.** Problematisch ist, wenn ein streitiges Urteil vom Gericht **zu Unrecht als Versäumnisurteil** aufgefasst wird. Nach überwiegender Auffassung gilt dann der **Grundsatz der Meistbegünstigung**[48]. Dieser stellt eine Ausprägung der verfassungsrechtlichen Grundsätze der allgemeinen Gleichheit vor dem Gesetz und des Vertrauensschutzes dar. Die Parteien dürfen dadurch, dass das Gericht eine Entscheidung in einer falschen Form verlautbart, **keinen Rechtsnachteil** erleiden. Ob ein Versäumnisurteil oder ein kontradiktorisches und damit dem Rechtsmittel der Berufung unterliegendes Urteil vorliegt, hängt nicht von der Bezeichnung, sondern von dem **Inhalt der Entscheidung** ab. Den Parteien steht deshalb sowohl derjenige Rechtsbehelf zu, der nach der Art der tatsächlich ergangenen Entscheidung statthaft ist, als auch dasjenige Rechtsmittel, das bei einer in der richtigen Form ergangenen Entscheidung zulässig gewesen wäre[49].

1136 *Klausurtipp*

Das **Rechtsmittelgericht** ist dann allerdings gehalten, in derjenigen Form zu entscheiden, die einer korrekten erstinstanzlichen Verfahrensweise entsprochen hätte[50].

1137 Der **Grundsatz der Meistbegünstigung** greift nicht ein, wenn das Erstgericht zu Unrecht einen Fall der Säumnis angenommen und auf dieser Sachlage ein **nach Fassung und Inhalt eindeutiges**, insbesondere in der Form des § 313b ZPO abgefasstes Versäumnisurteil erlassen hat. Eine solche Entscheidung ist zwar inhaltlich falsch; das Gericht hat bei ihr aber **keinen Verlautbarungsfehler** begangen und deshalb durch die Form seiner Entscheidung den Parteien auch keinen falschen Weg für die Art der Anfechtung gewiesen[51].

1138 Beispiel:
Das **LAG Köln**[52] hat unter Zugrundelegung des Grundsatzes der Meistbegünstigung etwa angenommen, dass eine **Beschwerde** gegen ein Versäumnisurteil **zulässig** ist, wenn das Arbeitsgericht seine Entscheidung über die Unzulässigkeit des Einspruchs irrtümlich durch Beschluss getroffen hat[53].

III. Form, § 340 Abs. 1, Abs. 2 ZPO

1139 Voraussetzung für die richtige Form des Einspruchs ist, dass der Einspruch beim Prozessgericht eingelegt wird, das Urteil bezeichnet und erklärt wird, dass Einspruch eingelegt werde.

---

48 Dazu etwa BGH, NJW 2004, 1598 mit Anm. Deubner JuS 2004, 777; BGH, MDR 2003, 285. Allgemein siehe Schenkel, MDR 2003, 136.
49 BGH, ZIP 2009, 289; BGH, MDR 2003, 285; BGH, MDR 1999, 190; BGH, BGHZ 40, 265, 267; BGH, BGHZ 90, 1, 3; BGH, BGHZ 98, 362, 364 f.
50 LAG Köln, MDR 2003, 953.
51 BGH, NJW 1997, 1448.
52 LAG Köln, MDR 2003, 953.
53 In Familienstreitsachen ist das nach §§ 113, 38 FamFG sogar möglich. Dort gibt es Versäumnis- und Anerkenntnisbeschlüsse.

4. Kapitel: Das Einspruchsverfahren

IV. Frist, § 339 ZPO

Die Einspruchsfrist[54] beträgt **zwei Wochen** nach Zustellung des Versäumnisurteils an den Einspruchsführer, § 317 Abs. 1 S. 1 ZPO. Bei einer anwaltlich vertretenen Partei beginnt die Frist mit Zustellung an den Rechtsanwalt zu laufen (§ 172 ZPO), bei Anwaltszwang auch dann, wenn dieser das Mandat niedergelegt hat und sich noch kein neuer Anwalt bestellt hat (§ 87 Abs. 1 ZPO).

1140

Grundsätzlich beginnt der Lauf einer Rechtsmittelfrist für jede Partei mit der **Zustellung der Entscheidung**[55]. Etwas anderes gilt jedoch für Entscheidungen, bei denen die Verkündung durch die Zustellung ersetzt wird[56]. Urteile im schriftlichen Verfahren, die an Verkündung Statt zuzustellen sind, werden erst durch die Zustellung an beide Parteien existent, so dass erst mit der letzten Zustellung eine Rechtsmittelfrist in Lauf gesetzt wird[57]. Der **BGH** wendet diesen Grundsatz mit Rücksicht auf § 310 Abs. 3 ZPO auch auf Versäumnisurteile gemäß § 331 Abs. 3 ZPO an[58]. Die dagegen erhobenen Praktikabilitätsbedenken rechtfertigen es nicht, entgegen der gesetzlichen Regelung des § 310 Abs. 3 ZPO auf Säumnisentscheidungen nach § 331 Abs. 3 ZPO die Anfechtungs- und Verlautbarungsregeln des § 329 Abs. 2 ZPO für nicht verkündete Beschlüsse anzuwenden.

1141

> 🖉 **Klausurtipp**
>
> Wird das Versäumnisurteil (oder ein Vollstreckungsbescheid) einer **prozessunfähigen Partei** zugestellt, setzt das dennoch die Einspruchsfrist in Gang.[59] Zum einen sieht die ZPO eine Nichtigkeitsklage auch für den Fall vor, dass eine Partei im Verfahren nicht ordnungsgemäß vertreten war. Zum anderen ist es im Interesse von Rechtsfrieden und Rechtssicherheit geboten, Prozesse möglichst bald durch den Eintritt der formellen Rechtskraft der Entscheidung zu beenden. Damit wäre es nicht zu vereinbaren, wenn der formelle Akt der Zustellung in seiner Wirkung, die Rechtsbehelfsfrist in Lauf zu setzen, durch Mängel, die bei der Zustellung nicht erkennbar sind und erst in einem längeren Verfahren geprüft werden müssten, in Frage gestellt würde.[60]

1142

War eine Partei ohne ihr Verschulden verhindert, die Einspruchsfrist einzuhalten, kann ihr auf Antrag (§ 233 ZPO) oder unter den Voraussetzungen des § 236 Abs. 2 S. 2 Hs. 2 ZPO von Amts wegen Wiedereinsetzung in die versäumte Einspruchsfrist gewährt werden. Ist ein Einspruch endgültig verspätet, tenoriert man etwa:

1143

---

54 Es ist eine Notfrist: Eine Wiedereinsetzung ist daher möglich.
55 BGH, VersR 1980, 928 zur Berufungsfrist.
56 Etwa nach § 310 Abs. 3 ZPO.
57 RG, RGZ 123, 333, 336; BGH, BGHZ 32, 370, 371; Zugehör, NJW 1992, 2261 m. w. Nachw.
58 BGH, NJW 1994, 3359 = MDR 1995, 308 m. Anm. Maihold JA 1995, 268; BGH, VersR 1982, 596, 597; a. A. Rau, MDR 2001, 794.
59 BGH, BGHZ 176, 74 = NJW 2008, 2125; siehe dazu auch BGH, GE 2008, 406, 407 = ZMR 2008, 359.
60 BGH, BGHZ 176, 74 = NJW 2008, 2125; siehe dazu auch BGH, GE 2008, 406, 407 = ZMR 2008, 359.

1144 📄 Formulierungsvorschlag:
„I. Der Einspruch des Beklagten gegen das Versäumnisurteil des Amtsgericht Neukölln vom 13. Mai 2007, Aktenzeichen 19 C 30/09, wird **als unzulässig** verworfen.
II. Der Beklagte hat die **weiteren** Kosten des Rechtsstreits zu tragen.
III. Das Urteil ist vorläufig vollstreckbar."

1145 Die Entscheidung über die **Verwerfung** eines Einspruchs gegen ein Versäumnisurteil ergeht nach § 341 Abs. 2 ZPO durch Urteil. Teilweise kann offen sein, ob ein Einspruch rechtzeitig war. Bei unstreitig rechtzeitigem Einwurf in den Hausbriefkasten[61] kann man etwa[62] schreiben:

1146 📄 Formulierungsvorschlag
„Das Gericht muss zwar von Amts wegen prüfen, ob der Einspruch rechtzeitig eingegangen ist. Auch unstreitige Tatsachen sind dabei auf ihre Wahrheit zu überprüfen. Die Unstreitigkeit einer Tatsache reicht aber aus, das Gericht von der Wahrheit zu überzeugen, wenn zwischen den Parteien ein erkennbarer Interessengegensatz besteht."

5. Kapitel: Tatbestand und Entscheidungsgründe

1147 Ein Versäumnisurteil bedarf nach § 313b Abs. 1 S. 1 ZPO grundsätzlich weder eines Tatbestandes noch Entscheidungsgründe[63].

6. Kapitel: Einspruch: Tatbestand[64]/Entscheidungsgründe

1148 Ein zuvor ergangenes Versäumnisurteil und der dagegen eingelegte Einspruch gehören als **Prozessgeschichte** vor die Anträge, in der Regel also an das Ende des streitigen Klägervorbringens.

1149 📄 Formulierungsvorschlag
„Das Landgericht Berlin hat auf Antrag des Klägers den Beklagten am ... durch Versäumnisurteil zur Zahlung von 12.000,00 € nebst 13 % Zinsen seit dem 28. Dezember 2009 verurteilt. Gegen das am ... [und im Falle des § 331 Abs. 1 ZPO: „und dem Kläger am ..."] zugestellte Versäumnisurteil hat der Beklagte mit bei Gericht am ... eingegangenen Schriftsatz Einspruch eingelegt."

1150 In den Entscheidungsgründen ist **vorab** die Statthaftigkeit des Einspruchs festzustellen[65]. Die Prüfung des Rechtsbehelfs Einspruch hat mit der Zulässigkeit der Klage **nichts** zu tun. Diese ist nur zu prüfen, wenn der Einspruch statthaft ist. Es

---

61 Nicht Nachtbriefkasten.
62 Wie in der Klausur von Schmitz, JuS 1990, 131, 134.
63 Siehe aber § 313b Abs. 3 ZPO.
64 Zum Tatbestand bei vorausgegangenem Versäumnisurteil siehe auch Huber, JuS 1984, 615; ders., JuS 1984, 786; ders., JuS 1984, 950, 951.
65 Zu diesem Aufbau Rn. 465 ff.

7. Kapitel: Tenor

empfiehlt sich z. B. bei einem statthaften, aber **unproblematischen**[66] Einspruch folgender Obersatz[67]:

> 📄 Formulierungsvorschlag
>
> „**Entscheidungsgründe**
> Der Einspruch der Beklagten gegen das Versäumnisurteil vom 24. Mai 2009 ist statthaft, § 338 ZPO; er ist form- und fristgerecht eingelegt worden, §§ 339 Abs. 1, 340 Abs. 1 und Abs. 2 ZPO. Gem. § 343 S. 1 ZPO ist aber das Versäumnisurteil aufrechtzuerhalten.
> I. [Zulässigkeit]
> …"

1151

Es ist überflüssig, **zusätzlich** die **Wirkung** des § 342 ZPO – gleichsam im Gutachtenstil – in den **Entscheidungsgründen zu wiederholen**. Die eigentliche Sachprüfung – die Zulässigkeit und Begründetheit der Klage – weist im Übrigen keine Besonderheiten auf.

1152

> ✏ Klausurtipp
>
> Es sind Zulässigkeit und Begründetheit einer Klage – **nicht die des Einspruchs** – zu erörtern. Bei den Nebenentscheidungen ist stets an § 344 ZPO zu denken, wenn das Versäumnisurteil aufgehoben wird, und an § 709 S. 3 ZPO[68], wenn das Versäumnisurteil aufrechterhalten wird und nach § 709 S. 1 ZPO vollstreckbar ist.

1153

7. Kapitel: **Tenor**

Der Tenor eines Versäumnisurteils bestimmt sich nach allgemeinen Grundsätzen. Etwa das Urteil **gegen den Kläger** ist als Versäumnisurteil zu bezeichnen und enthält folgenden Tenor:

1154

📄 Formulierungsvorschlag
„I. Die Klage wird abgewiesen.
II. Der Kläger hat die Kosten des Rechtsstreits zu tragen[69].
III. Das Urteil ist vorläufig vollstreckbar[70]."

1155

Auch ein Urteil gem. § 331 ZPO gegen den Beklagten ist als Versäumnisurteil zu kennzeichnen. Es führt z. B. den folgenden Tenor:

1156

---

66 Gibt es Probleme, z. B. bei der Einspruchsfrist oder einer Wiedereinsetzung nach §§ 233 ff. ZPO, muss hier entsprechend länger ausgeführt werden.
67 Siehe dazu – und den möglichen Varianten – Siegburg, Einführung in die Urteilstechnik, 5. Aufl. 2003, Rdnr. 610.
68 Siehe dazu vor allem Häublein, JA 1999, 53 und Rn. 351.
69 § 91 Abs. 1 S. 1 ZPO.
70 § 708 Nr. 2 ZPO.

1157 📄 Formulierungsvorschlag

„I. Der Beklagte wird verurteilt, an den Kläger 267,00 € nebst Zinsen in Höhe von 5 Prozentpunkten über dem jeweiligen Basiszinssatz seit dem 1. Juli 2009 zu zahlen.
II. Der Beklagte hat die Kosten des Rechtsstreits zu tragen[71].
III. Das Urteil ist vorläufig vollstreckbar[72]."

1158 Stimmt die vorausgegangene Entscheidung mit der in dem Versäumnisurteil enthaltenen Entscheidung überein, ist auszusprechen, dass diese Entscheidung aufrechtzuerhalten sei:

1159 📄 Formulierungsvorschlag

„I. Das Versäumnisurteil des Amtsgerichts Neukölln vom 26. Februar 2009 – 14 C 8/09 – wird aufrechterhalten.
II. Der Beklagte hat die weiteren Kosten des Rechtsstreits zu tragen.
III. Das Urteil ist gegen Sicherheitsleistung in Höhe von ... € vorläufig vollstreckbar. Die Vollstreckung aus dem Versäumnisurteil darf nur gegen Sicherheitsleistung in vorgenannter Höhe fortgesetzt werden[73]."

1160 Insoweit diese Voraussetzung nicht zutrifft, wird das Versäumnisurteil in dem neuen Urteil aufgehoben:

1161 📄 Formulierungsvorschläge

- „Das Versäumnisurteil des Amtsgerichts Neukölln vom 26. Februar 2009 – 14 C 8/09 – bleibt mit der Maßgabe aufrechterhalten, dass Zinsen in Höhe von 5 Prozentpunkten über dem jeweiligen Basiszinssatz auf 4.800,00 € seit dem 13. Dezember 2008 zu zahlen sind. Im Übrigen wird das Urteil aufgehoben und die Klage abgewiesen."
- „Das Versäumnisurteil des Amtsgerichts Neukölln vom 26. Februar 2009 – 14 C 8/09 – wird aufgehoben und die Klage abgewiesen."

1162 Wenn eine Partei gegen ein Versäumnisurteil Einspruch einlegt, aber in der zur mündlichen Verhandlung bestimmten Sitzung oder in derjenigen Sitzung, auf welche die Verhandlung vertagt ist, nicht erscheint, wird der Einspruch **verworfen**:

1163 📄 Formulierungsvorschlag

„I. Der Einspruch des Beklagten gegen das Versäumnisurteil des Amtsgerichts Neukölln vom 26. Februar 2009 – 14 C 8/09 – wird verworfen.
II. Der Beklagte hat die weiteren Kosten des Rechtsstreits zu tragen[74].
III. Das Urteil ist vorläufig vollstreckbar[75]."

---

71 § 91 Abs. 1 S. 1 ZPO.
72 § 708 Nr. 2 ZPO.
73 § 709 S. 3 ZPO.
74 § 97 ZPO analog.
75 § 708 Nr. 2 ZPO.

8. Kapitel: Anwaltsklausur, §§ 707, 719 ZPO

Im Falle eines vorausgegangenen Versäumnisurteils muss erwogen werden, nach §§ 719 Abs. 1 S. 1, 707 Abs. 1 S. 1 ZPO einen Antrag auf **vorläufige Einstellung der Zwangsvollstreckung** zu stellen. Erwogen werden kann auch, den Gegenanwalt zu bitten, aus dem Versäumnisurteil nicht zu vollstrecken. Ein Antrag nach §§ 719 Abs. 1 S. 1, 707 Abs. 1 S. 1 ZPO kann entfallen, wenn der Gegenanwalt der Bitte folgt. Antrag:

> Formulierungsvorschlag
> „Es wird beantragt, die Zwangsvollstreckung aus dem Versäumnisurteil des Landgerichts Berlin vom 1. Oktober 2009 – 31 O 168/08 – ohne[76] oder hilfsweise gegen eine vom Gericht zu bestimmende Sicherheitsleistung einstweilen einzustellen."

9. Kapitel: Rechtskraft[77]

Die Rechtskraft eines klageabweisenden Versäumnisurteils macht die **erneute gerichtliche Geltendmachung** des Klageanspruchs in jedem Fall **unzulässig**; der Kläger kann sich im Zweitprozess nicht darauf berufen, im Erstprozess habe seinem Anspruch lediglich ein inzwischen behobenes vorübergehendes Hindernis (z. B. mangelnde Fälligkeit) entgegengestanden[78]. Das gilt auch dann, wenn die rechtskräftige Klageabweisung auf einem Versäumnisurteil des Berufungsgerichts beruht, mit dem die Berufung des Klägers gegen ein kontradiktorisches klageabweisendes Urteil der ersten Instanz zurückgewiesen wurde. Ein klageabweisendes Versäumnisurteil, das allein auf der Säumnis des Klägers beruht und keine Begründung zur Sache enthält, würde die Rechtskraftwirkung für den Beklagten entscheidend entwerten, wenn er damit rechnen müsste, aus Gründen, die aus dem Urteil nicht ersichtlich sind, **erneut** wegen desselben Anspruchs in einen Rechtsstreit verwickelt zu werden.

10. Kapitel: Übungen

Fall 1:
K nimmt B auf Schmerzensgeld i. H. v. 15.000,00 € – nach Ansicht der Kammer schlüssig – für sich und i. H. v. 3.000,00 € für seinen Hund „Grinch" in Anspruch. Im Haupttermin erscheint nur K mit seinem Anwalt Dr. Malfoy.
a) Was sollte Dr. Malfoy beantragen?
b) Wie lautet der Tenor, wenn K die angekündigten Anträge stellt?

---

76 Dann muss der Beklagte glaubhaft machen, dass er zur Sicherheitsleistung nicht in der Lage ist.
77 Siehe dazu etwa BGH, NJW 2004, 1044; Reischl, ZZP 116 (2003), 493, 495.
78 BGH, NJW 2003, 1433.

Lösung:
Zu a): Dr. Malfoy sollte den Erlass eines Versäumnisurteils in Höhe von 15.000,00 € beantragen und im Übrigen die Klage über den Betrag von 3.000,00 € („Schmerzensgeld" für den Hund) zurücknehmen.
Nähme Dr. Malfoy die Klage über 3.000,00 € nicht zurück, würde ein Teilversäumnisurteil über 15.000,00 € ergehen. Hinsichtlich des für den Hund eingeforderten Schmerzensgeldes in Höhe von 3.000,00 €, würde mangels Schlüssigkeit der Klage ein Endurteil (unechtes VU) ergehen. Sollte Dr. Malfoy wegen der 3.000,00 € keinen Antrag stellen, würde das Verfahren i. S. v. § 251a Abs. 3 ZPO insoweit ruhen.
Zu b): Versäumnisteil- und Endurteil[79]
„1. Der Beklagte wird verurteilt, an den Kläger 15.000,00 € zu zahlen[80]. Im Übrigen wird die Klage abgewiesen.
2. Die Kosten des Rechtsstreits haben der Kläger zu 1/6 und der Beklagte zu 5/6 zu tragen.
3. Das Urteil ist vorläufig vollstreckbar. Der Kläger darf die Vollstreckung durch Sicherheitsleistung in Höhe des zu vollstreckenden Betrages zzgl. 10 %[81] abwenden, wenn nicht der Beklagte vor der Vollstreckung Sicherheit in Höhe des jeweils zu vollstreckenden Betrages zzgl. 10 % leistet[82]."

Fall 2:
K nimmt B – schlüssig in Höhe von 7.000,00 € – auf Schmerzensgeld i. H. v. 15.000,00 € für sich in Anspruch. Der sich für B meldende Anwalt Lupin „beantragt" im Klageerwiderungsschriftsatz Klageabweisung. Im Termin erscheinen Lupin und K.
a) Wie lautet der Tenor, wenn Lupin den angekündigten Antrag stellt?
b) Muss die Entscheidung begründet werden?
c) Wie ist die Entscheidung überschrieben?

Lösung:
Zu a): Der Antrag auf Klageabweisung müsste dahingehend ausgelegt werden, dass Lupin Antrag auf Erlass eines Versäumnisurteils stellt. Tenor:
„1. Die Klage wird abgewiesen[83].
2. Der Kläger hat die Kosten des Rechtsstreits zu tragen.
3. Das Urteil ist vorläufig vollstreckbar."
Zu b): Das Urteil muss gemäß § 313b Abs. 1 Satz 1 ZPO nicht begründet werden. (aber: § 313b Abs. 3 ZPO bei Fällen mit Auslandsbezug. In der Praxis wird die Urteilsbegründung ggf. nachgeholt.)
Zu c): Das Urteil ist gemäß § 313b Abs. 1 Satz 2 ZPO als Versäumnisurteil zu bezeichnen.

---

79 Oder auch „Teilversäumnis- und Schlussurteil". Dies ist umstritten.
80 Bei Urteilen über Schmerzensgeldansprüche, die auf einer vorsätzlichen unerlaubten Handlung basiert, ist beim Tenor immer auch an den § 850f Abs. 2 ZPO (Zwangsvollstreckung wegen einer Forderung aus einer vorsätzlich begangenen unerlaubten Handlung) denken. Dann würde der Tenor zu 1. etwa wie folgt lauten: *„Der Beklagte wird verurteilt, an den Kläger wegen vorsätzlich begangener unerlaubter Handlung 15.000,00 € zu zahlen. Im Übrigen wird die Klage abgewiesen."*
81 Vgl. § 788 ZPO.
82 B steht eine Abwendungsbefugnis nicht zu, § 711 ZPO gilt nicht für Versäumnisurteile nach § 708 Nr. 2 ZPO.
83 Dass K zum Termin erschienen ist, hindert den Erlass des beantragten Versäumnisurteils nicht. Im Anwaltsprozess, § 78 ZPO, kommt es nur auf das Auftreten eines zugelassenen Rechtsanwaltes an. Vorliegend ist gem. §§ 71 Abs. 1 ZPO, 23 Nr. 1 GVG die sachliche Zuständigkeit des Landgerichts begründet.

10. Kapitel: Übungen   **1168, 1169**

Fall 3:   **1168**
Im frühen ersten Termin vor der Kammer für Handelssachen wies die Vorsitzende den Klägervertreter Lupin auf Bedenken gegen den Klageantrag hin. Dieser erklärte, er wolle mit Rücksicht auf den richterlichen Hinweis die Fassung des Antrages überdenken und heute keinen Antrag stellen. Der Beklagtenvertreter beantragte, die Klage durch Versäumnisurteil abzuweisen. Kann ein Versäumnisurteil ergehen?

Lösung:
Problematisch ist, ob ein Versäumnisurteil bereits dann ergehen darf, wenn der (vermeintlich säumige) Rechtsanwalt zwar anwesend ist, aber keine Anträge stellt. Nach h. M. ist das grundsätzlich möglich.
Ein früheres Gericht vertagte in diesem Fall die Verhandlung § 337 ZPO analog mit der Begründung, dass in der Verhandlung erst in der Verhandlung und damit überraschend erfolgte; Lupin hat also gleichsam ohne Verschulden nicht verhandelt. Im neuem Recht (§ 139 Abs. 5 ZPO) ist nunmehr ausdrücklich geregelt, dass der Richter in einem solchen Fall die Verhandlung auf Antrag vertagen soll. Die entstehenden Kosten wären gemäß § 8 GKG niederzuschlagen.
Der Klägervertreter Lupin müsste gemäß § 139 Abs. 5 ZPO Erklärungsfrist beantragen, damit kein Versäumnisurteil ergeht.

Fall 4:   **1169**
Im ersten, für 9.00 Uhr anberaumten Termin vor der Kammer für Handelssachen wartet die Vorsitzende auf den Klägervertreter Lupin. Dieser lässt gegen 9.10 Uhr telefonisch mitteilen, er könne nicht pünktlich zur Sitzung erscheinen, weil er von einem in zweiter Reihe haltenden Lkw der Firma „Dementor-Küsse" blockiert werde.
a) Was wird die Vorsitzende auf den Antrag des Gegenanwalts, ein Versäumnisurteil zu erlassen, tun?
b) Was wäre, wenn sich Lupin ungeachtet seines mobilen Telefons nicht gemeldet hätte?

Lösung:
Zu a): Der Richter wird die Verhandlung gemäß § 337 ZPO vertagen, da das Nichterscheinen des Rechtsanwalts unverschuldet[84] ist.[85] Das OLG Köln war in einer derartigen Konstellation noch von einem Verschulden ausgegangen; der Rechtsanwalt habe etwa zu Fuß laufen oder mit einem Taxi fahren und überdies rechtzeitiger zum Termin aufbrechen können, da mit verkehrsbedingten Schwierigkeiten immer gerechnet werden müsse. Der BGH (MDR 1999, 178) hob das Urteil auf. Die Darlegung eines unabwendbaren Zufalls könne vom Rechtsanwalt nicht verlangt werden; auch mit einem Verkehrshindernis brauche nicht grundsätzlich gerechnet werden. Ausreichend sei, wenn der Anwalt ohne die tatsächlich eingetretene Behinderung nach seinem Vorbringen den Termin rechtzeitig hätte wahrnehmen können. Überdies habe der Rechtsanwalt auch innerhalb der Wartezeit von 10–15 Minuten die ihm zumutbare Vorkehrung (BGH, VersR 1990, 1026) getroffen, das Gericht mittels des in seinem Fahrzeug mitgeführten Telefons von der Behinderung und seinem verspäteten Erscheinen zu benachrichtigen (BAG, NJW 1972, 790, 791 zu § 337 a. F.; OLG Köln, NJW-RR 1995, 1150, 1151). Das Gericht hat damit die Verpflichtung, einen angemessenen Zeitraum auf die Partei zu warten (u. U. 1 Stunde) und kann gegebenenfalls auch vertagen.

---

84 Die Verschuldensfrage ist nach dem BGH (NJW 1999, 2120) nach den gleichen Maßstäben wie bei der Wiedereinsetzung in den vorigen Stand (§ 233 ZPO) zu beurteilen.
85 Verschulden ist keine Erlassvoraussetzung, das Nichtverschulden aber Erlasshindernis gem. § 337 ZPO. Dies ist insofern von Bedeutung, als weder das Gericht das Verschulden zu prüfen noch der Antragsteller entsprechendes vorzutragen hat.

Zu b): Teilt der Rechtsanwalt seine Verspätung nicht mit, ergeht grundsätzlich ein Versäumnisurteil. Das Gericht kennt die Umstände der Säumnis zu diesem Zeitpunkt nicht, obwohl der Klägervertreter sie hätte rechtzeitig mitteilen können. Der vorgebrachte Verhinderungsgrund als solcher (Blockierung durch den LKW) ist zwar unverschuldet, wobei aber eine unverschuldete Säumnis nach h. M. nur dann vorliegt, wenn die Partei bzw. ihr Rechtsanwalt[86] dem Gericht durch rechtzeitige Mitteilung die Möglichkeit zu einer Vertagung gegeben hat. Lediglich in den Fällen, in denen eine solche Mitteilung nicht möglich oder unzumutbar war, genügt für § 337 ZPO das objektive Vorliegen eines unverschuldeten Hinderungsgrundes.

Dem Erlass des Versäumnisurteils steht auch das rechtsanwaltliche Standesrecht nicht entgegen. Die Frage, ob etwa ständige Übung im örtlichen Gerichtsbetrieb[87] für ein Nichtverschulden i. S. d. § 337 ZPO zu berücksichtigen ist, ist umstritten: Der BGH (NJW 1999, 2122) bejaht dies, fordert also grundsätzlich eine entsprechende telefonische Rückfrage. Etwas anderes soll dann gelten, wenn den Interessen des Mandanten der Vorrang vor kollegialer Rücksichtnahme gebührt. Dies dürfte aber in den meisten Fällen so sein!

Die wohl h. L. folgt dem BGH nicht. Nach ihr liegt bereits keine Verhinderung vor, wenn der Rechtsanwalt nur deshalb nicht erscheint, weil er darauf vertraut, dass ohne anwaltliche Absprache kein Versäumnisurteil erwirkt werde. Außerdem sei der Vorrang der Interessen des Mandanten, die der Gegenanwalt zu wahren hat, nicht die Ausnahme, sondern die Regel, weshalb auch kein das Verschulden ausschließender Vertrauenstatbestand bestünde.

1170 Fall 5:
Orthopäde Lupin fordert von Patientin B 3.200,00 € Arzthonorar. Da im frühen ersten Termin nur Lupin erscheint, erlässt das AG Köln gegen B antragsgemäß ein Versäumnisurteil. B, die gegen das Urteil form- und fristgerecht Einspruch eingelegt hatte, erscheint auch zum Einspruchstermin nicht.
a) Wie lautet der Tenor?
b) Wie wäre es, wenn das Versäumnisurteil gegen Lupin ergangen war?
c) Wie wäre es, wenn B im Termin darlegen kann, dass die Forderung verjährt ist?
d) Wie wäre es, wenn B im Termin erscheint, aber ihre behauptete Erfüllung nicht beweisen kann?
e) Wie wäre es, wenn B im Termin erscheint, aber ihre behauptete Erfüllung nur wegen 1.200,00 € beweisen kann?

Lösung:
Zu a)[88]: „Zweites Versäumnisurteil
1. Der Einspruch der Beklagten gegen das Versäumnisurteil des Amtsgerichts Köln vom … Az. … wird verworfen.
2. Die weiteren Kosten des Rechtsstreits hat die Beklagte zu tragen.[89]
3. Das Urteil ist vorläufig vollstreckbar."
Zu b)[90]:
„1. Das Versäumnisurteil des Amtsgerichts Köln vom … Az. … wird aufgehoben[91]. Die Beklagte wird verurteilt, an den Kläger 3.200,00 € zu zahlen.

---

86 Vgl. § 85 Abs. 2 ZPO.
87 Z. B. entsprechender Antrag erst nach telefonischer Androhung ggü. der (säumigen) Gegenpartei.
88 Fall eines technisch zweiten VUs, § 345 ZPO.
89 § 97 ZPO analog.
90 Hier liegt nach dem VU gegen den Kläger rein tatsächlich ein zweites VU vor; es handelt sich aber um ein technisch erstes VU nach § 330 ZPO.
91 § 343 Satz 2 ZPO.

10. Kapitel: Übungen 1170

2. Die Beklagte hat die Kosten des Rechtsstreits mit Ausnahme der durch die Säumnis entstandenen Kosten zu tragen; diese werden dem Kläger auferlegt[92].
3. Das Urteil ist vorläufig vollstreckbar. Der Kläger darf die Vollstreckung durch Sicherheitsleistung in Höhe des auf Grund des Urteils vollstreckbaren Betrages zuzüglich 10 %[93] abwenden, wenn nicht die Beklagte vor der Vollstreckung Sicherheit in Höhe des jeweils zu vollstreckenden Betrages zuzüglich 10 % leistet[94]."

Zu c):
„1. Das Versäumnisurteil des Amtsgerichts Köln vom ... Az. .... wird aufgehoben und die Klage abgewiesen.
2. Dem Kläger werden die Kosten des Rechtsstreits auferlegt mit Ausnahme der durch die Säumnis im Termin am ... entstandenen Kosten; diese werden der Beklagten auferlegt.[95]
3. Das Urteil ist vorläufig vollstreckbar. Der Kläger darf die Vollstreckung durch Sicherheitsleistung in Höhe des auf Grund des Urteils vollstreckbaren Betrages zuzüglich 10 % abwenden, wenn nicht die Beklagte vor der Vollstreckung Sicherheit in Höhe des jeweils zu vollstreckenden Betrages zuzüglich 10 % leistet. Die Beklagte darf die Vollstreckung durch Sicherheitsleistung in Höhe des auf Grund des Urteils vollstreckbaren Betrages zuzüglich 10 % abwenden, wenn nicht der Kläger vor der Vollstreckung Sicherheit in Höhe des jeweils zu vollstreckenden Betrages zuzüglich 10 % leistet."

Zu d):
„1. Das Versäumnisurteil des Amtsgerichts Köln vom ... Az. ... wird aufrecht erhalten.[96]
2. Die weiteren Kosten des Rechtsstreits hat die Beklagte zu tragen.
3. Das Urteil ist gegen Sicherheitsleistung in Höhe des jeweils zu vollstreckenden Betrages zuzüglich 10 % vorläufig vollstreckbar. Die Vollstreckung aus dem Versäumnisurteil darf nur gegen Leistung dieser Sicherheit fortgesetzt werden.[97]"

Zu e):
„1. Das Versäumnisurteil des Amtsgerichts Köln vom ... Az. ... wird in Höhe von 2.000,00 € aufrechterhalten. Im Übrigen wird das Versäumnisurteil aufgehoben und die Klage abgewiesen.
2. Die Kosten des Rechtsstreits hat der Kläger zu 3/8 und die Beklagte zu 5/8 zu tragen, mit Ausnahme der durch die Säumnis im Termin am ... entstandenen Kosten; diese werden der Beklagten auferlegt.

---

92 § 344 ZPO stellt eine Ausnahme vom Grundsatz der Einheitlichkeit der Kostenentscheidung dar (siehe auch § 281 Abs. 3 [Mehrkosten durch Anrufung eines unzuständigen Gerichts]). Ob tatsächlich Mehrkosten durch die Verweisung oder durch die Säumnis entstanden sind, ist eine im Kostenfestsetzungsverfahren zu klärende Frage. Der Grundsatz ist jedenfalls in der Kostengrundentscheidung auszusprechen.
93 Die 10 % sind die Vollstreckungskosten im Sinne von § 788 ZPO.
94 Die Fassung „abwenden, wenn nicht der Kläger vor der Vollstreckung Sicherheit in gleicher Höhe leistet" wäre ungenau. Sie berücksichtigt nicht, dass nach Änderung des § 709 S. 2 ZPO der Gläubiger nur für den tatsächlich zu vollstreckenden Betrag Sicherheit leisten muss, der Schuldner hingegen für den vollen Betrag! Siehe dazu die ausführliche Begründung von OLG Celle, NJW 2003, 73. König, NJW 2003, 1372, 1373 lehnt das ab. Seiner Auffassung nach muss auch der Schuldner nur Sicherheit in Höhe des jeweils zu vollstreckenden Betrages leisten. Das ist nicht gut vertretbar, vgl. etwa Gehrlein, MDR 2003, 421, 430.
95 § 344 ZPO.
96 § 343 Satz 1 ZPO.
97 § 709 Satz 3 ZPO. Dieser betrifft die Fälle des § 343 Satz 1 ZPO. Anwendbar ist er, insoweit ist der Wortlaut nicht eindeutig, jedoch nur auf die Urteile, die unter § 709 Satz 1 ZPO (und insbesondere nicht unter § 708 Nr. 11 ZPO) fallen würden.

3. Das Urteil ist für den Kläger gegen Sicherheitsleistung in Höhe des jeweils zu vollstreckenden Betrages zuzüglich 10 % vorläufig vollstreckbar. Die Vollstreckung aus dem Versäumnisurteil darf nur gegen Leistung dieser Sicherheit fortgesetzt werden. Im Übrigen ist das Urteil vorläufig vollstreckbar. Der Kläger darf die Vollstreckung durch Sicherheitsleistung in Höhe des auf Grund des Urteils vollstreckbaren Betrages zuzüglich 10 % abwenden, wenn nicht die Beklagte vor der Vollstreckung Sicherheit in Höhe des jeweils zu vollstreckenden Betrages zuzüglich 10 % leistet."

Teil 7: Mahnverfahren

1. Kapitel: Einführung

Das praktisch ungemein bedeutsame **gerichtliche Mahnverfahren** soll dem Gläubiger einer **Geldforderung**[1] ermöglichen, auf **einfache und schnelle Weise**, einen zur Zwangsvollstreckung geeigneten Titel zu erhalten. Das Mahnverfahren ist dadurch geprägt, dass der Gläubiger den Anspruch unabhängig vom Zuständigkeitsstreitwert[2] von seinem Wohnort[3] aus betreiben kann. Der Antrag des Gläubigers führt, sofern kein Widerspruch erhoben wird, auch wegen solcher Ansprüche zu einem Vollstreckungstitel, die im Wege der Klageerhebung nur durch einen bei dem angerufenen Landgericht zugelassenen Rechtsanwalt geltend gemacht werden könnten[4]. Das Mahngericht prüft den Mahnantrag grundsätzlich nur formal, d.h. es prüft, ob alle notwendigen Angaben, insbesondere die genaue Bezeichnung des Antragstellers, des Antragsgegners sowie der Hauptforderung im Antrag enthalten sind und ob der Antrag nicht unzulässig ist[5]. Ist der Antrag vollständig und fehlerfrei, wird auf seiner Grundlage ein Mahnbescheid erlassen, der dem Antragsgegner förmlich durch die Post zugestellt wird. In diesem Mahnbescheid wird dem Antragsgegner mitgeteilt, wer eine Zahlungsforderung – einschließlich Kosten und Zinsen – gegen ihn erhebt. Gleichzeitig wird der Antragsgegner vom Gericht aufgefordert, entweder den Anspruch binnen zwei Wochen[6] zu bezahlen, falls der Anspruch anerkannt wird, oder beim Mahngericht Widerspruch einzulegen, für den Fall, dass er das Bestehen der Forderung bestreitet.

1171

Von dem Erlass des Mahnbescheids und dem Tage der Zustellung erhält der Antragsteller bzw. sein Prozessbevollmächtigter eine **entsprechende Nachricht** sowie ggf. einen bereits vorbereiteten Antrag auf Erlass eines Vollstreckungsbescheids. Nach Ablauf von zwei Wochen seit dem Tage der Zustellung des Mahnbescheids muss der Antragsteller bzw. sein Prozessbevollmächtigter überprüfen, ob der Antragsgegner den geforderten Betrag – einschließlich Kosten und Zinsen – gezahlt hat. Ist keine oder nur eine unvollständige Zahlung erfolgt, kann

1172

---

1 Das Mahnverfahren ist besonders für die Geltendmachung von Geldforderungen geeignet, in denen nicht zu erwarten ist, dass vom Antragsgegner Einwendungen gegen die Forderung erhoben werden. Auf diese Weise wird für beide Streitparteien ein aufwändiges gerichtliches Klageverfahren vermieden.
2 Siehe dazu Rn. 181.
3 Und nicht am Wohnort des Schuldners, vgl. insoweit § 13 ZPO.
4 BGH, NJW 1982, 2002.
5 Z.B. Sittenwidrigkeit.
6 Seit dem Tage der Zustellung.

der Antrag auf Erlass eines Vollstreckungsbescheids hinsichtlich des noch offenen Betrags auf dem dafür vorgesehenen Vordruck oder auf dem zugelassenen elektronischen Wege gestellt werden. Rechtsanwälte können nur den zweiten Weg gehen.

1173 In diesem Antrag ist u. a. anzugeben, **ob und ggf. welche Zahlungen** inzwischen auf den geltend gemachten Anspruch geleistet wurden. Hat der Antragsgegner nicht alles bezahlt und auch nicht dem noch offenen Anspruch widersprochen, erlässt das Mahngericht auf Antrag[7] einen Vollstreckungsbescheid. Entweder wird dieser Bescheid dem Antragsgegner im Auftrag des Gerichts förmlich durch die Post zugestellt, oder der Antragsteller veranlasst die Zustellung selbst über den zuständigen Gerichtsvollzieher. Ab dem Tage der Zustellung steht dem Antragsgegner nochmals eine zweiwöchige Einspruchsfrist zu. Nach Ablauf dieser Frist hat der Vollstreckungsbescheid die gleichen Wirkungen wie ein Urteil in einem Klageverfahren: Der Antragsteller kann die Zwangsvollstreckung betreiben.

Voraussetzungen des Mahnverfahrens:

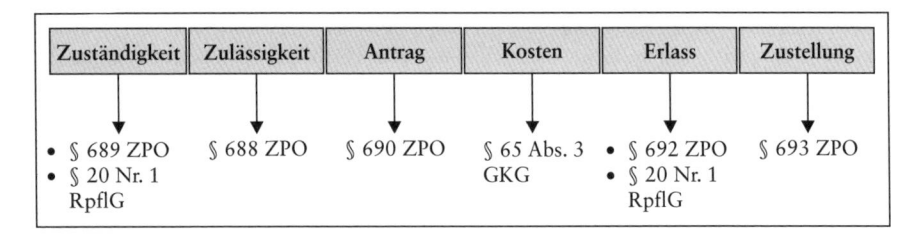

Zuständigkeit	Zulässigkeit	Antrag	Kosten	Erlass	Zustellung
• § 689 ZPO • § 20 Nr. 1 RpflG	§ 688 ZPO	§ 690 ZPO	§ 65 Abs. 3 GKG	• § 692 ZPO • § 20 Nr. 1 RpflG	§ 693 ZPO

2. Kapitel: Zulässigkeit

1174 Das Mahnverfahren findet nur wegen eines Anspruchs statt, der die **Zahlung in Euro** zum Gegenstand hat. Es ist in folgenden Fällen **unstatthaft:**
- Ansprüche eines Unternehmers aus einem Vertrag gem. §§ 491 bis 504 BGB, wenn der nach den §§ 492, 502 BGB anzugebende effektive oder anfängliche effektive Jahreszins den bei Vertragsabschluss geltenden Basiszinssatz um mehr als zwölf Prozentpunkte übersteigt;
- wenn die Geltendmachung des Anspruchs von einer noch nicht erbrachten Gegenleistung abhängig ist;
- wenn die Zustellung des Mahnbescheids durch öffentliche Bekanntmachung erfolgen müsste, es sei denn, das Anerkennungs- und Vollstreckungsausführungsgesetz sieht dies vor.

1175 Weil der Mahnantrag eine Prozesshandlung ist, müssen für ihn – wie für alle Prozesshandlungen – außerdem stets die **allgemeinen Sachurteilsvoraussetzungen** vorliegen.

---

7 Binnen 6 Monaten nach Zustellung.

2. Kapitel: Zulässigkeit

I. Bestimmtheit

Gem. § 690 Abs. 1 Nr. 3 ZPO muss der Anspruch vor allem unter bestimmter Angabe der verlangten Leistung bezeichnet werden. Für die damit verlangte Individualisierung ist **weder eine Substanziierung noch eine Begründung** erforderlich. Notwendig, aber auch ausreichend, ist die Bezeichnung des Anspruchs **unter bestimmter Angabe der verlangten Leistung.** Der Anspruch muss dabei so bezeichnet werden, dass er von anderen Ansprüchen unterschieden und abgegrenzt werden kann. Der Schuldner muss beurteilen können, welcher Anspruch gemeint ist und ob er sich gegen diesen wehren will[8]. Art und Umfang der danach erforderlichen Angaben hängen von den zwischen den Parteien bestehenden Rechtsverhältnissen und der Art des Anspruchs ab[9]. Bei einer Mehrzahl von Einzelforderungen muss deren Bezeichnung im Mahnbescheid dem Beklagten ermöglichen, die Zusammensetzung des verlangten Gesamtbetrages aus für ihn unterscheidbaren Ansprüchen zu erkennen[10].

1176

> **Beispiel:**
> Diesen Anforderungen genügt z. B. die Angabe im Mahnbescheid „Schadenersatz aus Gewerbemietraumvertrag gemäß Mietvertrag vom 1.1.2009" nicht[11].

1177

> **✎ Klausurtipp**
> Die Zustellung eines Mahnbescheids, mit dem ein Teilbetrag aus mehreren Einzelforderungen geltend gemacht wird, hemmt die Verjährung nicht, wenn eine genaue Aufschlüsselung der Einzelforderungen unterblieben ist und die Individualisierung erst nach Ablauf der Verjährungsfrist im anschließenden Streitverfahren nachgeholt wird[12].

1178

II. Örtliche Zuständigkeit

Gem. § 689 Abs. 2 S. 1 ZPO ist das **Amtsgericht**, bei dem der Antragsteller seinen allgemeinen Gerichtsstand[13] hat, **ausschließlich** örtlich **zuständig**.

1179

III. Sachliche Zuständigkeit

Auch sachlich ist das **Amtsgericht** zuständig. Das gilt auch für **Zahlungsansprüche**, über die nach § 43 Nr. 6 WEG das **Wohnungseigentumsgericht** zu entscheiden hat. Im Bereich der Arbeitsgerichtsbarkeit ist gem. § 46a ArbGG das **Arbeitsgericht** zuständig.

1180

---

8 BGH, MDR 2002, 286, 287 = NJW 2002, 520 = JuS 2002, 401 Nr. 10 [K. Schmidt]; BGH, MDR 2001, 346; KG, WuM 2002, 614.
9 BGH, NJW 2000, 1420 = MDR 2000, 348.
10 BGH, NJW 2001, 305 = MDR 2001, 346 m. Anm. Maniak, und Anm. Lemmers, JA 2001, 362–3364.
11 KG, WuM 2002, 614, 615.
12 BGH, MDR 2009, 215 = NJW 2009, 56.
13 Wohnsitz oder Sitz, hingegen nicht Niederlassung.

IV. Funktionelle Zuständigkeit

1181 Für die Durchführung des Mahnverfahrens ist bis hin zum Erlass des Vollstreckungsbescheides der **Rechtspfleger** funktionell zuständig, § 20 Nr. 1 RPflG.

V. Mahnantrag

1182 Der Mahnantrag muss nach § 690 Abs. 1 ZPO auf den **Erlass eines Mahnbescheids** gerichtet sein[14]. Der Antrag muss u. a. folgende Punkte enthalten:

1183 ☑ Checkliste
- Bezeichnung der Parteien, ihrer gesetzlichen Vertreter und der Prozessbevollmächtigten;
- Bezeichnung des Gerichts, bei dem der Antrag gestellt wird;
- Bezeichnung des Anspruchs unter bestimmter Angabe der verlangten Leistung[15]; Haupt- und Nebenforderungen sind gesondert und einzeln zu bezeichnen, Ansprüche aus Verträgen gem. §§ 491–504 BGB, auch unter Angabe des Datums des Vertragsabschlusses und des nach den §§ 492, 502 BGB anzugebenden effektiven oder anfänglichen effektiven Jahreszinses;
- Erklärung, dass der Anspruch nicht von einer Gegenleistung abhängt oder dass die Gegenleistung erbracht ist;
- Bezeichnung des Gerichts, das für ein streitiges Verfahren zuständig ist;
- Der Antrag muss **grundsätzlich** handschriftlich unterschrieben werden.

VI. Rücknahme des Mahnantrages

1184 **1. Grundsatz.** Der Antragsteller kann seinen Antrag auf Erlass eines Mahnbescheids **zurücknehmen**. Das Mahngericht kann dabei auch eine Entscheidung entsprechend § 269 ZPO treffen. Die Vorschrift regelt in ihrem Wortlaut zwar nur die Rücknahme einer Klage. Ihr Regelungsgehalt lässt sich aber nach Sinn und Zweck auf andere gerichtliche Verfahren wie das Mahnverfahren übertragen.

1185 **2. § 269 Abs. 3 Satz 3 ZPO.** Für eine streitige Entscheidung nach § 269 Abs. 3 Satz 3 ZPO ist das Mahnverfahren allerdings **nicht** geeignet. Eine Kostenentscheidung nach billigem Ermessen unter Berücksichtigung des bisherigen Sach- und Streitstands erfordert eine sachliche Prüfung nicht nur der geltend gemachten Forderung, sondern auch des behaupteten erledigenden Ereignisses und gegebenenfalls eines materiell-rechtlichen Kostenanspruchs[16]. Da das Mahnverfahren bereits auf eine Schlüssigkeitsprüfung des Anspruchs verzichtet und es deswegen an einem „bisherigen Sach- und Streitstand" fehlt, müsste der Rechtspfleger jetzt in einem streitig geführten Verfahren derartige Umstände ermitteln und hierüber

---

14 Ähnlich §§ 253, 313 ZPO.
15 Siehe dazu noch Rn. 1176.
16 BGH, NJW 2002, 680.

sodann verbindlich (rechtskraftfähig) entscheiden. Das verbietet die gesetzliche Ausgestaltung des einseitigen, weitgehend formalisierten und auf maschinelle Bearbeitung (§ 689 Abs. 1 Satz 2 ZPO) angelegten Mahnverfahrens[17].

Diese rechtliche Beurteilung kann allerdings **nicht dazu führen**, im Mahnverfahren § 269 Abs. 3 S. 3 ZPO nicht anzuwenden und bei einer Rücknahme des Mahnantrags stets die Kosten des Verfahrens aufzuerlegen. Umgekehrt wäre es jedoch ebenso wenig sachgerecht, in den Fällen, in denen sich der Antragsteller auf ein erledigendes Ereignis beruft, wegen der Ungeeignetheit des Mahnverfahrens von einer Kostenentscheidung nach § 269 Abs. 3 ZPO ganz abzusehen und die Parteien hierdurch auf die Verfolgung eines materiell-rechtlichen Kostenerstattungsanspruchs in einem neuen Klageverfahren zu verweisen. Vielmehr ist dann die Sache – sofern ein Antrag **auf Durchführung des streitigen Verfahrens** gestellt ist – nach dem Widerspruch des Antragsgegners hinsichtlich der noch zu treffenden Kostenentscheidung gemäß § 696 Abs. 1 ZPO an das für die Durchführung des streitigen Verfahrens insgesamt zuständige Prozessgericht abzugeben[18].

VII. Rechtshängigkeit

1. **Widerspruch.** Im Mahnverfahren ist die Streitsache weder anhängig noch rechtshängig. § 696 Abs. 3 ZPO fingiert allerdings, dass die Streitsache als mit Zustellung des Mahnbescheids rechtshängig geworden gilt, wenn sie **alsbald** nach der Erhebung des Widerspruchs abgegeben wird. Der Begriff „alsbald" entspricht inhaltlich dem in § 167 ZPO[19] verwendeten Begriff „**demnächst**"[20]. Beide Begriffe sind nicht rein zeitlich zu verstehen, sondern ihr Inhalt bestimmt sich nach Sinn und Zweck der Rückwirkungsvorschrift. § 167 ZPO soll den Kläger vor den Nachteilen solcher Verzögerungen der Zustellung schützen, die außerhalb seiner Einflusssphäre liegen und die er auch bei gewissenhafter Prozessführung nicht vermeiden kann. Derjenige Zeitraum, dessen ungenutztes Verstreichen ihm nicht angelastet werden kann, hat deshalb bei der Beurteilung der Frage außer Betracht zu bleiben, ob eine Zustellung „demnächst" erfolgt ist[21]. Die Partei muss also bei der von Amts wegen zu bewirkenden Zustellung vor Nachteilen durch Zustellungsverzögerungen innerhalb des gerichtlichen Betriebs bewahrt werden, da diese von der Partei nicht beeinflusst werden können[22].

Hingegen sind der Partei solche Verzögerungen zuzurechnen, die sie oder ihr Prozessbevollmächtigter bei sachgemäßer Prozessführung hätten vermeiden können. Eine Abgabe ist daher als „alsbald" anzusehen, wenn das Verfahren inner-

---

17 Wolff, NJW 2003, 553, 554.
18 BGH, MDR 2005, 287.
19 Dieser ersetzt seit dem 1.7.2002 die §§ 696 Abs. 3, 270 Abs. 3 ZPO.
20 BGH, BGHZ 103, 20, 28 = MDR 1988, 393 m.w. Nachw.
21 BGH, NJW-RR 1992, 470; BGH, BGHZ 103, 20, 28; einer Partei dürfen keine Nachteile daraus erwachsen, dass sie die ihr eingeräumte Frist bis zum letzten Tag ausnutzt.
22 BGH, MDR 2000, 897; BGH, NJW 1993, 2811, 2812; BGH, BGHZ 122, 30 = MDR 1993, 638.

halb einer den Umständen nach angemessenen, selbst längeren Frist weitergegeben wird und wenn die Partei unter Berücksichtigung der Gesamtsituation alles ihr Zumutbare für die alsbaldige Klagezustellung getan hat[23]. Nach der Rechtsprechung ist **demnächst** zugestellt worden, wenn die **von der Partei verschuldete Verzögerung** der Zustellung geringfügig ist[24]. Eine Verzögerung wurde als geringfügig angesehen, wenn sie nicht mehr als 14 Tage betrug[25]. Der Bundesgerichtshof[26] hielt später unter Hinweis auf § 691 Abs. 2 ZPO[27] eine durch eine falsch angegebene Postanschrift des Antragsgegners verursachte Verzögerung von bis zu einem Monat noch für geringfügig[28]. Eine im Vergleich zu § 691 Abs. 2 ZPO kürzere Frist sei nicht gerechtfertigt.

1189 Eine Partei und ihr Prozessbevollmächtigter dürfen bei **fehlender Zahlungsaufforderung** durch das Gericht **nicht zu lange warten**, ehe sie auf eine baldige Zustellung der Klage hinwirken. Wie lange der Zahlungsaufforderung auch nach Fristablauf untätig entgegengesehen und ob dabei ein Zeitraum von drei Wochen überschritten werden darf, kann bis zu einem gewissen Grade von den Umständen des Einzelfalls abhängen. Ein Zeitraum von nahezu zwei Monaten ist **in der Regel** zu lang[29]. Vier Wochen sollen aber noch ausreichen[30]. Ein Prozessbevollmächtigter sollte so frühzeitig wie nötig entweder die gerichtliche Berechnung und Anforderung des Vorschusses in Erinnerung bringen oder den Vorschuss von sich aus berechnen und einzahlen oder durch die Partei einzahlen lassen. Das ist ihm im Rahmen einer angemessenen Fristenkontrolle zumutbar und mit Rücksicht auf die schutzwürdigen Belange der Gegenpartei unerlässlich.

1190 ✎ Klausurtipp

Wird nach Erhebung des Widerspruchs gegen einen Mahnbescheid die Sache nicht alsbald an das zur Durchführung des streitigen Verfahrens zuständige Gericht abgegeben, tritt die Rechtshängigkeit mit Eingang der Akten bei dem Prozessgericht ein[31].

---

23 KG, MDR 2000, 1335, 1336.
24 BGH, NJW 2000, 2282; BGH, NJW 1992, 1820; OLG Hamm, MDR 2002, 1211.
25 BGH, NJW 2000, 2282 = MDR 2000, 897; BGH, NJW 1999, 3125; OLG Brandenburg, OLG-NL 2003, 166.
26 Vorher bereits OLG Frankfurt a. M., MDR 2001, 892.
27 § 691 Abs. 2 ZPO: „Sollte durch die Zustellung des Mahnbescheids eine Frist gewahrt werden oder die Verjährung neu beginnen oder nach § 204 des Bürgerlichen Gesetzbuchs gehemmt werden, so tritt die Wirkung mit der Einreichung oder Anbringung des Antrags auf Erlass des Mahnbescheids ein, wenn innerhalb eines Monats seit der Zustellung der Zurückweisung des Antrags Klage eingereicht und diese demnächst zugestellt wird."
28 BGH, NJW 2002, 2794. Siehe dazu auch Ebert, NJW 2003, 732. Ebert nimmt an, dass der BGH richtigerweise 1 Monat + 2–3 Wochen hätte annehmen müssen, arg. konsequente Anpassung an § 691 Abs. 2 ZPO; a. A. OLG Brandenburg, OLG-NL 2003, 166.
29 BGH, NJW 1978, 215; a. A. OLG Hamm, MDR 2002, 1211 = NJW-RR 2002, 1508: Vier Monate.
30 OLG Düsseldorf, NJW-RR 2003, 573.
31 BGH, NJW 2009, 1213, 1214.

2. Kapitel: Zulässigkeit

2. Einspruch. Auch wenn ein Vollstreckungsbescheid ergeht, **gilt** die Streitsache als mit der Zustellung des Mahnbescheids **rechtshängig geworden**, § 700 Abs. 2 ZPO. Im Unterschied zu § 696 Abs. 3 ZPO kommt es hier für das Problem, wann Rechtshängigkeit eintritt, nicht auf die Frage an, ob die Streitsache alsbald nach der Erhebung des Widerspruchs abgegeben wird. Denn das Gericht, das den Vollstreckungsbescheid erlassen hat, muss den Rechtsstreit nach Einspruch **von Amts wegen** an das Gericht abgeben, das in dem Mahnbescheid bezeichnet ist. Damit spielt es keine Rolle, ob die Partei oder ihr Prozessbevollmächtigter bei sachgemäßer Prozessführung Verzögerungen vermeiden können.

1191

VIII. Verfahrensgebühr

Die weitere **2½ Verfahrensgebühr** entsteht mit dem Eingang der Akten bei dem für das streitige Verfahren als zuständig bezeichneten Gericht, Nummer 1210 des KV. Die Gebühr soll auch entstehen, wenn eine Zuständigkeit dieses Gerichts nicht gegeben ist.

1192

IX. Rechtsbehelfe

1. Allgemeines. Der Antragsgegner kann gegen den Anspruch oder einen Teil des Anspruchs bei dem Gericht, das den Mahnbescheid erlassen hat, schriftlich **Widerspruch** erheben, solange der Vollstreckungsbescheid nicht verfügt ist (**eine Zwei-Wochen-Frist gibt es nicht**). Ein verspäteter Widerspruch wird als Einspruch behandelt. Ein Widerspruch ist mit Eingang beim Mahngericht erhoben. Wann er auf der Geschäftsstelle eingeht und dem Rechtspfleger bekannt wird, ist nicht relevant[32]. Ein Vollstreckungsbescheid steht nach § 700 Abs. 1 ZPO einem für vorläufig vollstreckbar erklärten Versäumnisurteil gleich. Der gegen ihn zulässige Rechtsbehelf ist daher der **Einspruch**.

1193

2. Ausbleibende Anspruchsbegründung. Liegt die in §§ 697, 700 ZPO vorgesehene **Anspruchsbegründung** bis zum Schluss der mündlichen Verhandlung nicht vor, so ist die Klage als unzulässig abzuweisen, und zwar bei Säumnis **des Klägers** durch unechtes Endurteil, denn es fehlt eine Prozessvoraussetzung[33]. Dies folgt daraus, dass der Antragsteller den Anspruch in einer der Klageschrift entsprechenden Form begründen muss[34]. Damit verweist § 697 ZPO auf § 253 ZPO.

1194

> *Klausurtipp*
>
> Enthält eine Klageschrift nicht die in § 253 Abs. 2 Nr. 2 ZPO bestimmte Angabe des Gegenstandes und des Grundes des erhobenen Anspruchs, so ist die Klage nicht ordnungsgemäß, und dieser Mangel im notwendigen Inhalt der Klageschrift, falls er bis zum Schluss der mündlichen Verhandlung nicht

1195

---

32 BGH, MDR 1982, 557.
33 Str., wie hier OLG München, NJW-RR 1989, 1405; LG Gießen, NJW-RR 1995, 62 m. Anm. Deubner, JuS 1994, 506, 508; offengelassen von BGH, NJW 1982, 2002.
34 § 697 Abs. 1 ZPO.

behoben ist, führt dazu, dass die Klage als unzulässig durch Prozessurteil abgewiesen werden muss. Auf Grund der Verweisung gilt das Gleiche für die Anspruchsbegründung des § 697 ZPO.

3. Kapitel: Verjährung

1196 Die Zustellung des Mahnbescheids **hemmt die Verjährung**, 204 Abs. 1 Nr. 3 BGB. Die Verjährung wird aber nur gehemmt, wenn der geltend gemachte Anspruch **hinreichend individualisiert** ist[35] und von anderen in Betracht kommenden Ansprüchen abgegrenzt wird. Der Anspruch muss so gegenüber anderen Ansprüchen abgegrenzt werden, dass er Grundlage eines der materiellen Rechtskraft fähigen Vollstreckungstitels sein und der Schuldner erkennen kann, welcher Anspruch oder welche Ansprüche gegen ihn geltend gemacht werden, damit er beurteilen kann, ob und in welchem Umfang er sich zur Wehr setzen will[36]. Dabei kommt es auf den **Erkenntnishorizont des Antragsgegners** an, der auf der Grundlage der Angaben im Mahnbescheid die Entscheidung über eine Verteidigung gegen den Anspruch zu treffen hat. Maßgeblich sind die konkreten Umstände, vor allem das zwischen den Parteien bestehenden Rechtsverhältnis und die Art des Anspruchs[37].

1197 🖋 **Klausurtipp**

Ein rechtsfehlerhaft erlassener, nicht individualisierter Mahnbescheid hemmt die Verjährung nicht[38]. Eine Individualisierung nach Ablauf der Verjährungsfrist im anschließenden Streitverfahren ist ausgeschlossen. Keinen Einfluss auf die Verjährung hat eine nicht alsbaldige Abgabe an das Streitgericht. Probleme können aber auftreten, wenn das Mahnverfahren ungeachtet eines nicht vorliegenden Widerspruchs nicht weiter betrieben oder der Mahnantrag zurückgenommen wird[39].

4. Kapitel: Urteil

I. Mahnbescheid

1198 Ein dem Urteil vorausgegangenes Mahnverfahren ist weder im Rubrum/Tenor noch im Tatbestand oder in den Entscheidungsgründen zu berichten. Etwas

---

35 BGH, MDR 2001, 346 m. Anm. Maniak.
36 BGH, MDR 2006, 689; BGH, NJW 2001, 305, 306; BGH, NJW 1996, 2152.
37 Vgl. BGH, NJW 2000, 1420; BGH, NJW 1996, 2152, 2153; BGH, NJW 1995, 2230, 2231; BGH, NJW 1994, 323, 324; BGH, NJW 1993, 862, 863; BGH, NJW 1992, 1111.
38 BGH, MDR 2009, 215 = NJW 2009, 56.
39 Zu allem Ebert, NJW 2003, 732, 733.

4. Kapitel: Urteil

anderes gilt dann, wenn der Kläger Zinsen ab Zustellung des Mahnantrages beantragt. In diesem Falle ist im **Tatbestand** – und dort im Rahmen der Prozessgeschichte – das **Zustelldatum** unentbehrlich. Etwas anderes gilt auch dann, wenn problematisch ist, ob die Geltendmachung der Klageforderung im Mahnverfahren die **Verjährung** nach § 203 BGB **gehemmt** hat. In diesem Fall sollte – wenn dazu ein Anlass besteht – im Tatbestand beurkundet werden, **wie** die Forderung vom Kläger im Mahnverfahren bezeichnet wurde.

> **Beispiel:** 1199
> Die Klägerin hat die Rechnungsbeträge und darauf entfallende Mahn- und Inkassokosten zunächst im Mahnverfahren geltend gemacht und sie mit „Dienstleistungsvertrag gem. Rechnung – 310614 vom 13. Juli 1996" bezeichnet. Die Zahl „310614" ist die Kundenkontonummer der Beklagten. Das Datum „13. Juli 1996" bezeichnet den von der Klägerin behaupteten Verzugsbeginn. Eine Rechnung vom 13. Juli 1996 mit der Nr. 310614 gibt es nicht. Das Mahngericht hat den Mahnbescheid am 18. Januar 2000 zugestellt.

Wendet sich der Beklagte durch den Widerspruch nur **gegen einen Teil des** 1200 **Anspruchs**[40], so ist auch dies zum Verständnis der Anträge mitzuteilen. In den Entscheidungsgründen ist klarzustellen, über welchen Anspruch sich die Entscheidung verhält. Die Zustellung ist im Rahmen der Nebenforderungen abzuhandeln.

> **✎ Klausurtipp** 1201
> Viele halten es für unzulässig, wenn der Kläger keinen Antrag stellt, sondern sich auf den im Mahnverfahren gestellten beruft. Wer dies anders sieht, muss im Tatbestand den Mahnantrag „auslegen" und entsprechend den Erfordernissen des § 253 ZPO umformulieren.

II. Vollstreckungsbescheid[41]

Da der Vollstreckungsbescheid einem Versäumnisurteil gleichsteht, ist er für das 1202 Urteil ebenso wie ein Versäumnisurteil zu berücksichtigen. Bereits im **Tenor** ist also darauf zu achten, dass ein Titel vorliegt, der entweder (teilweise) zu bestätigen oder aber aufzuheben ist. In der **Prozessgeschichte vor den Anträgen** sind zu berichten

> ☑ **Checkliste** 1203
> - der Erlass des Vollstreckungsbescheides,
> - seine Zustellung und
> - der Einspruchseingang.

---

40 Vgl. § 694 Abs. 1 ZPO.
41 Siehe dazu im Einzelnen die Hinweise für das Versäumnisurteil, die hier entsprechend gelten, siehe Rn. 1107 ff.

1204 In den **Entscheidungsgründen** ist zu Anfang festzustellen, dass und warum der Einspruch statthaft ist. Im Anschluss ist – wie stets – die **Zulässigkeit und Begründetheit der Klage**, nicht die des Einspruchs (!), zu erörtern.

III. Säumnis im Einspruchstermin

1205 Wenn über einen Einspruch gegen einen Vollstreckungsbescheid zu entscheiden ist, müssen auch bei einem vom Beklagten zu vertretenden Nichterscheinen oder Nichtverhandeln **sämtliche prozessualen** und **sachlichen Voraussetzungen** eines Versäumnisurteils – also die Schlüssigkeit der Klage – geprüft werden. Dies folgt aus § 700 Abs. 6 Hs. 1 ZPO: Danach darf der Einspruch nach § 345 ZPO nur verworfen werden, soweit die Voraussetzungen des § 331 Abs. 1, Abs. 2 Hs. 1 ZPO für ein Versäumnisurteil vorliegen. Nach diesen Vorschriften setzt der Erlass eines technisch ersten Versäumnisurteils außer einem darauf gerichteten Antrag und dem Nichterscheinen oder Nichtverhandeln (§ 333 ZPO) des Beklagten die Schlüssigkeit der Klage und weiter voraus, dass sämtliche Prozessvoraussetzungen für eine Sachentscheidung gegeben sind[42].

IV. Rücknahme

1206 Ein Widerspruch gegen einen Mahnbescheid kann ebenso wie ein Einspruch gegen einen Vollstreckungsbescheid zurückgenommen werden. Streitig ist, ob eine Rücknahme auch dann möglich ist, wenn der Kläger **die Klage erweitert hat**[43].

1207 ✎ **Klausurtipp**
Ist der Streit in der **Klausur** relevant, ist jeder Standpunkt gut vertretbar.

V. Zuständigkeit des Streitgerichts

1208 Ist einem Streitverfahren ein Mahnverfahren vorausgegangen, ist maßgeblicher Zeitpunkt für die vom Empfangsgericht **vorzunehmende Zuständigkeitsprüfung** der **Zeitpunkt des Akteneingangs** gem. § 696 Abs. 1 S. 4 ZPO[44].

---

[42] BGH, BGHZ 73, 87, 90 = NJW 1979, 658.
[43] Siehe dazu LG Gießen, MDR 2004, 113 m.w. Nachw. zum Streitstand.
[44] OLG Schleswig, MDR 2007, 1280, 1281.

5. Kapitel: Übungen

Fall 1:
B schuldet Bank K 5.000,01 € aus einem Kredit, der mit 20 % zu verzinsen war.
a) Kann das AG Wedding einen Mahnbescheid erlassen?
b) Wer wäre für eine Entscheidung funktionell zuständig?

Lösung:
Zu a): Nach § 688 Abs. 2 S. 1 ZPO ist das Mahnverfahren unzulässig, sofern es sich um den Anspruch eines Unternehmers aus einem Vertrag gemäß den §§ 491 bis 504 BGB handelt und wenn der nach §§ 492, 502 BGB anzugebende effektive Jahreszins den bei Vertragsschluss geltenden Basiszinssatz um mehr als zwölf Prozentpunkte übersteigt. Da es sich in einem solchen Fall mit erhöhter Wahrscheinlichkeit um einen sittenwidrigen Zinssatz handelt, soll dem Unternehmer die Möglichkeit genommen werden, trotz sittenwidrigem Anspruch im Mahnverfahren bei nur formeller Prüfung (siehe § 691 ZPO) durch den Rechtspfleger einen vollstreckbaren Titel in Form des Vollstreckungsbescheid zu erhalten.
Es ist also zu prüfen, ob der geltend gemachte Anspruch aus einem Vertrag stammt, der unter § 688 ZPO fällt. Bei dem Kreditgeber, einer Bank, handelt es sich um einen Unternehmer. B als natürliche Person ist Verbraucher i. S. v. § 13 BGB. Ferner ist von einem Basiszinssatz (§ 247 BGB) jedenfalls nicht über 8 % auszugehen, weshalb der Zinssatz von 20 % auf jeden Fall über der zulässigen Grenze liegt [anzumerken ist, dass der in § 688 Abs. 2 ZPO angesprochene effektive Jahreszins nicht notwendigerweise mit dem Zinssatz auf den gesamten Betrag identisch ist. Vielmehr verringert sich der effektive Jahreszins in dem nicht seltenen Fall, in dem der Darlehensbetrag in Raten zurückgezahlt wird, da Zinsen nur auf den noch geschuldeten Betrag zu zahlen sind. Hier fehlen nähere Angaben]. Geht man von 20 % effektivem Jahreszins aus, so ist die Grenze des § 688 Abs. 2 ZPO überschritten.
Der Antrag wird (als unzulässig) zurückgewiesen. Der Antragsteller ist über die Unzulässigkeit zu unterrichten, da im Fall der Unzulässigkeit die fristwahrende Wirkung des Antrages nicht eintreten kann.
Zu b): Sachlich zuständig ist das Amtsgericht, § 689 Abs. S. 1 ZPO. Eine Aufteilung nach Streitwerten zwischen den Amts- und den Landgerichten gibt es im Mahnverfahren nicht. Die örtliche Zuständigkeit richtet sich nach dem allgemeinen Gerichtsstand des Antragstellers, § 689 Abs. 2 S. 1 ZPO. Funktionell zuständig ist der Rechtspfleger, § 20 Nr. 1 RPflG.

Fall 2:
K besitzt von B 30 Schecks zu jeweils 1.000,00 €. Als B nicht zahlt, beantragt K einen Mahnbescheid über 30.000,00 €. Zur Bezeichnung des Anspruchs legt er dar, dass die Forderung auf 30 Schecks beruhe. Die Daten, nicht aber die Einzelsummen der Schecks, reicht K als Anlage zu seinem Antrag ein. Kann das Amtsgericht Wedding einen Mahnbescheid erlassen?

Lösung:
Nein: Der Anspruch in dem Antragsformular ist nicht hinreichend bestimmt. Nach § 690 Abs. 1 Nr. 3 ZPO hat der Antragsteller die Daten der Schecks, insbesondere Datum, Aussteller, Schecknummer und Betrag anzugeben. Dem Mahnbescheid müssen die für einen vollstreckbaren Titel erforderlichen Angaben zu entnehmen sein. Außerdem muss der Antragsgegner aus dem Bescheid entnehmen können, woraus er in Anspruch genommen wird, um zu wissen, ob und wie er sich verteidigen muss. Auch hier spielt der Umstand eine Rolle, dass das Mahnverfahren einer einfachen und schnellen, aber auch sicheren Rechtsverfolgung dient. Der Rechtspfleger prüft den Antrag nur formal und wird in dem Mahnbescheid nur die Angaben aus dem für die Individualisierung vorgesehenen Feld wiedergeben, sofern sie ausreichend sind. Somit

kann die unzureichende Individualisierung im Antrag nicht ausreichen und die Anlage muss außer Betracht bleiben. Eine „Heilung" ist nicht möglich.

Die Anforderungen sind vergleichbar mit denen bei der Klageeinreichung nach § 253 Abs. 2 Nr. 2 ZPO. Auch bei einer Klage reicht die bloße Bezugnahme auf der Klage beigefügte Schecks nicht aus. Bei der Klage ist nach heute noch h. M. eine nachträgliche Heilung allerdings möglich, weil die Zulässigkeit der Klage erst zur letzten mündlichen Verhandlung vorliegen muss. Dies hat insbesondere zur Folge, dass die fristwahrende Wirkung der Klageerhebung erhalten bleibt. Begründet wurde dies mit § 212 Abs. 2 BGB a. F., wonach bei fehlerhafter Klageerhebung durch erneute Klageerhebung eine rückwirkende Verjährungsunterbrechung (jetzt Neubeginn) eintrat.

1211 Fall 3:

Das AG Wedding erlässt am 23. Mai 2001 gegen B einen Mahnbescheid, der B am 25. Mai 2001 zugestellt wird. Gegen den Mahnbescheid legt B am 28. Juni 2001 Widerspruch ein. Der Widerspruch erreicht das AG Wedding am 30. Juni 2001. Bevor der Widerspruch dem zuständigen Rechtspfleger vorgelegt wird, erlässt dieser am 30. Juni 2001 einen Vollstreckungsbescheid.

a) Durfte der Rechtspfleger einen Vollstreckungsbescheid erlassen?
b) Wie kann sich B gegen den Vollstreckungsbescheid wehren?
c) Angenommen, B erscheint nicht an dem vom Abgabegericht Neukölln anberaumten frühen ersten Termin. Wie lautet die Entscheidung?

Lösung:

Zu a): Der Vollstreckungsbescheid ist auf Grund von § 699 Abs. 1 ZPO unzulässig. Danach darf der Vollstreckungsbescheid nur ergehen, wenn nicht rechtzeitig Widerspruch eingelegt wurde. „Rechtzeitig" bedeutet nach § 694 Abs. 1 ZPO bis zum Erlass des Vollstreckungsbescheids. Der Widerspruch ist im Fall aber vor Erlass des Vollstreckungsbescheids bei Gericht eingegangen. Auf die Kenntnis des handelnden Rechtspflegers von dem Eingang kommt es dabei nicht an. Die Frist aus § 692 Abs. 1 Ziff. 3 ZPO hat nur die Bedeutung, dass vor Ablauf der zwei Wochen ein Vollstreckungsbescheid nicht ergehen darf. Aus § 694 Abs. 1 ZPO ergibt sich jedoch, dass die Überschreitung der Frist nicht dazu führt, dass ein Widerspruch verfristet ist.

Zu b): Der einzig statthafte Rechtsbehelf gegen den Vollstreckungsbescheid ist der Einspruch gemäß § 700 Abs. 3 ZPO. Da nun, wenn auch fälschlicher Weise, ein Vollstreckungsbescheid in der Welt ist, wird der Widerspruch gem. § 694 Abs. 2 ZPO analog als Einspruch gewertet, obwohl der Widerspruch eigentlich nicht verspätet war. Dadurch ist dem B zwar der an sich zulässige Widerspruch genommen. Diese nachteilige Folge hätte er aber vermeiden können, indem er innerhalb der zwei Wochen (§ 692 Abs. 1 Ziff. 3 ZPO) Widerspruch eingelegt hätte.

Zu c): Eigentlich müsste ein (technisch) zweites Versäumnisurteil ergehen. Problematisch ist, dass durch den Vollstreckungsbescheid zwar ein dem Versäumnisurteil gleichgestellter Titel existiert (§ 700 Abs. 1 ZPO), dieser jedoch nicht in rechtmäßiger Weise ergangen ist. Würde man hier wegen des Vollstreckungsbescheids ein zweites Versäumnisurteil erlassen, wäre B in unrechtmäßiger Weise ohne weitere Einspruchsmöglichkeit einem rechtskräftigen Titel ausgesetzt.

Aus § 700 Abs. 6 ZPO ergibt sich jedoch, dass das Gericht bei Erlass eines zweiten Versäumnisurteils nach einem vorherigen Vollstreckungsbescheid die Schlüssigkeit des geltend gemachten Anspruchs prüft wie bei einem ersten Versäumnisurteil (§ 331 ZPO). Grund hierfür ist, dass beim Erlass des Vollstreckungsbescheids eine Schlüssigkeitsprüfung noch nicht stattgefunden hat, die dann im zweiten Versäumnisurteil nachgeholt werden muss, um nicht ein Urteil zu erlassen, ohne dass der zugrundeliegende Anspruch je auf seine Schlüssigkeit überprüft worden wäre.

§ 700 Abs. 6 ZPO wird entsprechend dahin gehend angewendet, dass ein zweites Versäumnisurteil nicht ohne die Überprüfung des einem ersten Versäumnisurteil

5. Kapitel: Übungen

gleichgestellten Vollstreckungsbescheids erfolgen darf. Da der Vollstreckungsbescheid aber rechtswidrig ergangen ist, kann – bei Vorliegen der übrigen Voraussetzungen des § 331 ZPO – nur ein erstes Versäumnisurteil ergehen.

Als erstes Versäumnisurteil:
„Der Vollstreckungsbescheid vom 30. Juni 2001 des Amtsgerichts Wedding – [Geschäftszeichen] – wird aufrechterhalten."

Fall 4:
Albus D. legt fristgerecht gegen einen von Minerva M. erwirkten Vollstreckungsbescheid wegen der Zahlung von 3.000,00 € Wettschulden Einspruch ein. Im Einspruchstermin erscheint nur Minerva M. Wie wird das Gericht entscheiden?

Lösung:
Aus § 700 Abs. 6 ZPO ergibt sich, dass in diesem Fall kein Versäumnisurteil ergehen kann. Denn die Voraussetzung des § 331 Abs. 2 ZPO ist wegen Unschlüssigkeit des Vortrags des Antragstellers nicht gegeben. Dies ergibt sich aus § 762 BGB, nach dem Wettschulden unvollkommene Verbindlichkeiten darstellen und daher nicht einklagbar sind.

Ergebnis:
„Der Vollstreckungsbescheid ... wird aufgehoben und die Klage abgewiesen." (Letzteres wird allgemein so vertreten, obwohl § 700 Abs. 6 ZPO eigentlich ausdrücklich nicht auf § 331 Abs. 2 2. Hs ZPO verweist.)

Fall 5:
Das AG Wedding erlässt am 10.6.2001 auf Antrag des K gegen B einen Vollstreckungsbescheid. Gegen den ihm am 12.6.2001 zugestellten Vollstreckungsbescheid legt B am 27.6.2001 Einspruch ein. Richter am Amtsgericht Klug beraumt Termin auf den 1.8.2001 an. Wie ist zu entscheiden, wenn K, aber nicht B zum Einspruchstermin erscheint?

Lösung:
Die Einspruchsfrist beträgt gemäß § 339 Abs. 1 ZPO zwei Wochen ab Zustellung des Versäumnisurteils. B hat diese Frist nicht eingehalten, der Einspruch ist mithin verfristet. Eigentlich wäre der Einspruch gem. § 341 Abs. 2 ZPO ohne mündliche Verhandlung zu verwerfen. Wird ein Einspruchstermin nach § 341a ZPO durchgeführt, obwohl der Einspruch unzulässig ist, ist der Einspruch dennoch als unzulässig zu verwerfen, § 341 Abs. 1 S. 2 ZPO. Die Unzulässigkeit ergibt sich allein aus der Verfristung und ist nicht Folge der Parteisäumigkeit.

Fall 6:
K erwirkt gegen B einen Vollstreckungsbescheid. Das Amtsgericht Neukölln gibt K vergeblich auf, seinen Anspruch zu begründen. Im Einspruchstermin erscheint nur B.
a) Wie ist zu entscheiden?
b) Wie wäre es, wenn B im Einzelnen vorträgt, aus welchem Rechtsgrund ihn K in Anspruch genommen hat und sämtlichen Schriftwechsel der Parteien sowie die Vertragsurkunde vorlegt?

Lösung:
Zu a): Nach einer Ansicht ist die Klage durch Prozessurteil (als unzulässig) abzuweisen. Die Angabe eines bestimmten Gegenstandes und des Grundes des erhobenen Anspruchs (§§ 697 Abs. 1 S. 1, 253 Abs. 2 Nr. 2 ZPO) sind hiernach von Amts wegen zu prüfende zwingende Prozessvoraussetzungen. Fehlt es hieran, ist die Klage unzulässig (OLG München, NJW-RR 1989, 1405, 1406). Die Anspruchsbegründung wird

auch nicht dadurch entbehrlich, dass der Anspruch schon im Mahnantrag benannt wird (§ 690 Abs. 1 Nr. 3, 4 ZPO), da diese kurze Bezeichnung den Anforderungen an die – im Streitverfahren zwingend erforderliche – ordnungsgemäße Anspruchsbegründung nicht genügt (LG Gießen, NJW-RR 1995, 62, 62).

Würde die Klage nicht gleich durch Prozessurteil abgewiesen, drohte bei fehlender Anspruchsbegründung auch eine Flucht in die Säumnis, woraufhin der Kläger dann mit dem Einspruch die Klagebegründung nachholen könnte. Ist die Klage jedoch schon wegen unbehobener Mängel der Klageschrift unzulässig, ist dieser Weg für den Kläger versperrt (LG Gießen, NJW-RR 1995, 62, 62).

Die Gegenmeinung geht davon aus, dass die (unschlüssige) Klage bei fehlender Klagebegründung als unbegründet abzuweisen ist. Hierfür spreche der Gedanke der gleichmäßigen Verteilung der Prozessrisiken; denn auch der Beklagte trägt bei Versäumung seiner Frist das Risiko des Unterliegens in der Sache.

Zu b): Der Tatsachenvortrag des Beklagten kann eine Klage begründen, wenn der Kläger ihn sich zumindest hilfsweise zu eigen macht. Hiervon kann bei einem die Klage begünstigenden unbestrittenen Beklagten-Vorbringen ausgegangen werden, wenn es den Kläger-Vortrag schlüssig macht, und er diesem nicht widerspricht.

Fall 7:
K erwirkt gegen B einen unschlüssigen Vollstreckungsbescheid. Im Einspruchstermin erscheint nur K. Das Gericht verwirft irrig den Einspruch des B.
a) Was kann B tun?
b) Wie wird das angerufene Gericht entscheiden?
c) Wie wäre es, wenn dem Einspruchstermin ein gesetzeswidriges VU vorausgegangen wäre?

Lösung:
Zu a): Gemäß § 514 Abs. 2 ZPO unterliegt ein zweites Versäumnisurteil, gegen das der Einspruch nicht statthaft ist, der Berufung nur mit dem Vorbringen, dass eine Säumnis nicht vorlag. Ein Vollstreckungsbescheid steht nach § 700 Abs. 1 ZPO einem für vorläufig vollstreckbar erklärten Versäumnisurteil gleich. Ist der Beklagte in dem zur mündlichen Verhandlung über seinen Einspruch gegen den Vollstreckungsbescheid bestimmten Termin säumig, darf dieser Einspruch (anders als beim VU) nur dann gem. § 345 ZPO verworfen werden, wenn die in § 331 Abs. 1, Abs. 2 1. HS ZPO für eine Entscheidung durch Versäumnisurteil bestimmten Voraussetzungen vorliegen, § 700 Abs. 6 ZPO (BGH, NJW 1999, 2599, 2599).

Da bislang keine richterliche Prüfung der vollstreckbaren Entscheidung stattgefunden hat, ist die Prüfung der Schlüssigkeit der Klage und der Zulässigkeit des Erlasses des Vollstreckungsbescheides in dem zur mündlichen Verhandlung bestimmten Termin trotz Säumnis des Beklagten nachzuholen (Orlich, NJW 1980, 1782, 1782). Sofern diese Prüfung zu dem Ergebnis führt, dass die Voraussetzungen für den Erlass eines Vollstreckungsbescheides nicht vorlagen, ist dieser trotz der Säumnis des Beklagten aufzuheben, § 700 Abs. 6 2. Hs. ZPO (BGH, NJW 1999, 2599, 2599).

Wegen der Prüfungspflicht des Richters kann die grundsätzlich mögliche Berufung gegen ein zweites Versäumnisurteil demnach auch darauf gestützt werden, dass die Voraussetzungen für den Erlass eines Vollstreckungsbescheides nicht vorgelegen haben (BGH, BGHZ 73, 87, 91; BGH, BGHZ 112, 367, 371 f.).

Zu b): Da schon der Vollstreckungsbescheid nicht ergehen durfte, durfte auch der Einspruch hiergegen nicht verworfen werden. Der Vollstreckungsbescheid musste gem. § 700 Abs. 6 ZPO aufgehoben werden. Da dies nicht geschah, ist in der Berufungsinstanz wie folgt zu entscheiden:

Das Versäumnisurteil ist aufzuheben und an die untere Instanz zurückzuverweisen, § 538 Abs. 2 Nr. 6 ZPO. Bei Entscheidungsreife ist eine Entscheidung durch das Berufungsgericht möglich. Da nun beim Urteilserlass ein Fall der ersten Säumnis vorlag, sind im Rahmen der Berufung die Bezeichnung („zweites") und der Tenor

5. Kapitel: Übungen

abzuändern, wie er (statt Verwerfung des Einspruchs) gem. § 343 ZPO richtig zu fassen gewesen wäre. Dagegen ist dann ein Einspruch statthaft beim Berufungsgericht oder aber – bei Zurückverweisung – beim Gericht der unteren Instanz.

Zu c): Nach h. M. ist der Einspruch gegen ein erstes Versäumnisurteil ohne weiteres durch ein zweites Versäumnisurteil zu verwerfen, wenn die den Einspruch einlegende Partei wiederum säumig ist (BGH NJW 1999, 2599, 2599). Dies entspricht auch seiner historischen Bestimmung. Einer Überprüfung der Gesetzmäßigkeit des vorangegangenen ersten Versäumnisurteils bedarf es nicht; weder hinsichtlich der Zulässigkeit der Klage noch ihrer Schlüssigkeit.

Die Voraussetzungen für die Verurteilung des Beklagten wurden nämlich schon bei Erlass des ersten Versäumnisurteils durch das erkennende Gericht geprüft (BGH NJW 1999, 2599, 2600; BGHZ 97, 341, 347). Die säumige Partei hat im Einspruchstermin ausreichend Gelegenheit zur Äußerung. Ergeht ein zweites Versäumnisurteil in einer unschlüssigen Klage, wird also weder die Säumnis beseitigt, noch wird eine Berufung gegen das zweite Versäumnisurteil zulässig (Marcelli, NJW 1981, 2558, 2560).

Die Gegenmeinung vertritt die Auffassung, dass sich die Begründung der Berufung gegen ein zweites Versäumnisurteil auch darauf stützen darf, dass ein solches nach der Verfahrenslage nicht habe ergehen dürfen (Orlich, NJW 1980, 1782, 1783). Gem. § 331 Abs. 1 ZPO ist nämlich durch die Säumnis des Beklagten lediglich das tatsächliche Vorbringen des Klägers als zugestanden anzusehen und nur, wenn es den Klageantrag rechtfertigt, ein Versäumnisurteil gegen den Beklagten zu erlassen, § 331 Abs. 2 ZPO. Ist ein solches aber nicht schlüssig, darf kein Versäumnisurteil gegen den Beklagten ergehen; vielmehr muss die Klage durch sog. unechtes Versäumnisurteil abgewiesen werden (LAG Hamm, NJW 1981, 887, 887). Im weiteren Verfahren könne deshalb das Gericht des zweiten Versäumnisurteils wiederum prüfen, ob über den Wortlaut des § 345 ZPO hinaus auch das technisch erste Versäumnisurteil rechtmäßig war, woran es auch wegen mangelnder Schlüssigkeit fehlen kann (Schneider, MDR 1985, 375, 377; LAG Hamm, NJW 1981, 887, 887). Das Gericht müsse dies sogar tun, da ein zu Unrecht ergangenes, aber immerhin existentes Versäumnisurteil durch den Einspruch wieder in die Lage vor Säumigkeit versetzt wird, § 342 ZPO (Orlich, NJW 1980, 1782, 1783). Hierdurch wird das Gericht wieder an seine Schutzpflichten aus § 331 Abs. 2 ZPO erinnert, wonach das Gericht prüfen muss, ob die Klage schlüssig ist, und auch die übrigen Voraussetzungen für den Erlass eines ersten Versäumnisurteils vorliegen (Orlich, NJW 1980, 1782, 1783).

Fall 8:
K beantragt am 30.7.2004 einen Mahnbescheid gegen B. Am 10.8.2004 erlässt der Rechtspfleger eine Zwischenverfügung an K, weil der Mahnantrag auf einem veralteten und damit unzulässigen Vordruck eingereicht worden ist. K möge binnen 14 Tagen den Antrag erneut auf dem aktuellen Formular stellen. Dies geschieht, worauf der Mahnbescheid am 22.8.2004 an B zugestellt wird. Im anschließenden Prozess beruft sich B darauf, der Anspruch des K sei regulär am 31.7.2004 verjährt. Zu Recht? Was gilt, wenn der Mahnantrag am 10.8.2004 auf Grund des maschinellen Verfahrens als endgültig unzulässig zurückgewiesen wurde, K aber am 30.8.2004 Klage gegen B erhebt?

Lösung:
Die Verjährung ist gem. § 204 Abs. 1 Nr. 3 BGB iVm. § 167 ZPO mit Eingang des Mahnantrags beim Mahngericht gehemmt. B kann sich daher nicht auf Verjährung berufen. Die Tatsache, dass K den Mahnantrag zunächst auf einem veralteten und damit gemäß § 703c ZPO unzulässigen Vordruck eingereicht hat, steht dem nicht entgegen. Denn wird ein Mahnbescheid nach der Berichtigung des Antrags erlassen, wirkt seine Zustellung auf den Zeitpunkt des Antragseingangs zurück, wenn sie „demnächst" i. S. d. § 167 ZPO erfolgte (BGH, NJW 1999, 3717, für den inhalts-

gleichen § 693 Abs. 2 ZPO a. F.) Wird dem Antragsteller durch eine Zwischenverfügung des Rechtspflegers die Möglichkeit eröffnet, den Mangel seines Antrags zu beheben, treten die Rechtsfolgen des § 167 ZPO unabhängig vom Gewicht des behobenen Mangels ein. Ein behebbarer Mangel des Mahnantrags liegt auch dann vor, wenn der Antragsteller für den ursprünglichen Antrag unzulässige Formulare verwendet hat (BGH, aaO.). Es darf nur kein sachlich bedeutsamer Unterschied zwischen dem ursprünglichen und dem korrigierten Antrag bestehen. Die Zustellung des mangelfreien und damit zulässigen Mahnantrages ist auch „demnächst" i. S. d. des § 167 ZPO erfolgt. Die Zustellung im Regelfall als demnächst anzusehen, wenn die Verzögerung der Zustellung, die der Antragsteller zu vertreten hat, einen Monat nicht übersteigt. Die Verzögerung, die K dadurch verursacht hat, dass er für den ursprünglichen Mahnantrag einen ungültigen Vordruck verwendete, beträgt hier lediglich 12 Tage: Wenn K das gültige Formular verwendet hätte, wäre der Mahnbescheid am 10. 8. 2004 (dem Tag der Zwischenverfügung des Rechtspflegers, vgl. BGH, aaO.) und nicht erst am 22. 8. 2004 erlassen worden.

Wird der Mahnantrag hingegen als unzulässig zurückgewiesen, greift § 681 Abs. 2 ZPO. Da K binnen eines Monats nach Zustellung der Zurückweisung Klage erhoben hat, greift auch hier die Rückwirkung der Verjährungshemmung zu seinen Gunsten. Die Klage muss lediglich ebenfalls „demnächst" zugestellt worden sein. Dem Antragsteller sollen durch Wahl des Mahnverfahrens statt des Klageverfahrens keine Nachteile entstehen.

Teil 8: Eilentscheidungen

1. Kapitel: Einleitung

Die Eilverfahren **Arrest** und **einstweilige Verfügung** nach §§ 916–945 ZPO sind **besondere Erkenntnisverfahren**. Ihr Ziel ist keine Vollstreckungshandlung, sondern ein **Vollstreckungstitel**. Arrest und einstweilige Verfügung ähneln sich zwar im Verfahrensablauf, verfolgen aber ganz unterschiedliche Ziele: Der Arrest dient zur Sicherung gefährdeter Geldforderungen. Die einstweilige Verfügung sichert Ansprüche, die nicht auf Zahlung gerichtet sind.

Wegen ihrer **unterschiedlichen Zielrichtung** schließen sich Arrest und einstweilige Verfügung gegenseitig aus. Ein Antragsteller kann allerdings für Ansprüche, die in eine Geldforderung übergehen können, wählen, wie er vorgeht. Für solche Ansprüche kann er sogar beide Institute nutzen[1]. Der Gläubiger kann seinen Antrag weiter unter analoger Anwendung der Vorschriften über die Klageänderung, §§ 263 ff. ZPO, ändern. Nicht zulässig ist hingegen **ein Übergang vom Eil- zum Hauptsacheverfahren**[2]. Den Eilverfahren ist gemeinsam, dass es sich um summarische Verfahren handelt, die vereinfacht und beschleunigt durchgeführt werden. Das bedeutet aber nicht, dass die Sach- und Rechtslage nur oberflächlich zu prüfen ist. Die Regeln über die Darlegungs- und Beweislast gelten für Eilverfahren genauso wie im Hauptsacheprozess. Erleichterungen, die der Eilbedürftigkeit der Verfahren Rechnung tragen, gibt es aber in Bezug auf das Beweismaß und das rechtliche Gehör: Gem. §§ 920 Abs. 2, 936 ZPO genügt die Glaubhaftmachung[3] der das Begehren tragenden Tatsachen. Die Entscheidung kann ohne mündliche Verhandlung ergehen, §§ 922 Abs. 1, 936, 937 Abs. 2, 128 Abs. 4 ZPO.

Streitgegenstand[4] der Eilverfahren ist nicht die zu sichernde Forderung selbst. **Streitgegenstand** ist vielmehr der **Anspruch auf Sicherung**[5]. Dies soll nach h.M. auch für die Leistungsverfügung[6] gelten[7]. Die Verjährung des Hauptanspruchs wird allerdings durch ein Eilverfahren gehemmt (§ 204 Abs. 1 Nr. 9 BGB).

---

1 Keller, Jura 2007, 241.
2 OLG Frankfurt, FamRZ 1996, 296.
3 § 294 ZPO. Das bedeutet, dass eine Tatsache wahrscheinlicher ist als ihr Gegenteil. Das ist bereits bei einer Wahrscheinlichkeit von 50 % + x der Fall.
4 Siehe dazu Rn. 42.
5 Keller, Jura 2007, 241.
6 Zur Leistungsverfügung siehe Rn. 1233 ff.
7 OLG Stuttgart, NJW 1969, 1721. Dies ist erstaunlich, weil die Leistungsverfügung die Sache stets in einem gewissen Grade vorwegnimmt.

Konsequenz dieses Verständnisses ist es vor allem, dass der Streitwert durch Schätzung des Gerichts nach § 3 ZPO auf einen Bruchteil des Hauptsachestreitwerts – zumeist 1/3 – festgesetzt wird. Rechtshängigkeit tritt bereits mit Einreichung des Antrags ein, und nicht erst mit Zustellung[8]. § 261 ZPO findet keine Anwendung. Dies erklärt sich daraus, dass das Gericht im Eilverfahren entscheiden darf, ohne den Gegner anzuhören oder auch nur vom Antrag in Kenntnis zu setzen. Entscheidungen in Eilverfahren erwachsen nach h. M.[9] in (beschränkte) materielle Rechtskraft. Die Rechtskraftwirkung äußert sich darin, dass die Erneuerung eines abgelehnten Gesuchs unzulässig ist, wenn es auf Tatsachen gestützt wird, die bereits im Zeitpunkt der letzten mündlichen Verhandlung im Erstverfahren entstanden waren. Die Heranziehung der Rechtskraftgrundsätze rechtfertigt sich aus der Überlegung, dass die Gerichte ebenso wie im Klageverfahren nicht unnötig in Anspruch genommen und sich widersprechende Entscheidungen verhindert werden sollen. Von dem daraus resultierenden Verbot, den Arrest- oder Verfügungsantrag zu wiederholen, macht die Rechtsprechung **zwei Ausnahmen:**
- Der Gläubiger darf einen abgelehnten Antrag mit neuen Tatsachen oder Beweisen erneut stellen.
- Der Gläubiger darf einen erfolgreichen Antrag wiederholen, wenn die Vollziehungsfrist nach § 929 ZPO verstrichen ist.

1220 Für den Antrag auf Erlass eines Arrests oder einer einstweiligen Verfügung ist gem. §§ 919, 936 ZPO grundsätzlich das **Gericht der Hauptsache** ausschließlich (§ 802 ZPO) zuständig. Ausnahmen:
- Gem. § 919 ZPO ist für die Anordnung des Arrests auch das Amtsgericht zuständig, in dessen Bezirk der Arrest vollzogen werden soll. Der Gläubiger hat nach § 35 ZPO die Wahl.
- Gem. § 942 ZPO ist in dringenden Fällen[10] für den Erlass einer einstweiligen Verfügung auch das Amtsgericht zuständig, in dessen Bezirk sich der Streitgegenstand befindet.

1221 Die einstweilige Verfügung, auf Grund derer eine Vormerkung oder ein Widerspruch gegen die Richtigkeit des Grundbuchs, des Schiffsregisters oder des Schiffsbauregisters eingetragen werden soll, kann auch von dem Amtsgericht erlassen werden, in dessen Bezirk das Grundstück belegen ist oder der Heimathafen oder der Heimatort des Schiffes oder der Bauort des Schiffsbauwerks sich befindet, auch wenn der Fall nicht für **dringlich** erachtet wird.

---

8 LG Braunschweig, WuM 2001, 221.
9 OLG Frankfurt, BauR 2003, 287. Soweit früher in Rechtsprechung und Schrifttum vereinzelt eine Rechtskraftwirkung abgelehnt worden ist, vermag dies nicht zu überzeugen. Diese Meinung muss, um wiederholten Gesuchen entgegentreten zu können, auf das Rechtsschutzbedürfnis oder den Gedanken des Rechtsmissbrauchs abstellen, deren Konturen unschärfer als diejenigen der materiellen Rechtskraft sind und damit nicht in gleichem Maße geeignet erscheinen, für einen verlässlichen Maßstab zu sorgen.
10 Dringlichkeit ist gegeben, wenn die Anrufung des Gerichts der Hauptsache das Verfahren für den Gläubiger nachteilig verzögern würde.

2. Kapitel: **Einstweilige Verfügung**

I. Allgemeines

Einstweilige Verfügungen dienen der **Sicherung eines Individualanspruches**, der Regelung eines Rechtsverhältnisses und ausnahmsweise der Erfüllung[11]. Wie auch der Arrest, hat eine einstweilige Verfügung **vier Voraussetzungen**: **1222**

> ☑ **Checkliste** **1223**
> - Gesuch (der Antrag)
> - Verfügungsanspruch (der Grund des klägerischen Verlangens)
> - Verfügungsgrund (Eilbedürftigkeit)
> - Glaubhaftmachung von Anspruch und Grund

Bei einstweiligen Verfügungen ist das Gericht anders als nach § 308 ZPO an den Antrag (das Gesuch) nicht zwingend gebunden. Das Gericht kann vielmehr nach freiem Ermessen bestimmen, welche Anordnungen zur Erreichung des erstrebten Zwecks erforderlich sind, § 938 Abs. 1 ZPO. Für eine Sicherungs- und eine Regelungsverfügung bedarf es aus diesem Grunde keines konkreten Antrags[12]. Auch eine Abweisung „im Übrigen" ist nicht angezeigt. **Etwas anderes gilt für eine Leistungsverfügung.** **1224**

> ✏ **Klausurtipp** **1225**
> Bei Abfassung des Tenors ist darauf zu achten, dass die einstweilige Verfügung die Hauptsache **nicht vorwegnimmt**[13]. Der Anspruch des Gläubigers darf grundsätzlich nicht erfüllt, sondern nur gesichert werden. Eine einstweilige Verfügung darf sich auch immer nur an den Antragsgegner, nie an Dritte richten; soll z. B. eine Vormerkung im Grundbuch eingetragen werden, kann das Grundbuchamt um die Eintragung nur „ersucht", nicht „angewiesen" werden.

Bei der einstweiligen Verfügung werden **drei Arten** unterschieden. Das Gesetz differenziert zwischen Sicherungs- und Regelungsverfügung. Die Rechtsprechung hat darüber hinaus als Sonderform die Leistungsverfügung entwickelt. **1226**

II. Sicherungsverfügung

Die **Sicherungsverfügung** ist in § 935 ZPO geregelt. Ihre Voraussetzungen sind weitgehend mit denen des Arrestes identisch. Neben dem Gesuch benötigt der Kläger einen Verfügungsanspruch und einen Verfügungsgrund. In der **Klausur** wird der **Schwerpunkt** regelmäßig auf **der Prüfung des Verfügungsanspruches** liegen. Verfügungsanspruch kann jeder auf individuelle Leistung – jedoch nicht **1227**

---

[11] Vor allem in Wettbewerbssachen.
[12] Keller, Jura 2007, 327, 328.
[13] Dazu instruktiv Gaul, FamRZ 2003, 1137, 1141 ff.

auf eine Geldzahlung – gerichtete Anspruch sein; hierunter fallen zum Beispiel:
- Ansprüche auf Herausgabe
- Lieferung von Sachen
- Duldungen
- Unterlassungen
- Vornahme von Handlungen usw.
- Vormerkung
- Bauhandwerkersicherungshypothek

1228 Verfügungsgrund ist die **Gefahr**, dass die Verwirklichung des Rechts vereitelt oder wesentlich erschwert wird. Beispiele:
- drohende Veräußerung
- Zerstörung der Sache
- drohende Zuwiderhandlung
- abzusehende Nichtvornahme einer Handlung

III. Regelungsverfügung

1229 Soll ein **streitiges Rechtsverhältnis** vorläufig geregelt werden, bietet das Gesetz als besondere Form der einstweiligen Verfügung die **Regelungsverfügung** an, § 940 ZPO. Statt eines Verfügungsanspruchs muss ein **Rechtsverhältnis**[14] vorliegen. Der Verfügungsgrund muss in der Notwendigkeit der Regelung zur Abwehr von Nachteilen bestehen. Geregelt werden können z. B. alle Arten von Dauerschuldverhältnissen, und die Rechtsverhältnisse zwischen:
- Miteigentümern, vor allem Wohnungseigentümern
- Miterben
- Gesellschaftern
- Mieter und Vermieter
- Nachbarn.

1230 Für den Verfügungsgrund müssen **Vor- und Nachteile** beider Seiten auf Grund **objektiver Betrachtungsweise** gegeneinander abgewogen werden; der Verfügungsgrund fehlt z. B., wenn der Antragsteller trotz ursprünglich bestehenden Regelungsbedürfnisses zu lange gewartet hat, bevor er den Antrag auf Erlass einer einstweiligen Verfügung stellt. Für den Inhalt der Entscheidung gilt § 938 ZPO.

1231 Nach dem Grundsatz des **Verbots der Vorwegnahme der Hauptsache** im Eilverfahren dürfen auch durch eine Regelungsverfügung keine endgültigen Regelungen des Rechtsverhältnisses angeordnet werden[15]. Fällt die Regelungsverfügung weg, muss – ohne dass es dann weiterer Änderungen bedarf – der frühere Rechtszustand automatisch wieder eintreten. Angeordnet werden können danach z. B.

---

14 Im Sinne von § 256 ZPO. Unter einem Rechtsverhältnis versteht man dort die rechtlich geregelte Beziehung einer Person zu einer anderen Person oder zu einer Sache. Siehe Rn. 771 ff.
15 OLG Nürnberg, MDR 1998, 1230; LAG Köln, MDR 1999, 1204, 1205.

ein Verbot, bestimmte Räume für eine bestimmte Dauer zu betreten[16] oder der vorläufige Entzug der Geschäftsführungsbefugnis.

IV. Leistungsverfügung

Das Verbot der Vorwegnahme der Hauptsache bei den Eilanordnungen dient dem Schutz des Schuldners, zu dessen Lasten nicht ohne Hauptverfahren eine Leistungspflicht begründet werden darf. Ausnahmsweise gibt es Fälle, in denen das Interesse des Schuldners von dem Interesse des Gläubigers überwogen wird, der auf die schnelle Erfüllung seines Anspruchs dringend angewiesen ist. Eine solche Form der einstweiligen Verfügung ist im Gesetz nicht vorgesehen, wurde aber von der Rechtsprechung in **Form der Leistungsverfügung** (Befriedigungsverfügung) entwickelt. Eine solche Leistungsverfügung ist nach h. M. zulässig[17], wenn der Antragsteller darlegt und glaubhaft macht, dass er so dringend auf die sofortige Erfüllung seines Leistungsanspruchs angewiesen ist und sonst so erhebliche wirtschaftliche Nachteile erleiden würde, dass ihm ein Zuwarten[18] oder eine Verweisung auf die spätere Geltendmachung von Schadenersatzansprüchen nach Wegfall des ursprünglichen Erfüllungsanspruchs nicht zumutbar ist[19].

Diese Situation wird gemeinhin als „Notlage" oder „existentielle Notlage" oder mit ähnlichen Bezeichnungen benannt. Eine Leistungsverfügung ist z. B. in **folgenden Fallgruppen** vorstellbar:
- Soll ein Unterlassungsanspruch wegen der drohenden Verletzung eines absoluten Rechts geltend gemacht werden, sind sichernde Maßnahmen häufig nicht möglich, ein Abwarten der Verletzung aber dem Gläubiger nicht zuzumuten.
- Unmittelbar bevorstehende Verletzungen des allgemeinen Persönlichkeitsrechts oder Verstöße gegen Wettbewerbsvorschriften[20].
- Hat der Antragsgegner dem Antragsteller den Besitz durch verbotene Eigenmacht entzogen oder gestört, so kann dieser seine Ansprüche aus §§ 861, 862 BGB im Wege einstweiliger Verfügung durchsetzen, auch wenn die Ansprüche damit endgültig erfüllt und nicht bloß gesichert werden. Grund hierfür ist, dass der Antragsteller diesen Rechtszustand auch im Wege der Selbsthilfe herstellen könnte (§ 859 Abs. 1 BGB). Die Inanspruchnahme gerichtlicher Hilfe kann dahinter nicht zurückstehen. Der umgekehrte Fall ist im Gesetz ausdrücklich geregelt: Auf die Räumung von Wohnraum darf mit einstweiliger Verfügung grundsätzlich nicht erkannt werden, es sei denn, die Besitzerlangung erfolgte im Wege verbotener Eigenmacht, § 940a ZPO.
- Tauscht der Vermieter während der Abwesenheit des Mieters die Schlösser an der Wohnungstür aus, um diesen nicht mehr hereinzulassen, so kann der Mieter mittels einstweiliger Verfügung wieder Zutritt zu der Wohnung

---
16 § 1004 BGB, § 890 ZPO.
17 LAG Nürnberg, MDR 2005, 1419.
18 Wenn das nach der Art des Anspruchs überhaupt möglich ist.
19 OLG Köln, MDR 2005, 290, 291; OLG Köln, NJW-RR 1995, 1088; OLG Düsseldorf, NJW-RR 1996, 123, 124.
20 Häufig endgültige und nicht rückgängig zu machende.

erhalten, obwohl dadurch sein Anspruch auf Überlassung der Räume (§ 535 BGB) zumindest für einen gewissen Zeitraum endgültig erfüllt wird.

1234 Würde die Nichterfüllung des Anspruchs auf Seiten des Antragstellers zu akuter Not, zur Gefährdung seines Lebensunterhalts oder zur Existenzbedrohung führen, so kann er über die Sicherung hinaus Erfüllung verlangen[21]. Beispiele:
- Versorgung mit Strom
- Versorgung mit Wasser
- Versorgung mit Heizenergie

V. Zulässigkeit

1235 1. **Allgemeines.** Eine einstweilige Verfügung ist zulässig, wenn ihre **allgemeinen und besonderen Sachurteilsvoraussetzungen** vorliegen. Überblick:

1236

Schema
- Ggf. Auslegung: Liegt Arrest oder einstweilige Verfügung vor?
- Gesuch, §§ 935, 936, 920 Abs. 1 ZPO
- Anwendbarkeit
- Allgemeine Sachurteilsvoraussetzungen
- Rechtsschutzbedürfnis: Ein solches fehlt, wenn für einstweilige Regelungen vorrangige Bestimmungen bestehen[22] oder der Antragsteller anderweitig geschützt ist.
- Zuständigkeit: §§ 937 Abs. 1, 942 Abs. 1 ZPO
- Behauptung des zu sichernden Anspruchs

1237 2. **Verfügungsgrund.** Neben dem Verfügungsanspruch muss der Antragsteller einen **Verfügungsgrund** glaubhaft machen. Sehr streitig ist, ob dieser Verfügungsgrund im Rahmen der Zulässigkeit nur behauptet werden muss, oder ob die Schlüssigkeit des Verfügungsgrundes bereits in der Zulässigkeit geprüft werden muss[23]. Jedenfalls nach **überwiegender Meinung** ist die Frage des Verfügungsgrundes als Problem des Rechtsschutzbedürfnisses bereits in der **Zulässigkeit** anzusprechen und zu prüfen[24]. Der Streit ist freilich stets von geringer praktischer Bedeutung, da es nach überwiegender Meinung statthaft ist, den Antrag bei Fehlen eines Arrest- bzw. Verfügungsanspruches als jedenfalls unbegründet zurückzuweisen und die Frage, ob ein Arrest- und Verfügungsgrund vorliegt, offen zu lassen[25].

---

21 Schneider, MDR 2004, 319, 320.
22 Z.B. §§ 620–620g, 641d ff., 707, 719 ZPO.
23 Dazu Keller, Jura 2007, 241, 242 ff.; Mathäser, JuS 1995, 442.
24 A.A. etwa Keller, Jura 2007, 327, 328. Er hält auch dafür, dass die h.M. die Behauptung ausreichen lässt.
25 Vgl. für das parallele Problem des Feststellungsinteresses Rn. 768.

2. Kapitel: Einstweilige Verfügung

Für die Frage, ob ein Verfügungsgrund **schlüssig dargelegt** ist, ist zwischen den verschiedenen Arten der einstweiligen Verfügung zu unterscheiden: **1238**

- **Sicherungsverfügung, § 935 ZPO:** Wenn nach objektiver Beurteilung eines verständigen, gewissenhaft prüfenden Menschen zu besorgen ist, dass durch eine Veränderung des bestehenden Zustandes die Verwirklichung des Rechtes einer Partei vereitelt oder wesentlich erschwert werden könnte = Eilbedürftigkeit.
- **Regelungsverfügung, § 940 ZPO:** Wenn nach objektiver Beurteilung eines verständigen, gewissenhaft prüfenden Menschen eine Regelung, insbesondere bei dauernden Rechtsverhältnissen, zur Abwendung wesentlicher Nachteile oder zur Verhinderung drohender Gewalt oder aus anderen Gründen nötig erscheint = Notwendigkeit einer Regelung[26].
- **Leistungsverfügung, § 940 ZPO analog:** Wenn nach objektiver Beurteilung eines verständigen, gewissenhaft prüfenden Menschen allein eine vorläufige Befriedigung des Antragstellers angemessen erscheint, um eine Notlage oder schwere Nachteile abzuwenden = dringende Notwendigkeit jetziger Erfüllung.

3. Begründetheit. – a) Allgemeines. Für die Begründetheit einer einstweiligen Verfügung ist danach zu fragen, ob der **Verfügungsanspruch schlüssig dargelegt** ist und **glaubhaft** gemacht wurde. **1239**

b) Verfügungsanspruch. Für die Frage, ob ein Verfügungsanspruch vorliegt, ist zwischen den einzelnen Arten einstweiliger Verfügungen zu **unterscheiden**. Dabei sind jeweils folgende Ansprüche der Anspruchsinhalte denkbar: **1240**

- **Sicherungsverfügung, § 935 ZPO**[27]. Die Sicherungsverfügung bezweckt, einen Anspruch des Gläubigers auf eine **gegenständliche Leistung** zu sichern. Dieser Anspruch kann betagt, bedingt oder von einer Gegenleistung abhängig sein, darf aber nicht erst künftig bestehen[28]. Der Anspruch muss auch vollstreckbar sein, weil ansonsten eine Absicherung ins Leere ginge. Beispiele für Ansprüche sind:
  - Herausgabeanspruch
  - Auflassungsanspruch
  - Rückübertragungsanspruch
  - Unterlassungsanspruch
  - Duldungsanspruch
  - Anspruch auf Abgabe einer Willenserklärung
- **Regelungsverfügung, § 940 ZPO**[29]. Die Regelungsverfügung bezweckt, eine Rechtsfrage vorläufig zu regeln. Ob es für dieses Interesse eines das Interesse begleitenden Anspruches bedarf, ist streitig, aber zu bejahen. Jedenfalls ist zu fordern, dass aus dem Rechtsverhältnis ein Anspruch erwachsen kann[30]. Beispiele für regelungsbedürftige Verhältnisse können sein:
  - Gesellschaftsrecht

---

26 Wartet der Berechtigte zu lange, entfällt ggf. sein Grund, OLG Naumburg, OLGReport Naumburg 2006, 118; KG, NJW-RR 2001, 1202.
27 Der Individualanspruch.
28 Keller, Jura 2007, 327, 328.
29 Das zu regelnde streitige Rechtsverhältnis.
30 OLG Koblenz, NJW-RR 1986, 1039.

- Mieträume, z. B. Sperrung der Heizung
- Miteigentum, vor allem Wohnungseigentum
- Erbenstreitigkeiten
- **Leistungsverfügung, § 940 ZPO analog**[31]. Die Leistungsverfügung bezweckt eine Leistung an den Gläubiger und damit eine Vorwegnahme der Hauptsache. Anspruch kann jedes materielle Recht sein. Beispiele:
  - Abschlagszahlungen
  - Rentenanspruch
  - Unterhalt
  - Lohn
  - Gehalt
  - Unterlassung im Wettbewerbsrecht
  - verbotene Eigenmacht

1241 4. **Glaubhaftmachung**[32]. Nach §§ 936, 920 Abs. 2 ZPO sind der Verfügungsanspruch und -grund glaubhaft zu machen. Als **Mittel der Glaubhaftmachung** kommen in Betracht:
- Eidesstattliche Versicherung
- Urkunden
- Vernehmung mitgebrachter Zeugen oder anwesender Sachverständiger, § 294 Abs. 2 ZPO

1242 Glaubhaft gemacht ist eine Tatsache, wenn ihr Vorliegen **überwiegend wahrscheinlich** erscheint. Dies hat für den Antragsteller den Vorteil, dass das Prinzip des Strengbeweises nicht gilt. Damit kann er sich jeder Art des Beweismittels, ob innerhalb oder außerhalb der Formen der §§ 371 ff. ZPO, bedienen. In den Fällen, in denen der Arrest- bzw. Verfügungsgrund vom Gesetz widerleglich[33] oder unwiderleglich[34] vermutet wird, muss er nicht glaubhaft gemacht werden.

1243 5. **Aufbaufragen.** Im Verfahren auf Erlass einer einstweiligen Verfügung ist **grundsätzlich eine mündliche Verhandlung** notwendig[35]. Eine mündliche Verhandlung ist nur dann entbehrlich, wenn ein dringender Fall vorliegt (§ 937 Abs. 2 ZPO). Dringlichkeit i. S. von § 937 Abs. 2 ZPO fehlt u. a., wenn das Gericht dem Antrag nicht sofort stattgeben kann.

---

31 Die verlangte Leistung.
32 Siehe Rn. 1088.
33 Z. B. § 25 UWG.
34 § 899 Abs. 2 BGB.
35 OLG Hamm, FamRZ 1986, 75.

2. Kapitel: Einstweilige Verfügung

1244

Schema zum **Aufbau der Entscheidung nach mündlicher Verhandlung:**
- Form: Urteil, §§ 936, 922 Abs. 1 S. 1 ZPO
- Rubrum
  - „In dem einstweiligen Verfügungsverfahren" (besser: „In dem Verfügungsrechtsstreit" oder „In dem Verfahren auf Erlass einer einstweiligen Verfügung")
  - Prozessbevollmächtigte,
  - Verfügungskläger, Verfügungsbeklagter[36]
- Tenor
  - Kosten §§ 91 ff. ZPO
  - Keine Anordnung der vorläufigen Vollstreckbarkeit, arg. §§ 929, 936 ZPO, außer, der Antrag wird zurückgewiesen, § 708 Nr. 6 ZPO
- Tatbestand und Entscheidungsgründe
- Rechtsmittel
  - Berufung, § 511 ZPO
  - §§ 926, 927 ZPO

1245

Schema zum **Aufbau der Entscheidung ohne mündliche Verhandlung:**
- Form: Beschluss[37], §§ 936, 922 Abs. 1 Satz 1 ZPO
- Rubrum
  - „In dem einstweiligen Verfügungsverfahren" (besser: „In dem Verfügungsrechtsstreit" oder „In dem Verfahren auf Erlass einer einstweiligen Verfügung")
  - Verfahrensbevollmächtigte
  - Antragsteller und Antragsgegner
- Tenor
  - § 938 Abs. 1 ZPO
  - Kosten, §§ 91 ff. ZPO
  - Keine Anordnung der vorläufigen Vollstreckbarkeit, § 794 Abs. 1 Nr. 3 ZPO
  - Streitwert, § 3 ZPO
- Aufbau
  - Wenn dem Antrag nicht stattgegeben wird, arg. §§ 936, 922 Abs. 1 Satz 2 ZPO:
    Gründe [I. und II.]
  - Wenn dem Antrag stattgegeben wird:
    keine Gründe[38]
- Rechtsmittel
  - Widerspruch, §§ 936, 924 ZPO; dann Berufung, § 511 ZPO
  - Sofortige Beschwerde § 567 ZPO

---

[36] Manche bleiben auch nach mündlicher Verhandlung bei den Bezeichnungen Antragsteller, Antragsgegner und Verfahrensbevollmächtigter.
[37] Siehe zu dieser Entscheidungsform Rn. 53 ff.
[38] Anders regelmäßig in der Klausur.

3. Kapitel: **Arrest**

I. Allgemeines

1246 Der Arrest dient ausschließlich der **Sicherung der Zwangsvollstreckung** (§ 916 Abs. 1 ZPO), **niemals** der **Befriedigung des Gläubigers**[39]. Demzufolge wird die Vollziehung des Arrestes in Forderungen durch Pfändung bewirkt (§ 930 ZPO). Es gibt **zwei Arten** des Arrests, den **dinglichen** und den **persönlichen** Arrest. Der dingliche Arrest gibt dem Gläubiger das Recht, zur Sicherung seiner Forderung in das Vermögen des Schuldners zu vollstrecken[40]. Er darf zwar pfänden, wegen des bloßen Sicherungszwecks aber nicht verwerten. Der persönliche Arrest sichert die Forderung, indem er den Schuldner durch Verhaftung hindert, ihre künftige Vollstreckung dadurch zu vereiteln, dass er sich ins Ausland absetzt. Hinsichtlich des Verfahrens unterscheiden sich einstweilige Verfügung und Arrest nicht besonders[41], wohl aber in den Inhalten.

1247 Der Arrest findet nur zur **Sicherung der Zwangsvollstreckung** in das **bewegliche oder unbewegliche Vermögen** statt wegen einer Geldforderung oder eines Anspruchs, der in eine Geldforderung übergehen kann. Es gibt auch für den Erlass eines Arrestes **vier Voraussetzungen:**
- Arrestgesuch, § 920 ZPO
- Arrestanspruch, § 916 ZPO
- Arrestgrund
- Glaubhaftmachung von Anspruch und Grund

II. Zulässigkeit

1248 1. **Allgemeines.** Ein Arrest ist zulässig, wenn die allgemeinen und besonderen Sachurteilsvoraussetzungen vorliegen.

1249
> Schema
> - ggf. Auslegung
> - Gesuch, § 920 Abs. 1 ZPO (der Antrag)
> - Anwendbarkeit des Eilverfahrens
> - allgemeine Sachurteilsvoraussetzungen
> - Zuständigkeit: §§ 919, 802 ZPO
> - Rechtsschutzbedürfnis: Dieses fehlt, wenn der Gläubiger bereits wirtschaftlich gesichert ist, z.B. auch, wenn er einen nur vollstreckbaren Titel besitzt, str[42].

---

[39] BGH, MDR 1993, 578; BGH, BGHZ 89, 82, 86 = MDR 1984, 383; Keller, Jura 2007, 241.
[40] §§ 929 ff. ZPO.
[41] Siehe § 936 ZPO.
[42] Siehe Kannowski, JuS 2001, 482.

3. Kapitel: Arrest

- Entgegenstehende Rechtskraft?
- Entgegenstehende Rechtshängigkeit?
- Behauptung des zu sichernden Geldanspruchs

2. Arrestgrund. Auch beim Arrest ist streitig, ob der Arrestgrund **nur behauptet werden muss**, oder ob er bereits in der Zulässigkeit geprüft werden muss[43]. Ein Arrestgrund liegt vor, wenn nach objektiver Beurteilung eines verständigen, gewissenhaft prüfenden Menschen zu besorgen ist, dass ohne Arrest die Vollstreckung des Urteils vereitelt oder wesentlich erschwert werden würde = Eilbedürftigkeit. Das bedeutet, dass eine **Verschlechterung der Vermögenslage** des Schuldners drohen muss[44]. Kein Arrestgrund liegt vor, wenn der Gläubiger etwa durch einen Eigentumsvorbehalt, durch Sicherungseigentum oder -abtretung oder durch einen Vollstreckungstitel bereits gesichert ist. Weitere Beispiele (Arrestgrund liegt vor [+], Arrestgrund liegt nicht vor [-]):

- Verschwendungssucht [+]
- leichtfertige Geschäftsführung [+]
- Verschleuderung des Vermögens [+]
- Vollstreckung im Ausland [+]
- schlechte Vermögenslage [-]
- Ansturm anderer Gläubiger, str. [-][45]

III. Begründetheit

Für die Begründetheit eines Arrestes ist danach zu fragen, ob der Arrestanspruch **schlüssig dargelegt** ist. Arrestanspruch ist der materiell-rechtliche Anspruch, dessen Sicherung begehrt wird. Hilfreich sind folgende **Testfragen:**

- Ist der Arrestanspruch – die vom Gläubiger geltend gemachte Geldforderung – schlüssig dargelegt?
- Handelt es sich ggf. um einen Anspruch, der in eine Geldforderung übergehen kann[46]?

IV. Glaubhaftmachung

Nach § 920 Abs. 2 ZPO ist der Arrestanspruch und -grund[47] glaubhaft[48] zu machen. Als Mittel der Glaubhaftmachung kommen in Betracht:
- Eidesstattliche Versicherung

---

43 Vgl. Rn. 1237.
44 OLG Koblenz, NJW-RR 2002, 575.
45 BGH, NJW 1996, 321, 324; OLG Hamburg, WM 1998, 522, 523; a. A. mit Nachweisen zur Gegenmeinung Keller, Jura 2007, 241, 245.
46 Dazu umfassend Keller, Jura 2007, 241, 244.
47 Dazu OLG Koblenz, NJW-RR 2002, 575.
48 Glaubhaft gemacht ist eine Tatsache, wenn ihr Vorliegen überwiegend wahrscheinlich erscheint. Dies hat für den Antragsteller den Vorteil, dass das Prinzip des Strengbeweises nicht gilt. Damit kann er sich jeder Art des Beweismittels, ob innerhalb oder außerhalb der Formen der §§ 371 ff. ZPO, bedienen.

- Urkunden
- Vernehmung mitgebrachter Zeugen oder anwesender Sachverständiger, § 294 Abs. 2 ZPO

V. Aufbaufragen

1253

Aufbauschema zu einer **Entscheidung ohne mündliche Verhandlung**:
- Form: Beschluss[49], § 922 Abs. 1 S. 1 ZPO
- Rubrum: „In dem Arrestverfahren", Verfahrensbevollmächtigte, Gläubiger, Schuldner
- Tenor
  - Ein Arrestbefehl muss die zu sichernde Geldforderung nach Grund und Betrag, nach der Art (§§ 917, 918 ZPO) und Lösungssumme (§ 923 ZPO) nennen.
  - Kosten, §§ 91 ff. ZPO
  - Keine Anordnung der vorläufigen Vollstreckbarkeit[50]
- Aufbau
- Gründe [I. und II.], wenn dem Antrag nicht stattgegeben wird, arg. § 922 Abs. 1 S. 2 ZPO
- Ansonsten keine Gründe
- Rechtsmittel:
  - Sofortige Beschwerde, § 567 ZPO
  - Widerspruch, §§ 936, 924 ZPO; dann Berufung, § 511 ZPO
  - §§ 926, 927 ZPO

1254

Aufbauschema zu einer **Entscheidung mit mündlicher Verhandlung**:
- Form: Urteil, § 922 Abs. 1 S. 1 ZPO
- Rubrum: „In dem Arrestverfahren", Prozessbevollmächtigte, Arrestkläger, Arrestbeklagter
- Tenor
  - Der Arrestbefehl muss die zu sichernde Geldforderung nach Grund und Betrag, nach der Art (§§ 917, 918 ZPO) und Lösungssumme (§ 923 ZPO) nennen.
  - Kosten, §§ 91 ff. ZPO
- Keine Anordnung der vorläufigen Vollstreckbarkeit, arg. § 929 ZPO
- Aufbau: Tatbestand und Entscheidungsgründe
- Rechtsmittel: Berufung, § 511 ZPO, §§ 926, 927 ZPO

---

49 Siehe dazu Rn. 53 ff.
50 § 794 Abs. 1 Nr. 3 ZPO.

4. Kapitel: **Entscheidung**

Die Entscheidungen des Gerichts in Eilverfahren können – wie auch in den anderen Erkenntnisverfahren – naturgemäß **verschiedene Inhalte** haben.

I. Zurückweisung

Wenn der Antrag auf Erlass einer Eilentscheidung abgelehnt wird, sind dem Antragsteller neben der Zurückweisung **die Kosten** aufzuerlegen.

▤ Formulierungsvorschlag für ein Urteil = Abweisung nach mündlicher Verhandlung:
„I. Der Antrag ... [51] wird zurückgewiesen.
II. Der Arrestkläger hat die Kosten des Verfahrens zu tragen.
III. Das Urteil ist vorläufig vollstreckbar. Der Arrestkläger darf die Vollstreckung durch Sicherheitsleistung in Höhe des auf Grund des Urteils vollstreckbaren Betrages zuzüglich 10 %[52] abwenden, wenn nicht Beklagte vor der Vollstreckung Sicherheit in Höhe des jeweils zu vollstreckenden Betrages zuzüglich 10 % leistet[53].
IV. Der Streitwert wird auf ... € festgesetzt."

Ergeht ohne mündliche Verhandlung ein Beschluss, so ist dieser gem. § 794 Abs. 1 Nr. 3 ZPO vollstreckbar. Die ablehnende Entscheidung ist knapp unter Darstellung der die Ablehnung tragenden Gründe zu begründen.

II. Arrestbefehl

Unabhängig davon, ob ein Arrestbefehl in Beschluss- oder Urteilsform ergeht, ist die zu **sichernde Forderung** und eine **Kostenpauschale anzugeben**, die die Kosten des Antragstellers im Hauptsacheverfahren abdecken soll. Es ist ferner anzugeben, ob dinglicher oder persönlicher Arrest erlassen wird. Beim persönlichen Arrest werden nähere Anordnungen zur Vollziehung gem. § 933 ZPO getroffen. Gem. § 923 ZPO wird die Lösungssumme festgestellt, durch deren Hinterlegung der Schuldner die Vollziehung des Arrest abwenden kann, § 934 ZPO.

▤ Formulierungsvorschlag
„... hat das Amtsgericht Berlin-Neukölln, Abteilung 19, durch die Richterin am Amtsgericht Dr. Klug auf Grund der mündlichen Verhandlung vom 10. Oktober 2007

für R e c h t erkannt:

---

51 Z.B. auf Erlass eines Arrestbefehls.
52 OLG Celle, NJW 2003, 73, hält 10 % für zu wenig und schlägt – jedenfalls für Entscheidungen des Revisionsgerichts – 20 % vor.
53 Die Fassung „abwenden, wenn nicht der Kläger vor der Vollstreckung Sicherheit in gleicher Höhe leistet" wäre ungenau. Sie berücksichtigt nicht, dass nach Änderung des § 709 S. 2 ZPO der Gläubiger nur für den tatsächlich zu vollstreckenden Betrag Sicherheit leisten muss, der Schuldner hingegen für den vollen Betrag! Siehe dazu die ausführliche Begründung von OLG Celle, NJW 2003, 73.

I. Wegen des Anspruchs des Arrestklägers auf Zahlung aus dem Vertrag vom ... in Höhe von 70.000,00 € sowie der auf 7.000,00 € veranschlagten Kosten dieses Verfahrens wird zu Gunsten des Arrestklägers der dingliche Arrest in das Vermögen des Arrestbeklagten angeordnet[54].
II. Durch Hinterlegung eines Betrages in Höhe von 77.000,00 € wird die Vollziehung des Arrestes gehemmt und der Arrestbeklagte zum Antrag auf Aufhebung des vollzogenen Arrestes berechtigt.
III. Der Arrestbeklagte hat die Kosten des Verfahrens zu tragen."

1261 Die Kostenentscheidung ergeht gem. §§ 91, 92 ZPO. Ggf. ist der Arrest gem. § 921 Abs. 2 Satz 1 ZPO von einer **Sicherheitsleistung des Antragstellers abhängig** zu machen. Der Streitwert wird gem. §§ 53 GKG, 3 ZPO festgesetzt. Ob der Arrestbefehl einer Begründung bedarf, ist umstritten. Gem. § 922 Abs. 1 Satz 2 ZPO ist er jedenfalls dann zu begründen, wenn die Vollziehung im Ausland erfolgen soll. Hieraus wird von der **Praxis im Umkehrschluss gefolgert,** dass eine Begründung bei Vollziehung im Inland entbehrlich sei. Ergeht ein Arrestbefehl als Beschluss, enthält er eine Begleitverfügung, die seine Übermittlung an den Gläubiger regelt. Gem. § 922 Abs. 2 ZPO obliegt dem Gläubiger die Zustellung an den Schuldner im Parteibetrieb. Ergeht der Arrestbefehl als Urteil, wird er gem. § 317 Abs. 1 Satz 1 ZPO beiden Parteien von Amts wegen zugestellt. Eine Entscheidung zur **Vollstreckbarkeit des Arrests ist nicht zu treffen,** da diese sich schon aus seiner Natur als Eilentscheidung ergibt und in den §§ 928 ff. ZPO geregelt ist.

III. Einstweilige Verfügung

1262 Bei einer einstweiligen Verfügung steht die zur treffende Sicherungsmaßnahme gem. § 938 ZPO im Ermessen des Gerichts, das sich bei dessen Ausübung allerdings im Rahmen des Antrags und des Sicherungszwecks halten muss[55]. Dementsprechend groß sind die **Vielfalt möglicher Regelungen** und damit die Vielfalt möglicher Tenorierungen. In jedem Fall muss die angeordnete Sicherung, Regelung oder Leistung so genau formuliert sein, dass sie vollstreckt werden kann.

1263 📄 Formulierungsvorschlag
„I. Dem Antragsgegner wird im Wege der einstweiligen Verfügung aufgegeben, zur Sicherung des Anspruchs des Antragstellers auf Rückgabe des Pkw Porsche Typ Carrera ... diesen an einen vom Antragsteller zu beauftragenden Gerichtsvollzieher herauszugeben.
II. Der Antragsgegner hat die Kosten des Verfahrens zu tragen.
III. Der Streitwert wird auf 10.000,00 € festgesetzt."

1264 Für die Kostenentscheidung, einer möglichen Sicherheitsleistung gem. § 921 Abs. 2 Satz 1 ZPO und die Begleitverfügung sowie zum Fehlen einer Entscheidung zur Vollstreckbarkeit gilt das zum Arrestbefehl Ausgeführte[56]. Anders als

---

54 Ggf. „Der Arrest darf nur gegen Sicherheitsleitung in Höhe von 80.000,00 € vollzogen werden"; siehe § 921 S. 1 ZPO.
55 Zum Antrag siehe bereits Rn. 1224.
56 Rn. 1259 ff.

der Arrestbefehl enthält die einstweilige Verfügung keine Lösungssumme gem. § 923 ZPO. Denn der Herausgabe- bzw. Unterlassungsgläubiger ist in der Regel nicht zu sichern. Eine Aufhebung der einstweiligen Verfügung gegen Sicherheitsleistung des Schuldners ist daher gem. § 939 ZPO nur unter besonderen Umständen zulässig. Eine Schädigung des Schuldners durch die Vollziehung der einstweiligen Verfügung ist dafür nicht ausreichend. Im praktisch wichtigen Fall der Unterlassungsverfügung muss die Entscheidung die Androhung von Ordnungsgeld oder Ordnungshaft gem. § 890 Abs. 2 ZPO enthalten.

Erlässt das Amtsgericht eine einstweilige Verfügung gem. § 942 ZPO, bestimmt es **von Amts wegen** eine Frist, innerhalb derer der Gläubiger beim Gericht der Hauptsache die mündliche Verhandlung zu beantragen hat.

5. Kapitel: **Rechtsbehelfe**

Gegen die im Eilverfahren ergangenen Entscheidungen stehen **verschiedene Rechtsbehelfe** zur Verfügung.

☑ Checkliste

- Wird ein Gesuch durch Beschluss nach §§ 922 Abs. 3, 936 ZPO abgelehnt, kann der Antragsteller gegen diese Entscheidung **sofortige Beschwerde** gem. § 567 Abs. 1 ZPO einlegen.
- Ist ein Gesuch durch Urteil zurückgewiesen bzw. ist dem Gesuch durch Urteil, ggf. teilweise, stattgegeben worden, kann dieses Urteil – wie jedes andere Endurteil auch – mit der **Berufung** gem. § 511 Abs. 1 ZPO angegriffen werden
- Ordnet ein Gericht einen Arrest oder eine einstweilige Verfügung durch Beschluss an, kann der Schuldner gem. §§ 924 Abs. 1, 936 ZPO **Widerspruch** einlegen. Ein Widerspruch bewirkt, dass das Gericht von Amts wegen Termin zur mündlichen Verhandlung bestimmen muss, §§ 924 Abs. 2 Satz 2, 936 ZPO. Das Verfahren wird nicht in der nächst höheren Instanz weitergeführt. Der Widerspruch führt auch nicht zu einer Hemmung der Vollziehung des Arrests bzw. der einstweiligen Anordnung. Der Widerspruch ist kein Rechtsmittel, sondern wie der Einspruch ein Rechtsbehelf. Allerdings kann das Gericht die Vollziehung gem. §§ 924 Abs. 3 Satz 2, 936, 707 ZPO auf Antrag des Schuldners einstweilig[57] einstellen. Die Einstellung hängt von den Erfolgsaussichten des Widerspruchs und von einer Interessenabwägung ab. Danach kommt sie insbesondere bei Sicherungsmaßnahmen und Unterlassungsverfügungen in der Praxis kaum in Betracht. Für den Widerspruch gibt es keine Frist, er kann aber nach den allgemeinen Grundsätzen (Zeit- und Umstandmoment) verwirkt sein.

---

57 Gegen oder ohne Sicherheitsleistung.

1268 Gem. § 925 Abs. 2 ZPO kann das Gericht – wie bei einer Entscheidung über einen Einspruch – die durch Beschluss angeordnete Eilmaßnahme durch Urteil **ganz oder teilweise bestätigen, abändern oder aufheben**, d. h. es entscheidet nicht über das ursprüngliche Gesuch, sondern über die Rechtmäßigkeit des Titels. Das Gericht kann seine Entscheidung auch von einer Sicherheitsleistung abhängig machen. Für die einstweilige Verfügung ist § 939 ZPO zu beachten. Der Tenor des auf den Widerspruch ergehenden Urteils lautet auf Bestätigung der Maßnahme bzw. auf ihre Aufhebung und Abweisung des Antrags. Die Kostenentscheidung richtet sich nach §§ 91, 92 ZPO. Ein Urteil, das die angegriffene Maßnahme bestätigt, ist genau wie diese sofort vollstreckbar, ohne dass es einer entsprechenden Anordnung bedarf.

1269 Vollstreckungsschutz gem. § 711 ZPO wird ebenfalls **nicht angeordnet**. Ein Urteil, das die angegriffene Maßnahme aufhebt, ist gem. § 708 Nr. 6 ZPO für vorläufig vollstreckbar zu erklären. Gem. § 711 ZPO ist hier Vollstreckungsschutz zu gewähren. Im Sonderfall einer gem. § 942 ZPO vom Amtsgericht durch Beschluss erlassenen einstweiligen Verfügung ist der Widerspruch unzulässig. Dies folgt daraus, dass das „Amtsgericht der Zwangsbereitschaft" für das Rechtfertigungsverfahren nicht zuständig ist und von Amts wegen dem Gläubiger eine Frist zur Beantragung der mündlichen Verhandlung beim „Gericht der Hauptsache" setzen muss.

1270 ✐ **Klausurtipp**

Nicht unstrittig ist, welches Gericht über den Widerspruch entscheidet, wenn die einstweilige Verfügung erst nach einer Beschwerde vom Beschwerdegericht erlassen wurde. Nach jedenfalls überwiegender Auffassung ist das Gericht I. Instanz zuständig[58].

6. Kapitel: **Klagefristversäumung**

1271 Gem. § 926 Abs. 1 ZPO kann der Schuldner dem Gläubiger vom Gericht eine **Frist zur Klageerhebung in der Hauptsache** setzen lassen. Der entsprechende Antrag ist zulässig, solange die Hauptsache noch nicht rechtshängig ist und die Eilmaßnahme noch besteht. Wegen Versäumung der dem Gläubiger gesetzten Klagefrist kann der Schuldner gem. § 926 Abs. 2 ZPO beantragen, den Arrest bzw. die einstweilige Verfügung aufzuheben. Dieser Antrag ist zulässig, wenn der angegriffene Titel noch besteht und für den Schuldner noch eine Gefahr darstellt.

1272 Begründet ist der Aufhebungsantrag, wenn die **Klagefristversäumung glaubhaft gemacht ist**. Der Gläubiger kann die Klageerhebung allerdings bis zum Schluss der mündlichen Verhandlung über den Aufhebungsantrag nachholen, § 231 Abs. 2 ZPO. Ist der Antrag zulässig und begründet, hebt das Gericht die Eilmaß-

---

58 KG, NJW-RR 2008, 520; OLG Dresden, JurBüro 2000, 138; OLG Düsseldorf, MDR 1984, 324; a. A. KG, MDR 2005, 165.

8. Kapitel: Schadenersatz

nahme durch Endurteil rückwirkend auf. Dies hat zur Folge, dass der Gläubiger nicht nur die Kosten des Aufhebungsverfahrens, sondern des gesamten Eilverfahrens zu tragen hat. Das Aufhebungsurteil wird gem. §§ 708 Nr. 6, 711 ZPO für vorläufig vollstreckbar erklärt. Ist der Antrag unzulässig oder unbegründet, lautet der Tenor des Urteils auf Zurückweisung.

7. Kapitel: **Aufhebung wegen veränderter Umstände**

Gem. § 927 Abs. 1 ZPO kann der Schuldner auch **wegen veränderter Umstände** beantragen, die Eilmaßnahme aufzuheben. Zulässig ist der Antrag nach § 927 Abs. 1 ZPO[59], solange der Arrest oder die einstweilige Anordnung besteht und für den Schuldner eine Gefahr darstellt. Zuständig ist gem. § 927 Abs. 2 ZPO das Gericht, das die Eilmaßnahme angeordnet hat, und wenn die Hauptsache bereits anhängig ist, das Gericht der Hauptsache. In den Fällen des § 942 ZPO ist immer das Gericht der Hauptsache zuständig. Begründet ist der Antrag, wenn der Schuldner die nachträgliche Änderung relevanter Umstände glaubhaft gemacht hat.

1273

8. Kapitel: **Schadenersatz**

Erweist sich die Eilmaßnahme von Anfang an als unrechtmäßig und wird sie gem. § 926 Abs. 2 ZPO wegen Klagefristversäumung aufgehoben oder lässt der Gläubiger den Schuldner nicht rechtzeitig vor das Gericht der Hauptsache laden, begründet § 945 ZPO eine **verschuldensunabhängige Schadenersatzhaftung**. Zu ersetzen ist der Schaden, der durch die Vollziehung der sichernden Maßnahme entstanden ist, und der, der auf der Erbringung einer Sicherheitsleistung beruht.

1274

---

59 Wie der nach § 926 Abs. 2 ZPO.

Teil 9: **Zwangsvollstreckungsrecht**

1. Kapitel: **Einführung**

I. Allgemeines

1275 Um zu klären, welcher Rechtsbehelf oder welche Klage der Zwangsvollstreckung im Einzelfall in Betracht kommt, ist in Praxis und Klausur stets zu **unterscheiden, welches Vollstreckungsorgan** gehandelt hat, wogegen sich ein Beschwerter ggf. wendet und ob die allgemeinen Sachurteilsvoraussetzungen[1] vorliegen, ob die verfahrensmäßigen Voraussetzungen der Zwangsvollstreckung zu bejahen sind und ob die allgemeinen und besonderen Voraussetzungen der Zwangsvollstreckung vorliegen.

II. Übersicht Rechtsmittel

1276
- Klauselrechtsbehelfe
    - für den Vollstreckungsschuldner §§ 732, 768 ZPO
    - für den Vollstreckungsgläubiger §§ 567 Abs. 1, 576 Abs. 2 ZPO i. V. m. 11 RPflG, 54 BeurkG, 731 ZPO
- Rechtsbehelfe
    - Vollstreckungserinnerung § 766 ZPO
    - Rechtspflegererinnerung § 11 Abs. 2 S. 1 RPflG
    - sofortige Beschwerde § 793 ZPO
    - Grundbuchbeschwerde § 71 GBO
- Klagen
    - Drittwiderspruchsklage § 771 ZPO
    - Vollstreckungsgegenklage § 767 ZPO
    - Klage auf vorzugsweise Befriedigung § 805 ZPO

III. Vollstreckungsorgane

1277
- **Gerichtsvollzieher.** Gerichtsvollzieher für die Fahrnis- (§ 808 ZPO) und Herausgabevollstreckung (§§ 883–885, 897 ZPO), vgl. § 753 ZPO.
- **Vollstreckungsgerichte.** Vollstreckungsgerichte für die Forderungsvollstreckung (§§ 828 ff., 857 ZPO) und die Zwangsvollstreckung in das unbewegliche Vermögen nach dem ZVG (§§ 872 ff. ZPO).

---

1 Siehe Rn. 512 ff.

1. Kapitel: Einführung

- **Prozessgerichte.** Prozessgerichte erster Instanz für Handlungs-, Duldungs- und Unterlassungsvollstreckungen (§§ 87, 888, 890 ZPO).
- **Grundbuchämter.** Grundbuchämter in der Immobiliarvollstreckung für die Eintragung einer Zwangshypothek (§ 867 ZPO).

IV. Voraussetzungen der Zwangsvollstreckung

Neben den **allgemeinen Verfahrensvoraussetzungen** müssen für jede Klage und jeden Rechtsbehelf in der Zwangsvollstreckung die **allgemeinen Voraussetzungen der Zwangsvollstreckung** zu bejahen sein. Diese sind: **1278**
- Titel, §§ 704, 794 ZPO (z.B. kann gegen einen Untermieter nicht vollstreckt werden, wenn der Titel nur gegen den Hauptmieter ergangen ist[2])
- Klausel, §§ 725 ff. ZPO
- Zustellung

Ferner müssen die **besonderen Vollstreckungsvoraussetzungen** (§§ 751, 756, 765 ZPO) vorliegen. Vollstreckungshindernisse sind nur zu beachten, wenn sie nachgewiesen werden oder dienstlich zur Kenntnis des Vollstreckungsorgans gelangen. Die Nichtbeachtung der Hindernisse macht die Vollstreckung nicht nichtig, sondern nur anfechtbar. Überblick: **1279**
- Allgemeine Vollstreckungshindernisse nach § 775 ZPO
- Vollstreckungsbeschränkende Vereinbarungen
- Insolvenzverfahren (§ 89 InsO)

V. Klausurrelevanz

Klausurrelevant sind Probleme des Zwangsvollstreckungsrechts vor allem im Rahmen der verschiedenen **vollstreckungsrechtlichen Rechtsbehelfe**. Die im Examen wichtigsten sind: **1280**
- Vollstreckungserinnerung gem. § 766 ZPO
- Vollstreckungsabwehrklage gem. § 767 ZPO
- Drittwiderspruchsklage gem. § 771 ZPO
- Klage auf vorzugsweise Befriedigung gem. § 805 ZPO
- Rechtspflegererinnerung gem. § 11 Abs. 2 Satz 1 RPflG
- sofortige Beschwerde gem. § 793 ZPO
- Grundbuchbeschwerde gem. § 71 GBO

---

[2] BGH, NJW-RR 2003, 1450 mit Anm. K. Schmidt, JuS 2004, 349 Nr. 11.

2. Kapitel: **Vollstreckungserinnerung (§ 766 ZPO)**

I. Allgemeines

1281 Die Vollstreckungserinnerung dient der **Prüfung des Vollstreckungshandelns eines Vollstreckungsorgans in ein und derselben Instanz.** Sie stellt wegen des Fehlens des Devolutiveffektes kein Rechtsmittel, sondern einen Rechtsbehelf dar. Die Vollstreckungserinnerung ist der in der Praxis am häufigsten vorkommende Rechtsbehelf. Sie richtet sich gegen das vollstreckungsrelevante Verhalten des Gerichtsvollziehers oder gegen Zwangsvollstreckungsmaßnahmen des Vollstreckungsgerichts[3], also die **Art und Weise der Zwangsvollstreckung.** Mit einer Vollstreckungserinnerung können die an der Zwangsvollstreckung Beteiligten die Verletzung von formellen Voraussetzungen und die – angeblich mangelhafte – Durchführung der Zwangsvollstreckung geltend machen. Der Schuldner kann etwa geltend machen,
- es liege kein Titel vor,
- ihm sei kein Titel zugestellt worden oder
- die gepfändete Sache sei unpfändbar.

1282 Der Gläubiger kann z.B. geltend machen,
- der Gerichtsvollzieher weigere sich zu Unrecht, tätig zu werden, oder
- der Gerichtsvollzieher lehne die Pfändung bestimmter Sachen ab.

1283 Parteien des Verfahrens sind der Vollstreckungsgläubiger auf der einen Seite und der Schuldner oder ein Dritter auf der anderen Seite. Normalerweise kann die Erinnerung nur vom Gläubiger und vom Schuldner geltend gemacht werden. In Ausnahmefällen, wenn ein Dritter als Schuldner behandelt wird oder er nachpfändender Gläubiger ist, kann auch der Dritte erinnerungsbefugt sein. Der Dritte kann dann jedoch nur Verstöße gegen solche Normen rügen, die (auch) seinem Schutz dienen.

1284 🖉 Klausurtipp

Examensrelevant ist die Pfändung von Grundstückszubehör (Haftungsverband der Hypothek). Bei diesem Fragenkreis kommt es vor allem auf darauf an, ob ein Gegenstand als Zubehör i.S.v. § 865 Abs. 2 ZPO verstanden werden kann, also die Frage, ob der Gerichtsvollzieher sachlich und funktionell für die konkrete Zwangsvollstreckungsmaßnahme zuständig war. Überblick:
- Eine bewegliche Sache gehört zum Haftungsverband der Hypothek, wenn sie in den Haftungsverband gelangt (§ 1120 BGB) und nicht wieder aus diesem ausgeschieden ist (Enthaftung, §§ 1121, 1122 BGB). Unerheblich ist insoweit, ob tatsächlich eine Hypothek besteht; vielmehr sind die Voraussetzungen der §§ 1120 ff. BGB abstrakt zu prüfen, da Sinn und Zweck des § 865 ZPO die Erhaltung der wirtschaftlichen Einheit zwischen Grundstück und mithaftenden Gegenständen ist. Zubehör darf dann nicht gepfändet werden.

---

3 Richter oder Rechtspfleger, z.B. wegen Entscheidungen nach §§ 829, 835 ZPO.

2. Kapitel: Vollstreckungserinnerung (§ 766 ZPO)

- Wenn der Gerichtsvollzieher entgegen des Verbots des § 865 ZPO pfändet, ist streitig, ob die Vollstreckungsmaßnahme nichtig oder gemäß § 766 ZPO nur anfechtbar ist:
  − Für Nichtigkeit spricht, dass der Gerichtsvollzieher weder sachlich noch funktional zuständig ist und es damit an einer wesentlichen Wirksamkeitsvoraussetzung für den Eigentumserwerb kraft Hoheitsaktes fehlte (vgl. dazu RG, RGZ 59, 88, 92; RG, RGZ 60, 70, 73; RG, RGZ 135, 197, 206; RG, RGZ 153, 257, 259).
  − Der BGH hat diese Frage offengelassen[4].
  − Die überwiegende Ansicht in der Literatur hält die Pfändung für rechtswidrig und damit nur für anfechtbar.

Zwangsvollstreckungsmaßnahmen sind ähnlich wie nach § 44 Abs. 1 VwVfG, § 125 Abs. 1 AO nichtig, wenn es sich nicht nur um einen **besonders schweren**, sondern zusätzlich um einen bei verständiger Würdigung aller in Betracht kommenden Umstände **offenkundigen Fehler** handelt[5]. Fallgruppen: **1285**

☑ Checkliste **1286**

- Fehlen eines Titels[6]
- Ungeeignetheit des Titels[7] − z.B. Unbestimmtheit
- Vollstreckung durch funktional absolute unzuständige Person oder Behörde (also auch Gerichte)
- Nichteinhalten wesentlicher Formen des Vollstreckungsaktes
- Nichtexistenz von Gläubiger oder Schuldner.

Ein weiteres Problem ist die **Pfändung eines Anwartschaftsrechtes**. Die h.M. geht hier von der **Theorie der Doppelpfändung**[8] aus: **1287**
Danach ist das Anwartschaftsrecht im Wege der Forderungspfändung und zudem die Sache im Wege der Sachpfändung zu pfänden[9]. Die Pfändung des Anwartschaftsrechts begründet an diesem ein Pfändungspfandrecht; durch die Sachpfändung wird die erforderliche Publizität für den Übergang des Pfandrechts auf die Sache bei Bedingungseintritt geschaffen.
Die Vollstreckungserinnerung hat keinen Devolutiveffekt[10]. In der **Anwaltsklausur** empfiehlt es sich deshalb, neben der Vollstreckungserinnerung den Erlass einer einstweiligen Anordnung gem. §§ 766 Abs. 1 S. 2, 732 Abs. 2 ZPO zu beantragen[11].

---

4 BGH, BGHZ 104, 298, 302.
5 BGH, BGHZ 121, 98, 102.
6 BGH, BGHZ 114, 315, 328.
7 BGH, BGHZ 121, 98, 101.
8 Gegen die Theorie der reinen Sachpfändung und die Theorie der Rechtspfändung.
9 BGH, NJW 1954, 1325.
10 Und ist damit kein echter Rechtsbehelf.
11 Zu Formulierungsbeispielen aus richterlicher Sicht siehe Stackmann, JuS 2006, 980, 982.

1288 Über die Vollstreckungserinnerung kann ohne mündliche Verhandlung entschieden, über bestrittene Tatsachen kann Beweis erhoben werden. Maßgeblich ist der Zeitpunkt des Entscheidungserlasses.

II. Zulässigkeit

1289 Eine Vollstreckungserinnerung ist zulässig, wenn ihre **allgemeinen und besonderen Sachurteilsvoraussetzungen** vorliegen. Überblick:

1290 Schema
- **Statthaftigkeit:** Schuldner oder Dritter rügen Art und Weise der Zwangsvollstreckung durch den Gerichtsvollzieher (§ 766 Abs. 1 ZPO). Der Gläubiger wendet sich gegen die Weigerung des Gerichtsvollziehers in Bezug auf den Zwangsvollstreckungsauftrag (§ 766 Abs. 2, 1. Alt. ZPO). Der Kostenansatz des Gerichtsvollziehers wird gerügt.
- **Antrag:** Ein bestimmter Antrag ist nicht erforderlich.
- **Form,** § 569 Abs. 2 Satz 1 und Satz 2 ZPO analog.
- **Frist:** Die Vollstreckungserinnerung ist nicht fristgebunden. In Betracht kommt aber mangelndes Rechtsschutzinteresse durch Zeitablauf.
- **Zuständigkeit:** Sachliche und örtliche ausschließliche Zuständigkeit richten sich nach §§ 802, 764 Abs. 2, 766 Abs. 1 ZPO: das Amtsgericht, in dessen Bezirk das Vollstreckungsverfahren stattgefunden hat oder stattfinden soll.
- **Funktionelle Zuständigkeit** § 20 Nr. 17 a RPflG: Richter
- **Erinnerungsbefugnis** § 42 Abs. 2 VwGO analog[12]
- **Rechtschutzinteresse:** Vom Beginn der Zwangsvollstreckung bis zu deren vollständiger Beendigung[13]. Soll auf die Erinnerung eine bestimmte Vollstreckungsmaßnahme für unzulässig erklärt werden, entfällt das Rechtsschutzbedürfnis nicht erst mit der Beendigung der Zwangsvollstreckung im Ganzen, sondern mit der Beendigung der beanstandeten Zwangsvollstreckungsmaßnahme. Mit der Erinnerung kann der Schuldner nur erreichen, dass die beanstandete Maßnahme für unzulässig erklärt und entsprechend § 775 Nr. 1 i. V.m. § 776 ZPO von dem zuständigen Vollstreckungsorgan aufgehoben wird. Im Sinne dieser Vorschriften aufgehoben werden kann aber nur eine noch nicht beendete Maßnahme, wie etwa

---

12 Ein Dritter ist beschwert, wenn die Verletzung einer Verfahrensvorschrift möglich erscheint, die auch seinen Schutz bezweckt, also drittschützend ist. Dazu gehört insbesondere § 809 ZPO.
13 BGH, MDR 2005, 648. Die Vollstreckung beginnt mit der ersten, gegen den Schuldner gerichteten Vollstreckungshandlung des Gerichtsvollziehers. Das Rechtsschutzbedürfnis besteht aber auch schon dann, wenn der Beginn der Zwangsvollstreckung unmittelbar bevorsteht und ein Zuwarten des Erinnerungsführers die Wahrung seiner Rechte zumindest teilweise vereiteln würde. Für den Gläubiger besteht das Rechtsschutzbedürfnis wegen § 766 Abs. 2 1. Alt. ZPO bereits dann, wenn sich der Gerichtsvollzieher weigert, den Vollstreckungsauftrag zu übernehmen. Die Vollstreckung ist beendet, wenn sie sich nicht mehr rückgängig machen lässt, etwa der Pfandgegenstand versteigert und der Pfanderlös ausgekehrt ist. Ein Rechtsschutzbedürfnis gegen den Kostenansatz des Gerichtsvollziehers besteht auch noch nach diesem Zeitpunkt.

2. Kapitel: Vollstreckungserinnerung (§ 766 ZPO)

> eine unzulässige Sachpfändung durch Entfernen der Pfandsiegel, nicht dagegen eine bereits endgültig vollzogene Maßnahme. Sie müsste vielmehr rückgängig gemacht werden, was mit der Erinnerung nicht durchgesetzt werden kann.
> - **Weitere Sachurteilsvoraussetzungen**[14]

III. Abgrenzung zur sofortigen Beschwerde

Die Vollstreckungserinnerung ist der richtige Rechtsbehelf, wenn der Antragsteller die **Art und Weise der Zwangsvollstreckung** oder das **Verhalten des Vollstreckungsorgans** rügt. Ob eine Vollstreckungserinnerung oder eine sofortige Beschwerde[15] nach § 793 ZPO statthaft ist, richtet sich danach, ob es sich um eine „Entscheidung" oder um eine „Vollstreckungsmaßnahme" handelt[16]. Eine Entscheidung liegt vor[17], wenn der beantragte Beschluss nach Anhörung des Antragsgegners erlassen wurde oder ein Antrag abgelehnt wurde.

1291

IV. Aufbaufragen

Die Entscheidung über eine Vollstreckungserinnerung ergeht durch **Beschluss.**

1292

1. Rubrum. Im Rubrum heißt es „Zwangsvollstreckungssache" und nicht „Rechtsstreit". Die Anwälte sind „Verfahrensbevollmächtigte". Die Parteien werden „Gläubiger" und „Schuldner" oder „Antragsteller" und „Antragsgegner" genannt.

1293

2. Tenor. – a) Hauptsache. Die vorstellbaren Aussprüche sind **vielgestaltig** und können hier nicht umfassend und abschließend dargestellt werden. Stets geht es darum, eine ganz bestimmte Vollstreckungsmaßnahme anzuordnen oder für unzulässig zu erklären.

1294

Formulierungsvorschläge

1295

- „Die Zwangsvollstreckung des Gläubigers aus dem Urteil des AG Neukölln vom 30.3.2009, 12 C 300/09, in das am 10. März 2009 bei dem Schuldner Herbert Feuerstein, Hermannstr. 23, 1235 Berlin, gepfändete Sichttelefon, Marke Siemens-Giga, Seriennummer 1254 (Pfändungsprotokoll des Gerichtsvollziehers Herbert Müller DR Nr. II 355/00) wird für unzulässig erklärt. Die Entscheidung ergeht gerichtsgebührenfrei. Die außergerichtlichen Kosten hat der Gläubiger zu tragen."
- „Die Erinnerung des Schuldners gegen ... wird zurückgewiesen."

b) Kosten. Für das Erinnerungsverfahren sind im GKG keine Gerichtskosten vorgesehen und fallen daher nicht an. Etwaige Auslagen des Gerichts sind von

1296

---

14 Siehe Rn. 512 ff.
15 Siehe Rn. 1332.
16 Siehe dazu im Einzelnen Preuß, Jura 2003, 181, 183.
17 Und damit ist der statthafte Rechtsbehelf die sofortige Beschwerde.

der unterlegenen Partei zu tragen. Über die außergerichtlichen Kosten hat das Gericht nach §§ 91 ff. ZPO zu entscheiden.

1297 c) **Vorläufige Vollstreckbarkeit.** Beschlüsse werden **nicht für vollstreckbar erklärt**. Wenn sie einen vollstreckungsfähigen Inhalt haben, folgt ihre Vollstreckbarkeit auch **ohne besondere Anordnung** aus § 794 ZPO.

1298 3. Gründe. – a) **Allgemeines.** Anders als für Urteile in §§ 313–313 b ZPO[18] bestimmt die ZPO nicht, **wie Beschlüsse aufzubauen** sind. Weil im Gegensatz zu anderen Prozessordnungen eine Regelung fehlt,[19] stehen Inhalt und Form eines Beschlusses grundsätzlich[20] im Ermessen des Gerichts[21]. Die Praxis wendet zur **Lückenschließung** sinngemäß die Bestimmungen über das Urteil an[22] und gliedert die Gründe Tatbestand und Entscheidungsgründen entsprechend grundsätzlich in Sachverhalt (überschrieben mit I.) und rechtliche Begründung (überschrieben mit II.)[23].

1299 b) „**Tatbestand**". Der Sachverhalt eines Beschlusses kann wie ein Tatbestand gegliedert werden, wobei sich häufig eine Trennung nach Sach- und Streitstand, Anträgen und Prozessgeschichte nicht durchhalten lassen wird. Etwas anderes gilt aber in der Klausur. Hier sollte versucht werden, sich, wenn möglich, eng an den Aufbau zum Tatbestand auszurichten.

1300 c) „**Begründetheit**". Die Vollstreckungserinnerung ist begründet, wenn die angegriffene Vollstreckungsmaßnahme fehlerhaft war. Das ist z. B. der Fall, wenn der Gerichtsvollzieher die beantragte Vollstreckung durchzuführen hat oder der Kostenansatz des Gerichtsvollziehers unzutreffend ist. Im Rahmen der Begründetheit wird vor allem untersucht, ob die Voraussetzungen der Vollstreckung vorlagen und ob sie ordnungsgemäß vorgenommen worden ist. Materiell-rechtliche Einwendungen sind nicht zu berücksichtigen, da sie vom Gerichtsvollzieher nicht zu untersuchen sind. Grundsätzlich maßgeblich ist der Zeitpunkt der Entscheidung über die Erinnerung.

---

18 Die die Gestaltung des Urteils regeln.
19 Siehe etwa §§ 30 Abs. 1 S. 2 BVerfGG, 122 Abs. 2 VwGO, 113 FGO.
20 In Einzelfällen gibt das Gesetz den Inhalt eines Beschlusses vor. Das ist etwa in § 359 ZPO für den Beweisbeschluss oder in §§ 699 Abs. 1 S. 1, 690 ZPO für den Vollstreckungsbescheid der Fall. Vgl. auch § 938 ZPO für die einstweilige Verfügung.
21 OLG Hamm, MDR 1999, 316.
22 OLG Hamm, MDR 1999, 316.
23 Sind die Gründe umfangreich, kann es sich zur besseren Lesbarkeit (mehr Gliederungsziffern) der materiell-rechtlichen Ausführungen empfehlen, die Gründe mit A. und B. zu gliedern. So verfahren etwa das BVerfG und der BGH.

3. Kapitel: Vollstreckungsabwehrklage (§ 767 ZPO)

Aufbauschema   **1301**

- Allgemeinen Verfahrensvoraussetzungen
  - Verfahrensmäßige Voraussetzungen der Zwangsvollstreckung
  - Zuständigkeit des Vollstreckungsorgans. In der Klausur ist vor allem die Frage nach Zubehör/Haftungsverband Hypothek (§ 865 ZPO) wichtig
  - Gesuch
- Allgemeinen Voraussetzungen der Zwangsvollstreckung
  - Titel
  - Klausel
  - Zustellung
- Besondere Vollstreckungsvoraussetzungen und keine Vollstreckungshindernisse
  - § 751 ZPO
  - § 756 ZPO
  - § 775 ZPO
  - § 776 ZPO
  - § 89 InsO
- Vorschriften über den Pfändungsvorgang: Art und Weise der Zwangsvollstreckung. Z. B.:
  - § 758a ZPO
  - § 808 ZPO
  - § 809 ZPO
  - § 811 ZPO
  - § 850 ff.
- Verstrickung und Pfändungspfandrecht
- Beachtung der Vorschriften über die Verwertung

3. Kapitel: **Vollstreckungsabwehrklage (§ 767 ZPO)**

I. Allgemeines

Die Vollstreckungsabwehrklage gehört zu den **elementaren Rechtsbehelfen** in der Zwangsvollstreckung. Mit ihr können materiell-rechtliche Einwendungen gegen die zu vollstreckende Forderung geltend gemacht werden, die nach Schluss der mündlichen Verhandlung entstanden sind[24]. Ein Wandel der höchstrichterlichen   **1302**

---

24 Streitig war, ob solche Einwände auch im Vollstreckungsverfahren zulässig sein können. Der BGH hat entschieden, dass dort der Einwand zulässig ist (BGH, NJW 2005, 367, 369, zur alten Rechtslage siehe OLG München, NJW-RR 2002, 1034 = JuS 2002, 1127 Nr. 10 [K. Schmidt]; KG, KGReport 2003, 15 und OLG Rostock, WuM 2003, 639, 640). Dies gilt aber nicht für den Fall, dass sich der Schuldner darauf beruft, die Vornahme der titulierten Handlung belaste ihn unzumutbar oder könne nicht zum Erfolg führen (BGH, NJW-RR 2006, 202, 203). Über solche Einwendungen hat das Vollstreckungsgericht nicht zu befinden. Für den Fall, dass der Schuldner für seine den titulierten Anspruch betreffenden Einwendungen nach dem gem. § 767 Abs. 2 ZPO

Rechtsprechung begründet keine Einwendung i. S. des § 767 ZPO[25]. Die Vollstreckungsabwehrklage ist eine **prozessuale Gestaltungsklage**[26]. Ziel der Vollstreckungsabwehrklage ist es, die Vollstreckungsfähigkeit des titulierten Anspruchs für die Zukunft zu beseitigen[27]. Angriffe gegen die Wirksamkeit des Vollstreckungstitels sind damit zur Begründung der Klage aus § 767 ZPO nicht geeignet. Bei einem der Vollstreckungsabwehrklage stattgebenden Urteil erwächst die Entscheidung über das Bestehen der gegen den titulierten Anspruch erhobenen Einwendung grundsätzlich nicht in Rechtskraft; es wird lediglich die Vollstreckbarkeit des titulierten Anspruchs beseitigt[28]. Vollstreckungsorgane sind an einen Titel gebunden und prüfen nicht, ob der materiell-rechtliche Anspruch besteht. Die Behauptung des Schuldners, er schulde den zu vollsteckenden Anspruch nicht, bleibt grundsätzlich[29] unberücksichtigt. Unberücksichtigt bleibt wegen der entgegenstehenden Rechtskraft auch, dass der Titel unrichtig sei. Was bleibt, ist, dass der Schuldner vorträgt, der Anspruch sei wegen **nachträglich eingetretener Tatsachen untergegangen**. Dieser Einwand ist Gegenstand der Vollstreckungsabwehrklage[30]. Die Vollstreckungsabwehrklage hat keinen Devolutiveffekt[31]. In der Anwaltsklausur empfiehlt es sich deshalb, den Erlass einer einstweiligen Anordnung gem. § 769 ZPO zu beantragen.

II. Zulässigkeit

1303 1. **Allgemeines.** Von **Rechtsreferendaren** werden die Probleme der Zulässigkeit **regelmäßig überschätzt**. In einer Vielzahl von Fällen – insbesondere solchen der Praxis – tauchen keine Zulässigkeitsprobleme auf. In diesen Fällen reicht es knapp festzustellen, dass die Klage zulässig ist oder es ist sofort mit der Begründetheit der Klage zu beginnen.

1304 2. **Einzelheiten.** Eine Vollstreckungsabwehrklage ist zulässig, wenn ihre **allgemeinen und besonderen Sachurteilsvoraussetzungen** vorliegen.

---

    maßgeblichen Zeitpunkt entstandene Gründe anführen kann, steht ihm die Möglichkeit offen, eine Vollstreckungsgegenklage zu erheben. Dabei trägt er die Darlegungs- und Beweislast dafür, dass die Einwendungen erst nachträglich entstanden sind (BGH, NJW-RR 2006, 202, 203; BGH, BGHZ 34, 274, 281 = NJW 1961, 1967; Münch, NJW 1991, 795, 796).

25 BGH, NJW 2002, 2940, 2943.
26 Folge: Wirkung nicht nur zwischen den Parteien, sondern gegenüber allen.
27 BGH, NJW-RR 1990, 48, 49; BGH, NJW 1994, 460 = JuS 1994, 528 Nr. 7 (Schmidt); OLG Rostock, OLG-NL 2003, 186 = WuM 2003, 638.
28 BGH, NJW-RR 1990, 48, 49.
29 Siehe aber §§ 775 Ziffer 4 und Ziffer 5 ZPO. Ferner OLG München, NJW-RR 2002, 1034.
30 Nach Kohler, AcP 72 (1888), 1, 4, auch Vollstreckungsgegenklage genannt.
31 Und ist damit kein echter Rechtsbehelf.

3. Kapitel: Vollstreckungsabwehrklage (§ 767 ZPO)

> **Schema**
>
> - ggf. Auslegung des Antrages im Hinblick auf dessen Statthaftigkeit: Die Vollstreckungsabwehrklage ist statthaft, wenn der Kläger materiell-rechtliche Einwendungen erhebt, die den durch das Urteil festgestellten Anspruch selbst betreffen.
> - Sachliche und örtliche Zuständigkeit: Grundsätzlich §§ 802, 767 Abs. 1 ZPO. Prozessgericht ist das Gericht, das den Vollstreckungstitel geschaffen hat[32].
> - Form: § 253 ZPO.
> - Rechtschutzinteresse: Das Rechtsschutzbedürfnis besteht vom Erlass des Titels an (also u. U. schon vor der Klauselerteilung) bis zur vollständigen Beendigung der Zwangsvollstreckung. Es besteht – wie stets – nicht, wenn der Kläger sein Ziel einfacher erreichen kann. Bei einem prozessual[33] unwirksamen Prozessvergleich[34] ist etwa das alte Verfahren fortzusetzen.
> - weitere Sachurteilsvoraussetzungen

1305

> **Beispiel:**
> „Die Klage ist zulässig. Sie ist als Vollstreckungsgegenklage statthaft, da der Kläger mit dem Einwand, den Anspruch erfüllt zu haben, eine materiell-rechtliche Einwendung gegen das Urteil des LG Berlin vom 3. April 2009 (Az: 31 O 314/08) geltend macht. Das angerufene Gericht ist als Gericht des ersten Rechtszuges örtlich und sachlich gemäß §§ 767 Abs. 1, 802 ZPO ausschließlich zuständig. Für die Klage besteht ein Rechtsschutzbedürfnis, da die Zwangsvollstreckung aus dem Urteil noch nicht vollständig beendet ist."

1306

III. Nicht hinreichend bestimmte Titel

Wie die Frage, ob überhaupt ein Vollstreckungstitel vorliegt, ist auch die, ob und welchen vollstreckungsfähigen Inhalt ein Titel hat, von den Vollstreckungsorganen durch Auslegung festzustellen. Nach h. M. ist deshalb die Klage gem. § 767 Abs. 1 ZPO analog gegen **nicht hinreichend bestimmte Vollstreckungstitel** zulässig[35]. Liegt ein unbestimmter Titel vor, hat der Schuldner ein schutzwürdiges Interesse daran, dessen Vollstreckungsfähigkeit zu beseitigen[36]. Gegenüber dieser Klage kommt die Feststellungsklage in Frage, etwa weil die Auslegung des Voll-

1307

---

32 BGH, NJW 2002, 444, 445. Dieses Gericht war bereits mit der Sache befasst.
33 Ist der Vergleich materiell-rechtlich ex nunc unwirksam, ist die Klage zulässig. Siehe im Einzelnen Rn. 901 ff.
34 Siehe Rn. 908 ff.
35 BGH, NJW 1994, 460; OLG Karlsruhe, MDR 2005, 533; OLG Koblenz, NJW 2002, 1509, 1510 m. w. Nachw. OLG Rostock, OLG-NL 2003, 186 = WuM 2003, 638. Nach a. A. ist hier die Vollstreckungserinnerung statthaft.
36 Der Schuldner kann ferner die Herausgabe des unbestimmten Titels entsprechend § 371 BGB verlangen, BGH, DStR 2008, 1841; BGH, NJW 1994, 460. Der Schuldner ist neben der Unzulässigerklärung der Zwangvollstreckung häufig auch an der Herausgabe des Vollstreckungstitels interessiert und verbindet deshalb die Vollstreckungsabwehrklage mit einer Herausgabeklage (objektive Klagehäufung, § 260 ZPO). Zumindest bei einer gleichzeitig erhobenen oder vorangegangenen Vollstreckungsgegenklage ist die Herausgabeklage nach h. M. zulässig.

streckungstitels nicht zu einem eindeutigen Ergebnis führt, der Titel also nicht auslegungsfähig ist[37].

IV. Entstehung der Gründe

1308 **1. Allgemeines.** Die Vollstreckungsabwehrklage kann nur auf solche Gründe gestützt werden, die **nach Schluss der mündlichen Verhandlung** entstanden sind, in der sie im Vorprozess spätestens hätten geltend gemacht werden müssen[38]. Sind die Gründe vor diesem Zeitpunkt entstanden und wird die Rechtswirkung der Einwendung erst durch eine Willenserklärung ausgelöst, so ist nach gefestigter Rechtsprechung der Zeitpunkt maßgebend, in dem die Willenserklärung objektiv abgegeben werden konnte[39]. Der Entstehungszeitpunkt des Einwands ist allein nach **objektivem Recht** zu bestimmen; es kommt daher nicht darauf an, ab wann die Partei die entsprechenden Tatsachen kannte oder hätte erkennen können[40].

1309 Ein Gläubigerwechsel stellt **keine neue Tatsache** i. S. d. § 767 Abs. 2 ZPO dar, wenn der alte Gläubiger seine materielle Rechtszuständigkeit auf Grund einer Abtretung schon vor dem Schluss der mündlichen Verhandlung verloren hat[41]. Ein Wandel der höchstrichterlichen Rechtsprechung kann zwar zu Störungen der Vertragsgrundlage führen, die nach den Regeln des Wegfalls der Geschäftsgrundlage zu behandeln sind. Auch er begründet jedoch keine Einwendung i. S. d. § 767 ZPO gegen den titulierten Anspruch[42]. Handelt es sich bei dem angegriffenen Titel um ein Versäumnisurteil oder einen Vollstreckungsbescheid, sind solche Einwendungen ausgeschlossen, die durch **Einspruch** geltend gemacht werden konnten, siehe § 796 Abs. 2 ZPO.

1310 **2. Insbesondere Gestaltungsrechte.** Für selbstständige Gestaltungsrechte[43] ist streitig, wann sie i. S. d. Gesetzes entstanden sind. Es bieten sich **zwei Anknüpfungspunkte** an, nämlich die objektive Möglichkeit der Ausübung und die tatsächliche Ausübung des Gestaltungsrechts. Der Bundesgerichtshof stellt für die gesetzlichen Gestaltungsrechte[44] auf die **objektive Möglichkeit** der Ausübung, für die vertraglich[45] eingeräumten Gestaltungsrechte wie Options- oder Rücktrittsrechte hingegen auf die **tatsächliche Ausübung** ab[46]. Wenn die Partei schon während des Vorprozesses durch ein gesetzliches Gestaltungsrecht die Rechtslage zu ihren Gunsten hätte beeinflussen können, ist sie damit also gem. § 767 Abs. 2

---

37 OLG Karlsruhe, MDR 2005, 533.
38 BGH, NJW 2005, 2926, 2927; BGH, BGHZ 139, 214, 215, 220 ff.
39 BGH, NJW 2005, 2926, 2927; BGH, NJW 2003, 3134, 3135.
40 BGH, NJW 2001, 231.
41 BGH, BGHZ 145, 352 ff. = BGH NJW 2001, 231.
42 BGH, NJW 2002, 2940.
43 Aufrechnung, Anfechtung, Rücktritt, Minderung etc.
44 BGH, NJW-RR 2006, 229, 230; BGH, NJW 2005, 2926, 2927; BGH, NJW 1982, 2527, 2528.
45 BGH, BGHZ 94, 29 = NJW 1985, 2481 = LM § 322 ZPO Nr. 105 = JZ 1985, 751 m. Anm. Arens.
46 BGH, NJW-RR 2006, 229, 231.

3. Kapitel: Vollstreckungsabwehrklage (§ 767 ZPO) 1311–1314

ZPO präkludiert[47]. Nach dem Bundesgerichtshof verliert die gestaltungsberechtigte Partei also die Möglichkeit, **frei darüber zu entscheiden,** wann sie die Gestaltungsfolge herbeiführen will. War im Zeitpunkt der letzten mündlichen Verhandlung eine **Aufrechnungslage** nicht gegeben, kann der auf die Aufrechnung gestützte Einwand der Erfüllung aber nicht deshalb gem. § 767 Abs. 2 ZPO präkludiert sein, weil die Aufrechnungslage hätte geschaffen werden können[48].

Nach dem Bundesgerichtshof[49] gilt das auch für einen **Gläubigerwechsel nach** **1311** **Abtretung.** Der Gläubigerwechsel stelle keine neue Tatsache i. S. d. § 767 Abs. 2 ZPO dar. Die bislang h. M. war demgegenüber unter Verweis auf § 407 BGB davon ausgegangen, dass der Schuldner mit seiner Einwendung ausnahmsweise nicht präkludiert sei. Der BGH ist der Auffassung, dass diese Ansicht mit Wortlaut und Inhalt des § 767 ZPO nicht zu vereinbaren sei. Die in der Literatur vorherrschende Gegenansicht hält den Zeitpunkt der Ausübung des Gestaltungsrechts für maßgeblich. Erst mit der Gestaltungserklärung trete die Rechtsänderung ein.

V. Aufbaufragen

1. Rubrum und Tenor. Die Entscheidung über eine Vollstreckungsabwehrklage **1312** ergeht durch Urteil. Im Rubrum heißt es „Rechtsstreit". Die Anwälte sind „Prozessbevollmächtigte". Die Parteien werden „Kläger" und „Beklagter" genannt. Bei einer Vollstreckungsabwehrklage geht es darum, die Zwangsvollstreckung aus einem Titel für unzulässig zu erklären.

📄 **Formulierungsvorschläge** **1313**
- „Die Zwangsvollstreckung aus dem Urteil des Amtsgerichts Neukölln vom 13. Mai 2009, 12 C 300/08, wird für unzulässig erklärt."
- „Die Zwangsvollstreckung aus dem Urteil des Amtsgerichts Neukölln vom 13. Mai 2009, 12 C 300/08, wird für unzulässig erklärt, soweit der Kläger hieraus mehr als 2.000,00 € nebst 4 % Zinsen seit dem 10. Dezember 2007 vollstreckt. Im Übrigen wird die Klage abgewiesen."
- „Die Zwangsvollstreckung aus dem Vollstreckungsbescheid des Amtsgerichts Wedding vom 13. Mai 2001, 33–8668.769–0–7, wird für unzulässig erklärt."

Über Gerichts- und außergerichtliche **Kosten** hat das Gericht nach §§ 91 ff. ZPO **1314** zu entscheiden. Bei der Entscheidung zur **vorläufigen Vollstreckbarkeit** ist bei ganz oder teilweise stattgebenden Entscheidungen zu beachten, dass das Urteil im Hinblick auf § 775 Nr. 1 ZPO insgesamt, also nicht etwa nur wegen der Kosten, für vorläufig vollstreckbar zu erklären ist. Bei der Bestimmung der Sicherheitsleistung ist der Wert der Forderung, wegen der der Beklagte vollstreckt hat, mit zu berücksichtigen, da diese Vollstreckung durch das Urteil verhindert wird und dem

---

[47] So für die Aufrechnung BGH, BGHZ 24, 97, 98 = NJW 1957, 986 und für die Anfechtung BGH, BGHZ 42, 37, 39 ff. = NJW 1964, 1797.
[48] BGH, MDR 2006, 109.
[49] BGH, NJW 2001, 231 = JuS 2001, 402 Nr. 12 (Karsten Schmidt) mit zustimmender Anm. Brand/Fett, JuS 2002, 637 ff.

Beklagten bei einer nunmehr eintretenden Insolvenz des Klägers ein Schaden in dieser Höhe droht[50].

1315 ⌖ **Klausurtipp**

§ 709 Satz 2 ZPO ist für die „Hauptforderung" nicht anwendbar, weil es sich nicht um eine Geldforderung handelt. Etwas anderes gilt für die Kosten. Ob man daher sowohl nach § 709 Satz 1 als auch nach Satz 2 tenoriert, ist Geschmackssache[51].

1316 2. **Tatbestand.** Im Tatbestand sind die für den **Gerichtsstand** nach § 802 ZPO **maßgeblichen Tatsachen** zu beurkunden. Ferner muss mitgeteilt werden, wann die letzte mündliche Verhandlung im Vorprozess stattfand. Im Tatbestand muss vor allem mitgeteilt werden, gegen welchen Titel der Kläger vorgeht, wann die Vollstreckung begonnen und welche Rechte der Kläger – wegen der möglichen Präklusion nach § 767 Abs. 2 ZPO – wann erworben hat. Von Interesse ist ggf. außerdem, ob noch ein Einspruch möglich war.

1317 3. **Entscheidungsgründe.** Die Entscheidungsgründe eines Urteils auf eine Vollstreckungsabwehrklage müssen „spiegeln", **worum es dem Kläger geht.** Der Kläger will nicht den Titel bekämpfen (dazu dienen die Rechtsmittel). Der Kläger will dem Titel nur seine „Vollstreckbarkeit" nehmen. Dieses Ziel gibt den Aufbau der Entscheidungsgründe vor. Eine Vollstreckungsabwehrklage ist danach „abstrakt" dann begründet, wenn der Kläger materiell-rechtliche Einwände gegen einen „Titel" (den titulierten Anspruch) behauptet und ggf. beweist, und begründet und ggf. beweist, dass seine Einwendungen nicht nach § 767 Abs. 2 und 3 ZPO ausgeschlossen sind.

1318 a) **Aktiv- und Passivlegitimation.** Für eine Vollstreckungsabwehrklage muss der **Kläger aktiv-, der Beklagte passivlegitimiert** sein. Zu prüfen ist also, ob der Kläger Vollstreckungsschuldner ist oder derjenige, gegen den der Titel umgeschrieben wurde. Der Beklagte muss der Vollstreckungsgläubiger sein oder derjenige, für den der Titel umgeschrieben werden kann: z. B. nach einer Abtretung.

1319 ⌖ **Klausurtipp**

Aktiv- und Passivlegitimation sind in der Klausur nur zu erwähnen, wenn hier – etwa bei einer Titelumschreibung – Probleme bestehen.

1320 b) **Einwände.** Dem Kläger muss gegen den Titel eine Einrede oder Einwendung[52] zustehen, die nicht nach § 767 Abs. 2, Abs. 3 ZPO präkludiert ist. Vor allem **rechtsvernichtende Einwendungen** (Erfüllung, Aufrechnung, Erlass, Anfechtung, Eintritt einer auflösenden Bedingung, Wegfall der Geschäftsgrundlage, Rücktritt) und **rechtshemmende Einwendungen** (Verjährung, Stundung) kommen in Betracht. Auf **rechtshindernde Einwendungen** kann die Klage nur gestützt werden, wenn ausnahmsweise § 767 Abs. 2 ZPO nicht anwendbar ist.

---

50 Ausführlich König, JA 2004, 119, 120.
51 Vgl. König, JA 2004, 119, 123.
52 Siehe dazu den Überblick in Rn. 487.

4. Kapitel: **Drittwiderspruchsklage (§ 771 ZPO)**

I. Allgemeines

Gegenstand der Zwangsvollstreckung ist das Vermögen des Schuldners. Mit der Drittwiderspruchsklage[53] greift der Kläger die **Vollstreckung in einen bestimmten Gegenstand** mit der Behauptung an, dieser stehe ihm zu und gehöre **nicht in das Vermögen des Schuldners**. Die Drittwiderspruchsklage ist wie die Vollstreckungsgegenklage eine Gestaltungsklage[54]. Der Klageantrag muss daher darauf gerichtet sein, die Zwangsvollstreckung in einen bestimmten Gegenstand für unzulässig zu erklären[55]. Beklagter ist stets der Gläubiger. Unklar gefasste Anträge sind nach dem erkennbaren Rechtsschutzziel des Klägers auszulegen. Wie stets ist der Antrag im Tatbestand wörtlich wiederzugeben und die Auslegung in den Entscheidungsgründen vorzunehmen.

1321

II. Zulässigkeit

Als Klage muss die Drittwiderspruchsklage die **Sachurteilsvoraussetzungen im eigentlichen und im weiteren Sinne**[56] erfüllen. Hervorzuheben sind folgende Besonderheiten:
- Die Drittwiderspruchsklage ist statthaft, wenn ein Dritter[57] behauptet, ihm stehe an dem Gegenstand der Vollstreckung ein die Veräußerung hinderndes Recht zu[58].
- Örtlich ausschließlich zuständig ist gemäß §§ 771 Abs. 1, 802 ZPO das Gericht, in dessen Bezirk die Zwangsvollstreckung erfolgt. Die sachliche Zuständigkeit[59] richtet sich nach den allgemeinen Regeln und ist nicht ausschließlich[60].
- Grundsätzlich besteht in dem Zeitraum zwischen dem Vollstreckungsakt und der Beendigung der Zwangsvollstreckung ein Rechtsschutzinteresse[61] für die Drittwiderspruchsklage. Geht es um eine Herausgabevollstreckung, so hat der Dritte schon bei Erschaffung des Titels ein Rechtsschutzinteresse, weil er sonst die Herausgabe nicht verhindern kann. Ist der Vollstreckungsakt

1322

---

53 Auch Widerspruchsklage oder Interventionsklage.
54 Auch für sie ist daran zu denken, den Erlass einer einstweiligen Anordnung gem. § 769 ZPO zu beantragen.
55 Ggf. ist ein falscher Feststellungsantrag in eine Gestaltungsklage umzudeuten.
56 Siehe Rn. 523 ff.
57 Dies kann nach BGH, NJW 2004, 217, 218 auch der Alleingesellschafter einer „Ein-Mann-GmbH" sein.
58 Die Beweislast hierfür trifft den Kläger, BGH, NJW 2004, 217, 218.
59 Der Wert richtet sich nach § 6 Satz 1 ZPO nach der Vollstreckungsforderung.
60 Sachliche Zuständigkeit nach Streitwert, §§ 23 Nr. 1, 71 GVG, 6 ZPO.
61 Das Rechtsschutzbedürfnis besteht grundsätzlich auch im Fall von nichtigen Vollstreckungsakten, da diese den Schein einer wirksamen Pfändung hervorrufen können, der dazu führen kann, dass der Pfändungsgegenstand versteigert wird oder der Drittschuldner an den Gläubiger zahlt.

nichtig, so berührt dies nicht das Rechtsschutzinteresse des Dritten, weil der Schein einer wirksamen Pfändung besteht[62].

III. Aufbaufragen

1323 1. **Rubrum und Tenor**[63]. Die Entscheidung über eine Drittwiderspruchsklage ergeht durch **Urteil**. Im Rubrum heißt es „Rechtsstreit". Die Anwälte sind „Prozessbevollmächtigte". Die Parteien werden „Kläger" und „Beklagter" genannt. Im durch § 775 Nr. 1 ZPO vorgegebenen Tenor wird die Zwangsvollstreckung aus einem Titel in einen bestimmten Vollstreckungsgegenstand für unzulässig erklärt.

1324 Formulierungsvorschlag
„Die Zwangsvollstreckung des Beklagten aus dem Urteil des Landgerichts Berlin vom 12. März 2002, 31 O 314/01 in das am 10. März 2001 bei dem Schuldner Herbert Feuerstein, Hermannstr. 23, 1235 Berlin, gepfändete Sichttelefon, Marke Siemens-Giga, Seriennummer 1254 (Pfändungsprotokoll des Gerichtsvollziehers Herbert Müller DR Nr. II 355/00) wird für unzulässig erklärt."

1325 Über Gerichts- und außergerichtliche Kosten hat das Gericht nach §§ 91 ff. ZPO zu entscheiden. Bei der Entscheidung zur vorläufigen Vollstreckbarkeit ist bei ganz oder teilweise stattgebenden Entscheidungen zu beachten, dass das Urteil im Hinblick auf § 775 Nr. 1 ZPO **insgesamt**, also nicht etwa nur wegen der Kosten, für vorläufig vollstreckbar zu erklären ist. Der Wert des Vollstreckungsgegenstandes ist dabei in die vom Kläger zu leistende Sicherheit mit einzubeziehen, § 717 Abs. 2 Satz 1 ZPO[64]. § 709 Satz 2 ZPO ist für die „Hauptforderung" nicht anwendbar, weil es sich nicht um eine Geldforderung handelt. Etwas anderes gilt für die Kosten. Ob man daher sowohl nach § 709 Satz 1 als auch nach Satz 2 tenoriert, ist Geschmackssache.

1326 2. **Tatbestand.** Im Tatbestand muss vor allem mitgeteilt werden, **gegen welchen Titel** der Kläger angeht, wann die Vollstreckung begonnen und welche Rechte – hier liegt zumeist der Schwerpunkt – der Kläger behauptet.

1327 3. **Entscheidungsgründe.** Die Drittwiderspruchsklage ist statthaft, wenn der Dritte ein die **Veräußerung hinderndes Recht** behauptet. Sie steht nur dem Dritten zu, niemals dem Gläubiger und grundsätzlich auch nicht dem Schuldner. Zu prüfen ist, ob
- dem Kläger ein die Veräußerung hinderndes Recht zusteht,
- der Beklagte ein besseres Recht hat,
- der Beklagte Einwendungen geltend machen kann.

1328 Die Frage nach dem „die Veräußerung hindernden Recht" und seine Prüfung ist regelmäßig **Schwerpunkt von Drittwiderspruchsklausuren**. Die gesetzliche For-

---

62 BGH, WM 1981, 648, 649.
63 Siehe dazu auch Stadler/Bensching, Jura 2002, 438, 441.
64 Ausführlich König, JA 2004, 119, 120.

4. Kapitel: Drittwiderspruchsklage (§ 771 ZPO) 1328

mulierung für die Klage nach § 771 Abs. 1 ZPO ist freilich sehr ungenau[65]. Ein „die Veräußerung hinderndes Recht" gibt es nicht. Selbst Eigentum, als das stärkste dingliche Recht, kann gutgläubig erworben werden. Ein Recht i.S.d. § 771 Abs. 1 ZPO liegt daher dann vor, wenn der Schuldner selbst, veräußerte er den Vollstreckungsgegenstand, widerrechtlich in den Rechtskreis des Dritten eingreifen würde und deshalb der Dritte den Schuldner hindern könnte, zu veräußern[66]. Als Rechte i.S.v. § 771 Abs. 1 ZPO kommen in Betracht:

- Eigentum
- Vorbehaltseigentum
  - Vollstreckung durch Gläubiger des Käufers: Der Vorbehaltsverkäufer kann nach h.M.[67] die Drittwiderspruchsklage geltend machen. Der Gläubiger kann jedoch das Anwartschaftsrecht pfänden lassen. Oder er kann nach § 267 BGB den Kaufpreisrest an den Verkäufer zahlen.
  - Vollstreckung durch Gläubiger des Verkäufers: Diese Konstellation ist eher selten, da die Sache in der Regel beim Käufer sein wird, der einer Pfändung gemäß § 809 ZPO widersprechen kann und dann gegebenenfalls die Erinnerung geltend machen kann. Ist die Sache dennoch beim Verkäufer, so kann der Käufer die Drittwiderspruchsklage gestützt auf sein Anwartschaftsrecht erheben.
- Sicherungseigentum
  - Vollstreckung durch Gläubiger des Käufers: Der Sicherungsgeber hat nach h.M.[68] ein Interventionsrecht, da die Sache wirtschaftlich zum Vermögen des Sicherungsgebers gehört. Die Minderansicht verweist den Sicherungsgeber auf § 805 ZPO, da das Sicherungseigentum einem besitzlosen Pfandrecht gleichsteht und auch in der Insolvenz nur zur Absonderung und nicht zur Aussonderung berechtigt.
  - Vollstreckung durch Gläubiger des Verkäufers: Der Sicherungsnehmer hat nach h.M.[69] ein Interventionsrecht, solange der zu sichernde Anspruch besteht. Die Minderansicht verweist den Sicherungsgeber wiederum auf § 805 ZPO.
- Forderungsinhaberschaft[70]
- Beschränkt dingliche Rechte
- Besitz, str.
- Schuldrechtliche Herausgabeansprüche, z.B. des untervermietenden Mieters

---

65 Stadler/Bensching, Jura 2002, 438, 441.
66 BGH, BGHZ 55, 20, 26.
67 BGH, BGHZ 54, 214, 218; a.A. etwa Schwerdtner, Jura 1980, 661, 668.
68 BGH, BGHZ 55, 20, 26 = NJW 1971, 800; BGH, WM 1986, 979; a.A. Weber, NJW 1976, 1601, 1605.
69 BGH, BGHZ 80, 296, 299.
70 BGH, NJW 1977, 385; BGH, NJW, 1986, 2362; BGH, NJW 1988, 1095.

5. Kapitel: § 805 ZPO

1329 Die Klage auf vorzugsweise Befriedigung, die die Drittwiderspruchsklage ergänzt, dient dem Inhaber eines besitzlosen Pfandrechts oder Vorzugsrechts an dem Gegenstand. Die Klage auf vorzugsweise Befriedigung ist bei einer Vollstreckung wegen Geldforderungen in bewegliche Sachen statthaft. Der Inhaber eines besitzlosen Pfandrechts kann die Zwangsvollstreckung **nicht verhindern**[71]. Er kann nur verlangen, dass er vor dem Vollstreckungsgläubiger aus dem Erlös der Verwertung befriedigt wird.

1330 Dem Inhaber eines besitzenden Pfandrechts hingegen steht die Drittwiderspruchsklage zu. Weil die Vorzugsklage ein Minus zur Drittwiderspruchsklage ist, kann er aber auch mit der Vorzugsklage vorgehen. Die Klage ist begründet, wenn der Kläger ein Pfand- oder Vorzugsrecht hat, das dem Rang des Vollstreckungsgläubigers vorgeht. Der Rang des Pfandrechts richtet sich nach dem **Prioritätsprinzip**. Das Verfahren der Vorzugsklage entspricht dem der Drittwiderspruchsklage. Ist die Zwangsvollstreckung beendet und macht jemand geltend, dadurch einen Nachteil erlitten zu haben, so kommt nur noch die „normale" Leistungsklage in Betracht. Hier werden meist Bereicherungsansprüche eines Dritten gegen den Vollstreckungsgläubiger geprüft. Zu beachten ist die Problematik, ob der Bruttoerlös oder der Erlös nach Abzug der Vollstreckungskosten herauszugeben ist. Nach h. M. ist der Nettoerlös herauszugeben. Auf § 818 Abs. 3 BGB kann sich der Gläubiger nicht berufen, weil er seinen Anspruch gegen den Schuldner behält. Schadenersatzansprüche scheiden meist wegen mangelndem Verschulden aus. Gegen den Ersteigerer stehen dem Dritten **keine Ansprüche** zu.

6. Kapitel: Sofortige Beschwerde

1331 Die sofortige Beschwerde ist gegen Entscheidungen des Richters bzw. über § 11 Abs. 1 RPflG gegen Entscheidungen des Rechtspflegers im Vollstreckungsverfahren statthaft, die **ohne mündliche Verhandlung** ergehen können[72]. Sie hat Suspensiv- und Devolutiveffekt und muss innerhalb der Notfrist von zwei Wochen eingelegt werden, § 569 Abs. 1 Satz 1 ZPO. Parteien des Verfahrens sind Gläubiger und Schuldner. Die Entscheidung ergeht durch Beschluss des Landgerichts. Unter bestimmten Voraussetzungen ist gegen die Entscheidung die Rechtsbeschwerde nach § 574 ZPO zulässig.

---

71 Also keine Drittwiderspruchsklage.
72 Z. B. Erinnerung, Entscheidung nach § 887 ZPO.

7. Kapitel: Rechtspflegererinnerung

Ergeht eine Entscheidung[73] durch den **Rechtspfleger**[74], die – falls ein Richter sie getroffen hätte – nicht anfechtbar wäre[75], so kann diese fristgebunden[76] durch eine schriftlich oder zu Protokoll der Geschäftsstelle gestellte Rechtspflegererinnerung richterlich überprüft werden. Sie ist damit der sofortigen Beschwerde vergleichbar; allerdings ist der Rechtspfleger nach § 11 Abs. 2 Satz 2 RPflG zur Abhilfe befugt. Hilft der Rechtspfleger der Erinnerung nicht ab, hat er sie dem Richter vorzulegen. **1332**

8. Kapitel: Beschwerde nach § 71 GBO

Ergeht eine Entscheidung durch das Grundbuchamt[77], so ist dagegen die **Beschwerde** statthaft. **1333**

---

[73] Gegen Vollstreckungsmaßnahmen ist hingegen richtiger Rechtsbehelf die Erinnerung nach § 766 ZPO. Siehe oben Rn. 1281 ff.
[74] Z. B. Forderungspfändung.
[75] Z. B. nach § 769 ZPO oder wenn die Beschwerdesumme nicht erreicht wird.
[76] Zwei Wochen.
[77] Z. B. bei einer Zwangsvollstreckung in das unbewegliche Vermögen des Schuldners durch Eintragung einer Zwangshypothek.

Teil 10: **Anwaltsklausuren**

1. Kapitel: **Einführung**

1334 Die Anwaltsklausur kann **sämtliche prozessualen Probleme** enthalten, die auch in den Klausuren aus Richtersicht eine Rolle spielen. Z. B. die Probleme der Säumnis, der Widerklage, der Nebenintervention, der Stufenklage, der Feststellungsklage, des Prozessvergleichs etc., aber auch des Tenors (= des Klageantrags), des Rubrums (= den Formalien der Klageschrift) spielen sowohl aus Richtersicht als aus Sicht des Anwalts eine **große Rolle** und können zum Gegenstand einer Klausur gemacht werden.

1335 Um **Wiederholungen** zu vermeiden, werden an **dieser Stelle** nur die **Besonderheiten** dargestellt, die nur für die Anwaltsklausur eine Rolle spielen. Wer die Anwaltsklausur einüben will, muss **sämtliche Teile des Buches gründlich durcharbeiten**. Soweit nötig, wird dort zusätzlich auf Besonderheiten eines prozessualen Problems aus Anwaltssicht hingewiesen.

1336 ✎ Klausurtipp

Anwaltsklausuren erfreuen sich im Examen **steigender Beliebtheit**. Etwa in Berlin können mittlerweile von den sieben zu fertigenden Klausuren vier aus anwaltlicher Sicht zu schreiben sein. Anwaltsklausuren werden dabei in der Regel schwerer als Richterklausuren empfunden, da es auch um Zweckmäßigkeitserwägungen geht.

Anwaltsklausuren bestehen häufig in der Schilderung eines Mandantengesprächs, bei dem der Mandant „seinem" Rechtsanwalt die bisherige Korrespondenz und sonstige Unterlagen überreicht. Die **Aufgabe des Bearbeiters**, der die Rolle des Anwalts übernimmt, ist es zunächst, die Vorstellungen und Interessen des Mandanten herauszufinden. Dabei muss er bedenken, dass er zur erschöpfenden Beratung verpflichtet ist; es ist jedes denkbare – also keine abwegigen Vorgehensweisen – juristische Vorgehen zu prüfen. Etwas anderes gilt, wenn sich aus dem Klausurtext oder dem Bearbeitervermerk ergibt, dass der Mandant die Beratung nur in einer ganz bestimmten Richtung wünscht oder aber beispielsweise einen bestimmten Anspruch – z. B. gegen ein nahes Familienmitglied oder einen offenbar Vermögenslosen – nicht verfolgen will. Im Zweifel sind jedoch alle in Betracht kommenden Ansprüche oder Verteidigungsformen zu prüfen. Dabei kann der Rechtsanwalt grundsätzlich davon ausgehen, dass die Informationen seines Mandanten zutreffen und vollständig wiedergegeben sind.

2. Kapitel: Sachverhaltswiedergabe

Bei der zivilrechtlichen Anwaltsklausur steht **Stil und Aufbau** zumeist im **freien Ermessen des Bearbeiters**. Das bedeutet nicht, dass die deutsche Sprache oder ein klarer und logischer Aufbau nicht gefordert sind. Als typische „Klausurtypen" kommen die folgenden vier Gestaltungen vor: **1337**

- **Angriffsklausur:** Es ist ein Vermerk und eine Klageschrift oder ein Mandantenschreiben zu fertigen.
- **Verteidigungsklausur:** Es ist ein Vermerk und ein Verteidigungsschriftsatz oder ein Mandantenschreiben zu fertigen.
- **Angriffsklausur und Verteidigungsklausur (Kombination):** Z. B. Verteidigungsschriftsatz + Widerklage.
- **Vertragsgestaltung.**

Die Anwaltsklausur selbst besteht meistens aus **zwei oder drei Teilen:** **1338**

☑ **Checkliste** **1339**

- ggf. Sachverhaltswiedergabe
- Gutachten aus Sicht des Mandanten
- Ergebnis, nämlich:
    - Klageschrift
    - Klageerwiderung
    - Mandantenschreiben
    - Vertrag

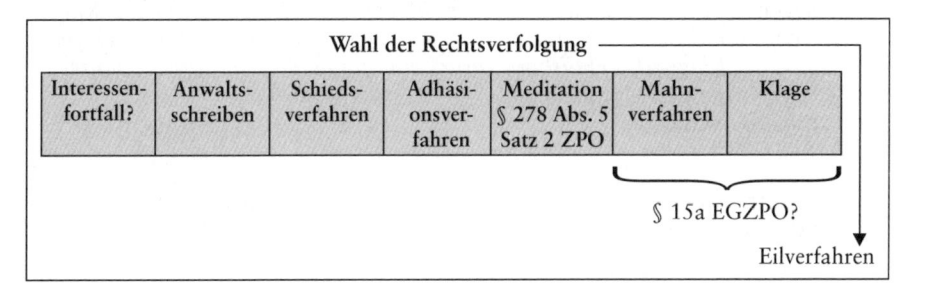

Wahl der Rechtsverfolgung						
Interessenfortfall?	Anwaltsschreiben	Schiedsverfahren	Adhäsionsverfahren	Meditation § 278 Abs. 5 Satz 2 ZPO	Mahnverfahren	Klage

§ 15a EGZPO?

Eilverfahren

2. Kapitel: **Sachverhaltswiedergabe**

Ob in der Anwaltsklausur eine **Sachverhaltswiedergabe** gefertigt werden muss, ist von der konkreten Aufgabenstellung abhängig[1]. Wird eine Sachverhaltsschilderung verlangt, kann diese ähnlich wie ein Sachbericht im Votum[2] gestaltet werden. Die Sachverhaltsschilderung aus Sicht des Mandanten muss **umfassend** sein. Nur die Tatsachen[3] dürfen weggelassen werden, die unter **allen Gesichtspunkten** für die Entscheidung offensichtlich unerheblich sind. Umfang und Auf- **1340**

---

1 Z. B. bei einer Klageerwiderung.
2 Siehe Rn. 1599 ff.
3 Und ggf. Rechtsansichten.

bau der Sachverhaltsschilderung richten sich im Wesentlichen nach den Anforderungen im Einzelfall.

1341

> **Schema**
>
> Ist der (voraussichtliche) **Kläger der Mandant,** kann wie folgt aufgebaut werden:
> - kurze Benennung des Streitgegenstandes und des Verfahrensstandes sowie der Parteien
> - evt. Geschichtserzählung (Imperfekt)
> - Klägervortrag (Konjunktiv Präsens)
> - evt. Prozessgeschichte (Indikativ Perfekt)
> - Gewünschte Rechtsfolge (evt. Antrag)

1342

> **Schema**
>
> Ist der **Beklagte der Mandant,** kann hingegen wie folgt aufgebaut werden:
> - kurze Benennung des Streitgegenstandes und des Verfahrensstandes und der Parteien
> - Geschichtserzählung (Imperfekt)
> - Klägervortrag (Konjunktiv Präsens)
> - evt. Prozessgeschichte (Indikativ Perfekt)
> - Gewünschte Rechtsfolge bzw. zumeist der Antrag des Klägers
> - Begehren des Mandanten: *„Der Beklagte möchte sich gegen die Klage wehren und trägt hierzu vor…"* oder *„Der Mandant möchte erreichen, dass der Kläger das Hausboot zurücknimmt und den Kaufpreis erstattet."*
> - Vorbringen des Mandanten
> - Prozessgeschichte

1343 Zu Aufbaufragen siehe im Übrigen Rn. 386 ff. und die dortigen, für den Sachverhalt der Anwaltsklausur **sinngemäß zu übernehmenden Ausführungen.**

3. Kapitel: **Gutachten = Aktenvermerk**

I. Allgemeines

1344 Nach den Bearbeiteranweisungen steht vor oder nach dem Ergebnis anwaltlicher Überlegungen – manchmal auch danach – häufig ein so genannter **Aktenvermerk** (= Quasigutachten) über die angesprochenen **prozessualen** und **materiell-rechtlichen Fragen** des Falles. Das Gutachten dient jeweils der Überprüfung, warum sich ein Bearbeiter für eine bestimmte Maßnahme (Schriftsatz oder Anschreiben) entschlossen hat. Für die Beurteilung, ob die gewählte Maßnahme zufällig ist, ist **nur das Gutachten** der Schlüssel. Dies findet seinen Niederschlag meist bei der Bewertung. In dem Gutachten ist die Rechtslage aus Sicht des Mandanten umfassend zu beurteilen. Dabei sind alle im Aktenstück angesprochenen Rechtsfragen zu behandeln.

3. Kapitel: Gutachten = Aktenvermerk 1345–1352

Im Rahmen dieser Prüfung sind jedoch nur die Rechtsbeziehungen zu berücksichtigen, die für die Wahrnehmung der Interessen des Mandanten **erheblich** sein könnten. Vermieden werden sollten daher zeitraubende Ausführungen zu unproblematischen Fragen, z. B. zur Zulässigkeit, wenn diese – wie sehr häufig – unproblematisch ist. **1345**

II. Aufbau

> **Schema** **1346**
> Das Gutachten gliedert sich im Normalfall in vier Punkte, nämlich:
> - Vorschlag
> - Zulässigkeit
> - materielle Rechtslage
> - Zweckmäßigkeit.

1. Vorschlag. Wie in einer **Richterrelation**, kann das Gutachten mit einem **Vorschlag** beginnen, was der Mandant tun sollte. Überwiegend wird aber empfohlen, das Ergebnis der Überlegungen nicht vorwegzunehmen: Eine Empfehlung an sich selbst wirkt ggf. lächerlich. **1347**

2. Zulässigkeit. An einen Vorschlag können sich **prozessuale Erörterungen** anschließen. Das Gutachten muss u. a. klären, **1348**

> ☑ **Checkliste** **1349**
> - welches Gericht (sachliche und örtliche Zuständigkeit, Wahlgerichtsstand),
> - welche Verfahrensart (z. B. Urkungsprozess; Eilverfahren, usw.),
> - welche Fristen (Rechtsmittel, Einspruch, Verjährung, etc.) zu beachten sind.

Das Gutachten sollte dem Fall entsprechen. Ist eine Klage zu fertigen, wird die Zulässigkeit zumeist auch eine **Frage der Taktik** sein und deshalb erst am Ende des Gutachtens ggf. zusammen mit der Prozesstaktik seinen Platz finden. Etwas anderes gilt bei einem Rechtsmittel. Ist eine Klageerwiderung zu erarbeiten, sollten die **prozessualen den materiellen Erwägungen** vorangestellt werden. Die prozessualen Erwägungen können aber auch mit den taktischen Fragen erst nach dem materiellen Gutachten erörtert werden. Die Beurteilung der Zulässigkeit eines Rechtsmittels sollte aber stets vor der Beurteilung seiner Erfolgsaussichten stehen. **1350**

3. Materielle Rechtslage. Im materiellen Teil des Gutachtens ist zu erörtern, **gegen wen der Mandant welche Ansprüche** besitzt und gegen welchen Gegner vorgegangen werden sollte. **1351**

4. Zweckmäßigkeit. Im Rahmen der **Zweckmäßigkeit** ist zu erörtern, wie im Interesse des Mandanten vorgegangen werden sollte. **1352**

III. Gutachten bei Angriffsklausur

1353 **1. Allgemeines.** In den weitaus meisten Fällen ist **keine Angriffsklausur** zu bearbeiten. Ist ausnahmsweise dennoch ein Gutachten aus Sicht des noch nicht klagenden Mandanten zu erstellen, sind – wie im Universitätsgutachten – sämtliche realistisch in Frage kommenden Anspruchsgrundlagen – aber auch nur diese! – zu erörtern. Im Anschluss sind Überlegungen anzustellen, wer, wo, wann auf welche Art und Weise verklagt werden soll bzw. ob von einer Klage (auch in Teilen) abzuraten ist.

1354 *Klausurtipp*

Ist eine Klageschrift Ergebnis anwaltlicher Beratung, kann es sich anbieten, dem materiellen Gutachten die **prozessualen Probleme voranzustellen**. Erforderlich ist die Erörterung prozessualer Probleme jedenfalls, wenn es sich um einen Rechtsbehelf oder ein Rechtsmittel handelt. Regelmäßig werden aber die prozessualen Ausführungen zusammen mit den Überlegungen zur Zweckmäßigkeit des weiteren Vorgehens am Ende des Gutachtens dargestellt.

2. Aufbau

1355 Schema
- ggf. Zulässigkeit
- Schlüssigkeit der vom potentiellen Kläger geltend gemachten Ansprüche + Nebenansprüche
- ggf. Prüfung des voraussichtlichen Gegnervorbringens
- ggf. Replik
- ggf. Gegenrechte
- Beweisprognose
- Prozesstaktik

IV. Gutachten bei Verteidigungsklausur

1356 **1. Allgemeines.** Bei den in der Praxis **zumeist ausgegebenen Verteidigungsklausuren** kann es sich empfehlen, das Gutachten zur Erstellung der Klageerwiderung wie eine Richter-Relation aufzubauen. Andere halten diesen Weg für zu zeitraubend. Nicht nur hier sollte man sich an die **Usancen des Prüfungsbezirks**, das eigene Können, die vorhandene Zeit, den konkreten Fall und der Situation anpassen. Wichtig ist jedenfalls, **relationell zu denken**. Vorstellbar ist, Kläger- und Beklagtenstation zusammenzufassen; von der Notwendigkeit, getrennt zu denken, entbindet das nicht.

1357 **2. Aufbau. – a) Ggf. Auslegung.** Ist das Begehren des Klägers unklar, kann es sich anbieten, dieses zunächst nach dem **Rechtsschutzziel** hin zu untersuchen.

3. Kapitel: Gutachten = Aktenvermerk

b) Zulässigkeit
- Zulässigkeit nach Klägervorbringen
- Zulässigkeit nach Beklagtenvorbringen
- Von welchen streitigen Tatsachen hängt Zulässigkeit ab?

c) Klägerstation (Schlüssigkeit des Klagevorbringens). In der Klägerstation ist zu fragen, ob der **Vortrag des Klägers** (ggf. zusammen mit dem Unstreitigen) **schlüssig** ist. Ein Sachvortrag zur Begründung eines Klageanspruchs ist nach dem Bundesgerichtshof schlüssig, wenn er Tatsachen enthält, die in Verbindung mit einem Rechtssatz geeignet sind, das geltend gemachte Recht als entstanden erscheinen zu lassen[4]. Die Angabe näherer Einzelheiten ist grundsätzlich nur dann erforderlich, wenn diese für die Rechtsfolgen von Bedeutung sind; dabei hängt es vom Einzelfall ab, in welchem Maße die Partei ihr Vorbringen durch die Darlegung konkreter Einzeltatsachen noch weiter substanziieren muss[5]. Das Gericht muss in der Lage sein, auf Grund des tatsächlichen Vorbringens zu entscheiden, ob die gesetzlichen Voraussetzungen für das Bestehen des geltend gemachten Anspruchs vorliegen.

d) Beklagtenstation (Erheblichkeit des Beklagtenvorbringens). In der Beklagtenstation ist zu fragen, ob der **Vortrag des Beklagten** zusammen mit dem unstreitigen Vortrag **erheblich** ist. Erheblich sind die Tatsachen, die vom Kläger zur Begründung seines Anspruches schlüssig vorgetragen und vom Beklagten in rechtsförmiger Weise bestritten wurden. Für den Beklagtenvortrag ist zu **unterstellen**, dass er Gegenrechte geltend macht.

e) Replik. Bei Einreden kann eine Prüfung der Replik des Klägers notwendig sein. Am Schluss sind evt. Gegenrecht, z. B. eine Widerklage zu prüfen.

g) Beweisstation/Beweisprognose (wenn Klage schlüssig und Verteidigung erheblich). Wenn – wie zumeist – noch **keine Beweisaufnahme** stattgefunden hat[6], werden innerhalb der Beweisstation die nach der Schlüssigkeitsprüfung und der (den) Erheblichkeitsprüfung(-en) beweisbedürftigen Behauptungen zusammengestellt und sodann die Beweisangebote = Beweisantritt überprüft. Gefordert ist eine vorsichtige Beweisprognose.

> ✎ **Klausurtipp**
> Wenn ausnahmsweise doch bereits eine Beweisaufnahme durchgeführt wurde, muss das Ergebnis gewürdigt werden. Hier kann auch erörtert werden, wie ein Beweisantritt aussehen müsste[7] und wer die Beweislast trägt.

---

4 BGH, FamRZ 2007, 277, 279; BGH, NJW 2005, 2710, 2711; BGH, NJW 2000, 2812, 2813; BGH, FamRZ 2005, 1536.
5 BGH, NJW 2000, 3286, 3287; BGH, NJW-RR 1995, 724.
6 Kaiser, JA 2004, 640.
7 Konkrete beweisbedürftige Tatsache – konkretes Beweismittel.

V. Prozesstaktischer Teil

1364 Bei den Ausführungen zur **Anwaltstaktik** ist zu beachten, ob der Kläger oder der Beklagte vertreten wird. Im **Klägerinteresse** können u. a. folgende **Punkte relevant** werden:

1365 ☑ Checkliste

- Ist zu klagen oder an eine alternative Art der Konfliktbewältigung zu denken (z. B. Mediation)?
- Hat die Klage Aussicht auf Erfolg? Was ist das wirtschaftlichste, d. h. kostengünstigste Vorgehen? Sind Anträge zur Prozesskostenhilfe zu stellen? Bietet sich eine Klagerücknahme und Vorgehen gegen Dritte an?
- Wenn schon Klage eingelegt wurde: Erledigung? Oder Nichtscheinen bzw. Nichtverhandeln, § 333 ZPO?
- Abtretung?
- Ist eine schnelle Titelerlangung, da z. B. Insolvenz droht, nötig? Daher ggf. Verfahrensart
  - Urkundsverfahren
  - Mahnverfahren: Ist zu erwarten, das sich der Gegner gegen den Anspruch wehrt?
- Welches Gericht ist, falls mehrere zuständig sind, auszuwählen? Falls Zuständigkeit zweifelhaft, hilfsweise Verweisungsantrag stellen?
- Sollte nur ein Teil der Forderung eingeklagt werden (z. B. wenn diese unstreitig ist und über den Rest eine umfangreiche Beweisaufnahme notwendig wäre)?
- Droht Ablauf der Verjährungsfrist, muss ggf. Verjährung unterbrochen oder gehemmt werden?
- Sollen bei wiederkehrenden Leistungen auch gleich künftige eingeklagt werden, §§ 258, 259 ZPO? Streitwert? Zulässigkeit? Kostenrisiko?
- Kommen mehrere Möglichkeiten des gerichtlichen Vorgehens in Betracht, so wären diese gegenüberzustellen, z. B. § 766 und §§ 767/771 ZPO oder § 732 und § 768 ZPO.
- Welche und wieviele Anträge werden in welchem Verhältnis (hilfsweise) gestellt?
- Ist vor Klageerhebung ein einstweiliger Rechtsschutz durchzuführen? Arrest oder einstweilige Verfügung?
- Kosten?
- Zeit?

Im **Beklagteninteresse** können u. a. folgende Punkte relevant sein:

1366 ☑ Checkliste

- Wenn Anspruch begründet ist: Anerkenntnis (sofortiges?) oder sofortige Zahlung und Erledigungserklärung. Oder: Nichtscheinen zum Termin oder nicht Verhandeln § 333 ZPO?
- Flucht in die Säumnis[8]?

---

[8] BGH, NJW 1980, 1105.

4. Kapitel: Ergebnis der Überlegungen

- Widerklage?
- „Herausschießen" von Zeugen, indem diese durch eine Widerklage zur Partei gemacht werden?
- Zuständigkeit?
- Nicht von Amts wegen zu berücksichtigende prozesshindernde Einwendungen §§ 110 Abs. 1, 113, 269 Abs. 6; 1032 ZPO.
- Ggf. Gegenrechte im Wege der (Hilfs-)Aufrechnung geltend machen?
- Weitere Einreden oder Einwendungen?
- Gestaltungsrechte: Kündigung, Rücktritt, Anfechtung, Minderung, Genehmigung, Geltendmachung eines Vorkaufsrechtes, Ausschlagung der Erbschaft
- Verjährung (§ 214 BGB); Zurückbehaltungsrechte (§§ 273, 320 BGB)
- Mängeleinrede; Bereicherungseinrede (§ 821 BGB)
- Erläuterungen, welche Tatsachen im Rahmen der unselbstständigen Verteidigung und welche im Rahmen der selbstständigen Verteidigung gebracht bzw. nicht gebracht werden.
- Hilfsweise Aufrechnung?
- Vollstreckungstaktik?
- Einstellung der Zwangsvollstreckung §§ 707, 719 ZPO oder §§ 712, 721 ZPO.
- Liegt bereits ein Titel vor?
- Einspruch gegen Versäumnisurteil/Vollstreckungsbescheid? Wiedereinsetzung in den vorigen Stand und ggf. Einstellung der Zwangsvollstreckung, § 707 ZPO?
- Berufung; Revision
- Wiederaufnahme des Verfahrens
- Nachverfahren nach Vorbehaltsurteil

Im Interesse **beider Parteien** kann ein **Vergleich** erörtert werden. **1367**

4. Kapitel: **Ergebnis der Überlegungen**

Im Anschluss an den Aktenvermerk – oder wenn verlangt davor – ist **nach dem** **1368**
Ergebnis des Vermerkes vorzuschlagen:
- der erforderliche Schriftsatz an das Gericht
- falls kein Schriftsatz an das Gericht zu fertigen ist, ein entsprechendes Mandantenschreiben
- selten ein Vertrag
- manchmal ein Vergleich.

I. Schriftsatz

In **aller Regel** wird ein **Schriftsatz** (Klage oder Klageerwiderung; selten ein **1369**
einfacher, nicht bestimmender Schriftsatz) an das Gericht zu fertigen sein. Dieser Schriftsatz muss aus sich heraus **verständlich gefasst** sein. Schriftsätze müssen der

Form des § 130 ZPO genügen. Der Schriftsatz beginnt mit der Adresse des Rechtsanwalts, dessen Rolle einzunehmen ist. Das Datum des Schriftsatzes ist nicht zu vergessen. Sodann folgt der Adressat – d.h. das Gericht mit voller Anschrift (soweit die Anschrift der Klausur entnommen werden kann). Stilfragen stehen nicht im Vordergrund, sollten aber auch nicht außer Acht gelassen werden[9].

1370 Wichtig ist, dass das Ergebnis des Vermerks **konsequent im Schriftsatz umgesetzt wird**. Im Schriftsatz sind – sofern gestattet – **Verweisungen** auf geeignete Stellen des Vermerkes unter konkreter Angabe der Bezugsstellen (durch Spitzklammern) möglich und zweckmäßig. Die Textstellen müssen aber sprachlich und gedanklich in den Schriftsatztext eingefügt werden. Daher ist z.B. eine Verweisung dann nicht möglich, wenn nur auf eine bestimmte Seite verwiesen wird oder auf Teile des Vermerkes, die im Gutachtenstil abgefasst wurden. Jeder Schriftsatz sollte im Übrigen nach sachlogischen Gesichtspunkten aufgebaut und gegliedert werden.

1371 **1. Klageschrift. – a) Allgemeines.** Mit der Klage[10] bestimmt der Kläger das Gericht, das zu entscheiden hat. Ferner bestimmt er die Parteien des Rechtsstreits. Schließlich bestimmt er den Streitgegenstand. Wegen dieser drei wichtigen Funktionen der Klage ist bei einer Klageschrift – wie im Urteil – ein **vollständiges Aktiv- und Passivrubrum**[11] zu fertigen. Die Klageschrift muss als „*Klage*" bezeichnet werden. Die Parteien sollten „*Kläger*" und „*Beklagter*" genannt werden. Anschließend ist „*namens des Klägers*" (die ergänzende Floskel „*und in versicherter Vollmacht*" ist nicht falsch, aber auch nicht erforderlich) eingerückt der **Klageantrag** zu formulieren. Falls in einer besonderen Verfahrensart geklagt werden soll, muss dies **gekennzeichnet** werden[12].

1372 Die Klageschrift muss eine **ladungsfähige Anschrift** des Klägers nennen, sonst ist sie nach h.M. jedenfalls dann unzulässig, wenn die Angabe ohne weiteres möglich ist und kein schützenswertes Interesse entgegensteht[13]. Ohne Anschrift fehlt es an der **Sachurteilsvoraussetzung einer Ordnungsmäßigkeit der Klageerhebung** i.S.d. § 253 Abs. 2 Nr. 1, Abs. 4 ZPO in Verbindung mit § 130 Nr. 1 ZPO. Obwohl die in § 253 Abs. 4 ZPO in Bezug genommene Bestimmung des § 130 Nr. 1 ZPO grundsätzlich nur eine Soll-Vorschrift darstellt, ist hieraus angesichts der Bedeutung der Klageschrift für den Gang des Verfahrens ein zwingendes Erfordernis für diesen den Rechtsstreit einleitenden Schriftsatz zu entnehmen. Auch wenn mit dem Erfordernis der Angabe einer ladungsfähigen Anschrift in der Klageschrift Anforderungen gestellt werden, die über die ausdrücklich im Gesetz geregelten Zulässigkeitsvoraussetzungen hinausgehen, ist dies grundsätzlich von Verfas-

---

9 Vgl. etwa Schnapp, Jura 2003, 602 ff.
10 Zu einer **einstweiligen Verfügung** mit Mustern siehe ausführlich Schwartmann, MietRB 2005, 25. Hier bedarf es eines vollständiges Rubrums, eines Antrages, der Glaubhaftmachung und einer genauen Bestimmung des Streitgegenstandes.
11 Siehe dazu im Einzelnen Rn. 88 ff.
12 Z.B. Klage im Urkundenprozess.
13 BGH, NJW-RR 2004, 1503; BGH, BGHZ 102, 332, 334 ff. = ZZP 101, 457 mit Anm. Zeiss; BGH, NJW 2001, 885; BVerwG, NJW 1999, 2608, 2609; BFH, NJW 2001, 1158.

4. Kapitel: Ergebnis der Überlegungen

sungs wegen nicht zu beanstanden[14]. In einem solchen Fall gibt der Kläger, wenn er nicht triftige Gründe für die Vorenthaltung seiner Adresse anführen kann, zu erkennen, dass er den Prozess aus dem Verborgenen führen will, um sich einer möglichen Kostenpflicht zu entziehen; dies wäre rechtsmissbräuchlich.

Wird eine in der Klageschrift angegebene ladungsfähige Anschrift **im Laufe des Prozesses unrichtig** und bringt der anwaltlich vertretene Kläger eine neue ladungsfähige Anschrift nicht bei, darf die Klage nicht aus diesem Grund allein als unzulässig abgewiesen werden[15]. Eine gesetzliche Grundlage hierfür besteht nicht. Mit der Angabe der ladungsfähigen Anschrift in der Klageschrift hat der Kläger die Anforderungen an die Bezeichnung seiner Person nach §§ 253 Abs. 2 Nr. 1, Abs. 4, 130 Nr. 1 ZPO[16] erfüllt. Die Prozessvoraussetzung einer ordnungsgemäßen Klageerhebung[17], die ihrer Natur nach nur die Einleitung des Verfahrens betrifft, ist damit gegeben. Der Kläger hat zugleich zum Ausdruck gebracht, dass er sich nachteiligen Kostenfolgen im Falle des Unterliegens stellt.

Nach § 253 Abs. 2 Nr. 2 ZPO muss die Klageschrift neben dem Antrag die **bestimmte Angabe des Gegenstandes und des Grundes des erhobenen Anspruches** enthalten. Dafür kommt es nicht darauf an, ob der maßgebende Lebenssachverhalt bereits in der Klageschrift vollständig beschrieben oder der Klageanspruch schlüssig und substanziiert dargelegt worden ist; vielmehr ist es – entsprechend dem Zweck der Klageerhebung, dem Schuldner den Willen des Gläubigers zur Durchsetzung seiner Forderungen zu verdeutlichen – im Allgemeinen ausreichend, wenn der Anspruch als solcher identifizierbar ist[18]. Die gebotene **Individualisierung der Klagegründe** kann grundsätzlich auch durch eine **konkrete Bezugnahme** auf andere Schriftstücke erfolgen[19].

> ✎ **Klausurtipp**
>
> Der Kläger einer Anfechtungsklage nach § 46 Abs. 1 WEG muss ausnahmsweise innerhalb der Begründungsfrist des § 46 Abs. 1 Satz 2 Hs. 2 WEG die Gründe vorzutragen, auf die er die Anfechtung stützt. Ein Nachschieben von neuen Gründen ist ausgeschlossen. Eine Begründung liegt nicht darin, der Klage Anlagen beizufügen (hier: Teilungserklärung und eine Niederschrift). Nur wegen **Einzelheiten** kann auf Anlagen verwiesen werden.

Wichtig sind auch die **Nebenforderungen, insbesondere Zinsen**. Überflüssig sind dagegen **Kostenanträge**, da über die Kosten von Amts wegen zu entscheiden ist. Zur vorläufigen Vollstreckbarkeit werden ebenfalls oft überflüssige Anträge gestellt. Da bei Einleitung eines schriftlichen Vorverfahrens ein Versäumnisurteil gegen einen Beklagten ergehen kann, ist dieser Antrag in der Klageschrift vorsorglich zu stellen. Ggf. ist dem Rubrum die **schlagwortartige Angabe des Streit-**

---

14 BVerfG, NJW 1996, 1272.
15 BGH, FamRZ 2004, 943, 944.
16 Eine eingescannte Unterschrift bei einem normalen Faxgerät ist weiter unzulässig, BGH, FamRZ 2007, 37, 38.
17 Siehe dazu Rn. 526.
18 BGH, MDR 2004, 824; BGH, WRP 2003, 1458 = BGHReport 2003, 1438 m.w. Nachw.
19 BGH, BGHReport 2004, 845.

gegenstandes anzufügen, dies jedoch nur, wenn eine Formulierung gefunden wird, die eine Zuordnung der Klage zu einem bestimmten Spruchkörper ermöglicht; sonst ist diese Angabe überflüssig und wegzulassen. Bei an das Landgericht gerichteten Klagen ist anzugeben, ob der Übertragung der Sache auf den Einzelrichter Gründe entgegenstehen (hierbei sind §§ 348, 348a ZPO zu beachten). Dies kann am Beginn oder am Ende des Schriftsatzes festgehalten werden. Anzugeben ist auch, ob Gerichtskostenvorschuss geleistet wurde. Am Ende des Schriftsatzes ist die Anzahl der für eine Zustellung beigefügten Abschriften zu erwähnen. Solche Abschriften sind gem. § 133 ZPO beizufügen.

1377 Als Kläger oder Antragsteller (z. B. im Verfahren des einstweiligen Rechtsschutzes) sind sodann die **konkreten tatsächlichen Vorgänge** zu schildern, mit denen der Klageantrag begründet wird, und die entsprechenden Beweismittel anzuführen. Das verlangt insbesondere einen substanziierten Vortrag – der Vortrag muss dem Gericht ermöglichen, den Sachverhalt rechtlich zu beurteilen. Der Vortrag muss zudem schlüssig sein.

1378 Die **gebotene Individualisierung** der Klagegründe kann grundsätzlich auch durch eine konkrete Bezugnahme auf andere Schriftstücke erfolgen[20]. Die Gerichte sind zwar nicht verpflichtet, umfangreiche ungeordnete Anlagenkonvolute von sich aus durchzuarbeiten, um so die erhobenen Ansprüche zu konkretisieren. Es wäre aber eine durch nichts zu rechtfertigende Förmelei, wenn man den Prozessbevollmächtigten für verpflichtet halten würde, die Anlagen enthaltenen Informationen noch einmal schreiben zu lassen, um sie dann in der Form einer unterschriebenen Klageschrift dem Gericht unterbreiten zu können. In der Klageschrift kann der streitgegenständliche Lebenssachverhalt gekennzeichnet und durch die konkrete Bezugnahme auf Anlagen deutlich zum Ausdruck gebracht werden, dass deren gesamter Inhalt zum Gegenstand der Klagebegründung gemacht werden sollte.

1379 *Klausurtipp*

In der Anwaltsklausur werden von den Bearbeitern im Schriftsatz auch Ausführungen zur Rechtslage erwartet. Die juristischen Argumente sind knapp, aber deutlich aufzunehmen. Meist wird es sinnvoll sein, zunächst den Sachverhalt chronologisch geordnet einschließlich der Beweisantritte darzustellen und hiervon getrennt dann die rechtliche Würdigung vorzunehmen. Nach dem Bearbeitervermerk wird es dabei zumeist zulässig sein, auf konkrete Punkte des Rechtsgutachtens Bezug zu nehmen.

1380 b) **Schema.** In der Anwaltsklausur sollte der **Schriftsatz des Klägervertreters** nach allem wie folgt aufgebaut werden:

1381 Schema
- vollständiges Rubrum
- bei Bedarf eine Stellungnahme zur Zuständigkeit des Gerichts
- ggf. eine Erklärung, ob bereits eine Güteverhandlung stattgefunden hat bzw. eine Güteverhandlung aussichtslos erscheint

---
20 BGH, BGHReport 2003, 1438 = MDR 2004, 219.

4. Kapitel: Ergebnis der Überlegungen   1382

- Sachverhalt (chronologische, knappe und gedrängte Mitteilung mit allen entscheidungserheblichen Tatbestandsmerkmalen und allen Beweisanträgen)
- eine rechtliche Würdigung, ggf. durch Spitzklammern aus dem Vermerk

c) Muster   1382

Rechtsanwalt Axel Elsen Albrechtstraße 17 – 12345 Berlin Berlin, den 3. August 2010	
An das Amtsgericht Tempelhof-Kreuzberg Möckernstr. 128–130 10963 Berlin	§§ 253 Abs. 2 S. 1, 130 Nr. 1 ZPO
Klage	
des Angestellten Rudi Schwarz, Uhlandstraße 8, 14129 Berlin, *Klägers,*	§§ 253 Abs. 2 S. 1, 130 Nr. 1 ZPO
– Prozessbevollmächtigter: Rechtsanwalt Axel Elsen, Albrechtstraße 17, 14229 Berlin – gegen	§ 172 Abs. 1 S. 1 ZPO
den Kaufmann Bernd Adamski, Fidicinstraße 47, 10965 Berlin, *Beklagten,*	§§ 253 Abs. 2 S. 1, 130 Nr. 1 ZPO
wegen Zustimmung zur Herausgabe. Namens des Klägers erhebe ich Klage mit dem Antrag,	§§ 253 Abs. 2 S. 2, 130 Nr. 1 ZPO
den Beklagten zu verurteilen, der Herausgabe des zum Aktenzeichen bei der Staatsanwaltschaft bei dem Landgericht Berlin – 52 Js 51/06 – sichergestellten gelbfarbenen Herrenringes mit weißem Stein – lfd. Nr. 14 der Asservatenliste – an den Kläger zuzustimmen.	§§ 253 Abs. 2 S. 2, 130 Nr. 2 ZPO
Der Wert des Streitgegenstandes beträgt € 1.500,00.	§§ 253 Abs. 3 ZPO, 61 GKG
Begründung	
1. [Sachverhalt mit der Beweislast entsprechenden Beweisantritten]	§ 253 Abs. 2 S. 2 ZPO § 130 Nr. 3, Nr. 5 ZPO
2. [Rechtliche Würdigung]	
Einer Entscheidung des Rechtsstreits durch den Einzelrichter stehen keine Gründe entgegen.	§ 253 Abs. 3 ZPO

[Ggf. Hinweis auf außergerichtlichen Einigungsversuch oder auf die Aussichtslosigkeit einer Güteverhandlung].	§ 278 Abs. 2 S. 1 ZPO
[Ggf. Hinweis auf § 141 Abs. 3 Satz 2 ZPO].	
Eine beglaubigte und eine einfache Abschrift der Klageschrift sind beigefügt.	§§ 253 Abs. 5, 130 Nr. 1 ZPO
Gerichtsgebühren in Höhe von € 1.500,00 sind eingezahlt.	§ 12 GKG
Elsen Rechtsanwalt	§ 130 Nr. 6 ZPO

1383 2. **Klageerwiderung.** – a) **Allgemeines.** Bei Klageerwiderungen genügt ein **abgekürztes Rubrum** (Meiner ./. Klaggert). Abschriften sind nur bei bestimmenden Schriftsätzen beizufügen, ansonsten kann von **Anwalt zu Anwalt** zugestellt werden. Zustellung von Anwalt zu Anwalt ist auch bei einer Widerklage, Klageänderung oder Klageerweiterung möglich. Gegebenenfalls ist – wegen der Gefahr der Zuständigkeitsbegründung durch rügelose Einlassung – zunächst die **Zuständigkeit des Gerichts zu rügen.** Als Beklagter oder Antragsgegner (z. B. im Verfahren des einstweiligen Rechtsschutzes) ist der Mandant nicht verpflichtet, überhaupt zu dem Sachvortrag des Klägers Stellung zu nehmen – der Anwalt ist sogar verpflichtet, seinem Mandanten günstige Tatsachen unbestritten zu lassen.

1384 Wenn die Sachverhaltsschilderung des Klägers **im Wesentlichen richtig** ist, bedarf es nicht mehr der Wiederholung dieser tatsächlichen Angaben. Dann reicht es vielmehr aus, im Einzelnen diejenigen Punkte zu bezeichnen, in denen der Kläger falsch vorgetragen hat. Stets ist aber die **Wahrheitspflicht** zu beachten (§ 138 Abs. 1 ZPO). Oft wird **einfaches Bestreiten** ausreichen. Jedoch kann auch ein substanziiertes Bestreiten unter Schilderung der eigenen Sachverhaltsversion erforderlich sein – vor allem, wenn der Kläger bereits substanziiert vorgetragen hat oder wenn **ein Fall der sekundären Darlegungslast** vorliegt. Ansonsten gilt auch hier, dass am besten die Ausführungen zum Tatbestand (mit Beweisantritten) vorausgeschickt werden und danach die rechtlichen Ausführungen zur Erheblichkeit des Beklagtenvorbringens folgen, ggf. unter Bezugnahme auf das Gutachten.

1385 b) **Schema.** Der Schriftsatz des Beklagten sollte danach wie folgt aufgebaut werden:

1386

Schema
• abgekürztes Rubrum • bei Bedarf Stellungnahme zur Zuständigkeit des Gerichts • ggf. Erörterung der Zulässigkeit der Klage im Übrigen • Richtigstellung des Sachverhalts – evt. teilweise –, soweit der Vortrag des Beklagten vom Vorbringen des Klägers abweicht. Hier ist zu prüfen, ob einfaches Bestreiten oder qualifiziertes Bestreiten angemessen ist; • rechtliche Würdigung, ggf. durch Spitzklammern aus dem Vermerk

4. Kapitel: Ergebnis der Überlegungen

c) Muster

Dr. Uwe Peter Karsten Müller
Rechtsanwalt
Rechtsanwalt Dr. Uwe Peter Karsten Müller
* Parkweg 3 * 14057 Berlin

An das
Amtsgericht Neukölln
Karl-Marx-Straße 77/79

12038 Berlin

Berlin, den 6. Juli 2009
00313/011/09

In dem Rechtsstreit

Meiner ./. Klaggert
– 4 C 560/09 –

werde ich namens (und in versicherter Vollmacht) des Beklagten beantragen,

die Klage abzuweisen und
das Urteil nicht für vorläufig vollstreckbar zu erklären oder die Vollstreckung auf die in § 720a Abs. 1, 2 ZPO bezeichneten Maßregeln zu beschränken.

Begründung

[Rügen]
[Andere Sachverhaltsdarstellung; qualifiziertes Bestreiten]
[Rechtliche Würdigung]
[Glaubhaftmachung des Antrages nach § 712 ZPO]

Ich habe zugestellt.

Unterschrift
Rechtsanwalt

✒ Klausurtipp

Der Antrag nach § 712 ZPO hat eine große Bedeutung[21]! Eine Einstellung der Zwangsvollstreckung durch das Revisionsgericht kommt im Verfahren über die Revision oder die Nichtzulassungsbeschwerde nicht in Betracht, wenn der Schuldner es versäumt hat, im Berufungsrechtszug einen Vollstreckungsschutzantrag nach § 712 ZPO zu stellen, obwohl ihm ein solcher Antrag möglich und zumutbar gewesen wäre[22].

---

21 Siegmann, AnwBl 2009, 249, 255.
22 BGH, NZM 2008, 611 = MDR 2008, 885.

II. Beweisanträge[23]

1389 Der Beweisantrag ist die Willenserklärung einer Partei, das Gericht möge bestimmte Tatsachen durch bestimmte Beweismittel feststellen[24]. Der Beweisantrag muss das **Beweisthema** und das **Beweismittel** benennen. Der Inhalt eines Beweisantrags erfordert die detaillierte Bezeichnung der Tatsachen, die bewiesen werden sollen; wie konkret die jeweiligen Tatsachenbehauptungen sein müssen, ist unter Berücksichtigung der Wahrheits- und Vollständigkeitspflicht (§ 138 Abs. 1 ZPO) anhand der Umstände des Einzelfalls, insbesondere der Einlassung des Gegners, zu beurteilen[25].

1390 Vor einem Beweisantrag ist die Frage der Beweisbedürftigkeit und der Beweislast zu bedenken[26]. Unstreitige Tatsachen oder solche, die mit Sicherheit nicht streitig werden, bedürfen keines Beweises. Ansonsten ist aber für die der Partei günstigen Tatsachen stets Beweis anzutreten. Überblick:

1391

Kläger	Beklagter
Hauptbeweis: Anspruchsbegründung	einfaches bzw. qualifiziertes Bestreiten ggf. Gegenbeweis
einfaches bzw. qualifiziertes Bestreiten ggf. Gegenbeweis	Hauptbeweis: Gegenrechtsbegründung Einwendungen Einreden Gestaltungsrechte
Anspruchserhaltung	Einfaches bzw. qualifiziertes Bestreiten ggf. Gegenbeweis
bei Vermutungen Beweis des Gegenteils	

1392 Falls die Beweislast bei der Gegenseite liegt, ist **ebenfalls Beweis anzutreten**, wenn (wie das regelmäßig der Fall ist) zu besorgen ist, dass die vom Beweisführer benannten Beweismittel für sich genommen den erforderlichen Beweis erbringen können, Gegenbeweismittel aber zur Verfügung stehen. Es sollte dann aber kenntlich gemacht werden, dass Beweis „unter Protest gegen die Beweislast" angetreten wird. Üblich ist es, den zu beweisenden Sachverhalt konkret kurz darzustellen und danach *eingerückt* das Beweisangebot folgen zu lassen = Beweisantritt.

1393 Formulierungsvorschläge
- „Ein Mitarbeiter der Klägerin hat bei der Montage der Vitrine der Bartheke Modell „Ascona" am 21. Dezember 2005 die Steuerungsleitung der Heizungsanlage angebohrt.
  Beweis: Mario Meier, Jonasstraße 10, 12053 Berlin"

---

23 Siehe dazu auch (vor allem aus richterlicher Sicht) Rn. 1435 ff.
24 Störmer, JuS 1994, 238, 239.
25 BGH, MDR 2004, 1016.
26 Siehe dazu ausführlich Rn. 1409 ff.

- „Der Ablauf des Spülbeckens kostet 500,00 €.
  Beweis: Einholung eines schriftlichen Sachverständigengutachtens"

Ist ein Zeuge **noch nicht bekannt**, kann er zunächst noch mit „N. N.[27]" benannt werden, str. Das Gericht muss in diesem Falle dem Beweisführer eine Frist zur Beibringung des Namens nach § 356 ZPO setzen, bevor es den Beweisantrag ablehnt[28]. **1394**

III. Mandantenschreiben

Nur falls der Bearbeiter zur Lösung kommt, dass ein Schriftsatz an das Gericht **nicht angezeigt ist**, ist ein Mandantenschreiben zu fertigen. Dabei ist zu berücksichtigen, dass der Mandant in der Regel ein juristischer Laie ist, womit sich fachsprachliche Formulierungen verbieten dürften. **1395**

IV. Schriftsatz und Mandantenschreiben

Schriftsatz an das Gericht **und** Mandantenschreiben sind in aller Regel nicht zu fertigen. Falls noch Maßnahmen auch gegenüber dem Mandanten zu treffen sind[29], sind diese im Vermerk zu behandeln. Etwas anderes dürfte nur gelten, wenn der Anwalt dazu rät, nur einen Teil des Anspruchs geltend zu machen oder teilweise zum Anerkenntnis rät. **1396**

5. Kapitel: **Kautelaraufgaben**

Examensklausuren befassen sich teilweise auch mit kautelarjuristischen Aufgabenstellungen. Ihre Vielfalt darzustellen, ist hier nicht möglich. Folgende Fragen können aber zu einer **vertretbaren Lösung** leiten[30]: **1397**

☑ **Checkliste** **1398**
- **Sach- und Rechtsziel:**
  - Was will der Mandant?
  - Warum will er das?
  - Ermittlung des Regelungsbedarfs und Strukturierung der Ziele mit Grobeinordnung!

---

27 Nomen nominanandum, nihl nomen, nomen nescio, nullum nomen.
28 BGH, MDR 1998, 885, 886 m. Anm. Schneider, 1115 f.; Gottschalk, NJW 2004, 2939, 2940.
29 Z. B. Anforderung einer Erklärung zu den persönlichen und wirtschaftlichen Verhältnissen der Partei bei einem Prozesskostenhilfeantrag.
30 Hagspiel, JuS 2003, 482–486; Scharpf, JuS 2002, 878 ff.

- **Tatsachenermittlung:**
  - Persönliche Verhältnisse des Mandanten
  - vermögensrechtliche Verhältnisse
  - frühere Vereinbarungen?
- **Rechtliche Ausgangslage:**
  - Wie sieht die gesetzliche Regelung aus?
  - Welche Regelungen kommen in Betracht?
  - Entspricht die gesetzliche Regelung dem Willen des Mandanten?
  - Vor- und Nachteile?
  - Ist die gesetzliche Regelung abdingbar?
  - Gestaltungsbedarf?
- **Übereinstimmung mit Zielen des Mandanten?**
- **Klarheit und Einfachheit?**
- **Sicherheit?**
- **Lösung:** Ausarbeitung einer Lösung unter Abwägung der Vor- und Nachteile. Was ist der sicherste Weg?
- **Formulierungsvorschlag**

Teil 11: Beweisrecht

1. Kapitel: Einführung

I. Allgemeines

Die Erforschung des Sachverhalts und die Tatsachenfeststellungen sind häufig schwieriger als die **Rechtsanwendung**. Die für die Entscheidung des Rechtsstreites erforderliche Erforschung des Sachverhaltes steht in der Praxis häufig im Vordergrund – nicht so sehr in der Klausur, dort kommt es fast immer auf Rechtsfragen an. Aber auch in der Klausur werden nicht selten Beweisfragen geprüft. **1399**

II. Beweiserheblichkeit

Es darf nur Beweis erhoben werden über Tatsachenbehauptungen, die für die Entscheidung des Rechtsstreites erheblich sind. Die Frage, was erheblich ist, ist **relationstechnisch der Kläger- bzw. der Beklagtenstation** zu entnehmen[1]. Erheblich sind danach die Tatsachen, die vom Kläger zur Begründung seines Anspruches schlüssig vorgetragen und vom Beklagten in rechtsförmiger Weise = erheblich bestritten wurden. **1400**

1. Schlüssigkeit. Ein Sachvortrag zur Begründung eines Klageanspruchs ist nach dem Bundesgerichtshof **schlüssig** und damit **erheblich**, wenn er Tatsachen enthält, die in Verbindung mit einem Rechtssatz geeignet sind, das **geltend gemachte Recht als entstanden erscheinen zu lassen**[2]. Grundsätzlich ohne Bedeutung für die Substanziierungslast ist der Grad der Wahrscheinlichkeit der Sachverhaltsschilderung[3]. Der Sachvortrag einer Partei bedarf im Rahmen des Beibringungsgrundsatzes nur dann der Ergänzung, wenn infolge der Einlassung des Gegners die Darstellung unklar wird und nicht mehr den Schluss auf die Entstehung des geltend gemachten Rechts zulässt. **1401**

Es ist demgegenüber Sache Gerichts, im Rahmen der Beweisaufnahme die Zeugen nach allen Einzelheiten zu fragen, die zur Prüfung der Glaubhaftigkeit von Bekundungen erforderlich erscheinen. Fehlen solche Würdigungsumstände im **1402**

---

[1] Zum Aufbau einer Relation siehe Rn. 1623 ff.
[2] BGH v. 12.6.2008 – V ZR 233/07 –; BGH v. 14.12.2006 – IX ZR 160/03 – Rn. 9; BGH, NJW 2000, 3286, 3287; BGH, NJW 1999, 1859, 1860; BGH, NJW-RR 1998, 1409; BGH, NJW-RR 1993, 189; BGH, NJW 1984, 2888. S. bereits Rn. 1109.
[3] BGH v. 14.12.2006 – IX ZR 160/03 – Rn. 9; BGH, VersR 1990, 656, 657.

Parteivortrag, darf deswegen ein zulässiger Beweisantritt nicht abgelehnt werden[4]. Die Angabe näherer Einzelheiten, die den Zeitpunkt und Ablauf bestimmter Ereignisse betreffen, ist nicht erforderlich, soweit diese Einzelheiten für die Rechtslage nicht von Bedeutung sind[5]. Dabei hängt es vom Einzelfall ab, in **welchem Maße** die Partei ihr Vorbringen durch die Darlegung konkreter Einzeltatsachen **noch weiter substanziieren** muss[6]. Das Gericht muss in der Lage sein, auf Grund des tatsächlichen Vorbringens zu entscheiden, ob die gesetzlichen Voraussetzungen für das Bestehen des geltend gemachten Anspruchs vorliegen.

1403 *Klausurtipp*

Der Sachvortrag muss dann **ergänzt** werden, wenn er wegen der Einlassung des Gegners **unklar wird** und nicht mehr den Schluss auf die Entstehung des geltend gemachten Rechts zulässt.

1404 2. **Rechtsförmig bestritten = beweisbedürftig.** Tatsachenbehauptungen sind **beweisbedürftig, wenn sie rechtsförmig bestritten** werden. Es fehlt an einer Beweisbedürftigkeit, wenn z. B. folgende Fälle anzunehmen sind:
- Eine Tatsache ist **nicht** (ggf. nicht wirksam, z. B. zu spät [und damit nach § 296 ZPO präkludiert], oder zu pauschal) **bestritten** (§ 138 Abs. 3 ZPO) oder der Gegner gesteht die behauptete Tatsache ein (**Geständnis:** § 288 ZPO)[7]. Das gerichtliche Geständnis ist dabei die innerhalb des Rechtsstreits abgegebene Erklärung einer Partei, dass eine vom Gegner behauptete, ihr im Rechtssinne ungünstige Tatsache wahr sei[8]. Die Wirkung dieser Erklärung ist eine doppelte: Zunächst wirkt sie auf dem Gebiet des Verhandlungsgrundsatzes in Bezug auf das Gericht ebenso wie das Schweigen auf die gegnerische Behauptung. Was eine Partei gegen sich gelten lässt, wird ohne weiteres zur Urteilsgrundlage. Zu dieser Wirkung bedarf es an sich weder einer Erklärung des Geständnisses noch eines sie stützenden Parteiwillens; vgl. § 138 Abs. 3, § 331 Abs. 1 Satz 1 ZPO. Die zweite Wirkung des gerichtlichen Geständnisses, die ihm allein als spezifische zukommt, besteht dagegen in der Bindung der Partei an ihr Wort: Während das bisher unterlassene Bestreiten bis zum Schluss der mündlichen Verhandlung jederzeit (vorbehaltlich der Zurückweisung als verspätet) mit der Wirkung nachgeholt werden kann, dass die Tatsache nunmehr des Beweises bedarf, ist nach Ablegung des gerichtlichen Geständnisses ein einfaches Bestreiten ausgeschlossen und der Widerruf an den **doppelten Nachweis** gebunden, dass das Geständnis der Wahrheit nicht entspricht und dass es durch einen Irrtum veranlasst ist. In dem Geständnis liegt somit ein Willensmoment: Die Partei erklärt, eine

---
4 BGH v. 14.12.2006 – IX ZR 160/03 – Rn. 9; BGH, WM 2005, 804, 805; BGH, NJW 2005, 2710, 2711.
5 BGH, ZMR 2005, 777, 779; BGH, NJW 2003, 3339, 334.
6 BGH, NJW 2000, 3286, 3287; BGH, NJW-RR 1995, 724.
7 Ein Geständnis i. S. des § 288 ZPO liegt aber nur dann vor, wenn dieses ausdrücklich oder durch schlüssiges Verhalten in den Zivilprozess eingeführt wird. Ein Geständnis in einem anderen Verfahren (z. B. Strafprozess) stellt eine bloße Erkenntnisquelle der Beweiswürdigung, kein Geständnis i. S. des § 288 ZPO dar, BGH, NJW-RR 2004, 1001, 1002; OLG Bamberg, NJW-RR 2003, 1223.
8 BGH, MDR 2005, 1307.

Tatsache gegen sich gelten lassen zu wollen. Die Willenserklärung, die somit positiv-rechtlich in dem Geständnis liegt, ist die Erklärung des Einverständnisses damit, dass die Tatsache ungeprüft zur Urteilsgrundlage gemacht wird[9].

- Es handelt sich um **allgemeinkundige und gerichtsbekannte Tatsachen** (offenkundige Tatsachen, § 291 ZPO).
- Eine **gesetzliche Vermutung** spricht für eine Partei.
- Eine Tatsache wird zwar bestritten, es liegt aber nach **allgemeiner Lebenserfahrung oder prima facie** ein typischer Geschehensablauf vor und dieser Anschein ist bisher nicht erschüttert worden.
- Die Haupttatsache ist zwar streitig, die vorhandenen Indizien (**Hilfstatsachen**), die den sicheren Rückschluss auf die Haupttatsache zulassen, sind jedoch unstreitig.
- Ähnlich liegen die **richterliche Schätzung** nach § 287 ZPO oder die **Beweisvereitelung**. Die Schätzung ist freilich nur eine Beweiserleichterung, die Beweisvereitelung führt ggf. nur zur Beweislastumkehr.

Die Beweisbedürftigkeit fehlt auch und es liegt ein Rechtsmissbrauch vor, wenn eine Behauptung ohne greifbare Anhaltspunkte für das Vorliegen eines bestimmten Sachverhalts willkürlich aufs Geratewohl, gleichsam „**ins Blaue hinein**" aufgestellt wurde[10].

1405

> ✎ **Klausurtipp**
>
> Bei der Annahme eines solch missbräuchlichen Verhaltens ist **große Zurückhaltung** geboten; denn oftmals wird es einer Partei nicht erspart bleiben, in einem Zivilprozess Tatsachen zu behaupten, über die sie keine genauen Kenntnisse haben kann, die sie nach Lage der Dinge aber für wahrscheinlich hält[11]. In der Regel wird nur das Fehlen jeglicher tatsächlicher Anhaltspunkte den Vorwurf einer Behauptung „ins Blaue hinein" rechtfertigen können.

1406

3. Gleichwertigkeit des Parteivorbringens. Nach dem **Grundsatz der Gleichwertigkeit des Parteivorbringens** kann sich der Kläger die von seinem Sachvortrag abweichenden Behauptungen des Beklagten hilfsweise zu eigen machen und seine Klage darauf stützen[12]. Aber nur wenn der Kläger dies auch tut, darf das Vorbringen des Beklagten der Entscheidung zu Grunde gelegt werden[13].

1407

---

9 BGH, MDR 2005, 1307.
10 BGH v. 12.6.2008 – V ZR 223/07 –; BGH, NJW 2005, 2710, 2711; BGH, NJW-RR 2003, 491; BGH, NJW-RR 2000, 208; BGH, NJW 1996, 394; BGH, NJW 1996, 1541, 1542.
11 BGH, NJW 1995, 2111, 2112.
12 BGH, NJW 1989, 2756 = MDR 1989, 1090; BGH, NJW 1985, 1841, 1842 = MDR 1985, 741; BGH, BGHZ 19, 387, 391.
13 BGH, NJW 2000, 1641; BGH, NJW 1989, 2756 = MDR 1989, 1090; BGH, WM 1984, 700 = VersR 1984, 537, 538.

2. Kapitel: Beweislast

I. Begriff

1408 Die Beweislast[14] entscheidet über die Frage, wer für eine rechtserhebliche, beweisbedürftige Tatsache **Beweis anbieten muss**. Grundsätzlich hat derjenige, der aus einer ihm günstigen Norm Rechte herleitet, deren tatsächliche Voraussetzungen darzulegen und zu beweisen[15]. Grundsätzlich muss der Kläger die Tatsachen darlegen[16] und nachweisen, mit denen er ihm günstige Normen ausfüllen will. Das sind die anspruchsbegründenden Tatsachen. Der Beklagte hingegen muss die Tatsachen nachweisen, die den Eintritt der dem Kläger günstigen Rechtswirkung verhindern oder diese Wirkung später vernichten oder hemmen. Dies sind Einwendungen oder Einreden gegen den Anspruch.

1409 *Klausurtipp*
Die Regel lautet: Der Kläger trägt die Beweislast für die rechtsbegründenden, der Beklagte für die rechtsvernichtenden, rechtshindernden, rechtshemmenden Tatbestandsmerkmale.

1410

Kläger	Beklagter
Hauptbeweis: Anspruchsbegründung	Einfaches bzw. qualifiziertes Bestreiten ggf. Gegenbeweis
Einfaches bzw. qualifiziertes Bestreiten ggf. Gegenbeweis	Hauptbeweis: Gegenrechtsbegründung Einwendungen Einreden Gestaltungsrechte
Anspruchserhaltung	Einfaches bzw. qualifiziertes Bestreiten ggf. Gegenbeweis
bei Vermutungen Beweis des Gegenteils	

1411 Innerhalb der Beweislast wird zwischen subjektiver – Darlegungslast – und objektiver Beweislast unterschieden:
- Subjektive Beweislast oder Beweisführungslast: Wer muss zur Abwendung des Prozessverlustes Beweis antreten?
- Objektive Beweislast auch Feststellungslast: Gefragt wird, zu wessen Lasten ein „non liquet" („es bleibt unklar") geht. Bei fehlendem Beweisantritt oder einer Beweisaufnahme, die nicht mit der erforderlichen Gewissheit zur Über-

---

14 Wer die Beweislast für bestimmte Tatsachen obliegt, trägt auch die Darlegungs- und Behauptungslast. Behauptungslast und Beweislast sind somit deckungsgleich.
15 BGH, NJW 2005, 2395, 2396; BGH, NJW 1992, 683; BGH, NJW 1991, 1052.ff.
16 Darlegen bedeutet, dass jede Partei das Vorliegen der erforderlichen Voraussetzungen geltend machen muss, damit das Gericht eine Entscheidung in ihrem Sinne trifft.

zeugung des Gerichts führt, ergeht nach der objektiven Beweislast eine Entscheidung zu Lasten der beweispflichtigen Partei.

II. Gesetzliche Regeln und Vermutungen

Wann und ob dem Kläger oder dem Beklagten die Beweislast für das Vorliegen der für sie günstigen Umstände trifft, ist in **vielen gesetzlichen Normen** geregelt.

1412

Beispiele:
- § 179 Abs. 1 BGB: „sofern er nicht nachweist"
- § 179 Abs. 3 BGB: „haftet nicht, wenn"
- § 932 Abs. 1 Satz 2 BGB: „gilt nur, wenn"
- § 935 Abs. 2 BGB: „findet keine Anwendung, wenn"
- § 986 BGB: „kann verweigern, wenn"

In der Praxis hängt die Verteilung der Beweislast oft von den **konkreten Umständen des Einzelfalls** ab. Bestimmte Vermutungen erleichtern dabei dem Beweisführer die Darstellung und bewirken eine Beweislastumkehr. Beispiele für Normen, die die Beweislast umkehren:

1413

- § 476 BGB
- § 612 Abs. 1, 632 Abs. 1 BGB
- § 891 BGB
- § 1006 BGB

III. Urkunden

Liegt eine von beiden Parteien **unterzeichnete Urkunde** vor, verändert sich die Beweislast. Dann gilt der Grundsatz, dass die Urkunde die widerlegliche Vermutung in sich birgt, dass die Absprachen der Parteien vollständig und richtig in der Urkunde enthalten sind. Beweispflichtig ist dann derjenige, der sich auf einen abweichenden Inhalt beruft.

1414

IV. Beweisvereitelung

Eine **Beweisvereitelung** liegt vor, wenn jemand seinem beweispflichtigen Gegner die Beweisführung schuldhaft erschwert oder unmöglich macht[17]. Dies kann vorprozessual oder während des Prozesses durch gezielte oder fahrlässige Handlungen geschehen, mit denen bereits vorhandene Beweismittel vernichtet oder vorenthalten werden. Eine Beweisvereitelung kann aber auch in einem fahrlässigen Unterlassen einer Aufklärung bei bereits eingetretenem Schadensereignis liegen, wenn damit die Schaffung von Beweismitteln verhindert wird, obwohl die spätere Notwendigkeit einer Beweisführung dem Aufklärungspflichtigen bereits erkennbar sein musste[18]. Es ist keiner Partei gestattet, aus einem Sachverhalt

1415

---
17 BGH, NJW 2004, 222; siehe dazu einführend Laumen, MDR 2009, 177 ff.
18 BGH, NJW 2004, 222.

1416 Beispiele:
- Es stellt z. B. eine Beweisvereitelung durch den Käufer dar, wenn er das angeblich mangelhafte Teil nicht aufbewahrt, so dass es im Gewährleistungsprozess als Beweismittel nicht zur Verfügung steht[19].
- Gestaltet jemand seine Unterschriften bewusst in einer so großen Vielfalt und Variationsbreite, dass der Fälschungseinwand mit Hilfe eines Schriftsachverständigengutachtens nicht widerlegt werden kann, und um die Möglichkeit zu haben, sich jederzeit auf die angebliche Unechtheit seiner Unterschrift berufen zu können, liegt eine vorsätzliche Beweisvereitelung vor[20].

1417 Der subjektive Tatbestand der Beweisvereitelung verlangt einen **doppelten Schuldvorwurf**. Das Verschulden muss sich sowohl auf die Zerstörung oder Entziehung des Beweisobjekts als auch auf die Beseitigung seiner Beweisfunktion beziehen, also darauf, die Beweislage des Gegners in einem gegenwärtigen oder künftigen Prozess nachteilig zu beeinflussen[21]. Eine Beweisvereitelung kann alle Formen der Beweisführung betreffen und während der Dauer des Prozesses, aber auch bereits vor seinem Beginn vorkommen. Eine Beweisvereitelung kann durch gezielte oder fahrlässige Handlungen geschehen, mit denen bereits vorhandene Beweismittel vernichtet oder vorenthalten werden. Eine Beweisvereitelung kann aber auch in einem fahrlässigen Unterlassen einer Aufklärung bei bereits eingetretenem Schadensereignis liegen, wenn damit die Schaffung von Beweismitteln verhindert wird, obwohl die spätere Notwendigkeit einer Beweisführung dem Aufklärungspflichtigen bereits erkennbar sein musste[22]. Als Beweisvereitelungen kommen u. a. in Betracht:
- pflichtwidriges Nichtaufbewahren beweisrelevanter Urkunden (Testament, Telegramm usw.)
- Beseitigung des als mangelhaft beanstandeten Kaufgegenstandes
- pflichtwidriges Unterlassen der Errichtung eines Inventars bei Übernahme von Vermögenswerten
- pflichtwidriges Verhindern der Aufnahme eines Unfalls
- Verweigerung der Vorlegung einer Urkunde
- Verheimlichung des Aufenthaltsorts bzw. der Adresse eines Zeugen
- Weigerung, einen Zeugen von der Schweigepflicht zu entbinden
- Ablehnung der Duldung eines Augenscheins
- Weigerung, sich einer zumutbaren Untersuchung seitens eines medizinischen Sachverständigen zu unterziehen
- Ablehnung der Beantwortung einer Frage in der persönlichen Befragung

---

19 BGH, NJW 2006, 434, 436.
20 BGH, NJW 2004, 222.
21 BGH, NJW 2004, 222; BGH, NJW 1994, 1594, 1595; BGH, VersR 1975, 952, 954.
22 BGH, WM 1985, 138, 139.

> ✏ **Klausurtipp** 1418
> Der von der Beweisvereitelung betroffenen Partei muss eine „Beweiserleichterung" gewährt werden muss. Umstritten sind allerdings Rechtsgrundlage, Tatbestand und Rechtsfolge der Beweisvereitelung. In manchen Fällen nimmt die Rechtsprechung – vor allem im Arztrecht[23] – eine Beweislastumkehr an[24].

3. Kapitel: Hauptbeweis, Gegenbeweis, Beweis des Gegenteils

Der **Hauptbeweis** ist der Beweis der beweisbelasteten Partei, dass die Tatbestandsmerkmale der ihr günstigen Rechtsnorm vorliegen[25]. Er ist geführt, wenn das Beweismaß erreicht ist. Der **Gegenbeweis** obliegt der nicht beweisbelasteten Partei. Der Gegenbeweis soll die nach § 286 ZPO erforderliche Überzeugung des Gerichts vom Hauptbeweis erschüttern. Er ist bereits erfolgreich, wenn das Beweisergebnis unter das erforderliche Beweismaß gedrückt wird. Der **Beweis des Gegenteils** streitet gegen gesetzliche Vermutungen, vgl. § 292 ZPO. Das Gericht muss die positive Überzeugung gewinnen, dass das vermutete Tatbestandsmerkmal nicht vorliegt. Der Beweis des Gegenteils ist damit eine besondere Art des Hauptbeweises. 1419

4. Kapitel: Beweiserleichterungen

Bestimmte Regelungen **erleichtern der beweisbelasteten Partei** die Darlegung und Beweisführung: 1420
- Offenkundigkeit
- Gesetzliche Vermutungen
- Anscheinsbeweis
- Indizienbeweis
- Schätzung nach § 287 ZPO
- Glaubhaftmachung

---

23 Z.B. BGH, NJW 2004, 2011, 2012; BGH, NJW 1978, 2337. Wenn es dort „Beweiserleichterungen" heißt, kommt dem keine eigenständige Bedeutung zu, BGH, NJW 2004, 2011, 2012.
24 Siehe z.B. BGH, WM 1998, 204, 206. Ganz ähnlich wird auch bei der Produzentenhaftung verfahren: Der Käufer muss bloß noch den Fehler beweisen, der Produzent dagegen, dass der Fehler weder auf einer Pflichtverletzung beruht noch verschuldet ist.
25 Laumen, NJW 2002, 3739, 3740.

I. Offenkundige Tatsachen

1421 Eine Tatsache ist **offenkundig**, wenn sie aus allgemein zugänglichen, zuverlässigen Informationsquellen jederzeit verfügbar ist oder dem Richter in amtlicher Funktion aus einem früheren Prozess eine Tatsache bekannt ist. Z. B die Frage, welches Wetter an einem bestimmten Tag geherrscht hat, ist offenkundig. Privates Wissen des Richters ist nicht offenkundig[26]. Solches Wissen muss das Gericht mit den Parteien erörtern und ihnen dazu **Gelegenheit zur Stellungnahme** geben[27]. Auch eine Verkehrsauffassung ist nicht i. S. von § 291 ZPO offenkundig. § 291 ZPO betrifft nur Tatsachen, nicht dagegen Erfahrungssätze[28].

1422 Die **Feststellung der Verkehrsauffassung** stützt sich auf Erfahrungswissen, das nicht durch Zeugenbeweis, sondern gegebenenfalls mit Hilfe eines Sachverständigen zu ermitteln ist[29], wobei sich der Sachverständige das erforderliche Fachwissen durch eine Meinungsumfrage verschafft. Ermittelt der Richter das Verständnis des Verkehrs ohne sachverständige Hilfe, dann tut er dies nicht, weil die Verkehrsauffassung offenkundig wäre und deswegen keines Beweises bedürfte, sondern weil er davon ausgeht, auf Grund eigenen Erfahrungswissens selbst über die erforderliche Sachkunde zu verfügen. Ob diese Beurteilung zutrifft, bestimmt sich grundsätzlich nach den Regeln, die auch sonst bei Beantwortung der Frage gelten, ob ein Gericht auf die Einholung eines Sachverständigengutachtens verzichten und statt dessen auf Grund eigener Sachkunde entscheiden kann[30]. Offenkundige Tatsachen sind wie alle anderen Tatsachen dem **Gegenbeweis** zugänglich. Eine offenkundige Tatsache ist nicht anders zu behandeln als eine Tatsache, für die bereits ein Beweis erbracht ist und die daher keines (weiteren) Beweises bedarf. In dem einen wie in dem anderen Fall kann die Überzeugung, die sich auf Grund der bisherigen Beweisaufnahme bzw. auf Grund der (vermeintlichen) Offenkundigkeit gebildet hat, durch einen Gegenbeweis erschüttert werden[31].

1423 Beispiele:
- Nach dem OLG Frankfurt a. M. ist etwa offenkundig, dass Schüler laut sind[32].
- Nach dem OLG Köln ist es hingegen keine offenkundige Tatsache, dass die einzelnen Mitglieder einer berühmten Rockgruppe (hier: Queen) die britische Staatsangehörigkeit besitzen[33].

---

26 Schneider, ZAP 2003, 1211.
27 BGH, MDR 1999, 179.
28 Lindacher, BB 1991, 1524.
29 BGH, NJW 1993, 1796, 1797.
30 Lindacher, BB 1991, 1524; Bornkamm, WRP 2000, 830, 834.
31 Prütting, in: Münchener Kommentar zur Zivilprozessordnung, 2. Aufl. 2003, § 291 ZPO Rdnr. 19; Huber, in: Musielak, Kommentar zur Zivilprozessordnung, 3. Aufl., § 291 ZPO Rdnr. 3; Bornkamm, WRP 2000, 830, 833; a.A. Pantle, MDR 1993, 1166 ff.
32 MDR 2004, 531, 532. Das OLG nimmt etwa Bezug auf bedeutende Werke der deutschen Literatur und nennt „Die Feuerzangenbowle".
33 OLG Köln, NJW-RR 2005, 353.

4. Kapitel: Beweiserleichterungen

II. Gesetzliche Vermutungen

Gesetzliche Vermutungen sind Rechtssätze, die die Beweislast regeln, z. B. §§ 1117 Abs. 3, 891 Abs. 1 BGB. Die beweisbelastete Partei muss bei einer gesetzlichen Vermutung nur die **Vermutungsbasis beweisen**, also im Falle des § 1117 Abs. 3 BGB den Briefbesitz. Vermutungen haben eine **echte Beweislastumkehr** zur Folge, d. h. die Gegenpartei ist hauptbeweispflichtig und muss den „Beweis des Gegenteils" führen.

> **Klausurtipp**
>
> Besonders „prominent" ist die Vermutung des § 1006 Abs. 1 Satz 1 BGB. Die Vermutung dieser Bestimmung baut auf dem Zusammentreffen von Besitz- und Eigentumserwerb auf. Es wird nicht das Eigentum des Besitzers vermutet, sondern dass der Besitzer bei Erwerb des Besitzes Eigenbesitz begründete, dabei unbedingtes Eigentum erwarb und dieses während der Besitzzeit behielt[34]. Die Vermutung greift daher nicht, wenn der Besitzer selbst behauptet, dass der Besitzerwerb nicht zum Eigentumserwerb führte, weil er zunächst Fremdbesitzer wurde und erst später Eigentum erworben habe[35].

III. Prima facie

Die Beweislast wird gemildert durch den Beweis des ersten Anscheins, den Prima-facie-Beweis. Dieser Beweis kommt dann im Betracht, wenn ein **typischer Geschehensablauf** vorliegt[36]. Bei dem Prima-facie-Beweis handelt es sich um generalisierbare Erfahrungssätze, wonach bestimmte Wirkungen auf typische Geschehensabläufe zurückzuführen sind oder bestimmte typische Folgen nach sich ziehen. Die beweisbelastete Partei muss bei einem Anscheinsbeweis darlegen und beweisen, dass ein **typischer Fall** vorliegt. Das Gericht kann dann dessen typische Ursache als für erwiesen ansehen. Der Anscheinsbeweis spielt vor allem bei der **Feststellung des Verschuldens** eine große Rolle. Der jeweils feststehende Sachverhalt reicht auf Grund der Lebenserfahrung zu dem rechtlichen Werturteil aus, dass in diesen Fällen typischerweise Fahrlässigkeit anzunehmen ist. Ob der Anscheinsbeweis auch für die **Kausalität** gelten kann, ist hingegen strittig[37].

> **Klausurtipp**
>
> Der Anscheinsbeweis stellt keine Umkehrung der Beweislast dar, sondern zunächst nur eine Beweiserleichterung[38]. Diese Beweiserleichterung entfällt, wenn der Gegner den Anschein erschüttern kann. Dies ist stets dann der Fall, wenn der Gegner Tatsachen behauptet und beweist, aus denen sich die ernst-

---

34 BVerwG, ZOV 2002, 248.
35 BGH, NJW 1979, 1358; OLG Frankfurt a. M., OLGReport Frankfurt 1997, 197.
36 Auffahrunfall, Kollision eines Fahrzeuges mit einem Baum, Zusammenbrechen einer Brücke kurz nach Erstellung, Fremdkörper in einer Operationswunde.
37 BGH, NJW 1954, 1119; BGH, BGHZ 11, 227.
38 Im Einzelnen ist allerdings umstritten, ob es sich bei dem Anscheinsbeweis um eine Beweislastregel, eine Regelung des materiellen Rechts oder ein Beweismittel handelt.

hafte Möglichkeit eines anderen = atypischen Geschehensablaufes ergibt. Dann trägt (wieder) die beweispflichtige Partei die volle Beweislast.

IV. Indizienbeweis

1428 Beim Indizienbeweis werden auf Grund von einzelnen Tatsachen, den **Hilfstatsachen**, Rückschlüsse auf die **Haupttatsache gezogen**. Er ist im Zivilprozess vor allem bei inneren Tatsachen von Bedeutung. Der Tatrichter ist grundsätzlich darin frei, welche Beweiskraft er den Indizien im Einzelnen und in einer Gesamtschau für seine Überzeugungsbildung beimisst.[39] Der Beweisantrag zu einer Haupttatsache darf nicht auf Grund der Würdigung von Indiztatsachen übergangen werden[40].

1429 Für die Behandlung von Beweisanträgen im Rahmen einer Indizienbeweisführung gelten im Zivilprozess **Besonderheiten**. Der Richter ist hier freier gestellt als bei sonstigen Beweisanträgen. Er darf und muss vor der Beweiserhebung prüfen, ob der Indizienbeweis schlüssig ist, ob also die Gesamtheit aller vorgetragenen Indizien – ihre Richtigkeit unterstellt – ihn von der Wahrheit der Haupttatsache überzeugen würde[41].

1430 ✎ Klausurtipp

Wenn diese Prüfung zu dem Ergebnis führt, dass der Nachweis der in Frage stehenden Hilfstatsachen an der Überzeugungsbildung nichts ändern würde, darf der Beweisantrag abgelehnt werden[42].

V. § 287 ZPO

1431 § 287 ZPO erleichtert dem von einer rechtswidrigen Handlung Betroffenen vor allem die **Darlegung und den Nachweis seines Schadens**[43]. Dies ist deshalb von großer Bedeutung, weil ohne eine gewisse Erleichterung der Beweisführung die Durchsetzung materieller Schadenersatzansprüche unzumutbar erschwert würde, obwohl die in der Regel erforderliche schuldhafte Beeinträchtigung fremder Rechtspositionen erwiesen ist. Der Richter darf eine Klage nicht als unschlüssig abweisen, solange er ausreichende Anhaltspunkte für eine Schadensschätzung hat. Eine Schätzung nach § 287 ZPO darf aber nur vorgenommen werden, wenn und soweit die festgestellten Umstände hierfür eine genügende Grundlage abgeben. Sie hat zu unterbleiben, wenn greifbare Anhaltspunkte fehlen[44]. Nach § 287 ZPO genügt es, dass die beweisbelastete Partei allein die Tatsachen vorträgt und

---

39 BGH, NJW-RR 1994, 1112, 1113.
40 BGH, NJW-RR 2002, 1072.
41 BGH, NJW-RR 1993, 443, 444; BGH, NJW 1982, 2447, 2448; BGH, BGHZ 53, 245, 261 = NJW 1970, 946.
42 BGH, NJW-RR 1993, 443, 444.
43 BGH, NJW-RR 2002, 1072, 1073; BGH, NJW 2000, 2814; BGH, NJW 1995, 3248; BGH, NJW 1993, 734; BGH, NJW-RR 1992, 202.
44 BGH, MDR 2004, 960; BGH, NJW-RR 1988, 410.

unter Beweis stellt, die für eine Schadensschätzung **hinreichende Anhaltspunkte** bieten[45].

Für die Schadensermittlung im Rahmen des § 287 ZPO reicht bereits eine erhebliche Wahrscheinlichkeit aus. Der Kläger braucht nach § 287 ZPO zur Schadenshöhe also weniger Tatsachen vorzutragen, als er nach § 286 ZPO zur Anspruchsbegründung vortragen und beweisen müsste. Auch ist die Bindung an die Regeln der Beweislast bei freier Ermessensentscheidung des Gerichts aufgehoben. Unabhängig von der Beweislast kann auch die beweisbelastete Partei über § 448 ZPO hinaus als Partei vernommen werden: Der Begründungszwang ist gelockert. **1432**

Die **Erleichterung des** § 287 ZPO bezieht sich nicht nur auf die **Höhe des Schadens**, sondern auch auf die **haftungsausfüllende Kausalität** (die Frage, ob die festgestellte Verletzung eben den vom Kläger geltend gemachten Schaden verursacht hat). Bei der Feststellung von Kausalbeziehungen ist der Tatrichter nach § 287 ZPO insofern freier gestellt, als er in einem der jeweiligen Sachlage angemessenen Umfang andere, weniger wahrscheinliche Verlaufsmöglichkeiten nicht mit der sonst erforderlichen Wahrscheinlichkeit ausschließen muss. Der Tatrichter kann aber auch eine haftungsausfüllende Kausalität nur dann feststellen, wenn er von diesem **Ursachenzusammenhang** überzeugt ist. Durch § 287 ZPO werden mithin lediglich geringere Anforderungen an die Überzeugungsbildung gestellt; es genügt, je nach Lage des Einzelfalls, eine höhere oder deutlich höhere Wahrscheinlichkeit[46]. **1433**

5. Kapitel: **Beweisbeschluss**

I. Allgemeines

Eine Beweisaufnahme wird regelmäßig[47] auf Grund eines Beweisantrages[48] der beweisbelasteten Partei durch Beschluss angeordnet. Das Gericht kann einen derartigen Beweisbeschluss bereits vor der mündlichen Verhandlung erlassen[49]. Im Regelfall erlässt das Gericht einen Beweisbeschluss aber erst im Anschluss an die mündliche Verhandlung oder in einem anzuberaumenden Verkündungstermin. Welchen Inhalt ein Beweisbeschluss haben muss, legt § 359 ZPO fest. Der **wesentliche Inhalt** besteht aus **drei Punkten**: **1434**
- Beweisthema
- Beweismittel
- Beweisführer

---

45 BGH, NJW 2000, 509; BGH, NJW-RR 2000, 1340.
46 BGH, VersR 2003, 474, 476.
47 Das Gericht kann gem. § 273 ZPO Zeugen auch vorsorglich zum Termin laden.
48 Der Beweisantrag ist die prozessuale Erklärung einer Partei, das Gericht möge bestimmte Tatsachen durch bestimmte Beweismittel feststellen. In der Praxis wird im Zivilprozess der Beweisantrag auch Beweisantritt oder Beweisangebot genannt.
49 § 358a ZPO.

II. Beweisantrag, insbesondere Beweisverbote

1435 Im Grundsatz erfordert jede Beweisaufnahme einen Beweisantrag der beweisbelasteten Partei[50]. Der Beweisantrag ist die Willenserklärung einer Partei, das Gericht möge bestimmte Tatsachen durch bestimmte Beweismittel feststellen[51]. Notwendiger Inhalt eines Beweisantrags ist die spezifizierte Bezeichnung der zu beweisenden Tatsachen und des Beweismittels. Wie konkret die jeweiligen Tatsachenbehauptungen sein müssen, ist unter Berücksichtigung der Wahrheits- und Vollständigkeitspflicht (§ 138 Abs. 1 ZPO) anhand der Umstände des Einzelfalls, insbesondere der Einlassung des Gegners, zu beurteilen[52]. Ein ordnungsgemäßer Beweisantrag liegt nicht vor, wenn wegen des Beweisthemas auf einen früheren Schriftsatz einer anderen Partei Bezug genommen und das Verhältnis darin einander sich widersprechender Behauptungen nicht klargestellt wird[53].

1436 Im Zivilprozess werden an die Eignung eines Beweismittels die gleichen Anforderungen gestellt wie im Strafprozess. Wenn ein Beweismittel aus tatsächlichen, wissenschaftlich belegten Gründen als für die Beweisführung im Strafprozess ungeeignet angesehen wird, gilt dies demgemäß in gleicher Weise für die Beweisführung im Zivilprozess. Für die Ablehnungsgründe kann sich an **§ 244 Abs. 3 StPO angelehnt werden**[54]. Danach darf ein Beweisantrag u.a. dann abgelehnt werden, wenn das Beweismittel völlig ungeeignet ist, wobei bei der Zurückweisung eines Beweismittels als ungeeignet allerdings größte Zurückhaltung geboten ist[55]. Wird ein als erheblich angesehenes Beweisangebot nicht berücksichtigt, verstößt dies gegen Art. 103 Abs. 1 GG, wenn sie im Prozessrecht keine Stütze mehr findet[56]. Das ist insbesondere der Fall, wenn eine Beweiswürdigung prozessual unzulässig vorweggenommen wird.[57]

III. Förmlicher Beweisbeschluss

1437 Ein **förmlicher Beweisbeschluss** ist in der Praxis der **Regelfall**. Er ist aber nur erforderlich, wenn die Beweisaufnahme in einem **gesonderten Verfahren** stattfindet[58] oder wenn Parteivernehmung angeordnet werden soll[59]. Ein gesondertes Verfahren ist vor allem ein neuer Termin zur Beweisaufnahme. In der Praxis machen die Gerichte eine Beweisaufnahme gem. § 379 ZPO regelmäßig von der vorherigen Einzahlung eines Auslagenvorschusses abhängig. Hat das Gericht Zeugen gem. § 273 ZPO vorsorglich zum Termin geladen, bedarf es keines

---

50 Siehe aber §§ 142 Abs. 1 Satz 1, 144 Abs. 1 Satz 1, 448 ZPO.
51 Störmer, JuS 1994, 238, 239.
52 BGH, NJW-RR 2004, 1362, 1363. Einen Vorschlag macht Huber, JuS 2003, 907. Siehe auch Kiethe, MDR 2003, 1362.
53 BGH, NJW-RR 1987, 1469.
54 BGH, NJW 2003, 2527.
55 BGH, NJW 2000, 3718, 3720.
56 BVerfG, BVerfGE 69, 141, 144; BGH v. 14.12.2006 – IX ZR 160/03 – Rn. 9.
57 BVerfG, NJW-RR 2001, 1006, 1007; BVerfG, NJW-RR 1995, 441; BGH v. 14.12.2006 – IX ZR 160/03 – Rn. 9; BGH, WM 2004, 2365, 2366.
58 § 358 ZPO.
59 § 450 ZPO.

5. Kapitel: Beweisbeschluss

Beweisbeschlusses. In diesem Fall ordnet das Gericht die Beweisaufnahme formlos im Haupttermin an.

Eine Ladung des Zeugen ohne förmlichen Beweisbeschluss hat den Vorteil, dass dadurch eine unerwünschte Suggestivwirkung auf den Zeugen vermieden wird. Nachteilig ist, dass der Zeuge nicht weiß, wozu er gehört werden soll. Nach allgemeiner Auffassung ist daher in der Ladung das Beweisthema wenigstens **allgemein** zu bezeichnen, damit der Zeuge die gegebenenfalls erforderlichen Unterlagen heranzieht, durchsieht und zum Termin mitbringt.

> ✏ **Klausurtipp**
> In der Klausur hat dieses Vorgehen den Nachteil, dass ein förmlicher Beweisbeschluss fehlt. Hier kann es sich im Tatbestand anbieten, selbst das genaue Beweisthema herauszuarbeiten. Vgl. das Beispiel in Rn. 414.

IV. Beispiel

Beschluss	Rechtsgrundlage
19 C 560/09. AMTSGERICHT NEUKÖLLN BESCHLUSS in dem Rechtsstreit Ullmann GmbH & Co. KG ./. Berwig	§ 4 AktO
Es soll Beweis erhoben werden über die Behauptungen des Beklagten, • ein Mitarbeiter der Klägerin habe bei der Montage der Vitrine der Bartheke Modell „Ascona" am 21. Dezember 2009 die Steuerungsleitung der Heizungsanlage angebohrt; • durch die Anbohrung der Steuerungsleitung habe es einen Kurzschluss der Steuerungselektronik der Heizungsanlage gegeben und die Heizung habe auf „volle Leistung" geschaltet; • die von der Klägerin gelieferten drei Transformatoren seien defekt gewesen und • der Ablauf des Spülbeckens koste 500,00 € zu 1) bis 3)	§ 359 Nr. 1 ZPO
durch Vernehmung des vom Beklagten benannten Zeugen Mario Meier, Jonasstraße 10, 12053 Berlin,	§ 359 Nr. 2 ZPO
– vom Kläger benannt – zu 4)	§ 359 Nr. 3 ZPO
durch Einholung eines schriftlichen Sachverständigengutachtens des Peter Wegener, Wassermannstraße 10, 12333 Berlin (Telefon 8778778).	§ 404 ZPO Abs. 1 ZPO

Beschluss	Rechtsgrundlage
– vom Kläger benannt –.	
Die Ladung des Zeugen wird davon abhängig gemacht, dass der Beklagte binnen zwei Wochen nach Erhalt dieses Beschlusses 80,00 € Kostenvorschuss in die Gerichtskasse einzahlt oder eine Gebührenverzichtserklärung des Zeugen beibringt.	§ 379 Satz 1 ZPO
Die Versendung der Akte an den Sachverständigen wird davon abhängig gemacht, dass der Beklagte binnen zwei Wochen nach Erhalt dieses Beschlusses 750,00 € Kostenvorschuss in die Gerichtskasse einzahlt. Den Parteien bleibt nachgelassen, binnen dieser Frist einen anderen Sachverständigen vorzuschlagen und Einwände gegen den vom Gericht ausgesuchten zu erheben.	§§ 402, 379 Satz 1 ZPO
Termin zur Fortsetzung der mündlichen Verhandlung und gegebenenfalls zur Beweisaufnahme wird anberaumt auf Montag, den 21. Juni 2010, 10.00 Uhr, Saal 213. Dr. E n g e r t Richter am Amtsgericht	§ 370 Abs. 1 ZPO

6. Kapitel: **Beweismittel**

I. Streng- und Freibeweis

1440 Die Beweiserhebung unterliegt grundsätzlich der Parteiherrschaft = Dispositionsmaxime und Beibringungsgrundsatz. Zur Durchführung des gesetzlich geregelten Beweisverfahrens stehen die fünf Beweismittel des Strengbeweises zur Verfügung. **Strengbeweis** bedeutet, dass die Parteien nur mit den gesetzlich vorgesehenen Beweismitteln in dem dafür förmlich vorgesehenen Verfahren Beweis führen können. Der **Gegensatz** zum Strengbeweis ist der **Freibeweis**.

II. Beweismittel

1441 Die ZPO kennt fünf Beweismittel. Eselsbrücke ist **SPAUZ** oder **SAPUZ**:
- Augenschein (§§ 371 ff. ZPO)
- Zeugenbeweis (§§ 373 ff. ZPO)
- Sachverständige (§§ 402 ff. ZPO)
- Urkunden (§§ 415 ff. ZPO)
- Parteivernehmung (§§ 445 ff. ZPO)

1442 Amtliche Auskünfte, etwa dienstliche Äußerungen oder behördliche Zeugnisse, sind keine eigenständigen Beweismittel. Sie sind nach ihrem Inhalt entweder als

6. Kapitel: Beweismittel

Zeugenaussage, Urkundenbeweis oder Sachverständigengutachten zu werten. Auch Tonbandaufnahmen sind keine eigene Kategorie von Beweismitteln, sondern sind entweder Urkunden- oder Augenscheinsbeweis. Keine Beweismittel i. S. der ZPO sind schließlich eidesstattliche Versicherungen (aber ggf. *mittelbare* Urkunden).

1. Zeugenbeweis. Die Partei kann ebenso wie ihr gesetzlicher Vertreter nicht Zeuge sein[60]. Zur Bestimmung der Frage, wer Partei ist, ist auf die **formale Rolle** abzustellen[61]. Zulässigerweise können deshalb nahe Verwandte, der rechtsgeschäftliche Vertreter, der allein die strittigen Verhandlungen geführt und abgeschlossen hat, oder der an dem Geschäft wirtschaftlich Interessierte usw. als Zeugen benannt werden. Es obliegt dann dem Gericht, die Glaubwürdigkeit dieser „Zeugen" besonders zu würdigen. Besonders wichtig bei der Würdigung eines Zeugen und seiner Aussagen ist die Frage der **Wahrnehmung**.
Überblick (nach Schneider, Beweis und Beweiswürdigung, 5. Aufl. 1994, §§ 31 ff.):

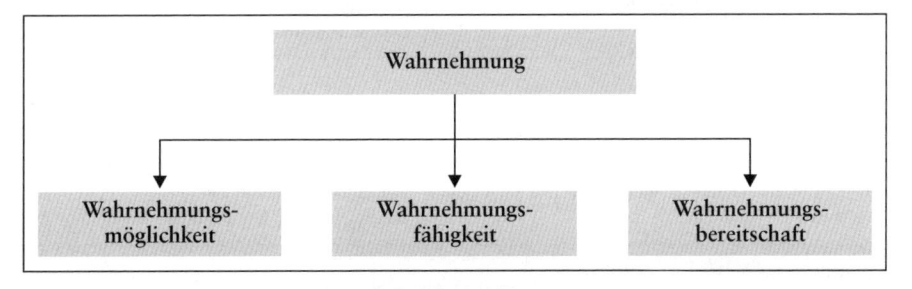

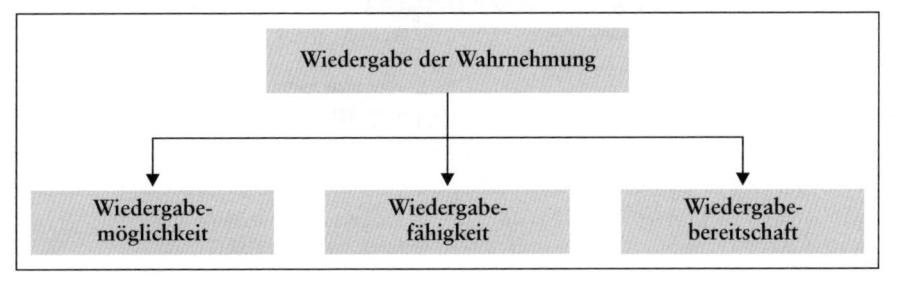

```
                        Wahrnehmung
          ┌─────────────────┼─────────────────┐
          ▼                 ▼                 ▼
  Wahrnehmungs-      Wahrnehmungs-      Wahrnehmungs-
   möglichkeit         fähigkeit         bereitschaft
```

```
                  Wiedergabe der Wahrnehmung
          ┌─────────────────┼─────────────────┐
          ▼                 ▼                 ▼
   Wiedergabe-        Wiedergabe-        Wiedergabe-
   möglichkeit         fähigkeit         bereitschaft
```

---

60 Komplementär, Geschäftsführer, Vorstandsmitglied, Insolvenzverwalter.
61 Formaler Parteibegriff. Siehe Rn. 610 Fn. 151.

1444 Beweis der Wahrnehmung im Überblick

Realitätskriterien			
Inhalt	Detail	Komplikation Gesprächskennzeichen Deliktstypik	
	Individualität	Originalität Gefühle (z. B. Unverständnis) Assoziationen Unverständnis	
	Inhaltliche Verflechtung mit obj. Tatsachen		
Struktur	Strukturgleichheit	Tempo Gleichgewichtigkeit	
	Nichtsteuerung	Umkehrung der Reihefolge Logisches Stützkriterium	
	Homogenität		
Wiederholung	Konstanz		
	Erweiterung	Lückenfüllung Wechselseitige Ergänzung	
Fantasiesignale			
Verlegenheit	Zurückhaltung	Verweigerung Verarmung Fluchttendenz Unklarheit	
	Unterwürfigkeit		
	Freud'sches Signal	Linguistik (Redeweise/Futur) Die „Nichtaussage"	
Übertreibung	Bestimmtheit	Genauigkeit Stereotypie	
	Dreistigkeit	Vorwegverteidigung Entrüstung	
	Begründung		
Kompetenz	Kargheit	Abstraktheit Glattheit Zielgerichtetheit	
	Strukturbruch		

6. Kapitel: Beweismittel

2. Sachverständigenbeweis. Der Sachverständige unterstützt als Gehilfe mit seiner besonderen **Sach- und Fachkunde** den Richter bei der Feststellung von Tatsachen. Der Sachverständigenbeweis soll den Prozessbeteiligten die fehlende Kenntnis von abstrakten Erfahrungssätzen ermitteln. Diese Vermittlung ist erforderlich, wenn auf Grund der Besonderheit eines Falles rechtserhebliche Tatsachen nicht mit dem Erfahrungswissen des Richters festgestellt werden können. Das Sachverständigengutachten ist von einem Privatgutachten zu unterscheiden, das von den Parteien zum Beweis einer behaupteten Tatsache vorgelegt wird, und nicht das Gericht in Auftrag gegeben hat. Es handelt sich dabei lediglich um einen unsubstantiierten Parteivortrag[62], über den aber – soweit er streitig gestellt wird – durch ein gerichtliches Sachverständigengutachten Beweis erhoben werden kann. **1445**

> **Klausurtipp** **1446**
> Der vorgerichtliche Privatgutachter ist aber sachverständiger Zeuge. Im Einzelfall kann sein Gutachten urkundenbeweislich verwertet werden. In jedem Falle steigert es die Anforderungen des Gegners an seinen eigenen Sachvortrag, weil er sich nicht mehr auf einfaches Bestreiten beschränken darf, sondern sich mit dem Inhalt des Privatgutachtens auseinandersetzen muss.

Der Sachverständige ist Gehilfe des Richters. Nach den Feststellungen des Sachverständigen hat das Gericht selbst das Gutachten in **freier Beweiswürdigung** zu berücksichtigen. Die Hinzuziehung von Sachverständigen kann auf Antrag einer der Parteien durch Beweisantritt (§ 403 ZPO) oder auch von Amts wegen erfolgen (§ 144 ZPO). In beiden Fällen steht es im Ermessen des Gerichts, ob es auf Grund der besonderen Lage des Falles einen Sachverständigen hinzuziehen will oder ob es seine eigene Sachkunde für ausreichend hält[63]. Die **Anordnung des Sachverständigenbeweises** erfolgt grundsätzlich durch **Beweisbeschluss** nach §§ 403, 358 ZPO. Hat das Gericht sich zur Zuziehung des Sachverständigen entschlossen, muss es einen Sachverständigen bestimmen (§ 404 Abs. 1 ZPO)[64]. Es kann dazu die Parteien zur Bezeichnung geeigneter Personen auffordern. Bei einer Einigung der Parteien auf einen bestimmten Gutachter ist das Gericht an diesen gebunden[65]. Ansonsten gelten die allgemeinen Regeln des Beweisverfahrens und besonders die des Zeugenbeweises. **1447**

> **Klausurtipp** **1448**
> Wichtig ist die Abgrenzung des Sachverständigen vom Zeugen[66]. Der Sachverständige kann im Gegensatz zum Zeugen abgelehnt werden (§ 406 ZPO) und ist meist ersetzbar, da auch andere Personen über entsprechenden Sachverstand verfügen. Dabei kommen wie bei der Ablehnung eines Richters

---

62 Auch wenn das Gutachten von einem vereidigten Sachverständigen stammt.
63 BGH, NJW-RR 1997, 1108; BGH, NJW 1995, 1619.
64 Soweit das Gericht einen Sachverständigen nicht aus eigener Kenntnis vorschlagen will, kann von der jeweiligen berufsständischen Organisation ein Vorschlag eingeholt werden. In Frage kommen z.B. die Handelskammer, die Handwerkskammer, die Architektenkammer oder die Steuerkammer. Den Parteien muss Gelegenheit gegeben werden, zu dem in Aussicht genommenen Gutachter Stellung zu nehmen.
65 § 404 Abs. 3, 4 ZPO.
66 § 414 ZPO.

Ausschließungsgründe und die Besorgnis der Befangenheit in Betracht (vgl. §§ 41 ff. ZPO). Die Faustregel lautet: Wer über die Wahrnehmung vergangener Tatsachen berichtet, ist Zeuge, wer Erfahrungssätze mitteilt, ist Sachverständiger. Die Grenzen sind jedoch fließend: Hat z.B. ein Arzt einen Unfall beobachtet, und berichtet zunächst den Tathergang und dann die von ihm bei der Ersten Hilfe festgestellten Verletzungen, so ist er ein sachverständiger Zeuge. Für diesen gelten aber die Vorschriften über den Zeugenbeweis (§ 414 ZPO), so dass er nicht abgelehnt werden könnte. Andererseits kann der Sachverständige auch jederzeit auf Antrag der Parteien oder Anordnung des Gerichts trotz Erstattung eines schriftlichen Gutachtens im Prozess geladen werden (§§ 397, 402 bzw. 411 Abs. 3 ZPO). Er erläutert sein Gutachten dann als Sachverständiger.

1449 3. **Augenschein.** Der Beweis durch Augenschein ist in §§ 371, 372 ZPO geregelt[67]. Augenschein bedeutet, dass Beweis durch unmittelbare Wahrnehmung von beweiserheblichen Tatsachen durch das Gericht erhoben wird. Augenschein ist jede unmittelbare Sinneswahrnehmung des Gerichts über die körperliche Beschaffenheit von Personen, Gegenständen oder über Vorgänge durch das Gericht zu Beweiszwecken. Der Augenschein ist das einzige und damit beste Beweismittel, das vom Gericht unmittelbar genutzt werden kann, um sich von einer Sache zu überzeugen. Der Richter ist bei Augenscheinnahme nicht auf seinen Gesichtssinn beschränkt, sondern kann und soll alle Sinne zur Wahrnehmung nutzen. Beispiele:
- Sehen, Riechen und Hören: Die Feststellung von Straßenverhältnissen, Lärm- oder Geruchsbelästigungen.
- Sehen: Die Besichtigung einer Wohnung.
- Fühlen: Das Anfassen oder Abtasten von Gegenständen aller Art.
- Schmecken: Verkosten von Getränken oder Speisen etc.
- Hören: Das Anhören einer CD.

1450 Gegenstand des Augenscheins können **Personen oder Sachen** sein. Die Personen müssen nicht Partei des Prozesses sein, sondern es kann sich auch um Dritte handeln, ebenso wie auch Sachen Dritter durch das Gericht in Augenschein genommen werden können. Der Augenscheinsbeweis unterscheidet sich vom Urkunden- und Zeugenbeweis dadurch, dass er dem Gericht nur einen Zustand und keinen Gedankeninhalt vermittelt. Die Abgrenzung ist dabei nicht immer leicht. So sind z.B. in einen Prozess eingebrachte Tonbandaufnahmen als Augenscheinsbeweis zu behandeln, und nicht als Urkundsbeweis[68], obwohl mit ihnen Gedankeninhalte vermittelt werden können.

1451 Die Augenscheinseinnahme kann auf Antrag[69] oder von Amts wegen[70] verfügt werden. Sie kann durch das Prozessgericht oder durch einen beauftragten oder ersuchten Richter erfolgen (§ 372 Abs. 2 ZPO). Das Gericht leitet die Augenscheinseinnahme grundsätzlich dadurch ein, dass es einen Beweisbeschluss erlässt.

---

67 Er ist der beste und überzeugungskräftigste Beweis.
68 BGH, NJW 1989, 2761; BGH, NJW 1988, 1016; BGH, NJW 1960, 1582; BGH, BGHZ 27, 284.
69 § 371 ZPO.
70 §§ 144, 358 a ZPO.

6. Kapitel: Beweismittel

Befindet sich der Gegenstand im Besitz eines Dritten, müssen diese den Gegenstand vorlegen, soweit ihnen eine Vorlegung unter Berücksichtigung ihrer berechtigter Interessen zumutbar ist und ihnen kein Zeugnisverweigerungsrecht zur Seite steht, § 144 ZPO. Über die Augenscheinseinnahme ist gem. § 160 Abs. 3 Nr. 5 ZPO ein Protokoll aufzunehmen.

4. Urkunden. Urkunden sind neben dem Augenschein das **sicherste und zuverlässigste Beweismittel** im Zivilprozess. Nach ihrer Vorlage kommt es regelmäßig zu keinem Beweisverfahren: Legt eine Partei im Prozess eine Urkunde vor und wird deren Echtheit oder inhaltliche Richtigkeit von der Gegenseite nicht bestritten, so wird der tatsächliche Inhalt der Urkunde unstreitiger Sachvortrag. Damit entfallen die Beweisbedürftigkeit und die Durchführung eines Beweisverfahrens. Die Vorschriften über den Urkundenbeweis stellen eine der Ausnahmen vom Grundsatz der freien Beweiswürdigung dar. §§ 415 ff. ZPO enthalten nämlich Beweisregeln für verschiedene Formen von Urkunden, welche den Richter bei der Beweiswürdigung binden, die Entscheidung über den Beweiswert des vorgelegten Dokuments also vorwegnehmen.

1452

Urkunden im Sinne der §§ 415 ff. ZPO sind **schriftliche Verkörperungen von Gedankenerklärungen** durch solche Lautzeichen, die einer objektiven Deutung allein auf Grund ihrer Wahrnehmung zugänglich sind[71]. Für die ausgeschlossenen Gegenstände gelten die Regeln des Beweises durch Augenschein[72]. Andererseits enthält der Begriff der Urkunde keine Beschränkung auf rechtsgeschäftliche Erklärungen, so dass auch Tatsachenäußerungen und sachkundige Ausführungen umfasst sind. Auch Foto- oder Telefaxkopien können Urkunden im Sinne der ZPO sein[73].

1453

> ✏ **Klausurtipp**
>
> Bei der Beantwortung dieser Frage ist zu berücksichtigen, dass den Begriffen „Original" und „Kopie" in diesem Zusammenhang regelmäßig eine andere, von der Herstellungsweise unabhängige Bedeutung beizumessen ist. Das **Original** einer Willenserklärung oder Prozesshandlung ist die Verkörperung dieser Erklärung. Original ist etwa das vom Schuldner an den Gläubiger gesendete Schriftstück, das die Aufrechnungserklärung verkörpert. Der Erklärungsinhalt wird nach Abgabe durch den Schuldner mit Zugang beim Gläubiger wirksam. Um das Original dieser Willenserklärung handelt es sich erst nach Abgabe und Zugang, weil überhaupt erst dann eine Erklärung vorliegt, die die Tatbestandsvoraussetzungen einer Willenserklärung erfüllt. Vorher kann man die verkörperte Erklärung nur als noch nicht wirksame Willenserklärung oder einfach als Entwurf bezeichnen. Unerheblich ist, ob das Original von dem Erklärenden eigenhändig erstellt ist oder ob es Fotokopie eines eigenhändig erstellten Entwurfes ist.

1454

---

71 Der Begriff weicht damit vom strafrechtlichen Urkundenbegriff ab, da Beweiszeichen, technische Aufzeichnungen auf Ton-, Bild- und Schriftträgern und Reproduktionen, soweit diese nicht vom Urheber der Erklärung dazu bestimmt sind, (weitere) Originalerklärungen zu sein, vom Urkundenbeweisrecht ausgeschlossen sind.
72 Vgl. BGH, BGHZ 65, 300 = NJW 1976, 294.
73 Zoller, NJW 1993, 429.

> Die **Kopie** hingegen ist die Verkörperung einer Wissenserklärung mit dem Inhalt, dass eine Urschrift mit dem der Kopie zu entnehmenden Inhalt existiert. Diese Erklärung muss nicht von demjenigen stammen, der auch die Originalerklärung vorgenommen hat. Häufig ist wie bei einer bloßen Fotokopie der Urheber dieser Erklärung mangels Unterschrift gar nicht zu erkennen oder ergibt sich allenfalls aus den Umständen. Der Kopie kann gleichwohl rechtliche Bedeutung zukommen. So kann die in ihr enthaltene Mitteilung einen Rechtsschein setzen[74].

1455 Das Gesetz unterscheidet in §§ 415, 416 ZPO zwischen **öffentlichen Urkunden und privaten Urkunden**. Urkunden, die von einer Behörde oder einer Amtsperson, die öffentlichen Glauben genießt[75], auf Grund einer vor ihr abgegebenen Erklärung ausgestellt sind, bezeichnet man als öffentliche Urkunde, § 415 Abs. 1 ZPO[76]. Öffentliche (Tatsachen- und Zeugnis-)Urkunden bieten den vollen Beweis für die Abgabe der Erklärung oder den Vorgang in der beurkundeten Form (§§ 415, 417, 418 ZPO). Für öffentliche Urkunden vermutet § 437 Abs. 1 ZPO deren Echtheit. Zweifelt eine Partei im Prozess deren Echtheit an, muss sie nach § 292 ZPO die Unechtheit beweisen. Wird eine Privaturkunde im Prozess vorgelegt, muss sich der Gegner zur Echtheit erklären. Bestreitet er die Echtheit nicht, gilt die Urkunde als zugestanden und das Gericht hat nach § 439 ZPO von ihrer Echtheit auszugehen. Bei Verfahren vor den Amtsgerichten muss die gegnerische Partei allerdings vorher zu einer **Erklärung aufgefordert** werden, vgl. § 510 ZPO. Die unterschriebene Privaturkunde hat auch eine **Vermutung der Echtheit** für sich, allerdings nur soweit, als für den über der Unterschrift stehenden Text die Echtheit vermutet wird (§ 440 Abs. 2 ZPO). Eine Unterschrift über oder dem neben dem Text genügt nicht[77]. Voraussetzung für die Echtheitsvermutung der durch die Unterschrift des Ausstellers abgeschlossenen Erklärung ist die Echtheit der Unterschrift, die nicht vermutet wird. Wird die Echtheit des Namenszuges bestritten, muss sie bewiesen werden. Das Gericht kann dabei in freier Würdigung eine Schriftvergleichung mit anderen Schriften des vermeintlichen Ausstellers vornehmen, in der Regel wird es sich dabei aber eines Schriftsachverständigen bedienen (§§ 441, 442 ZPO).

1456 Die formelle Beweiskraft einer **öffentlichen Urkunde** bezieht sich nur auf den **Inhalt der Urkunde selbst,** und nicht auf die Richtigkeit, Wirksamkeit oder gar die rechtliche Einordnung der in ihr enthaltenen Tatsachen/Zeugnisse. Letzteres sind Fragen der materiellen Beweiskraft, die wieder der freien richterlichen Beweiswürdigung unterliegen. Deshalb steht den Parteien nach § 415 Abs. 2 ZPO auch der Weg offen, die Unrichtigkeit der Beurkundung des streitigen Vorgangs darzulegen und zu beweisen. **Private Urkunden** – sofern sie unterschrieben sind – bieten den vollen Beweis dafür, dass die in ihr enthaltenen Erklärungen von dem Aussteller „abgegeben" wurden (§ 416 ZPO). Sie bieten ferner Beweis dafür, dass

---

74 Siehe zum Ganzen Elzer/Jacoby, ZIP 1997, 1821 ff.
75 Personen mit öffentlichem Glauben sind z.B. der Notar, der Urkundsbeamte der Geschäftsstelle, der Gerichtsvollzieher, der Gerichtswachtmeister bei Zustellungen und der Standesbeamte.
76 Öffentliche Urkunden sind z.B.: Gerichtsurteile, Geburts-, Heirats-, Sterbeurkunden, notarielle Verträge, notarielle Testament, Zustellungsurkunde und Steuerbescheide.
77 BGH, NJW 1991, 487 (Oberschrift); BGH, NJW 1992, 829 (Nebenschrift).

der Aussteller sich einer schriftlichen Willenserklärung „begeben" wollte.[78] Ist die Urkunde echt, d. h. auch inhaltlich unverfälscht, ist ein Gegenbeweis kaum denkbar. Die Wirksamkeit und inhaltliche Richtigkeit des Inhaltes sind aber wiederum vom Gericht frei nach § 286 ZPO zu beurteilen. Ferner kann der Aussteller z. B. den Gegenbeweis dafür antreten, dass die Urkunde nur Entwurf sein sollte.[79]

5. Parteivernehmung. Bei der Parteivernehmung handelt es sich um ein **subsidiäres Beweismittel.** Voraussetzung ist, dass eine beweispflichtige Partei den Beweis mit anderen Beweismitteln nicht vollständig geführt oder andere Beweismittel nicht vorgebracht hat[80]. Über die zu beweisende Tatsache ist dann der **Prozessgegner** als Partei zu vernehmen. Voraussetzung für die Parteivernehmung ist ein entsprechender Antrag sowie ein formeller Beweisbeschluss (§ 450 ZPO). Die beweisbelastete Partei kann auf ihren Antrag hin allerdings dann als Partei vernommen werden, wenn die andere Partei damit einverstanden ist (§ 447 ZPO). Ohne Antrag und somit von Amts wegen[81] kann das Gericht nach pflichtgemäßem Ermessen eine Partei unabhängig von der Beweislast vernehmen, wenn für die zu beweisende Tatsache auf Grund einer vorausgegangenen Beweisaufnahme oder des sonstigen Verhandlungsinhalts bereits eine gewisse Wahrscheinlichkeit spricht und die Parteivernehmung nur noch letzte Zweifel beseitigen soll[82]. Steht in einer Beweisaufnahme Aussage gegen Aussage, kommt eine Vernehmung der beweisbelasteten Partei nicht in Betracht.

1457

> **Klausurtipp**
>
> Keine Parteivernehmung, sondern nur eine Ergänzung des Parteivortrages ist die persönliche Anhörung der Parteien gem. § 141 ZPO. Die Anhörung der Partei im Gerichtssaal führt häufig zu erheblichen Veränderungen in der bisherigen Sachverhaltsdarstellung; die eigentlichen, hinter dem Prozess stehenden Konflikte werden deutlicher; der Richter erhält einen persönlichen Eindruck.

1458

Die Vernehmung nach § 141 ZPO ist keine Beweisaufnahme[83]. Gleichwohl darf das Gericht im Rahmen seiner Überzeugungsbildung nach § 286 ZPO die Aussage einer Partei als glaubwürdig erachten und ihr folgen, selbst wenn Zeugen andere Bekundungen gemacht haben[84]. Eine unzuträgliche Situation kann sich ergeben, wenn über einen beweiserheblichen Umstand nur zwei Personen aussagen können, die eine Person aber Partei des Rechtsstreits ist[85] und damit als Zeuge ausscheidet, die andere Person aber als Bevollmächtigter oder bloßer

1459

---

78 BGH, MDR 2006, 1181; BGH, MDR 2003, 406.
79 BGH, MDR 2006, 1181.
80 § 445 ZPO.
81 § 448 ZPO.
82 BGH, NJW 1999, 363, 364; BGH, NJW 1994, 320; OLG München, NJW-RR 1996, 958.
83 Weitgehend BGH, BGHReport 2003, 1433: Das Gericht ist nicht gehindert, einer Parteierklärung nach § 141 ZPO den Vorzug vor einer Parteivernehmung zu geben.
84 BGH, NJW 1960, 100; BGH, NJW 1963, 2070; BGH, MDR 1967, 834.
85 Kläger bzw. gesetzlicher Vertreter.

Angestellter eine Zeugenaussage machen kann[86]. In gleicher Weise gilt dies, wenn eine Vertragspartei ihre Ansprüche an Dritte abgetreten hat und damit als Zeuge auftreten kann.

1460 Erfordert in diesem Fall der **Grundsatz der Waffengleichheit**, wie er aus dem Gleichheitssatz, dem Rechtsstaatsgebot und Art. 6 Abs. 1 EMRK abgeleitet werden kann[87], dass der Partei, die für ein Gespräch keinen Zeugen hat, Gelegenheit gegeben wird, ihre Darstellung des Gesprächs in den Prozess persönlich einzubringen, so ist dem grundsätzlich Genüge getan, wenn die Partei nach § 141 ZPO angehört wird[88]. Durch die Anhörung der Partei wird das Gericht nicht von der Prüfung entbunden, ob nach § 448 ZPO eine förmliche Parteivernehmung stattzufinden hat. Bei dieser Prüfung kann es jedoch unter Heranziehung aller Umstände wie auch der Anhörung der Partei nach § 141 ZPO zu dem Ergebnis kommen, dass keine Wahrscheinlichkeit für die unter Beweis gestellte Behauptung besteht[89].

1461 6. **Unzulässig erlangte Beweismittel.** Ob im Zivilprozess wegen eines materiellrechtlichen Verstoßes, z. B. wegen der Verletzung des Rechts am eigenen Wort oder Bild oder wegen einer Videoüberwachung, oder eines Verfahrensverstoßes, z. B. einer fehlenden Belehrung, letztlich unzulässig erlangte Beweismittel **verwertet** werden können, ist in der ZPO nicht geregelt[90] und umstritten[91]. Die überwiegende Ansicht nimmt an, dass die Rechtswidrigkeit der Beschaffung eines Beweismittels nicht stets zu einem Verwertungsverbot führt[92]. Insbesondere aus der Rechtsprechung des Bundesgerichtshofs, die insbesondere zu mit Eingriffen in das verfassungsrechtlich gewährleistete Persönlichkeitsrecht des Betroffenen verbundenen Lauschangriffen oder heimlichen Tonbandaufnahmen ergangen ist, ergibt sich, dass rechtswidrig geschaffene oder erlangte Beweismittel im Zivilprozess nicht schlechthin unverwertbar sind[93].

---

86 EGMR, NJW 1995, 1413; Schlosser, NJW 1995, 1404; Schöflin, NJW 1996, 2134; Wittschier, DRiZ 1997, 247.
87 EGMR, NJW 1995, 1413, 1414; BVerfG, BVerfGE 52, 131, 156; BVerfG, NJW 2001, 2531, 2532. Der Grundsatz der Waffengleichheit wird nicht verletzt, wenn das Gericht nach Vernehmung eines Zeugen davon absieht, die Gegenpartei gemäß § 448 ZPO von Amts wegen zu vernehmen, weil es keine Wahrscheinlichkeit für die Parteibehauptung erkennt, BGH, NJW 2002, 2247.
88 Siehe zu allem BVerfG, NJW 2001, 2531, 2532; BAG, NJW 2007, 2427 mit Anm. Noethen NJW 2008, 334; BGH, BGHReport 2003, 1433 = NJW 2003, 3636 = JA 2004 m. Anm. Kellermann.
89 BAG, NJW 2007, 2427 mit Anm. Noethen NJW 2008, 334; siehe auch Henssen, jurisPR-ArbR 2/2008 Anm. 6 und Lange, NJW 2002, 476, 482.
90 BGH, ZZP 2003, 371, 373.
91 Balthasar, JuS 2008, 35 m. w. Nachw.
92 BGH, BGHZ 153, 165 = NJW 2003, 1123, 1124 = MDR 2003, 518, 519 = JuS 2003, 924 Nr. 10 m. Anm. Schmidt.
93 BGH, BGHZ 153, 165 = NJW 2003, 1123, 1124 = MDR 2003, 518, 519 = JuS 2003, 924 Nr. 10 m. Anm. Schmidt.

7. Kapitel: Beweiswürdigung

Klausurtipp 1462

Über die Frage der Verwertbarkeit ist auf Grund einer Interessen- und Güterabwägung nach den im Einzelfall gegebenen Umständen zu entscheiden[94]. Bei dieser Abwägung ist zu beachten, dass das Rechtsstaatsprinzip (Art. 20 Abs. 3 GG) der Rechtspflege hohe Bedeutung zumisst. Im Hinblick auf § 286 ZPO und das Recht auf richterliches Gehör (Art. 103 Abs. 1 GG) sind die Gerichte gehalten, angebotene Beweise zu berücksichtigen, zumal Beweisverbote auch die Durchsetzbarkeit der durch Art. 14 Abs. 1 GG geschützten Rechte der beweisbelasteten Partei berühren. Allerdings kommt dem Interesse an der Zivilrechtspflege nicht immer überwiegendes Gewicht zu; vielmehr müssen weitere Gesichtspunkte hinzutreten, die das Interesse an der Beweiserhebung trotz der Rechtsverletzung als schutzbedürftig erscheinen lassen[95]. Das kann etwa der Fall sein, wenn sich der Beweisführer in einer Notwehrsituation i. S. v. § 227 BGB oder einer „notwehrähnlichen Lage" befand. Soweit die Abwägung zu einem Verwertungsverbot führt, betrifft dieses nicht nur das rechtswidrig erlangte Beweismittel selbst, sondern u. U. auch dadurch erlangte neue Beweise[96].

7. Kapitel: **Beweiswürdigung**

I. Allgemeine Grundsätze

Der in § 286 ZPO niedergelegte Grundsatz der freien Beweiswürdigung besagt, 1463
dass das Gericht auf Grund eigener Überzeugung darüber zu entscheiden hat, ob eine beweisbedürftige Behauptung als wahr oder als unwahr erachtet wird. Insbesondere hierdurch wird eine Bindung des Gerichts an gesetzliche Beweisregeln weitgehend ausgeschlossen. Eine **vorweggenommene Beweiswürdigung** ist prozessual **unzulässig**[97]. Maßgeblich für die richterliche Entscheidungsbildung sind die in der Hauptverhandlung durchgeführte Beweisaufnahme sowie der gesamte in den Prozess eingeführte Akteninhalt. Basierend darauf soll das Gericht im Anschluss auf die während der Verhandlung gewonnenen Eindrücke und Erkenntnisse nach seiner freien Überzeugung ein Urteil sprechen. Das bedeutet, dass der Richter seine Entscheidung auf der Grundlage dessen trifft, was ihm in der Hauptverhandlung erzählt bzw. von den beteiligten Parteien zum Zwecke des Beweises vorgetragen worden ist.

Freie Überzeugung gem. § 286 ZPO bedeutet nicht, dass die Würdigung des 1464
Richters allein seinem **subjektiven Ermessen überlassen bleibt**. Der Grundsatz freier richterlicher Beweiswürdigung bedeutet nur, dass er von strengen formellen Beweisregeln entbunden ist. Hingegen darf der Grundsatz freier richterlicher

---

94 BGH, BGHZ 153, 165 = NJW 2003, 1123, 1124 = MDR 2003, 518, 519 = JuS 2003, 924 Nr. 10 m. Anm. Schmidt; BVerfG, NJW 2002, 3619, 3624; BVerfG, VersR 1997, 1422; BVerfG, NJW 1994, 2289, 2292; BVerfG, NJW 1991, 1180.
95 BVerfG, NJW 2007, 753, 758.
96 Siehe dazu im Einzelnen Balthasar, JuS 2008, 35, 36 ff.
97 BGH, MDR 2005, 164; BGH, NJW 2000, 3718, 3720.

Beweiswürdigung nicht bedeuten, dass die Entscheidung über die Frage, ob eine Tatsache im Prozess als bewiesen anzusehen ist, einem höchst persönlichen, rational nicht nachvollziehbaren Gefühlsprozess überlassen sein darf. Die Freiheit des Richters bei der Entscheidung ist immer durch gesicherte Erkenntnisse und Erfahrungen begrenzt. Allerdings ist der Begrenztheit menschlicher Erkenntnis Rechnung zu tragen und dem Richter die Möglichkeit zu geben, danach zu entscheiden, was er für wahr hält.

II. Beweismaß

1465 Beweismaß ist das **Maß der Überzeugung des Richters von Sachverhaltsverwirklichungen**, das für die Rechtsanwendung erreicht sein muss. Wird das Beweismaß nicht erreicht, kann das Gericht sich weder von der Wahrheit der Behauptung noch von der Wahrheit ihres Gegenteils überzeugen (non liquet), so entscheidet die Beweislast über den Ausgang des Prozesses. Die „Wahrheit" kann das erforderliche Maß der Überzeugung nicht sein. Eine solche Forderung würde praktisch dazu führen, dass eine Überzeugung nur in seltenen Fällen oder gar nicht zu erzielen wäre; denn ein Mensch mit ausreichender Kritikfähigkeit wird nur in wenigen Fällen zu der Feststellung gelangen, dass die Möglichkeit eines bestimmten Geschehensablaufes nur so und nicht anders stattgefunden hat (Begrenztheit menschlicher Erkenntnis).

1466 Absolutes sicheres Wissen ist deshalb nicht erforderlich, damit das Gericht überzeugt ist. Der Richter darf und muss sich in tatsächlich zweifelhaften Fällen mit einem für das praktische Leben brauchbaren Grad an Gewissheit begnügen, der den Zweifeln Schweigen bietet, ohne sie völlig auszuschließen[98].

1467 ✏ **Klausurtipp**

Relevante Zweifel, denen „Schweigen geboten werden" muss, sind konkrete, fallbezogene Zweifel. Irrelevante Zweifel sind vom konkreten Fall losgelöste, rein theoretische Zweifel. Es kommt entscheidend darauf an, dass die persönliche Überzeugung des Richters bei Würdigung sämtlicher Umstände unter Heranziehung gesicherter naturwissenschaftlicher Erkenntnisse, Denkgesetze und Regeln der Lebenserfahrung vorhanden ist. Der Richter muss in den Entscheidungsgründen eines Urteils im Einzelnen darlegen und nachvollziehbar machen, wie er zu seiner Überzeugung gelangt ist.

1468 In manchen Fällen, z. B. in den Eilverfahren oder bei der Wiedereinsetzung in den vorigen Stand oder bei der Prozesskostenhilfe, muss eine Tatsache **nicht bewiesen** werden. Notwendig, aber auch ausreichend kann eine **Glaubhaftmachung** sein, § 294 ZPO. Glaubhaft gemacht ist eine Tatsache, wenn ihr Vorliegen überwiegend wahrscheinlich (50 % + x) erscheint[99]. Dies hat für den Beweisführer den Vorteil, dass das Prinzip des Strengbeweises nicht gilt. Damit kann er sich jeder Art des Beweismittels bedienen, ob innerhalb oder außerhalb der Formen der §§ 371 ff. ZPO. Auch die Versicherung an Eides Statt ist zugelassen. Eine Beweisaufnahme, die nicht sofort erfolgen kann, ist allerdings unstatthaft.

---

98 Vgl. BGH, NJW 1982, 2875.
99 BGH, NJW 2007, 1457; BGH, VersR 1991, 896.

8. Kapitel: Beweis im Urteil

Für das Examen sind **drei Klausurtypen** zu unterscheiden[100]:   **1469**
- Die Klausur, in der **nichts streitig** ist (ca. 60 %).
- Die Klausur, in der **nichts Entscheidungserhebliches** streitig ist (weitere 30 %).
- Die Klausur, in der etwas streitig ist (allenfalls 10 %). Hier ist noch zu unterscheiden: Solche Klausuren, in denen eine Beweiserhebung wegen der **Beweiserleichterungen nicht nötig** ist (ca. weitere 8 %) und schließlich die Klausuren, in denen wirklich einmal Beweise zu würdigen sind (selten).

I. Kosten

Eine Beweisaufnahme wirkt sich **nicht auf die Kosten** aus. Das RVG kennt keine Beweisgebühr.   **1470**

II. Tatbestand

Behauptet eine Partei Tatsachen, um darzulegen, dass ein Beweismittel unzulässig oder unglaubwürdig ist, spricht man von Beweiseinreden. Sie sind zwar selten, sind aber – wenn sie sich nicht in Werturteilen erschöpfen – stets **mitzubeurkunden**.   **1471**

> ✎ **Klausurtipp**   **1472**
>
> Streitig ist, ob unerledigte Beweisantritte bereits im Tatbestand hinter dem jeweiligen Vortrag der Partei erwähnt werden müssen, oder erst und allein in den Entscheidungsgründen hervorzuheben und zu bescheiden sind[101].

In der **Prozessgeschichte am Ende des Tatbestandes** ist darzustellen, dass das Gericht Beweis erhoben hat. Bei dem Bericht über eine Beweisaufnahme ist jedenfalls nach h. M. ein ggf. vorhandener Beweisbeschluss zu nennen. Hinsichtlich des Ergebnisses der Beweisaufnahme ist auf die Sitzungsniederschrift zu verweisen. Fehlt ein Beweisbeschluss, kann es sich anbieten, kurz das Beweisthema selbst zu nennen, str. Beispiele: **1473**

📄 **Formulierungsvorschläge**   **1474**
- „Das Gericht hat gem. Beschluss vom 15. Mai 2009 Beweis durch uneidliche Vernehmung des Zeugen Wilhelm Busch erhoben. Hinsichtlich des Ergebnisses wird auf die Sitzungsniederschrift vom 20. Juni 2009 verwiesen."

---

[100] Vgl. auch Kaiser, JA 2004, 390 ff.
[101] Das ist vorzugswürdig, siehe Rn. 394. Vgl. auch Teplitzky, JuS 1968, 70, 76: In den Entscheidungsgründen wird dargelegt, dass und warum einem Beweisantrag nicht gefolgt wurde. So auch Störmer, JuS 1994, 238, 243.

- „Das Gericht hat über die Behauptung des Klägers, der Beklagte habe ihm einen Faustschlag versetzt, Beweis erhoben durch uneidliche Vernehmung Zeugen ... und ...; hinsichtlich des Ergebnisses wird auf die Sitzungsniederschrift vom ... verwiesen."
- „Die Strafakten 341 Ds 120/09 des Amtsgerichts Tiergarten haben dem Gericht vorgelegen und sind Gegenstand der mündlichen Verhandlung gewesen."

III. Entscheidungsgründe

1475 Wenn in Urteil oder Klausur eine Tatsache im Tatbestand als streitig beurkundet wird, bedarf es in den Entscheidungsgründen **zwingend** entweder einer Beweiswürdigung[102] oder Ausführungen dazu, warum eine Beweisaufnahme (ausnahmsweise) entbehrlich war. Nach § 286 Abs. 1 Satz 2 ZPO **müssen** im Urteil ferner die Gründe angegeben werden, die für die richterliche Überzeugung leitend gewesen sind. Die Darstellung unterscheidet sich danach, ob eine Tatsache als bewiesen bzw. als nichtbewiesen angesehen wird. Ferner ist zwischen ergiebigen (positiv bzw. negativ ergiebigen) und unergiebigen Beweismitteln zu trennen.

1476 **1. Tatsache ist bewiesen.** Ist eine Tatsache als bewiesen anzusehen, kann man wie folgt **aufbauen:**
- Am Anfang steht das Ergebnis der Beweisaufnahme.

1477 📄 Formulierungsvorschlag
„Nach dem Ergebnis der Beweisaufnahme steht für das Gericht fest, dass die Beklagte der Klägerin mit ihrer rechten Faust heftig auf die linke Wange geschlagen hat. Durch die Wucht des Aufpralls platzte die Gesichtshaut der Klägerin auf und das Jochbein brach."

1478 - Im Anschluss werden die Beweismittel dargestellt, auf denen sich die Überzeugung des Gerichts gründet.

1479 📄 Formulierungsvorschlag
„Das Gericht folgt insoweit der Aussage des Ehemannes der Klägerin, des Kaufmanns Peter Gackenkeyser. Gackenkeyser bestätigte die Darstellung seiner Ehefrau. [Glaubhaftigkeit der Aussage und Glaubwürdigkeit des Zeugen, z.B ....] Er stand nach dem übereinstimmenden Vortrag der Parteien mit diesen an der Theke und hatte unstreitig nichts getrunken ..."

1480 - Es folgen die unergiebigen Beweismittel. Beispiel:

1481 📄 Formulierungsvorschläge
- „Die Angaben des Freundes der Beklagten, Herbert Engelburg, weckten an der Richtigkeit der klägerischen Darstellung keine Zweifel. [Glaubhaftigkeit der Aussage und Glaubwürdigkeit des Zeugen, z.B ....]"
- „Engelburg bekundete, erst nach dem Vorfall zum Geschehen hinzugekommen zu sein. Im Übrigen hatte Engelburg bereits vor dem Vorfall einen Blutalkoholwert von 2,3 Promille."

1482 - Ggf. sind auch die negativ-ergiebigen Beweismittel darzustellen. Bei ihnen ist zu erörtern, warum das Gericht ihnen nicht folgt. Beispiel:

---

102 Zur Länge der Darstellung siehe etwa Stackmann, JuS 2004, 878, 881.

8. Kapitel: Beweis im Urteil 1483–1494

📄 **Formulierungsvorschläge** 1483
- „Die Angaben des Gastwirtes Mertin Lanterlich standen dem von der Klägerin behaupteten Geschehensablauf zwar entgegen. Diesem Zeugen konnte das Gericht aber keinen Glauben schenken. [Glaubhaftigkeit der Aussage und Glaubwürdigkeit des Zeugen, etwa ...]"
- „Es war bereits wenig glaubhaft, dass .... Lanterlichs Bekundungen erschienen auch wenig glaubwürdig. Das Gericht zweifelt bereits daran, ob Lanterlich überhaupt sehen konnte wie ...."

2. Tatsache ist nicht bewiesen. Ist eine Tatsache als nicht bewiesen anzusehen, 1484
kann man wie folgt aufbauen:
- Am Anfang steht wieder das Ergebnis der Beweisaufnahme. Beispiel: 1485

  📄 **Formulierungsvorschlag** 1486
  „Nach dem Ergebnis der Beweisaufnahme ist nicht erwiesen, dass die Beklagte die Klägerin geschlagen hat."

- Dann folgen die positiv-ergiebigen Beweismittel, die das Gericht nicht zu überzeugen vermochten. Beispiel: 1487

  📄 **Formulierungsvorschlag** 1488
  „Zwar bestätigte der Ehemann der Klägerin, der Kaufmann Peter Ayser, die Darstellung seiner Ehefrau. Er stand nach dem übereinstimmenden Vortrag der Parteien mit diesen an der Theke und hatte unstreitig nichts getrunken .... Seine Aussage war aber wenig glaubhaft. Denn ...."

- Anschließend können die negativ-ergiebige Beweismittel dargestellt werden. Auf Ihnen beruht die Entscheidung. Beispiel: 1489

  📄 **Formulierungsvorschlag** 1490
  „Gegen die Bekundungen Gackenkeysers stand die detaillierte und lebendige Aussage des Polizisten Urs Wollgruber. Wollgruber bekundete nachvollziehbar und glaubwürdig, dass ... Das Gericht konnte aus diesen Gründen nicht die für eine Verurteilung notwendige Überzeugung gewinnen, dass ..."

- Wenn nötig, können auch die unergiebigen Beweismittel kurz dargestellt werden. Beispiel: 1491

  📄 **Formulierungsvorschlag** 1492
  „Dem steht die Aussage des Bäckers Lutz Hempant nicht entgegen. Hempant bekundete, erst nach dem Vorfall zum Geschehen hinzugekommen zu sein."

3. Aufbau innerhalb der Beweismittel. Innerhalb der Beweismittel kann wie folgt 1493
aufgebaut werden:

Schema	1494
• Augenschein • Urkunden • Sachverständigengutachten • Zeugen • Parteivernehmung • Hilfstatsachen (Indizien): Lassen sie den Schluss auf Haupttatsache zu? Sind sie bewiesen?	

1495 4. **Fehlende Beweisbedürftigkeit**[103]. Ist kein Beweis zu erheben, weil die streitige Tatsache auf Grund anderer Umstände feststeht, kann man etwa schreiben:

1496 📄 Formulierungsvorschlag
„Der Beklagte hat den Unfall auch zu vertreten. Dies folgt bereits aus den Grundsätzen des Anscheinsbeweises. Nach diesen kann ..."

1497 5. **Fehlender Beweisantrag.** Ist Beweis zu erheben, **fehlt** aber ein (zulässiger) Beweisantrag, schreibt man etwa:

1498 📄 Formulierungsvorschlag
„Das Gericht muss davon ausgehen, dass die Wand nicht rot ist. Der für diese Tatsache nach den allgemeinen Regeln beweisbelastete Beklagte hat für die Tatsache, dass die Wand rot ist, keinen Beweis angeboten."

IV. Aufbaubeispiel

1499 Ist eine Tatsache als bewiesen anzusehen, kann man wie folgt aufbauen:

„Nach dem Ergebnis der Beweisaufnahme steht für das Gericht fest, dass die Beklagte der Klägerin mit ihrer rechten Faust heftig auf die linke Wange geschlagen hat. Durch die Wucht des Aufpralls platzte die Gesichtshaut der Klägerin auf und das Jochbein brach."	Ergebnis der Beweisaufnahme
„Das Gericht folgt insoweit der Aussage des Ehemannes der Klägerin, des Kaufmanns Peter Gackenkeyser. Gackenkeyser bestätigte die Darstellung seiner Ehefrau. Er stand nach dem übereinstimmenden Vortrag der Parteien mit diesen an der Theke und hatte unstreitig nichts getrunken ..."	überzeugende Beweismittel
„Die Angaben des Freundes der Beklagten, Herbert Engelburg, weckten an der Richtigkeit der klägerischen Darstellung keine Zweifel. Engelburg bekundete, erst nach dem Vorfall zum Geschehen hinzugekommen zu sein. Im Übrigen hatte Engelburg bereits vor dem Vorfall einen Blutalkoholwert von 2,3 Promille."	unergiebige Beweismittel
„Die Angaben des Gastwirtes Mertin Lanterlich standen dem von der Klägerin behaupteten Geschensablauf zwar entgegen. Diesem Zeugen konnte das Gericht aber keinen Glauben schenken. Es war bereits wenig glaubhaft, dass ... Lanterlichs Bekundungen erschienen auch wenig glaubwürdig. Das Gericht zweifelt bereits daran, ob Lanterlich überhaupt sehen konnte, wie ..."	negativ-ergiebige Beweismittel

---

103 Nach Kaiser, JA 2004, 390, 392.

8. Kapitel: Beweis im Urteil

Ist eine Tatsache als **nicht** bewiesen anzusehen, kann man wie folgt aufbauen:

„Nach dem Ergebnis der Beweisaufnahme ist nicht erwiesen, dass die Beklagte die Klägerin geschlagen hat."	Ergebnis der Beweisaufnahme
„Zwar bestätigte der Ehemann der Klägerin, der Kaufmann Peter Gackenkeyser, die Darstellung seiner Ehefrau. Er stand nach dem übereinstimmenden Vortrag der Parteien mit diesen an der Theke und hatte unstreitig nichts getrunken… Seine Aussage war aber wenig glaubhaft. Denn…"	positiv-ergiebige Beweismittel
„Gegen die Bekundungen Gackenkeysers stand die detaillierte und lebendige Aussage des Polizisten Urs Wollgruber. Wollgruber bekundete nachvollziehbar und glaubwürdig, dass… Das Gericht konnte aus diesen Gründen nicht die für eine Verurteilung notwendige Überzeugung gewinnen, dass…"	negativ-ergiebige Beweismittel
„Dem steht die Aussage des Bäckers Lutz Hempant nicht entgegen. Hempant bekundete, erst nach dem Vorfall zum Geschehen hinzugekommen zu sein."	wenn nötig: Unergiebige Beweismittel

Teil 12: **Prozesskostenhilfe – Überblick**

1. Kapitel: **Einführung**

1500 Viele wirtschaftlich schlechter gestellte Personen könnten angesichts des **Kostenrisikos keine Prozesse führen**. Dem Bedürfnis, auch diesen eine Klage zu ermöglichen, dient die Prozesskostenhilfe (PKH), §§ 114 ff. ZPO. Prozesskostenhilfe kann etwa für das Verfahren vor den Zivilgerichten, im Mahnverfahren, bei Eilverfahren, für Beweissicherungsverfahren, in der Zwangsvollstreckung, vor den Arbeits-, Verwaltungsgerichten sowie den Angelegenheiten der freiwilligen Gerichtsbarkeit gewährt werden. Zweck der Prozesskostenhilfe ist eine weitgehende Angleichung der Situation von Bemittelten und Unbemittelten bei der Verwirklichung des Rechtsschutzes[1].

1501 Kein Zweck ist es, der bedürftigen Partei eine Prozessführung auf Kosten der Allgemeinheit zu ermöglichen, von der eine vermögende Partei bei **vernünftiger Einschätzung der Sach- und Rechtslage** absehen würde[2].

2. Kapitel: **Voraussetzungen**

1502 Die Gewährung von Prozesskostenhilfe nach §§ 114 ff. ZPO hat drei Voraussetzungen:
- Erfolgsaussicht
- Bedürftigkeit
- keine Mutwilligkeit

I. Erfolgsaussicht

1503 Eine Rechtsverfolgung hat Aussicht auf Erfolg, wenn der vertretene Rechtsstandpunkt **zumindest vertretbar erscheint und in tatsächlicher Hinsicht die Möglichkeit einer Beweisführung besteht**[3]. Die Prüfung der Erfolgsaussichten dient nicht dazu, die **Rechtsverfolgung oder Rechtsverteidigung** selbst in das **summarische Verfahren der Prozesskostenhilfe zu verlagern** und dieses an die Stelle des Hauptsacheverfahrens treten zu lassen. Das Prozesskostenhilfeverfahren will den grund-

---

1 BVerfG, NJW 1997, 2102.
2 OLG Celle, NJW 1997, 532.
3 BGH, NJW 1994, 1160; BGH, NJW 1988, 266, 267 = VersR 1987, 1186, 1187.

2. Kapitel: Voraussetzungen

rechtlich garantierten Rechtsschutz nicht selbst bieten, sondern zugänglich machen[4]. An die Prüfung einer hinreichenden Erfolgsaussicht sind daher **keine überspannten Anforderungen** zu stellen[5]. Die Gerichte überschreiten den Entscheidungsspielraum, der ihnen bei der Auslegung des Tatbestandsmerkmals der hinreichenden Erfolgsaussicht i.S. des § 114 ZPO zukommt, wenn sie einen Auslegungsmaßstab anwenden, durch den einer weniger bemittelten Partei im Vergleich zur bemittelten die Rechtsverfolgung unverhältnismäßig erschwert wird. Das ist namentlich dann der Fall, wenn durch eine Überspannung der Anforderungen an die Erfolgsaussicht der Zweck der Prozesskostenhilfe deutlich verfehlt wird[6].

Prozesskostenhilfe ist in der Regel bereits **dann zu gewähren**, wenn die Entscheidung von der Beantwortung einer **schwierigen Rechts- oder Tatfrage** abhängt[7]. Prozesskostenhilfe ist hingegen zu versagen, wenn der Erfolg in der Hauptsache zwar nicht schlechthin ausgeschlossen, die Erfolgschance aber nur eine entfernte ist[8]. Bei der Prüfung können Kostengesichtspunkte berücksichtigt werden[9]. Bei der Prüfung ist in eng begrenztem Rahmen auch eine vorweggenommene Beweiswürdigung zulässig[10]. Hält das Gericht auf Grund dieser Prüfung die Richtigkeit der unter Beweis gestellten Tatsache für sehr unwahrscheinlich, so darf es Prozesskostenhilfe selbst dann verweigern, wenn es einem von der Partei gestellten Beweisantrag stattgeben müsste[11]. Denn die Voraussetzungen für die Bewilligung von Prozesskostenhilfe sind nicht mit denen für eine Beweiserhebung identisch. Beide Entscheidungen sind voneinander unabhängig zu treffen, wobei der Begriff der hinreichenden Erfolgsaussicht enger verstanden werden kann als das Gebot zur Beweiserhebung[12].

1504

Kommt eine **Beweisaufnahme ernsthaft in Betracht** und liegen keine konkreten und nachvollziehbaren Anhaltspunkte dafür vor, dass sie mit großer Wahrscheinlichkeit zum Nachteil des weniger Bemittelten ausgehen würde, läuft es dem Gebot der Rechtsschutzgleichheit aber zuwider, wegen fehlender Erfolgsaussichten des Rechtsschutzbegehrens Prozesskostenhilfe zu verweigern[13]. Bei der Prüfung der Erfolgsaussichten der vom Beklagten beabsichtigten Rechtsverteidigung ist der Prüfungsmaßstab ein anderer. Der verklagten Partei ist Prozesskostenhilfe zu gewähren, wenn Erfolgsaussicht für den beabsichtigten Klageabweisungsantrag besteht. Daher wird in der Regel ein substanziiertes Bestreiten des Klage-

1505

---

4 Vgl. BVerfG, BVerfGE 81, 347, 357 = NJW 1991, 413.
5 BVerfG, NJW 2003, 577; BVerfG, NJW-RR 1993, 1090 = FamRZ 1993, 664, 665; BGH, MDR 2003, 1300.
6 BVerfG, NJW-RR 2005, 140, 141; BVerfG, BVerfGE 81, 347, 357 = NJW 1991, 413.
7 BGH, MDR 2003, 1300.
8 BVerfG, NJW 1997, 2102; BVerfG, BVerfGE 10, 264, 268 = NJW 1960, 331.
9 BVerfGE 81, 347, 356 ff. = NJW 1991, 413 f.; BVerfG, NJW-RR 1993, 1090 = FamRZ 1993, 664, 665.
10 BVerfG, NJW-RR 2005, 140, 141; BVerfG, NJW-RR 2003, 1216; BVerfG, NJW 1997, 2745, 2746; BGH, NJW 1994, 1160, 1161; BGH, NJW 1988, 266, 267; OLG Köln, NJW-RR 2001, 791; MDR 1997, 1160, 1161.
11 BVerfG, NJW-RR 2003, 1216; OLG Köln, NJW-RR 2001, 791.
12 BVerfG, NVwZ 1987, 786.
13 BVerfG, NJW-RR 2005, 140, 141; BVerfG, NJW 2003, 2976, 2977.

vortrags ausreichen. Nur dann, wenn der Beklagte selbst die Beweislast für die vorgebrachten Einwände trägt, ist auch der Beweisantritt zu prüfen[14].

II. Bedürftigkeit

1506 Der Antragsteller darf nicht in der Lage sein, die Prozesskosten zu tragen, er muss **bedürftig** sein. Das Gesetz geht für die Frage, wann eine Partei bedürftig ist, von ihrem Vermögen aus. Ergänzend ist bei der Prüfung aber auch die Vermögenssituation Dritter ausschlaggebend, nämlich wenn Prozesskostenhilfe nicht natürlichen Personen zu gewähren ist. Und ausnahmsweise ist für die Frage, ob Prozesskostenhilfe zu gewähren ist, die Vermögenslage der Partei unbeachtlich. Das gilt dann, wenn die Partei für eine von ihr zu unterscheidende Vermögensmasse treuhänderisch prozessiert.

- **Natürliche Personen.** Natürliche Personen erhalten auf Antrag nach § 114 ZPO Prozesskostenhilfe. Diese ist zu gewähren, wenn die natürliche Person nach ihren persönlichen und wirtschaftlichen Verhältnissen die Kosten der Prozessführung nicht, nur zum Teil oder nur in Raten aufbringen kann[15]. Für die Prüfung, ob natürlichen Personen Prozesskostenhilfe zu gewähren ist, kommt es für die Frage der Bedürftigkeit nach §§ 115 Abs. 2 S. 1, 117 Abs. 2 S. 1, 118 Abs. 2 S. 4 ZPO allein auf ihre persönlichen und wirtschaftlichen Verhältnisse an[16]. Zu fragen ist, welche Kosten voraussichtlich anfallen. Maßgeblich sind allein die Kosten der antragstellenden Partei und ob diese Kosten aus dem Vermögen des Antragstellers aufgebracht werden können. Zur Berechnung des Vermögens ist zunächst an das Bruttoeinkommen der Partei anzuknüpfen[17]. Davon sind bestimmte Positionen abzusetzen.
- **Inländische juristische Person.** Eine inländische juristische Person oder parteifähige Vereinigung erhält auf Antrag nach § 116 S. 1 Nr. 2 ZPO Prozesskostenhilfe, wenn die Kosten weder von ihr noch von den am Gegenstand des Rechtsstreits wirtschaftlich Beteiligten aufgebracht werden können, die Unterlassung der Rechtsverfolgung oder Rechtsverteidigung allgemeinen Interessen zuwiderlaufen würde und die beabsichtigte Rechtsverfolgung hinreichende Aussichten auf Erfolg bietet und nicht mutwillig erscheint. Auch bei juristischen Personen und parteifähigen Vereinigungen ist also wie bei natürlichen Personen für die Frage der Bedürftigkeit zunächst darauf abzustellen, ob sie selbst in der Lage sind, die Kosten des Rechtsstreits aufzubringen. Allerdings findet der oben genannte Grundsatz hier insoweit eine Einschränkung, dass nur dann Prozesskostenhilfe zu gewähren ist, wenn die Kosten zusätzlich auch von am Gegenstand des Rechtsstreits wirtschaftlich Beteiligten nicht aufgebracht werden können. Diese Einschränkung rechtfertigt sich aus der Funktion der Prozesskostenhilfe. Im Vordergrund

---

14 Stackmann, JuS 2006, 233, 235.
15 Maßgebend sind die Verhältnisse im Zeitpunkt der Beschlussfassung, OVG Münster, NVwZ-RR 1993, 168.
16 Für die Gewährung von Prozesskostenhilfe spielt hingegen keine Rolle, ob die Partei etwa vermögende Gläubiger besitzt, die am Ausgang des Rechtsstreits interessiert sind. Ebenso unbeachtlich sind allgemeine Interessen.
17 Socha, JA 2003, 682, 683.

steht, natürlichen Personen zu ermöglichen, Prozesse zu führen[18]. Der für natürliche Personen angeführte fürsorgliche Charakter der Prozesskostenhilfe und ihre verfassungsrechtliche Legitimation aus dem Sozialstaatsprinzip entfallen aber bei den in § 116 S. 1 Nr. 2 ZPO Genannten. Diese besitzen regelmäßig nur dann eine von der Rechtsordnung anerkannte Existenzberechtigung, wenn sie ihre Ziele und Aufgaben aus eigener Kraft zu verfolgen in der Lage sind. Zweck des § 116 S. 1 Nr. 2 ZPO ist es daher insbesondere, einer juristischen Person oder parteifähigen Vereinigung zu ermöglichen, mit der Prozessführung der Allgemeinheit dienende Aufgaben zu erfüllen oder Prozesse zu führen, von deren Ergebnis die Existenz eines Unternehmens abhängt, an dessen Erhaltung ein allgemeines Interesse besteht.

- **Parteien kraft Amtes.** Parteien kraft Amtes[19] erhalten nach § 116 S. 1 Nr. 1 ZPO[20] Prozesskostenhilfe, wenn die Kosten aus der verwalteten Vermögensmasse nicht aufgebracht werden können, den am Gegenstand des Rechtsstreits wirtschaftlich Beteiligten nicht zuzumuten ist, die Kosten aufzubringen und die beabsichtigte Rechtsverfolgung hinreichende Aussichten auf Erfolg bietet und nicht mutwillig erscheint. Anders als bei den natürlichen oder juristischen Personen bzw. parteifähigen Vereinigungen kommt es bei Parteien kraft Amtes für die Frage der Bedürftigkeit ausnahmsweise nicht auf das Vermögen der Prozesskostenhilfe beantragenden Partei, sondern zum einen auf die Vermögensverhältnisse der von dieser verwalteten Masse, und zum anderen der Dritter, nämlich der am Gegenstand des Rechtsstreits wirtschaftlich Beteiligten, an. Das Gesetz trägt mit der Anknüpfung an die Bedürftigkeit der verwalteten Masse dem Umstand Rechnung, dass die Parteistellung der Partei kraft Amtes nur eine formale ist. Es geht bei einem Prozess der Partei kraft Amtes nicht vornehmlich um die Interessen des treuhänderisch tätigen Verwalters, sondern um Drittinteressen. Die Aufgabe einer Partei kraft Amtes ist es daher, im öffentlichen Interesse die geordnete und rechtlich gesicherte Abwicklung einer Vermögensmasse herbeizuführen. Im Wesentlichen werden sozial schwächere Gläubiger dabei durch einen erfolgreichen Prozess begünstigt.

III. Mutwilligkeit

Prozesskostenhilfe wird nur bewilligt, wenn die beabsichtigte Rechtsverfolgung bzw. Verteidigung **nicht mutwillig** erscheint. Mutwillig handelt, wer von dem abweicht, was eine verständige und ausreichend vermögende Partei in einem gleichgelagerten Fall tun würde. Der Hilfsbedürftige darf nicht besser gestellt werden als die Partei, die ihre Prozesskosten selber tragen muss. Vor diesem Hintergrund ist auch ein **Vorwegnahme der Beweiswürdigung** insoweit statthaft, als nach dem feststehenden Inhalt der Akten eine vernünftig und wirtschaftlich denkende Partei, die den Prozess selbst finanzieren muss, wegen des absehbaren Misserfolgs der Beweisaufnahme von einer Prozessführung absehen würde[21].

---

18 BVerfG, NJW 1974, 229.
19 Z. B. Insolvenz-, Zwangs- oder Nachlassverwalter.
20 BGH, MDR 2006, 113.
21 BGH, NJW 1994, 1160; KG, MDR 2009, 221.

1508 Beispiele:
Die Klage gegen eine **vermögenslose Person** ist meist mutwillig, es sei denn, es besteht wenigstens eine gewisse Aussicht, dass sie wieder zu Geld kommt, oder die Klage dient der Unterbrechung der Verjährung. Ein Antrag auf Prozesskostenhilfe ist außerdem dann mutwillig, wenn der Kläger den erstrebten Vollstreckungstitel im Mahnverfahren erwirken kann[22]. Mutwillig ist ein Scheidungsantrag dessen, der dem Ehepartner durch die Ehe lediglich eine Aufenthaltserlaubnis verschaffen wollte. Ebenso ist eine Unterhaltsklage mutwillig, wenn der Schuldner bisher immer pünktlich und vollständig bezahlt hat.

1509 Prozesskostenhilfe kann verweigert werden, wenn eine Partei in Kenntnis eines bevorstehenden Prozesses ihre **Bedürftigkeit mutwillig herbeiführt**[23].

3. Kapitel: Verfahren

I. Antrag

1510 Das Verfahren beginnt mit dem Antrag beim Gericht des ersten Rechtszuges, beim Rechtsmittelgericht, wenn die Hauptsache bei ihm schwebt, § 127 Abs. 1 S. 2 ZPO. Wo dem Rechtspfleger das Verfahren insgesamt übertragen ist, etwa das Mahnverfahren, ist er auch für die Prüfung der objektiven und subjektiven Voraussetzungen von Prozesskosten und der Entscheidung darüber zuständig[24]. Wird gem. § 119 Abs. 2 ZPO nach Beendigung der Instanz Prozesskostenhilfe für die Zwangsvollstreckung beantragt, ist das Vollstreckungsgericht zuständig.

1511 Der Antrag ist schriftlich oder zu Protokoll der Geschäftsstelle bei dem Gericht zu stellen, das über das streitige Verhältnis entscheidet oder entscheiden soll. Anwaltszwang besteht nicht. Antragsberechtigt sind z.B. Kläger, Beklagter, Nebenintervenient, Ausländer, Staatenlose, juristische Personen etc. In dem Antrag muss das Streitverhältnis ausführlich und vollständig unter Angabe der Beweismittel dargestellt werden. In der Praxis geschieht dies zumeist unter Beifügung eines Klage- oder Rechtsmittelentwurfs.

1512 Zu beachten ist, dass eine **Klage auf zweierlei Art eingereicht** werden kann:
- **Unbedingt:** Mit der Klage wird ein Antrag auf Prozesskostenhilfe gestellt. Dann ist die Klage zuzustellen[25] und es fallen Gebühren an; das Prozesskostenhilfeverfahren läuft parallel. Bei der späteren Prüfung der Voraussetzungen muss im Beschluss klargestellt werden, ob und ab wann Prozesskostenhilfe rückwirkend gewährt wird.

---

22 LG Lüneburg, NJW-RR 2002, 647.
23 BGH, Rpfleger 2007, 32, 33; BGH, NJW 1959, 884, 885.
24 Für die Zwangsvollstreckung zur Erwirkung vertretbarer Handlungen, unvertretbarer Handlungen und Erzwingung von Unterlassungen bzw. Duldungen ist aber der Richter zuständig.
25 Falls der Gerichtskostenvorschuss nach § 65 GKG bezahlt wurde.

- **Bedingt:** Der Antragsteller erklärt zumindest stillschweigend, dass er die Klage nur erheben will, wenn Prozesskostenhilfe gewährt wird[26]. Dann wird die „Klage", also der Prozesskostenhilfeantrag, dem Gegner nur formlos zugeleitet. Das Prozesskostenhilfeverfahren ist einer eventuellen Klage vorgeschaltet. Nach Bewilligung ist die Klage zuzustellen: Wird diese Zustellung übersehen und terminiert, kann eine mangelhafte Klageerhebung ggf. nach § 295 ZPO geheilt werden.

II. Erklärung

Dem Antrag auf Bewilligung von Prozesskostenhilfe ist nach § 117 Abs. 2 ZPO eine **Erklärung über die persönlichen und wirtschaftlichen Verhältnisse der Partei beizufügen**, also über die Familienverhältnisse, Beruf, Vermögen, Einkommen und Belastungen, und mit entsprechenden auf dem neuesten Stand befindlichen Belegen zu untermauern. Zu Rückfragen bei Unvollständigkeit ist das Gericht **nicht verpflichtet**[27]. In der Praxis geschieht dies dennoch meist.

III. Anhörung des Antragsgegners

Vor der Bewilligung der Prozesskostenhilfe ist dem Gegner Gelegenheit zur Stellungnahme zu geben, wenn dies nicht aus besonderen Gründen **unzweckmäßig** erscheint, § 118 Abs. 1 ZPO.

IV. Beweiserhebung

Eine **Beweiserhebung** findet in der Praxis **selten** statt. Üblich ist, dass der Antragsteller seine Angaben glaubhaft macht[28]; außerdem können Urkunden angefordert werden[29]. Zeugen und Sachverständige werden nach § 118 Abs. 2 S. 3 ZPO im Regelfall nicht vernommen[30].

V. Entscheidung

1. Allgemeines. Prozesskostenhilfe wird für **jede Instanz gesondert** bewilligt. Bei Tod des Antragstellers geht die Bewilligung nicht auf die Erben über, selbst wenn sie einen anhängigen Prozess weiterführen; vielmehr muss die Prozesskostenhilfe neu beantragt werden.

2. Form. Die Bewilligung erfolgt in der Regel **ohne mündliche Verhandlung durch Beschluss**[31]. Die ZPO bestimmt nicht, wie Beschlüsse aufzubauen sind. Inhalt und

---

26 Dazu etwa OLG Dresden, MDR 2000, 659. Fehlgehend wohl BGH, FamRZ 2009, 494.
27 BFH, JurBüro 1993, 548.
28 § 118 Abs. 2 S. 1 ZPO.
29 § 118 Abs. 2 S. 1 ZPO.
30 Zum Zeitpunkt der Beurteilung OLG Nürnberg, MDR 2000, 657.
31 § 127 Abs. 1 S. 1 ZPO; vgl. dazu Rn. 53 ff.

Form eines Beschlusses stehen deshalb grundsätzlich[32] im Ermessen. Die Praxis wendet zur Lückenschließung sinngemäß die Bestimmungen über das Urteil an.

1518 PKH-Beschlüsse enthalten danach einheitliche „Gründe". Sie haben deshalb zwar weder einen Tatbestand noch Entscheidungsgründe: Auch sie gliedern sich in der Klausur jedoch regelmäßig in zwei Teile, die Tatbestand und Entscheidungsgründen entsprechen. Ein Beschluss wird mit „Gründe" überschrieben, seine einzelnen Teile mit I.[33] und II.[34]

1519 Schema
- vollständiges Rubrum
- Entscheidung (= Beschlussformel)
- Gründe I (= Tatbestand; kurze Sachverhaltsdarstellung)
- Gründe II (= Entscheidungsgründe)
  - ggf. Zulässigkeit
  - Begründetheit
- Kosten
- ggf. Streitwert
- Unterschrift(-en)

1520 3. Tenor. Die Bewilligung der Prozesskostenhilfe erfolgt – wie erwähnt – für jeden Rechtszug besonders. Ist eine Vertretung durch Anwälte vorgeschrieben, wird der Partei ein zur Vertretung bereiter Rechtsanwalt ihrer Wahl beigeordnet. Ist eine Vertretung durch Anwälte nicht vorgeschrieben, wird der Partei auf ihren Antrag ein zur Vertretung bereiter Rechtsanwalt ihrer Wahl beigeordnet, wenn die Vertretung durch einen Rechtsanwalt erforderlich erscheint oder der Gegner durch einen Rechtsanwalt vertreten ist.

1521 Formulierungsvorschläge
- „Der Beklagten wird für die erste Instanz[35] Prozesskostenhilfe ohne Zahlungsverpflichtung[36] unter Beiordnung von Rechtsanwalt Torsten Simmer [Adresse] zu ihrer Vertretung bewilligt[37]."

---

32 In Einzelfällen gibt das Gesetz den Inhalt eines Beschlusses vor. Das ist etwa in § 359 ZPO der Fall.
33 Kurze Sachverhaltsdarstellung; kann z.T. entfallen.
34 Rechtliche Würdigung.
35 In die Bewilligung eingeschlossen ist ein etwaiger Prozessvergleich, das Verfahren nach Einspruch, Verweisung des Rechtsstreits und Kostenfestsetzung. Gesondert zu beantragen und zu bewilligen ist hingegen Prozesskostenhilfe für Maßnahmen der Zwangsvollstreckung, Arrest, einstweilige Verfügung, Rechtsmittel, Klageerweiterung und Widerklage.
36 Ggf. ab wann an die Gerichtskasse Monatsraten – und in welcher Höhe – zu zahlen sind, § 121 ZPO.
37 Eine Entscheidung zur vorläufigen Vollstreckbarkeit ist ersichtlich nicht erforderlich. Aber auch eine Entscheidung über die Kosten ist entbehrlich: Das Verfahren über die Bewilligung von Prozesskostenhilfe ist gerichtsgebührenfrei.

4. Kapitel: Folgen

- „Der Antrag der Beklagten auf Bewilligung von Prozesskostenhilfe für die erste Instanz wird zurückgewiesen[38]."

4. Anfechtung. Der Antragsteller[39] kann einen ihn **beschwerenden Beschluss** innerhalb eines Monats im Wege der sofortigen Beschwerde anfechten, § 127 Abs. 2 S. 2, S. 3 ZPO[40]. **1522**

> ✏ **Klausurtipp** **1523**
> Für die Zulässigkeit eines Rechtsmittels und für die erforderliche **Mindestbeschwer** ist stets auf den Zeitpunkt der Einlegung des Rechtsmittels abzustellen. Spätere Veränderungen können die Zulässigkeit des Rechtsmittels grundsätzlich nicht mehr entfallen lassen[41].

Die Bewilligung von Prozesskostenhilfe kann vom Antragsgegner hingegen nicht angefochten werden; auch nicht mit der Rechtsbeschwerde[42]. **1524**

4. Kapitel: **Folgen**

Der Anspruch auf Prozesskostenhilfe umfasst zwar die gesamten Prozesskosten, sie deckt aber nur die Gerichtskosten und die Kosten des eigenen Anwalts ab, § 122 ZPO. Die **Kosten des Gegners** müssen im Falle des Unterliegens hingegen auch von der armen Partei **voll getragen** werden, § 123 ZPO. Auch für das Prozesskostenhilfeverfahren selbst kann keine Prozesskostenhilfe gewährt werden[43]. In dem Prozesskostenhilfe gewährenden Beschluss werden die zu zahlenden Anwaltskosten und die aus dem Vermögen zu zahlenden Beträge festgesetzt[44]. Ihre Zahlung hat an die Landeskasse zu erfolgen[45]. Unabhängig von der Zahl der Rechtszüge und der Höhe der tatsächlich anfallenden Kosten hat die Partei höchstens 48 Monatsraten zu zahlen. Unter den Voraussetzungen des § 124 kann das Gericht die Bewilligung der Prozesskostenhilfe aufheben[46]. Im Anwaltsprozess wird der Partei ein zur Vertretung bereiter Anwalt ihrer Wahl beigeordnet[47], im Parteiprozess auf Antrag, wenn dies erforderlich erscheint. **1525**

---

38 Es ergeht wieder keine Kostenentscheidung, vgl. § 118 Abs. 1 S. 4 ZPO.
39 Der Antragsgegner kann keine Beschwerde einlegen, auch keine Rechtsbeschwerde, BGH, NJW 2002, 3554.
40 Ein erneutes Gesuch nach Ablauf der Frist soll nach OLG Oldenburg, MDR 2003, 1071, wegen entgegenstehender Rechtskraft des abweisenden Beschlusses unzulässig sein.
41 BGH, FamRZ 2009, 495, 496.
42 BGH, NJW 2002, 3654.
43 BGH, BGHZ 91, 311 = NJW 1984, 2106.
44 § 120 Abs. 1 ZPO.
45 § 120 Abs. 2 ZPO.
46 Vgl. OLG Saarbrücken, NJW 1983, 1069.
47 § 121 Abs. 1 ZPO.

Teil 13: **Zustellungsrecht**

1. Kapitel: **Einführung**

1526 Erst durch **Zustellung** (Erhebung) der Klage entsteht zwischen den Parteien ein **Rechtsstreit**[1]. Nur die zugestellte Klage kann zurückgenommen oder durch das Gericht als „erledigt" festgestellt werden[2]. Eine Klageänderung (§ 263 ZPO), die Erhebung einer Widerklage (§ 33 ZPO) wie auch einer Zwischenfeststellungsklage (§ 256 Abs. 2 ZPO) setzt Rechtshängigkeit und damit die **Zustellung der Klage** voraus. Auch eine Erledigung der Hauptsache kann erst nach Rechtshängigkeit eintreten[3]. Ferner erfordert die Entstehung des prozessualen Kostenerstattungsanspruchs – abgesehen von dem Ausnahmetatbestand des § 269 Abs. 3 ZPO – ein Prozessrechtsverhältnis, also die Rechtshängigkeit eines prozessualen Anspruchs einer Partei gegen die andere.

1527 Eine Zustellung ist die **Bekanntgabe eines Schriftstücks an eine Person in einer bestimmten Form**[4]. Das Schriftstück kann der Person, der zugestellt werden soll, an jedem Ort übergeben werden, an dem sie angetroffen wird[5]. Erst die Zustellung bildet die Grundlage für die Einleitung des gerichtlichen Verfahrens, seinen Fortgang und die Bestandskraft der verfahrensbeendenden Entscheidung. Die Zustellung dient der Sicherung des Nachweises von Zeit und Art der Übergabe des Schriftstückes[6]. Durch die Zustellung soll ferner gewährleistet werden, dass der Zustellungsempfänger verlässlich von dem Inhalt des Schriftstücks Kenntnis nehmen und seine Rechtsverteidigung oder Rechtsverfolgung darauf einrichten kann. Insoweit dient sie der Verwirklichung des Anspruchs auf rechtliches Gehör, Art. 103 Abs. 1 GG[7]. Die sorgfältige Prüfung von Zustellfragen ist außerdem bedeutsam für den im Justizgewährungsanspruch begründeten Anspruch auf wirksamen Rechtsschutz in angemessener Zeit[8] und für die Rechtssicherheit als wesentliches Element des Rechtsstaatsprinzips[9]. Fragen der Zustellung besitzen somit nicht nur für die Praxis, sondern auch im Assessorexamen eine hohe

---

1 Ist keine Zustellung, auch keine öffentliche, möglich, werden die Akten nach 6 Monaten weggelegt.
2 Siehe dazu Rn. 270 ff.
3 BGH, NJW 2003, 3134.
4 § 166 ZPO.
5 § 177 ZPO.
6 BGH, NJW 2007, 775, 777; BGH, NJW 1978, 1058, 1059.
7 BVerfG, NJW 1988, 2361; BVerfG, BVerfGE 67, 208, 211; BGH, NJW 2007, 775, 777; BGH, NJW-RR 2000, 1289; BGH, BGHZ 118, 45, 47.
8 Art. 19 Abs. 4 GG.
9 Art. 20 Abs. 3 GG.

2. Kapitel: Überblick zur Zustellung

Bedeutung; und zwar sowohl für das Erkenntnisverfahren als auch für die Zwangsvollstreckung. Etwa die wirksame Erhebung der Klage setzt die Zustellung eines Schriftsatzes (Klageschrift) an den Beklagten voraus, § 253 Abs. 1 ZPO. Anlagen, auf die der Kläger im **Klageschriftsatz Bezug** nimmt, gehören grundsätzlich zu der dem Beklagten zuzustellenden Klageschrift. Wird die Klageschrift ohne die in Bezug genommenen Anlagen zugestellt, entspricht die Zustellung nicht den gesetzlichen Anforderungen und ist damit grundsätzlich **unwirksam!**[10] Nach § 750 Abs. 1 S. 1 ZPO darf die Zwangsvollstreckung nur beginnen, wenn das Urteil – oder ein anderer Titel – bereits zugestellt ist oder gleichzeitig zugestellt wird.

> **Klausurtipp**
>
> Besonderheiten ergeben sich wegen der besonderen Eilbedürftigkeit bei der Arrestvollziehung und der einstweiligen Verfügung: Der Antragsteller benötigt hier entgegen §§ 928, 750 Abs. 1 ZPO statt der üblichen Trias „Titel, Klausel, Zustellung" nur den Arrestbefehl als Titel[11]. Eine Klausel ist ebenso wie eine Zustellung keine Vollziehungsvoraussetzung. Die Zustellung muss aber gem. §§ 929 Abs. 3 S. 2, 936 ZPO binnen einer Woche nach Vollziehung nachgeholt werden. Anderenfalls ist die Vollziehung wirkungslos.

2. Kapitel: **Überblick zur Zustellung**

I. Erforderlichkeit

Die Bestimmungen der §§ 166–195 ZPO regeln, **wie** zuzustellen ist[12]. Die Frage, **ob** eine Zustellung nötig oder eine Mitteilung ohne besondere Form[13] ausreichend ist, ist in der jeweiligen Verfahrensvorschrift geregelt. Zuzustellen sind z.B.:

- Schriftsätze, die Sachanträge oder deren Rücknahme enthalten, §§ 253 Abs. 1, 270 Abs. 1 ZPO (= so genannte bestimmende Schriftsätze).
- Urteile nach §§ 310 Abs. 3, 317 ZPO, um die Rechtsmittel- bzw. Einspruchsfrist in Gang zu setzen. Verkündete Versäumnisurteile werden aber nur an die unterlegende Partei zugestellt, § 317 Abs. 1 S. 1 ZPO. Die Zustellung wird von der Geschäftsstelle bewirkt, sobald ihr das nach der Verkündung unterschriebene Urteil vorliegt, § 317 Abs. 2 S. 1 ZPO. Die Zustellung ist nach § 317 Abs. 1 S. 3 ZPO hinausschiebbar (vor allem für Vergleichsverhandlungen).
- Beschlüsse, die mit befristeten Rechtsmitteln anfechtbar sind.
- Terminsladungen gem. §§ 274 Abs. 2, 329 Abs. 2 S. 2, 491 Abs. 1 ZPO.
- Mahnbescheide gem. § 693 Abs. 1 ZPO.
- Vollstreckungsbescheide gem. § 699 Abs. 4 S. 1 ZPO.

---

10 BGH, NJW 2007, 775, 777.
11 Außer im Fall des § 929 Abs. 1 ZPO, in dem auch die Klausel vorgeschrieben ist.
12 Wobei die Beurkundung nicht konstitutiver Bestandteil ist, sondern als Nachweis der Zustellung dient, § 182 Abs. 1 S. 2 ZPO.
13 Vgl. § 270 Abs. 2 S. 1 ZPO.

II. Partei/Gericht

1530 Mit dem Zustellungsreformgesetz hat der Gesetzgeber die Vorschriften über die Zustellung von Amts wegen als Regelfall den Vorschriften über die Zustellung auf Betreiben der Parteien vorangestellt. Gem. § 191 ZPO sind die Vorschriften über die Zustellung von Amts wegen auf die Parteizustellung entsprechend anzuwenden.

III. Eigentliche Zustellung

1531 1. Adressat. Zustellungsadressat ist die Person, der zugestellt werden soll. In einem anhängigen Verfahren hat die Zustellung an den für den Rechtszug bestellten Prozessbevollmächtigten zu erfolgen[14]. Ist der Zustellungsadressat **nicht prozessfähig**[15] oder keine natürliche Person, ist an seinen gesetzlichen Vertreter zuzustellen, § 170 Abs. 1 S. 1 ZPO. Die Zustellung an die nicht prozessfähige Person ist unwirksam.

1532 ✎ Klausurtipp

Nach h. M. setzt allerdings die Zustellung eines Versäumnisurteils bzw. Vollstreckungsbescheides an einen unerkannt Prozessunfähigen (Geschäftsunfähigen) dennoch die Rechtsbehelfsfrist in Lauf[16]. Damit wird dem Bedürfnis Rechnung getragen, im Interesse von Rechtsfrieden und Rechtssicherheit Prozesse möglichst bald durch Eintritt der formellen Rechtskraft der ergangenen Entscheidung zu beenden. Damit wäre es nicht zu vereinbaren, wenn der formelle Akt der Zustellung in seiner Wirkung, die Rechtsbehelfsfrist in Lauf zu setzen, durch Mängel, die bei der Zustellung nicht erkennbar sind und erst in einem längeren Verfahren geprüft werden müssten, in Frage gestellt würde. Der Schutz des prozessunfähigen Zustellungsempfängers muss demgegenüber zurücktreten. Auch der verfassungsrechtliche Anspruch auf rechtliches Gehör gebietet es nicht, der Zustellung an den Prozessunfähigen jede Wirkung zu versagen. Jedenfalls im Verfahren über die Nichtigkeitsklage wird das etwa vorher verweigerte rechtliche Gehör nachträglich gewährt.

1533 2. Empfänger. Empfänger ist derjenige, dem **tatsächlich zugestellt** wird. Das wird im Regelfall der Zustellungsadressat sein. Als Zustellungsempfänger kommen aber bei einer Ersatzzustellung nach § 178 Abs. 1 Nr. 1–3 ZPO auch Dritte in Betracht. Dazu zählen z. B. erwachsene Familienangehörige, Mitbewohner, Mitarbeiter, Einrichtungsleiter etc. Zustellungsempfänger kann nach § 171 ZPO

---

14 § 172 Abs. 1 S. 1 ZPO.
15 Wird in einem Rechtsstreit eine prozessfähige Person etwa durch einen Betreuer vertreten, so steht sie gem. § 53 ZPO für den Rechtsstreit einer nicht prozessfähigen Person gleich. Nach hier vertretener Auffassung muss der Betreuer – es sei denn, der Betreute ist prozessunfähig – seinen Eintritt in das Verfahren allerdings ausdrücklich erklären, um die Wirkungen des § 53 ZPO auszulösen.
16 BGH, NJW 2008, 2125 mit Anm. Sujecki; BGH, NJW 1988, 2049. Siehe dazu auch BGH, GE 2008, 406, 407.

2. Kapitel: Überblick zur Zustellung 1534, 1535

außerdem der rechtsgeschäftlich bestellte Vertreter sein, der eine entsprechende schriftliche Vollmacht vorlegen kann.

3. Ausführung der Zustellung. Die Auswahl der Zustellungsart steht im **Ermessen des Gerichts**. Sie kann folgendermaßen erfolgen: **1534**
- **Aushändigung an der Amtsstelle (§ 173 ZPO):** Hierunter fällt jeder Ort, an dem die gerichtliche Tätigkeit gem. § 219 ZPO ausgeübt wird.
- **Zustellung gegen Empfangsbekenntnis an Personen mit berufsbedingt erhöhter Zuverlässigkeit** (§ 174 ZPO), wobei die Rücksendung des Empfangsbekenntnisses zwar eine Mitwirkungspflicht darstellt, aber nur standesrechtlich besteht und nicht erzwungen werden kann[17]. Gem. § 174 Abs. 2 und 3 ZPO ist die Übermittlung auch mit Hilfe von Computerfaxen und elektronischen Medien zugelassen.
- **Zustellung durch Einschreiben mit Rückschein (§ 175 ZPO)**, die keine Zugangsfiktion enthält. Es bedarf der tatsächlichen Übergabe des Schriftstückes und eines Nachweises gem. § 182 Abs. 1 ZPO[18].
- **Ist eine Zustellung nach §§ 173 bis 175 ZPO nicht möglich**, kann die Geschäftsstelle nach § 176 ZPO die Post oder einen Justizbediensteten mit einer Zustellung gem. §§ 177 bis 181 ZPO beauftragen. Dabei ist der Vordruck der Zustellungsurkunde[19] zusammen mit dem in einem Umschlag verschlossenen Schriftstück auszuhändigen. Diese Form der Zustellung bietet die größtmögliche Sicherheit.
- Für den **Anwaltsprozess** besteht zudem die erleichterte Form der Zustellung von Anwalt zu Anwalt (§ 195 ZPO).

4. Ersatzzustellung. Wird die Person, der zugestellt werden soll, in ihrer Wohnung, in dem Geschäftsraum oder in einer Gemeinschaftseinrichtung, in der sie wohnt, nicht angetroffen, kann das Schriftstück im Wege der Ersatzzustellung nach §§ 178–181 ZPO zugestellt werden. **1535**
- Vorrangig ist eine Ersatzzustellung an die in § 178 Abs. 1 Nr. 1–3 ZPO genannten Personen. Eine Ersatzzustellung durch Einlegen des Schriftstückes in den Briefkasten, § 180 ZPO, setzt einen erfolglosen Zustellversuch voraus, § 178 Abs. 1 Nr. 1, 2 ZPO. Eine Zustellung durch Niederlegung ist nur zulässig, wenn keine andere Zustellung möglich ist, insbesondere auch nicht die gem. § 180 ZPO.

---

17 BGH, BGHZ 30, 299, 305. Es birgt also Probleme, wenn ein Empfänger den Erhalt des Schriftstückes nicht bestätigt. Die Geschäftsstelle kann erst nach angemessener Frist die Zustellung auf anderem Weg veranlassen. Die Fristwahrung muss (auch bei längerer Verzögerung) über § 167 ZPO bewirkt werden, siehe insoweit Wunsch, JuS 2003, 278.
18 Fehlt der Vermerk „eigenhändig" auf der Sendung, gelten – sofern diese Zustellerin war – die AGB der Deutschen Post AG, wonach eine Übergabe an Familien- oder Betriebsangehörige ausreichend ist, vgl. Wunsch, JuS 2003, 278 mit Hinweis auf BR-Drucksache 492/00, 40. Strittig ist, ob bei verweigerter Annahme die Zustellung über § 242 BGB bejaht werden kann. Dies wird abzulehnen sein, da dann jedenfalls die Beweisfunktion des § 182 ZPO ausfiele und überdies § 179 ZPO den Fall verweigerter Annahme regelt. Zum Meinungsstand Heß, NJW 2002, 2419.
19 § 190 ZPO. Der ausgefüllte Vordruck hat Urkundsqualität gem. §§ 182, 418 ZPO.

- Ersatzzustellung in der Wohnung, in Geschäftsräumen und Einrichtungen durch Zustellung an Dritte. Ist der Dritte „Gegner" des Zustellungsadressaten, ist die Zustellung allerdings unwirksam[20].
- Ersatzzustellung durch Einlegen in den Briefkasten. Die Zustellung kommt erst dann in Betracht, wenn Versuche der unmittelbaren Zustellung und die Ersatzzustellung nach § 178 Abs. 1 Nr. 1 oder Nr. 2 ZPO erfolglos geblieben sind. Mit dem Einlegen in den Briefkasten gilt das Schriftstück als zugestellt[21].
- Ersatzzustellung durch Niederlegung. Die Zustellung durch Niederlegung kann erst dann erfolgen, wenn andere Formen der Ersatzzustellung nicht möglich oder erfolglos waren.

1536 5. § 185 ZPO (öffentliche Zustellung). Unter **besonders engen Voraussetzungen**, insbesondere bei Unkenntnis des Aufenthaltsortes des Adressaten, kann das Gericht durch Beschluss die so genannte **öffentliche Zustellung** bewilligen. Wegen der bloßen Fiktion der Zustellung sind die Voraussetzungen des § 185 ZPO eng auszulegen. Im Mahnverfahren ist die öffentliche Zustellung nicht zulässig, § 688 Abs. 2 ZPO. Eine öffentliche Zustellung kommt nur dann in Betracht, wenn eine Zustellung auf anderem Wege nicht möglich ist. Sie ist nicht möglich, wenn der Aufenthaltsort einer Person zwar unbekannt, jedoch eine Zustellung an einen Zustellungsbevollmächtigten oder an einen Vertreter möglich ist. Die allgemeine Unkenntnis vom Aufenthaltsort der Beklagtenseite ist objektiv nachzuweisen; die lediglich subjektive Unkenntnis des Antragstellers genügt nicht.

1537 Die Bewilligung der öffentlichen Zustellung kommt wegen der damit verbundenen Rechtsnachteile[22] grundsätzlich erst dann in Betracht, wenn die der klagenden Partei obliegenden Nachforschungen nach dem derzeitigen Aufenthaltsort erfolglos geblieben sind. Eine gegen Art. 103 Abs. 1 GG verstoßende Zustellung ist **unwirksam**[23]. Davon kann jedoch nur ausgegangen werden, wenn das bewilligende Gericht nach den ihm vorgetragenen Tatsachen erkennen[24] konnte, dass die Voraussetzungen einer öffentlichen Zustellung nicht vorlagen[25], so dass dem Staatshoheitsakt von vornherein ein Fehler anhaftete, oder wenn der Kläger die Bewilligung der öffentlichen Zustellung rechtsmissbräuchlich herbeigeführt hat, etwa weil er die tatsächliche Anschrift des Beklagten kannte[26].

---

20 OLG Karlsruhe, MDR 1984, 151, 152.
21 Regelungszweck ist, dem Adressaten die Zustellung zu erleichtern und zu beschleunigen. Ist der Briefkasten einer Person nicht eindeutig zuzuordnen oder übervoll, ist von der Zustellung gem. § 180 ZPO abzusehen, vgl. Wunsch, JuS 2003, 279.
22 Vgl. hierzu insbesondere BVerfG, NJW 1988, 2361.
23 BVerfG, NJW 1988, 2361; BGH, BGHZ 118, 45 = NJW 1992, 2280 = MDR 1992, 997.
24 BGH, NJW 2002, 827.
25 OLG Stuttgart, MDR 2002, 353: Die richtig ausgeführte öffentliche Zustellung ist wirksam, selbst wenn die Voraussetzungen für deren Bewilligung nach § 185 ZPO nicht erfüllt gewesen sein sollten, OLG Hamm, MDR 1997, 1155; OLG Köln NJW-RR 1993, 446; a.A. OLG Zweibrücken, OLGReport Zweibrücken 2001, 389.
26 BGH, MDR 1992, 997, 998; OLG Hamm, MDR 1997, 1155; OLG Köln, NJW-RR 1993, 446; Fischer, ZZP 107 [1994], 163, 175.

3. Kapitel: Ausgesuchte Examensprobleme

IV. Mängel, § 189 ZPO

Mängel der Zustellung führen regelmäßig zu deren Unwirksamkeit[27], sofern es sich nicht nur um offenbare Unrichtigkeiten der Beurkundung handelt. Die Heilung ist bei unwirksamer Ersatzzustellung durch rückwirkende Genehmigung des Adressaten per Vereinbarung[28] oder Rügeverzicht der Partei (§ 295 ZPO) möglich. Ferner liegt es im Ermessen des Gerichts nach §§ 189, 191 ZPO die Wirksamkeit der Zustellung zu unterstellen, wenn der tatsächliche Zugang des Schriftstückes erwiesen ist, und zwar auch dann, wenn die Zustellung eine Notfrist in Gang setzt[29], und überhaupt eine förmliche Zustellung angeordnet worden war. Ebenfalls nach § 189 ZPO heilbar ist die zunächst unwirksam erfolgte Amts- statt der Parteizustellung[30].

3. Kapitel: **Ausgesuchte Examensprobleme**

Zustellungsprobleme sind **vielfältig** und über **den gesamten Prozess** verstreut. Für das Examen besonders wichtige werden hier **zusammenfassend** dargestellt.

I. Sachurteilsvoraussetzungen

Die Sachurteilsvoraussetzungen einer Klage sind **in jeder Lage des Verfahrens**, auch in der Revisionsinstanz, von Amts wegen zu prüfen. Im Hinblick auf Zustellungsprobleme sind in der Klausur vor allem Probleme des Fristbeginns wichtig und ggf. zu problematisieren. Als solche Fristen kommen vor allem in Betracht:
- § 339 Abs. 1 Hs. 1 ZPO: Einspruchsfrist
- § 234 Abs 1 ZPO: Wiedereinsetzungsfrist
- Verjährungsfrist
- Wahrung einer Frist – etwa die nach § 558b Abs. 2 BGB

1. Anschein des Wohnorts. Ein Schriftstück kann der Person, der zugestellt werden soll, **an jedem Ort** übergeben werden, an dem sie angetroffen wird[31]. Wird die Person, der zugestellt werden soll, in ihrer Wohnung, in dem Geschäftsraum oder in einer Gemeinschaftseinrichtung, in der sie wohnt, nicht angetroffen, kann das Schriftstück im Wege der Ersatzzustellung nach §§ 178–181 ZPO zugestellt werden. Für die Ersatzzustellung nach § 178 Abs. 1 Nr. 1 und Nr. 3 ZPO – und ebenso nach §§ 180, 181 ZPO – kommt es darauf an, dass der

---

27 Denkbar hier: Adressat wohnt nicht mehr unter angegebener Anschrift, Zustellung an Partei statt an Prozessbevollmächtigten, Empfangsbekenntnis des Rechtsanwaltes ist nicht unterschrieben, Zustellungsurkunde wurde nicht erstellt etc.
28 Insbesondere in Fällen des § 178 ZPO, wenn der Empfänger nicht zum befugten Personenkreis gehört.
29 Vgl. Heß, NJW 2002, 2421.
30 Das gilt auch für den umgekehrten Fall.
31 § 177 ZPO.

Zustellungsadressat an der Zustelladresse wohnt[32]. Was unter „Wohnsitz" zu verstehen ist, ist in §§ 7 ff. BGB geregelt[33]. Die Begründung eines Wohnsitzes geschieht durch tatsächliche Niederlassung verbunden mit dem Willen, den Ort zum ständigen Schwerpunkt seiner Lebensverhältnisse zu machen. Niederlassung ist die Unterkunft einer Person am Ort ihres Aufenthaltes. Während der Dauer der Obdachlosigkeit kann daher **kein Wohnsitz** begründet werden. Andererseits ist zur Wohnsitzbegründung die Innehabung einer eigenen Wohnung nicht erforderlich. Es genügt das Bewohnen eines Gasthauses oder Hotels, eines Zimmers unter behelfsmäßigen Umständen in Untermiete oder bei Verwandten. Auf eine polizeiliche Anmeldung kommt es nicht an, da zur Unterkunft der tatsächliche Aufenthalt hinzukommen muss. Eine polizeiliche Anmeldung ist aber ein Indiz für die Begründung eines Wohnsitzes[34].

1542 Neben dem tatsächlichen Akt der Niederlassung setzt § 7 BGB den **Willen** voraus, den Aufenthaltsort ständig zum **Schwerpunkt der Lebensverhältnisse** zu machen. Der Besitz einer Wohnung und die polizeiliche Anmeldung begründen keinen Wohnsitz, wenn der Wohnungsinhaber nicht auch den Willen hat, sich dort dauernd niederzulassen. Dieser Wille kann aus dem gesamten Verhalten einer Person sowie den sonstigen Umständen geschlossen werden, wobei auch wieder die polizeiliche Anmeldung als Indiz herangezogen werden kann. Ein Gefängnisaufenthalt begründet mangels eines freien Willens des Gefangenen keinen „Wohnsitz". Die Begründung eines Doppelwohnsitzes erfordert, dass an zwei Orten dauernd Wohnungen unterhalten werden und beide gleichermaßen den Schwerpunkt der Lebensverhältnisse darstellen, so etwa, wenn sich jemand im Sommer in seinem Landhaus und im Winter in der Stadtwohnung aufhält. Kein doppelter Wohnsitz besteht, wenn der zweite Aufenthaltsort nur zu länger andauernden Besuchen aufgesucht wird.

1543 **Klausurtipp**

Für die Klausur kann vor allem fraglich werden, ob sich eine Partei auf Grund ihres Verhaltens so behandeln lassen muss, als ob sie an einem bestimmten Ort wohnt (Scheinwohnsitz)[35]. Kann das bejaht werden, beginnt etwa die Einspruchsfrist oder die Wiedereinsetzungsfrist zu laufen.

1544 **2. Einspruchsfrist.** Die Einspruchsfrist beträgt nach § 339 Abs. 1 Hs. 1 ZPO **zwei Wochen**; sie ist eine Notfrist und beginnt mit der Zustellung des Versäumnisurteils. Im Zusammenhang mit einem Versäumnisurteil im schriftlichen Vorverfahren nach § 331 Abs. 3 S. 1 ZPO kann es fraglich werden, auf welche Zustellung es ankommt. Grundsätzlich beginnt der Lauf einer Rechtsmittelfrist für jede

---

32 OLG Naumburg, OLGReport Naumburg 2002, 449.
33 Der Ausspruch von Ringelnatz, nach dem man dort seinen Wohnsitz habe, wo man verstanden wird, ist besser nicht zu zitieren.
34 BGH, NJW 1978, 1858.
35 Siehe dazu OLG München, NJW-RR 1995, 59, 60; LG Berlin, MDR 1999, 1463. Diese haben einen Scheinwohnsitz damit begründet, dass Notfristen nicht der Dispositionsfreiheit der Parteien unterliegen würden. Auf Grund der Neuregelung in § 189 ZPO erscheint dieses Argument nunmehr zweifelhaft.

3. Kapitel: Ausgesuchte Examensprobleme

Partei mit der Zustellung der Entscheidung[36]. Etwas anderes gilt jedoch für Entscheidungen, bei denen die Verkündung durch die Zustellung ersetzt wird[37]. Urteile im schriftlichen Verfahren, die an Verkündungs Statt zuzustellen sind, werden erst durch die Zustellung an beide Parteien existent, so dass erst mit der letzten Zustellung eine Rechtsmittelfrist in Lauf gesetzt wird[38]. Der BGH wendet diesen Grundsatz mit Rücksicht auf § 310 Abs. 3 ZPO auch auf Versäumnisurteile gemäß § 331 Abs. 3 ZPO an[39].

> ✐ **Klausurtipp**
>
> In der Klausur ist also die Frist des § 339 Abs. 1 Hs. 1 ZPO ab der letzten Zustellung zu berechnen. Hier werden häufig Fehler gemacht und unnötig §§ 233 ff. ZPO bemüht.

3. Wiedereinsetzungsfrist. Das Gesuch einer Partei, ihr gegen die Versäumung einer Notfrist **Wiedereinsetzung in den vorigen Stand** zu gewähren, muss binnen zwei Wochen gestellt werden. Die Frist beginnt mit dem Tag, an dem das Hindernis behoben ist[40]. Nach Ablauf eines Jahres, von dem Ende der versäumten Frist an gerechnet, kann Wiedereinsetzung nicht mehr beantragt werden. Ob Wiedereinsetzung in den vorigen Stand zu gewähren ist, ist also davon abhängig, wann eine versäumte Frist – einleitend mit der Zustellung des Gerichts – zu laufen beginnt.

> ✐ **Klausurtipp**
>
> In der Klausur ist also zunächst prüfen, wann die gerichtliche Zustellung erfolgt ist und wann die versäumte Frist ablief.

4. Rechtshängigkeit. Ist in der Klausur fraglich, ob die Erhebung der Klage (= Zustellung der Klage, § 261 Abs. 1 ZPO) oder die Zustellung des Mahnbescheids nach § 167 ZPO die Verjährung **hemmt** oder eine Frist wahrt[41], kommt es auf eine sorgfältige Prüfung des durch die Zustellung definierten Begriffs „Rechtshängigkeit" an[42].

a) **Rechtshängigkeit der Klage.** Ein Streitgegenstand wird durch **Zustellung der Klage** rechtshängig, § 261 Abs. 1 ZPO. Im Laufe eines Prozesses erhobene Ansprüche werden, sofern sie nicht in der mündlichen Verhandlung geltend gemacht werden, durch Zustellung eines den Erfordernissen des § 253 Abs. 2 Nr. 2 ZPO entsprechenden Schriftsatzes rechtshängig.

---

[36] BGH, VersR 1980, 928 zur Berufungsfrist.
[37] Etwa nach § 310 Abs. 3 ZPO.
[38] RG, RGZ 123, 333, 336; BGH, BGHZ 32, 370, 371; Zugehör, NJW 1992, 2261 m.w. Nachw.
[39] BGH, NJW 1994, 3359 = MDR 1995, 308 m. Anm. Maihold, JA 1995, 268; BGH, VersR 1982, 596, 597; a.A. Rau, MDR 2001, 794.
[40] D.h. ab Kenntnis bzw. Kennenmüssen der Nichtrechtzeitigkeit der Prozesshandlung.
[41] Etwa die Frist des § 558b Abs. 2 BGB (Zustimmung zur Mieterhöhung) oder § 89b Abs. 4 S. 2 HGB (Ausgleichsanspruchs des Handelsvertreters).
[42] Eine Klage ist außerdem unzulässig, wenn der Streitgegenstand bereits anderweitig rechtshängig ist, § 261 Abs. 3 Nr. 1 ZPO. Siehe dazu Rn. 526.

1550 b) **Rechtshängigkeit und Mahnverfahren**[43]. Im **Mahnverfahren** ist die Streitsache weder anhängig noch rechtshängig. § 696 Abs. 3 ZPO fingiert allerdings, dass die Streitsache als mit Zustellung des Mahnbescheids rechtshängig geworden gilt, wenn sie alsbald nach der Erhebung des Widerspruchs abgegeben wird[44]. Der Begriff alsbald entspricht inhaltlich dem in § 167 ZPO[45] verwendeten Begriff demnächst[46]. Beide Begriffe sind nicht rein zeitlich zu verstehen, sondern ihr Inhalt bestimmt sich nach Sinn und Zweck der Rückwirkungsvorschrift. § 167 ZPO soll den Kläger vor den Nachteilen solcher Verzögerungen der Zustellung schützen, die außerhalb seiner Einflusssphäre liegen und die er auch bei gewissenhafter Prozessführung nicht vermeiden kann. Derjenige Zeitraum, dessen ungenutztes Verstreichen ihm nicht angelastet werden kann, hat deshalb bei der Beurteilung der Frage außer Betracht zu bleiben, ob eine Zustellung „alsbald/demnächst" erfolgt ist[47]. Die Partei muss also bei der von Amts wegen zu bewirkenden Zustellung vor Nachteilen durch Zustellungsverzögerungen innerhalb des gerichtlichen Betriebs bewahrt werden, da diese von der Partei nicht beeinflusst werden können[48]. Hingegen sind der Partei solche Verzögerungen zuzurechnen, die sie oder ihr Prozessbevollmächtigter bei sachgemäßer Prozessführung hätten vermeiden können. Eine Abgabe ist daher als „alsbald/demnächst" anzusehen, wenn das Verfahren innerhalb einer den Umständen nach angemessenen, selbst längeren Frist weitergegeben wird, und wenn die Partei unter Berücksichtigung der Gesamtsituation alles ihr Zumutbare für die alsbaldige Klagezustellung getan hat[49].

1551 ✎ **Klausurtipp**
Nach der Rechtsprechung ist **alsbald/demnächst zugestellt** worden, wenn die von der Partei verschuldete Verzögerung der Zustellung geringfügig ist[50].
Eine **Verzögerung** wurde als **geringfügig** angesehen, wenn sie nicht mehr als 14 Tage betrug[51]. Der BGH[52] hält bei einem **Mahnverfahren** und nur wenn der Antragsteller die Zustellung des Mahnbescheids verzögert unter Hinweis auf § 691 Abs. 2 ZPO eine durch eine falsch angegebene Postanschrift des Antragsgegners verursachte Verzögerung von bis zu einem Monat noch für geringfügig[53]. Eine im Vergleich zu § 691 Abs. 2 ZPO kürzere Frist sei nicht

---

43 S. dazu auch Rn. 1187.
44 Die hier angesprochenen Fragen sind für Probleme der Verjährung fast noch wichtiger!
45 Dieser ersetzt bereits seit dem 1.7.2002 die §§ 696 Abs. 3, 270 Abs. 3 ZPO.
46 BGH, BGHZ 103, 20, 28 = MDR 1988, 393 m.w. Nachw.; KG, MDR 1998, 618, 619.
47 BGH, NJW-RR 1992, 470; BGH, BGHZ 103, 20, 28; einer Partei dürfen keine Nachteile daraus erwachsen, dass sie die ihr eingeräumte Frist bis zum letzten Tag ausnutzt.
48 BGH, MDR 2000, 897; BGH, NJW 1993, 2811, 2812; BGH, BGHZ 122, 30 = MDR 1993, 638.
49 KG, MDR 2000, 1335, 1336.
50 BGH, NJW 2000, 2282; BGH, NJW 1992, 1820; OLG Hamm, MDR 2002, 1211.
51 BGH, NJW 2000, 2282; BGH, NJW 1999, 3125; „obita dicta" auch BGH, NJW-RR 2006, 789; OLG Brandenburg, OLG-NL 2003, 166.
52 Vorher bereits OLG Frankfurt a.M., MDR 2001, 892.
53 BGH, NJW 2002, 2794. Siehe dazu Ebert, NJW 2003, 732. Ebert nimmt an, dass der BGH richtigerweise 1 Monat + 2–3 Wochen hätte annehmen müssen, arg. konsequente Anpassung an § 691 Abs. 2 ZPO.

3. Kapitel: Ausgesuchte Examensprobleme 1552–1557

gerechtfertigt[54]. In **anderen** Verfahren hält der BGH hingegen eine 2-Wochen-Frist für richtig[55].

5. § 189 ZPO (Heilung). Im Zusammenhang mit den genannten Fristen ist im Übrigen immer auch an den bereits genannten § 189 ZPO zu denken. In der Klausur ist dann zu fragen, ob eine **Heilung nach § 189 ZPO** bejaht werden kann und wie sich die Heilung auf die Zustellung auswirkt. Der Fristbeginn ist in diesem Falle von dem tatsächlichen Zugang aus zu berechnen. **1552**

II. Probleme des Versäumnisverfahrens

Im Zusammenhang mit der **Versäumnis** einer Partei stellen sich vor allem **zwei Zustellungsprobleme**: Die Zustellung des Versäumnisurteils und die ordnungsgemäße Ladung der nicht erschienenen Partei. **1553**

1. Zustellung des Versäumnisurteils. Für die **Statthaftigkeit eines Einspruchs** ist in der Klausur zu prüfen, wann die Frist zur Einlegung begonnen hat und wann sie ggf. ablief. **1554**

a) Zustellung des Versäumnisurteils. Die Einspruchsfrist[56] beträgt zwei Wochen nach Zustellung des Versäumnisurteils an den Einspruchsführer, § 317 Abs. 1 S. 1 ZPO. Bei einer anwaltlich vertretenen Partei beginnt die Frist erst mit **Zustellung an den Rechtsanwalt** zu laufen, § 172 ZPO; bei Anwaltszwang auch dann, wenn dieser das Mandat niedergelegt hat und noch kein neuer Anwalt bestellt wurde, § 87 Abs. 1 ZPO. **1555**

b) Schriftliches Vorverfahren. Zu den Zustellungsproblemen bei Erlass eines Versäumnisurteils im schriftlichen Vorverfahren siehe die gemachten Ausführungen[57]. **1556**

2. § 335 ZPO – Einlassungsfrist. Nach § 335 Abs. 1 Nr. 2 ZPO darf ein Versäumnisurteil nur erlassen werden, wenn die nicht erschienene (nicht verhandelnde) Partei **ordnungsgemäß geladen** war (form- und fristgerecht), §§ 166 ff., 497, 217, 274 ZPO. Aus den Akten muss sich also zweifelsfrei ergeben, dass die nicht erschienene Partei ordnungsgemäß geladen war. **1557**

---

54 Eine Verlängerung ist möglich, wenn die Verspätung auch auf einem Verhalten des Adressaten beruht, BGH, NJW-RR 2006, 775.
55 BGH, NJW 2008, 1672, 1673; BGH, GuT 2005, 180 = GE 2005, 1420 = WuM 2005, 606.
56 Es ist eine Notfrist: Eine Wiedereinsetzung ist daher möglich.
57 Rn. 1544 ff.

1558 🖉 **Klausurtipp**

Ein Streithelfer kann mit Wirkung für die Partei durch Sachanträge ein Versäumnisurteil abwenden und durch rechtzeitiges eigenes Vorbringen eine Zurückweisung nach § 296 ZPO verhindern. Es ist daher auch darauf zu achten, dass der Streithelfer ordnungsgemäß geladen wurde. Kann das anhand der Akten nicht festgestellt werden, ist der Erlass eine Versäumnisurteils nach § 335 Abs. 1 Nr. 2 ZPO unzulässig.

III. Nebenintervention

1559 Die Beteiligung eines Dritten an einem fremden Prozess nennt man **Streithilfe** (Nebenintervention). Den Dritten, der einer der Parteien zu ihrer Unterstützung beitritt, nennt man Streithelfer oder Nebenintervenient. Das Gericht muss bei einer Nebenintervention von Amts wegen nur prüfen, ob die Beitrittserklärung wirksam ist.

1560 1. Zustellung des Beitrittsschriftsatzes. Der Beitritt erfolgt durch Einreichung eines Schriftsatzes beim Prozessgericht[58] und, wenn er mit der Einlegung eines Rechtsmittels verbunden wird, durch Einreichung eines Schriftsatzes bei dem Rechtsmittelgericht, § 70 ZPO[59]. Die Beitrittserklärung kann **in jeder Lage des Rechtsstreits** bis zur rechtskräftigen Entscheidung, auch in Verbindung mit der Einlegung eines Rechtsmittels, erfolgen, § 66 Abs. 2 ZPO.

1561 2. Folgen für weitere Zustellungen. Die Streitverkündung wird mit Zustellung des Schriftsatzes an den Streitverkündeten wirksam, § 66 Abs. 2 ZPO. Folge ist, dass alle Schriftsätze (insbesondere auch Rechtsmittel- und Rechtsmittelbegründungsschriften) auch dem Nebenintervenienten zuzustellen sind, falls Zustellung an die Partei erforderlich ist.

IV. Erledigung[60]

1562 Im Zusammenhang mit Zustellungen müssen die Erledigtfeststellungsklage und die Kostenfeststellungsklage unterschieden werden.

---

[58] Mit Prozessgericht ist das Gericht gemeint, bei dem dieser Rechtsstreit gerade anhängig ist.

[59] Eine Beitrittserklärung ist auch im Falle eines bereits anhängigen Zwangsversteigerungsverfahrens erforderlich, wenn ein weiterer Gläubiger die Zwangsvollstreckung in das Grundstück betreiben will. Es bedarf keines zweiten Versteigerungsverfahrens: Der Gläubiger kann dem Verfahren beitreten. Das setzt einen Antrag bezüglich desselben Vollstreckungsgegen- standes und derselben Vollstreckungsart voraus. Die Zulassung erfolgt durch Beschluss, § 27 Abs. 1 ZVG. Durch die Zustellung des Beitrittsbeschlusses tritt dann die Beschlagnahmewirkung auch zu Gunsten des beitretenden Gläubigers ein.

[60] Siehe dazu ausführlich Rn. 238 ff.

3. Kapitel: Ausgesuchte Examensprobleme

1. Erledigtfeststellungsklage. Eine Hauptsache kann sich nach h. M. nur erledigen, wenn das erledigende Ereignis **nach Zustellung der Klage eintritt**[61]. Eine Erledigtfeststellungsklage ist also nur dann begründet, wenn das Gericht feststellt, dass eine bis zu dem erledigenden Ereignis zulässige[62] und begründete Klage nach Rechtshängigkeit gegenstandslos geworden ist[63]. Für die Frage der Begründetheit einer Erledigtfeststellungsklage ist also eine der zentralen Prüfungsfragen, wann die Klage zugestellt wurde.

2. Kostenfeststellungsklage. Eine Kostenfeststellungsklage hat Erfolg, wenn sie zulässig ist[64], wenn das Gericht feststellt, dass eine bis zu dem erledigenden Ereignis zulässige und begründete Klage vor Rechtshängigkeit gegenstandslos geworden ist und wenn der Kläger gegen den Beklagten einen materiell-rechtlichen Kostenerstattungsanspruch[65] besitzt. Auch für die Frage der Begründetheit einer Kostenfeststellungsklage ist damit eine der **zentralen Prüfungsfragen**, wann die **Klage zugestellt wurde.**

Nicht sicher ist, ob § 269 Abs. 3 S. 3 ZPO auch die freilich seltenen Fälle umfasst, dass der Kläger bereits vor Anhängigkeit klaglos gestellt wird, dies aber ohne sein Verschulden nicht weiß und Klage erhebt[66]. Ggf. muss der Kläger auch in diesen Fällen[67] seine Klage umstellen auf Feststellung der Verpflichtung des Beklagten, die Kosten des Rechtsstreits zu tragen.

V. Beweis der Zustellung

Die Postzustellungsurkunde erbringt als **öffentliche Urkunde** vollen Beweis für den in ihr beurkundeten Vorgang, § 418 Abs. 1 ZPO. Eine Postzustellungsurkunde über eine Zustellung, z. B. eines Urteils oder eines Vollstreckungsbescheides, begründet daher nach § 418 Abs. 1 ZPO vollen Beweis dafür, dass die Zustellung in der Wohnung des Zustellungsempfängers versucht worden ist. Jedoch ist nach § 418 Abs. 2 ZPO der Gegenbeweis zulässig. Ein schlichtes Bestreiten der Richtigkeit der beurkundeten Angaben über die Niederlegung der Postsendung nach § 181 Abs. 1 ZPO und die Abgabe der schriftlichen Mitteilung in den Hausbriefkasten nach § 181 Abs. 1 S. 2 ZPO reicht dazu aber ebenso wenig wie das

---

61 BGH, NJW 1992, 2235, 2236.
62 Siehe zur Frage, was gilt, wenn das angerufene Gericht unzuständig war, Vossler, NJW 2002, 2373 f.
63 BGH, NJW 2003, 3134; BGH, GRUR 1997, 933; BGH, 1992, 474, 475; BGH, NJW 1996, 2729; OLG Düsseldorf, ZMR 2002, 189. Anders im Verwaltungsprozess: Das Verwaltungsgericht prüft allein, ob ein erledigendes Ereignis vorliegt. Grundsätzlich ohne Bedeutung ist, ob die Klage unzulässig oder unbegründet war, vgl. Schifferdecker, Prozessrecht im Vergleich, JA 2003, 319, 324. Gänzlich a. A. sind Prütting/Wesser, ZZP, 2003, 267, 296, 299 ff.: Gegenstand der Feststellung sei die Frage, ob dem Kläger ein materielles Recht gegen den Beklagten zustand. Ob es sich erledigt hat, spiele keine Rolle.
64 Das kann u. a. an § 269 Abs. 3 S. 3 ZPO scheitern.
65 Siehe dazu Rn. 261.
66 Siehe dazu Elzer, NJW 2002, 2006 ff.
67 Wie früher, vgl. Pape/Notthoff, JuS 1996, 341, 344.

Vorbringen bloßer Zweifel an der Richtigkeit der urkundlichen Feststellungen aus[68]. Die Nichtzustellung muss zur vollen Überzeugung des Gerichts bewiesen werden.

1567 Für die Beweiserhebung selbst gilt jedoch der so genannte **Freibeweis**[69] – soweit der noch zulässig sein sollte. Dies bedeutet, dass alle aus dem Akteninhalt ersichtliche Anhaltspunkte zu prüfen und zu würdigen sind und der erforderliche Gegenbeweis beispielsweise auch durch eidesstattliche Versicherungen geführt werden kann[70].

VI. Zwangsvollstreckung

1568 Nach § 750 Abs. 1 ZPO ist grundsätzlich nur der Titel, bei qualifizierten Klauseln wegen der besonderen Voraussetzungen gemäß § 750 Abs. 2 ZPO ausnahmsweise aber auch die Klausel (Gegenausnahme in §§ 799–800a ZPO) zuzustellen. Die Vollstreckung darf grundsätzlich gleichzeitig mit der Zustellung beginnen (Ausnahmen aus Gründen des Schuldnerschutzes: §§ 798, 750 Abs. 3 ZPO). Zustellungsmängel machen Vollstreckungsakte nicht nichtig, sondern lediglich anfechtbar (Erinnerung gemäß § 766 ZPO[71]).

VII. Keine Zustellung

1569 Kann die Klage **nicht zugestellt werden**, wird kein Prozessrechtsverhältnis begründet. Die Klage kann in diesem Falle auch nicht i. S. v. § 269 ZPO zurückgenommen werden. Etwas anderes gilt im Falle des § 269 Abs. 3 S. 3 ZPO: Dort ist eine Rücknahme ungeachtet der fehlenden Zustellung möglich[72]. Kann der Mahnbescheid nicht zugestellt werden, weil der Aufenthalt des Antragsgegners unbekannt ist, kommt eine Überleitung in das streitige Verfahren nicht in Betracht[73]. Eine entsprechende Anwendung von § 696 Abs. 1 S. 1 ZPO ist nicht möglich[74].

---

68 BGH, MDR 1991, 33.
69 BGH, NJW-RR 2001, 280; BGH, NJW 2001, 1581.
70 BGH, NJW 1996, 2038.
71 Siehe dazu Rn. 128 ff.
72 BGH, MDR 2004, 525, 526.
73 BGH, NJW 2004, 2453, 2454.
74 BGH, NJW 2004, 2453, 2454; OLG Dresden, RPfleger 2001, 437 m. w. Nachw.

4. Kapitel: **Urteil**

I. Rubrum

Im Rubrum kann fraglich werden, ob der, dem die Klage **zugestellt** wurde, **Partei** ist. Als Parteien im Zivilprozess sind diejenigen Personen anzusehen, von denen und gegen die im eigenen Namen Rechtsschutz begehrt wird. Wer im Verfahren Partei ist, ergibt sich damit aus der Bezeichnung in der zugestellten Klageschrift[75]. Der bloße Zustellungsempfänger wird als **Scheinpartei**[76] angesehen. Die Scheinpartei kann aber geltend machen, Scheinpartei zu sein. Um dies[77] vorzubringen, ist sie zum Verfahren zuzulassen.

1570

Räumt der Kläger etwa ein, dass sich die Klage nicht gegen den Zustellungsempfänger richtet, kann Letzterer beantragen, dies durch Beschluss feststellen zu lassen. Ergeht kein Beschluss, ist die Feststellung im Urteil zu treffen.

1571

II. Tenor

Ein Titel muss Inhalt und Umfang der Leistungsverpflichtung eines Schuldners festlegen. Zahlungstitel genügen den Bestimmtheitserfordernissen nur dann, wenn der zu vollstreckende Zahlungsanspruch betragsmäßig festgelegt ist oder sich aus dem Titel ohne weiteres errechnen lässt[78]. Ein **typischer Fehler** in Zusammenhang mit Zustellungen ist es daher, – wie beantragt – zu tenorieren:

1572

📄 **Formulierung**

„Der Beklagte wird verurteilt, 5 % Zinsen seit Rechtshängigkeit zu zahlen."

1573

Dieser Tenor ist **nicht vollstreckungsfähig** und ein **grober Fehler**. Anstelle des Antrages ist – im Wege der Auslegung – das Zustelldatum einzusetzen.

1574

> ✏ **Klausurtipp**
>
> Problematisch ist, welches Datum das richtige ist. Mit dem BGH[79] ist analog §§ 187, 188 BGB der auf die Zustellung folgende Tag einzusetzen. Kann den Akten entnommen werden, dass die Zustellung am 1. Oktober erfolgt ist, sind also Rechtshängigkeitszinsen seit dem 2. Oktober zuzusprechen.

1575

---

75 Vgl. §§ 253 Abs. 2 Nr. 1 und Abs. 4, 130 Nr. 1 ZPO. Formeller im Gegensatz zum materiellen Parteibegriff: Parteien sind die am streitigen Rechtsverhältnis Beteiligten.
76 OLG Stuttgart, OLGReport Stuttgart 1998, 303, 305. Auch Nichtpartei, vgl. LG Frankfurt a. M., NJW-RR 2002, 213.
77 Gleichzeitig kann er beantragen, dem Kläger, soweit dieser die falsche Zustellung veranlasst hat, die Kosten aufzuerlegen, die zur Geltendmachung der „Nichtparteieigenschaft" notwendig waren, OLG Stuttgart, NJW-RR 1999, 216, 217; OLG Hamm, NJW 1999, 217; so grundsätzlich auch BGH, NJW-RR 1995, 765 für den Fall, dass noch kein Vollstreckungsbescheid ergangen ist.
78 OLG Zweibrücken, MDR 2002, 541.
79 Vgl. insoweit BGH, NJW-RR 1990, 518, 519; BGH, NJW 1997, 3168; Toussaint, JA 2001, 142, 145.

III. Tatbestand

1576 **1. Prozessgeschichte zur Zustellung.** Die Tatsache, dass und wann eine Zustellung erfolgt ist, ist im Tatbestand zu beurkunden, wenn es etwa für die Frage,
- ob ein Rechtsmittel oder Rechtsbehelf statthaft ist,
- wann Verjährung eintritt oder ob eine Frist nach § 167 ZPO gewahrt ist,
- wann Rechtshängigkeitszinsen nach § 291 BGB[80] verlangt werden können, oder
- wann sich ein Rechtsstreit erledigt hat,

1577 auf das genaue Datum der Zustellung ankommt. Die Zustellung der Klage, oder, wenn ein Mahnverfahren vorausgegangen war, die Zustellung des Mahnbescheids, gehört zur Prozessgeschichte und ist – sofern sie für die Anträge relevant ist – am besten im Tempus Perfekt nach dem streitigen Klägervorbringen und vor den Anträgen zu beurkunden. Beispiel:

1578 📄 Formulierungsvorschlag
Das Gericht hat die Klage am 1. Oktober 2009 zugestellt."

1579 Ist in den Entscheidungsgründen auszulegen, ob ein Mahnverfahren alsbald nach Erhebung des Widerspruchs abgegeben wurde, oder ist fraglich, ob „demnächst" zugestellt wurde, ist die Prozessgeschichte hierzu, etwa wann das Gericht Kosten angefordert hat oder ob der Kläger zunächst eine falsche Zustelladresse angegeben hat, ebenfalls zu beurkunden.

1580 Eine Beurkundung der weiteren im Zusammenhang mit der Zustellung relevanten Tatsachen ist erforderlich, wenn die Zustellung an einem Ort erfolgt ist, von dem der Zustellempfänger behauptet, dort **nicht gewohnt** zu haben. Hier kann z.B. wichtig sein, ob der Zustellempfänger ggf. den Anschein erweckt hat, an der Zustelladresse zu wohnen.

1581 **2. Rechtshängigkeitszinsen.** Beantragt der Kläger **Rechtshängigkeitszinsen**, ist dies wörtlich zu berichten und erst in den Entscheidungsgründen – und natürlich im Tenor – auszulegen[81]. Beispiel:

1582 📄 Formulierungsvorschlag
„Der Kläger beantragt [ggf. mit am ... zugestellter Klage], den Beklagten zu verurteilen, an ihn[82] 5.500,00 € nebst Zinsen in Höhe von 5 Prozentpunkten über dem jeweiligen Basiszinssatz seit Rechtshängigkeit zu zahlen."

1583 **3. Individualisierung der Forderung.** Ist problematisch, ob die Geltendmachung der Klageforderung im Mahnverfahren die Verjährungen nach § 203 BGB gehemmt hat, sollte – wenn dazu ein Anlass besteht – im Tatbestand beurkundet

---

80 Aber auch für die Frage, welche mehrerer Klagen früher rechtshängig war etc.
81 In diesem Falle darf aber – wie gesagt – nicht vergessen werden, in der Prozessgeschichte mitzuteilen, wann die Klage zugestellt wurde.
82 Nicht „an den Kläger", wie häufig beurkundet. Die Formulierung „der Kläger beantragt, den Beklagten zu verurteilen, an den Kläger ... zu zahlen" ist sprachlich abzuändern in „... an ihn ... zu zahlen."

4. Kapitel: Urteil 1584–1590

werden, wie die Forderung vom Kläger **im Mahnverfahren** bezeichnet wurde.

Formulierungsvorschlag 1584

„Die Klägerin hat die Rechnungsbeträge und darauf entfallende Mahn- und Inkassokosten zunächst im Mahnverfahren geltend gemacht und sie mit „Dienstleistungsvertrag gem. Rechnung – 310614 vom 13. Juli 1996" bezeichnet. Die Zahl ‚310614' ist die Kundenkontonummer der Beklagten. Das Datum ‚13. Juli 1996' bezeichnet den von der Klägerin behaupteten Verzugsbeginn. Eine Rechnung vom 13. Juli 1996 mit der Nr. 310614 gibt es nicht. Das Mahngericht hat den Mahnbescheid am 18. Januar 2000 zugestellt".

4. Vorausgegangener Titel. Die Zustellung eines zuvor ergangenen Versäumnisurteils und der dagegen eingelegte Einspruch gehören als Prozessgeschichte **vor die Anträge**, in der Regel also an das Ende des streitigen Klägervorbringens. 1585

Formulierungsvorschlag 1586

„Das Landgericht Berlin hat auf Antrag des Klägers den Beklagten am ... durch Versäumnisurteil zur Zahlung von 12.000,00 € nebst 13 % Zinsen seit dem 28. Dezember 1998 verurteilt. Gegen das am ... [und im Falle des § 331 Abs. 1 ZPO: „und dem Kläger am ..."] zugestellte Versäumnisurteil hat der Beklagte mit bei Gericht am ... eingegangenen Schriftsatz Einspruch eingelegt."

IV. Entscheidungsgründe

Wie bereits der Überblick über die Examensprobleme gezeigt hat, können Fragen der Zustellung sowohl für die Zulässigkeit als auch für die Begründetheit eine **große Bedeutung** gewinnen. 1587

1. Zulässigkeit. Im Rahmen der Zulässigkeit spielen folgende Fragen der Zustellung eine große Rolle: 1588
- Anschein des Wohnorts
- Einspruchsfrist
- Widereinsetzungsfrist
- Wahrung einer Frist/Rechtshängigkeit
- Versäumnisverfahren
- Nebenintervention
- Kostenfeststellungsklagen
- Beweis der Zustellung

2. Begründetheit. In der Begründetheit einer Examensklausur spielen Fragen der Zustellung vor allem im Zusammenhang mit **folgenden Fragen** eine Rolle: 1589
- Verjährung
- Begründetheit von Erledigt- oder Kostenfeststellungsklagen
- Voraussetzungen der Zwangsvollstreckung
- Nebenforderungen
- Kosten

a) **Verjährung.** Im Zusammenhang mit Zustellungsfragen kann es vor allem auf § 167 ZPO ankommen. Hier muss in der Klausur ausgeführt werden, dass eine 1590

Forderung durch Anbringung des Antrages ggf. gehemmt wurde. Ist der Klage ein Mahnverfahren vorausgegangen, kann problematisch sein, ob bereits die Zustellung des Mahnbescheids die Verjährung gehemmt hat. Nach ständiger Rechtsprechung des Bundesgerichtshofes[83] kann die Zustellung eines Mahnbescheids die Verjährung nur hemmen, wenn die Forderung nach § 690 Abs. 1 Nr. 3 ZPO **hinreichend individualisiert** ist. Der im Mahnbescheid bezeichnete Anspruch muss durch Kennzeichnung von anderen Ansprüchen so unterschieden und abgegrenzt werden können, dass er über einen Vollstreckungsbescheid Grundlage eines Vollstreckungstitels sein kann und dass dem Schuldner die Beurteilung möglich ist, ob er sich gegen den Anspruch zur Wehr setzen will. Welche Angaben zur hinreichenden Individualisierung des Anspruchs notwendig sind, lässt sich nicht allgemein festlegen.

1591 Der Schuldner muss bereits im Zeitpunkt der Zustellung des Mahnbescheids erkennen können, woraus der Gläubiger seinen Anspruch herleiten will. Bei der Geltendmachung einer Mehrzahl von Einzelforderungen muss deren Bezeichnung im Mahnbescheid dem Schuldner ermöglichen, die Zusammensetzung des verlangten Gesamtbetrags aus für ihn unterscheidbaren Ansprüchen zu erkennen. Nur dann ist ihm eine sachgerechte Entscheidung innerhalb der Widerspruchsfrist möglich, ob eine Verteidigung gegen die geltend gemachten Ansprüche sinnvoll ist. Wann diesen Anforderungen genüge getan ist, kann nicht allgemein und abstrakt festgelegt werden; vielmehr hängen Art und Umfang der erforderlichen Angaben im Einzelfall von dem zwischen den Parteien bestehenden Rechtsverhältnis und der Art des Anspruchs ab[84]. Die Art und der Umfang der erforderlichen Angaben hängen im Einzelfall vor allem von dem zwischen den Parteien bestehenden Rechtsverhältnis und der Art des Anspruches ab[85]. Bei der Geltendmachung einer Vielzahl von Einzelforderungen muss deren Bezeichnung im Mahnbescheid dem Beklagten ermöglichen, die Zusammensetzung des verlangten Gesamtanspruchs aus für ihn unterscheidbaren Ansprüchen zu erkennen[86]. Der Schuldner muss also beurteilen können, welcher Anspruch gemeint ist und ob er sich gegen diesen wehren will[87].

1592 Beispiel:
Diesen Anforderungen genügt z.B. die Angabe im Mahnbescheid „Schadenersatz aus Gewerbemietraumvertrag gemäß Mietvertrag vom 1.1.2009" nicht[88].

1593 **b) Erledigung und Feststellungsklagen.** Für die Begründetheit einer Kostenfeststellungs- oder Erledigtfeststellungsklage ist relevant, ob sich die Klage nach oder vor Zustellung der Klage erledigt hat. Hat sich die Klage vor Rechtshängigkeit erledigt, ist eine Erledigtfeststellungsklage unbegründet. Möglich sind dann aber

---

83 Zuletzt BGH, NZM 2008, 202; BGH, BGHZ 172, 42 = NJW 2007, 1952; BGH, NJW 2002, 520, 521; BGH, NJW 2001, 305, 306.
84 BGH, NZM 2008, 202; BGH, BGHZ 172, 42 = NJW 2007, 1952; BGH, NJW 2001, 305, 306; BGH, NJW 2000, 1420.
85 BGH, NJW 2002, 520, 521.
86 BGH, NJW 2001, 305, 306.
87 BGH, MDR 2002, 286, 287 = NJW 2002, 520 = JuS 2002, 401 Nr. 10 (K. Schmidt); BGH, MDR 2001, 346; KG, WuM 2002, 614.
88 KG, WuM 2002, 614, 615.

ggf. eine Klagerücknahme gem. § 269 Abs. 3 S. 3 ZPO oder eine Kostenfeststellungsklage.

c) **Zwangsvollstreckung.** Für die Bearbeitung in der **Klausur** ist vor allem zu unterscheiden, **welches Vollstreckungsorgan** gehandelt hat, wogegen sich der Beschwerte wendet und ob die allgemeinen Verfahrensvoraussetzungen vorliegen, die verfahrensmäßigen Voraussetzungen der Zwangsvollstreckung zu bejahen sind und ob die allgemeinen und besonderen Voraussetzungen der Zwangsvollstreckung vorliegen. Hier spielt u. a. eine Rolle, ob der Titel zugestellt (§ 750 Abs. 1 S. 1 ZPO) wurde oder ob eine Zustellung entbehrlich war. **1594**

d) **Nebenentscheidungen.** Bei der Entscheidung über Rechtshängigkeitszinsen nach § 291 S. 1 Hs. 1 BGB ist darauf zu achten, im Tatbestand nur zu beurkunden, dass Rechtshängigkeitszinsen beantragt sind und wann die Zustellung der Klage oder des Mahnbescheids erfolgt ist. Der Beginn der Rechtshängigkeit ist hingegen eine **Frage der Auslegung.** Der Ort der Auslegung sind allein die Entscheidungsgründe. Beispiel: **1595**

Formulierungsvorschlag **1596**
„Der zuerkannte Zinsanspruch[89] ergibt sich unter dem Gesichtspunkt des Verzuges, § 291 S. 1 Hs. 1 BGB. Das Mahngericht hat den Mahnbescheid am 12. September 2004 zugestellt. Damit befand sich der Beklagte analog §§ 187, 188 BGB[90] seit dem 13. September 2004 im Verzug."

e) **Kosten.** Bei der Kostenentscheidung kommt es in Bezug auf die Zustellung vor allem auf die Anwendbarkeit von § 269 Abs. 3 S. 3 ZPO an. **1597**

---

89 Zum Problem der Zukunftszinsen siehe für alle Herr, MDR 1989, 788, und NJW 1988, 3137; Zimmermann, JuS 1991, 674, 675 ff., und KG, NJW-RR 1989, 305.
90 Vgl. insoweit BGH, NJW-RR 1990, 518, 519; BGH, NJW 1997, 3168; Toussaint, JA 2001, 142, 145.

Teil 14: **Erstellung eines Votums**

1. Kapitel: **Einführung**

1598 Unter einem Votum (aus dem lat.-mlat. [-engl.]) versteht man unter anderem ein Gelübde, ein Urteil, ein Gutachten, eine Entscheidung oder eine Stimme. Dieses Nebeneinander von Verschiedenem trifft den Kern. Denn Voten sind ambivalent. Im Grundsatz sind sie bloße Arbeitsunterlagen ohne Außenwirkung. Voten sind weder ein fertiges Urteil noch ein reines Gutachten. Im rechtlichen Sinne versteht man darunter vielmehr eine kurze schriftliche Bewertung eines Rechtsstreits, die der Referendar[1] zur Vorbereitung auf die Beratung in der Kammer oder im Senat, zur Führung der mündlichen Verhandlung und Abfassung der Entscheidung erstellt.

1599 Durch ein Votum sollen insbesondere die **Kollegen bei einem Kollegialgericht**, aber auch der die Ausbildung des Referendars tragende Richter am Amtsgericht möglichst kurz und präzise in den Sach- und Streitstand eines Rechtsstreits eingeführt und dadurch in die Lage versetzt werden, den Fall selbstständig ohne weitere Akteneinsicht zu bearbeiten. **Allgemeingültige Aufbauregeln** für die Erstellung von Voten gibt es nicht. Am besten orientiert an sich an dem, was dort üblich ist, wo man eingesetzt ist. Als „Votant" sollte man in jedem Falle und stets darauf bedacht sein, dem zu nützen, für den das Votum bestimmt ist. Die nachfolgenden „Hinweise" verstehen sich daher nicht als „Musterlösung", sondern als bloße Anregung und Beispiel des Möglichen.

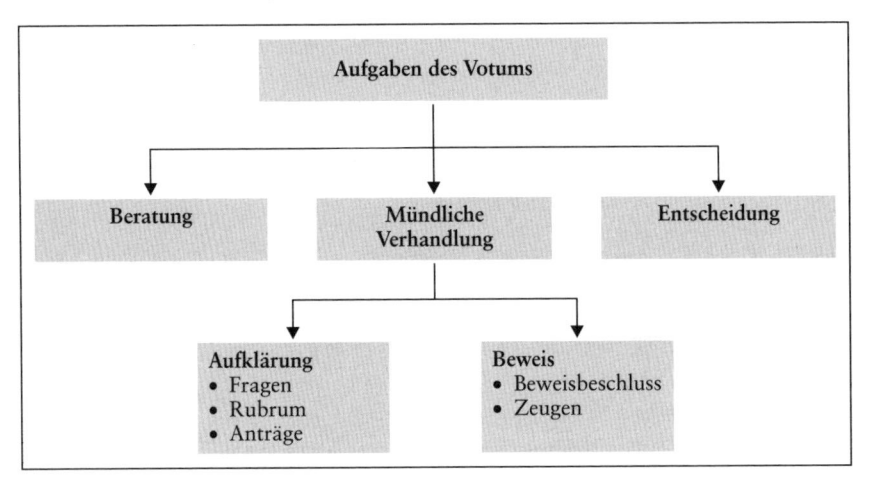

```
                    Aufgaben des Votums
                            |
        ┌───────────────────┼───────────────────┐
        ▼                   ▼                   ▼
    Beratung          Mündliche            Entscheidung
                     Verhandlung
                            |
                ┌───────────┴───────────┐
                ▼                       ▼
          Aufklärung                 Beweis
          • Fragen                   • Beweisbeschluss
          • Rubrum                   • Zeugen
          • Anträge
```

---

1 Oder Richter.

2. Kapitel: **Formalien**

I. Sprache

Voten sollten sprachlich einfach und prägnant sowie vollständig und widerspruchsfrei sein. Die wichtigsten Aussagen gehören in – kurze – Hauptsätze: Genutzt werden sollten Verben, die Personen sollten handeln. Passivkonstruktionen und Fremdwörter sollten vermieden werden; ebenso unschön wirken Schachtelsätze. Im **Vordergrund des Votums** steht allerdings stets die **Sachinformation**. Auf Stilfragen und sprachliche Eleganz sollte deshalb zwar immer Wert gelegt werden, aber nicht zu Lasten des Inhalts: Da freilich hinter einer unklaren Sprache meist ein unklarer Gedanke lauert, ist ein enger Zusammenhang zwischen schlechter und verquaster Sprache und schlechtem und nur dunkel zu erahnendem Inhalt zu sehen.

Die Seiten eines Votums sind fortlaufend mit Seitenzahlen zu versehen. Seine Übersichtlichkeit sollte durch sachgerechte Absätze gefördert werden. Auf eine lesbare Schrift[2] ist ebenso zu achten, wie auf die Grundregeln der deutschen Orthografie und Grammatik. Durchstreichungen und Überschreibungen sind zu vermeiden; die entsprechenden Teile sollten lieber neu geschrieben werden. Ein Votum sollte nur maximal 2/3 eines Blattes einnehmen. Am linken Rand ist ein genügender Platz für Korrekturen und Anmerkungen des Ausbilders zu lassen. Im Sachbericht ist zur Arbeitserleichterung am linken Rand abgesetzt jeweils die Blattzahl oder die Blattzahlen der betreffenden Aktenstellen zu vermerken, auf denen die jeweilige Partei die berichteten Tatsachen vorträgt.

II. Anlagen

Einem Votum sollten **großzügig Anlagen** beigefügt werden. So sind stets und vor allem die Fundstellen[3] in Kopie beizufügen, auf die sich der Referendar in seinem Votum bezieht. Man darf getrost davon ausgehen, dass der Ausbilder Anlagen honoriert. Denn Ausbilder sind weder willens, mühselig alle Zitate in der Bibliothek nachzulesen und evt. für das Kollegialgericht zu kopieren, noch in der Lage, dort alles zu finden. Außerdem nützt es einem selbst, wenn man z. B. das Urteil nach der Verhandlung abfassen muss. Auch die Rechtsprechung, auf die sich die Parteien in ihren Schriftsätzen beziehen, sollte dem Votum stets in Kopie beigefügt werden. Weiter sind alle Schriftstücke, auf deren genauen Wortlaut oder äußere Erscheinung es bei der Auslegung besonders ankommt[4], zu vervielfältigen und dem Votum beizufügen.

---

2 Am besten ist das Votum maschinenschriftlich abzufassen.
3 Aus Urteilen, Beschlüssen, Lehrbüchern, Kommentaren, Monographien etc.
4 Das können etwa Vertragsurkunden, Briefe, AGB, handschriftliche Zusätze usw. sein.

III. Tabellen

1603 In Fällen, in denen es auf den **Zeitablauf** ankommt, sollte zur Übersicht eine kleine Zeittabelle beigefügt werden, die die wichtigsten Daten aufführt. Ebenso sollte dem Votum bei großem Zahlenwerk[5] eine Tabelle[6] zur Erläuterung als Anhang beigelegt werden. In Verkehrssachen oder anderen Fällen kann eine Skizze der Örtlichkeiten, bei Schmerzensgeldklagen eine Übersicht zu den Verletzungen, ihrer Dauer, ihrer Erheblichkeit etc. hilfreich sein.

IV. Unterschrift

1604 Das Votum schließt mit einer **Unterschrift des Erstellers**, seiner Dienstbezeichnung und einem Datum. Erst diese Selbstverständlichkeit ermöglicht es späteren Bearbeitern, ohne weiteres zu erkennen, wann das Vorvotum und von wem es erstellt wurde. Regelmäßig sind Voten eine Woche vor dem Termin abzuliefern, um dem Gericht genügend Zeit für eine Auseinandersetzung zu ermöglichen.

3. Kapitel: **Aufbau**

1605 Wie ausgeführt, gibt es für **Inhalt und Aufbau von Voten keine festen Regeln**, Vorschriften oder gar gesetzliche Bestimmungen. Auch eine Übung ist jedenfalls nicht allgemein zu erkennen und weicht zum Teil von Ausbilder zu Ausbilder stark voneinander ab. Dennoch haben sich in der Praxis bestimmte Gewohnheiten herausgebildet und bewährt. Der Referendar sollte sich leidenschaftslos stets daran orientieren, was sein Ausbilder für richtig hält. Im Folgenden sollen nur Hinweise gegeben werden, was alles vorstellbar ist.

1606 Ein möglicher, aber nicht zwingender Aufbau ist der im Folgenden vorgeschlagene:

1607
> Schema
> - Vorblatt
> - Sachbericht (= modifizierter Tatbestand)
> - Rechtliche Würdigung (Urteilsstil oder Rechtsgutachten)
> - Entscheidungsvorschlag (auch Streitwertbeschlüsse!)
> - Sonstige Entscheidungen (Ordnungsgeld? Prozesskostenhilfe?)
> - Vergleichsvorschlag[7]

---

5 Z.B. verschiedene Schadenersatzpositionen, Punktesachen, Teilaufrechnungen, Verrechnungen etc.
6 In Form einer Bilanz.
7 Siehe Rn. 1637.

3. Kapitel: Aufbau

I. Vorblatt (Kopfblatt)

Zu Beginn des Votums sind einige Formalien durch ein Vorblatt zu klären. Aufbau: **1608**

📄 **Formulierungsvorschlag** **1609**
Amtsgericht Neukölln
Aktenstand Bl. ... d. A.[a)]

19 C/08.[b)]

V o t u m

zum Termin am ..., ... Uhr[c)]

In dem Rechtsstreit
Mustermann ./. Meiermann[d)]
Kl. und Widerbeklagter Bekl. und Widerkl.
RA Eisenzahn RAe Mos & Maier
(<i>Sachbearbeiter</i>: RA Mos)[e)]</div>

[I.] Formalien

Rubrum ... d. A., in Ordnung[f)]
Güteverhandlung[g)]
Ladungen[h)]

Parteienvertreter gegen EB Bl. ... d. A.
Parteien gem. § 141 Abs. 1 Satz 1 ZPO, Abvermerk Bl. ... d. A.
Zeugen ... Abvermerk Bl. ... d. A.

Fristen[i)]

Klage zugestellt am ...
Einlassungsfrist (§ 274 Abs. 3 Satz 1 ZPO) und Ladungsfrist (§ 217 ZPO) gewahrt?

Anträge, Schriftsatz vom ... Bl. ... d. A.[j)]

Kläger beantragt, die Beklagte zu verurteilen, an ihn ... € zu zahlen (Ss. vom ... Bl. ... d. A.).
Beklagte beantragt, die Klage abzuweisen (Ss. vom ..., Bl. ... d. A.).

Sonstiges[k)]
Streitwert[l)]
Beiakten[m)]

[II.] Sachbericht
[III.] Rechtliche Würdigung

Erläuterungen **1610**
a) Aktenstand, nach Blattzahl.
b) Aktenzeichen (vgl. Anhang I im Schönfelder); steht auf dem Aktendeckel.
c) Zeit und Ort (§ 219 Abs. 1 ZPO: Terminsort) der mündlichen Verhandlung;

d) Parteien (hier schlagwortartig benennen); links steht der Kläger, rechts der Beklagte; links steht der Berufungsführer, rechts der Berufungsbeklagte usw.
e) Parteienvertreter

1611 Postulationsfähiger Vertreter, § 78 Abs. 1 ZPO? Bei Großkanzleien möglichst außer der Kanzlei (ca. zwei – drei Kanzleivertreter) den jeweiligen Sachbearbeiter nennen.

1612 ☑ f) Rubrum (vom lateinischen ruber [rot])
- Sind die Parteien im Hinblick auf § 253 ZPO vollständig erfasst (Vertreter etc.)?
- Sind evt. die Berufe zu erfragen?
- Sind die aktuellen Adressen der Parteien und ihrer Vertreter bekannt?
- Ist die Schreibweise der Namen zweifelsfrei?

1613 ☑ g) Güteverhandlung
- Ist eine Güteverhandlung notwendig?
- Hat eine Güteverhandlung bereits stattgefunden?
- Ergebnis?

1614 ☑ h) Ladungen
- Sind die Ladungen gem. § 270 ZPO in Ordnung? Kann evt. Versäumnisurteil erlassen werden, § 335 Abs. 1 Nr. 2 ZPO?
- Wo sind die Empfangsbekenntnisse bzw. Zustellungsurkunden für die Terminsladung zu finden (Blattzahlen)? Fehlen etwa Zustellungsnachweise?
- Wurde das persönliche Erscheinen der Parteien gem. §§ 278, 141 ZPO angeordnet?
- Welche Zeugen (Name, Blattzahl) wurden wann (Abvermerk) geladen? Ist Auslagenvorschuss eingezahlt oder wurde auf Gebühren verzichtet?

1615 ☑ i) Fristen
- Klage zugestellt am ..., Zustellungsurkunde Bl. ... d. A.
- Einlassungsfrist (§ 274 Abs. 3 S. 1 ZPO) gewahrt?
- Ladungsfrist (§ 217 ZPO) gewahrt?
- Wann wurde vorausgegangenes Versäumnisurteil/Vollstreckungsbescheid erlassen? Wann war der Eingang des Einspruchs, war er rechtzeitig? Wann ist Urteil/Versäumnisurteil/Vollstreckungsbescheid zugestellt worden?
- Wann wurde erstinstanzliches Urteil verkündet und dem Kläger (-Vertreter) zugestellt?
- Wann ist Berufung eingegangen?
- Berufung (§ 517 ZPO) rechtzeitig?
- Berufungsbegründung (§ 520 Abs. 2 S. 1 ZPO) rechtzeitig?

☑ j) Anträge

- Welche Anträge (nach Blattzahl; bei Klageschrift genügt Hinweis auf Klageschrift) im vollem Wortlaut wurden zuletzt gestellt?
- Sind die angekündigten bzw. bereits gestellten Anträge rechtlich in Ordnung?
- Ist Erledigung eingetreten?
- Müssen nach § 139 ZPO Hinweise gegeben werden, §§ 263 ff., 260, 269 ZPO?
- Ist der Zinsanspruch nach Beginn und Höhe korrekturbedürftig?
- Werden zu Unrecht Mahn- oder Inkassokosten verlangt?

☑ k) Sonstiges

- Sachverständigengutachten (nach Blattzahl).
- Vorherige Sitzungsprotokolle (nach Blattzahl).
- Wo sind Lichtbilder (nach Blattzahl)?
- Unfallskizze (nach Blattzahl).
- Bescheide etc. (nach Blattzahl).
- Sind bestimmte Fragen offen und zu stellen?
- Gibt es erkennbare Mängel?
- Welche Hinweise nach § 139 ZPO sind zu erteilen? Welche Hinweise sind bereits aktenkundig?
- Fehlen Urkunden?

l) Höhe des Streitwertes

☑ m) Beiakten (bei Bedarf)

- Gibt es Beiakten? Dann Gericht und Aktenzeichen aufführen.
- Sind Beiakten der führenden Akte beigefügt oder liegen sie noch auf der Geschäftsstelle?
- Sollen Beiakten zu Beweis- oder zu Informationszwecken hinzugezogen werden?

II. Sachbericht

Das Votum enthält üblicherweise den **Sach- und Streitstand des zu beurteilenden Rechtsstreits in Form eines Sachberichts**. Der Sachbericht[8] sollte zur Erleichterung der Abfassung des späteren Urteils bereits so weit als möglich einem Tatbestand[9] ähnlich aufgebaut werden. Ein Sachbericht unterscheidet sich von einem Tatbestand vor allem dadurch, dass Verweisungen, wie sie der Tatbestand in großem Umfang zulässt und fordert, nicht möglich sind. Er muss umfassend sein. Nur die Tatsachen[10] dürfen weggelassen werden, die unter allen Gesichtspunkten für die Entscheidung offensichtlich unerheblich sind. Wählt der Referendar hingegen

---

[8] Auch Sachverhalt oder – falsch – Tatbestand genannt.
[9] Zum Aufbau und Inhalt eines Tatbestandes siehe ausführlich Rn. 372 ff.
[10] Und ggf. Rechtsansichten.

einen Aufbau gemäß einem Tatbestand[11], so sind in einem Kollegialgericht dem Votum alle Schriftstücke, auf die Bezug genommen wird, als Anlage beizufügen. Umfang und Aufbau des Sachberichts richten sich im Wesentlichen nach den Gepflogenheiten des einzelnen Gerichts. Teilweise ist es vom Gericht gewünscht oder wenigstens erlaubt, den Sachbericht nur stichwortartig zu erfassen.

1620 Wesentlich ist stets, dass der Sachbericht alle für die Entscheidung relevanten Informationen in verständlicher Form enthält. Allgemeiner Aufbau[12]:

1621 Schema
- Unstreitiges (Indikativ Imperfekt)
- Streitiger Klägervortrag (Konjunktiv Präsens)
- Evt. Prozessgeschichte (Indikativ Perfekt)
- Anträge (Präsens)
- Streitiger Beklagtenvortrag (Konjunktiv Präsens)
- Evt. Replik und Duplik (Konjunktiv)
- Prozessgeschichte (Indikativ Perfekt)

III. Rechtliche Würdigung

1622 Die rechtliche Würdigung kann wie bei einer Relation in Prüfungsstationen untergliedert und aufgebaut werden. Die Frage, wie eine rechtliche Würdigung erstellt werden soll, wird sehr uneinheitlich beantwortet. Ein „klassischer" Aufbau als Relation wirkt häufig umständlich, ist sehr arbeitsintensiv und kann dem Fall auch nicht angemessen sein. Nur noch wenige Kammern bzw. Ausbilder erwarten daher, dass der Referendar (Beisitzer) eine rechtliche Würdigung als vollständige Relation erarbeitet und ausformuliert. Insoweit muss freilich mit dem jeweiligen Ausbilder Rücksprache gehalten werden. In geeigneten Fällen[13] sollte das Votum daher im Urteilsstil und wie ein Urteil abgefasst oder jedenfalls im einschichtigen Aufbau wie beim Aktenvortrag oder der Anwaltsklausur[14] aufgebaut werden. Ist dies nicht möglich, wird häufig anstelle einer Relation eine **kurz gefasste einschichtige Stellungnahme zum jetzigen Aktenstand** erwartet. Die Sach- und Rechtslage wird dabei nach den einzelnen rechtlichen Gesichtspunkten „skizziert". Angezeigt ist insoweit eine Mischform, nämlich ein steter Wechsel zwischen Urteilsstil[15] und Gutachtenstil[16].

---

11 Das ist sogar vorzugswürdig: Freilich kann man auch aus einem vollständigen Sachbericht durch Kürzungen und Streichungen später einen Tatbestand erstellen.
12 Zu Aufbaufragen s. Rn. 327 ff. und die dortigen, hier sinngemäß zu übernehmenden Ausführungen.
13 Das sind vor allem solche, in denen eine Beweisaufnahme bereits stattgefunden hat oder wo es allein um Rechtsfragen geht.
14 Dazu instruktiv Knemeyer, JA 1996, 685, 691.
15 Soweit die jeweiligen Punkte klar entschieden werden können.
16 Soweit die Ausführungen rechtlich schwierige Punkte des Rechtsstreits berühren.

3. Kapitel: Aufbau

Der Umfang der rechtlichen Würdigung richtet sich im **Ergebnis nach dem Verfahrensstand** und der Schwierigkeit des Falles. Bei streitigen Punkten sind Handlungsalternativen aufzuzeigen[17]. Auch die Entscheidung über die Zinsen und die Nebenentscheidungen[18] sind kurz, aber zwingend zu erwähnen. Die Abfassung des Votums als Relation empfiehlt sich – wie ausgeführt – in den meisten Fällen nicht. Wird dieser Aufbau dennoch erwartet[19], ist das Folgende üblich:

> **Schema**
> - Vorschlag
> - Prozessstation
> - Klägerstation
> - Beklagtenstation
> - Beweisstation
> - Nebenentscheidungen.

[I.] Vorschlag. Wie bei einem Gutachten oder einer Relation sollte der rechtlichen Beurteilung des Votums das Ergebnis kurz vorangestellt werden. Der Kurzvorschlag nimmt dabei das **wesentliche Ergebnis** des Votums mit einem Satz vorweg. Beispiel:

> **Formulierungsvorschlag**
> „Der Rechtsstreit ist nicht entscheidungsreif. Ich schlage deshalb vor, Beweis zu erheben."

[II.] Prozessstation. Ausführungen zur Zulässigkeit der Klage sind z. B. angezeigt, wenn **begründete Zweifel** an den Sachurteilsvoraussetzungen bestehen oder jedenfalls zwischen den Parteien streitig sind, es sich um ein Rechtsmittel oder Rechtsbehelf handelt oder eine Feststellungsklage zu beurteilen ist. Innerhalb der Zulässigkeit werden wegen des Verbots der sachlich-rechtlichen Prüfung einer unzulässigen Klage Fragen der Gerichtsbarkeit, des Rechtswegs, der Zuständigkeit, der Partei- und Prozessfähigkeit, der Prozessführungsbefugnis, der anderweitigen Rechtshängigkeit etc. geprüft, soweit dazu nach der konkreten Fallgestaltung Anlass besteht. Bei nicht behebbaren Mängeln ist die Klage durch Prozessurteil abzuweisen. Aufbau:

> **Schema**
> - Zulässigkeit nach Klägervorbringen
> - Zulässigkeit nach Beklagtenvorbringen
> - Von welchen streitigen Tatsachen hängt Zulässigkeit ab?
> - Wurde Beweis angeboten?
> - Wenn es bejaht wird: Beweisbeschluss formulieren.
> - Wenn es verneint wird: Prozessurteil.

---

17 Wie entwickelt sich der Fall, wenn man einer anderen Rechtsmeinung als der des Sachbearbeiters folgt?
18 §§ 91 ff., 708 ff. ZPO.
19 Nachfragen!

1629 [III.] **Klägerstation**
- Ist der Vortrag schlüssig[20]?
- Unstreitiger Vortrag und Klägervortrag

1630 [IV.] **Beklagtenstation**
- Ist der Vortrag erheblich[21]?
- Unstreitiger Vortrag und Beklagtenvortrag

1631 [V.] **Beweisstation.** Wenn noch keine Beweisaufnahme stattgefunden hat, werden innerhalb der Beweisstation die nach der Schlüssigkeitsprüfung und der (den) Erheblichkeitsprüfung(en) beweisbedürftigen Behauptungen zusammengestellt und sodann die Beweisangebote[22] überprüft.

1632 Die Überprüfung der Beweisangebote führt zum Urteil gegen die beweisbelastete Partei, wenn kein Beweisangebot vorliegt und das Gericht den erforderlichen Beweis auch nicht von Amts wegen erheben kann, anderenfalls zum Beweisbeschluss. Wenn eine Beweisaufnahme durchgeführt wurde, muss das Ergebnis gewürdigt werden.

1633 [VI.] **Nebenentscheidungen.** Wenn das Votum zu dem Ergebnis kommt, dass der Rechtsstreit mit einem Urteil abzuschließen ist, dann müssen Ausführungen zu den prozessualen Nebenentscheidungen gemacht werden, nämlich:
- Zinsen
- Mahnkosten
- vorläufige Vollstreckbarkeit und Kosten.

IV. Entscheidungsvorschlag

1634 Am Ende des Votums steht der Entscheidungsvorschlag des Bearbeiters. Ist der Fall entscheidungsreif, so ist ein **vollständiger Tenor** auszuformulieren. Ist der Tatsachenstoff hingegen unvollständig, muss – wenn möglich – ein vollständiger Beweisbeschluss[23] entwickelt, kurz begründet und ausformuliert werden.

V. Sonstige Entscheidungen

1635 Sind gegebenenfalls Ordnungsgeldbeschlüsse oder PKH-Gesuche usw. offen und muss darüber noch befunden werden, sollte der Bearbeiter darauf hinweisen und die entsprechenden Entscheidungen vorformulieren. Außerdem muss das Gericht

---

20 Ein Sachvortrag ist schlüssig und damit erheblich, wenn er Tatsachen beinhaltet, die in Verbindung mit einem Rechtssatz geeignet sind, das geltend gemachte Recht oder die geltend gemachte Verbindlichkeit als entstanden erscheinen zu lassen. Die Angabe näherer Einzelheiten, die den Zeitpunkt und Ablauf bestimmter Ereignisse betreffen, ist nicht erforderlich, soweit diese Einzelheiten für die Rechtslage nicht von Bedeutung sind, BGH, ZMR 2005, 777, 779; BGH, NJW 2003, 3339, 3341. Dazu Rn. 1401.
21 Dazu Rn. 1400.
22 Vornehmlich der beweisbelasteten Partei.
23 Hinweisbeschluss, Auflagenbeschluss.

4. Kapitel: Punktesachen

vor jedem die Instanz abschließenden Urteil darauf achten, dass der vom Prozessverlust bedrohten Partei Gelegenheit zur Stellungnahme gegeben wird. Das kann dazu führen, dass das Votum in eine Aufklärungsempfehlung nach § 139 ZPO oder eine Vorbereitungsempfehlung nach § 273 ZPO mündet. In einem solchen Fall ist die schriftliche Aufklärung bzw. Vorbereitungsmaßnahme zu formulieren[24].

VI. Vergleichsvorschlag

Gem. § 278 Abs. 1 ZPO soll das Gericht in jeder Lage des Verfahrens[25] auf eine gütliche Beilegung bedacht sein. Ein Vergleichsvorschlag des Gerichts muss sorgfältig vorbereitet werden, damit die Parteien ihn akzeptieren können. Am Ende des Votums sollte daher stets, auch in den Fällen, die der Bearbeiter für rechtlich eindeutig ansieht[26], ein ausformulierter Vergleichsvorschlag gemacht werden, der die jeweiligen Interessenlagen angemessen berücksichtigt. Das Votum sollte insoweit wenigstens stichwortartig Kriterien nennen, warum eine Partei den Vergleich schließen sollte. **1636**

4. Kapitel: **Punktesachen**

Wird vom Kläger eine Mehrzahl von Ansprüchen bzw. unterschiedliche Positionen geltend gemacht, ist das Votum als Punktesache aufzubauen. Dies kommt in aller Regel bei Bausachen und Schadenersatzklagen in Betracht[27]. **1637**

I. Sachbericht

Der Sachbericht in Punktesachen besteht aus vielen kleinen Berichten. Nach dem Unstreitigen wird der Klägervortrag knapp umrissen und die Anträge geschildert. Dann wird für jeden Punkt der Klagevortrag und die Verteidigung gegenübergestellt. Nach dem Bericht des Unstreitigen und dem groben Klägervorbringen schreibt man etwa: **1638**

Formulierungsvorschlag **1639**
„Im Einzelnen streiten die Parteien um Folgendes:
1) Mauerwerk
Der Kläger behauptet,....
2) Fenster
Der Kläger meint hierzu,..."

---

24 Als Verfügung oder als Beschluss.
25 Auch nach der eigentlichen Güteverhandlung i.S. von § 278 Abs. 2 ZPO.
26 Andere können das anders sehen.
27 Als Beispiel siehe dazu etwa Huber, JuS 1987, 213.

II. Rechtliche Würdigung

1640 Innerhalb der rechtlichen Würdigung sind die einzelnen Punkte[28] jeweils nach Grund und Höhe und dabei nach Unstreitigem, Schlüssigkeit, Erheblichkeit und Beweisstation zu gliedern und zu begutachten.

5. Kapitel: **Vorvoten**

1641 Es ist möglich[29], dass sich in der Akte bereits Vorvoten finden. Ein solches „Vorvotum" eines früheren Sachbearbeiters kann nicht **ohne weiteres übernommen** werden. Das Vorvotum muss zum einen nicht die Ansicht der Kammer nach Beratung darstellen; zum anderen stellt es stets die bloße Rechtsmeinung des vorherigen Sachbearbeiters der Akte zu einem ganz bestimmten Sach- und Streitstand dar. Es ist daher tunlichst zu überprüfen, ob nach Fertigung des Vorvotums etwa Schriftsätze eingegangen oder Entscheidungen (Beschlüsse, Verfügungen, Teilurteile) des Gerichts oder aber neue relevante Rechtsprechung bekannt geworden sind. Eventuell lässt sich aus Hinweisbeschlüssen oder Verfügungen des Gerichts die Meinung des Kollegiums herauslesen.

6. Kapitel: **Das Votum nach der Beratung**

1642 Das Ergebnis der mündlichen Beratung sollte später stets am Ende des Votums für den Ausbilder und nachfolgende Sachbearbeiter festgehalten werden; dies vor allem dann, wenn sich das Votum nicht mit dem Beratungsergebnis deckt.

---

28 Es bietet sich an, hierfür jeweils ein einzelnes Blatt zu nehmen.
29 Insbesondere am Landgericht „Gürteltiere", also Akten, die wegen ihres Umfangs mit einem Band zusammengehalten werden.

Teil 15: **Kurzüberblick zum FamFG**

1. Kapitel: **Einführung**

I. Allgemeines

Das FamFG hat zum 1. September 2009 das FGG abgelöst[1]. Im ersten Buch mit den §§ 1 bis 110 ist der allgemeine Teil geregelt – das Verfahrensrecht. Für **Rechtsreferendare wichtig** sind dort vor allem die **Vorschriften zur Endentscheidung** in §§ 38 bis 48 FamFG. Ferner haben für das Examen Bedeutung die §§ 49 bis 57 FamFG zur einstweiligen Anordnung, die §§ 58 bis 79 FamFG, die die Rechtsmittel regeln, die §§ 80 bis 85 FamFG zu den Kosten und die §§ 86 bis 96 FamFG zur Vollstreckbarkeit. Im ersten Abschnitt des ersten Buches des FamFG sind ergänzend allgemeine Bestimmungen geregelt.

1643

II. Beteiligte

Wer **Beteiligter des Verfahrens** ist, bestimmt – sofern keine der zahlreichen Sondervorschriften greift – § 7 FamFG. Danach ist zu beteiligen, wer in Antragsverfahren (§ 23 FamFG) einen Antrag stellt, § 7 Abs. 1 FamFG. Als Beteiligte hinzuzuziehen sind außerdem diejenigen, deren Recht durch das Verfahren unmittelbar betroffen wird oder diejenigen, die auf Grund spezialgesetzlicher Regelung zu beteiligen sind, § 7 Abs. 2 FamFG. Das Gericht kann von Amts wegen oder auf Antrag weitere Personen als Beteiligte hinzuziehen, soweit dies im FamFG (z.B. §§ 274 Abs. 4, 315 Abs. 4, 345 FamFG) oder einem anderen Gesetz (z.B. § 88 Abs. 1 GBO) vorgesehen ist (§ 7 Abs. 3 FamFG).

1644

III. Beweis

Beteiligte können u.a. Beweisanträge stellen. Über diese hat das Gericht zu entscheiden und diese Entscheidung zu begründen, § 29 Abs. 2 FamFG. In bestimmten gesetzlich geregelten Fällen hat das Gericht die förmliche Beweisaufnahme durchzuführen (§ 30 Abs. 2 FamFG). Das Gericht soll die förmliche Beweisaufnahme über die Richtigkeit einer Tatsachenbehauptung dann durchführen, wenn es seine Entscheidung maßgeblich auf die Feststellung dieser Tatsache stützen will und die Richtigkeit von einem Beteiligten ausdrücklich bestritten wird, § 30 Abs. 3 FamFG.

1645

---

[1] Gesetz v. 17.12.2008, BGBl. I 2585.

2. Kapitel: Der Beschluss

1646 Endentscheidungen ergehen in sämtlichen Verfahren des FamFG **durch Beschluss**, nicht durch Urteil, §§ 38, 116 Abs. 1 FamFG. Es heißt daher in sämtlichen Verfahren des FamFG:
- „Beteiligte" statt „Parteien",
- „Antrag" statt „Klage",
- „Antragsteller"/„Antragstellerin" statt „Kläger"/„Klägerin",
- „Verfahren" statt „Prozess" und
- „Verfahrenskostenhilfe" statt „Prozesskostenhilfe".

1647 Wie eine Endentscheidung aufzubauen ist, bestimmt § 38 FamFG. § 38 FamFG ist für sämtliche, dem FamFG unterfallenden Endentscheidungen anwendbar, also auch in **Ehe- und Familienstreitsachen**, §§ 113 Abs. 1 S. 1, 116 Abs. 1 FamFG. Endentscheidungen i. d. S. sind etwa Beschlüsse nach §§ 116, 182, 209, 215, 227, 237, 253, 286, 323, 439 FamFG. Für Zwischen- und Nebenentscheidungen ist § 38 FamFG nicht anwendbar. Ob diese als Beschluss ergehen, wie sie aufzubauen sind, ob sie einer Begründung bedürfen, muss sich aus anderen Vorschriften oder aus übergeordneten Überlegungen ergeben.

I. Beschlusskopf (Rubrum)

1648 Ist eine Endentscheidung durch Beschluss zu entscheiden, müssen im Kopf des Beschlusses nach § 38 Abs. 2 FamFG **entsprechend** §§ 313 Abs. 1, 253 Abs. 2, 130 ZPO bezeichnet werden:
- die Beteiligten;
- die gesetzlichen Vertreter der Beteiligten;
- die Bevollmächtigten der Beteiligten und ggf. der Vertreter;
- das Gericht;
- die Namen der Gerichtspersonen, die bei der Entscheidung mitgewirkt haben;
- die Beschlussformel.

1649 Für die Einzelheiten ist auf die Ausführungen zu § 313 ZPO zu verweisen, die entsprechend anwendbar sind.

II. Beschlussformel

1650 Der Beschluss über eine Endentscheidung enthält nach § 38 Abs. 2 Nr. 3 FamFG eine Beschlussformel. Ihre optische Hervorhebung ist wünschenswert. Der erkennende Teil der Beschlussformel ist – soweit erforderlich – grundsätzlich zu gliedern in Hauptsacheformel und Kostenentscheidung. Daneben ist die Zulassung eines Rechtsmittels vorstellbar.

1651 Eine Reihe von Besonderheiten für die Beschlussformel ergibt sich aus Spezialvorschriften.

2. Kapitel: Der Beschluss

1. Hauptsacheformel. Wenn ein Beschluss über eine Endentscheidung vollstreckt werden kann, muss er verständlich und allgemeinverbindlich klären, was von wem an wen zu leisten ist. Aus der Beschlussformel müssen sich genau bestimmt oder wenigstens bestimmbar der vollstreckungsfähige Inhalt und die Art und der Umfang der Vollstreckung ergeben. Die konkrete Formulierung hängt bei einem stattgebenden Beschluss in einem Antragsverfahren von der Antragsart ab. Vorstellbar ist neben einer Entscheidung, die ein Tun oder Unterlassen, also eine Leistung anordnet, eine Feststellung oder eine Gestaltung. **1652**

> **Klausurtipp** **1653**
>
> Teile der Begründung gehören nicht in die Beschlussformel. Etwas anderes gilt, wenn eine besondere Tenorierung im Gesetz ausdrücklich vorgesehen ist, wie etwa in § 44 Abs. 1 S. FamFG, oder wenn es zur Klarstellung notwendig ist.

2. Kostenentscheidung. Nach § 81 Abs. 1 FamFG kann das Gericht die Kosten des Verfahrens nach billigem Ermessen den Beteiligten ganz oder zum Teil auferlegen. Es kann auch anordnen, dass von der Erhebung der Kosten abzusehen ist. In Familiensachen ist sogar stets über die Kosten zu entscheiden. Ergeht eine solche Entscheidung, hat das Gericht hierüber gem. § 82 FamFG in der Endentscheidung als Teil der Beschlussformel zu entscheiden. **1654**

3. Vorläufige Vollstreckbarkeit. Beschlüsse sind nach § 86 Abs. 2 FamFG ohne Weiteres mit Wirksamwerden (siehe § 40 FamFG) vollstreckbar. Wenn sie einen vollstreckungsfähigen Inhalt haben, folgt ihre Vollstreckbarkeit auch ohne besondere Anordnung aus § 86 Abs. 1 Nr. 1 FamFG. Einer besonderen Anordnung zur Vollstreckbarkeit in der Beschlussformel bedarf es aus diesem Grunde nicht. **1655**

4. Zulassung eines Rechtsmittels. Will ein Gericht ein Rechtsmittel zulassen (etwa: „Die Rechtsbeschwerde wird zugelassen"), sollte dies bereits in der Beschlussformel ausgesprochen werden. In jedem Falle ist die Zulassung selbst zu begründen. Die Zulassung kann auf einen tatsächlich und rechtlich selbstständigen Teil beschränkt werden, der Gegenstand eines Teilbeschlusses sein könnte oder auf den der Rechtsmittelführer selbst sein Rechtsmittel beschränken könnte. Unzulässig ist es dagegen, die Zulassung auf einzelne von mehreren möglichen Anspruchsgrundlagen oder auf bestimmte Rechtsfragen zu beschränken. **1656**

> **Klausurtipp** **1657**
>
> Wird ein Rechtsmittel nicht zugelassen, kann auch diese Entscheidung in die Beschlussformel aufgenommen werden. In der Praxis wird indes meist keine Entscheidung über die Nichtzulassung in der Beschlussformel mitgeteilt. Sie sollte aber wenigstens in den Gründen anklingen und dort auch begründet werden. Schweigt die Endentscheidung über die Zulassung eines Rechtsmittels, gilt dieses als nicht zugelassen.

5. Sondervorschriften. Eine Reihe von Vorschriften treffen zum Inhalt der Beschlussformel besondere Anordnungen. Solche Regelungen finden sich z.B. in **1658**

§§ 182 Abs. 1 S. 2 und Abs. 2 FamFG, 253 Abs. 1 FamFG, 286 Abs. 1 bis Abs. 3 FamFG, 323 FamFG, 421 FamFG.

III. Beurkundung des Sach- und Streitstands

1659 Das Gesetz ordnet nicht grundsätzlich an, dass das Gericht den Sach- und Streitstand beurkunden muss, den es seiner Entscheidung zu Grunde legt. Jedenfalls wenn eine Prüfung der Endentscheidung durch eine Beschwerdegericht in Frage kommt – was der Regelfall ist –, sollte das Ausgangsgericht indes den von ihm zu Grunde gelegten Sach- und Streitstand beurkunden. Für Beschlüsse, die der Rechtsbeschwerde unterliegen, sind die Wiedergabe des Sachverhalts, über den entschieden wird, die Darstellung des Verfahrensgegenstandes und die Darstellung von ggf. gestellten Anträgen zwingend.

1660 🖋 **Klausurtipp**
Aber auch im Übrigen sollte ein Beschluss in der Klausur nicht ohne eine Darstellung des Sach- und ggf. des Streitstands abgesetzt werden. Nur der vom Gericht vollständig erfasste, sachgerecht ausgewertete und dargestellte Verfahrensstoff bietet Gewähr dafür, dass der Rechtsstreit „richtig" entschieden werden kann.

1661 Die Darstellung des Sach- und ggf. des Streitstands bedarf keines eigenen Teils im Beschluss. Sie kann auch – ggf. sogar nur – in der Beschlussbegründung selbst erfolgen.

IV. Beschlussbegründung

1662 Grundsätzlich muss nach § 38 Abs. 3 S. 1 FamFG jede Endentscheidung begründet werden. Ausnahmen – und Gegenausnahmen – finden sich in den Absätzen 4 und 5.

V. Unterschriften

1663 Beschlüsse sind zu unterschreiben, § 38 Abs. 3 S. 2 FamFG. Der Beschluss ist von dem Richter oder Rechtspfleger zu unterschreiben, der die Entscheidung getroffen hat. Eine Kollegialentscheidung haben alle Richter zu unterschreiben, die daran mitgewirkt haben.

VI. Beschlüsse des Beschwerdegerichts

1664 Nach § 69 Abs. 3 FamFG gilt der § 38 FamFG für eine Beschwerdeentscheidung entsprechend. Auch sie wird durch Beschluss getroffen, ist schriftlich abzufassen, hat einen Beschlusskopf und eine Beschlussformel. Die unzulässige Beschwerde wird verworfen, § 71 Abs. 2 FamFG. Über die zulässige Beschwerde ist in der

4. Kapitel: Einstweiliger Rechtsschutz (einstweilige Anordnung) 1665–1668

Sache zu befinden, § 72 Abs. 1 FamFG. In der Beschlussformel soll das Gericht gem. § 84 FamFG die Kosten eines ohne Erfolg eingelegten Rechtsmittels dem Beteiligten auferlegen, der es eingelegt hat. Der Beschluss des Beschwerdegerichts „soll" nur begründet werden; nur zum Teil ist eine Begründung zwingend.

3. Kapitel: Ergänzende Vorschriften zum Beschluss

1665 Die Bestimmungen der §§ 39 bis 48 FamFG regeln ergänzende Fragenkreise. Wichtig für die Klausur ist vor allem § 39 FamFG zur Rechtsbehelfsbelehrung. Jeder Beschluss hat danach eine Belehrung über das statthafte Rechtsmittel, den Einspruch, den Widerspruch oder die Erinnerung sowie das Gericht, bei dem diese Rechtsbehelfe einzulegen sind, dessen Sitz und die einzuhaltende Form und Frist zu enthalten. Von der Belehrungspflicht umfasst sind sämtliche in den FamFG-Verfahren vorgesehenen ordentlichen Rechtsmittel. Außerdem ist über die in den FamFG-Verfahren gegen Entscheidungen vorgesehenen ordentlichen Rechtsbehelfe, über Einsprüche, Widersprüche und Erinnerungen zu belehren (Rechtsbehelfe i. w. S.); § 39 FamFG ist auch in Ehesachen und Familienstreitsachen anzuwenden.

1666 Jeder Beteiligte muss durch die Belehrung klar, einfach, bestimmt sowie leicht und unzweideutig über fünf Punkte informiert werden:
- über das gegen eine Entscheidung in Frage kommende Angriffsmittel;
- über das Gericht, wo der Angriff zu führen ist;
- über den Sitz des Gerichts;
- über die einzuhaltende Form;
- über die einzuhaltende Frist.

1667 Eine unterbliebene, irreführende oder unrichtige Belehrung hindert den Eintritt der Rechtskraft nicht. Als Sanktion für einen Verstoß gegen die Belehrungspflicht entscheidet sich das Gesetz in § 17 Abs. 2 FamFG für die Wiedereinsetzungslösung. Danach werden auch bei mangelhafter oder fehlender Belehrung die Rechtsbehelfsfristen in Gang gesetzt, so dass die Entscheidung in Rechtskraft erwachsen kann. Bei einem Verstoß kann ein Beteiligter aber eine Wiedereinsetzung in den vorigen Stand nach § 17 Abs. 1 FamFG beantragen. Nach § 17 Abs. 2 FamFG wird dabei vermutet, dass derjenige Beteiligte, der keine Rechtsbehelfsbelehrung erhalten hat, ohne Verschulden gehindert war, die Frist zur Einlegung des Rechtsmittels oder des Rechtsbehelfs einzuhalten.

4. Kapitel: Einstweiliger Rechtsschutz (einstweilige Anordnung)

1668 Der einstweilige Rechtsschutz ist in §§ 49 ff. FamFG geregelt. Diese Regelungen werden durch die Vorschriften des jeweils anwendbaren besonderen Teils des Gesetzes, etwa im Verfahren über Unterhaltssachen, Unterbringungssachen oder Freiheitsentziehungssachen, modifiziert und abgeändert. Das Verfahren der einstweiligen Anordnung ist auch bei Anhängigkeit eines Hauptsacheverfahrens ein selbstständiges Verfahren (§ 51 Abs. 3 FamFG). Das Verfahren der einstweiligen Anordnung muss nicht zwingend ein Hauptsacheverfahren nach sich ziehen (§ 52 FamFG). Es dient nicht nur dem Zweck, über das Verfahren der einstweiligen Anordnung vorläufige oder sichernde Maßnahmen in Eilfällen zu treffen (§ 49 FamFG).

5. Kapitel: **Rechtsmittel**

I. Überblick

1669 Das FamFG kennt als die Rechtsmittel die Beschwerde (§§ 58 ff. FamFG), die sofortige Beschwerde (§§ 567 ff. ZPO entsprechend) und die Rechtsbeschwerde (§§ 70 ff. FamFG).
- Die Beschwerde findet gegen erstinstanzliche Endentscheidungen statt, sofern das Gesetz nicht ausdrücklich etwas anderes bestimmt, § 58 Abs. 1 FamFG.
- Die sofortige Beschwerde findet gegen Neben- und Zwischenentscheidungen statt, wenn dies im Gesetz ausdrücklich vorgesehen ist.
- Für Rechtsmittel in Familienstreitsachen (§ 112 FamFG) verweist § 117 FamFG auf einzelne Vorschriften des Berufungsrechts der ZPO.
- Gegen die Entscheidungen des Beschwerdegerichts oder des OLG im ersten Rechtszug ist die Rechtsbeschwerde zum BGH statthaft.
- Bei Verletzung des rechtlichen Gehörs kann die Gehörsrüge eingelegt werden, in Ehesachen und Familienstreitsachen gem. § 113 Abs. 1 FamFG, § 321a ZPO, in den übrigen Verfahren des FamFG gem. § 44 FamFG.

II. Beschwerde

1670 Gegen Endentscheidungen des Gerichts ist nach § 58 FamFG grundsätzlich die Beschwerde zulässig, die innerhalb eines Monats nach schriftlicher Bekanntgabe des Beschlusses an die Beteiligten (§ 63 Abs. 1 FamFG) schriftlich oder zur Niederschrift der Geschäftsstelle bei dem Gericht einzulegen ist, dessen Entscheidung angefochten wird (§ 64 Abs. 1 FamFG). Beschwerdegericht ist regelmäßig das OLG. In vermögensrechtlichen Streitigkeiten setzt die Beschwerde eine 600,00 Euro übersteigende Beschwer (§ 61 Abs. 1 FamFG) oder die Zulassung der Beschwerde durch das Gericht des ersten Rechtszugs (§ 61 Abs. 2, Abs. 3 FamFG) voraus.

III. Sofortige Beschwerde

1671 Zwischen- und Nebenentscheidungen werden von § 58 FamFG nicht erfasst. Eine Anfechtung ist nur statthaft, wo das Gesetz sie zulässt. Soweit das der Fall ist, eröffnet das FamFG in entsprechender Anwendung der §§ 567 bis 572 ZPO die sofortige Beschwerde.

IV. Rechtsbeschwerde

Die Beschwerdeentscheidung ist mit der Rechtsbeschwerde angreifbar. Die Rechtsbeschwerde ist als Zulassungsrechtsbeschwerde zum Bundesgerichtshof (§ 133 GVG) ausgestaltet. Angegriffen werden kann die Entscheidung des Beschwerdegerichts mit der Rechtsbeschwerde durchweg nur, wenn die Rechtsbeschwerde vom Beschwerdegericht ausdrücklich zugelassen worden ist (§ 70 Abs. 1 FamFG). Lediglich für bestimmte Betreuungssachen, in Unterbringungssachen und Freiheitsentziehungssachen ist die zulassungsfreie Rechtsbeschwerde vorgesehen (§ 70 Abs. 3 FamFG).

Anhang

1673 Zum Abschluss des gebotenen Überblicks zur Assessorklausur im Zivilrecht wird dort, wo es möglich und nochmals geboten erscheint, der zu einem Gebiet wichtige oder wichtigste Stoff zur Wiederholung und Systematisierung oder erstmals auf einen Blick und einer Seite zusammengefasst.

1. Kapitel: **Aktenvortrag**

I. Allgemeines

1674
- Freie Rede
- Ruhig und gelassen
- Reden Sie laut und deutlich, nicht zu schnell.
- Verständlich, einprägsam, präzise und kurz
- Selbstbewusst, aber nicht arrogant

II. Aufbau

1675 1. Begrüßung der Prüfer

1676 2. Einleitender Satz, mit Bezug auf folgende Punkte:
- Welche Art des Verfahrens?
- Welches Verfahrensstadium?
- Welches Gericht?
- Beispiele:
  - „Ich berichte über einen Rechtsstreit, der im Jahre 1990 beim Amtsgericht Neukölln rechtshängig war. Kläger ist der anwaltlich vertretene Kaufmann Anton Eugen, Beklagter ist der Bäcker Hermann Meier."
  - „Es handelt sich um einen Antrag auf einstweilige Verfügung wegen einer angeblichen körperlichen Misshandlung, der dem Amtsgericht Neukölln zu Entscheidung vorliegt."
  - „Ich trage über eine Erinnerung gegen die Art und Weise der Zwangsvollstreckung vor, die vom Amtsgericht Neukölln – Vollstreckungsgericht – zu entscheiden ist."

3. Sachverhaltsschilderung
- **Im Prinzip wie** Urteilstatbestand aufbauen, also:
  - Einleitungssatz

1. Kapitel: Aktenvortrag

- Geschichtserzählung
- Streitiger Vortrag des Klägers
- Eventuell Prozessgeschichte
- Anträge
- Streitiger Vortrag des Beklagten
- Ggf. Replik/Duplik ~ vermeiden!
- Prozessgeschichte
* Nur das mitteilen, was zum Verstehen des Falles unabdingbar ist
* Regelmäßig keine Zahlen, keine Daten, keine Details
* Anträge dürfen aus Notizen vorgelesen werden.
* Kein Ergebnis der Beweisaufnahme
* Regelmäßig keine Rechtsansichten
* Prozessgeschichte nur, wenn Entscheidung davon abhängt

4. Kurzvorschlag
* **Entscheidungsvorschlag als Kurzvorschlag**
* Beispiele:
  - „Ich schlage vor, der Klage stattzugeben."
  - „Ich schlage vor, das Versäumnisurteil aufzuheben und der Klage stattzugeben."

5. Rechtliche Erwägungen (im Gutachten- und Urteilsstil): Aufbau im Prinzip wie Entscheidungsgründe, also

(A) Begründete Klage:
[I.] Zulässigkeit
[II.] Begründetheit
* Hauptantrag
  - Entstanden
  - Nicht erloschen
  - Nicht gehemmt
* Nebenforderungen
  - Zinsen
  - Mahnauslagen
  - Inkassokosten
[III.] Nebenentscheidungen
* Kosten
* Vorläufige Vollstreckbarkeit

(B) Unbegründete Klage:
[I.] Zulässigkeit
[II.] Begründetheit
* Anspruchsgrundlage 1
  - Nicht entstanden
  - oder erloschen
  - oder gehemmt
* Anspruchsgrundlage 2
  - Nicht Entstanden
  - oder erloschen
  - oder gehemmt

[III.] Nebenentscheidungen
- Kosten
- Vorläufige Vollstreckbarkeit

1679 6. **Entscheidungsvorschlag.** Tenor der zu treffenden Entscheidung

2. Kapitel: Prozessuale Fristen

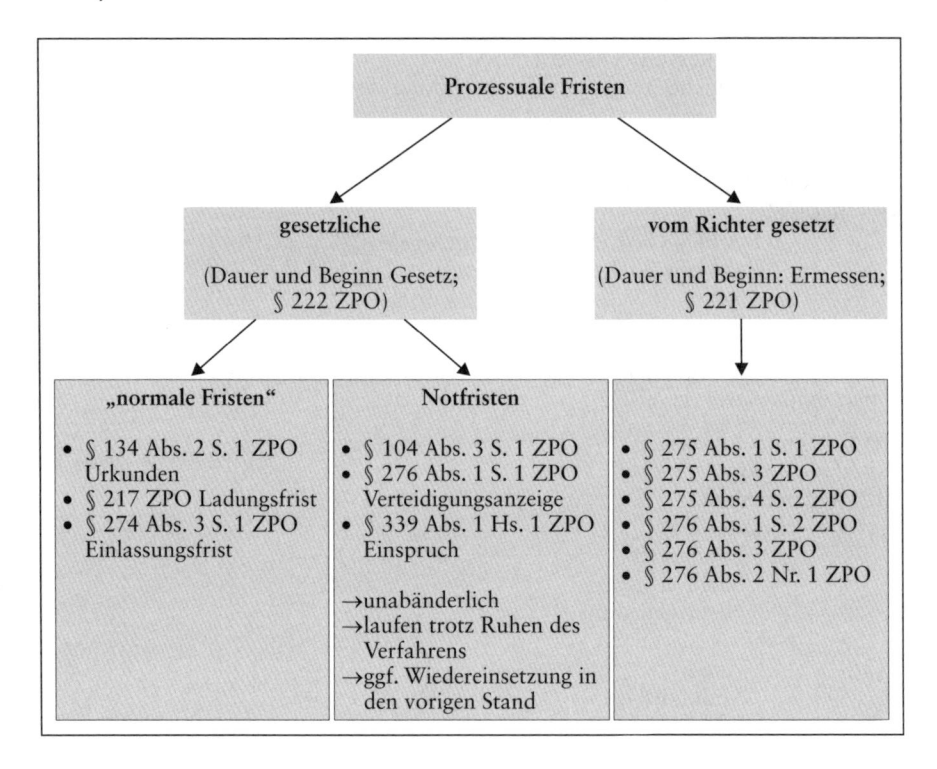

Prozessuale Fristen

- **gesetzliche** (Dauer und Beginn Gesetz; § 222 ZPO)
- **vom Richter gesetzt** (Dauer und Beginn: Ermessen; § 221 ZPO)

„normale Fristen"
- § 134 Abs. 2 S. 1 ZPO Urkunden
- § 217 ZPO Ladungsfrist
- § 274 Abs. 3 S. 1 ZPO Einlassungsfrist

Notfristen
- § 104 Abs. 3 S. 1 ZPO
- § 276 Abs. 1 S. 1 ZPO Verteidigungsanzeige
- § 339 Abs. 1 Hs. 1 ZPO Einspruch

→unabänderlich
→laufen trotz Ruhen des Verfahrens
→ggf. Wiedereinsetzung in den vorigen Stand

vom Richter gesetzt:
- § 275 Abs. 1 S. 1 ZPO
- § 275 Abs. 3 ZPO
- § 275 Abs. 4 S. 2 ZPO
- § 276 Abs. 1 S. 2 ZPO
- § 276 Abs. 3 ZPO
- § 276 Abs. 2 Nr. 1 ZPO

3. Kapitel: Ablauf der mündlichen Verhandlung

1680

Gegenstand	Norm
1. Aufruf der Sache und Eröffnung der mündlichen Verhandlung	§ 220 Abs. 1 ZPO
2. Feststellung der Anwesenheit	§ 160 Abs. 1 ZPO
3. Ggf. Güteverhandlung; wenn ja, dann Einführung in den Sach- und Streitstand durch das Gericht	§ 278 Abs. 2 Satz 2 ZPO

4. Kapitel: Probleme der Klagerücknahme

4. Ergebnis der Güteverhandlung	§ 160 Abs. 3 Nr. 10 ZPO
5. Meist im unmittelbaren Anschluss früher erster Termin oder Haupttermin und Stellung der Anträge	§§ 137 Abs. 1, 297 ZPO
6. Ggf. jetzt Einführung in den Sach- und Streitstand durch das Gericht	
7. Vorträge der Parteien	§ 137 Abs. 2 ZPO § 136 Abs. 2 ZPO
8. Erörterungen der Sache	§ 137 Abs. 2 ZPO § 136 Abs. 2 ZPO
9. Ggf. nochmals Vergleichsverhandlungen	§ 278 Abs. 1 ZPO
10. Ggf. Beweisaufnahme	§§ 355 ff. ZPO
11. Im Anschluss an eine Beweisaufnahme hat das Gericht erneut den Sach- und Streitstand und, soweit bereits möglich, das Ergebnis der Beweisaufnahme mit den Parteien zu erörtern	§ 279 Abs. 3 ZPO
12. Schluss der mündlichen Verhandlung	§ 136 Abs. 4 ZPO
13. Verkündung einer Entscheidung	§ 310 Abs. 1 Satz 1 ZPO

4. Kapitel: **Probleme der Klagerücknahme**

I. Einführung

1. Grundsatz. Eine Klagerücknahme wird im Normalfall nicht Gegenstand einer Klausur im Assessorexamen sein. Ob durch die Regelung der privilegierten Klagerücknahme in § 269 Abs. 3 Satz 3 ZPO künftig etwas anderes folgt, muss sich zeigen. Immerhin könnte bei dieser eine Ermessensentscheidung des Referendars abgeprüft werden.

2. Ausnahme: Teilweise Klagerücknahmen. Häufiger Gegenstand von Urteilen in Praxis und Prüfung sind hingegen teilweise Klagerücknahmen. Hier erledigt sich der eingeklagte Anspruch teilweise (bzw. der eingeklagte Anspruch war teilweise nie zulässig oder begründet) und der Kläger reagiert hierauf durch eine Klagerücknahme, weil eine Erledigterklärung keinen Erfolg verspricht.

Die teilweise Klagerücknahme wirkt sich auf den Tenor aus (sie versteckt sich dort in der Kostenentscheidung), auf den Tatbestand (als Prozessgeschichte) und auf die Entscheidungsgründe (dort hat sie ihren Platz in der Kostenbegründung).

II. Einzelheiten

1684 **1. Alternativen zur Klagerücknahme.** Dem Kläger bzw. den Parteien stehen als Ausfluss des Dispositionsgrundsatzes neben der Klagerücknahme verschiedene weitere Möglichkeiten zur Prozessbeendigung zur Verfügung:
- Klageverzicht, § 306 ZPO
- Anerkenntnis, § 307 ZPO
- Prozessvergleich, § 794 ZPO
- Erledigung der Hauptsache, § 91a ZPO

1685 **2. Zulässigkeitsvoraussetzungen der Klagerücknahme.** Die Klagerücknahme ist eine Prozesshandlung. Sie wirkt unmittelbar vollständig oder teilweise auf den Streitgegenstand ein.

1686 Eine Klagerücknahme ist daher nur zulässig, wenn folgende Voraussetzungen vorlegen:
- Prozesshandlungsvoraussetzungen
- keine Möglichkeit der Anfechtung oder des Widerrufs
- Rechtshängigkeit einer Klage

1687 **3. Streit über Wirksamkeit.** Besteht Streit, ob eine Klagerücknahme wirksam ist, ist der ursprüngliche Prozess fortzusetzen[1].

1688 **4. Vollziehung der Klagerücknahme.** Um die Klagerücknahme zu „vollziehen", müssen folgende Voraussetzungen vorliegen:
- Erklärung des Klägers
- Einwilligung des Beklagten nach Verhandlung zur Hauptsache; Zeitpunkt der Einwilligung

1689 **5. Probleme bestehen bei folgenden Punkten:**
- Versagung
- Klage auf Rücknahme?
- Aufnahme in Prozessvergleich
- Teilweise Klagerücknahme

1690 **6. Wirkung**
- Wegfall der Rechtshängigkeit ex tunc
- Kostenautomatik!
- Sonderfall: § 344 ZPO; siehe BGH, NJW 2004, 2309
- Sonderfall: § 269 Abs. 3 Satz 3 ZPO
- Folge: Billigkeitsentscheidung
- Problem: Verhältnis zu § 256 ZPO?
- Haupt- und Hilfsanträge?
- Neue Klage möglich; mangelnde Kostenerstattung als Prozesshindernis
- Materiell-rechtliche Wirkungen

---

1 BGH, NJW 1978, 1585.

4. Kapitel: Probleme der Klagerücknahme　　　　　　　**1691–1703**

7. Entscheidung des Gerichts　　　　　　　**1691**
- Durch deklaratorischen Beschluss
- Vorangegangene Urteile wirkungslos

8. Rücknahme von Nebenansprüchen: Fiktiver Streitwert　　　　　　　**1692**

9. Rücknahme des Mahnantrages　　　　　　　**1693**

10. Rücknahme des Einspruchs und des Widerspruchs　　　　　　　**1694**

11. Klagerücknahme und § 264 Nr. 2 ZPO　　　　　　　**1695**
- Parteiwechsel
- Qualitative Klageänderung
- Quantitative Klageänderung
- Erklärung des Klägers
- Schweigen? Versäumnisurteil?

III.　Teilklagerücknahme　　　　　　　**1696**

1. Kosten: Veränderung des Gebührenstreitwerts　　　　　　　**1697**

2. Mehrere Streitgenossen; Teilurteil?　　　　　　　**1698**

3. **Aufbau des Urteils**　　　　　　　**1699**
- Rubrum
- Tenor
- Tatbestand
- Entscheidungsgründe; Begründung hier bei Nebenentscheidungen; ausführlich!

IV.　Urteil

1. Rubrum: Bei Widerklage?　　　　　　　**1700**

2. **Tenor**　　　　　　　**1701**
- Kostenentscheidung
- Wenn Beklagter nicht zustimmt
- Bei Streit über Rücknahme?

3. **Tatbestand**　　　　　　　**1702**
- Beurkundung vor den Anträgen
- aber nicht vollständig

4. Entscheidungsgründe　　　　　　　**1703**
- Normalerweise kein Problem der Zulässigkeit; ggf. Klarstellung, wenn Parteien über Rücknahme streiten

- Evt. in Begründetheit: Wenn Beklagter nicht zustimmt
- Jedenfalls in Kostenentscheidung: hier genügt normalerweise Zitat; anders, wenn § 269 Abs. 3 Satz 3 ZPO
- Besonderheiten des VU und AU

Stichwortverzeichnis

Die Ziffernangaben beziehen sich auf die Randnummern des Werkes.

Abgabe von Mahnakten 597
Ablauf der mündlichen Verhandlung 1680
Aktenvortrag 1674
Aktenzeichen 91
Aktiv- und Passivlegitimation 514
Amtsbezeichnung 125
Amtsprüfung 538
Anerkenntnis, prozessuales 209
Angriffsklausur 1337
Anhängigkeit 285
Anschein des Wohnorts 1541
Anschrift, ladungsfähige 516, 1372
Anspruchsaufbau 487
Antrag, unbezifferter 754
Anwaltsklausur 81, 159, 360, 657, 673, 727, 730, 855, 926, 932, 935, 969, 1037, 1164, 1287, 1302, 1334 ff.
– Aufbau 1346
– Beweisantrag 1389
– Ergebnis der Überlegung 1368
– Gutachten = Aktenvermerk 1344
– Gutachten bei Angriffsklausur 1353
– Gutachten bei Verteidigungsklausur 1356
– Kautelaraufgabe 1397
– Klageerwiderung 1383
– Klageschrift 1371
– Mandantenschreiben 1395
– Sachverhaltswiedergabe 1340
– Schema 1380
– Schriftsatz 1369
– Teil, prozesstaktischer 1364
– Zulässigkeit 1348
Anwaltszwang 517, 938, 1140, 1511, 1555
Arrest 1246
– Arrestbefehl 1259
– Arrestgrund 1250
– Aufbaufrage 1253
– Aufhebung wegen veränderter Umstände 1273
– Begründetheit 1251
– Entscheidung 1255
– Glaubhaftmachung 1252
– Klagefristversäumung 1271
– Rechtsbehelf 1266
– Schadenersatz 1274
– Zulässigkeit 1248
– Zurückweisung 1256
Arrestgrund 1250
Aufrechnung 855
– Aufrechnungsverbot 855
– Berufung 877
– Entscheidungsgründe 881

– Erledigung 875
– Gebührenstreitwert 876
– Hilfsaufrechnung 864, 884
– Kosten 874
– Primäraufrechnung 863, 882
– Prüfungsreihenfolge, interne 886
– Rechtshängigkeit 873
– Rechtskrafterstreckung 869
– Rechtsweg 871
– Rubrum 878
– Tatbestand 879
– Urteil 878
Augenschein 1449
Auskunft 735

Bankbürgschaft 348
Baumbach'sche Formel 202, 207
Bedeutung, grundsätzliche 144
Bedingung, innerprozessuale 1015
Beginn des Lernens 3
– „richtige" Lösung 20
– Allgemeine Hinweise zur Assessorklausur 1
– Arbeitsgemeinschaft der Ausbildungsbehörde 8
– Examen 14
– Gewichtung 29
– Notfall 31
– private Arbeitsgemeinschaft 9
– Schrift und Äußerlichkeit 15
– Übersicht zur Abfassung der Assessorklausur 36
– Zeitplanung 22
– Zeitschriften/Bücher 11
Begründung der Kostenentscheidung 218
Beiladung 958
– Rechtsstellung des Beigeladenen 959
Beispielsrubrum 136
Beklagtenstation 1360
Beklagtenwechsel 651
Beschleunigungsgrundsatz 78
Beschwerde nach § 71 GBO 1333
Beweisantritt, unerledigter 394
beweisbedürftig 1404
Beweisbeschluss 1434
Beweiserheblichkeit 1400
Beweiskraft, negative 374
Beweislast 1408
Beweismaß 1465
Beweisrecht 1399
– Augenschein 1449
– Beispiel 1439

471

Stichwortverzeichnis

- Beweis im Urteil 1469
- Beweisantrag, insbesondere Beweisverbote 1435
- beweisbedürftig 1404
- Beweisbeschluss 1434
- Beweisbeschluss, förmlicher 1437
- Beweiserheblichkeit 1400
- Beweiserleichterung 1420
- Beweislast 1408
- Beweismaß 1465
- Beweismittel 1440, 1441
- Beweismittel, unzulässig erlangte 1461
- Beweisvereitelung 1415
- Beweiswürdigung 1463
- Entscheidungsgrund 1475
- Fantasiesignal 1444
- Hauptbeweis, Gegenbeweis, Beweis des Gegenteils 1419
- Indizienbeweis 1428
- Parteivernehmung 1457
- Prima facie 1426
- Realitätskriterium 1444
- Regeln und Vermutungen, gesetzliche 1412
- Sachverständigenbeweis 1445
- Schlüssigkeit 1401
- Streng- und Freibeweis 1440
- Tatbestand 1471
- Tatsache, offenkundige 1421
- Urkunde 1414, 1452
- Vermutung, gesetzliche 1424
- Zeugenbeweis 1443
- § 287 ZPO 1431

Beweisstation 1362
Beweiswürdigung 1463
Bewirkungshandlung 605
Bezeichnung der Parteien/Vertreter 95
Bezifferung 447
Bezugnahme 446
bifunktional 552

Dänemark 550
Delikt 593
Devolutiveffekt 87a
Dispositionsmaxime 75
Doppelnatur des Prozessvergleichs 894
Drittwiderklage 714
Drittwiderspruchsklage (§ 771 ZPO) 1321
- Aufbau 1323
- Entscheidungsgründe 1327
- Tatbestand 1326
- Zulässigkeit 1322

Duplik 408
Durchlauftermin 80

EFTA-Staaten 551
Eilentscheidung 1217
Einspruch 1125
Einspruchsfrist 1544
Entscheidung, gerichtliche 38
- Beschluss 53
- Urteil 39
- Urteilsart 41
- Verfügung 67

Entscheidungsgründe 435
- Aufbau der Entscheidungsgründe 462
- Begründetheit 479
- Berufungsurteil 505
- Bezifferung 447
- Bezugnahme 446
- Binnenstruktur des Entscheidungsgrunds 462
- Checkliste Anspruchsaufbau 487
- Feststellungen i. S. v. § 286 ZPO 455
- Gewichtung 458
- Nebenentscheidung 490
- Nebenforderung 488
- Punkt, vorzuziehender 465
- Sachurteilsvoraussetzungen 472
- Schemata zum Urteil 500
- Streitwertfestsetzung 499
- Subsumtion 442
- Urteilsstil 436
- Vollstreckbarkeit, vorläufige 495
- Zeitform des Urteils 448
- Zitat 443
- Zulassung von Rechtsmitteln 497

Entscheidungsgründe 435
Erben 107
Erfüllungsort 587
Erledigtfeststellungsklage 243a, 270, 274, 289, 465, 1562, 1563, 1593
Erledigung 238
- Aufbau des Beschlusses 266
- Aufbau des Urteils 301
- Ereignis, erledigendes 246
- Erklärung der Erledigung 249
- Erklärung der Klageänderung 272
- Erledigterklärung 238
- Erledigterklärung, einseitige 270
- Erledigterklärung, übereinstimmende 244
- Erledigung nach Rechtshängigkeit 271, 290
- Erledigung vor Anhängigkeit 285
- Erledigung vor Rechtshängigkeit 280, 285, 294
- Gebührenstreitwert 323
- Grundlagen der gerichtlichen Ermessensentscheidung 258
- Hauptsacheentscheidung 289
- Hilfsantrag 327
- Kosten und vorläufige Vollstreckbarkeit 296
- Kostenentscheidung nach § 91a ZPO und materieller Kostenerstattungsanspruch 269
- Kostenerstattungsanspruch, materiell-rechtlicher 261
- Kostenerstattungsanspruch, prozessualer 261

Stichwortverzeichnis

- Rechtsmittel 268
- Reihenfolge der Erledigterklärung 257
- Schweigen 253
- Teilerledigterklärung 307
- Teilerledigterklärung, einseitige 314
- Tenor des Kostenbeschlusses 263
- Überblick, zusammenfassender 329
- Zeitpunkt der Erledigterklärung 256
- Zeitpunkt der Erledigung 255
Erledigung nach Rechtshängigkeit 271
Erledigung vor Rechtshängigkeit 280
Erwirkungshandlung 605
EuGVVO 559
Eventualklagenhäufung 535
Examen 14

FamFG 1643
- Beschluss 1646
- Beschluss des Beschwerdegerichts 1664
- Beschlussformel 1650
- Beschlusskopf 1648
- Beteiligte 1644
- Rechtsmittel 1669
- Rechtsschutz, einstweiliger 1668
Fantasiesignal 1444
Feststellung, tatsächliche 373
Feststellungsinteresse 766
Feststellungsklage 763
- Begründetheit 776
- Feststellungsinteresse 766
- Feststellungsklage, negative 777
- Kollisionen mit Leistungsklage 784
- Kostenfeststellungsklage 770
- Leistungswiderklage 786
- Rechtsverhältnis 771
- Schuldnerverzug 775
- Streitwert 787
- Tatsache 773
- Urteilsaufbau 788
- Zulässigkeit 764
- Zwischenfeststellungsklage 779
Feststellungsklage, negative 777
Feststellungsurteil 50
Fiskus 585
Flucht in die Berufung 81
Flucht in die Säumnis 81
Flucht in die Widerklage 81
Fortbildung des Rechts 144
Freibeweis 539
Frist, prozessuale 1679

Gebühren und Auslagen 174
Gebühren- oder Kostenstreitwert 181
Gebührensprung 197
Gebührenstreitwert 323
Gegenleistung 151
Gerichtsstand 548
- EuGVVO 559
- Gerichtsbarkeit, deutsche 548
- Kompetenzkonflikt 563

- Rechtswegzuständigkeit 560
- Zuständigkeit, internationale 549, 557
- Zuständigkeitsordnung 554
Gerichtsstandsvereinbarung 599
Gesellschaft bürgerlichen Rechts (GbR) 111, 624, 626, 971
Gesetzliche Vertreter 109
Gestaltungsurteil 50, 155
Geständnis 455, 1404
Glaubhaftmachung 1088, 1241, 1252
Gleichwertigkeit des Parteivorbringens 1407
Grammatik der Parteibezeichnungen 99
Größenvorstellung 756
Grundsatz der Meistbegünstigung 1137
Grundsatz der Waffengleichheit 1460
Grundurteil 47, 48
Gütestelle 521

Haupt- und Hilfsantrag 1007
- Bedingung, innerprozessuale 1015
- Bestimmtheit der Bedingung 1025
- Bindung an Reihenfolge 1023
- Entscheidungsgründe 1048
- Erledigung 1065
- Examensproblem, ausgesuchtes 1023
- Gebührenstreitwert 1034
- Gutachten bei Anwaltsklausur und Votum 1037
- Hilfsantrag, uneigentlicher 1030
- Hilfsaufrechnung 1064
- Hilfswiderklage 1061
- Rechtshängigkeit 1028
- Schema für einen Aufbau 1050
- Tatbestand 1041
- Urteil in der Klausur 1039
- Voraussetzung 1013
- Zulässigkeit 1032
- Zuständigkeit, sachliche 1027
- § 260 ZPO 1032
Hauptsachetenor 146
Haustürgeschäft 591
Hilfsantrag 161, 327
Hilfsaufrechnung 884, 1064
Hilfswiderklage 689, 704, 1061

Indizienbeweis 1428
Insichprozess 616
Insolvenzverwalter 106, 210, 525, 619, 664, 767
Interventionsgrund 972
Interventionswirkung 983

Kaufleute 103
Kautelaraufgabe 1397
Klageänderung 301, 471, 797
- Antragsänderung, qualitative 810
- Aufbau 847
- Entscheidungsgründe 844
- Klageänderung unzulässig 825
- Klageänderung zulässig 823

473

Stichwortverzeichnis

- Klageänderung, klageauswechselnde 799
- Klageänderung, quantitative 816
- Klagerücknahme 806
- Kostenentscheidung 837
- Sachdienlichkeit 802
- Tatbestand 839
- Tenor 833
- Wirkung 822
- Zusammenfassung 852
- § 264 Nr. 1 ZPO 808
- § 264 Nr. 2 ZPO 809
- §§ 264, 265 Abs. 2 ZPO 808

Klagenhäufung, nachträgliche objektive 314
Klägerstation 1359
Klagerücknahme 1681
Klägerwechsel 656
Klageschrift 516, 1371
Klageveranlassung 211
Kompetenzkonflikt 567
Kopf, abgekürzter 63
Korrespondenzprinzip 392
Kosten 168
- Baumbach'sche Formel 202, 207
- Berufungssumme 181
- Bildung der Quote 203
- Entscheidungsgründe 225
- Erledigung vor Rechtshängigkeit 223
- Gebühren und Auslagen 174
- Gebührensprung 197
- Kostenbestimmung, besondere 179
- Kostenentscheidung, einheitliche 177
- Kostenentscheidung, prozessuale 184
- Kostenerstattungsanspruch, materiell-rechtlicher 184
- Kostenschuldner 172
- Mehrkosten 197
- Streitgenosse 199
- Streitwert, fiktiver 189
- Streitwertart 181
- Teilobsiegen 197
- § 91 ZPO 186
- § 92 ZPO 188
- § 93 ZPO 209

Kostenantrag 1376
Kostenentscheidung, einheitliche 177
Kostenerstattungsanspruch, materiell-rechtlicher 184, 261
Kostenerstattungsanspruch, materieller 299
Kostenerstattungsanspruch, prozessualer 261
Kostenfeststellungsklage 280, 770
Kostengrundentscheidung 168
Kostenstreitwert 170

Leistungsbefehl 146
Leistungsurteil 50, 153
Leistungsverfügung 1232
Leistungswiderklage 786
Lernen 3

Mahnverfahren 1171
- Mahnantrag 1175, 1182
- Mahnbescheid 1198
- Rechtsbehelf 1193
- Rechtshängigkeit 1187
- Rücknahme 1206
- Rücknahme des Mahnantrages 1184
- Säumnis im Einspruchstermin 1205
- Urteil 1198
- Verfahrensgebühr 1192
- Verjährung 1196
- Vollstreckungsbescheid 1202
- Widerspruch 1187
- Zulässigkeit 1174
- Zuständigkeit des Streitgerichts 1208
- Zuständigkeit, funktionelle 1181
- Zuständigkeit, örtliche 1179
- Zuständigkeit, sachliche 1180

Mandantenschreiben 1395
Mehrkosten 197

Nasciturus 623
Nebenintervenient 118
Nebenintervention, streitgenössische 980
Notfall in der Assessorklausur 31

Ordnungsmäßigkeit der Klageerhebung 526, 1372

Partei 605
- Auseinanderfallen der Identität 615
- Beklagtenwechsel 651
- Gesellschaft bürgerlichen Rechts (GbR) 626
- Insichprozess 616
- Klägerwechsel 656
- Partei im Rubrum 618
- Parteiänderung 644
- Parteibegriff 610
- Parteifähigkeit 620
- Prozessfähigkeit 629
- Prozesshandlungsvoraussetzung 605
- Prozessstandschaft 664
- Scheinpartei 613
- Streitgenosse 634
- Streitgenossenschaft, notwendige 638
- Verein, nichtrechtsfähiger 624
- Vor-GmbH 625
- Wohnungseigentümergemeinschaft 628

Parteiänderung 644
Parteibegriff 610
Parteien kraft Amtes 105, 617, 1506
Parteiwechsel 660
Partenreederei 623
Popularklage 510
Präklusionswirkung 127
Prima facie 1426
Primäraufrechnung 882
Primärschuldner 172
Probleme der Klagerücknahme 1681

Stichwortverzeichnis

Prozesseinrede 528
Prozessfähigkeit 629
Prozessführungsbefugnis 615
Prozesshandlung 69, 606
– Auslegung von Prozesshandlungen 70
– Rechtsmittel als Prozesserklärung 71
– Umdeutung von Prozesshandlungen 72
Prozesshandlungsvoraussetzung 605
Prozesshindernis 513
Prozesskostenhilfe 1500
– Anhörung des Antragsgegners 1514
– Bedürftigkeit 1506
– Beweiserhebung 1515
– Entscheidung 1516
– Erfolgsaussicht 1503
– Folgen 1525
– Mutwilligkeit 1507
– Verfahren 1510
– Voraussetzung 1502
Prozessstandschaft 615, 664
Prozesstaktik 81
Prozessurteil 52
Prozessverbindungsvoraussetzung 537
Prozessvergleich 5, 75, 380, 393, 471, 606, 858, 891 ff.
– Bedingung 903
– Doppelnatur 894
– Entscheidungsgründe 923
– Form 902
– Kosten 925
– Tatbestand 921
– Tenor 916
– Titel 914
– Unwirksamkeit 899
– Urteil 915
– Voraussetzung 895
– Wirkung 908
– Zweck 905
Prozessvoraussetzung 512
Prozesswirtschaftlichkeit 78, 802
Prüfung eines Rechtsbehelfs/Rechtsmittels 468
Prüfung von Amts wegen 539
Punktesache 1637

Realitätskriterium 1444
Rechnungslegung 735
Rechtsansicht 400
Rechtsanwendungsprogramm 392
Rechtsausführungen 400
Rechtsbehelf 1125
Rechtshängigkeit 526, 1548
Rechtshängigkeitszinsen 404, 412
Rechtskraft 127, 526
Rechtskraftwirkung 52
Rechtsmittelstreitwert 181
Rechtspflegererinnerung 1332
Rechtsschutzbedürfnis 526
Rechtsstaatsprinzip 71, 87, 1073, 1462
Rechtsstellung des Beigeladenen 959

Rechtstatsache 377
Rede, indirekte 383
Regelungsverfügung 1229
Replik 408, 1361
richterliche Schätzung nach § 287 ZPO 1404
Rubrum 31 ff., 88, 136, 611, 618, 646, 681, 692, 718, 740, 1312
– Siehe auch „Kopf des Urteils"
– abgekürzter Kopf 63
– Auslegung 471
– Beschluss 266

Sachbericht 1619
Sachdienlichkeit 802
Sachstand, Einführung 372
Sachurteil 52
Sachurteilsvoraussetzungen im eigentlichen Sinn 512, 515
Sachurteilsvoraussetzungen im weiteren Sinn 512, 523
Sachverständigenbeweis 1445
Scheinpartei 613
Schlüssigkeit 1108, 1124, 1133, 1185, 1205, 1237, 1355, 1359, 1401, 1631
Schmerzensgeld 754
Schriftsatz 83, 131, 373, 374, 446, 517, 660, 797, 937, 950, 959, 967, 1369 ff.
Schriftsatz, bestimmender 517
Schuldnerverzug 775
Schweigen 253
Schwerpunkt der Assessorklausur 29
Sicherungsverfügung 1227
Sitzungsprotokoll 373
Sofortige Beschwerde 1331
Sofortigkeit 212
Sprache 1, 382, 436, 447, 1337, 1600
Spruchkörper 119, 576, 1376
Stil 12, 16, 382, 1337, 1369, 1600
– Siehe auch Urteilsstil
Streitgegenstand 42, 869
Streitgenosse 100, 199, 634 f., 638
Streithilfe 118, 964
– Entscheidungsgründe 998
– Folgeprozess 1002
– Interventionsgrund 972
– Interventionswirkung 983
– Klausur 988
– Nebenintervention, streitgenössische 980
– Rechtsstellung 976
– Tatbestand 996
– Zulässigkeit 966
Streitstand 372
Streitverkündung 931
– Klausur 947
– Streitverkündungsgrund 941
– Wirkung 945
– Zulässigkeit 936
Streitwert, fiktiver 189
Streitwertart 181
Streitwertfestsetzung 499

Stichwortverzeichnis

Streng- und Freibeweis 1440
Stufenklage 729
- Sachurteilsvoraussetzungen einer Stufenklage 737
- Vorgehen 738
- Vorteile einer Stufenklage 736
- § 254 ZPO 730
Subsumtion 442
Suspensiveffekt 87 a

Tag der letzten mündlichen Verhandlung 129
Tatbestand 372
- Antrag 404
- Aufbau 378
- Berufungsurteil 415
- Beweisantritt, unerledigter 394
- Beweiskraft, negative 374
- Einführung 372
- Einleitungssatz 386
- Fehler, typische 376
- Funktionen des Tatbestandes 375
- Prozessgeschichte 402, 411
- Rechtsansicht 400
- Rechtsausführung 400
- Replik/Duplik 408
- Sachstand/Geschichtserzählung 387
- Salvatorische Klausel 409
- Sprache 382
- Vorbringen des Beklagten, streitiges 406
- Vorbringen des Klägers, streitiges 394
- Vorbringen, streitiges 392
Tatsache, doppelrelevante 545
Teilerledigterklärung 307
Teilurteil 44, 81, 102, 140, 141, 337, 388, 710, 738 ff., 745, 753, 783, 1023, 1641, 1698
Tenor 138, 146
Tenorierung, besondere 156
Termin, früher erster 216
Titelfunktion 61

Übersicht zur Abfassung der Assessorklausur 36
Unterlassungstenor 152
Urkunde, öffentliche 1455
Urkunde, private 1455
Urteil 88
- Aktenzeichen 91
- Angabe des letzten Tages 127
- Beispielsrubrum 136
- Bezeichnung der Parteien/Vertreter 95
- Bezeichnung des Gerichts/der Richter 119
- Erben 107
- Gesetzliche Vertreter 109
- Grammatik der Parteibezeichnungen 99
- Kaufleute 103
- Kopf des Urteils 88
- Parteien kraft Amtes 105
- Parteistellung 112
- Prozessbevollmächtigte 113
- Rubrum 88
- Streitgenossen 100
- Streithelfer 118
- Verkündungsvermerk 94
Urteile auf Abgabe einer Willenserklärung 333
Urteilsfomel
- Entscheidung, knappe 156
- Hauptsachetenor 146
- Tenorierung, besondere 156
Urteilsformel 138
- Entscheidung, erschöpfende 160
- Zulassung von Rechtsmitteln 141
Urteilsstil 542, 886, 1622

Verein, nichtrechtsfähiger 624
Verfahrensgrundsatz 74
- Beschleunigungsgrundsatz 78
- Dispositionsmaxime 75
- Grundsatz der Mündlichkeit 83
- Grundsatz der Öffentlichkeit 85
- Grundsatz des rechtlichen Gehörs 82
- Mündlichkeit 83
- Öffentlichkeit 85
- Prozessökonomie 86
- Unmittelbarkeit der Beweisaufnahme 84
- Verhandlungsgrundsatz 77
- Weitere Verfahrensgrundsätze 83
- Wirkungsvoller Rechtsschutz 87
Verfügung einstweilige
- Entscheidung 1255
- Zurückweisung 1256
Verfügung, einstweilige 1222
- Aufbaufrage 1243
- Aufhebung wegen veränderter Umstände 1273
- Entscheidung 1255
- Glaubhaftmachung 1241
- Klagefristversäumung 1271
- Leistungsverfügung 1232
- Rechtsbehelf 1266
- Regelungsverfügung 1229
- Schadenersatz 1274
- Sicherungsmaßnahme 1262
- Sicherungsverfügung 1227
- Verbot der Vorwegnahme der Hauptsache 1231
- Verfügung, einstweilige 1262
- Verfügungsanspruch 1240
- Verfügungsgrund 1237
- Zulässigkeit 1235
- Zurückweisung 1256
Verfügungsanspruch 1240
Verfügungsgrund 1237
Vergleich, s. „Prozessvergleich"
Verhandlungsgrundsatz 77
Verjährung 413
Verkündungsvermerk 94
Vermutung, gesetzliche 1424
Versäumnisurteil 1106

Stichwortverzeichnis

- Anwaltsklausur 1164
- Einspruch statthaft 1132
- Einspruch: Tatbestand/Entscheidungsgrund 1148
- Form 1139
- Frist 1140
- Grundsatz der Meistbegünstigung 1135
- Prüfungsreihenfolge 1122
- Rechtskraft 1166
- Säumnis 1113
- Säumnis des Beklagten 1124
- Säumnis des Klägers 1123
- Tatbestand und Entscheidungsgrund 1147
- Tenor 1154
- Versäumnisurteil, echtes 1107
- Versäumnisurteil, unechtes 1110
- § 335 ZPO 1120
- § 337 ZPO 1117
Verspätungsausschluss 81
Verteidigungsklausur 1337
Vertragsgestaltung 1337
Verweisung 375
Vollstreckbarkeit 330
- Art der Sicherheit 347
- Entscheidungsgründe 368
- Höhe der Sicherheitsleistung 345
- Mehrere Ziffern des § 708 ZPO 343
- Mischentscheidung 355
- Tatbestand 367
- Tenor 363
- Vollstreckungsschutzantrag 357
- § 708 ZPO 335
- § 709 ZPO 351
- §§ 708 Nr. 11, 711 ZPO 339
- §§ 720a, 839 ZPO 342
Vollstreckungsabwehrklage 912
Vollstreckungsabwehrklage (§ 767 ZO)
- Aufbaufrage 1312
- Drittwiderspruchsklage (§ 771 ZPO) 1321
- Entscheidungsgründe 1317
- Entstehung der Gründe 1308
- Gestaltungsrechte 1310
- Nicht hinreichend bestimmte Titel 1307
- Rubrum und Tenor 1312
- Tatbestand 1316
- Zulässigkeit 1303
Vollstreckungsabwehrklage (§ 767 ZPO) 1302
Vollstreckungsbescheid 1202
Vollstreckungserinnerung (§ 766 ZPO) 1281
- Abgrenzung zur sofortigen Beschwerde 1291
- Aufbaufrage 1292
- Grund 1298
- Kosten 1296
- Tenor 1294
- Zulässigkeit 1289
vollstreckungsfähig 148
Vollstreckungsorgan 150, 1277

Vor-GmbH 625
Vorbringen, streitiges 392
Vorbringen, verspätetes 79
- absoluter Verzögerungsbegriff 79
Vorrang der Zulässigkeit 541
Votum 1598
- Anlage 1602
- Aufbau 1605
- Entscheidungsvorschlag 1634
- Formalien 1600
- Punktesache 1637
- Sachbericht 1619
- Sprache 1600
- Vorblatt (Kopfblatt) 1608
- Würdigung, rechtliche 1622

Wahlrecht 596
Wahrnehmungsbereitschaft 1443
Wahrnehmungsfähigkeit 1443
Wahrnehmungsmöglichkeit 1443
Wechsel- und Scheckprozess 157
WEG-Verwalter 173
Wegfall der Geschäftsgrundlage 759
Wider-Widerklage 725
Widerklage 672
- Aufbau des Urteils 692
- Drittwiderklage 714
- Entscheidungsgründe 705
- Erledigung 751
- Hilfswiderklage 704
- Kosten 696, 743
- Rechtskraft 753
- Rubrum und Ausspruch 740
- Säumnis 750
- Streitwert 706
- Tatbestand 699
- Tatbestand und Entscheidungsgrund 745
- Wider-Widerklage 725
- Widerklage, besondere Fälle der 710
- Widerklage, petitorische 710
- Zulässigkeit 679
- Zusammenhang 684
- Zuständigkeit, sachliche 686
- Zuständigkeits-/Gebührenstreitwert 747
- Zwischenfeststellungswiderklage 712
Widerspruch 1187
Wiedereinsetzung in den vorigen Stand 471, 1071
- Auswirkungen auf den Prozess 1104
- Begründetheit 1081
- Eigenes Verschulden der Partei 1084
- Entscheidung 1091
- Entscheidungsgründe 1102
- Form 1075
- Frist 1076
- Glaubhaftmachung 1088
- Tatbestand 1100
- Tenor 1093
- Verschulden eines Bevollmächtigten 1085
- Zulässigkeit 1074

477

Stichwortverzeichnis

- Zuständigkeit 1077
Wiedereinsetzungsfrist 1546
Wiedergabebereitschaft 1443
Wiedergabefähigkeit 1443
Wiedergabemöglichkeit 1443
Wirksamkeit eines Prozessvergleichs 471
Wohnsitz 581
Wohnungseigentümergemeinschaft 111, 628

Zeitplanung 22
Zitat 443
Zug-um-Zug 161
Zug-um-Zug-Verurteilung 151, 676
Zulässigkeit 510, 1248
- Aktiv- und Passivlegitimation 514
- Amtsprüfung 538
- Gerichtsbarkeit, deutsche 518
- Keine entgegenstehende materielle 526
- Klagbarkeit 526
- Klageschrift 516
- Ordnungsmäßigkeit der Klageerhebung 526
- Prozesseinrede 528
- Prozessgebühr 520
- Prozesshindernis 513
- Rechtshängigkeit 526
- Rechtsschutzbedürfnis 526
- Sachurteilsvoraussetzung 512
- Sachurteilsvoraussetzung, gerichtsbezogene 524
- Sachurteilsvoraussetzung, parteibezogene 525
- Sachurteilsvoraussetzung, streitgegenstandsbezogene 526
- Sachurteilsvoraussetzungen der Klageart 527
- Sachurteilsvoraussetzungen im eigentlichen Sinn 512, 515
- Sachurteilsvoraussetzungen im weiteren Sinn 512, 523
- Tatsache, doppelrelevante 545
- Vorrang der Zulässigkeit 541
- Zuständigkeit, funktionelle 519
- § 15a EGZPO 521
- § 260 ZPO 533
Zulassung von Rechtsmitteln 141
Zuständigkeit 565
- Gerichtsstandsvereinbarung 599
- Wahlrecht 596
- Zuständigkeit, angeordnete 604
- Zuständigkeit, ausschließliche 598

- Zuständigkeit, funktionelle 571
- Zuständigkeit, örtliche 579
- Zuständigkeit, sachliche 572
- § 39 ZPO 601
Zuständigkeit, angeordnete 604
Zuständigkeit, internationale 557
Zuständigkeit, örtliche 579
Zuständigkeit, sachliche 572
Zuständigkeitsordnung 554
Zuständigkeitsstreitwert 181
Zustellungsrecht 1526
- Ausführung der Zustellung 1534
- Beweis der Zustellung 1566
- Erledigung 1562
- Ersatzzustellung 1535
- Examensprobleme, ausgesuchte 1539
- Keine Zustellung 1569
- Mahnverfahren 1550
- Mängel, § 189 ZPO 1538
- Nebenintervention 1559
- Probleme des Versäumnisverfahrens 1553
- Rechtshängigkeit 1549
- Überblick zur Zustellung 1529
- Urteil 1570
- Wiedereinsetzung in den vorigen Stand 1546
- Zustellung, eigentliche 1531
- Zustellungsadressat 1531
- Zwangsvollstreckung 1568
- § 185 ZPO (öffentliche Zustellung) 1536
Zwangsvollstreckungsrecht 1275
- Beschwerde nach § 71 GBO 1333
- Drittwiderspruchsklage (§ 771 ZPO) 1321
- Klausurrelevanz 1280
- Rechtspflegererinnerung 1332
- Sofortige Beschwerde 1331
- Übersicht Rechtsmittel 1276
- Vollstreckungsabwehrklage (§ 767 ZPO) 1302
- Vollstreckungserinnerung (§ 766 ZPO) 1281
- Vollstreckungsorgan 1277
- Voraussetzung der Zwangsvollstreckung 1278
- § 805 ZPO 1329
Zweiparteienprinzip 616, 964
Zwischenfeststellungsklage 779
Zwischenfeststellungswiderklage 712 ff.
Zwischenstreit 915 ff., 975
Zwischenurteil 45

ZPOnline und Europarecht Online:
gezielte und fundierte Vorbereitung auf die Juristischen Staatsexamina

ZPOnline

ab € 1,50

Das Portal bietet für Rechtsreferendare und Studenten zunächst mit dem Modul **ZPOnline** Skripte zu allen klausurrelevanten Themen des Zivilprozessrechts. Es stellt die Einzelthemen der ZPO vor dem Spiegel der **Klausur** dar und zeigt mit Formulierungsbeispielen die konkrete Darstellung in der Klausur auf. Zahlreiche **Schaubilder** veranschaulichen komplexe Zusammenhänge. **Typische Fehlerquellen** in der Klausur werden analysiert und die Systematik anhand von Praxisbeispielen verdeutlicht. Alle Skripte werden laufend aktualisiert und können einzeln und als Paket heruntergeladen werden.

Der Autor RiAG Dr. Oliver Elzer verfügt über jahrelange Erfahrungen in der Referendarausbildung.

www.juraskripte-online.de

Europarecht Online

Das Skript vermittelt kompakt auf 65 Seiten die grundlegenden Themen, deren Kenntnis für das erfolgreiche Bestehen des 1. und 2. Staatsexamens unerlässlich ist, mit
- **Prüfungsschemata und Übersichten**, u.a. zu wichtigen Verfahrensarten des europäischen Rechtsschutzsystems,
- **Fällen und Testfragen mit Lösungen** und
- einem umfassenden Verzeichnis aktueller Entscheidungen zum Europarecht.

Auch zur Vorbereitung auf die Prüfung in der **Wahlfachgruppe Europarecht** ist das Skript sehr gut geeignet.

Der Autor RiAG Dr. Ezra Zivier ist langjähriger Leiter von Arbeitsgemeinschaften für Rechtsreferendare im Europarecht.

W. Kohlhammer GmbH · 70549 Stuttgart · www.kohlhammer.de

Sanchez-Hermosilla/Schweikart

Die StPO in Fällen

2009. XXII, 220 Seiten. Kart. € 22,-
ISBN 978-3-17-019785-5
Studienbücher

Das Werk vermittelt Rechtsreferendaren und Studenten der Rechtswissenschaften anhand von **ca. 100 kurzen Fällen** die Grundlagen des Strafprozessrechts und befähigt sie, diese bei der **Klausurbearbeitung** und bei der Bewältigung der praktischen **Aufgaben in der Strafstation** umzusetzen. Der Schwerpunkt der Fallsammlung liegt auf der Darstellung typischer Problemkreise des Strafprozessrechts, die einerseits praxisorientiert sind und andererseits in den beiden juristischen Staatsexamina relevant werden können und bereits in der Vergangenheit in Klausuren und mündlichen Prüfungen wiederholt aufgetreten sind. Die Fälle wurden vorwiegend der höchstrichterlichen Rechtsprechung entnommen. Über **50 Übersichten und Schaubilder** veranschaulichen die Strukturen des Strafprozessrechts, **Formulierungsbeispiele** geben eine Hilfestellung für die praktische Fallbearbeitung. Zahlreiche Rechtsprechungs- und Literaturhinweise erlauben eine vertiefende Beschäftigung mit dem Stoff.

Die Autoren: Richter am Landgericht Fernando Sanchez-Hermosilla, Vorsitzender Richter am Landgericht Peter Schweikart. Beide verfügen über langjährige Erfahrungen in der Referendarausbildung.

W. Kohlhammer GmbH · 70549 Stuttgart
Tel. 0711/7863 - 7280 · Fax 0711/7863 - 8430 · www.kohlhammer.de